ADMI[illegible]

DE RECUR[illegible] HUMANOS

QUINTA EDICIÓN

IDALBERTO CHIAVENATO
Mestre e Doutor em Administração
pela City University of Los Angeles, California

Traducción
GERMÁN ALBERTO VILLAMIZAR
Licenciatura en Español y Lenguas
Universidad Pedagógica Nacional
Maestría en Literatura
Pontificia Universidad Javeriana

Revisión técnica
RICARDO GARCÍA MADARIAGA
Director de Posgrado
Gerencia de Recursos Humanos EAN

ÓSCAR PEÑA RODRÍGUEZ
Ingeniero Industrial
Especialista en Administración de Empresas
Consultor y docente universitario

Santafé de Bogotá • Buenos Aires • Caracas • Guatemala • Lisboa • Madrid • México
Nueva York • Panamá • San Juan • Santiago de Chile • São Paulo
Auckland • Hamburgo • Londres • Milán • Montreal • Nueva Delhi • París
San Francisco • San Luis • Sidney • Singapur • Tokio • Toronto

ADMINISTRACIÓN DE RECURSOS HUMANOS, QUINTA EDICIÓN

Traducido de la quinta edición en portugués de
RECURSOS HUMANOS, EDIÇÃO COMPACTA
© MCMXCVIII, por Makron Books do Brasil, Ltda.

ISBN: 85-224-2004-1

Editora: Lyly Solano Arévalo

5123467890 '213456780

ISBN: 958-41-0037-8

Esta obra se terminó de
Imprimir Agosto del 2005 en
Programas Educativos S.A. de C.V.
Calz.Chabacano No. 65-A
Col. Asturias C.P.06850 Méx. D.F.
Empresa certificada por el Instituto Mexicano
de Normalización y Certificado A.C. Bajo la
Norma ISO-9002, 1994/NMX-CC-04 1995 con
él núm. De registro RSC-048 y bajo la Norma
ISO-14001:1996/SAA-1998, con el Núm;
de Registro RSAA-003

A Rita

Detrás del trabajo de un hombre se oculta la presencia de una mujer. Este libro no es sólo un pequeño homenaje, sino también el resultado de su presencia y su fascinación.

Contenido

Prefacio

La Administración de Recursos Humanos (ARH) es un área bastante sensible en la mentalidad que predomina en las organizaciones. Por eso es contingencial y situacional. Depende de la cultura existente en cada organización, así como de la estructura organizacional adoptada. Más aún, depende también de las características del contexto ambiental, del negocio de la organización, de las características internas, de sus funciones y procesos y de un sinnúmero de variables importantes.

En una época llena de incertidumbre, restricciones, problemas, amenazas y dificultades de toda especie, caracterizada además por la inflación, la recesión y el desempleo, la administración de los recursos de las organizaciones se torna cada vez más compleja y desafiante, en especial la ARH, debido a que muchos administradores ven en los recortes implacables de la nómina o de los beneficios concedidos a los empleados la manera más fácil, en apariencia, de reducir costos, con efectos inmediatos y visibles, desde el punto de vista estrictamente financiero.

Por consiguiente, la administración de recursos humanos es la más sacrificada en época de dificultades, y se convierte en una especie de caja de ahorros que salva los resultados de las empresas a corto plazo, pero a costa de la salud organizacional y arriesgando los resultados a mediano y largo plazos. Esta estrategia equivocada se debe casi siempre al desconocimiento y la ignorancia, en la mayor parte de las empresas, de las características, proporciones y naturaleza del área de recursos humanos, y sobre todo a la falta de consideración hacia las personas, ya sean vistas como recursos o como personas.

No obstante, la ARH experimenta grandes cambios e innovaciones, sobre todo ahora que llegamos a las puertas del tercer milenio, con la creciente globalización de los negocios y la exposición gradual a la fuerte competencia mundial, y cuando las palabras de moda son productividad, calidad y competitividad. En este nuevo contexto, las personas ya no son el problema de las organizaciones, sino la solución de sus problemas. Las personas dejan de ser el desafío para convertirse en la ventaja competitiva de las organizaciones que saben cómo tratarlas; las personas dejan de ser el recurso organizacional más importante para transformarse en el socio principal del negocio.

Este libro es una contribución modesta para que los estudiantes de administración, en general, y los estudiantes de recursos humanos, en particular, tengan una visión más humana y más estratégica de la ARH en las organizaciones.

Idalberto Chiavenato

PARTE I

Interacción entre personas y organizaciones

Cuando se habla de Administración de Recursos Humanos, se toma como referencia la administración de las personas que participan en las organizaciones, en las cuales desempeñan determinados roles. Las personas pasan la mayor parte de su tiempo viviendo o trabajando en organizaciones. La producción de bienes y servicios no pueden llevarla a cabo personas que trabajen aisladas. Cuanto más industrializada sea la sociedad, más numerosas y complejas se vuelven las organizaciones, que crean un impacto fuerte y duradero en las vidas y la calidad de vida de los individuos. Las personas nacen, crecen, se educan, trabajan y se divierten dentro de las organizaciones. Cualesquiera que sean sus objetivos (lucrativos, educacionales, religiosos, políticos, sociales, filantrópicos, económicos, etc.), las organizaciones influyen en las personas, que se vuelven cada vez más dependientes de la actividad organizacional. A medida que las organizaciones crecen y se multiplican, son más complejos los recursos necesarios para que sobrevivan y crezcan.

El contexto en que se aplica la Administración de Recursos Humanos (ARH) está representado por las organizaciones y las personas que participan en aquéllas. Las organizaciones están conformadas por personas, de las cuales dependen para conseguir sus objetivos y cumplir sus misiones. A su vez, las organizaciones son un medio para que las personas alcancen sus objetivos individuales en el menor tiempo posible, con el menor esfuerzo y mínimo conflicto, muchos de los cuales jamás serían logrados con el esfuerzo personal aislado. Las organizaciones surgen para aprovechar la sinergia de los esfuerzos de varios individuos que trabajan en conjunto.

Los orígenes de la ARH, especialidad surgida del crecimiento y la complejidad de las tareas organizacionales, se remontan a los inicios del siglo XX bajo la denominación de Relaciones Industriales, después del gran impacto de la Revolución Industrial. La ARH nace como una actividad mediadora entre personas y organizaciones para moderar o disminuir el conflicto empresarial entre los objetivos organizacionales y los objetivos individuales de las personas, considerados hasta entonces incompatibles y totalmente irreconciliables. Era como si las personas y las organizaciones, aunque estuvieran estrechamente interrelacionados, vivieran en compartimientos rígidamente separados, con fronteras cerradas y trincheras abiertas, requiriendo un interlocutor extraño a ambas partes para poder entenderse o, por lo menos, reducir sus enormes diferencias. Este interlocutor era un órgano denominado Relaciones Industriales, que intentaba conciliar capital y trabajo, ambos interdependientes aunque en conflicto permanente. Con el transcurso del tiempo el concepto de Relaciones Industriales cambió de manera radical y sufrió una gran ampliación pasando, alrededor de los años de 1950, a ser denominado Administración de Personal. Ahora no sólo debía mediar para reducir los conflictos, sino administrar las personas de acuerdo con la legislación laboral vigente y solucionar los conflictos que se presentaran de modo espontáneo. Poco después, alrededor de la década de 1960, el concepto volvió a ampliarse. La legislación laboral permaneció inalterada y se tornó gradualmente obsoleta, puesto que los desafíos organizacionales crecieron de modo desproporcionado. Las personas pasaron a ser consideradas recursos indispensables para el éxito organizacional, y eran los únicos recursos vivos e inteligentes con que contaban las organizaciones para enfrentar los desafíos que se presentaran.

Así, surgió el concepto *Administración de Recursos Humanos* (ARH), que aún sufría el vicio de ver a las personas como recursos productivos o meros agentes pasivos, cuyas actividades debían planearse y controlarse de acuerdo con las necesidades de la organización. Aunque la ARH abarca todos los procesos de gestión de personas que hoy conocemos, parte del principio de que las personas deben ser planeadas y administradas en la organización por un órgano central de ARH. En la actualidad, con la llegada del tercer milenio, la globalización de la economía y la fuerte competencia mundial, se nota cierta tendencia en las organizaciones exitosas a no administrar personas ni recursos humanos, sino a administrar *con* las personas, a quienes se les ve como agentes activos y proactivos, dotados no sólo de habilidades manuales, físicas o artesanales, sino también de inteligencia, creatividad y habilidades intelectuales. Las personas no son recursos que la organización consume y utiliza y que producen costos; por el contrario, las personas constituyen un factor de competitividad, de la misma forma que el mercado y la tecnología. En consecuencia, es mejor hablar de Administración de Personal para resaltar la administración con las personas –como socios– y no sobre las personas, como meros recursos. En este nuevo concepto se destacan tres aspectos fundamentales:

a. *Las personas como seres humanos* profundamente diferentes entre sí, dotados de personalidad propia, con una historia particular y diferenciada, poseedores de habilidad y conocimiento, destrezas y capacidades indispensables para administrar de manera adecuada los recursos organizacionales. Es decir, las personas como personas, y no como meros recursos de la organización.

b. *Las personas no como meros recursos (humanos) organizacionales,* sino como elementos impulsores de la organización, capaces de dotarla de la inteligencia, el talento y el aprendizaje indispensables para estimular la renovación y competitividad constantes en un mundo lleno de cambios y desafíos. Las personas poseen un increíble don de crecimiento y desarrollo personal, es decir, son fuentes de impulso propio, y no agentes inertes o estáticos.

c. *Las personas como socios de la organización,* capaces de llevarla a la excelencia y al éxito. En calidad de socios de la organización, las personas invierten esfuerzo, dedicación, responsabilidad, compromiso, etc., para obtener ciertas ganancias, ya sean salarios, incentivos, crecimiento profesional, carrera, etc. Cualquier inversión sólo se justifica cuando trae algún retorno significativo. Si el retorno es bueno y sostenible, se tenderá a aumentar la inversión. De ahí la reciprocidad de la interacción entre personas y organizaciones, y la actividad y autonomía de las personas, que dejan de ser pasivas e inactivas. Es decir, las personas como socios de la organización y no sólo como meros sujetos pasivos que pertenecen a ella.

Este libro se enmarca dentro de este nuevo concepto, aunque decidimos mantener la denominación ARH. Sin organizaciones y sin personas no existiría la ARH. Es difícil separar las personas de las organizaciones, y viceversa. No existen fronteras bien definidas entre lo que es y lo que no es una organización, así como no pueden trazarse con precisión los límites de la influencia de cada persona en la organización.

Para facilitar el estudio de las relaciones entre personas y organizaciones y el estudio de la Administración de Recursos Humanos, abordaremos las organizaciones, grupos y personas como clases de sistemas abiertos en interacción continua con el ambiente que los rodea. El concepto *sistema abierto* se origina en la biología, al estudiar los seres vivos y su dependencia y adaptabilidad al medio ambiente; este concepto invadió con rapidez otras disciplinas científicas como la psicología y la sociología hasta llegar a la administración. El sistema abierto describe las acciones e interacciones de un organismo vivo con el ambiente que lo rodea. Por ejemplo, en biología, el desarrollo y crecimiento de un organismo comienzan por la fecundación de la célula y siguen con la reproducción celular, por medio de la nutrición, en un proceso de acciones e interacciones con el ambiente.

Se recurre al concepto *sistemas* porque permite abordar, con más amplitud y con un enfoque de contingencia o situacional, la complejidad de las organizaciones y la administración de sus recursos. Este concepto visualiza no sólo los factores ambientales internos y externos como un todo integrado, sino también las funciones de los subsistemas que lo conforman. Además, el concepto permite adoptar una manera de pensar que sobrepasa la complejidad y reconoce la naturaleza de los complicados problemas de las organizaciones.

El enfoque sistémico en la *ARH* puede descomponerse en tres niveles de análisis:

a. *Nivel de comportamiento social* (la sociedad como macrosistema). Permite visualizar la compleja e intrincada sociedad de organizaciones y la trama de interacciones entre éstas. El nivel social se toma como una categoría ambiental en el estudio del comportamiento organizacional.

b. *Nivel de comportamiento organizacional* (la organización como sistema). Visualiza la organización como una totalidad que interactúa con el ambiente dentro del cual también interactúan sus componentes entre sí, y con las partes pertinentes del ambiente. El nivel organizacional se toma como una categoría ambiental del comportamiento individual.

c. *Nivel de comportamiento individual* (el individuo como microsistema). Permite sintetizar varios conceptos sobre comportamiento, motivación, aprendizaje, etc., y comprender mejor la naturaleza humana.

Estos tres niveles pueden superponerse en algunos aspectos, ya que abarcan varios elementos que son comunes a todos. Desde esta perspectiva sistémica, la interacción entre personas y organizaciones adquiere una dimensión más amplia y dinámica.

El contexto de la ARH es complejo y cambiante al mismo tiempo. La primera característica de este contexto es la complejidad, pues la manera como se relacionan entre sí las personas y las organizaciones para realizar la tarea organizacional varía de una organización a otra. Algunas organizaciones se caracterizan por la visión futurista, democrática y abierta para tratar a las personas, mientras que otras todavía se hallan estancadas en el tiempo y el espacio y adoptan políticas ya superadas, humillantes y retrógradas. La segunda característica es el cambio. El mundo está pasando por grandes cambios y transformaciones económicas, sociales, tecnológicas, culturales, legales y demográficas, los cuales son cada vez más rápidos e imprevisibles. Las organizaciones no pueden seguir el ritmo de esas transformaciones, y en ocasiones tardan mucho en incorporarlas a su comportamiento y a su estructura organizacional. El problema radica en que muchas organizaciones no se dan cuenta de que el mundo cambia y, en consecuencia, se olvidan de cambiar.

Esta primera parte estudiará la convivencia mutua y la interacción entre personas y organizaciones. El capítulo 1 se dedicará a tratar algunas características básicas de las organizaciones, mientras que el capítulo 2 abordará ciertas características más determinantes de las personas en cuanto personas. El capítulo 3 tratará la interacción entre personas y organizaciones en el ambiente de trabajo. La convivencia entre personas y organizaciones podrá ser más eficaz, útil, satisfactoria y sinérgica, dependiendo de la manera como las organizaciones pretenden relacionarse e interactuar con las personas que hacen parte de ellas.

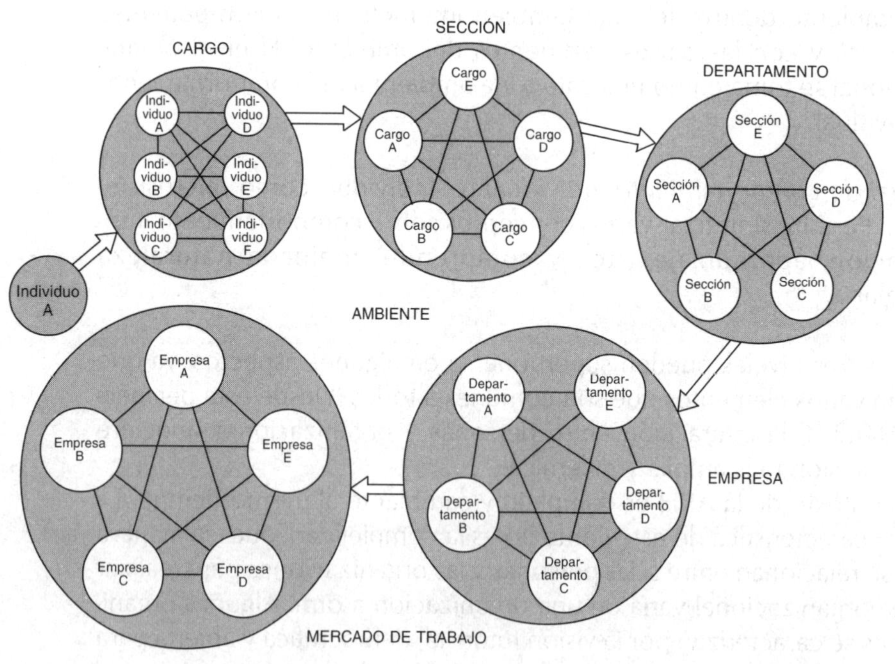

Figura I.1 Ejemplo de sistemas y subsistemas.

1

Las organizaciones

La ARH se aplica en un contexto de organizaciones y personas. Administrar personas significa tratar con personas que participan en organizaciones: más que esto, significa administrar los demás recursos con las personas. Por tanto, organizaciones y personas son la base fundamental de la ARH.

CONCEPTO DE ORGANIZACIONES

La vida de las personas conforma una infinidad de interacciones con otras personas y con las organizaciones. Por ser eminentemente social e interactivo, el ser humano no vive aislado, sino en continua interacción con sus semejantes. Debido a sus limitaciones individuales, los seres humanos tienen que cooperar unos con otros, y deben conformar organizaciones que les permitan lograr algunos objetivos que no podrían alcanzar mediante el esfuerzo individual. Una *organización* es un sistema de actividades conscientemente coordinadas, formado por dos o más personas[1], cuya cooperación recíproca es esencial para la existencia de aquélla. Una organización sólo existe cuando:

1. Hay personas capaces de comunicarse,
2. están dispuestas a actuar conjuntamente, y
3. desean obtener un objetivo común.

1 Chester I. Barnard, *As funções do executivo*, São Paulo, Atlas, 1971.

La disposición de contribuir con acción quiere decir, ante todo, disposición de sacrificar el control de su propio comportamiento, en beneficio de la coordinación. Con el paso del tiempo, esta disposición de participar y contribuir a la organización varía de una persona a otra, y aun en la misma persona. Esto indica que el sistema total de contribuciones es inestable, puesto que el aporte individual cambia enormemente, no sólo en función de las diferencias individuales de los participantes, sino también del sistema de recompensas otorgadas por la organización para aumentar las contribuciones.

Existen varias clases de necesidades que las organizaciones pueden ayudar a satisfacer: emocionales, espirituales, intelectuales, económicas, etc. En síntesis, las organizaciones existen para que los miembros alcancen objetivos que no podrían lograr de manera aislada, debido a las limitaciones individuales. En consecuencia, las organizaciones se forman para superar estas limitaciones. En las organizaciones, la capacidad intelectual y la capacidad física no son las que impiden la consecución de muchos objetivos humanos, sino la falta de habilidad para trabajar con otras personas de manera eficaz.

LA COMPLEJIDAD DE LAS ORGANIZACIONES

Existe una gran variedad de organizaciones: empresas industriales, comerciales, organizaciones de servicios (bancos, universidades, hospitales, tránsito, etc.), organizaciones militares, públicas (ministerios), etc., que pueden orientarse hacia la producción de bienes o productos (artículos de consumo, máquinas y equipos, etc.) o hacia la producción o prestación de servicios (actividades especializadas, como manejo de dinero, medicina, divulgación o conocimiento, planeación y control del tránsito, etc.). De la misma manera, existen organizaciones manufactureras, económicas, comerciales, religiosas, militares, educativas, sociales, políticas, etc. Todas ellas influyen en la vida de los individuos, y son parte integral del medio donde el hombre trabaja, se recrea, estudia, compra, satisface sus necesidades, etc. La influencia de las organizaciones en la vida de los individuos es fundamental: la manera como las personas viven, se visten, se alimentan, y sus expectativas, sus convicciones y sus sistemas de valores experimentan una enorme influencia de las organizaciones, que a su vez se ven influenciadas por el modo de pensar y sentir de sus miembros.

La sociedad moderna está conformada por organizaciones[2] complejas en extremo. Al observarlas con cuidado, reflejan diversas actividades

2 Kenneth E. Boulding, *The Organizational Revolution*, Chicago, Quadrangle, 1968, pp. 3-32.

susceptibles de analizarse en varios niveles: los individuos, los pequeños grupos, las relaciones entre grupos. Las normas, los valores y las actitudes existen bajo un patrón muy complejo y multidimensional. Aunque esta complejidad dificulta la actividad del administrador, constituye la base para comprender los fenómenos organizacionales[3].

Las organizaciones tienden a crecer a medida que prosperan, hecho que se refleja en el aumento de personal. Para poder administrar esa mayor cantidad de personal, se incrementa el número de niveles jerárquicos, lo cual produce un distanciamiento gradual entre las personas -con sus objetivos individuales- y la cúpula de la organización, con sus objetivos organizacionales. Dicho distanciamiento lleva casi siempre a un enfrentamiento entre los objetivos de los miembros y los objetivos de la dirección.

Las grandes organizaciones, también denominadas organizaciones *complejas*, poseen ciertas características que explicaremos a continuación[4].

1. *Complejidad.* Las organizaciones difieren de los grupos y sociedades por la complejidad estructural, que nace de la diferenciación vertical y la horizontal existentes en las organizaciones. A una mayor división del trabajo corresponde una mayor complejidad horizontal de la organización; a medida que surgen nuevos niveles jerárquicos verticales para mejorar el proceso de control y la reglamentación, aumenta la complejidad vertical. Por tal razón, muchos autores se refieren a organizaciones altas y organizaciones planas, según tengan muchos o pocos niveles verticales, respectivamente. Mientras que en las pequeñas empresas la interacción se realiza persona a persona, en las grandes organizaciones existen numerosos niveles intermedios dedicados a coordinar e integrar las labores de las personas; de este modo, la interacción se torna indirecta.

2. *Anonimato.* El énfasis se hace en las tareas u operaciones, no en las personas; importa que la actividad se realice, no quién la ejecuta.

3. *Rutinas estandarizadas* para procedimientos y canales de comunicación. No obstante el ambiente impersonal o despersonalizado, las gran-

---

3 Chris Argyris, *A Integração Individuo-organizaçao,* Sao Paulo, Atlas, 1975, p. 23.

4 Beatrice K. Rome, Sydney C. Rome, "Leviathan: An Experimental Study of Large Organizations with the Aid of Computers", en Raymond V. Bowers (Org.), *Studies on Behavior in Organizations: A Research Symposium,* Athens, University of Georgia Press, 1966, pp. 257-258.

des organizaciones tienden a formar grupos informales que mantienen una acción personalizada dentro de ellas.

4. *Estructuras personalizadas no oficiales.* Configuran la organización informal, paralela a la organización formal.

5. *Tendencia a la especialización y la proliferación de funciones.* Pretende separar las líneas de autoridad formal de las de competencia profesional o técnica.

6. *Tamaño.* Característica determinante de las grandes organizaciones. El tamaño está dado por el número de participantes y dependencias que conforman la organización.

Las organizaciones son una de las más complejas y notables instituciones sociales que el hombre ha construido. Las organizaciones de hoy difieren de las de antaño y, posiblemente, mañana y en el futuro lejano presentarán diferencias mucho mayores. No hay dos organizaciones iguales, pues siempre diferirán en tamaño y estructuras organizacionales. Las organizaciones varían en cuanto a tipos de actividades y tecnologías diferentes para producir bienes o servicios de diverso orden, vendidos y distribuidos de modo diferente en los más diversos mercados, y a consumidores distintos. Además, las organizaciones operan en ambientes diversos, experimentan variadas restricciones y contingencias -de acuerdo con el tiempo y el espacio- y reaccionan ante éstas mediante estrategias y comportamientos diferentes para alcanzar resultados distintos. A los factores anteriores se debe que haya diversidad de organizaciones y que sean muy complejas.

Cuadro 1.1 Ejemplos de organizaciones.

• Empresas manufactureras	• Hospitales y laboratorios	• Cinematógrafos y teatros
• Bancos y financieras	• Radio y televisión	• Empresas de publicidad
• Escuelas y universidades	• Empresas periodísticas	• Clínicas
• Tiendas y comercio	• Empresas de consultoría	• Restaurantes
• Iglesia	• Empresas de auditoría	• Centros comerciales

DIVERSAS ERAS DE LA ORGANIZACIÓN

En todo momento, las organizaciones experimentan cambios y transformaciones constantes. Las organizaciones presentan características diferentes en su estructura y en sus procesos, ya sea introduciendo nuevas tecnologías, modificando sus productos o servicios, alterando el comportamiento de las personas o cambiando sus procesos internos. Estos cambios provocan impactos constantes en la sociedad y la vida de las personas, y aceleran las variaciones ambientales que estudiaremos a continuación.

Durante el transcurso del siglo XX las organizaciones pasaron por tres fases diferentes: la era de la industrialización clásica, la de la industrialización neoclásica y la de la información.

1. *Era de la industrialización clásica (1900-1950)*. Representa un periodo de medio siglo de intensificación de la industrialización iniciada con la Revolución Industrial. En este periodo, la estructura organizacional se caracterizó por ser piramidal y centralizada, por la departamentalización funcional, por el modelo burocrático, por la centralización de las decisiones en la dirección y por el establecimiento de normas y reglamentos internos para disciplinar y estandarizar el comportamiento de sus miembros. La cultura organizacional imperante se orientaba hacia el pasado y propendía a la conservación de las tradiciones y los valores tradicionales. A las personas se les consideraba recursos de producción, junto con otros recursos organizacionales como máquinas, equipos y capital, de acuerdo con la concepción de los tres factores tradicionales de producción: naturaleza, capital y trabajo. Debido a esta concepción, la administración de personas se denominaba relaciones industriales. Todo estaba al servicio de la tecnología; el hombre era considerado un apéndice de la máquina. El mundo estaba cambiando, aunque lo hacía despacio: los cambios eran relativamente lentos, sin sobresaltos, progresivos, paulatinos, previsibles.

2. *Era de la industrialización neoclásica (1950-1990)*. Comenzó a finales de la Segunda Guerra Mundial, época en que el mundo empezó a cambiar con mayor intensidad. Los cambios se aceleraron, fueron más intensos y se hicieron menos previsibles; las transacciones comerciales se desplazaron del campo local al regional y luego al internacional, y se volvieron más frecuentes; se acentuó la competencia entre las empresas; el viejo modelo burocrático funcional, centralizador y piramidal, utilizado en las estructuras organizacionales, se volvió inflexible y lento para estar a tono con los cambios que ocurrían en el ambiente. Las organizaciones intentaron establecer nuevos modelos de estructura que les permitiera

innovar más y adaptarse a las nuevas condiciones. Así surgió la estructura matricial para intentar arreglar y revivir la vieja y tradicional estructura funcional. Este enfoque añadió a la organización funcional un esquema lateral de departamentalización por productos o servicios para agilizar el funcionamiento, proporcionar una estructura con características de innovación y dinamismo, y lograr mayor competitividad. Aunque la organización matricial proporcionó una mejoría necesaria en la arquitectura de la organización, no fue suficiente porque no acabó los vicios de la estructura funcional. No obstante, sus ventajas se aprovecharon para fragmentar las grandes organizaciones en unidades estratégicas de negocios fáciles de administrar, y más ágiles. La cultura organizacional dejó de privilegiar las tradiciones pasadas y empezó a concentrarse en el presente, y el conservadurismo dio paso a la innovación. La vieja concepción de relaciones industriales fue remplazada por la de administración de recursos humanos: las personas como recursos vivos y no como factores materiales de producción. La tecnología experimentó un increíble e intenso desarrollo y comenzó a influir con fuerza en la vida de las organizaciones y de sus participantes. Entre tanto, el mundo continuaba cambiando a velocidades mucho mayores.

3. *Era de la información* (*o del conocimiento*) (*1990-*). Época en que vivimos en la actualidad. Su característica principal son los cambios rápidos, imprevisibles e inesperados. Drucker[5] fue el visionario que anticipó esa vigorosa transformación mundial. La tecnología permitió adelantos imprevistos y convirtió el mundo en una aldea global. La información de un lugar otro del planeta tarda sólo milésimas de segundos. La tecnología de la información provocó la globalización de la economía: la economía internacional se volvió mundial y global. La competencia entre organizaciones se hizo más intensa y el mercado de capitales sólo necesitó segundos para migrar de un continente a otro en busca de nuevas oportunidades de inversión, aunque fueran transitorias. La estructura matricial de la organización fue insuficiente para dar a las organizaciones la agilidad, movilidad y capacidad de innovación y cambio necesarias para enfrentar las nuevas amenazas y aprovechar las oportunidades presentes en un ambiente turbulento y de cambios fre-

5 Peter F. Drucker, *Uma era da descontinuidade*: *administrando en tempos de mudanças*, São Paulo, Pioneira, 1995; *Sociedade póscapitalista*, São Paulo, Pioneira, 1993.

cuentes. Los procesos organizacionales se volvieron más importantes que los órganos que conforman las organizaciones. Los órganos, sean dependencias o divisiones, no son definitivos, sino transitorios; los cargos y las funciones se definen y redefinen constantemente debido a los cambios del ambiente y la tecnología; los productos y servicios se adaptan permanentemente a las necesidades y demandas de los clientes, cuyos hábitos ahora son mudables y exigentes. En las organizaciones más expuestas a los cambios ambientales, la estructura predominante prescindió de los órganos estables y recurrió a equipos interfuncionales de trabajo con actividades provisorias orientadas hacia misiones específicas y objetivos definidos. La organización del futuro funcionará sin límites de tiempo, espacio ni distancia; se dará un uso diferente al espacio físico; las oficinas unipersonales darán paso a locales colectivos de trabajo, y las funciones de retaguardia serán realizadas por los empleados en sus casas. También existirá la organización virtual conectada electrónicamente, sin papeleo, que funcionará mejor y estará más cerca del cliente. El recurso más importante ya no es el capital financiero, sino el conocimiento. Aunque el dinero continúa siendo importante, lo más importante es el conocimiento, sobre todo cómo utilizarlo y aplicarlo rentablemente. El empleo comenzó a migrar intensamente del sector industrial al sector de servicios, el trabajo manual fue sustituido por el intelectual, lo cual marcó el camino hacia la era de la posindustrialización fundamentada en el conocimiento y en el sector terciario (de servicios). Las personas, y sus conocimientos y habilidades intelectuales, se convirtieron en la base principal de la nueva organización. La administración de recursos humanos dio paso a un nuevo enfoque: la administración de personas, puesto que éstas dejaron de ser simples recursos (humanos) organizacionales y pasaron a ser vistas como seres dotados de inteligencia, conocimientos, habilidades, personalidad, aspiraciones, percepciones, etc. La cultura organizacional experimentó un fuerte impacto del mundo exterior y empezó a privilegiar el cambio y la innovación orientados hacia el futuro y el destino de la organización. Los cambios rápidos que se producen sin continuidad con el pasado crean un nuevo ambiente de turbulencia e imprevisibilidad.

En consecuencia, la administración de personas es la manera como las organizaciones tratan a las personas que trabajan en conjunto en esta era de la información, ya no como recursos organizacionales que deben ser administrados pasivamente, sino como seres inteligentes y proactivos, responsables, con iniciativa y dotados de habilidades y conocimientos que ayudan a administrar los demás recursos organizacionales materiales y que carecen de vida propia. La nueva concepción, el nuevo espíritu, no se basa en la administración de personas, sino en la administración con las personas, quienes serán la riqueza del futuro. El capital intelectual, que reposa en el cerebro de las personas, ocupará el lugar de la moneda financiera en el mañana y será el principal recurso de la organización. No obstante, será un recurso muy especial que no deberá ser tratado como mero recurso organizacional.

Cuadro 1.2 Las tres etapas de la organización en el transcurso del siglo XX.

	Industrialización clásica	Industrialización neoclásica	Era de la información
Periodo	1900-1950	1950-1990	Post. 1990
Estructura organizacional predominante	Funcional, burocrática, rígida, centralizada, piramidal e inflexible. Énfasis en los órganos.	Matricial. Hace énfasis en la departamentalización por productos o servicios o unidades estratégicas.	Fluida y flexible, totalmente descentralizada. Mantiene redes de equipos interfuncionales.
Cultura organizacional	Teoría X. Centrada en los valores y las tradiciones del pasado. Énfasis en el mantenimiento del *statu quo*. Valora la experiencia.	Transición. Centrada en el presente, en lo actual. Énfasis en la adaptación al ambiente.	Teoría Y. Centrada en el destino futuro. Énfasis en el cambio y la innovación. Valora el conocimiento y la creatividad.
Ambiente organizacional	Estático, previsible, pocos cambios, graduales. Escasos desafíos ambientales.	Intensificación de los cambios; más rapidez en éstos.	Cambiable, imprevisible y turbulento. Cambios grandes e intensos.
Modo de tratar a las personas	Como factores materiales (físicos) de producción y estáticos, sujetos a rígidas normas y reglamentos de control.	Como recursos organizacionales que deben ser administrados.	Como seres humanos proactivos, dotados de inteligencia y habilidades que deben ser desarrolladas.
Denominación	Relaciones Industriales.	Administración de Recursos Humanos.	Administración de Personas.

LAS ORGANIZACIONES COMO SISTEMAS SOCIALES

En nuestra sociedad, la mayor parte del proceso productivo se lleva a cabo en organizaciones; por tanto, esta moderna sociedad industrializada se caracteriza por estar compuesta de organizaciones. El hombre moderno pasa la mayor parte de su tiempo en organizaciones, de las que depende para nacer, vivir, aprender, trabajar, ganar su salario, curar sus males, obtener todos los productos y servicios que necesita, etc. Desde una perspectiva más amplia, las organizaciones son unidades sociales (o agrupaciones humanas) intencionalmente construidas y reconstruidas para lograr objetivos específicos. Esto quiere decir que las organizaciones se crean con un propósito definido, y que se planean para conseguir algunos objetivos; además, se reconstruyen (se reestructuran y se redefinen), a medida que los objetivos propuestos se logran o se descubren mejores medios para obtenerlos a menor costo y con menor esfuerzo. Una organización nunca constituye una unidad lista y acabada, sino un organismo social vivo y cambiante.

Existen organizaciones dedicadas específicamente a conseguir ganancias para autosostenerse con los excedentes financieros y permitir el retorno a la inversión o capital, y organizaciones cuyos objetivos principales no son obtener ganancias. Por consiguiente, las organizaciones pueden dividirse en organizaciones con ánimo de lucro y organizaciones sin ánimo de lucro. Las empresas son un buen ejemplo del primer caso y, por tanto, cualquier definición de empresa debe tener en cuenta ese objetivo. *Empresa* es toda iniciativa humana que busca reunir e integrar recursos humanos y no humanos (financieros, físicos, tecnológicos, mercadológicos, etc.), cuyo propósito es lograr el autosostenimiento y obtener ganancias mediante la producción y comercialización de bienes o servicios. El autosostenimiento es un objetivo obvio, pues garantiza la continuidad y permanencia del proceso. Las ganancias representan la retribución del proceso en sí, y es el estímulo primordial que garantiza la libre iniciativa de mantener o aumentar el tamaño de la empresa.

LAS ORGANIZACIONES COMO SISTEMAS ABIERTOS

Las organizaciones son sistemas abiertos. Sistema es un conjunto de elementos, relacionados de modo dinámico, que desarrollan una actividad para alcanzar determinado objetivo o propósito. Todo sistema requiere materia, energía o información obtenidas en el ambiente, que constituyen los insumos o entradas (*inputs*) de recursos necesarios para que el sistema pueda operar. Dichos recursos son procesados en las diversas partes del sistema (subsistemas) y transformados en salidas o resultados (*outputs*) que retornan al ambiente.

Un sistema puede definirse como:

a. *un conjunto de elementos* (partes u órganos componentes del sistema),
b. *dinámicamente relacionados,* en interacción (que forman una red de comunicaciones cuyos elementos son interdependientes),
c. *que desarrollan una actividad* (operación o proceso del sistema),
d. *para lograr un objetivo o propósito* (finalidad del sistema),
e. *operando con datos, energía o materia* (que constituyen los insumos o entradas de recursos necesarios para poner en marcha el sistema),
f. *unidos al ambiente que rodea el sistema* (con el cual interactúa dinámicamente),
g. *para suministrar información, energía o materia* (que conforman las salidas o resultados de la actividad del sistema).

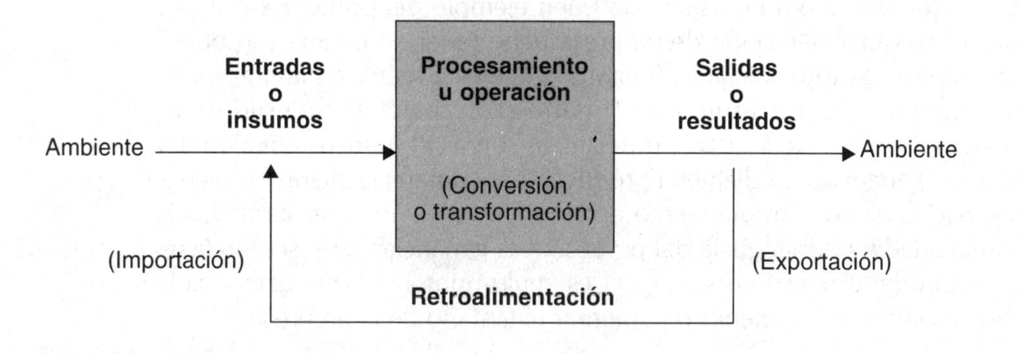

Figura 1.1 El sistema y sus cuatro elementos esenciales.

Por consiguiente, un sistema consta de cuatro elementos esenciales:

a. *Entradas o insumos.* Todo sistema recibe entradas o insumos del ambiente circundante. Las entradas (*inputs*) proporciona al sistema los recursos e insumos necesarios para su alimentación y nutrición.

b. *Procesamiento u operación.* Es el núcleo del sistema; transforma las entradas en salidas o resultados. Regularmente, lo constituyen subsistemas (u órganos o partes) especializados en procesar cada clase de recurso o insumo recibido (importado) por el sistema.

c. *Salidas o resultados.* Son el producto de la operación del sistema. Mediante estas salidas (*outputs*), el sistema envía (exporta) el producto resultante al ambiente externo.

d. *Retroalimentación.* Es la acción que las salidas ejercen sobre las entradas para mantener el equilibrio del sistema. La retroalimentación (*feedback*) constituye, por tanto, una acción de retorno. La retroalimentación es positiva cuando la salida (por ser mayor) estimula y amplía la entrada para incrementar el funcionamiento del sistema; es negativa cuando la salida (por ser menor) restringe y reduce la entrada para disminuir la marcha del sistema. La retroalimentación sirve para lograr que el sistema funcione dentro de determinados parámetros o límites. Cuando el sistema no llega a esos límites, ocurre la retroalimentación positiva; la retroalimentación negativa tiene lugar cuando el sistema sobrepasa tales límites.

Todo sistema existe y funciona en un ambiente. *Ambiente* es todo lo que rodea a un sistema y sirve para proporcionarle los recursos necesarios para su existencia. El sistema entrega sus resultados al ambiente. Aunque el ambiente es una fuente de recursos e insumos, también lo es de contingencias y amenazas para el sistema.

Los sistemas se clasifican en cerrados o abiertos, según el modo como interactúan con el ambiente. El sistema cerrado tiene pocas entradas y salidas en relación con el ambiente externo, las cuales son bien conocidas y guardan entre sí una razón de causa y efecto: a una entrada determinada (causa) sigue una salida determinada (efecto); por esta razón, el sistema cerrado también se denomina mecánico o determinista. El mejor ejemplo de sistema cerrado lo constituyen los motores, las máquinas y la mayor parte de la tecnología inventada por el hombre. Hay una clara separación entre el sistema y el ambiente, es decir, las fronteras del sistema están cerradas. No existe un sistema totalmente cerrado (que sería hermético) ni uno totalmente abierto (que se disiparía). Todo sistema depende, en alguna medida, del ambiente; el cerrado obedece a las leyes de la física en esta interrelación

El sistema abierto posee numerosas entradas y salidas para relacionarse con el ambiente externo, las cuales no están muy bien definidas, y sus relaciones de causa y efecto son indeterminadas. Por esta razón, el sistema abierto también se denomina orgánico. Son ejemplos de este tipo de sistema las organizaciones en general y las empresas en particular, todos los sistemas vivos, especialmente el hombre. En las organizaciones, la separación entre el sistema y el ambiente no está bien definida, lo cual significa que las fronteras son abiertas y permeables. El sistema es abierto en la medida en que realiza transacciones (entradas y salidas) con el ambiente que lo rodea. En otras palabras, el sistema abierto tiene una gran interdependencia con el ambiente, la cual no obedece a las leyes deterministas de la física.

El enfoque de sistema abierto concibe el sistema social como una relación dinámica con el ambiente, que recibe insumos, los transforma de diversos modos y elabora productos. Al recibir insumos en forma de materiales, energía e información, el sistema evita el proceso de entropía[6], característico de los sistemas cerrados. El sistema es abierto no sólo en relación con su ambiente, sino también consigo mismo o "internamente", lo cual hace que las interacciones entre sus componentes afecten el sistema como un todo. El sistema abierto modifica la estructura y los procesos de sus componentes internos para adaptarse al ambiente.

La organización puede considerarse como un modelo genérico de sistema abierto. El sistema abierto está en continua interacción con el ambiente y adquiere un estado estable o equilibrio dinámico en la medida en que mantiene su capacidad de transformación de energía o trabajo. Sin el flujo continuo de entradas, transformación y flujo de salida, no podría sobrevivir. Por consiguiente, el sistema social o el biológico es primordialmente un proceso continuo de reciclaje de material, energía o información. El sistema debe recibir suficientes recursos para mantener las operaciones y exportar hacia el ambiente suficiente cantidad de recursos transformados (productos) para continuar el ciclo.

La idea de considerar la organización como sistema abierto es antigua. Herbert Spencer afirmaba:

> Un organismo social se parece a un organismo individual en los siguientes rasgos fundamentales:
>
> - En el crecimiento.
> - En la forma de hacerse más complejo a medida que crece.
> - En el hecho de que, al hacerse más complejo, sus componentes necesitan mayor interdependencia.

---

6 La entropía es la segunda ley de la termodinámica, aplicable a los sistemas físicos. Significa tendencia del sistema cerrado a moverse hacia un estado caótico y de desintegración en el cual pierde su potencial de transformación de energía o trabajo.

- Su vida tiene mayor duración, comparada con la de sus componentes.
- En ambos casos existe una creciente integración, paralela a una creciente heterogeneidad[7].

Miller y Rice afirman que

> toda empresa puede verse como un sistema abierto que tiene características en común con un organismo biológico. Un sistema abierto sólo existe, y sólo puede existir, si intercambia materiales con su ambiente, es decir, recibe materiales, los transforma mediante procesos, toma parte de estos productos transformados para su sostenimiento interno y exporta el resto. Directa o indirectamente, intercambia los resultados (salidas) para lograr nuevos insumos (entradas), incluidos los recursos adicionales necesarios para sostenerse. Esos procesos de importación-conversión-exportación representan el trabajo que la empresa debe realizar para vivir[8].

La teoría de sistemas presenta un modelo conceptual que permite efectuar simultáneamente el análisis y la síntesis de la organización en un ambiente (medio) complejo y dinámico. Las partes de la organización se presentan como subsistemas interrelacionados dentro de un macrosistema. Estas interrelaciones obligan a una integración sinérgica del sistema total, de manera que el todo es mayor que la suma de las partes o, al menos, diferente de ella. De igual modo, la organización es un sistema abierto cuya interacción con el ambiente es dinámica.

En 1957, ya McGregor[9] mostraba las características de una organización:

> Una organización empresarial es un sistema abierto que encaja en otro mayor: la sociedad. Las entradas pueden ser las personas, los materiales y el dinero, así como las fuerzas políticas y económicas de la sociedad. Las salidas son los productos, los servicios y las retribuciones dadas a los miembros de la organización. De la misma manera, los individuos son sistemas abiertos en los subsistemas de la organización. Puesto que la naturaleza de la organización empresarial varía de acuerdo con el medio que la rodea, se dice que es un sistema orgánico y adaptable. Sin embargo, la adaptación es activa, pues la organización y el ambiente se afectan mutuamente: la organización coopera con el ambiente, de la misma manera como el individuo

7 Herbert Spencer, *Autobiography*, Nueva York, McMillan, 1904, Vol. II, p. 56.

8 E. J. Miller, A. K. Rice, *System of Organization: The Control of Task and Sentient Boundaries*, Londres, Tavistock, 1967, p. 3.

9 Douglas M. McGregor, "Characteristics of an Organization", *Management Review*, julio 1957, p. 80.

coopera con aquélla*. El sistema es dinámico, porque soporta cambios constantes resultantes de la interacción entre los subsistemas, y de éstos con el sistema ambiental mayor. La organización empresarial es un sistema sociotécnico que no sólo es un conjunto de edificios, fuerza laboral, dinero, máquinas y procesos, sino también una organización de personas que aplican varias tecnologías. Esto significa, entre otras cosas, que las relaciones humanas no son características opcionales de la organización, sino una propiedad intrínseca. El sistema existe en virtud del comportamiento motivado de las personas. Las relaciones humanas y el comportamiento determinan las entradas, las transformaciones y las salidas del sistema[10].

Enfoque de Katz y Kahn

Katz y Kahn desarrollan un modelo de organización más amplio y complejo, basado en la teoría de sistemas. De acuerdo con este modelo, la organización presenta las siguientes características típicas de un sistema abierto[11]:

1. *Importación-transformación-exportación de energía.* La organización obtiene insumos del ambiente y necesita nuevos suministros energéticos de otras instituciones, de otras personas o del ambiente material. Puesto que toda estructura social depende de los insumos obtenidos en el ambiente, ninguna es autosuficiente o independiente. La organización procesa y transforma los insumos en productos acabados, servicios prestados, fuerza laboral entrenada y capacitada, etc. Estas actividades ocasionan cierta reorganización de los insumos. Los sistemas abiertos exportan (salida o *output*) ciertos productos o resultados hacia el ambiente. El ciclo importación-procesamiento-exportación constituye la base de interacción del sistema abierto con el ambiente.

2. *Los sistemas son ciclos de eventos.* Todo intercambio de energía tiene carácter cíclico. El producto que la organización exporta hacia el ambiente sirve como fuente de energía para la repetición de las actividades del ciclo. Por

---

* *Nota de R. T.* Teniendo en cuenta que la organización es el ambiente dentro del cual opera el individuo.

10 Douglas M. McGregor, "Characteristics of an Organization", en Keith Davis, *Organizational Behavior: A Book of Readings*, Nueva York, McGraw-Hill, 1974, pp. 221-222.

11 Daniel Katz y Robert L. Kahn, *Psicologia social das organizações*, São Paulo, Atlas, 1970, pp. 34-35.

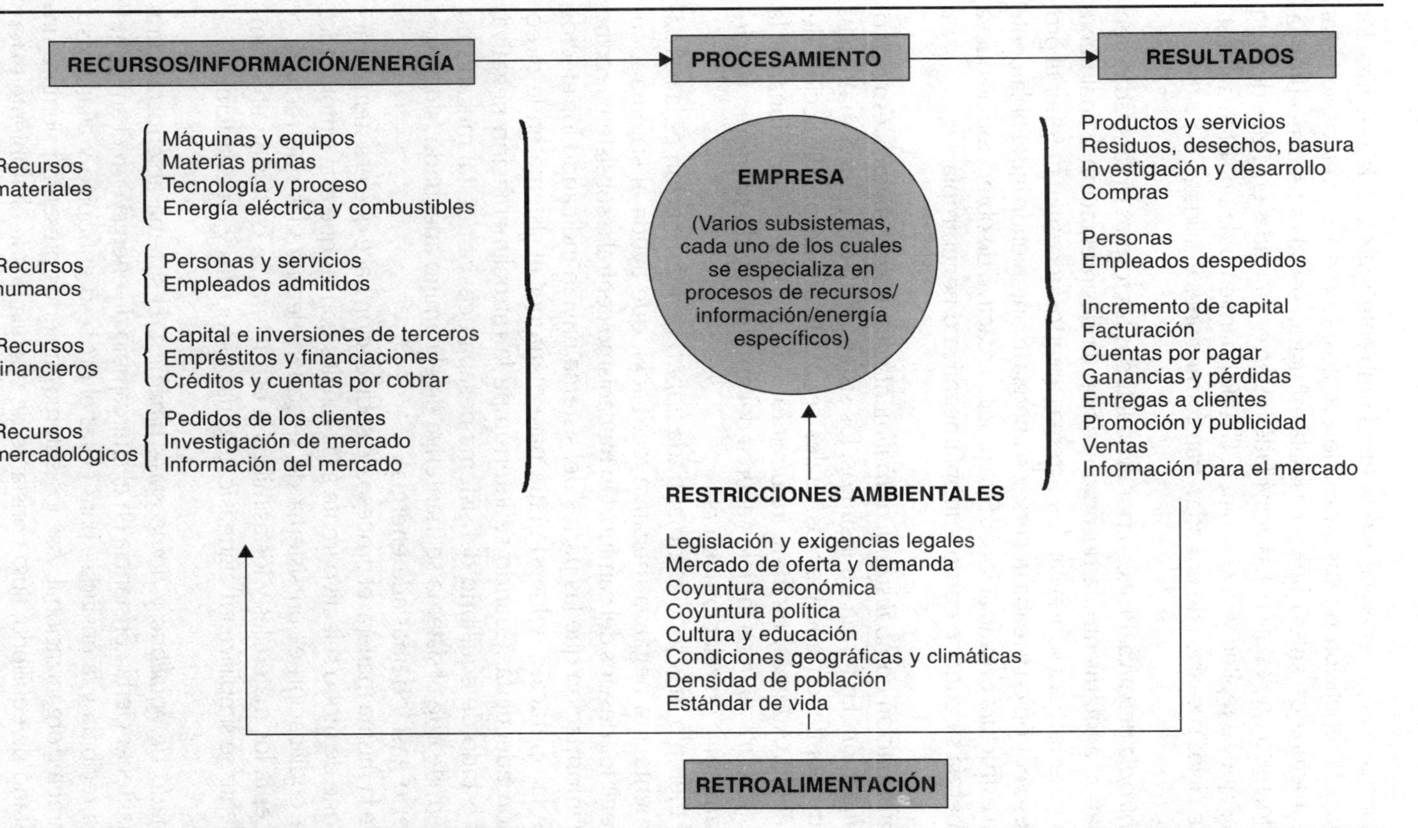

Figura 1.2 La empresa como sistema abierto: flujo de recursos/información/energía.

consiguiente, la energía puesta en el ambiente regresa a la organización para la repetición de sus ciclos de eventos. Como los eventos se hallan estructurados, antes que las cosas, la estructura social es un concepto más dinámico que estático. Las actividades están organizadas en ciclos de eventos que se repiten y se combinan. El funcionamiento de un sistema consta de ciclos sucesivos de entradas, transformaciones y salidas.

3. *Entropía negativa.* Proceso por el cual todas las formas organizadas tienden al agotamiento, la desorganización, la desintegración y finalmente la muerte. Para sobrevivir, los sistemas abiertos necesitan detener el proceso entrópico y reabastecerse de energía, manteniendo indefinidamente su estructura organizacional. Este proceso reactivo de obtención de nueva energía se conoce como entropía negativa o negentropía.

4. *Información como insumo, retroalimentación negativa y proceso de codificación.* En forma de insumos, los sistemas vivos reciben materiales que contienen energía, los cuales se transforman por la acción del trabajo. Además, reciben *inputs* informativos que proporcionan a la estructura algunos indicios acerca del ambiente y de su propio funcionamiento, en relación con él.
   El ejemplo más sencillo de entrada (*input*) de información es la retroalimentación negativa (*negative feedback*), que ayuda al sistema a corregir los desvíos del camino. Un mecanismo central o subsistema recibe la información que las partes del sistema envían indicando los efectos de la operación, y luego actúa para mantener el sistema en la dirección adecuada. Cuando se interrumpe la retroalimentación negativa, el estado de equilibrio del sistema desaparece, ya que tal mecanismo permite que el sistema se mantenga en el camino adecuado (sin absorber o gastar demasiada energía).
   De la misma manera, el proceso de codificación hace que el sistema reaccione de modo selectivo frente a las señales con las que está sintonizado. La codificación es un sistema de selección de entradas que rechaza o acepta los materiales y los asimila a la estructura. La confusión en el ambiente se simplifica en algunas categorías esenciales y en el sistema.

5. *Estado de equilibrio y homeostasis dinámica.* El sistema abierto procura mantener cierta constancia en el intercambio de energía con el ambiente –la recibida y la enviada– para evitar el proceso entrópico y afianzar su carácter organizacional. Así, los sistemas abiertos presentan siempre un estado de equilibrio: flujo constante de energía desde el ambiente exter-

no y salida continua de productos del sistema, que mantiene constantes la razón de intercambio de energía y las relaciones entre las partes. El estado de equilibrio puede observarse con claridad en el proceso homeostático que regula la temperatura corporal. Aunque la temperatura y la humedad externas varíen, la temperatura del cuerpo se mantiene invariable.
No obstante que el sistema tiende a la homeostasis por naturaleza, se mantiene el principio básico de sostenimiento del carácter del sistema: el equilibrio casi estacionario propuesto por Kurt Lewin. De acuerdo con este concepto, los sistemas responden a los cambios o se anticipan a ellos mediante el crecimiento, que asimila las nuevas entradas de energía en la naturaleza de sus estructuras. Las variaciones de este ajuste continuo no siempre logran que el sistema vuelva a su nivel original. De la misma manera, los sistemas vivos muestran un crecimiento, o expansión, en el cual maximizan su carácter básico, tomando más energía de la que necesitan para las salidas, con el objeto de garantizar la supervivencia y conseguir algún margen de seguridad, más allá del nivel inmediato de existencia.

6. *Diferenciación.* La organización, como todo sistema abierto, tiende a la diferenciación, es decir, a la multiplicación y elaboración de funciones que conllevan también la multiplicación de papeles y la diferenciación interna. Los patrones difusos y globales se sustituyen por funciones más especializadas, jerarquizadas y altamente diferenciadas. La diferenciación es una tendencia hacia la complejidad de la estructura.

7. *Equifinalidad.* Todos los sistemas abiertos pueden caracterizarse a partir del principio de equifinalidad propuesto por Von Bertalanffy: partiendo de diferentes condiciones y por distintos caminos, un sistema puede alcanzar el mismo estado final. A medida que los sistemas abiertos desarrollan mecanismos que regulan sus operaciones (*homeostasis*), es posible reducir la cantidad de equifinalidad. No obstante, la equifinalidad permanece, ya que el sistema tiene varios caminos para producir cierto resultado, es decir, existen varios métodos para alcanzar un objetivo. El sistema puede lograr el estado estable partiendo de condiciones diferentes y empleando medios distintos.

8. *Límites o fronteras.* La organización, como sistema abierto que es, presenta límites o fronteras, es decir, barreras entre el sistema y el ambiente, las cuales definen el radio de acción y el grado de apertura del sistema (receptividad de insumos) respecto del ambiente.

Las organizaciones constituyen una clase de sistemas sociales que, a su vez, conforman una clase de sistemas abiertos que participan también de las características de entropía negativa, retroalimentación, homeostasis, diferenciación y equifinalidad. Los sistemas están en movimiento y tienden a la complejidad y la diferenciación, gracias a la dinámica de los subsistemas y a la relación entre crecimiento y supervivencia.

Los sistemas sociales, incluso las organizaciones, son la suma de actividades regulares realizadas por una cantidad de individuos. Estas actividades, complementarias o interdependientes en relación con alguna salida (*output*) o resultado común, se repiten y son relativamente duraderas y están enlazadas en el tiempo y en el espacio. La estabilidad o recurrencia de actividades se relaciona con la entrada (*input*) de energía al sistema, la transformación de energía dentro del sistema y el producto resultante o salida (*output*) de energía. Sostener esa actividad regular demanda la renovación continua de la energía que entra, lo cual se garantiza en los sistemas sociales mediante el retorno de la energía del producto o resultado. El sistema abierto no se agota porque puede tomar energía del ambiente externo. De este modo, la entropía se contrarresta por medio de la importación de energía; el sistema vivo se caracteriza más por la entropía negativa que por la positiva. Los teóricos llaman negentropía a la entropía negativa.

Enfoque de Tavistock: el sistema sociotécnico

Otra manera de estudiar un sistema abierto es dar importancia a su proceso de transformación cuando las organizaciones están, de una ma-

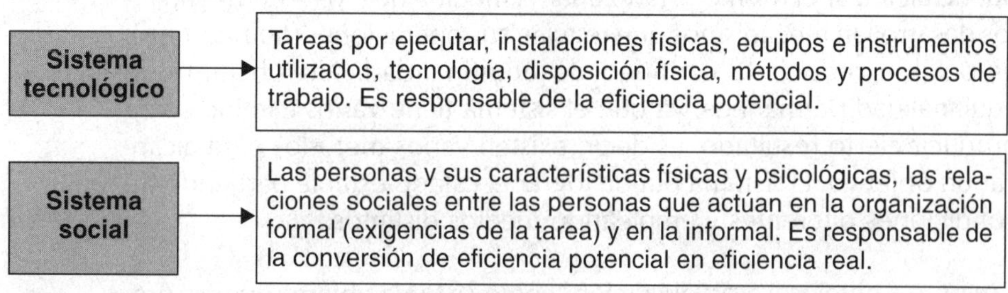

Figura 1.3 El sistema sociotécnico como resultante de la interacción entre el sistema tecnológico y el sistema social.

nera u otra, inmersas en el proceso de manejo de recursos. Por consiguiente, algunos autores conciben la organización como un sistema sociotécnico[12].

Las organizaciones cumplen una doble función: técnica (relacionada con la coordinación del trabajo y la ejecución de las tareas con la ayuda de la tecnología disponible) y social (que se refiere a la manera de interrelacionar a las personas, al modo de hacerlas trabajar juntas). El sistema técnico o tecnológico depende de los requerimientos típicos de las tareas que la organización ejecuta, los cuales cambian de acuerdo con la empresa y están determinados por la especialización del conocimiento y por las habilidades exigidas para operar determinados modelos de máquinas, por los equipos y las materias primas utilizadas y por la disposición física de las instalaciones. La tecnología determina casi siempre las características de las personas que la organización necesita: ingenieros y especialistas para la tecnología computarizada, o mano de obra para la ejecución de construcciones civiles. Los conocimientos, la experiencia, la calificación personal, las habilidades y destrezas son factores que dependen de la tecnología que la empresa utiliza. El sistema técnico no puede estudiarse aisladamente, pues el es responsable de la eficiencia potencial de la organización. Para operar el sistema técnico, se necesita un sistema social compuesto de personas que se relacionan e interactúan profundamente. Ninguno de ellos –sistemas técnico y social– puede mirarse de manera aislada, sino en el contexto de la organización en conjunto. Las modificaciones realizadas en uno de ellos repercuten en el otro.

El modelo sociotécnico de Tavistock lo propusieron en un principio los sociólogos y psicólogos del Instituto Tavistock, de Londres, Trist y sus colaboradores afirman que toda organización consta de una combinación administrada de tecnología y de personas, de modo que ambas se relacionan recíprocamente. Además de considerarse como un sistema abierto en constante interacción con su ambiente, la organización también se ve como un sistema sociotécnico estructurado. El sistema sociotécnico lo constituyen tres subsistemas principales:

12 Llamado modelo de Tavistock. Entre ellos: A. K. Rice, *The Enterprise and its Environments*, Londres, Tavistock, 1963; F. E. Emery, E. L. Trist, "Social-technical Systems", en C. West Churchman, Michel Verhulst (Orgs.), *Management Sciences: Models and Techniques*, Nueva York, Pergamon, 1960; E. Kast, James E. Rosenzweig, *Organization and Management: A Systems Approach*, Nueva York, McGraw-Hill, 1970.

1. *Sistema técnico* o de tareas, que incluye el flujo de trabajo, la tecnología utilizada, los roles que la tarea exige y algunas otras variables tecnológicas.

2. *Sistema gerencial* o administrativo, que implica la estructura organizacional, las políticas, los procedimientos y las reglas, el sistema de recompensas y castigos, el modo de tomar las decisiones y otros elementos proyectados para facilitar los procesos administrativos.

3. *Sistema social* o humano, relacionado en primer lugar con la cultura organizacional, los valores y las normas, y la satisfacción de las necesidades personales. En el sistema social también están incluidos la organización informal, el nivel motivacional de los miembros y sus actitudes individuales.

El sistema gerencial garantiza la administración y el desarrollo de la organización y sus procesos de toma de decisiones. Este sistema busca optimizar las relaciones entre los sistemas social y técnico, a medida que trabajan orientados hacia las metas organizacionales.

En la figura 1.4, el sistema gerencial (círculo 1) influye y está influido por los sistemas técnico y social. La administración define los objetivos del sistema técnico, según su capacidad tecnológica. Los objetivos económicos son modificados por consideraciones tecnológicas, mientras que el grado de tecnología se modifica de acuerdo con aspectos económicos.

El sistema técnico (círculo 2) responde por el flujo de información técnica necesaria para conseguir los objetivos organizacionales. El sistema técnico limita y adapta el sistema social a la necesidad de negociar con los trabajadores el desempeño de tareas, y a su vez, está determinado por la capacidad de los trabajadores para negociar las tareas y las relaciones que se establecen durante la realización del trabajo en la organización.

El sistema social (círculo 3) recibe la influencia del sistema gerencial en cuanto al aumento de participación de los miembros en los procesos de toma de decisiones en la organización. El sistema gerencial busca que el sistema social se desarrolle en una cultura de colaboración, ya que el grado de cooperación de los individuos y grupos determina los resultados operacionales, y pretende incrementar el nivel de control y dirección o hacer más énfasis en el desarrollo de las capacidades de desempeño. Los objetivos organizacionales sólo podrán lograrse si las tareas de la organización están suficientemente integradas y existe el complemento de los procesos sociotécnicos.

Figura 1.4 El sistema sociotécnico.

Fuente: Donald Ralph Kingdon, *Matrix Organization. Managing Information Technologies*, Londres, Tavistock, 1973, p. 95.

El enfoque sociotécnico concibe la organización, o una parte de ella, como una combinación de tecnología (exigencias de la tarea, ambiente físico, equipo disponible) y, al mismo tiempo, como sistema social (sistema de relaciones entre quienes realizan la tarea). Los sistemas tecnológico y social están en permanente interacción. La naturaleza de la tarea incide en la naturaleza de la organización de las personas (pero no la determina), y las características psicosociales influyen en la manera como se ejecutará cierto trabajo (pero no la determinan). Lo primordial de este enfoque radica en el hecho de que cualquier sistema de producción necesita una organización tecnológica (equipo y distribución de procesos) y una organización del trabajo (que incluye a quienes desempeñan las tareas necesarias). Aunque las exigencias tecnológicas condicionan y limitan la clase de organización del trabajo, ésta presenta características sociales y psicológicas propias, independientes de la tecnología.

Los participantes en las organizaciones

Las organizaciones surgen debido a que los individuos tienen objetivos que sólo pueden lograrse mediante la actividad organizada. A medida que crecen, las organizaciones desarrollan sus propios objetivos, que se van independizando y aun diferenciando de los de las personas que las fundaron. Tradicionalmente, sólo se reconocían como participantes de las organizaciones sus propietarios, sus administradores y sus empleados. Sin embargo, la organización moderna (que incluye formas diversas de organización: iglesias, clubes, universidades, hospitales, además de industria y comercio) se define como un proceso estructurado en que los diferentes individuos interactúan para lograr objetivos comunes e influyen en los procesos de toma de decisiones en la organización. Desde esta perspectiva, los miembros de la organización son[13]:

a. Los gerentes y empleados
b. Proveedores (de materias primas, tecnología, servicios, capital, créditos, financiación, etc.)
c. Clientes y usuarios
d. El gobierno
e. La sociedad

Estos miembros participan en un proceso continuo de colaboración-competencia. Como se muestra en la figura 1.5, la estrategia de colaboración -relación "con cada miembro"- es contraria a la estrategia de competencia-relación "contra cada miembro".

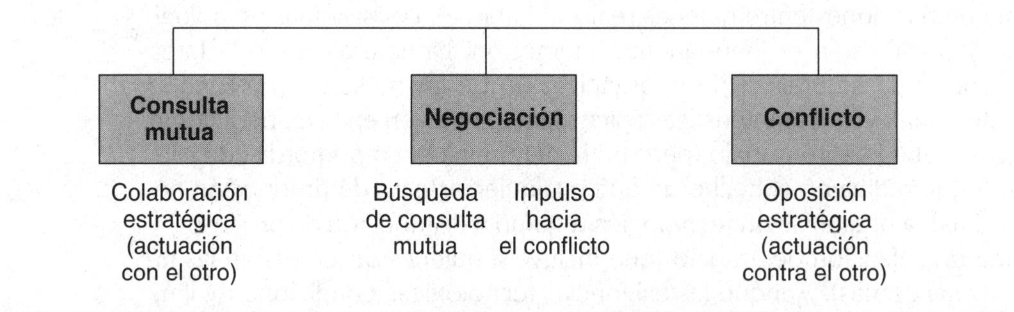

Figura 1.5 El *continuum* colaboración-competencia.

Fuente: B. C. J. Lievegoed, *The Developing Organization*, Londres, Tavistock/Assen, Van Gorcum, 1973, p. 37.

13 Herbert G. Hicks, C. Ray Gullett, *Organizations: Theory and Behavior*, Tokio, McGraw-Hill Kogakusha, 1975, pp. 41-44.

Tanto la organización como sus miembros están involucrados en una adaptación mutua. Aunque se busca un equilibrio entre los individuos y la empresa, éste no podrá alcanzarse por completo, ya que las necesidades, los objetivos y las relaciones de poder varían, de modo que la adaptación es un proceso de cambios y ajustes continuos. Todos los miembros (internos y externos) inciden en la adaptación y en el proceso de toma de decisiones (y viceversa). Los consumidores pueden influir en las decisiones de mercadeo, en tanto que los accionistas y los acreedores lo hacen en las decisiones del área financiera. Esto diferencia a las empresas de los organismos vivos, puesto que los límites son flexibles y no están bien definidos[14] y se mantienen en expansión y contracción constante, incluyendo ciertos grupos de miembros o excluyendo otros, según el correspondiente proceso de adaptación y de toma de decisión. En la figura 1.6 se ejemplifican las dos situaciones.

Figura 1.6 Flexibilidad y permeabilidad de los límites de una organización.

Fuente: Herbert G. Hicks, C. Ray Gullett, *Organizations: Theory and Behavior,* Tokio, McGraw-Hill Kogakusha, 1975, p. 45.

14 Fremont E. Kast, James E. Rosenzweig, "General Systems Theory: Applications for Organizations and Management", *Academy of Management Journal,* diciembre de 1972, p. 450.

Los objetivos organizacionales

La organización consta de una serie de componentes proyectados para alcanzar un objetivo particular, de acuerdo con un plan determinado. En esta definición hay tres puntos importantes: propósito u objetivo hacia el cual se proyecta el sistema; el proyecto o disposición de los componentes, y las entradas de información, energía y materiales, destinadas a hacer funcionar la organización.

Toda organización tiene alguna finalidad, alguna noción del porqué de su existencia y de lo que va a realizar; por consiguiente, deben definirse la misión, los objetivos y el ambiente interno que necesitan los participantes, de los que depende para alcanzar sus fines. Si no tiene noción de cuál es su misión y hacia dónde se dirige, corre el riesgo de ir a la deriva y serán las condiciones del momento las que determinen qué debe hacer. Estará obligada a aceptar lo que otros decidan y no lo que ella determina.

Los *objetivos* son

> los puntos hacia los cuales las empresas encaminan sus energías y recursos. Si la organización es un medio de lograr los fines mediante la capacidad de los individuos, los objetivos son metas colectivas que representan aspectos socialmente significantes. Aunque muchas veces se representan como definidos por la acción, los objetivos también influyen en la actividad organizada, puesto que, al quedar bien establecidos, sirven como elemento vital en la legitimación de la acción[15].

Las *empresas* son unidades sociales que persiguen objetivos específicos: su razón de ser es servir a esos objetivos. Para una organización, un objetivo es una situación deseada que debe alcanzarse. Vistos así, los objetivos empresariales tienen muchas funciones[16]:

a. Dado que se refieren a una situación futura, señalan la orientación que la empresa debe seguir y establecen directrices para la actividad de los participantes.

b. Constituyen una fuente de legitimidad que justifica las acciones de una empresa, incluida su existencia.

---

15 William J. Gore, *Administrative Decision-making,* Nueva York, John Wiley, 1964, pp. 184-185.

16 Amitai Etzioni, *Organizações modernas,* São Paulo, Pioneira, 1967, pp. 13-35.

c. Sirven como estándar para que las personas que pertenecen a la organización, así como las que no pertenecen a ella, puedan comparar y evaluar el éxito de la organización, es decir su eficiencia y rendimiento.

d. Sirven como unidad de medida para verificar y comparar la productividad de la empresa, de sus organismos e incluso de sus miembros.

Existen muchas palabras para expresar el objetivo: meta, fin, propósito, misión, estándar, directriz, blanco, cuotas de resultados. Estos vocablos significan regularmente un estado de cosas que algunos miembros consideran deseables para la empresa y, por tanto, procuran dotarla de los medios y recursos necesarios para alcanzarlos a través de estrategias, tácticas u operaciones determinadas.

Los objetivos aceptados por las empresas aparecen en los documentos oficiales: estatutos, actas de asambleas, informes anuales, etc., o en los pronunciamientos públicos de los dirigentes para ayudar a entender la conducta y las decisiones que toman los miembros de la empresa. En general, los objetivos naturales de una empresa son[17]:

1. Satisfacer las necesidades de bienes y servicios de la sociedad.

2. Proporcionar empleo productivo para todos los factores de producción.

3. Aumentar el bienestar de la sociedad mediante el uso racional de los recursos.

4. Proporcionar un retorno justo a los factores de entrada.

5. Crear un ambiente en que las personas puedan satisfacer sus necesidades humanas básicas.

Las empresas pueden estudiarse desde la perspectiva de sus objetivos, puesto que éstos establecen la base de la relación entre la empresa y el ambiente. La empresa no tiene sólo un objetivo, ya que debe satisfacer varios requisitos y exigencias que le imponen tanto el ambiente externo como sus miembros. Los objetivos son dinámicos y están en continua

17 Mervin Kohn, *Dynamic Managing: Principles, Process, Practice*, Menlo Park, Cummings Publishing, 1977, pp. 13-15.

evolución, modificando las relaciones (externas) de la empresa con el ambiente o entorno y con sus miembros (internas), y son evaluados y modificados constantemente en función de los cambios del entorno y la organización interna de los miembros.

Estudiar los objetivos empresariales se dificulta un poco debido a los siguientes aspectos:

a. Cuando se alcanza un objetivo, deja de ser algo deseado y se convierte en una situación concreta. Un objetivo es algo que se busca, no algo que se posee.

b. Muchas empresas tienen, legítimamente, dos o más objetivos simultáneos. Algunas añaden nuevos objetivos a los planteados al principio.

c. Casi todas las empresas poseen un órgano formal –un departamento, por ejemplo– que determina los objetivos iniciales y realiza las modificaciones posteriores. En algunas empresas los objetivos se establecen mediante el voto de los accionistas; en otras, mediante el voto de los miembros; o por medio de un consejo deliberativo, o los define el dueño y director de la empresa.

d. Si se presentan objetivos para los cuales no se creó la empresa o para los que no existen recursos adecuados o suficientes, éstos pueden modificarse o sustituirse.

e. La eficacia de una empresa puede medirse en función de los objetivos logrados; la eficiencia, por la cantidad de recursos utilizados en la elaboración de un producto: la eficiencia aumenta a medida que decrecen los costos y los recursos utilizados.

¿Cómo medir la eficacia de una empresa que persigue objetivos sociales? Para una empresa de productos tangibles, el mercado proporciona medios para medir su éxito en la adaptación a nuevos objetivos sociales. No obstante, las organizaciones cuyos productos o resultados no son tangibles (universidades, hospitales y algunas empresas gubernamentales) encaran cierta dificultad para medir la eficacia desde el punto de vista social. "En suma, los objetivos de una organización, que determinan la clase de bienes o servicios que produce y ofrece al ambiente, están sometidos a dificultades particulares de evaluación. Cuando el objetivo requiere un producto fácilmente identificable y medible, las evaluaciones y los reajustes pueden hacerse con rapidez, pero cuando los objetivos se vuelven intangibles y los productos difíciles de medir, a la sociedad se le dificulta establecer y reflejar la aceptabilidad del producto. Entonces, las señales que indican si los objetivos son inaceptables se tornan menos efectivas, y quizá tarden más en aparecer[18].

Racionalidad de las organizaciones

La racionalidad implica adecuar los medios utilizados a los fines y objetivos que se desean alcanzar. En el contexto de la teoría de la burocracia, esto significa eficiencia: una organización es racional si se escogen los medios más eficientes para lograr los objetivos deseados, aunque sólo se tienen en cuenta los objetivos organizacionales y no los individuales. Sin embargo, el hecho de que una organización sea racional no implica, necesariamente, que sus miembros actúen de manera racional en lo que se refiere a sus aspiraciones y objetivos personales. Por el contrario, cuanto más racional y burocrática se vuelva la organización, más automáticamente trabajarán sus miembros, que actuarán como simples engranajes de una máquina y se olvidarán del propósito y significado de su comportamiento. La racionalidad se logra mediante normas y reglamentos que rijan el comportamiento de los participantes en la búsqueda de la eficiencia. La administración científica de Taylor se fundamenta en esta racionalidad para descubrir y aplicar la mejor manera (*the best way*) de ejecutar el trabajo empresarial.

El concepto *racionalidad* es fundamental para entender el comportamiento de las organizaciones, puesto que aquélla es la exigencia primordial en todas las actividades administrativas de una organización, la cual la lleva a producir gran variedad de comportamientos para alcanzar los objetivos. La racionalidad se emplea en muchas situaciones: cuando el problema implica una reducción de medios para obtener un fin determinado (utilización mínima de recursos) o cuando los fines deseados determinan la forma de comportamiento de un sistema (adecuación de recursos). En este caso, se busca lograr el objetivo específico con los recursos disponibles y de la manera más eficiente. La eficiencia se relaciona con la utilización de los recursos para obtener un fin u objetivo. La eficien-

18 James D. Thompson, William J. McEwen, "Organizational Goals Environment", en *American Sociological Review*, Vol. 23, No. 1, febrero de 1958, p. 24.

cia puede expresarse mediante la ecuación $E = P/R$, donde P son los productos (salidas o resultados), y R, los recursos utilizados (entradas o insumos). La eficiencia es resultado de la racionalidad, puesto que una vez establecidos los objetivos, le compete a ésta descubrir los medios más adecuados para conseguirlos.

Existe una racionalidad organizacional: toda organización se comporta de acuerdo con una racionalidad que le es inherente. La racionalidad está ligada a los medios, métodos y procesos con los cuales la organización considera que alcanzará determinados fines o resultados. La racionalidad se fundamenta en una presuposición de causa y efecto: determinadas acciones conducen a determinados resultados; por tanto, una acción o un procedimiento es racional si muestra coherencia con el objetivo que se pretende lograr o se ajusta a presuposiciones, axiomas o premisas aceptadas y establecidas con anterioridad por la organización. Existe racionalidad porque el comportamiento de la organización está planeado y dirigido hacia ciertos objetivos que desea alcanzar. Para que exista racionalidad es necesario que los medios, procedimientos, métodos, procesos, etc., sean coherentes con el logro de los objetivos deseados.

La racionalidad organizacional puede abarcar múltiples aspectos. Por ejemplo, existe racionalidad económica cuando al escoger una alternativa de acción, ésta es coherente con lo que dice la teoría económica y con las presuposiciones de la empresa con relación a los fenómenos económicos; existe racionalidad legal cuando hay adecuación a las leyes y a la jurisprudencia vigentes; existe racionalidad social cuando hay coherencia con los valores y las normas sociales; existe racionalidad política cuando se calcula el poder y la influencia política que se desean alcanzar; existe racionalidad técnica cuando se tienen en cuenta la evidencia y los métodos científicos. La organización procura satisfacer simultáneamente lo relacionado con la racionalidad técnica, económica, social, política, legal, etc. Sin embargo, el cumplimiento de uno de estos aspectos puede perjudicar la satisfacción de los otros. Es el caso, por ejemplo, de cierto tipo de tarea o producto que, escogido para atender la racionalidad técnica (búsqueda de la eficiencia en la producción), sacrifica la racionalidad económica (se eleva el precio del producto en el mercado), la racionalidad legal (crea dificultades con una marca o patente existente en el mercado), la racionalidad social (imposición de condiciones de trabajo adversas a los empleados), etc.

Toda organización debe considerar la eficiencia y la eficacia de manera simultánea. La *eficacia* es una medida normativa del logro de resultados; la *eficiencia* es una medida normativa de la utilización de recursos en ese proceso. En términos económicos, la eficacia de una organización se refiere a su capacidad de satisfacer una necesidad social mediante el suministro de productos (bienes o servicios), en tanto que la eficiencia es una relación técnica entre las entradas y las salidas. La *eficiencia* es la relación entre costos y beneficios, enfocada hacia la búsqueda de la mejor manera (*the best way*) de hacer o ejecutar las tareas (métodos), con el fin de que los recursos (personas, máquinas, materias primas) se utilicen del modo más racional posible. La *eficiencia* busca utilizar los medios, métodos y procedimientos más adecuados y debidamente planeados y organizados para asegurar un óptimo empleo de los recursos disponibles. La eficiencia no se preocupa por los fines, sino por los medios. El logro de los objetivos previstos no es competencia de la eficiencia, sino de la eficacia.

Cuadro 1.3 Algunas diferencias entre eficiencia y eficacia.

Eficiencia	Eficacia
• Énfasis en los medios	• Énfasis en los resultados y fines
• Hacer correctamente las cosas	• Hacer las cosas correctas
• Resolver problemas	• Lograr objetivos
• Salvaguardar los recursos	• Utilizar los recursos de manera óptima
• Cumplir tareas y obligaciones	• Obtener resultados y agregar valor
• Capacitar a los subordinados	• Proporcionar eficacia a los subordinados
• Conservar las máquinas	• Máquinas disponibles
• Asistir a los templos	• Practicar los valores religiosos
• Rezar	• Ganar el cielo
• Jugar fútbol con arte	• Ganar el campeonato

Fuente: Adaptado de William J. Reddin, *Administração por objetivos: o método 3-D*, São Paulo, Ed. Atlas, 1978, pp. 22, 43 y 79.

Cuando el administrador se preocupa por hacer correctamente las cosas, transita hacia la eficiencia (utilización adecuada de los recursos disponibles); cuando utiliza instrumentos para evaluar el logro de los resultados, para verificar que las cosas bien hechas son las que en realidad debían hacerse, entonces marcha hacia la eficacia (logro de los objetivos mediante los recursos disponibles).

Eficiencia y eficacia no siempre van de la mano. Una organización puede ser eficiente en sus operaciones, pero no eficaz, o viceversa; puede ser ineficiente en sus operaciones y sin embargo ser eficaz, aunque sería mucho más ventajoso si la eficacia estuviese acompañada de la eficiencia. También puede ocurrir que no sea ni eficiente ni eficaz; el ideal es una empresa eficiente y eficaz.

Cuadro 1.4 Posibles relaciones entre eficacia y eficiencia.

		EFICIENCIA (utilización óptima de los recursos disponibles)	
		Baja	**Elevada**
EFICACIA (alcance de los objetivos organizacionales)	**Baja**	• Escasa recuperación de la inversión, pues los recursos no se utilizan bien (desperdicio de materiales, de equipos, de mano de obra y de tiempo; altos costos de operación). • Dificultad para lograr los objetivos empresariales (lo que repercute en la pérdida de mercado, bajo volumen de ventas, reclamos de los consumidores, grandes perjuicios).	• Alta recuperación de la inversión, pues los recursos se utilizan intensiva y racionalmente; así, el desperdicio es menor (gracias a la buena planeación y organización de los métodos y procedimientos), lo cual redunda en bajos costos operacionales. • Sin embargo, hay dificultades para lograr los objetivos empresariales. No obstante que las cosas están bien hechas, el éxito empresarial es precario.
	Elevada	• La actividad operacional es deficiente y los recursos se utilizan precariamente. Los métodos y procedimientos conducen a un rendimiento inadecuado e insatisfactorio. • Se alcanzan los objetivos empresariales, aunque el desempeño y los resultados pudieran ser mejores. La empresa obtiene ventajas en el medio (mantenimiento o ampliación del mercado, del volumen de ventas pretendido, de la satisfacción del consumidor, de la ganancia estimada).	• La actividad se ejecuta bien; los desempeños individual y departamental son buenos, pues los métodos y procedimientos son racionales. Las tareas se ejecutan bien, se realizan de la mejor manera, a menor costo, en el menor tiempo y con mínimo esfuerzo. • La actividad entrega resultados productivos para la empresa, pues se ejecuta en forma estratégica y táctica para la obtención de los objetivos deseados. Las tareas se ejecutan bien para alcanzar los resultados previstos y asegurar la supervivencia, la estabilidad y el crecimiento.

Fuente: Idalberto Chiavenato, *Administração: teoria, processo e prática*, São Paulo, McGraw-Hill, 1985, p. 109.

Niveles organizacionales

No toda la organización se comporta como un sistema abierto que interactúa con el ambiente, sino parte de ella. La estructura y el comportamiento organizacional son variables dependientes, mientras que el ambiente y la tecnología son variables independientes. El ambiente genera desafíos externos a la organización, en tanto que la tecnología le impone retos internos. Para enfrentar unos y otros, las empresas se desdoblan en tres niveles organizacionales, cualquiera sea su naturaleza o tamaño. Dichos niveles son[19]:

1. *Nivel institucional.* Corresponde al nivel más elevado de la organización; está compuesto de los directores, propietarios o accionistas y los altos ejecutivos. Se denomina nivel estratégico, pues allí se toman las decisiones y se establecen los objetivos de la organización, así como las estrategias necesarias para lograrlos. Este nivel es periférico y está orientado hacia el exterior, ya que mantiene la interfaz con el ambiente. Funciona como un sistema abierto y debe enfrentar la incertidumbre porque no tiene poder o control sobre los eventos ambientales ni mucho menos capacidad de prever con razonable precisión los eventos ambientales futuros.

2. *Nivel intermedio.* También llamado nivel táctico, mediador o gerencial. En él se encuentran los departamentos y divisiones de la empresa. Situado entre el nivel institucional y el nivel operacional, permite la articulación interna entre estos dos niveles. Se encarga de que las decisiones tomadas en el nivel institucional (en la cima) sean adecuadas a las operaciones realizadas en el nivel operacional (la base de la organización). Corresponde a la línea de medio campo y está conformado por los mandos medios, es decir, las personas y órganos encargados de transformar en programas de acción las estrategias acordadas para alcanzar los objetivos organizacionales. Debe enfrentarse con dos componentes bien diferentes: uno sujeto a la incertidumbre y al riesgo, que encara un ambiente externo cambiante y complejo (nivel institucional), y otro orientado a la lógica y la certeza, ocupado en la programación y ejecución de tareas bien definidas y delimitadas (nivel

19 Idalberto Chiavenato, *Introdução à teoria geral da administração*, São Paulo, McGraw-Hill, Makron Books, 1993, p. 835.

operacional). El nivel intermedio amortigua los impactos y vaivenes de la incertidumbre traída del ambiente por el nivel institucional, y los absorbe y digiere para traer al nivel operacional los programas, rutinas y procedimientos de trabajo establecidos con rigidez, que este último deberá seguir para ejecutar con eficiencia las tareas básicas de la organización.

3. *Nivel operacional.* Denominado nivel o núcleo técnico, se halla localizado en las áreas internas e inferiores de la organización. Es el nivel organizacional más bajo; allí se ejecutan las tareas y se llevan a cabo las operaciones. Abarca la programación y ejecución de las actividades diarias de la empresa. En este nivel se hallan las máquinas, las instalaciones físicas, las líneas de montaje, las oficinas y los puntos de venta, que constituyen la tecnología predominante en la organización. Incluye el trabajo físico relacionado directamente con la fabricación de productos o la prestación de servicios de la organización, cuyo funcionamiento debe seguir determinadas rutinas y procedimientos programados con regularidad y continuidad, que garanticen la utilización total de los recursos disponibles y la máxima eficiencia de las operaciones. Dicho nivel, orientado hacia las exigencias impuestas por la naturaleza de la tarea y la tecnología empleada para ejecutarla, funciona como un sistema cerrado y determinista en el interior de la organización.

De este modo, las organizaciones son, por un lado, sistemas abiertos que enfrentan la incertidumbre proveniente de las restricciones y contingencias externas impuestas por el ambiente, las cuales penetran a través del nivel institucional, que busca la eficacia tomando decisiones que tratan de aprovechar las oportunidades ambientales, defenderse de las amenazas y neutralizar las restricciones y contingencias del ambiente, para alcanzar resultados satisfactorios. Por otro lado, las organizaciones son sistemas cerrados, teniendo en cuenta que el nivel operacional funciona en términos de certeza y previsibilidad, y opera la tecnología de acuerdo con criterios de racionalidad. Este nivel busca la eficiencia en las operaciones ejecutadas dentro de programas, rutinas y procedimientos estandarizados, cíclicos y repetitivos, para alcanzar resultados óptimos.

Los tres niveles se hallan articulados y no presentan límites bien definidos. Lo importante es que forman parte de la división del trabajo organizacional.

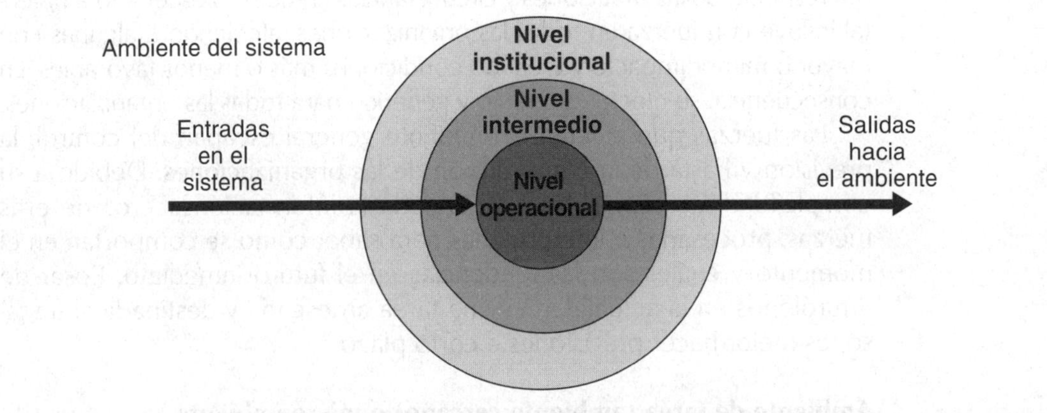

Figura 1.7 Los tres niveles organizacionales y el ambiente.

Las organizaciones y el ambiente

Cuando se diseña un modelo para visualizar la organización, es necesario saber en qué contexto existe y funciona. Las organizaciones no son absolutas, no están solas en el mundo ni existen en el vacío. Como sistemas abiertos, las organizaciones operan en un ambiente que las envuelve y rodea. Se denomina ambiente todo lo que rodea la organización, el contexto dentro del cual existe una organización o un sistema. Desde una perspectiva más amplia, ambiente es todo lo que existe alrededor de una organización; esto significa que el ambiente es todo el universo. Dado que el ambiente es vasto, amplio, genérico y difuso, es difícil profundizar en este concepto. Para poder comprender dicho concepto, es necesario definir dos estratos ambientales: el ambiente general (o macroambiente) y el ambiente de tarea (o microambiente). El segundo está contenido en el primero, del mismo modo que un sistema se halla inmerso en un suprasistema.

El ambiente general o macroambiente

El ambiente general se halla constituido por todos los factores económicos, tecnológicos, sociales, políticos, legales, culturales, demográficos, etc., que ocurren en el mundo y la sociedad en general. Estos factores conforman un campo dinámico de fuerzas intrincadas que se cruzan, chocan, se junta, se oponen, se multiplican, se anulan y se potencian provocando acciones, reacciones, inestabilidad, cambio y, por consiguiente, complejidad e incertidumbre respecto de las situaciones y circunstancias creadas. El escenario ambiental influye con fuerza en todas las organizaciones, afectando a algunas con mayor o menor impacto y creando condiciones más o menos favorables. En consecuencia, su efecto es amplio y genérico para todas las organizaciones.

Las fuerzas que afectan el ambiente general escapan del control, la previsión y hasta de la comprensión de las organizaciones. Debido a su complejidad, es imposible obtener toda la información acerca de esas fuerzas, procesarlas e interpretarlas para saber cómo se comportan en el momento y cuáles son las tendencias en el futuro inmediato. Posar de futurólogos en la actualidad es una tarea arriesgada y destinada al fracaso; es mejor hacer previsiones a corto plazo.

Ambiente de tarea (ambiente cercano) o microambiente

El ambiente de tarea es el más próximo e inmediato a la organización. Cada organización tiene su propio ambiente de tarea, del cual obtiene sus entradas y en el cual sitúa sus salidas o resultados. En el ambiente de tarea se hallan las entradas y salidas del sistema, es decir, proveedores de recursos (materiales, financieros, humanos, de actividades de terceros, etc.) y clientes o consumidores. Sin embargo, la organización no es ama absoluta de lo que está a su alrededor, pues en el ambiente de tarea están los competidores (que le disputan las entradas y las salidas) y los organismos reguladores (sindicatos, órganos fiscalizadores, entidades reguladoras, etc.), que imponen restricciones, condiciones y limitaciones a la actividad organizacional.

Figura 1.8 Los tres niveles organizacionales y su funcionamiento.

Fuente: Idalberto Chiavenato, *Administração de empresas: uma abordagem contingencial*, São Paulo, McGraw-Hill, Makron Books, 1995, p. 93.

Cuadro 1.5 Fuerzas que afectan el ambiente general o macroambiente.

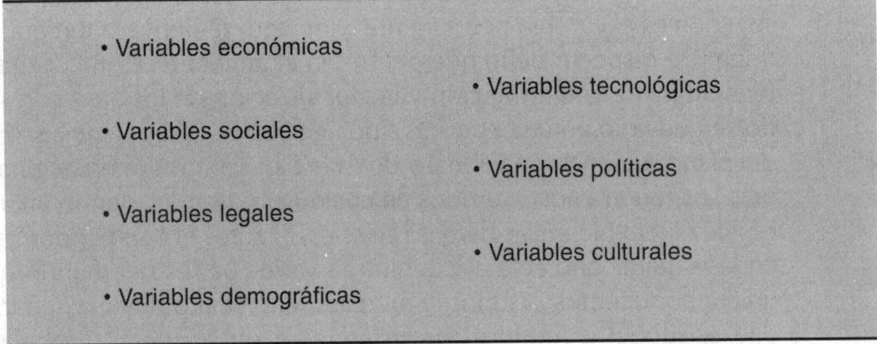

Figura 1.9 Fuerzas que afectan el ambiente de tarea o microambiente.

La organización crea su nicho de operaciones y establece su dominio en el ambiente de tarea. El dominio define las relaciones de poder y dependencia con respecto a los elementos ambientales descritos. Aunque el ambiente de tarea ofrece medios, recursos y oportunidades, también impone a la organización exigencias, condiciones, limitaciones, restric ciones, retos, contingencias y amenazas. Es una espada de dos filos. La organización exitosa es capaz de coordinar el trabajo de individuos y grupos que ejecutan ciertas tareas, de modo que el sistema total pueda operar dentro de las restricciones, responder a las exigencias y aprovechar las oportunidades del ambiente.

La primera característica del ambiente es la complejidad creciente; la segunda es el cambio permanente, y de aquí se deriva la tercera: la incertidumbre respecto de lo que ocurre en el ambiente. Con la llegada de la tecnología de la información y la globalización de los mercados, el mundo se convirtió en una enorme aldea global. La competencia se desplazó del plano regional al nacional y de éste a los campos internacional y mundial. Los fenómenos ocurridos en cualquier parte del mundo influyen con rapidez increíble en las demás regiones. Si antes el competidor se hallaba en la esquina, ahora se encuentra en varios países del mundo que ni siquiera conocemos; si antes el mercado era local o regional, en la actualidad es global o mundial, sin fronteras y sin banderas. Trabajar en un ambiente limitado y reservado es fácil; lo difícil es competir en terreno abierto. Lo mismo puede decirse de la información con respecto al ambiente. Las organizaciones no están preparadas para procesar información que lleven a elaborar mapas, percibir e interpretar sus ambientes y conocerlos de modo adecuado para que les sirvan de guía al tomar decisiones y emprender acciones.

Figura 1.10 Organización, ambiente específico (o de tarea) y ambiente general.

En opinión de algunos autores, el ambiente constituye la variable independiente, mientras que la organización representa la variable dependiente. Esto quiere decir que las características organizacionales se encuentran profundamente influenciadas por las características ambientales. Según ellos, existe un determinismo ambiental: el ambiente determina las características organizacionales. Las empresas que logran ajustarse y adaptarse a las exigencias ambientales consiguen sobrevivir y crecer. Por el contrario, las empresas incapaces de adaptarse, simplemente desaparecen del escenario, así como desaparecieron del planeta los dinosaurios. Tales cambios responden a una verdadera selección natural de las especies organizacionales. A pesar de la exageración evidente, no queda duda de que el ambiente condiciona hasta cierto punto las características que las organizaciones necesitan para alcanzar el éxito en sus actividades.

DINÁMICA AMBIENTAL

El ambiente de tarea también puede estudiarse desde el punto de vista de su dinamismo, es decir, de la estabilidad o la inestabilidad. Cuando el ambiente en que se halla inmersa la organización se caracteriza por pocos cambios o cambios leves y previsibles, se denomina estable y estático; cuando se caracteriza por cambios rápidos e imprevistos, se denomina cambiante o inestable. Cuando los cambios son muy fuertes, el ambiente se aproxima a la turbulencia. En realidad, son dos situaciones extremas en un *continuum*:

1. *Ambiente de tarea estable y estático.* Permite relaciones estandarizadas y rutinarias (repetitivas) en la organización, ya que su comportamiento es conservador y previsible. La empresa puede utilizar el modelo burocrático de organización (llamado modelo mecanicista) estableciendo normas y reglamentos para las actividades de sus departamentos, pues sus clientes, proveedores, competidores y entidades reguladoras casi siempre experimentan las mismas acciones y reacciones. La rutina y el conservadurismo son las dos principales características de las organizaciones que operan con gran éxito en esta clase de ambiente, que predominó durante la primera mitad del siglo XX. A partir de entonces, perdió su estabilidad y empezó a mostrar algunos cambios. En la actualidad son escasas las organizaciones que mantienen un ambiente de tarea estable y estático, en el cual poco cambia en las reglas de

juego establecidas con proveedores, clientes y competidores. Es el caso, por ejemplo, de empresas de sombreros y de goma arábiga, que experimentan pocos cambios.

2. *Ambiente de tarea cambiante e inestable.* Impone reacciones diferentes, nuevas y creativas a la organización, ya que su comportamiento es dinámico, cambiante, imprevisible y turbulento. En consecuencia, la empresa precisa establecer el modelo orgánico o *adhocrático* de organización, capaz de generar reacciones adecuadas a las restricciones ambientales que debe enfrentar la organización, y a las contingencias que no consiga prever. El cambio y la innovación permanentes son las principales características de las organizaciones que operan con gran éxito en este tipo de ambiente. Al entrar en la era de la información, la mayoría de las organizaciones pasaron a funcionar en ambientes de tarea cambiantes e inestables. Incluso organizaciones conservadoras como las empresas cementeras y ferroviarias están experimentando el impacto de competidores nuevos y agresivos, aunque mantienen los mismos clientes y proveedores.

COMPLEJIDAD AMBIENTAL

El ambiente de tarea puede estudiarse desde el punto de vista de la complejidad, es decir, de la homogeneidad y la heterogeneidad. Cuando la organización fabrica un solo producto o presta un único servicio, su ambiente de tarea se vuelve simple y homogéneo, ya que sólo puede tener un tipo de clientes y un tipo de proveedores y, por consiguiente, un solo tipo de competidores y de entidades reguladoras. Cuando la organización fabrica una serie de productos o presta servicios diferenciados, su ambiente de tarea se vuelve complejo y heterogéneo, con diversidad de proveedores, clientes, competidores y organismos reguladores. Si la organización cambia sus productos o servicios -modificándolos, ampliándolos, restringiéndolos o descontinuándolos-, cambia también su ambiente de tarea y opera con nuevos clientes, proveedores, competidores y organismos reguladores. Los extremos de ese *continuum*, que va de la homogeneidad a la heterogeneidad son:

1. *Ambiente de tarea homogéneo.* Permite a la organización alcanzar un pequeño grado de diferenciación de actividades y, en consecuencia, tener una estructura organizacional sencilla y centralizada, con pocos

departamentos para tratar con los eventos ambientales homogéneos (o uniformes). Es el caso de las empresas que tienen clientes, proveedores y competidores poco diferentes entre sí y que pueden ser tratados por la organización con cierta uniformidad de criterios. La simplicidad es la principal característica de las organizaciones que operan con gran éxito en este ambiente, en el cual se concentran las organizaciones de un solo producto o servicio.

2. *Ambiente de tarea heterogéneo*. Impone a la organización la necesidad de establecer unidades u órganos diferenciados que correspondan a los diversos segmentos diferenciados del ambiente de tarea, cada uno de los cuales debe funcionar como una base descentralizada para planear y controlar las reacciones en su segmento específico del ambiente de tarea. El ambiente de tarea heterogéneo impone variedad a la organización, que se divide en una serie de departamentos que responden individualmente por un aspecto de esa variedad ambiental. Es el caso de las organizaciones cuyos mercados de clientes y proveedores son diferentes, y sus competidores son heterogéneos y distintos entre sí. La complejidad es la característica principal de las organizaciones que operan con gran éxito en este ambiente. En general, son compañías con muchos productos o servicios, que deben tratar con clientes, proveedores y competidores diferentes.

Cuadro 1.6 *Continuum* entre estabilidad e inestabilidad y entre homogeneidad y heterogeneidad.

Estabilidad	Homogeneidad
• Estático y previsible • Tranquilo y seguro • Estable • Cambiante • Dinámico • Inestable • Perturbado • Reactivo y errático • Turbulento e imprevisible	• Clientes, proveedores y competidores homogéneos • Estratificación de clientes, proveedores y competidores • Diversificación de clientes, proveedores y competidores • Diferenciación de clientes, proveedores y competidores • Clientes, proveedores y competidores heterogéneos
Inestabilidad	**Heterogeneidad**

De la unión de estos dos aspectos del ambiente de tarea resulta un cuadro de doble entrada que permite comprender mejor los fenómenos implicados.

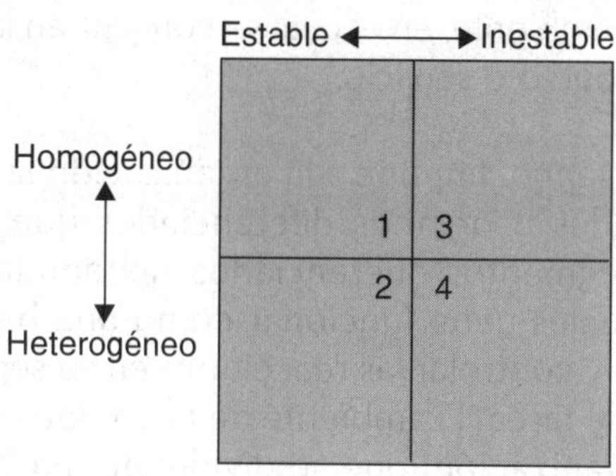

Figura 1.11 Tipología de ambientes de tarea.

En el cuadrante 1, el ambiente homogéneo y estable es simple y previsible. En este tipo de ambiente de tarea, las empresas adoptan una estructura organizacional sencilla y no muy diferenciada, con pocos departamentos para enfrentar los agentes ambientales (clientes, proveedores y competidores) homogéneos y no diferenciados. Al mismo tiempo, las organizaciones pueden adoptar un modelo burocrático y rígido para enfrentar todos los agentes ambientales de modo rutinario, estandarizado, repetitivo y conservador, y los eventos ambientales estables y poco sujetos a cambios.

En el cuadrante 2, el ambiente heterogéneo y estable es complejo y previsible. En este tipo de ambiente de tarea, las empresas adoptan una estructura organizacional diferenciada con varios departamentos capaces de enfrentar cada segmento ambiental específico involucrado (clientes, proveedores y competidores), debido a la heterogeneidad ambiental. Al mismo tiempo, las organizaciones adoptan un modelo burocrático y rígido para enfrentar los diversos agentes ambientales de manera rutinaria, repetitiva y conservadora, y los eventos ambientales estables y poco sujetos a cambios.

En el cuadrante 3, el ambiente de tarea homogéneo e inestable es simple pero imprevisible. En este tipo de ambiente de tarea, las organizaciones adoptan una estructura organizacional simple y poco diferenciada, con pocos departamentos para enfrentar los agentes ambientales involucrados, homogéneos y no diferenciados. Al mismo tiempo, las organizaciones adoptan un modelo *adhocrático*[20], flexible y maleable para enfrentar los agentes ambientales de manera creativa e innovadora.

En el cuadrante 4, el más complejo y retador, el ambiente de tarea heterogéneo e inestable es complejo e imprevisible. En este tipo de ambiente de tarea, las empresas requieren adoptar una estructura organizacional diferenciada, con varios departamentos capaces de enfrentar cada segmento ambiental específico involucrado, debido a la heterogeneidad ambiental. Al mismo tiempo, las organizaciones necesitan adoptar un modelo *adhocrático*, flexible y maleable para enfrentar agentes ambientales de manera creativa e innovadora.

Administrar una organización que opera en el ambiente de tarea del cuadrante 1 es relativamente fácil: la rutina y la simplicidad son parte del juego; los cuadrantes 2 y 3 representan desafíos mayores. Administrar una organización en las condiciones del cuadrante 4 es una tarea realmente compleja, desafiante e innovadora. Las personas deben sintonizarse con ese contexto.

En este mundo de cambios, las organizaciones en general están alineándose en el cuadrante 4 (ambiente de tarea heterogéneo). Ahí está el peligro: al transitar hacia ese cuadrante, dejan a un lado sus características mecanicistas y asumen de modo gradual características orgánicas para sobrevivir y crecer en el nuevo contexto ambiental.

---

20 La *adhocracia* es un modelo de organización en que predomina lo *ad hoc* (aquí y ahora). Es un modelo flexible, ajustable y orgánico. Es la antítesis de la burocracia y de la organización rutinaria y conservadora. Presenta poca división del trabajo: en vez de órganos especializados en funciones (estructura funcional y departamentalizada), la organización se basa en equipos autónomos e interfuncionales y no en departamentos y órganos estables y definitivos. El énfasis se hace en las personas y no en los órganos o la jerarquía. Se caracteriza por la nivelación del poder, es decir, pocos niveles jerárquicos. La autoridad del conocimiento es más importante que la autoridad jerárquica. La organización funciona con base en la comunicación lateral intensiva y no con base en las líneas verticales, el mando jerárquico o la supervisión única. Las normas y reglamentos burocráticos se sustituyen en su totalidad por la confianza recíproca y las relaciones interpersonales. El trabajo individual se remplaza por la actividad grupal y en equipo. El énfasis se hace en la innovación y el cambio, y no en la conservación del *statu quo* y el pasado. La empresa es orgánica, flexible y volátil; se orienta no sólo hacia el presente, sino también hacia el futuro. De esta modo, cambian los productos, los servicios, los procesos de producción, los clientes, los proveedores y el ambiente. Dado que todo cambia con intensidad, la organización *adhocrática* necesita adaptarse con rapidez a esos cambios y, si es posible, anticipárseles de modo proactivo.

Cuadro 1.7 Empresas mecanicistas y empresas orgánicas.

Empresas mecanicistas	Empresas orgánicas
• Estructura burocrática con minuciosa división del trabajo.	• Estructura flexible, sin mucha división del trabajo o fragmentación de funciones.
• Cargos ocupados por especialistas con funciones definitivas y delimitadas.	• Cargos modificados y redefinidos por la interacción con personas que realizan la tarea.
• Centralización excesiva de las decisiones, tomadas exclusivamente en la cúpula de la organización.	• Descentralización de las decisiones, delegadas a los niveles inferiores de la empresa.
• Jerarquía de autoridad rígida; prevalece la unidad de mando.	• Jerarquía flexible; predomina la nivelación del poder y la democratización.
• Sistemas de comunicaciones formales; prevalecen las verticales descendentes.	• Mayor confiabilidad en las comunicaciones informales entre las personas.
• Énfasis en las reglas y procedimientos formalizados previamente por escrito.	• Predominio de la interacción lateral sobre la vertical.
• Sistemas de control basados en la supervisión de amplitud de control estrecha.	• Ámbito de control amplio, libre y flexible
• Trabajo individualizado y solitario	• Trabajo grupal y en equipo.
• Modelo burocrático y rígido.	• Modelo *adhocrático* y flexible.
• Principios de las teorías clásica y burocrática.	• Principios de las teorías de sistemas y situacional (o de contingencia)

Concepto de eficacia organizacional

La literatura sobre *eficacia organizacional* es abundante. Muchos autores hablan acerca de eficacia empresarial en términos de ganancias, ventas, facturación o términos semejantes. Otros autores sugieren criterios financieros, como costo por unidad, porcentaje de ganancias sobre las ventas, aumento del valor en inventario, utilización de la fábrica y el equipo, relación entre capital y facturación, capital y ganancia, etc. Como sistemas abiertos, las organizaciones sólo sobreviven si son capaces de mantener la negentropía (entropía negativa, contraria a la entropía) importando una cantidad de energía mayor de la que se devuelve al ambiente convertida en productos (salida). La razón es obvia: una parte de la entrada (*input*) de energía se transforma en salida (*output*) organizacional, y la organización consume la otra. Para realizar el trabajo de transformación, la organización necesita ser creada, recibir energía y mantenerse; tal necesidad se refleja en la pérdida inevitable de energía en el proceso de entrada y salida[21].

21 Daniel Katz y Robert L. Kahn, *op. cit.,* p. 87.

La mayor parte de las organizaciones reciben energía de dos maneras: de las personas (recursos humanos) como fuente de energía, y materiales (recursos no humanos). Para efectos contables, las organizaciones diferencian las fuentes de energía, los usos que cada una tendrá y la clasificación de la entrada de energía de las personas (mano de obra directa o indirecta, productiva o improductiva), según la proximidad al proceso de transformación básica en que se ocupa la empresa. En general, la mano de obra directa es la energía que actúa sobre los materiales que entran en la empresa (producir, vender, etc.), en tanto que la mano de obra indirecta es la energía que actúa sobre los otros miembros de la empresa (supervisión o servicios de asesoría) o sobre materiales que no hacen parte de la transformación empresarial (planeación, estudios de tiempo, contabilidad, etc.).

La medición de las entradas y las salidas de la empresa no se hace con base en la energía ni en cualquier otro indicador que pueda expresarse en alguna medida de energía. En vez de ello, se utilizan toneladas, metros, horas, litros, etc., según el material o la mercancía. La medida más próxima es el dinero (costo), que no es, necesariamente, conmensurable con alguna medida de entrada y de salida de energía. Los mismos economistas han reconocido la desventaja de utilizar el dinero como unidad de medida en casos que impliquen inversión de energía y rendimiento intelectual.

Apenas recientemente, algunos teóricos de la administración y de la organización sugirieron medidas de eficacia administrativa en función de los activos humanos. Este punto de vista lo reforzaron, entre otros, Argyris[22], Bennis[23], Etzioni[24], Likert[25], Georgopoulos, Mahoney y Jones[26], McGregor[27], y Selznick[28].

Likert critica las medidas tradicionales de eficacia administrativa. "Es claro que todas las medidas de resultado final proporcionan datos de hechos consumados. Esto es válido para la medición de la producción, de

---

22 Chris Argyris, *A integração indivíduo-organização,* São Paulo, Atlas, 1975.

23 Warren G. Bennis, *Changing Organization: Essays on the Development and Evaluation of Human Organizations,* Nueva York, McGraw-Hill, 1966.

24 Amitai Etzioni, "Two Approaches to Organization Analysis: A Critique and a Sugestion", en *Administrative Science Quarterly,* No. 5, 1960, pp. 257-258.

25 Rensis Likert, *A organização humana,* São Paulo, Atlas, 1975.

26 Basil S. Georgopoulos, G. M. Mahoney, N. W. Jones, "A Path-goal Approach to Productivity", en *Journal of Applied Psychology,* No. 41, 1957, pp. 345-353.

27 Douglas M. McGregor, "O lado humano da empresa", en Yolanda Ferreira Balcão, Laerte Leite Cordeiro, *O comportamento humano na empresa,* Rio de Janeiro, Fundação Getúlio Vargas, Instituto de Documentação, 1971, pp. 45-60.

28 Philip Selznick, "Foundation of the Theory of Organizations", en *American Sociological Review,* No. 13, 1948, pp. 25-35.

Cuadro 1.8 Diferencias entre empresas mecanicistas y empresas orgánicas.

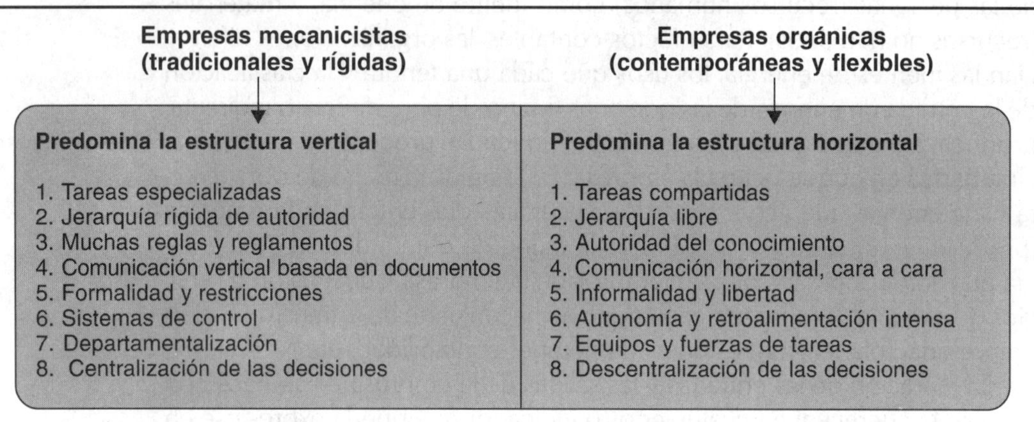

Empresas mecanicistas (tradicionales y rígidas)	Empresas orgánicas (contemporáneas y flexibles)
Predomina la estructura vertical	**Predomina la estructura horizontal**
1. Tareas especializadas	1. Tareas compartidas
2. Jerarquía rígida de autoridad	2. Jerarquía libre
3. Muchas reglas y reglamentos	3. Autoridad del conocimiento
4. Comunicación vertical basada en documentos	4. Comunicación horizontal, cara a cara
5. Formalidad y restricciones	5. Informalidad y libertad
6. Sistemas de control	6. Autonomía y retroalimentación intensa
7. Departamentalización	7. Equipos y fuerzas de tareas
8. Centralización de las decisiones	8. Descentralización de las decisiones

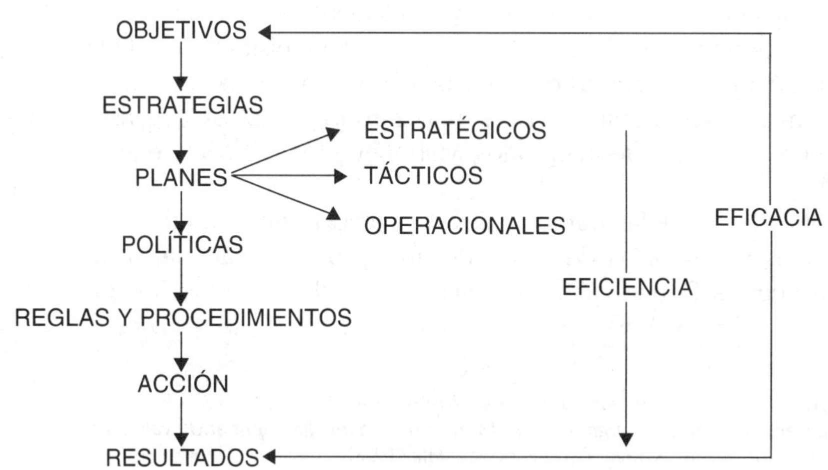

Eficiencia = *cómo* se hacen las cosas; de qué modo se ejecutan.
Eficacia = *para qué* se hacen las cosas; qué resultados persiguen; cuáles objetivos se logran.

Figura 1.12 Relación entre eficiencia y eficacia.

los gastos de material, de los costos, de las ganancias y de los demás datos del área financiera. Sin embargo, los administradores exitosos saben que aunque esas mediciones de los resultados son valiosas, sólo sirven para expresar un hecho cumplido"[29]. Según Likert, algunos factores que conducen a obtener la eficacia administrativa son variables intervinientes, entre las cuales se hallan las cualidades de la organización humana, el nivel de confianza e interés, la motivación, la lealtad, el desempeño y la capacidad de la organización para comunicarse con claridad, interactuar efectivamente y tomar decisiones adecuadas. Estas variables reflejan el estado interno y la salud de la organización[30].

Negandhi[31] destaca que el crecimiento y la supervivencia de la organización como negocio dependen de su fuerza financiera o económica: algunos datos, como ganancia, costo por unidad, volumen de ventas, etc., son buenos indicadores de la capacidad financiera de la empresa. No obstante, esas salidas son el resultado de la acción administrativa, y los administradores pueden sobrecargar la empresa, drenando sus potenciales a largo plazo, para impulsarla a la consecución de buenas ganancias y un gran volumen de ventas a corto plazo. Por consiguiente, es incorrecto utilizar sólo estos índices económicos para medir la eficacia administrativa. En esas circunstancias, es necesario explicar otros criterios para evaluar de manera adecuada la eficacia administrativa.

Con base en los planteamientos de Argyris, Likert y otros, Negandhi sugiere las siguientes medidas de eficacia administrativa[32]:

1. Capacidad de la administración para encontrar fuerza laboral adecuada.
2. Niveles elevados de moral de los empleados y satisfacción en el trabajo.
3. Bajos niveles de rotación de personal y ausentismo.
4. Buenas relaciones interpersonales.
5. Buenas relaciones entre los departamentos (entre los subsistemas).
6. Percepción respecto de los objetivos globales de la empresa.

---

29 Rensis Likert, *op. cit.*, p. 124.
30 *Ibíd.*, p. 44.
31 Anant R. Negandhi, "A Model for Analysing Organizations in Cross-cultural Settings", en A. R. Negandhi (Org.), *Modern Organization Theory, Contextual, Environmental, and Sociocultural Variables*, Centers for Business and Economic Research, The Kent State University Press, 1973, pp. 298-299.
32 *Ibíd.*, p. 299.

7. Utilización adecuada de fuerza laboral calificada.
8. Eficacia empresarial para adaptarse al ambiente externo.

La eficacia administrativa lleva a la eficacia organizacional, que se alcanza cuando se reúnen tres condiciones esenciales:

1. Alcance de objetivos empresariales.
2. Mantenimiento del sistema interno.
3. Adaptación al ambiente externo.

Para que la empresa alcance la eficacia debe cumplir estas tres condiciones básicas. El alcance de la eficacia tropieza con la complejidad de exigencias de una empresa como sistema abierto. La eficacia y el éxito empresarial constituyen un asunto muy complejo, debido a las relaciones múltiples que se establecen con los elementos ligados a la empresa. Según muestra la figura 1.13, entra en juego un conjunto de intereses y satisfacciones, muchos de los cuales están en conflicto y, hasta cierto punto, son antagónicos. Lo cierto del caso es que la administración de recursos humanos cumple un papel importante en el logro de la eficiencia y la eficacia empresariales. Esto es precisamente lo que vamos a demostrar en este libro.

Figura 1.13 El éxito organizacional. Esquema de la interacción gerencia-organización-sociedad.

Fuente: Hal Pickle, Frank Friedlander, "*Seven Societal Criteria of Organization Success*", en Bernard M. Bass, Samuel D. Deep, *Studies in Organizational Psychology*, Boston, Allyn & Bacon, 1972, p. 40.

RESUMEN

Las personas y las organizaciones están implicadas en una interacción compleja y continua. Las personas pasan la mayor parte de su tiempo en las organizaciones de las cuales dependen para vivir; éstas, a su vez, están conformadas por personas sin las que no podrían existir. Sin las personas ni las organizaciones, no existiría la ARH.

Una organización sólo existe cuando dos o más personas se juntan para cooperar entre sí y alcanzar objetivos comunes, que no pueden lograr mediante la iniciativa individual. Existe una gran variedad de organizaciones: empresas industriales, empresas prestadoras de servicios, financieras, bancos, universidades y colegios, ejércitos, instituciones gubernamentales, hospitales, iglesias, etc. Las organizaciones pueden estudiarse y analizarse según el modelo de sistema abierto, puesto que importan, transforman y exportan energía durante los ciclos de actividad; también pueden estudiarse mediante el modelo sociotécnico, ya que se componen de un sistema social y un sistema técnico, entrelazados estrechamente y administrados por un sistema gerencial. Al establecer sus objetivos, las empresas definen su racionalidad. Basadas en ésta, las empresas ponen en práctica estrategias que les permiten alcanzar los objetivos. Como sistemas abiertos, las organizaciones mantienen un estrecho intercambio con el ambiente, y el intercambio e interdependencia conducen al concepto de eficacia organizacional, que depende del logro de los objetivos, el mantenimiento del sistema interno (personas y recursos no humanos) y la adaptación al ambiente externo. De ahí la importancia del papel que cumple la ARH en la vida de las empresas.

TEMAS PRINCIPALES

Sistema
Organizaciones
Sistema sociotécnico
Estado estable (de equilibrio)
Diferenciación
Ambiente
Ajuste
Coalición
Eficiencia
Sistema abierto
Organizaciones complejas
Entropía negativa
Homeostasis
Equifinalidad
Competencia
Cooptación
Eficacia organizacional

PREGUNTAS Y TEMAS DE REPASO Y ANÁLISIS

1. ¿Por qué es importante para la administración de recursos humanos estudiar la interacción de las personas y las organizaciones?
2. Explique el concepto de organizaciones.
3. ¿Cuáles son las características principales de las organizaciones complejas?
4. Explique el concepto de sistema.
5. ¿Cuáles son las diferencias entre un sistema abierto y uno cerrado?
6. ¿Qué es entropía negativa?
7. ¿Qué es equifinalidad?
8. ¿Cuáles son las principales características de una organización, según el enfoque de Katz y Kahn?
9. Explique la organización desde la perspectiva del modelo sociotécnico.
10. ¿Cuáles son las estrategias cooperativas y competitivas de la organización con relación al ambiente?
11. Explique el significado de eficacia organizacional y cuál es el papel de la ARH para lograrla.

INFORME PARA ANÁLISIS Y DISCUSIÓN 1

"En busca de la productividad"*

Administrar los recursos humanos es una tarea compleja cuando las empresas deben fijar políticas de austeridad en los gastos o soportar la falta de trabajo para la maquinaria y el personal. O cuando otras, con menos capacidad para esperar el cambio de situación, terminan por hacer despidos masivos. Las empresas trabajan dentro de una camisa de fuerza: el alto costo del dinero. Se tiene en cuenta que la nómina es uno de los pocos componentes de costo que pueden reducirse a corto plazo, los RH deberán seguir administrándose bajo cierta tensión.

En la mayor parte de las empresas víctimas de la recesión de comienzos de la década de 1980 se tomaron varias medidas de emergencia: se

---

* Tomado de la revista *Negócios em Exame*, No. 242, 13 de enero de 1982, pp. 28-31, con permiso de Editora Abril.

redujeron las líneas de productos, se racionalizaron los inventarios y se disminuyeron los gastos administrativos (incluidos los de personal), incluso los de los mismos ejecutivos. Todas estas medidas, en conjunto, fueron "traumatizantes". Aunque como esas medidas permanecen vigentes, el efecto de su implantación ya se ha asimilado; por tanto, cambiará la prioridad para el administrador de RH: en lugar de establecer el ahorro en valores absolutos, deberá buscar el aumento de la productividad, un desafío sin duda menos angustiante que ordenar despidos masivos.

A pesar de todo, la crisis mostró aspectos positivos. Muchas empresas probaron con éxito su capacidad de reacción y adaptación a los nuevos tiempos, evitando el despido de personal al ritmo de caída de las ventas. Así sucedió en Organizaciones Feffer, uno de los mayores grupos de la industria del papel en Brasil, con casi 7.400 empleados, donde no hubo despidos masivos, a pesar de que las ventas experimentaron una caída acelerada.

También Esso, cuyo volumen de producción descendió cerca de 10%, mantuvo sin trabajar su personal a la espera de una recuperación del sector de distribución de derivados del petróleo. "Descubrimos que despedir empleados por causa de las dificultades del momento era derrochar el dinero", afirma el gerente del departamento de relaciones con los empleados. La compañía Esso tardaría más de tres años para rehacer su planta de personal, en el supuesto de que despidiera hoy 10% de su personal.

"Un año traumático"

Soportar ese tipo de descalabro es mucho más fácil para las empresas que operan con capital intensivo (en que la mano de obra incide poco en los costos totales) y las empresas altamente capitalizadas. Lo que hicieron Esso y Feffer, al mantener su personal, es imposible que lo hagan las empresas del sector textil, donde la incidencia de la mano de obra es mucho mayor. Éste fue el dilema que enfrentó el grupo Vicuña, poseedor de fábricas en cinco estados brasileños, y con cerca de diez mil empleados.

El presidente del grupo, presionado por el aumento de los costos financieros y por perjuicios en algunas líneas de producto, tuvo que hacer algunos ajustes de producción que implicaron la reducción del personal en casi 4%. Y no hubo un mayor volumen de despidos porque, además del problema social que acarrearía, las desvinculaciones producirían bajas sensibles en los altos índices de productividad que tardaría en alcanzar la empresa. En consecuencia, la política trazada consiste en resistir hasta cuando sea posible.

En el otro extremo, Bradesco, el mayor banco privado del país, enfrenta problemas de expansión. En la década de 1980 Bradesco aumentó su personal de 75.000 a 83.262. Gracias a ese crecimiento, Bradesco puede conceder aumentos reales de 5% una vez al año, además de los reajustes legales y los índices de productividad acordados con los sindicatos de los empleados bancarios. Así mismo, el banco tiene una política de salario diferenciada, por encima del salario medio del mercado: 60% de sus empleados gana más o menos entre cuatro o cinco salarios mínimos. Además, la ampliación de su red de filiales a 1.363 crea nuevas posibilidades de ascenso para el personal capacitado internamente. Una muestra de esto son los cerca de 30 mil empleados que van cada año al centro de formación y capacitación.

En el grupo Fenicia, cuyas empresas principales son la cadena de tiendas Arapua, las empresas Paoletti y Duchen, y la financiera Fenicia, la crisis llegó cuando realizaba grandes inversiones en ampliación, modernización y fusión con otras empresas. Las empresas del grupo Fenicia experimentaron un crecimiento de 42% en las ventas, descontados los ajustes por inflación; la planta de personal creció 15% y hoy llega casi a 10.000 empleados. Fenicia pudo mantener los diversos planes y programas de desarrollo de personal, y fortalecer las actividades de apoyo (capacitación en todos los niveles, cursos de especialización, programas para mejorar la relación entre jefes y subordinados), entre otros.

Pero los casos de Bradesco y Fenicia constituyen una excepción. Sin embargo, las lecciones del pasado determinarán las decisiones del futuro. Las empresas están aprendiendo de la crisis, lo cual hace más positiva su visión para el futuro próximo. Así mismo, buscan obtener provecho de algunos recursos que hasta ahora sólo dificultaban la administración. En las organizaciones Feffer, por ejemplo, entre las prioridades del área de RH están la intensificación de la movilidad interna y el mejoramiento de los servicios de asistencia médica. Bradesco destaca la contribución (vital para la estrategia de trabajar con mano de obra integrada y confiable) del plan de asistencia social de la Fundación Bradesco para reducir la rotación.

Varios ejecutivos y consultores sostienen que jamás en los últimos tiempos, cuando mantener el empleo es fundamental, se exigió tanto a los administradores y jefes (y éstos a los subordinados). El temor a estar desempleado aumenta la productividad; sin embargo, con el tiempo las personas se desgastan, lo cual repercute en contra de los intereses de la empresa. La búsqueda de productividad no es sólo una consecuencia del temor al desempleo, sino de un amplio proceso de estímulos e innovaciones deliberadamente planeado. Aquí surge otro dilema: ¿Es mejor para la empresa reducir el personal, y correr el riesgo de presionar a jefes y operarios, y causar tensiones a corto plazo y rotación cuando mejoren las condiciones del mercado de trabajo? ¿O ser tolerante y correr el riesgo de no fomentar la competitividad ni estar a la par con los cambios rápidos del mercado, la tecnología y los hábitos de los consumidores?

Preocupados por salir de esta dificultad, los especialistas en planeación estratégica recomiendan que la planeación, tanto en el plano de los recursos humanos como en el de la administración general, debe verse como el preludio de tiempos difíciles en que las empresas brasileñas habrán de estar a la par de las tendencias mundiales para aumentar la productividad, so pena de ser destruidas por las competencias externa e interna.

Imitar al Japón, una salida

Una salida a la dificultad sería imitar a los japoneses, que abandonaron los conceptos clásicos de distribución del trabajo del estadounidense Frederick W. Taylor (en que cada trabajador cumple una tarea predeterminada y repetitiva) y los sustituyeron por sistemas de producción en que los empleados participan en algunas decisiones, identifican problemas de su grupo y aceptan trabajar en varias funciones. Lo envidiable de los japoneses es que consiguen reducir el número de personas por unidad producida, y las pirámides jerárquicas de las empresas son menores que las de las occidentales.

Esos métodos, aunque más productivos, tienden a encontrar resistencia en Brasil, bien sea por las diferencias culturales entre los dos pueblos o bien porque los sindicatos no quieren aceptar cambios radicales en los métodos de producción, que reducen la oferta de empleo al utilizar robots en la producción.

Sin embargo, la propuesta no es utópica y cuenta con el apoyo de profesionales ligados al acontecer diario de la ARH, que desean revisar el modo de programar y ejecutar el trabajo en las industrias para mejorar las condiciones de competitividad de las empresas brasileñas. Y los cambios llegarán hasta el punto de modificar los criterios de remuneración de los empleados, abriendo un debate que crecerá en los próximos años.

CASO 1

Metalúrgica Santa Rita S. A. (Mesarisa) es una empresa mediana, de capital abierto, dedicada a la producción y comercialización de candados, cerraduras, picaportes, herrajes, etc., tanto para residencias (casas, apartamentos, edificios en general) como para el mercado automotor (automóviles, camiones, motocicletas, tractores, etc.). Su extensa línea de productos incluye casi 600 artículos pertenecientes a los mercados de la construcción y automovilístico. Para la elaboración de esa línea de productos, Mesarisa posee una fábrica en los alrededores de São Paulo. La comercialización se hace a través de filiales en São Paulo, Rio de Janeiro, Porto Alegre, Belo Horizonte y Recife. En cada una de esas filiales hay un depósito de productos terminados con destino al mercado industrial (constructoras, empresas automotrices) y de autopartes (talleres de mecánica en general, etc.).

Fundada en 1960 por el actual director presidente, señor Raimundo Correia, Mesarisa tuvo una rápida expansión en la década de 1970, con ocasión del llamado "milagro económico brasileño", cuando la construcción inmobiliaria experimentó un gran incremento paralelo al de la producción de automóviles en Brasil. Sin embargo, a partir de 1989, Mesarisa empezó a sentir los efectos de la recesión de los mercados inmobiliario y automovilístico, y se vio obligada a reducir sus operaciones de producción, sus inversiones y su fuerza laboral. A pesar de haber reducido su planta de personal de 1.900 a 1.400 empleados, su estructura organizacional se mantuvo intacta, como lo demuestra su organigrama.

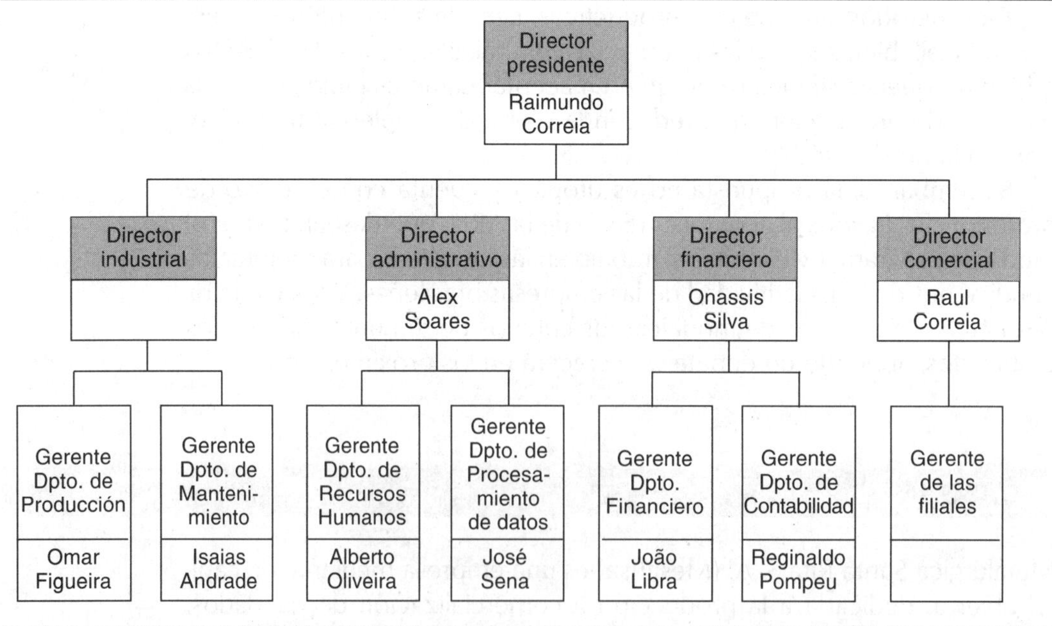

Organigrama de los tres primeros niveles de Mesarisa.

Los niveles jerárquicos de la estructura organizacional están dispuestos de la manera siguiente:

1o. Director presidente
2o. Directores de área
3o. Gerentes de departamento
4o. Jefes de sector
5o. Supervisores de sección
6o. Encargados
7o. Trabajadores comunes (por mes)
8o. Trabajadores por horas

Según el director presidente, el gran desafío de Mesarisa es alcanzar un nivel de eficiencia y de eficacia en los negocios para aprovechar sus operaciones al máximo. Por tanto, pidió a cada director y a cada gerente de departamento presentar un plan en que explicaran cómo cada área y cada departamento podrían mejorar su nivel de eficiencia y de eficacia.

El gerente de recursos humanos, Alberto Oliveira, se preocupó por mostrar una visión global de su departamento, puesto que considera que los recursos humanos están presentes en todos los departamentes y áreas de la empresa. Así pues, eficiencia y eficacia en la administración de recursos humanos deben mirarse en el conjunto de la empresa y no simplemente en los departamentos. Por consiguiente, su problema radica en poder definir la eficiencia y la eficacia de recursos humanos en el nivel organizacional. ¿Cómo hacerlo?

2

Las personas

Las personas planean, organizan, dirigen y controlan las empresas para que funcionen y operen. Sin personas no existe organización. Toda organización está compuesta de personas de las cuales dependen para alcanzar el éxito y mantener la continuidad. El estudio de las personas constituye la unidad básica de las organizaciones y, en especial, de la ARH. La ARH tiene diversas vertientes para estudiar a las personas: las personas como personas dotadas de características propias de personalidad e individualidad, aspiraciones, valores, actitudes, motivaciones y objetivos individuales) y las personas como recursos (dotadas de habilidades, capacidades, destrezas y conocimientos necesarios para la tarea organizacional).

Cuadro 2.1 Personas como personas y personas como recursos.

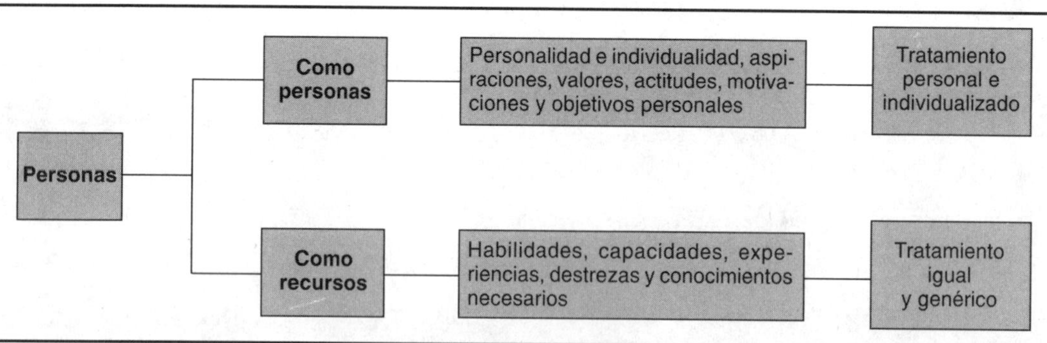

La moderna ARH pretende tratar a las personas como personas y como recursos organizacionales importantes, pero rompe la manera tradicional de tratarlas únicamente como medios de producción, es decir, tratar a las personas como personas y no sólo como recursos o insumos. Hasta hace muy poco tiempo las personas eran tratadas como objetos y recursos productivos -casi de la misma manera como si fueran máquinas o equipos de trabajo-, como meros agentes pasivos de la administración. Sin embargo, esta manera estándar y retrógrada de ver a las personas provocó resentimientos y grandes conflictos sociales, además de un distanciamiento y alienación de las personas respecto de sus tareas en la organización. En consecuencia, sobrevinieron problemas de calidad y productividad que fueron enfrentados como si perteneciesen a la gerencia y a la dirección exclusivamente, y no a las personas. Esta situación condujo a que los problemas fueran resueltos y cuestionados sólo por una minoría -que no tenía otra cosa qué hacer- puesto que la gerencia y la dirección constituyen un pequeño porcentaje de las personas que trabajan en la organización. Dado que muchos de estos problemas fueron postergados y transferidos, se redujo la competitividad de las organizaciones. La tendencia actual busca que todas las personas, en todos los niveles de la organización, sean los administradores de su propia tarea, y no sólo los ejecutores. Además de ejecutar la tarea, cada persona debe tomar conciencia de que ha de ser elemento de diagnóstico y solución de problemas para lograr un mejoramiento continuo en el trabajo que realiza en la organización. Así crecen y se consolidan las organizaciones exitosas.

VARIABILIDAD HUMANA

El hombre, animal social que posee una tendencia irreprimible a la vida en sociedad, vive en organizaciones y ambientes cada vez más complejos y dinámicos. De este modo, "las organizaciones son personas, las organizaciones son grupos y las organizaciones son organizaciones. Los gerentes administran personas, los gerentes administrativos dirigen grupos, y los gerentes administran organizaciones. Los gerentes son personas, los gerentes son miembros de grupos y los gerentes son miembros de las organizaciones"[1].

Sin embargo, la versatilidad humana es muy grande: cada persona es un fenómeno multidimensional, sujeto a las influencias de muchas variables. El haz de diferencias, en cuanto a aptitudes, es amplio y los

---

1 Harold J. Leavitt, William R. Dill, Henry B. Eyring, *The Organizational World: A Systematic View of Managers and Management,* Nueva York, Harcourt Brace Jovanovich, 1973, p. 148.

patrones de comportamiento aprendidos son bien diversos. Las organizaciones no disponen de datos o medios para comprender la complejidad de sus miembros[2].

Si las organizaciones se componen de personas, el estudio de las personas constituye el elemento básico para estudiar las organizaciones y, particularmente, la ARH. Pero si las organizaciones están constituidas por personas y éstas necesitan organizarse para lograr sus objetivos, esta relación no siempre es fácil de alcanzar. Si las organizaciones son diferentes entre sí, lo mismo sucede con las personas. Las diferencias individuales hacen que cada persona posea características propias de personalidad, aspiraciones, valores, actitudes, motivaciones, aptitudes, etc. Cada persona es un fenómeno multidimensional sujeto a las influencias de muchas variables.

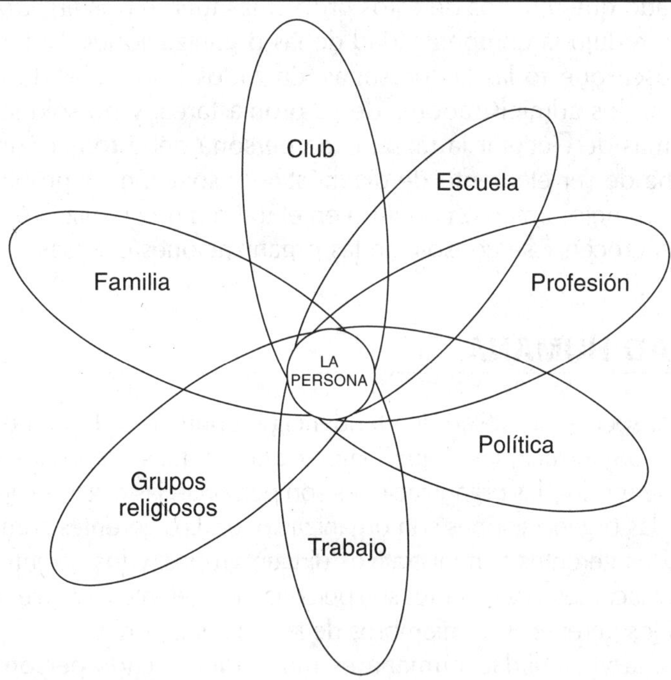

Figura 2.1 Superposición de participación multigrupal.

Fuente: Herbert G. Hicks y C. Ray Gullett, *The Management of Organizations*, Nueva York, McGraw-Hill, 1976, p. 156.

2 James D. Thompson, *Dinâmica organizacional: fundamentos sociológicos da teoria administrativa*, São Paulo, McGraw-Hill de Brasil, 1976, p. 125.

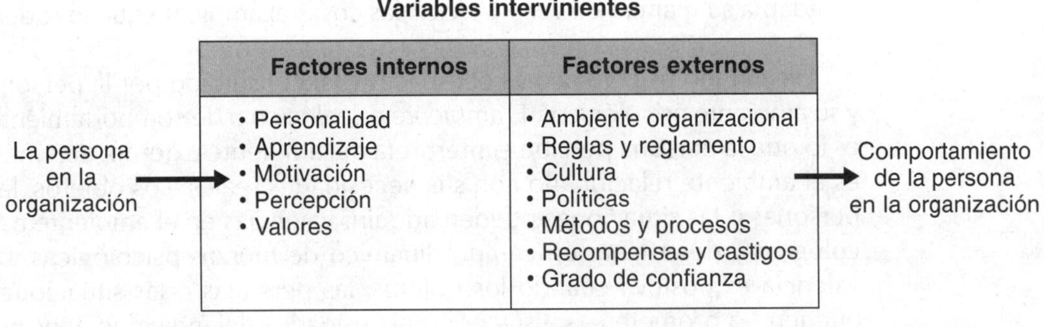

Figura 2.2 Factores internos y externos que influyen en el comportamiento humano.

COGNICIÓN HUMANA

Cognición es la manera como una persona se percibe e interpreta a sí misma o al medio externo. La cognición es el filtro personal a través del cual la persona se ve y siente y percibe el mundo que la rodea. Es el conocimiento en que se basa la creencia y la opinión personal respecto de sí mismo y del mundo exterior. Dos teorías sobresalen en la comprensión del comportamiento de las personas: la teoría de campo, de Lewin, y la teoría de la disonancia cognitiva, de Festinger. Ambas indican cómo funciona la cognición humana.

Teoría de campo, de Lewin

Según la teoría de Lewin, el comportamiento humano depende de dos factores fundamentales:

1. El comportamiento humano se deriva de la totalidad de los eventos coexistentes en determinada situación. Las personas se comportan frente a una situación total (*Gestalt*) involucrando hechos y eventos que conforman su ambiente.

2. Esos hechos coexistentes tienen el carácter de un campo dinámico de fuerzas en donde cada hecho o evento se interrelaciona de modo dinámico con los demás para influir o dejarse influenciar por ellos. Este campo dinámico produce el denominado campo psicológico de cada

persona: patrón organizado de las percepciones de un individuo, que adapta su manera de ver y percibir las cosas al ambiente que lo rodea.

Ese campo psicológico es el espacio vital constituido por la persona y su ambiente psicológico[3]. El *ambiente psicológico* o de comportamiento es lo que la persona percibe e interpreta del ambiente externo; aún más, es el ambiente relacionado con sus necesidades reales. Los objetos, las personas o las situaciones pueden adquirir valencias en el ambiente psicológico y determinar un campo dinámico de fuerzas psicológicas. La valencia es positiva cuando los objetos, las personas o las situaciones pueden –o prometen– satisfacer las necesidades del individuo, y es negativa cuando pueden –o pretenden– causar algún daño o perjuicio. Los objetos, las personas o las situaciones cargadas de valencia positiva tienden a atraer al individuo, en tanto que los de valencia negativa tienden a causarle repulsión y alejamiento. La atracción es una fuerza o vector que se dirige hacia el objeto, hacia la persona o hacia la situación, en tanto que la repulsión es la fuerza o vector que impulsa a alejarse, intentando escapar del objeto, de la persona o de la situación. Un vector tiende siempre a producir un "movimiento" en cualquier dirección. Cuando dos o más vectores actúan al mismo tiempo sobre una persona, el movimiento es una resultante (o momento) de fuerzas. En algunas oportunidades, el movimiento producido por los vectores puede ser contenido por una barrera (impedimento u obstáculo). En general, el movimiento puede ser de acercamiento o de alejamiento. Según la teoría de campo, el modelo de comportamiento humano puede representarse mediante la ecuación:

$$C = f(P, M)$$

donde el comportamiento (C) es resultado o función (f) de la interacción entre la persona (P) y su ambiente (M). En esta ecuación, la persona (P) está determinada por las características genéticas y por las características adquiridas mediante el aprendizaje a través del contacto con el ambiente.

La teoría de campo explica por qué cada individuo puede percibir e interpretar de manera diferente un mismo objeto, situación o persona.

---

3 Kurt Lewin, *Principles of Topological Psychology*, Nueva York, McGraw-Hill, 1936.

Teoría de la disonancia cognitiva

La teoría de la disonancia cognitiva, de Festinger[4] se sustenta en la premisa de que el individuo se esfuerza por establecer un estado de consonancia o coherencia con él mismo. Si los conocimientos que una persona tiene de sí misma y de su ambiente no son coherentes entre sí (un conocimiento es lo contrario del otro), se presenta un estado de disonancia cognitiva, el cual es una de las principales causas de incoherencia en el comportamiento. Las personas no toleran la incoherencia, y cuando ella ocurre (por ejemplo, un individuo cree algo, pero actúa contrariamente a esa creencia), el individuo se halla motivado para reducir el conflicto, denominando disonancia. El elemento cognitivo es una creencia, conocimiento u opinión que el individuo tiene de sí mismo o del medio externo. Esos elementos cognitivos pueden relacionarse de tres maneras: disonante, consonante o irrelevante

1. *Relación disonante.* El individuo sabe que fumar es nocivo, pero continúa fumando (dos conocimientos en relación disonante).

2. *Relación consonante.* El individuo sabe que fumar es nocivo y deja de fumar (dos conocimientos en relación consonante).

3. *Relación irrelevante.* El individuo sabe que el humo es nocivo y le gusta pasear (elementos en relación irrelevante).

Cuando se presenta una relación disonante, la persona se siente mal y procura escapar del conflicto íntimo adoptando una de las tres posiciones siguientes:

1. Puede reducirla cambiando sus conocimientos personales para sintonizarlos o adecuarlos a la realidad externa. La persona cambia su comportamiento para reducir la disonancia con la realidad externa.

2. Puede reducirla intentando cambiar la realidad externa, adaptándola a sus conocimientos. La persona mantiene sus convicciones e intenta cambiar el mundo que la rodea para adecuarlo a ellas.

4 Leon Festinger, *A Theory of Cognitive Dissonance*, Stanford, Stanford University Press, 1957.

3. Si no puede cambiar sus conocimientos personales ni la realidad externa, la persona convive con el conflicto íntimo de la relación disonante o incoherente.

El conocimiento permite que el individuo utilice un cuadro de referencias para situarse en el mundo que lo rodea y entenderlo de manera adecuada. La disonancia cognitiva es producto de situaciones que implican algún proceso de decisión del individuo y el conflicto resultante de conocimientos que no concuerdan entre sí. La vida de cada persona es una búsqueda constante de reducción de disonancias.

De estos dos enfoques (la teoría de campo y la de la disonancia cognitiva) se concluye que el comportamiento de las personas se basa más en sus percepciones personales y subjetivas que en los hechos objetivos y concretos de la realidad. En estas circunstancias, no cuenta la realidad, sino la manera personal e individual de verla e interpretarla. En consecuencia, las personas se comportan, no de acuerdo con la realidad propiamente dicha, sino con la manera de percibir y sentir conforme a sus conocimientos personales.

LA NATURALEZA COMPLEJA DEL HOMBRE

A partir de la teoría de campo y de la teoría de la disonancia cognitiva, surgen tres enfoques para estudiar el comportamiento de las personas[5]:

1. *El hombre como ser que realiza transacciones,* puesto que no sólo recibe insumos del ambiente y actúa ante ellos, sino que también adopta una actitud proactiva, anticipándose a los cambios que ocurren en el ambiente y, muchas veces, provocándolos.

2. *El hombre cuyo comportamiento se dirige a un objetivo,* ya que es capaz de establecer objetivos o aspiraciones y realizar grandes esfuerzos para alcanzarlos.

3. *El hombre como modelo de sistema abierto,* dirigido hacia objetivos interdependientes con el medio físico y social, e involucrado activamente en transacciones con el ambiente, en la medida que busca sus objetivos. Esto implica que desarrolla capacidades intelectuales de pro-

---

5 James D. Thompson, Donald D. van Houten, *As ciências do comportamento: uma interpretação,* São Paulo, Atlas, 1975, p. 30.

cedimiento (pensar, decidir, etc.) y adquiere información y saberes que le permiten conocer a las personas y las cosas en el ambiente, y enfrentarlas.

Aquí es importante conocer el contenido intelectual del hombre y la manera como lo adquirió: sus percepciones y como éstas son un sistema de filtros mediante los cuales concibe la realidad que lo rodea.

En una empresa, el comportamiento de las personas es complejo; depende de factores internos (derivados de sus características de personalidad: capacidad de aprendizaje, motivación, percepción del ambiente externo e interno, actitudes, emociones, valores, etc.) y externos (derivados de las características organizacionales: sistemas de recompensas y castigos, de factores sociales, políticos, de la cohesión grupal existente, etc.).

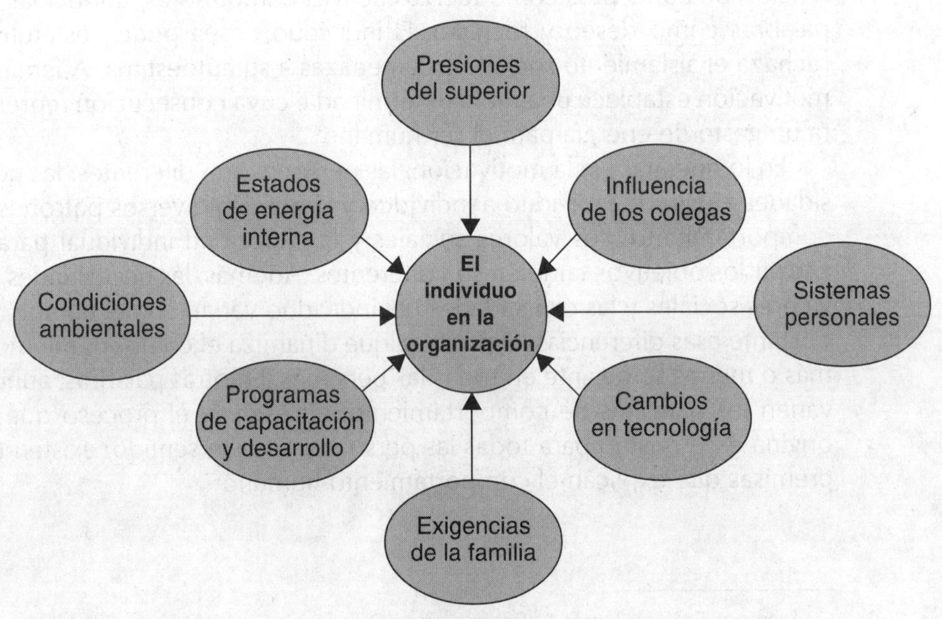

Figura 2.3 Factores externos que influyen en el comportamiento de las personas en las organizaciones.

Fuente: Andrew J. Dubrin, *Fundamental of Organizational Behavior: An Applied Perspective*, Nueva York, Pergamon Press, 1974, p. 241.

LA MOTIVACIÓN HUMANA

La motivación es uno de los factores internos que requiere mayor atención.

Sin un mínimo conocimiento de la motivación de un comportamiento, es imposible comprender el comportamiento de las personas. El concepto *motivación* es difícil de definir, puesto que se ha utilizado en diferentes sentidos. De manera amplia, *motivo* es aquello que impulsa a una persona a actuar de determinada manera o, por lo menos, que origina una propensión hacia un comportamiento específico[6]. Este impulso a actuar puede provocarlo un estímulo externo (que proviene del ambiente) o puede ser generado internamente en los procesos mentales del individuo. En este aspecto, motivación se asocia con el sistema de cognición[7] del individuo. Krech, Crutchfield y Ballachey explican que "los actos del ser humano son guiados por su conocimiento (lo que piensa, sabe y prevé)". Sin embargo, preguntarse por qué actúa de ésta o de aquella manera corresponde al campo de la motivación. La motivación se explica en función de conceptos como fuerzas activas e impulsoras, traducidas por palabras como deseo y rechazo. El individuo desea poder, estatutos y rechaza el aislamiento social y las amenazas a su autoestima. Además, la motivación establece una meta determinada, cuya consecución representa un gasto de energía para el ser humano[8].

En lo que atañe a la motivación, las personas son diferentes: las necesidades varían de individuo a individuo y producen diversos patrones de comportamiento. Los valores sociales y la capacidad individual para alcanzar los objetivos también son diferentes. Además, las necesidades, los valores sociales y las capacidades del individuo varían con el tiempo. No obstante esas diferencias, el proceso que dinamiza el comportamiento es más o menos semejante en todas las personas. En otras palabras, aunque varíen los patrones de comportamiento, en esencia el proceso que los origina es el mismo para todas las personas. En este sentido, existen tres premisas que explican el comportamiento humano:

---

6 Fremont E. Kast, James E. Rosenzweig, *Organization and Management: A Systems Approach*, Tokio, McGraw-Hill Kogakusha, 1970, p. 245.

7 Cognición representa aquello que las personas saben de sí mismas y del ambiente que las rodea. El sistema cognitivo de cada persona implica sus valores personales, y está influido por su ambiente físico y social, por su estructura fisiológica, por sus procesos fisiológicos, por sus necesidades y por sus experiencias.

8 David Krech, Richard S. Crutchfield, Egerton L. Ballachey, *Individual in Society*, Nueva York, McGraw-Hill, 1962, p. 17.

1. *El comportamiento es causado.* Existe una causalidad del comportamiento. Tanto la herencia como el ambiente influyen de manera decisiva en el comportamiento de las personas, el cual se origina en estímulos internos o externos.

2. *El comportamiento es motivado.* En todo comportamiento humano existe una finalidad. El comportamiento no es casual ni aleatorio; siempre está dirigido u orientado hacia algún objetivo.

3. *El comportamiento está orientado hacia objetivos.* En todo comportamiento existe un 'impulso', un 'deseo', una 'necesidad', una 'tendencia', expresiones que sirven para indicar los 'motivos' del comportamiento[9].

Si las suposiciones anteriores son correctas, el comportamiento no es espontáneo ni está exento de finalidad: siempre habrá un objetivo implícito o visible que lo explique.

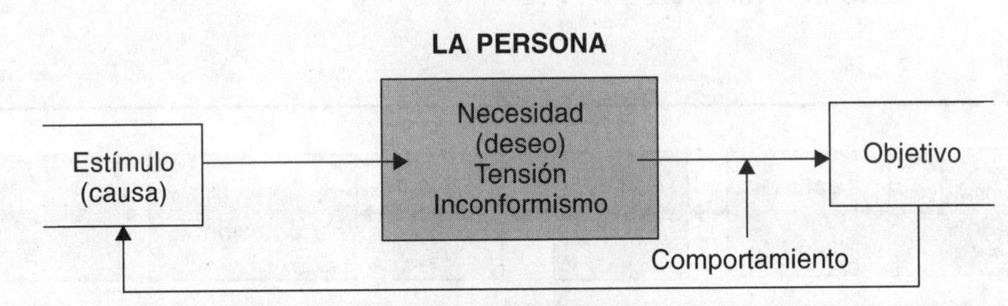

Figura 2.4 Modelo básico de motivación.

Fuente: Harold J. Leavitt, *Managerial Psychology*, Chicago, University of Chicago Press, 1964, p. 9.

Aunque el modelo básico de motivación que muestra la figura 2.4 sea el mismo para todas las personas, el resultado podrá variar indefinidamente, pues depende de la manera como se percibe el estímulo (que varía según la persona, y en la misma persona, con el tiempo), de las necesida-

9 Harold J. Leavitt, *Managerial Psychology*, Chicago, University of Chicago Press, 1964, p. 12.

des (que también varían con la persona) y del conocimiento que posee cada persona. La motivación de las personas depende fundamentalmente de estas tres variables.

Ciclo motivacional

El ciclo motivacional comienza cuando surge una necesidad. Ésta es una fuerza dinámica y persistente que origina comportamiento. Cada vez que aparece una necesidad, ésta rompe el estado de equilibrio del organismo y produce un estado de tensión, insatisfacción, inconformismo y desequilibrio que lleva al individuo a desarrollar un comportamiento o acción capaz de descargar la tensión y liberarlo de la inconformidad y del desequilibrio. Si el comportamiento es eficaz, el individuo satisfará la necesidad y, por ende, descargará la tensión provocada por aquélla. Una vez satisfecha la necesidad, el organismo recobra su estado de equilibrio anterior, su manera de adaptarse al ambiente. La figura 2.5 muestra el esquema del ciclo motivacional.

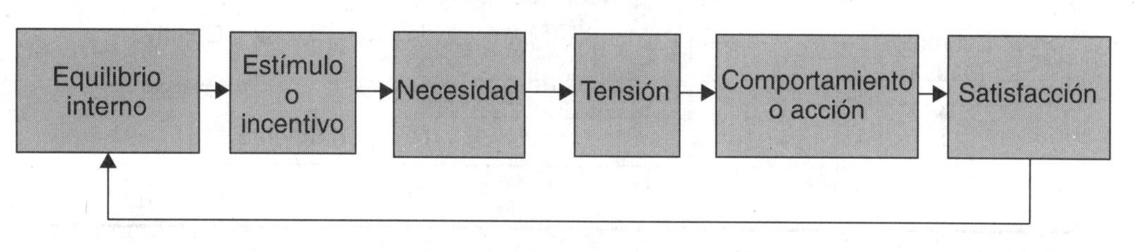

Figura 2.5 Etapas del ciclo motivacional, que implica la satisfacción de una necesidad.

En el ciclo motivacional descrito anteriormente, la necesidad se ha satisfecho. A medida que el ciclo se repite con el aprendizaje y la repetición (refuerzos), los comportamientos se vuelven gradualmente más eficaces en la satisfacción de ciertas necesidades. Una vez satisfecha, la necesidad deja de ser motivadora de comportamiento, puesto que ya no causa tensión o inconformidad.

Algunas veces la necesidad puede satisfacerse en el ciclo motivacional, y puede originar frustración o, en algunos casos, compensación (transferencia hacia otro objeto, persona o situación). Cuando se presenta la frustración de la necesidad en el ciclo motivacional, la tensión provocada por el surgimiento de la necesidad encuentra una barrera u obstáculo que impide su liberación; al no hallar la salida normal, la tensión represada en el organismo busca una vía indirecta de salida, bien sea mediante lo psicológico (agresividad, descontento, tensión emocional, apatía, indiferencia, etc.) o bien mediante lo fisiológico (tensión nerviosa, insomnio, repercusiones cardiacas o digestivas, etc.).

En otras ocasiones, aunque la necesidad no se satisfaga, tampoco existe frustración porque puede transferirse o compensarse. Esto ocurre cuando la satisfacción de otra necesidad logra reducir o calmar la intensidad de una necesidad que no puede satisfacerse.

La figura 2.6 indica este comportamiento. Un ejemplo de compensación puede presentarse cuando, en vez del ascenso a un cargo superior, se obtiene un buen aumento de salario o un nuevo sitio de trabajo.

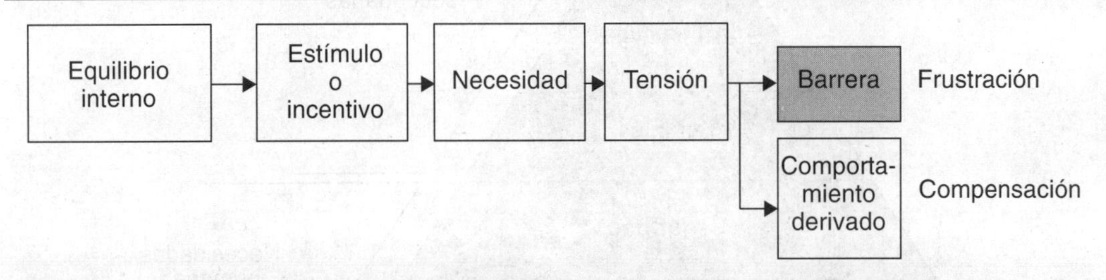

Figura 2.6 Ciclo motivacional, con frustración o compensación.

La satisfacción de algunas necesidades es transitoria y pasajera, lo que equivale a decir que la motivación humana es cíclica: el comportamiento es casi un proceso continuo de solución de problemas y satisfacción de necesidades, a medida que van apareciendo.

Las teorías más conocidas sobre motivación están relacionadas con las necesidades humanas; por ejemplo, la teoría de Maslow acerca de la jerarquía de las necesidades humanas.

Jerarquía de las necesidades, según Maslow

Las denominadas teorías de las necesidades parten del principio de que los motivos del comportamiento humano residen en el propio individuo: su motivación para actuar y comportarse se deriva de fuerzas que existen en su interior. El individuo es consciente de algunas de esas necesidades; de otras, no. La teoría motivacional más conocida es la de Maslow, basada en la llamada jerarquía de necesidades humanas[10].

Según Maslow las necesidades humanas están distribuidas en una pirámide, dependiendo de la importancia e influencia que tengan en el comportamiento humano. En la base de la pirámide están las necesidades más elementales y recurrentes (denominadas necesidades primarias), en tanto que en la cima se hallan las más sofisticadas y abstractas (las necesidades secundarias). La figura 2.7 ejemplifica esa distribución jerárquica.

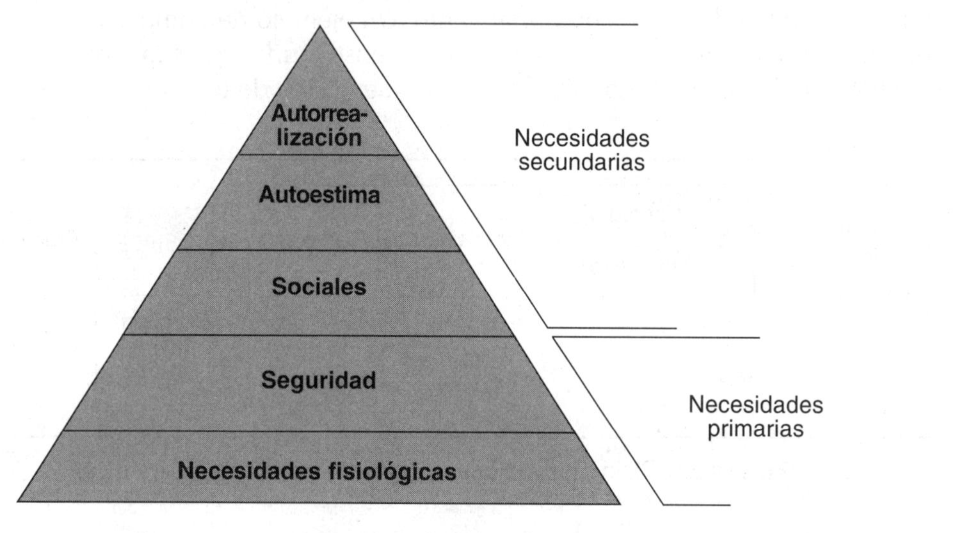

Figura 2.7 Jerarquía de las necesidades humanas, según Maslow.

1. *Necesidades fisiológicas.* Constituyen el nivel más bajo de las necesidades humanas. Son las necesidades innatas, como la necesidad de alimentación (hambre y sed), sueño y reposo (cansancio), abrigo (contra el frío o el calor), o el deseo sexual (reproducción de la especie). También se denominan necesidades biológicas o básicas, que exigen satisfacción cíclica y reiterada para garantizar la supervivencia del individuo.

10 Abraham H. Maslow, "A Theory of Human Motivation", en *Psychological Review*, pp. 370-396, julio de 1943.

Orientan la vida humana desde el nacimiento. Además, la vida humana es una búsqueda continua y constante de la satisfacción de estas necesidades elementales, pero inaplazables. Monopolizan el comportamiento del recién nacido y predominan en el adulto sobre las demás necesidades humanas, cuando no se satisfacen. Son las necesidades relacionadas con la subsistencia y existencia del individuo. Aunque son comunes a todos los individuos, requieren diferentes grados de satisfacción individual. Su principal característica es la premura: cuando alguna de ellas no puede satisfacerse, domina la dirección del comportamiento de la persona.

2. *Necesidades de seguridad.* Constituyen el segundo nivel de las necesidades humanas. Llevan a que la persona se proteja de cualquier peligro real o imaginario, físico o abstracto. La búsqueda de protección frente a la amenaza o la privación, la huida ante el peligro, la búsqueda de un mundo ordenado y previsible, son manifestaciones típicas de estas necesidades. Surgen en el comportamiento humano cuando las necesidades fisiológicas están relativamente satisfechas. Al igual que aquéllas, también están estrechamente ligadas con la supervivencia de las personas. Las necesidades de seguridad tienen gran importancia, ya que en la vida organizacional las personas dependen de la organización, y las decisiones administrativas arbitrarias o las decisiones inconsistentes o incoherentes pueden provocar incertidumbre o inseguridad en las personas en cuanto a su permanencia en el trabajo.

3. *Necesidades sociales.* Están relacionadas con la vida del individuo en sociedad, junto a otras personas. Son las necesidades de asociación, participación, aceptación por parte de los colegas, amistad, afecto y amor. Surgen en el comportamiento cuando las necesidades elementales (fisiológicas y de seguridad) se hallan relativamente satisfechas. Cuando las necesidades sociales no están suficientemente satisfechas, la persona se torna reacia, antagónica y hostil con las personas que la rodean. La frustración de estas necesidades conduce, generalmente, a la desadaptación social y a la soledad. La necesidad de dar y recibir afecto es un motivador importante del comportamiento humano cuando se aplica la administración participativa.

4. *Necesidades de autoestima.* Están relacionadas con la manera como se ve y se evalúa la persona, es decir, con la autoevaluación y la autoestima. Incluyen la seguridad en sí mismo, la confianza en sí mismo, la necesi-

dad de aprobación y reconocimiento social, de estatus, prestigio, reputación y consideración. La satisfacción de estas necesidades conduce a sentimientos de confianza en sí mismo, valor, fuerza, prestigio, poder, capacidad y utilidad. Su frustración puede provocar sentimientos de inferioridad, debilidad, dependencia y desamparo, los cuales a la vez pueden llevar al desánimo o a ejecutar actividades compensatorias.

5. *Necesidades de autorrealización.* Son las necesidades humanas más elevadas; se hallan en la cima de la jerarquía. Estas necesidades llevan a las personas a desarrollar su propio potencial y realizarse como criaturas humanas durante toda la vida. Esta tendencia se expresa mediante el impulso de superarse cada vez más y llegar a realizar todas las potencialidades de la persona. Las necesidades de autorrealización se relacionan con autonomía, independencia, autocontrol, competencia y plena realización del potencial de cada persona, de los talentos individuales. En tanto las cuatro necesidades anteriores pueden satisfacerse mediante recompensas externas (extrínsecas) a la persona, que tienen una realidad concreta (dinero, alimento, amistades, elogios de otras personas), las necesidades de autorrealización sólo pueden satisfacerse mediante recompensas intrínsecas que las personas se dan a sí mismas (por ejemplo, sentimiento de realización), y que no son observables ni controlables por los demás. Las demás necesidades no motivan el comportamiento cuando se han satisfecho; por su parte, las necesidades de autorrealización pueden ser insaciables, puesto que cuanto más recompensas obtenga la persona, más importante se vuelven y deseará satisfacer dichas necesidades cada vez más. No importa qué tan satisfecha esté la persona, pues ésta siempre querrá más.

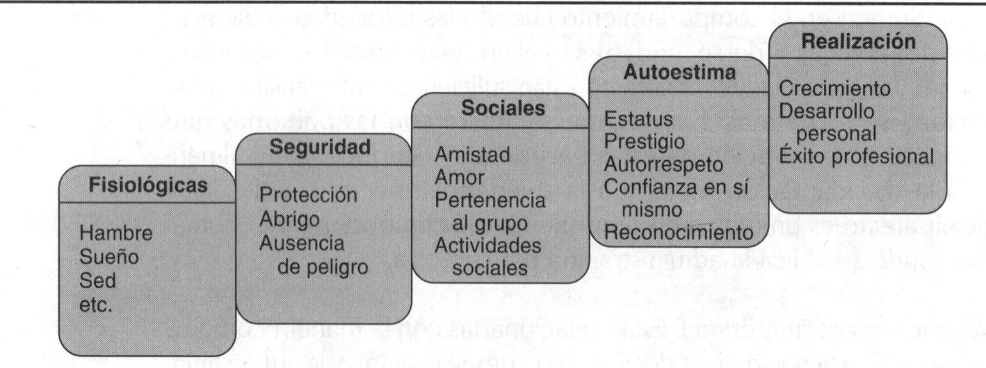

Figura 2.8 Jerarquía de las necesidades humanas, vistas desde otro ángulo.

En general, la teoría de Maslow presenta los aspectos siguientes:

1. Una necesidad satisfecha no motiva ningún comportamiento; sólo las necesidades no satisfechas influyen en el comportamiento y lo encaminan hacia el logro de objetivos individuales.

2. El individuo nace con un conjunto de necesidades fisiológicas innatas o hereditarias. Al principio, su comportamiento gira en torno a la satisfacción cíclica de ellas (hambre, sed, ciclo sueño-actividad, sexo, etc.).

3. A partir de cierta edad, el individuo comienza un largo aprendizaje de nuevos patrones de necesidades. Surge la necesidad de seguridad, enfocada hacia la protección contra el peligro, contra las amenazas y contra las privaciones. Las necesidades fisiológicas y las de seguridad constituyen las necesidades primarias del individuo, y se relacionan con su conservación personal.

4. A medida que el individuo logra controlar sus necesidades fisiológicas y de seguridad, aparecen de manera lenta y gradual necesidades más elevadas: sociales, de autoestima y de autorrealización. Cuando el individuo logra satisfacer sus necesidades sociales, surgen las necesidades de autorrealización; esto significa que las necesidades de autoestima son complementarias de las necesidades sociales, en tanto que las de autorrealización complementan las de autoestima. Los niveles más elevados de necesidades sólo surgen cuando el individuo controla relativamente los niveles más bajos. No todos los individuos consiguen llegar al nivel de las necesidades de autorrealización, ni siquiera el nivel de las necesidades de autoestima, pues éstas son conquistas individuales.

5. Las necesidades más elevadas no surgen a medida que las más bajas van siendo satisfechas, pues éstas predominan, de acuerdo con la jerarquía de necesidades. Diversas necesidades concomitantes influyen en el individuo de manera simultánea; sin embargo, las más bajas tienen activación predominante frente a las más altas.

6. Las necesidades más bajas (comer, dormir, etc.) requieren un ciclo motivacional relativamente rápido, en tanto que las más elevadas necesitan uno mucho más largo. Si alguna de las necesidades más bajas deja de ser satisfecha durante un largo periodo, se hace imperativa y neutraliza el efecto de las más elevadas. Las energías de un individuo

se dirigen a luchar por satisfacer una necesidad más baja, cuando ésta existe.

El enfoque de Maslow, aunque es demasiado amplio, representa para la ARH un valioso modelo del comportamiento de las personas.

Teoría de los dos factores, de Herzberg

En tanto Maslow sustenta su teoría de la motivación en las diversas necesidades humanas (enfoque orientado hacia el interior), Herzberg[11] basa su teoría en el ambiente externo y en el trabajo del individuo (enfoque orientado hacia el exterior). Según Herzberg, la motivación de las personas depende de dos factores[12]:

a. *Factores higiénicos.* Condiciones que rodean al individuo cuando trabaja; comprenden las condiciones físicas y ambientales de trabajo, el salario, los beneficios sociales, las políticas de la empresa, el tipo de supervisión recibida, el clima de las relaciones entre las directivas y los empleados, los reglamentos internos, las oportunidades existentes, etc. Corresponden a la perspectiva ambiental y constituyen los factores que las empresas han utilizado tradicionalmente para lograr la motivación de los empleados. Sin embargo, los factores higiénicos poseen una capacidad muy limitada para influir en el comportamiento de los trabajadores. La expresión *higiene* refleja con exactitud su carácter preventivo y profiláctico, y muestra que sólo se destinan a evitar fuentes de insatisfacción en el ambiente o amenazas potenciales a su equilibrio. Cuando estos factores son óptimos, simplemente evitan la insatisfacción, puesto que su influencia en el comportamiento no logra elevar la satisfacción de manera sustancial y duradera. Cuando son precarios, producen insatisfacción y se denominan factores de insatisfacción. Ellos incluyen:

   - Condiciones de trabajo y comodidad
   - Políticas de la organización y la administración
   - Relaciones con el supervisor
   - Competencia técnica del supervisor

---

11 Frederick Herzberg, Bernard Mausner, Barbara B. Snyderman, *The Motivation to Work*, Nueva York, John Wiley & Sons, 1959.

12 Frederick Herzberg, *Work and Nature of Man*, Cleveland, The World Publishing, 1966.

- Salarios
- Estabilidad en el cargo
- Relaciones con los colegas

Estos factores constituyen el contexto del cargo.

b. *Factores motivacionales.* Tienen que ver con el contenido del cargo, las tareas y los deberes relacionados con el cargo en sí; producen un efecto de satisfacción duradera y un aumento de la productividad hasta niveles de excelencia, es decir, muy por encima de los niveles normales. El término motivación incluye sentimientos de realización, crecimiento y reconocimiento profesional, manifiestos en la ejecución de tareas y actividades que constituyen un gran desafío y tienen bastante significación para el trabajo. Cuando los factores motivacionales son óptimos, elevan la satisfacción, de modo sustancial; cuando son precarios, provocan la pérdida de satisfacción. Por estas razones, se denominan factores de satisfacción. Constituyen el contenido del cargo en sí e incluyen:

- Delegación de la responsabilidad
- Libertad de decidir cómo realizar el trabajo
- Ascensos
- Utilización plena de las habilidades personales
- Formulación de objetivos y evaluación relacionada con éstos
- Simplificación del cargo (llevada a cabo por quien lo desempeña)
- Ampliación o enriquecimiento del cargo (horizontal o verticalmente)

En síntesis, la teoría de los dos factores afirma que[13]:

1. La satisfacción en el cargo es función del contenido o de las actividades desafiantes y estimulantes del cargo: éstos son los llamados *factores motivadores.*

2. La insatisfacción en el cargo depende del ambiente, de la supervisión, de los colegas y del contexto general del cargo: éstos son los llamados *factores higiénicos.*

---

13 Abraham K. Korman, *Industrial and Organizational Psychology*, Englewood Cliffs, Prentice-Hall, 1971, p. 147.

Herzberg llegó a la conclusión de que los factores responsables de la satisfacción profesional están desligados, y son diferentes, de los factores responsables de la insatisfacción profesional: "Lo opuesto a la satisfacción profesional no es la insatisfacción, sino la no satisfacción profesional; de la misma manera, lo opuesto a la insatisfacción profesional es la no insatisfacción profesional, y no la satisfacción".

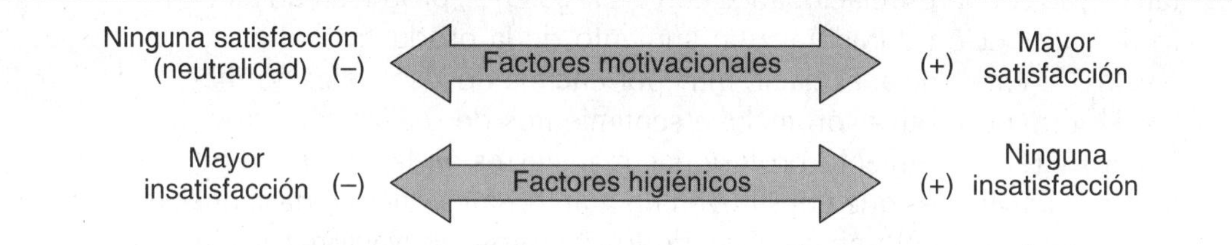

Figura 2.9 Teoría de los dos factores (los que satisfacen y los que no) como *continuos* separados.

Para introducir mayor motivación en el cargo, Herzberg propone enriquecimiento de las tareas (*job enrichment*), que consiste en aumentar deliberadamente la responsabilidad, los objetivos y el desafío de las tareas del cargo. En la sección relacionada con los subsistemas de empleo de los recursos humanos, se analizarán algunos aspectos del enriquecimiento de tareas o enriquecimiento del cargo.

En la práctica, el enfoque de Herzberg destaca aquellos factores motivacionales que tradicionalmente han sido olvidados y despreciados por las empresas en los intentos por elevar el desempeño y la satisfacción del personal. En cierta medida, las conclusiones de Herzberg coinciden con la teoría de Maslow en que los niveles más bajos de necesidades humanas tienen relativamente poco efecto en la motivación cuando el patrón de vida es elevado. Los enfoques de Herzberg y de Maslow presentan algunos puntos de concordancia que permiten una configuración más amplia y rica respecto de la motivación del comportamiento humano. No obstante, también presentan diferencias importantes. En la figura 2.10 se comparan los dos modelos.

Modelo situacional de motivación, de Vroom

Aunque la teoría de Maslow se basa en una estructura uniforme y jerárquica de necesidades, y la de Herzberg en dos clases de factores, ambas

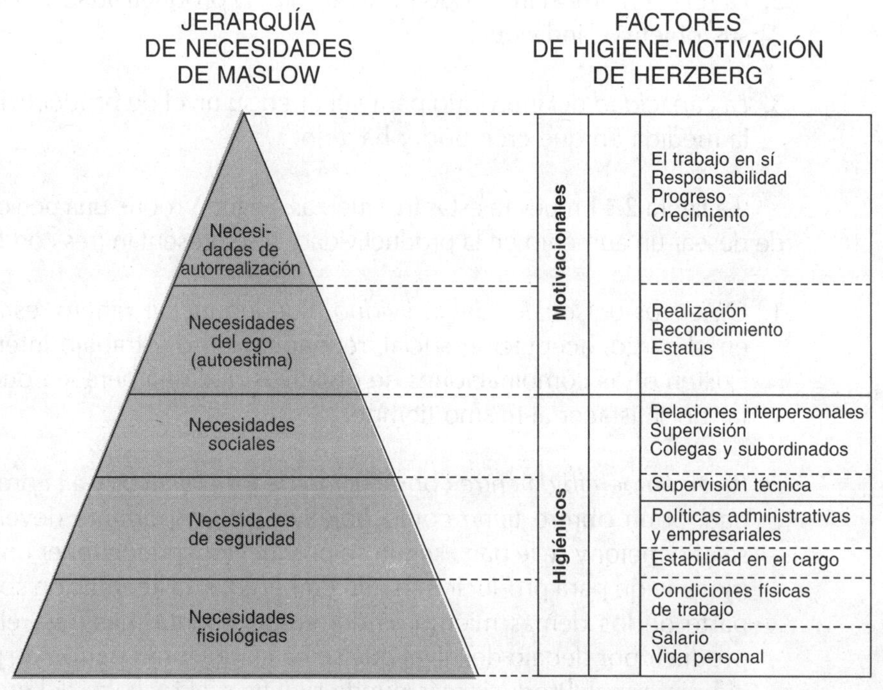

Figura 2.10 Comparación de los modelos de motivación de Maslow y Herzberg.

Fuente: Keith Davis, *Human Behavior at Work: Human Relations and Organizational Behavior*, Nueva York, McGraw-Hill, 1977, p. 59.

se apoyan en la premisa implícita de que existe una manera mejor (*the best way*) de motivar a las personas, bien sea a través del reconocimiento de la pirámide de necesidades humanas, bien mediante el empleo de los factores motivacionales y del enriquecimiento del cargo. Hasta ahora, la evidencia ha demostrado que personas diferentes actúan de manera diferente, según la situación en que se encuentren.

Victor H. Vroom[14] desarrolló una teoría de la motivación que rechaza las nociones preconcebidas y reconoce las diferencias individuales. Su teoría se refiere únicamente a la motivación para producir; según Vroom, en cada individuo existen tres factores que determinan la motivación para producir:

1. *Los objetivos individuales*, es decir, la fuerza de voluntad para alcanzar los objetivos.

14 Victor H. Vroom, *Work and Motivation*, Nueva York, John Wiley & Sons, 1964.

2. *La relación* que el individuo percibe *entre la productividad y el logro* de sus objetivos individuales.

3. *La capacidad* del individuo para influir en su nivel de productividad, en la medida en que cree poder hacerlo.

La figura 2.11 muestra estas tres fuerzas. Según Vroom, una persona puede desear un aumento en la productividad, si se presentan tres condiciones:

1. *Objetivos personales del individuo.* Pueden incluir dinero, estabilidad en el cargo, aceptación social, reconocimiento y trabajo interesante. Existen otras combinaciones de objetivos que una persona puede tratar de satisfacer al mismo tiempo.

2. *Relación percibida entre consecución de los objetivos y alta productividad.* Si un obrero tiene como objetivo más importante devengar un salario mejor y se le paga según su producción, puede tener una fuerte motivación para producir más. Sin embargo, si la aceptación social por parte de los demás miembros del grupo cuenta más para él, podrá producir por debajo del nivel que se ha fijado como patrón de producción informal. Producir más puede significar el rechazo del grupo.

3. *Percepción de su capacidad de influir en su productividad.* Un empleado que cree que su esfuerzo no incide en la producción, tenderá a no esforzarse demasiado; es el caso de una persona que desempeña un cargo sin tener suficiente capacitación, o del obrero asignado a una línea de montaje de velocidad fija.

La figura 2.11 permite conocer mejor estos tres factores.

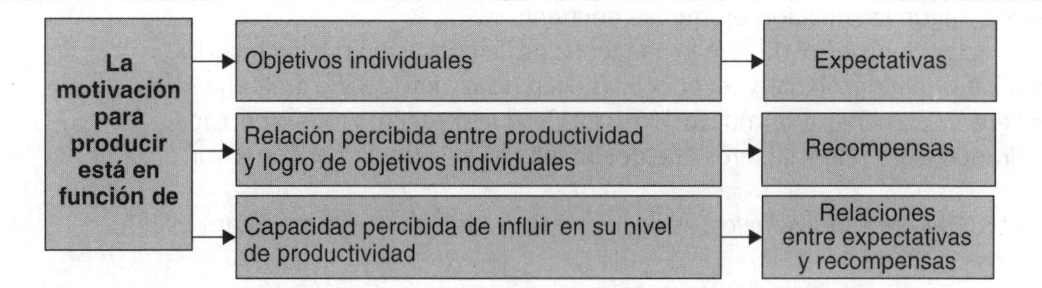

Figura 2.11 Los tres factores de la motivación para producir.

Con el fin de explicar la motivación para producir, Vroom propone un modelo de expectativa de la motivación basado en objetivos intermedios y graduales (medios) que conducen a un objetivo final (fines). Según ese modelo, la motivación es un proceso que regula la selección de los comportamientos. El individuo percibe las consecuencias de cada alternativa de comportamiento como resultados que representan una cadena de relaciones entre medios y fines. De ese modo, cuando el individuo busca un resultado intermedio (por ejemplo, aumentar la productividad), está en procura de los medios para alcanzar los resultados finales (dinero, beneficios sociales, apoyo del supervisor, ascenso o aceptación del grupo). La figura 2.12 representa la expectativa por lograr resultados finales a través de resultados intermedios.

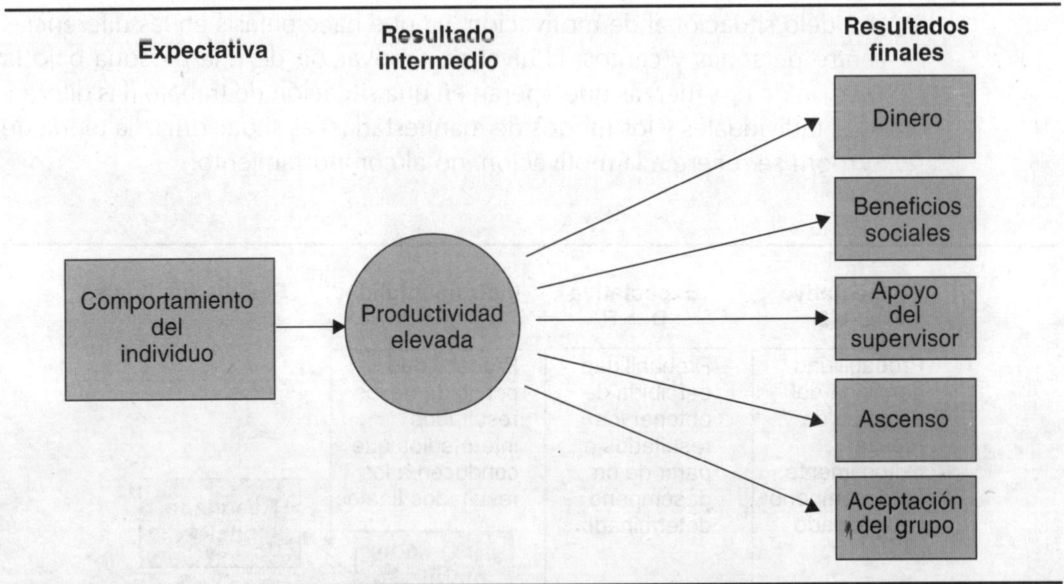

Figura 2.12 Modelo de expectativa empleado.

Fuente: Don Hellriegel, John W. Scolum Jr., *Management: A Contingency Approach*, Reading, Addison-Wesley, 1974, p. 321.

Cada individuo tiene preferencias (valencias) por determinados resultados finales, según la teoría de campo. Una valencia positiva indica el deseo de alcanzar cierto resultado final, en tanto que una valencia negativa indica un deseo de evitar determinado resultado final. Los resultados intermedios presentan valencia en función de su relación percibida con los resultados finales deseados. En la figura 2.12, la productividad elevada (resultado intermedio) no posee valencia en sí misma; sin embargo, la logra porque está relacionada con el deseo del individuo de conseguir determinados resultados finales. Esta relación causal entre resultado intermedio y resultado final se denomina instrumentalidad, la cual presenta valores que van de +1,0 a -1,0 (coeficientes de correlación), dependiendo de si está -o no- ligada directamente a la obtención de los resultados finales. En la figura 2.12, por ejemplo, si el individuo percibe que no existe relación entre su elevada productividad y el dinero, la instrumentalidad será igual a cero; es decir, la elevada productividad no le sirve para ganar dinero. El deseo del individuo (valencia) de lograr una elevada productividad está determinado por la suma de las instrumentalidades y valencias de los resultados finales. Por esta razón la teoría de Vroom se denomina modelo situacional de motivación, ya que hace énfasis en las diferencias entre personas y cargos. El nivel de motivación de una persona bajo la acción de dos fuerzas que operan en una situación de trabajo (las diferencias individuales y los modos de manifestarlas) es situacional. La teoría de Vroom se refiere a la motivación, no al comportamiento.

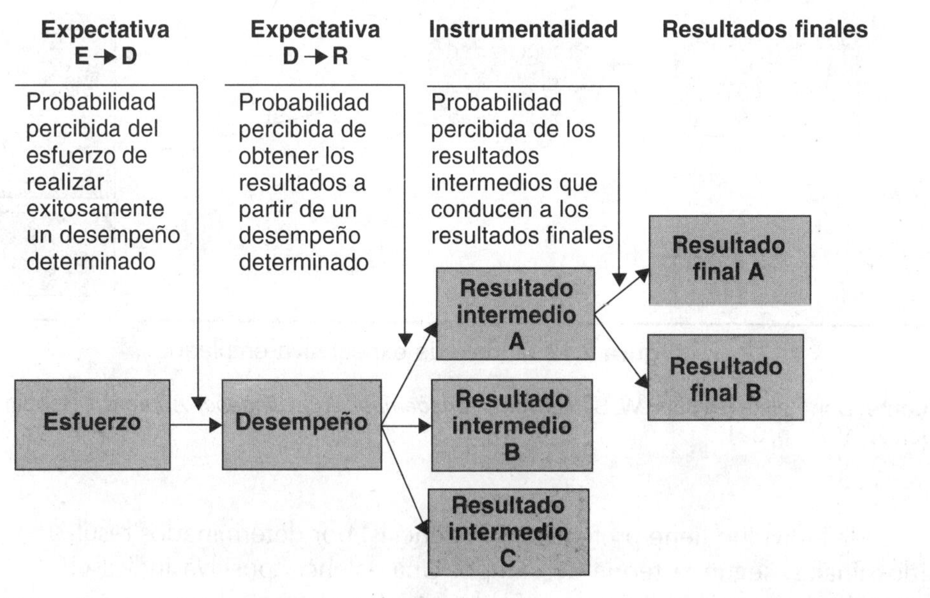

Figura 2.13 Modelo de expectativa.

Teoría de la expectativa

En sus trabajos, Lawler III[15] encontró fuertes evidencias de que el dinero puede motivar no sólo el desempeño y otros tipos de comportamientos, sino también el compañerismo y la dedicación a la organización. Verificó que el escaso poder de motivación que tiene el dinero se debe al empleo incorrecto que de él ha hecho la mayor parte de las organizaciones. La incoherencia que presenta la relación entre el dinero y el desempeño en muchas organizaciones tiene varias razones:

1. El largo periodo transcurrido entre el desempeño de la persona y el incentivo salarial correspondiente. La modestia del incentivo y la demora para recibirlo dan la falsa impresión de que las ganancias de las personas son independientes del desempeño. Como el refuerzo es poco y demorado, la relación entre dinero y desempeño se vuelve frágil.

2. Las evaluaciones del desempeño no producen distinciones salariales, puesto que a los gerentes y evaluadores no les gusta comparar a las personas de bajo desempeño y que no están dispuestas a que se les prive de los incentivos o a recibir un menor incentivo salarial que el recibido por las personas que logran mejor desempeño. Así, los salarios se mantienen en el promedio, y al final, no recompensan el desempeño excelente y terminan provocando una relación no coherente entre dinero y desempeño. La relación se hace disonante.

3. La política salarial de las empresas está ligada a las políticas gubernamentales o a convenciones laborales, genéricas y amplias, que buscan regular los salarios para neutralizar el efecto de la inflación. Los salarios se tornan planos y no distinguen el buen desempeño del malo.

4. El prejuicio generado por la antigua teoría de las relaciones humanas respecto del salario en sí y de las limitaciones del modelo del *homo economicus*, difundido por la escuela de la administración científica de Taylor, y que aquélla tanto combatió. Este prejuicio todavía existe en la actualidad y parece transformar el dinero en algo vil y sórdido, cuando

---

15 Edward E. Lawler III, *Pay and Organizational Effectiveness*, Nueva York, McGraw-Hill, 1971; L. W. Porter y Edward E. Lawler III, *Managerial Attitudes and Performance*, Homewood, The Irwin Dorsey, 1968; L. W. Porter, Edward E. Lawler III, J. Richard Hackman, *Behavior in Organizations*, Nueva York, McGraw-Hill, 1975, capítulo 12.

es una de las razones principales que llevan a las personas a trabajar en las organizaciones.

Lawler III concluyó que su teoría tiene dos fundamentos sólidos:

1. Las personas desean ganar dinero, no sólo porque éste les permite satisfacer sus necesidades fisiológicas y de seguridad, sino también porque brinda las condiciones para satisfacer las necesidades sociales, de autoestima y de autorrealización. El dinero es un medio, no un fin. Puede comprar muchos artículos que satisfacen necesidades personales.
2. Si las personas perciben y creen que su desempeño es, al mismo tiempo, posible y necesario para obtener más dinero, ciertamente se desempeñarán de la mejor manera posible. Sólo se necesita establecer este tipo de percepción.

La teoría de la expectativa de Lawler III puede expresarse mediante la ecuación:

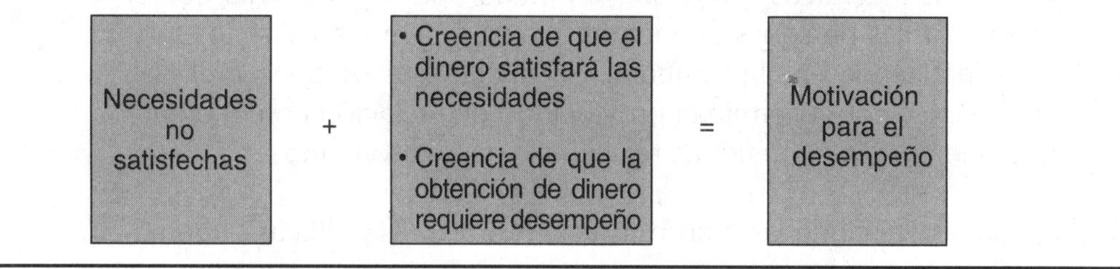

Figura 2.14 Teoría de la expectativa, según Lawler III.

Si las personas creen que existe relación directa o indirecta entre el aumento de la remuneración y el desempeño, el dinero podrá ser un motivador excelente. Si esa percepción se confirma, las personas tendrán mejor desempeño con miras al resultado financiero deseado.

Clima organizacional

El concepto *motivación* (en el nivel individual) conduce al de *clima organizacional* (en el nivel organizacional). Los seres humanos están obligados a adaptarse continuamente a una gran variedad de situaciones para satisfacer sus necesidades y mantener un equilibrio emocional. Esto puede definirse como estado de adaptación, el cual se refiere no sólo a la satisfacción de las necesidades fisiológicas y de seguridad, sino también a la necesidad de pertenecer a un grupo social, necesidad de autoestima y de autorrealización. La imposibilidad de satisfacer estas necesidades superiores causa muchos problemas de adaptación. Puesto que la satisfacción de ellas depende de otras personas –en especial de aquellas que tienen autoridad–, es importante que la administración comprenda la naturaleza de la adaptación o desadaptación de las personas.

La adaptación varía de una persona a otra y en el mismo individuo, de un momento a otro. Una buena adaptación denota "salud mental". Una manera de definir salud mental es describir las características de las personas mentalmente sanas. Esas características básicas son[16]:

1. Sentirse bien consigo mismas.
2. Sentirse bien con respecto a los demás.
3. Ser capaces de enfrentar por sí mismas las exigencias de la vida.

Esto explica el nombre de clima organizacional dado al ambiente interno existente entre los miembros de la organización, el cual está estrechamente ligado al grado de motivación de los empleados. Cuando tienen una gran motivación, el clima motivacional permite establecer relaciones satisfactorias de animación, interés, colaboración, etc. Cuando la motivación es escasa, ya sea por frustración o por impedimentos para la satisfacción de necesidades, el clima organizacional tiende a enfriarse y sobrevienen estados de depresión, desinterés, apatía, desconcento, etc., hasta llegar a estados de agresividad, agitación, inconformidad, etc., característicos de situaciones en que los empleados se enfrentan abiertamente contra la empresa (casos de huelgas, mítines, etc.).

Atkinson desarrolló un modelo que estudia el comportamiento motivacional teniendo en cuenta los determinantes ambientales de motivación. Este modelo parte de las siguientes premisas[17]:

---

16 National Association for Mental Health, *MENTAL HEALTH IS 1, 2, 3,* Nueva York, 10, Columbus Circle.

17 J. W. Atkinson, *An Introduction to Motivation*, Princeton, Van Nostrand, 1964, pp. 240-314.

1. Los individuos tienen ciertos motivos o necesidades básicas que representan comportamientos potenciales, que sólo influyen en el comportamiento cuando son provocados.

2. Provocar o no estos comportamientos depende de la situación o del ambiente percibido por el individuo.

3. Las propiedades particulares del ambiente sirven para estimular o provocar determinados motivos. Es decir, un motivo específico sólo influirá en el comportamiento cuando sea provocado por la influencia ambiental apropiada.

4. Los cambios en el ambiente que se percibe originarán algunos cambios en el patrón de la motivación provocada.

5. Cada clase de motivación se dirige a satisfacer un tipo de necesidad. El patrón de la motivación provocada determina el comportamiento; un cambio en ese patrón generará un cambio de comportamiento.

El concepto clima organizacional comprende un espacio amplio y flexible de la influencia ambiental sobre la motivación. "El clima organizacional es la cualidad o propiedad del ambiente organizacional que:

a. Perciben o experimentan los miembros de la organización.

b. Influye en su comportamiento[18]".

El clima organizacional se refiere al ambiente interno existente entre los miembros de la organización, está estrechamente ligado al grado de motivación de los empleados e indica de manera específica las propiedades motivacionales del ambiente organizacional, es decir, aquellos aspectos de la organización que desencadenan diversos tipos de motivación entre los miembros. Por consiguiente, es favorable cuando proporciona la satisfacción de las necesidades personales y la elevación de la moral de los miembros, y desfavorable cuando no logra satisfacer esas necesidades. El clima organizacional influye en el estado motivacional de las personas, y viceversa.

---

18 George H. Litwin, "Climate and Motivation: An Experimental Study", en David A. Kolb, Irwin M. Rubin, James M. McIntyre, *Organizational Psychology: A Book of Readings*, Englewood Cliffs, Prentice-Hall, 1971, p. 111.

COMUNICACIÓN

Las personas no viven aisladas ni son autosuficientes, pues se relacionan continuamente con otras personas o con sus ambientes mediante la comunicación. La comunicación implica transferencia de información y significado de una persona a otra; es el proceso de transmitir información y comprensión de una persona a otra. Es la manera de relacionarse con otras personas a través de datos, ideas, pensamientos y valores. La comunicación une a las personas para compartir sentimientos y conocimientos. Una comunicación implica transacciones entre las personas. Toda comunicación necesita al menos dos personas: la que envía un mensaje y la que lo recibe. Una persona sola no puede establecer comunicación, puesto que el acto de comunicarse sólo puede completarse cuando existe un receptor. Las organizaciones no pueden existir ni operar sin comunicación, puesto que ésta es la red que integra y coordina todas sus dependencias.

Para la perfecta comprensión de la comunicación es necesario tener en cuenta tres elementos: dato, información y comunicación.

Dato. Registro de determinado evento o suceso. Por ejemplo, un banco de datos es un medio de acumular y almacenar conjuntos de datos que posteriormente se combinarán y procesarán. Cuando un conjunto de datos posee significado (una serie de cifras al formar un número, o un conjunto de letras al formar una palabra), se tiene información.

Información. Conjunto de datos con determinado significado, es decir, que reduce la incertidumbre respecto de algo o que permite el conoci-

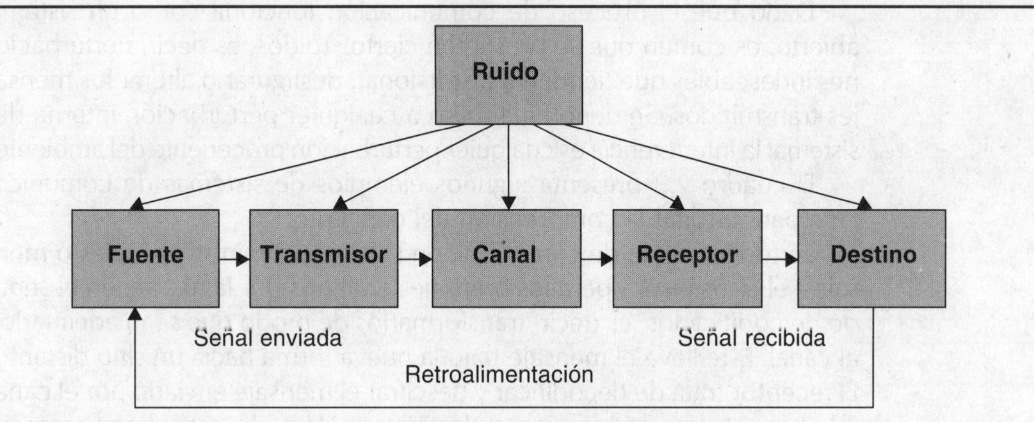

Figura 2.15 Sistema de comunicación.

miento respecto de algo. El concepto de información, tanto desde el punto de vista popular como del científico, implica un proceso de reducción de la incertidumbre.

Comunicación. Información transmitida a alguien, con quien entra a compartirse. Para que exista comunicación es necesario que el destinatario de ésta la reciba y la comprenda. La simple transmisión de información, sin recibirla, no es comunicación. Comunicar significa volver común a una o varias personas determinada información.

En el proceso de comunicación están presentes cinco elementos fundamentales:

1. *Emisor o fuente.* Persona, cosa o proceso que emite un mensaje para alguien, es decir, hacia un destinatario.

2. *Transmisor o codificador.* Equipo que conecta la fuente con el canal, es decir, que codifica el mensaje emitido por la fuente para que sea adecuado y esté disponible en el canal.

3. *Canal.* Parte del sistema que establece el contacto entre la fuente y el destino, que están físicamente próximos o distantes.

4. *Receptor o decodificador.* Equipo situado entre el canal y el destino; decodifica el mensaje para hacerlo comprensible al destino.

5. *Destino.* Persona, cosa o proceso hacia el que se envía el mensaje.

Dado que el proceso de comunicación funciona como un sistema abierto, es común que se presenten ciertos ruidos, es decir, perturbaciones indeseables que tienden a distorsionar, desfigurar o alterar los mensajes transmitidos. Se denomina ruido a cualquier perturbación interna del sistema; la interferencia es cualquier perturbación procedente del ambiente.

El cuadro 2.2 presenta algunos ejemplos de sistemas de comunicación para facilitar la comprensión del concepto.

En todo sistema de comunicación la fuente suministra señales o mensajes; el transmisor opera los mensajes emitidos por la fuente, en el sentido de codificarlos, es decir, transformarlos de modo que sean adecuados al canal. Éste lleva el mensaje bajo la nueva forma hacia un sitio distante. El receptor trata de decodificar y descifrar el mensaje enviado por el canal y lo hace comprensible para el destinatario. El ruido perturba el mensaje

Cuadro 2.2 Ejemplos de sistemas de comunicación.

SISTEMA	Sistema telefónico	Puerta automática	Televisión
Fuente	Voz humana	Afluencia de personas que se interponen ante un rayo de luz	Programa de TV
Transmisor	Aparato telefónico	Celda fotoeléctrica y circuitos auxiliares	Cámara, transmisiones y antena transmisora
Canal	Red de hilos conductores que unen un aparato con otro	Hilos que van al solenoide que mueve la puerta automática	Espacio libre
Receptor	Otro aparato telefónico	Mecanismo solenoidal	Antena receptora y aparato de TV
Destino	Oído humano	Puerta automática	Televidente
Ruido	Estática, interferencia, línea cruzada, ruidos	Mal funcionamiento de alguno de los dispositivos	Estática, interferencia, lloviznas, mal funcionamiento de alguno de los componentes

Fuente: Idalberto Chiavenato, *Introdução à teoria geral da administração*, São Paulo, Makron Books, 1995, p. 710.

en el canal y las demás partes del sistema. Para comunicar mensajes o señales, el proceso de comunicación exige que la fuente piense y codifique sus ideas con palabras o símbolos que puedan transmitirse rumbo al canal, de donde lo recibe el destinatario y decodifica las palabras o símbolos para entenderlos e interpretarlos como ideas o significados. La comunicación sólo es efectiva cuando el destinatario interpreta y comprende el mensaje. Esto significa que la comunicación es un proceso de doble vía que implica retroalimentación.

En las personas, toda información proveniente del ambiente llega al sistema nervioso central, que selecciona, archiva, ordena los datos y envía órdenes a los músculos, las cuales –al ser recibidas por los órganos del movimiento– se combinan con el conjunto de informaciones ya almacenadas para influir en las acciones presentes y futuras. De este modo, el contenido de lo que las personas intercambian con el ambiente, para adaptarse a éste, constituye la información. El proceso de recibir y utilizar información es el mismo proceso de adaptación del individuo a la realidad, el cual le permite vivir y sobrevivir en el ambiente que lo rodea.

El proceso de comunicación puede estudiarse matemáticamente, no desde el punto de vista determinista, sino del de la probabilidad, ya que no toda señal emitida por la fuente cumple el proceso hasta llegar a su destino, sin modificarse. La señal puede experimentar pérdidas, mutilaciones,

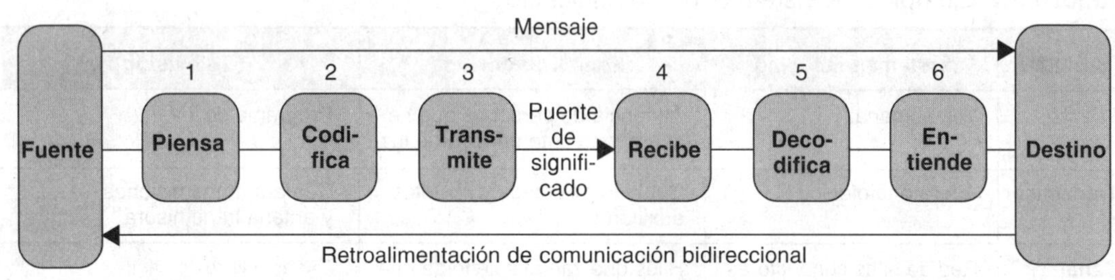

Figura 2.16 Desdoblamiento del proceso de comunicación.

distorsiones, y puede ir acompañada de ruidos, interferencias, vacíos e incluso amplificaciones o desvíos. El rumor es un ejemplo característico de distorsión, amplificación y, muchas veces, desviación de la comunicación. En un sistema de comunicación, toda fuente de error o distorsión está incluida en el concepto ruido. Una información ambigua o que induzca a error necesariamente contiene ruidos. En una conversación telefónica, por ejemplo, el ambiente bullicioso, las interferencias, los entrecruzamientos de líneas, las interrupciones y la imposibilidad de ver al interlocutor provocan ruidos. De ahí la necesidad de recurrir a la repetición o redundancia para superarlos.

Cuando se trata de comunicación humana el concepto *comunicación* se halla sujeto a ciertas complicaciones adicionales, pues cada persona tiene su propio sistema cognitivo, sus percepciones, sus valores personales y sus motivaciones, lo cual constituye un patrón individual de referencia que vuelve bastante personal y singular su interpretación de las cosas. Dicho patrón actúa como un filtro que acondiciona y acepta cualquier información. Así mismo, selecciona y rechaza toda la información que no se adapta (disonante) a este sistema o que lo amenaza. Existe una codificación perceptiva (percepción selectiva) que actúa como mecanismo de defensa que bloquea la información indeseable o no pertinente. Este mecanismo, que puede obrar sobre la recepción o el envío de información o impedir la retroalimentación de la información, son los lentes que utiliza el individuo para ver el mundo exterior e interpretarlo a su manera. En consecuencia, existe una fuerte relación entre conocimiento, percepción y motivación. Lo que dos personas se comunican recíprocamente está determinado por la percepción que cada una tiene de sí misma y de la otra persona en la situación. La idea comunicada se halla estrechamente relacionada con las percepciones y motivaciones de la fuente (emisor) y el destinatario en determinado contexto situacional.

Toda persona tiene su propio sistema conceptual, es decir, su patrón de referencia que actúa como filtro codificador que condiciona la aceptación y el procesamiento de cualquier información, el cual selecciona y rechaza toda información que no se ajusta al sistema o pueda amenazarlo. Existe una codificación perceptiva (percepción selectiva) que actúa como defensa bloqueando informaciones indeseables o no pertinentes. Cada persona desarrolla su propio conjunto de conceptos para interpretar el ambiente externo y el interno y para organizar sus múltiples experiencias cotidianas. Los patrones personales de referencia son importantes para la comprensión del proceso de comunicación humana. Existe relación entre conocimiento, percepción, motivación y comunicación. Aquello que dos personas se comunican entre sí está determinado por la percepción que cada una tiene de sí misma y de la otra persona en la situación, debido a que sus sistemas cognitivo y su motivación son diferentes en aquel momento. La idea o mensaje comunicado se halla estrechamente ligado a las percepciones y motivaciones del emisor y del destinatario en el contexto ambiental en que se hallan.

De ahí resulta la percepción social, que no siempre es racional o consciente. "Percepción social es el medio a través del cual una persona se forma una idea acerca de otra, con la esperanza de comprenderla. La empatía o sensibildad social es el medio por el cual la persona logra desa-

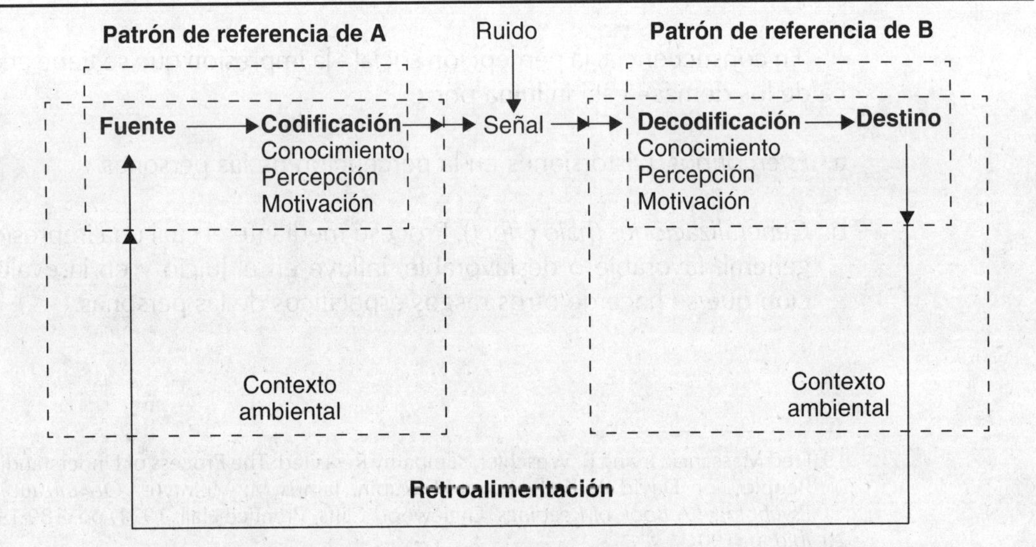

Figura 2.17 Patrones personales de referencia.

rrollar impresiones precisas de los demás"[19]. En el fondo, la empatía es un proceso de comprensión de los demás. Para describir la empatía, muchos autores utilizan vocablos sinónimos, como comprensión de personas, sensibilidad social o precisión de percepción social.

En la percepción social deben considerarse tres aspectos[20]:

1. *El perceptor.* Persona que está "oyendo" e intentando comprender.

2. *El percibido.* Persona a la que se "oye" o se comprende.

3. *La situación.* Conjunto de fuerzas sociales y no sociales en las cuales ocurre el acto de la percepción social.

La percepción social puede mejorarse teniendo en cuenta que[21]:

1. Conocerse a sí mismo hace más fácil tener percepción precisa acerca de los demás.

2. Las características del observador afectan las que él tiende a ver en los demás.

3. La persona que se acepta a sí misma está más dispuesta a ver favorablemente aspectos de otra persona.

En consecuencia, la percepción social -la impresión que se tiene acerca de los demás- está influida por:

a. *Estereotipos.* Distorsiones en la percepción de las personas.

b. *Generalizaciones (halo effect).* Proceso mediante el cual una impresión general, favorable o desfavorable, influye en el juicio y en la evaluación que se hace de otros rasgos específicos de las personas.

---

19 Fred Massarick, Irving R. Weschler, "Empathy Revisited: The Process of Understanding People", en David A. Kolb, Irwin M. Rubin, James M. McIntyre, *Organizational Psychology: A Book of Readings,* Englewood Cliffs, Prentice-Hall, 1971, pp. 189-190.

20 *Ibíd,* p. 190.

21 Sheldon S. Zalkind, Timothy W. Costello, "Perception: Implications for Administration", en David A. Kolb, *et. al., op. cit.,* pp. 205-207.

c. *Proyección.* Mecanismo de defensa mediante el cual el individuo atribuye a los demás algunas de sus propias características que rechaza inconscientemente.

d. *Defensa de percepción.* Otra fuente de error y distorsión en que el observador deforma los datos, del mismo modo como elimina la incoherencia (disonancia cognitiva).

Barreras a la comunicación

El proceso de comunicación humana también está sujeto a lluvias y tempestades, pues existen barreras que sirven de obstáculos o resistencia a la comunicación entre las personas. Estas variables intervienen en el proceso de comunicación y lo afectan profundamente, de modo que el mensaje recibido es muy diferente del que fue enviado.

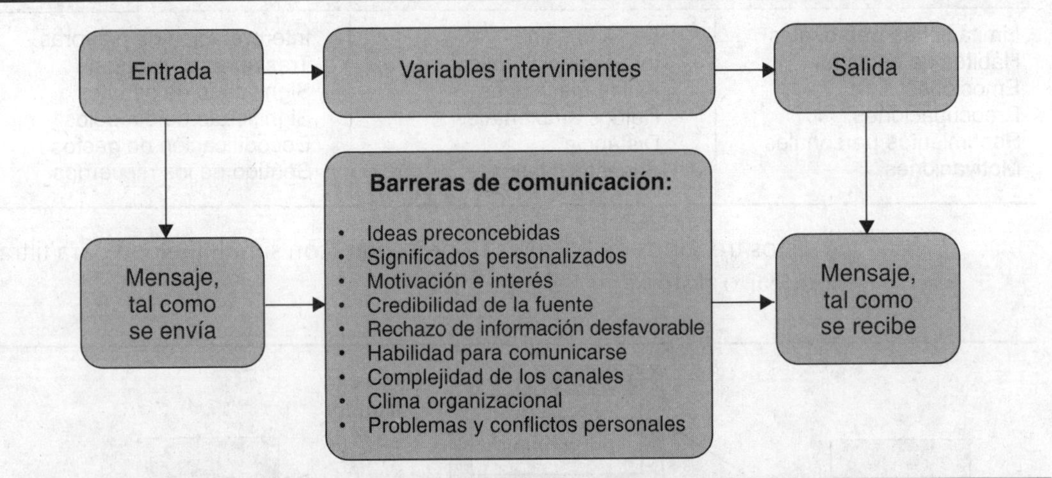

Figura 2.18 Barreras en el proceso de la comunicación humana.

Las barreras de comunicación pueden ser personales, físicas y semánticas.

Barreras personales. Interferencias derivadas de las limitaciones, emociones y valores humanos del individuo. Las barreras más comunes en situaciones de trabajo son la escucha deficiente, las emociones, las motivaciones y los sentimientos personales. Estas barreras pueden limitar o distorsionar las comunicaciones con las demás personas.

Barreras físicas. Interferencias que se presentan en el ambiente donde ocurre la comunicación. Un trabajo que pueda distraer, una puerta que se abre en el transcurso de la clase, la distancia física entre las personas, un canal saturado, paredes que se interponen entre la fuente y el destino, ruidos estáticos en la comunicación telefónica, etc.

Barreras semánticas. Limitaciones o distorsiones derivadas de los símbolos utilizados en la comunicación. Las palabras u otras formas de comunicación (gestos, señales, símbolos, etc.) pueden tener sentidos diferentes para las personas que intervienen en el proceso, lo cual puede distorsionar el significado. Las diferencias de lenguaje constituyen barreras semánticas entre las personas.

Cuadro 2.3 Tres tipos de barreras a la comunicación.

Humanas	Físicas	Semánticas
Limitaciones personales Hábitos de escucha Emociones Preocupaciones Sentimientos personales Motivaciones	Espacio físico Interferencias físicas Fallas mecánicas Ruidos ambientales Distancia Sucesos locales	Interpretación de palabras Traslación de lenguaje Significado de señales Significado de símbolos Decodificación de gestos Sentido de los recuerdos

Estos tres tipos de barreras se presentan con simultaneidad para filtrar, bloquear o distorsionar el mensaje.

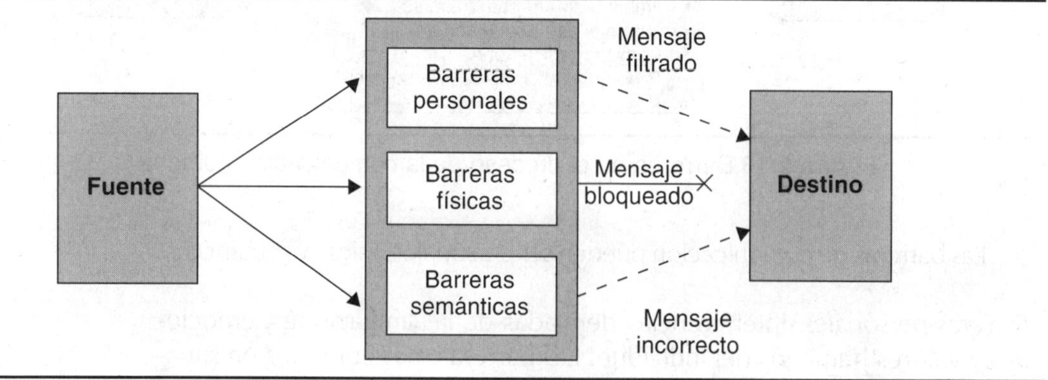

Figura 2.19 Cómo funcionan las barreras a la comunicación.

Además de la influencia de las barreras, la comunicación puede experimentar tres dificultades: omisión, distorsión y sobrecarga.

Omisión. Cuando se omiten, cancelan o se cortan por alguna razón ciertas partes o aspectos importantes de la comunicación, ya sea por la fuente o por el destinatario, lo cual impide que la comunicación sea completa, o hace que su significado pierda la esencia.

Distorsión. Cuando el mensaje experimenta alteración, desfiguración, perturbación o modificación, lo cual afecta y modifica el significado original.

Sobrecarga. El volumen o cantidad de información es muy grande y sobrepasa la capacidad personal de procesamiento del destinatario, debido a lo cual se pierde gran parte de ella o se distorsiona su contenido. En ocasiones, la sobrecarga produce un colapso que paraliza el sistema.

La comunicación es la primera área que debe enfocarse al estudiar en las interacciones humanas y los métodos para cambiar o influir en el comportamiento humano. En esta área, cada persona puede hacer grandes progresos para mejorar su propia eficacia en sus relaciones interpersonales o con el mundo externo. También es el área de mayores malentendidos y conflictos entre dos o más personas, entre miembros de un grupo, entre grupos y en la organización como sistema.

EL COMPORTAMIENTO HUMANO EN LAS ORGANIZACIONES

Aunque las personas puedan tomarse como recursos, es decir, como portadores de habilidades, capacidades, conocimientos, motivación para el trabajo, comunicabilidad, etc., no debe olvidarse que las personas son portadoras de características de personalidad, expectativas, objetivos individuales, historias particulares, etc. Por tanto, conviene destacar algunas características genéricas de las personas como personas, ya que esto mejorará la comprensión que tengamos acerca del comportamiento humano en las organizaciones.

El comportamiento de las personas presenta algunas características[22]:

22 Lyman W. Porter, Edward E. Lawler III, J. Richard Hackman, *Behavior in Organizations*, Nueva York, McGraw-Hill, 1975, pp. 32-65.

1. *El hombre es proactivo.* El comportamiento de las personas se orienta hacia la satisfacción de sus necesidades y el logro de sus objetivos y aspiraciones. Por esto reacciona y responde frente a su ambiente, bien sea en el trabajo o fuera de él. Las personas pueden rebelarse frente a las políticas y los procedimientos de la organización o colaborar con ellos, dependiendo de las estrategias de liderazgo que adopte el supervisor. En general, el comportamiento en las organizaciones está determinado por las prácticas organizativas y por el comportamiento proactivo (encaminado hacia objetivos personales) de los miembros de la empresa.

2. *El hombre es social.* Participar en organizaciones es muy importante en la vida de las personas, ya que ello las lleva a relacionarse con otras personas o con algunos grupos. Los individuos tratan de mantener su identidad y su bienestar psicológicos en los grupos o en las organizaciones. Algunas veces utilizan las relaciones con otras personas para conseguir información de sí mismos y del ambiente en que viven. Los datos obtenidos constituyen una realidad social para el grupo y los individuos que la toman como base para probar y comparar sus capacidades, sus ideas y sus concepciones, con el fin de aumentar la comprensión de sí mismos. Además, las relaciones sociales, más que cualquier otro factor aislado, determinan la naturaleza del concepto que las personas tienen de sí mismas.

3. *El hombre tiene necesidades diversas.* Los seres humanos se encuentran motivados por gran variedad de necesidades. Un factor puede motivar un comportamiento hoy y, sin embargo, quizá no tenga fuerza para hacerlo mañana. Así mismo, el comportamiento de las personas está influenciado simultáneamente por un conjunto de necesidades que presentan valencias y cantidades diferentes.

4. *El hombre percibe y evalúa.* La experiencia que el hombre acumula en el ambiente es un proceso activo porque selecciona los datos de los diversos aspectos del ambiente, los evalúa en función de sus propias experiencias y en función de lo que está experimentando, de acuerdo con sus propias necesidades y valores.

5. *El hombre piensa y elige.* El comportamiento humano es activo en su propósito, orientación y conocimiento, y puede analizarse según los planes de comportamiento que elige, desarrolla y ejecuta para tratar con los estímulos a que se enfrenta y para alcanzar sus objetivos per-

sonales. La teoría de la expectativa sirve para explicar la manera genérica como el individuo selecciona y escoge las alternativas.

6. *El hombre posee capacidad limitada de respuesta.* El hombre tiene capacidad limitada de respuesta para actuar de acuerdo con lo que pretende o ambiciona. La manera como las personas se comportan está muy restringida, puesto que las características personales son limitadas. Las diferencias individuales hacen que los comportamientos de las personas varíen considerablemente. La capacidad de respuesta está dada en función de las aptitudes (innatas) y del aprendizaje (adquisición). Tanto la capacidad intelectual como la física están sujetas a limitaciones.

En función de esas características del comportamiento humano, nace el concepto de *hombre complejo.*

CONCEPTO DE HOMBRE COMPLEJO

En diferentes épocas, las teorías de las organizaciones han postulado concepciones diversas respecto de la naturaleza humana y de las organizaciones, cada una de las cuales privilegia ciertos aspectos de la conducta de las personas y determina la manera como las organizaciones administran a las personas. Cada una de esas concepciones tiene un contexto adecuado para explicarlas y justificarlas.

La primera concepción surgió a comienzos del siglo XX y fue ofrecida por la teoría de la administración científica (Taylor, Gilbreth, Gantt y otros), y marcó profundamente la manera como las organizaciones pasaron a enfocar la conducta humana. Fue el enfoque del hombre económico, la visión del hombre motivado exclusivamente por recompensas salariales, económicas o físicas. Según esta concepción, las personas trabajan sólo para ganar dinero, y la manera de motivarlas es ofreciéndoles recompensas financieras. De ahí el fuerte énfasis en los premios de producción y los incentivos salariales como forma básica de motivación humana para satisfacer principalmente las necesidades fisiológicas y de seguridad. Uno de sus postulados establece que las personas son indolentes y perezosas, y es necesario controlarlas y fiscalizarlas con rigidez.

La segunda concepción surgió en la década de 1930 con la teoría de las relaciones humanas, de Mayo, Lewin, Roethlisberger, Dickson y otros psicólogos sociales que intentaron combatir el racionalismo y mecanicismo excesivos de los ingenieros de la administración científica. Fue el enfoque del hombre social, es decir, la visión del hombre motivado exclusivamente por recompensas sociales, no materiales ni simbólicas. Según esta concepción, las personas trabajan y se esfuerzan por convivir con sus semejantes en grupos sociales o en organizaciones. El hombre es un ser gregario; de ahí el fuerte énfasis en las recompensas sociales como forma básica de motivación humana para satisfacer, principalmente, las necesidades sociales y de autoestima de las personas.

La tercera concepción surgió con la teoría de la burocracia y su posterior desdoblamiento en la teoría estructuralista, a comienzos de la década de 1950. Los sociólogos organizacionales se preocuparon por explicar el hombre organizacional, es decir, el hombre como representante de roles simultáneos en diversas organizaciones. En la sociedad de organizaciones en la que vivimos, cada persona desempeña un rol diferente en las diversas organizaciones en que participa. El hombre es un apéndice de las organizaciones y no vive fuera de ellas, puesto que las necesita para satisfacer sus necesidades primarias y secundarias. Este enfoque intenta conciliar e integrar los conceptos *hombre económico* y *hombre social.*

La cuarta concepción surgió con la teoría del comportamiento a finales de la década de 1950, con los trabajos de Simon, que vinieron a sustituir el enfoque romántico e ingenuo de la escuela de las relaciones humanas, que le sirvió de base. Los psicólogos organizacionales se preocuparon por explicar el concepto de hombre administrativo, es decir, el hombre como incansable procesador de información y tomador de decisiones. Según esta concepción, las personas reciben y procesan información del ambiente que las rodea y constantemente toman decisiones respecto de sus actos cotidianos.

El proceso decisorio permite que las personas solucionen problemas o enfrenten situaciones. La base del proceso de decisión individual es la racionalidad, es decir, la adecuación de los medios a los fines deseados, el comportamiento ajustado a los objetivos deseados. No obstante, la racionalidad individual es limitada puesto que, como las personas requieren gran cantidad de información respecto de la situación para poder analizarla o evaluarla, toman decisiones basadas en presuposiciones, es decir, en premisas que asumen subjetivamente y en las cuales fundamentan su elección. Esta racionalidad, además de limitada, es subjetiva y estrictamente personal. A través de ella, cada persona contribuye a la organización con sus inversiones (esfuerzo, dedicación, trabajo, etc.), a medida que percibe que le traerán retribuciones proporcionales. De ahí surge la denominada reciprocidad: la persona está dispuesta a contribuir, en la medida en que recibe incentivos y estímulos adecuados y suficientes. Sin embargo, cada persona decide y actúa en función de lo que ve, percibe e interpreta en su ambiente. Dado que éste es vasto y complejo, la persona no consigue obtener toda la información necesaria para conocerlo en su totalidad, lo cual sería imposible y demandaría mucho tiempo, sino que busca una parte o muestra de la situación.

El encargado de tomar decisiones no consigue analizar toda la situación ni encontrar todas las alternativas posibles; de ahí que el comportamiento sea satisfactorio y no óptimo, pues busca la manera satisfactoria entre aquellas que consiguió comparar: el hombre administrativo toma decisiones, sin necesidad de buscar todas las alternativas posibles. Sólo busca la manera satisfactoria y no la mejor manera posible de ejecutar un trabajo; no busca la máxima utilidad, sino la satisfactoria, no busca el precio óptimo, sino el precio accesible. El término satisfacer fue introducido por Simon para indicar que el hombre siempre considera sus satisfacciones, contentándose con lo que está a su alcance, aunque sea mínimo, pero que en la situación o en el momento puede representar lo máximo para él. Sus aspiraciones son relativas, teniendo en cuenta la situación a que se enfrenta en cada momento.

Cada una de estas diversas concepciones presenta sólo una parte de la historia y muestra sólo una parte del todo. Su carácter parcial es obvio y salta a la vista.

Cuadro 2.4 Diversas concepciones del hombre, según la teoría de las organizaciones.

Concepción de:	Teoría	Motivación básica
Hombre económico	Administración científica	Recompensas salariales y financieras
Hombre social	Relaciones humanas	Recompensas sociales y simbólicas
Hombre organizacional	Estructuralista	Recompensas sociales y salariales
Hombre administrativo	Del comportamiento	Proceso decisorio y búsqueda de soluciones satisfactorias
Hombre complejo	Situacional	Microsistema individual y complejo

La quinta concepción surgió con la teoría situacional a comienzos de la década de 1970, con los trabajos de Lawrence, Lorsch y Schein que buscaban aplicar la teoría sistémica a las organizaciones. Es el enfoque del hombre complejo, visto como un microsistema individual y complejo. Cada persona es un mundo aparte, una realidad distinta de las demás. Por otra parte, nada es absoluto ni perfecto; todo es relativo y contingente.

Las personas se comprenden mejor al situarlas en su contexto y en las situaciones con que interactúan constantemente. La concepción del hombre complejo es situacional y tiene en cuenta la complejidad del hombre y de los factores que influyen en su motivación para contribuir. El hombre es visto como un sistema individual compuesto de conocimientos, percepciones, valores y motivaciones.

La concepción del hombre complejo se basa en las justificaciones siguientes[23]:

1. El hombre no sólo es complejo sino también muy variable, y tiene muchas motivaciones dispuestas jerárquicamente, según la importancia de cada una de ellas. No obstante, esa jerarquía está sujeta a cambios, según el momento y la situación. Además, los motivos se interrelacionan y se combinan en perfiles motivacionales complejos.

2. El hombre es capaz de asimilar nuevas motivaciones utilizando sus experiencias organizativas. En último caso, su perfil de motivación y de interacción psicológica que establece con la organización es el resultado de una interrelación compleja entre las necesidades iniciales y las experiencias en la organización.

3. Las motivaciones del ser humano son afectadas por las características de la organización. La persona que se halla alienada en una organización formal podría satisfacer sus necesidades esenciales y de autorrealización en el sindicato o en las organizaciones informales. Si la tarea que cumple es múltiple o variada, algunas funciones pueden implicar ciertas motivaciones, mientras que otras implican motivaciones diferentes.

4. En las relaciones productivas del hombre con las organizaciones entran en juego muchos tipos de motivaciones: su satisfacción última en la organización depende en parte de la naturaleza de su motivación. La naturaleza de la tarea que debe realizarse, las experiencias y habilidades de una persona en su puesto de trabajo, y la función de otras personas en la empresa, se interrelacionan de modo que producen un perfil determinado en lo que se refiere al trabajo y a los sentimientos

---

23 Edgar H. Schein, *Organizational Psychology*, Englewood Cliffs, Prentice-Hall, 1970, pp. 60-61.

resultantes. Por ejemplo, un obrero calificado que tiene poca motivación puede ser tan eficaz y sentirse tan satisfecho como un obrero no calificado, pero muy motivado.

5. El hombre puede responder a diversos tipos de estrategias directivas, lo cual depende de su propia motivación y capacidad, y de la naturaleza de la tarea que realiza. No existe ninguna estrategia directiva correcta que pueda cobijar a todas las personas en todos los momentos.

El concepto *hombre complejo* presupone que, en sus intercambios con el ambiente empresarial, los individuos están motivados por un deseo de utilizar sus habilidades para solucionar los problemas que afrontan o para dominarlos o, en otros términos, por el deseo de dominar el mundo externo. En el sistema particular de la personalidad individual, el patrón de valores, percepciones y motivaciones es el resultado de la interacción de las características biológicas del individuo con la experiencia que acumula en su crecimiento desde la infancia hasta la vida adulta. La variedad de experiencias permite que cada sistema individual se desarrolle de modo diferente; así mismo, los problemas que deben enfrentar los individuos también son muy diversos. Por consiguiente, cada sistema individual posee características únicas y complejas.

Para comprender el concepto hombre complejo, es necesario tener en cuenta otros dos puntos esenciales[24]:

1. Los diversos sistemas individuales se desarrollan de acuerdo con patrones diferentes de percepción de valores y motivos. Las percepciones se refieren a la información que el sistema individual obtiene del ambiente; los valores son el conjunto de creencias acerca de lo que es verdadero o falso, importante o no importante, que se conservan y apoyan conscientemente, y los motivos son los impulsos que subyacen o las necesidades que se desarrollan de manera inconsciente, a medida que el individuo experimenta el éxito o el fracaso en el dominio de su ambiente. Esas tres variables -las percepciones, los valores y los motivos- están estrechamente interrelacionados. Los valores y motivos de un individuo influyen en la percepción que éste tiene en una situación particular. El desarrollo de motivos y valores está influenciado

24 Paul R. Lawrence, Lay W. Lorsch, *O desenvolvimento de organizações: diagnóstico e ação*, São Paulo, Edgar Blücher, 1972, p. 77.

a su vez por el proceso de percepción, que determina la información recogida por el sistema.

2. Los sistemas individuales no son estáticos, sino que se desarrollan constantemente, a medida que encuentran nuevas experiencias en los problemas que enfrentan. Los mecanismos perceptivos encargados de filtrar la información que entra en el individuo, o la que sale de él, permiten el mantenimiento del sistema individual y el aprendizaje de otras experiencias.

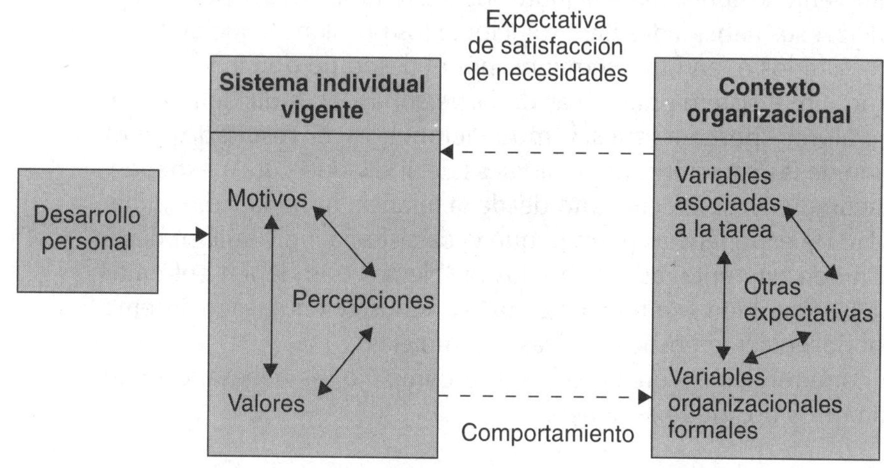

Figura 2.20 El sistema individual.

Fuente: Paul R. Lawrence, Jay W. Lorsch, *O desenvolvimento de organizações: diagnóstico e ação,* São Paulo, Edgar Blücher, 1972, p. 77.

RESUMEN

Las personas constituyen el recurso más valioso de la empresa. Tratar a las personas como personas (dotadas de características propias de personalidad, motivaciones, valores personales, etc.) o como recursos (dotadas de habilidades, capacidad y conocimientos, etc.) es el dilema de la ARH. El estudio de las personas es fundamental para la ARH puesto que ellas constituyen las empresas.

Para comprender el comportamiento de las personas es necesario entender que viven y se comportan en un "campo psicológico", y que buscan reducir las disonancias que tengan con el ambiente. Además, el estudio del comportamiento humano debe considerar la naturaleza compleja del hombre (un ser que realiza transacciones, se encamina hacia objetivos y actúa como un sistema abierto). Entre los factores internos y externos que influyen en el comportamiento está la motivación humana. El comportamiento puede explicarse mediante el ciclo motivacional, que concluye con la satisfacción o la frustración, o incluso con la compensación de las necesidades humanas. Éstas pueden clasificarse jerárquicamente, colocando en la base las necesidades primarias (necesidades fisiológicas y de seguridad), y en la cima las necesidades secundarias (necesidades sociales, de autoestima y de autorrealización). Aunque estas necesidades se presentan de manera simultánea, las primarias prevalecen frente a las secundarias. La motivación puede explicarse por medio de la influencia de dos factores: los higiénicos o de no satisfacción y los motivacionales o de satisfacción. Pero la motivación también puede explicarse mediante un modelo situacional: la motivación para producir depende de la utilidad (instrumentalidad) de los resultados intermedios (productividad, por ejemplo) respecto de los resultados finales (dinero, beneficios, ascensos, etc.). El estado de motivación de las personas produce el clima organizacional y está influenciado por éste. Con base en las consideraciones anteriores, el comportamiento humano en las organizaciones presenta características importantes para la ARH, pero el empleo de ésta se dificulta por el hecho de que el hombre es un ser muy complejo.

TEMAS PRINCIPALES

Campo psicológico
Consonancia
Ciclo motivacional
Frustración
Jerarquía de necesidades
Factores motivacionales
Instrumentalidad
Hombre complejo
Valencia
Disonancia cognitiva
Motivación
Satisfacción
Compensación
Factores higiénicos
Expectativa
Clima organizacional
Necesidades

PREGUNTAS Y TEMAS DE REPASO Y ANÁLISIS

1. Explique la teoría de campo.
2. Explique la teoría de la disonancia cognitiva.
3. Explique la naturaleza compleja del hombre.
4. Defina y explique el ciclo motivacional, y cómo se soluciona en función de satisfacción, frustración o compensación.
5. Explique la jerarquía de las necesidades y su dinámica.
6. Explique la teoría de los dos factores.
7. Explique el modelo situacional de motivación.
8. ¿Qué significan instrumentalidad, valencia, resultados intermedios y resultados finales?
9. Explique el clima organizacional.
10. Enuncie algunas características del comportamiento humano en las organizaciones.
11. Explique la concepción de hombre complejo.

INFORME PARA ANÁLISIS Y DISCUSIÓN 2

"Para mejorar el ambiente"*

Uno de los objetivos cada vez más generalizados en las empresas modernas es crear canales de comunicación que mantengan informada a la dirección sobre los conflictos que se presentan en el ambiente de trabajo. Sin embargo, este instrumento no siempre produce efectos concretos fuera de los sectores donde existe intensa actividad sindical. En este contexto, la excepción es el caso de la Unidad de São Bernardo do Campo de la Compañía Ford de Brasil, donde recientemente se constituyó un comité de fábrica con la participación directa del sindicato. Allí, diversos "contactos de relaciones laborales" recorren las instalaciones para identificar problemas y negociar soluciones.

En los centros menos agitados, algunas empresa brasileñas vienen intentando hacer progresos. Por ejemplo, la Fundição Tupy, de Joinville (SC) tiene cinco "contactos" del tipo de los de la Ford, y nunca ha experi-

---

* Tomado de la revista *Negócios em Exame*, No. 248, 4 de julio de 1982, p. 40, con autorización de la Editora Abril.

mentado huelgas. En recompensa, según el director administrativo, los "contactos" no se verán en la penosa obligación de negociar directamente con los trabajadores una disminución de la jornada de trabajo (con reducción de los salarios) y un recorte de personal. "Conseguimos que todas las desvinculaciones fueran voluntarias".

Adaptar la estructura. Belo Horizonte, sede de Telemig, concesionaria de los servicios telefónicos de Minas Gerais, también es un área tranquila, por lo menos para los servicios públicos. Aunque no tiene por qué preocuparse, Telemig modernizó su estructura. Después de crear una sección de relaciones laborales, la convirtió en división. Telemig inició un ambicioso programa de capacitación de jefes, gerentes y directores para integrar los estamentos directivos en el esfuerzo de conservar la armonía en el ambiente de trabajo. Por turnos, 330 altos funcionarios pasaron tres días escuchando informes de la experiencia de otras empresas, discutiendo sus problemas y conociendo mejor la posicion de Telemig frente a esos temas.

En el grupo Vontobel, del sector de alimentos y bebidas, la convicción de que el movimiento sindical debe seguirse con interés ha provocado más cambios en la formación de los ejecutivos que en la estructura de la empresa. En Vontobel el asunto no es fácil de solucionar. La calidad de las relaciones en el grupo Vontobel es el resultado del aprovechamiento del personal de la empresa para los ascensos, y de una política diferenciada de salarios y beneficios.

Inexperiencia. Las experiencias para adaptar la estructura de administración de personal y reciclar el personal de mando son muy escasas, aunque tienden a proliferar creando mercados para consultores especializados. Están surgiendo programas de entrenamiento para empresas, además del reciclaje para formar equipos de negociadores o para definir mejor el papel del sector de RH y la estrategia por seguir en las relaciones con los trabajadores y los sindicatos.

Entre los gerentes brasileños no existe información suficiente acerca del desarrollo del movimiento sindical y su influencia en la estabilidad de las empresas. Se comprobó, por ejemplo, "que los empresarios y los ejecutivos aún quieren neutralizar la acción sindical mediante las instituciones patronales o el gobierno, y por consiguiente no adecuan sus estructuras para actuar frente al avance de la fuerza laboral". Cuando el problema no es la indiferencia, es la inexperiencia. La Fundição Tupy se interesó en el tema "porque es importante que nuestros gerentes conozcan la experiencia de otros centros en donde la actividad de los sindictos es más fuerte".

CASO 2

La directiva de Metalúrgica Santa Rita S. A. (Mesarisa) resolvió inscribir a varios de sus supervisores en un curso de capacitación sobre estilos de administración (dictado por una conocida entidad dedicada a promover el desarrollo gerencial) para que se actualizaran en técnicas de relaciones humanas con los subordinados. El curso, que duraba una semana de trabajo -casi 40 horas-, comprendía conferencias, debates y trabajos en grupos, y exigía la separación total de los participantes de sus actividades normales de trabajo. Para asistir, se escogieron los cuatro supervisores más destacados, como premio por su dedicación a la empresa. Una vez finalizado el curso, el director industrial, Raimundo Correia hijo, llamó a los cuatro supervisores a su oficina y les preguntó sobre las impresiones que tenían acerca del curso y cómo podrían aplicar en la práctica lo que habían aprendido.

El primero en hablar, João Conrado, supervisor de la sección de materias primas, fue tajante al afirmar que jamás había asistido a un curso tan excelente en donde se sintió no como un simple alumno, sino como un participante activo e importante. Admitió que aún era muy temprano para opinar acerca de su aplicación en la práctica. Pedro Saldanha, supervisor de la sección de mantenimiento, estuvo de acuerdo con Conrado y no agregó nada más. Jovêncio Batista, supervisor de la sección de cuentas por pagar, dio más detalles y dijo que había aprendido cosas importantes acerca de la naturaleza humana y de la motivación del comportamiento humano, la teoría de la jerarquía de las necesidades humanas y la de los dos factores. En la práctica, prosiguió, trataría de aplicar esos conceptos en forma amplia y de acuerdo con las diferencias individuales de los subordinados. Henrique Bueno, de Producción, reaccionó de manera diferente e inesperada. Explicó que aprendió que el ser humano es una criatura llena de necesidades, que crea más necesidades y trabaja casi exclusivamente para satisfacerlas, lo que no siempre consigue. Puesto que el ser humano es tan complejo, tiene muy individualizadas sus necesidades, y lo que es bueno para una persona, tal vez no lo es para otra. Dijo que le sorprendió la pregunta que el director industrial formuló a los supervisores, pues cómo podría responderla si, como simple supervisor de una sección, no tenía poderes para cambiar las políticas y los procedimientos de la compañía. En su opinión, el director industrial o el director presidente, o incluso el gerente de recursos humanos, deberían ser quienes establecieran la manera como cada director, cada gerente, cada supervisor, debería proceder con el personal. Dijo además que todo aquello que aprendió en el curso, poco hablaba de salario, y que todas esas cosas bonitas –los conceptos y las teorías– no llenaban el estómago de nadie.

3

Las personas y las organizaciones

La integración entre el individuo y la organización no es un problema reciente, pues las primeras preocupaciones surgieron con los filósofos griegos antiguos. Weber formuló la hipótesis de que la organización podía destruir la personalidad individual con la imposición de reglas y procedimientos capaces de despersonalizar las relaciones entre las personas[1]. Mayo[2] y Roethlisberger[3] analizaron el impacto causado por la organización empresarial y por el sistema de autoridad unilateral sobre el individuo. Criticaron, sobre todo, el "enfoque molecular" e inhumano impuesto por la administración científica de Taylor y sus seguidores. Al poco tiempo el enfoque clásico, centrado en la tarea y el método de ejecutarla, fue cediendo lugar al enfoque humanístico, centrado en el hombre y el grupo social. De la tecnología, el énfasis se desplazó a las relaciones humanas. Este intento de cambio radical ocurrió en la década de 1930[4]. Desde entonces se percibió la existencia del conflicto industrial y social –la existencia de intereses antagónicos entre el trabajador y la

1 Alvin W. Gouldner, "Organizational Analysis", en Robert K. Merton, Leonard Broom y Leonard S. Cottrell (Orgs.), *Sociology Today,* Nueva York, Basic Books, 1959, p. 402.

2 Elton Mayo, *The Human Problems of Industrial Civilization*, Boston, Harvard University Press, 1933.

3 Fritz J. Roethlisberger, William J. Dickson, *Management and the Worker*, Cambridge, Harvard University Press, 1939.

4 Idalberto Chiavenato, *Introdução à teoria geral da administração*, São Paulo, McGraw-Hill, Makron Books, 1993, pp. 135-158.

organización– y la necesidad de buscar la armonía basada en una mentalidad orientada hacia las relaciones humanas. Aunque se escribió mucho, no se hizo casi nada.

Con el fin de superar sus limitaciones individuales, las personas se agrupan para formar organizaciones orientadas al logro de objetivos comunes. En la medida en que tengan éxito, las organizaciones sobrevivirán y crecerán. Cuando crecen, las organizaciones requieren mayor número de personas para la ejecución de sus actividades. Estas personas, al ingresar en las organizaciones, persiguen objetivos individuales diferentes de los que tenían quienes en principio conformaron las organizaciones. Esto hace que los objetivos organizacionales se alejen de modo gradual de los objetivos individuales de los nuevos participantes.

Los individuos y las organizaciones tienen objetivos por alcanzar. Las organizaciones reclutan y seleccionan sus recursos humanos para alcanzar con ellos, y mediante ellos, objetivos organizacionales (producción, rentabilidad, reducción de costos, ampliación de mercado, satisfacción de necesidades de la clientela, etc.). Incluso después de reclutados y seleccionados, los individuos tienen objetivos personales por los que luchan, y muchas veces se valen de la organización para alcanzarlos.

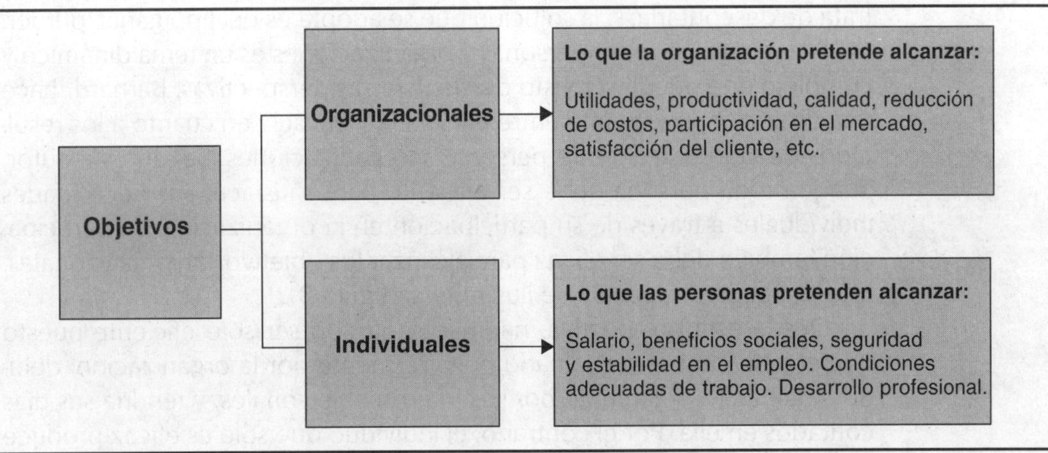

Figura 3.1 Objetivos organizacionales y objetivos individuales.

En esta situación, la relación entre las personas y la organización no es siempre cooperativa ni satisfactoria; muchas veces es tensa y conflictiva, cuando el logro del objetivo de una de las partes impide o evita que la otra logre el suyo. El conflicto entre los objetivos que las organizaciones pretenden alcanzar y los objetivos que individualmente quiere alcanzar cada empleado es bastante antiguo. Según algunos autores[5], los objetivos organizacionales y los objetivos individuales no siempre concordarán muy bien. Para alcanzar los objetivos, la organización tiende a crear en los individuos un profundo sentimiento íntimo de frustración, conflicto, pérdida, y una corta perspectiva temporal de permanencia en la organización, como si las personas pudieran descartarse. Esto ocurre en razón de las exigencias que las organizaciones imponen a los individuos, estandarizando su desempeño y relegándolos a tareas aisladas, especializadas, repetitivas y carentes de oportunidades para mostrar responsabilidad, confianza en sí mismos e independencia. Así los individuos se vuelven apáticos, desinteresados y frustrados en el trabajo. Casi siempre los objetivos organizacionales están en oposición con los objetivos individuales de las personas: la reducción de costos atenta contra la expectativa de mejores salarios, el aumento de las utilidades entra en conflicto con el logro de mayores beneficios sociales, la productividad no se alcanza con el mínimo esfuerzo, la orden excluye la libertad, la coordinación no ocurre con autonomía, y lo que es bueno para una de las partes no siempre es bueno para la otra. Todo lo anterior da lugar al conflicto y al antagonismo de intereses. Si una de las partes saca ventaja, la otra generalmente trata de descontarla, si la solución que se adopta es del tipo ganar/perder.

La interacción entre personas y organizaciones es un tema dinámico y complejo que puede ser visto desde diversas perspectivas. Barnard[6] hace una distinción interesante entre eficiencia y eficacia en cuanto a los resultados de la interacción de personas y organizaciones. Según este autor, aunque toda persona debe ser eficiente para satisfacer sus necesidades individuales a través de su participación en la organización, su participación también debe ser eficaz para alcanzar los objetivos organizacionales. Esta doble preocupación se ilustra en la figura 3.2

Desde esta perspectiva, nada se gana con ser sólo eficiente puesto que el individuo será evaluado negativamente por la organización, debido a que lucha solamente por sus intereses personales, y tendría sus días contados en ella. Por el contrario, el individuo que sólo es eficaz produce resultados para la organización a costa de sus intereses personales, sacri-

---

5 Chris Argyris, *Personalidade e organização: o conflito entre o indivíduo e o sistema,* Rio de Janeiro, Renes, 1968.

6 Chester I. Barnard, *As funções do executivo*, São Paulo, Atlas, 1971, p. 286.

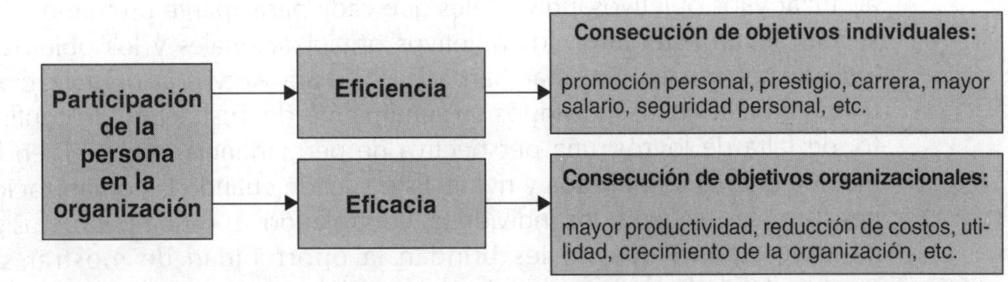

Figura 3.2 Eficiencia y eficacia, según Barnard.

ficando la familia y los compromisos sociales. Es necesario ser eficaz para producir resultados a la organización, y eficiente, para progresar personalmente en la vida. La mayor parte de la responsabilidad en la integra ción de objetivos organizacionales y objetivos individuales recae en la alta gerencia[7], puesto que ella debe establecer los medios, políticas, criterios y todo lo demás que pueda sobrevenir. La organización depende de las personas, recurso indispensable e invaluable. En consecuencia, la interdependencia de las necesidades del individuo y la organización es muy grande, ya que las vidas y los objetivos de ambos están ligados y entrelazados indisolublemente.

Etzioni[8] señala que el dilema fundamental de las organizaciones está constituido por las tensiones inevitables -que pueden ser reducidas, mas no eliminadas- entre las necesidades de la organización y las de su personal, entre lo racional y lo no racional, entre la disciplina y la autonomía, entre las relaciones formales y las informales, entre la administración y los trabajadores. En otro libro, el autor afirma que el problema fundamental es la búsqueda del equilibrio entre los elementos racionales y no racionales del comportamiento del ser humano que, según él, constituye el problema central de la teoría organizacional[9].

En otras palabras, la relación individuo-organización no siempre es de cooperación ni satisfactoria; en ocasiones es tensa y conflictiva. Argyris[10] busca mostrar el conflicto entre los objetivos que la organización quiere

---

7 Harry Levinson, "Reciprocation: the Relationship Between Man and Organization". *Administrative Science Quarterly*, Vol. 9, No. 4, marzo de 1965, p. 373.
8 Amitai Etzioni, *Organizações modernas*, São Paulo, Pioneira, 1967, p. 68.
9 *Ibíd.*, p. 15
10 Chris Argyris, *op. cit.*

alcanzar y los objetivos individuales que cada participante pretende conseguir. Según este autor, los objetivos organizacionales y los objetivos individuales no siempre marchan a la par. Para Argyris la organización tiende a crear en los individuos un sentimiento de frustración, de conflicto, de falta de logros, una perspectiva de permanencia temporal, en la medida que es formalizada y rígida. Esto sucede cuando las organizaciones formales exigen a los individuos, controlando su desempeño y asignándoles tareas que no les brindan la oportunidad de mostrar su responsabilidad, confianza en sí mismos e independientes, haciendo que los individuos se tornen apáticos, desinteresados y frustrados. Argyris se preocupa por trazar caminos para una integración individuo-organización realmente efectiva[11]. Según él, la mayor parte de la responsabilidad en cuanto a la integración entre los objetivos de la organización y los de los individuos recae sobre la alta gerencia. En tanto los individuos buscan sus satisfacciones personales (salarios, descanso, comodidad, horario laboral más favorable, oportunidades de carrera, seguridad en el cargo, etc.), las organizaciones tienen necesidades (capital, edificios, equipos, potencial humano, lucro, oportunidades de mercado, etc.). Entre las necesidades organizacionales sobresale la del elemento humano, recurso indispensable e invaluable. Así, la interdependencia de necesidades del individuo y de la organización es enorme, ya que tanto la existencia como los objetivos de las dos partes están enlazados de manera inseparable. En tanto que el individuo proporciona habilidades, conocimientos, capacidades y destrezas, junto con su aptitud para aprender y un indeterminado grado de desempeño, la organización debe imponer al individuo responsabilidades, definidas e indefinidas, algunas dentro de su capacidad actual o por debajo de ésta, y otras que requieren un aprendizaje a mediano o a largo plazo, pero siempre con desafío.

La interacción entre personas y organizaciones es compleja y dinámica. Barnard hace una interesante diferenciación entre eficacia y eficiencia en cuanto a los resultados en la interacción de las personas con la organización. Según él, el individuo debe ser eficaz (alcanzar los objetivos organizacionales mediante su participación) y ser eficiente (satisfacer sus necesidades individuales mediante su participación) para sobrevivir dentro del sistema[12].

---

11 Chris Argyris, *A integração indivíduo-organização,* São Paulo, Atlas, 1975.
12 Chester Barnard, *op. cit.*

RECIPROCIDAD ENTRE INDIVIDUO Y ORGANIZACIÓN

La *interacción* psicológica entre empleado y organización es un proceso de reciprocidad[13]: la organización realiza ciertas cosas por el trabajador y para el trabajador, lo remunera, le da seguridad y estatus; del mismo modo, el empleado responde trabajando y desempeñando sus tareas. La organización espera que el empleado obedezca su autoridad y, a su vez, el empleado espera que la organización se comporte correctamente con él y obre con justicia. La organización refuerza su expectativa mediante el uso de la autoridad y el poder de los cuales dispone, en tanto que el empleado refuerza su expectativa mediante ciertos intentos de influir en la organización o de limitar su participación. Las dos partes de la interacción están guiadas por directrices que definen lo que es correcto y equitativo y lo que no lo es[14]. Algunos sociólogos se refieren a una "norma de reciprocidad"[15], en tanto que algunos psicólogos denomina a esto "contrato psicológico". Todo contrato presenta dos partes fundamentales[16]:

1. *El contrato formal* y escrito. Acuerdo relacionado con el cargo que va a desempeñarse, el contenido del trabajo, el horario, el salario, etc.

2. *El contrato psicológico.* Expectativa que el individuo y la organización esperan cumplir y alcanzar con la nueva relación.

Este contrato psicológico se refiere a la expectativa recíproca del individuo y la organización, que se extiende más allá de cualquier contrato formal de empleo que establezca el trabajo por realizar y la recompensa que se recibirá. Aunque no exista acuerdo formal o claramente expreso, el contrato psicológico es un acuerdo tácito entre individuo y organización para que las dos partes observen y respeten una amplia variedad de derechos, privilegios y obligaciones consagrados por la costumbre. El contrato psicológico es un elemento importante en cualquier relación laboral e influye en el comportamiento de las partes. Un contrato es una especie de acuerdo o expectativa que las personas mantienen consigo mismas y con los demás. En el fondo, cada persona representa sus pro-

---

13 Harry Levinson, *op. cit.*
14 Eliott Jaques, *Equitable Payment*, Nueva York, John Wiley & Sons, 1961.
15 Alvin W. Gouldner, "The Norm of Reciprocity", en *American Sociological Review*, No. 25, 1960, pp. 161-178.
16 Edgar H. Schein, *Consultoria de procedimentos: seu papel no desenvolvimento organizacional*, São Paulo, Edgar Blücher, 1972, p. 89.

pios contratos, que rigen tanto las relaciones interpersonales como las relaciones que ésta mantiene consigo misma (relaciones interpersonales). Una fuente común de dificultades en las relaciones interpersonales es la falta de acuerdos explícitos y claros. No siempre las personas dicen abierta y explícitamente lo que quieren y lo que necesitan. El esclarecimiento de los contratos, tanto en las relaciones intrapersonales como en las interpersonales, es importante para lograr una efectiva vivencia interpersonal. Es esencial, tanto para la organización como para el individuo, que las partes exploren los dos aspectos del contrato y no solamente lo formal.

El concepto de *contrato* surgió en la psicología de los grupos. Según algunos autores, la vida como totalidad es una serie de acuerdos y pactos (contratos) que las personas mantienen consigo mismas y con los demás. El contrato ha llegado a ser un medio utilizado para crear e intercambiar valores entre las personas.

Toda organización puede considerarse en términos de grupos de personas, ocupadas en el intercambio de sus recursos con base en ciertas expectativas. Estos recursos se intercambian constantemente y, sin duda, no se limitan sólo a recursos materiales, ya que abarcan ideas, sentimientos, habilidades y valores. En el intercambio de recursos se desarrollan contratos psicológicos entre hombres y sistemas, entre hombres y grupos, y entre sistemas y subsistemas, en los que prevalece el sentimiento de reciprocidad: cada uno evalúa lo que está ofreciendo y lo que está recibiendo a cambio. En este intercambio de recursos, si desaparece o disminuye el sentimiento de reciprocidad ocurre una modificación en el sistema.

Las personas forman una organización o se vinculan a alguna porque esperan que su participación satisfaga algunas necesidades personales. Para obtener estas satisfacciones, las personas están dispuestas a incurrir en ciertos costos o a hacer inversiones personales (esfuerzos) en la organización, pues esperan que la satisfacción de sus necesidades personales sea mayor que los costos, y evalúan el grado de satisfacción esperada y los costos mediante sus sistemas de valores.

RELACIONES DE INTERCAMBIO

Todo sistema social puede estudiarse en términos de grupos de personas, ocupadas en el intercambio de sus recursos con base en ciertas expectativas. Estos recursos se intercambian constantemente y, sin duda, no se limitan sólo a recursos materiales, ya que abarcan ideas, sentimientos, habilidades y valores. En el intercambio de recursos se desarrollan contratos psicológicos entre hombres y sistemas, entre hombres y grupos, y entre sistemas y subsistemas, en los que prevalece el sentimiento de reciprocidad: cada uno evalúa lo que está ofreciendo y lo que está recibiendo a cambio. En este intercambio de recursos, si desaparece o disminuye el sentimiento de reciprocidad, ocurre una modificación en el sistema.

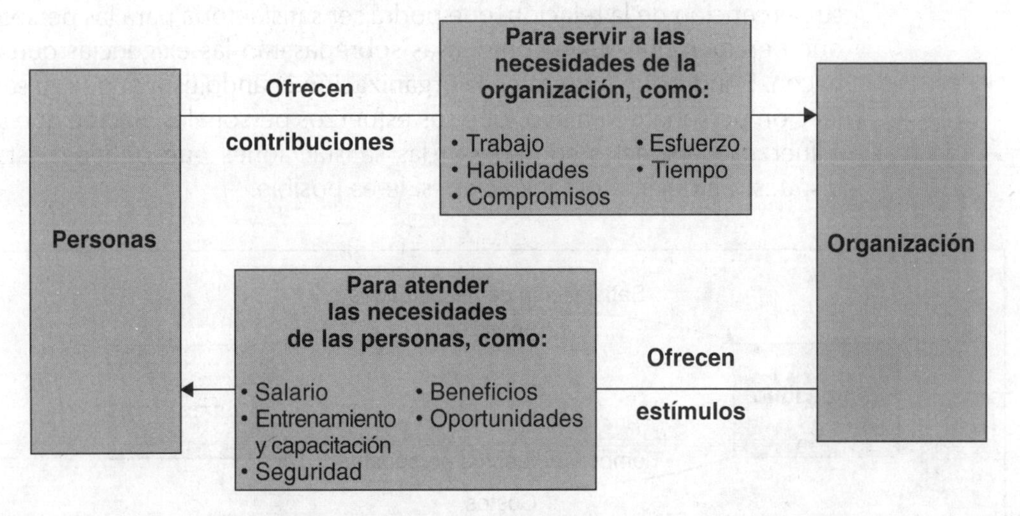

Figura 3.3 Relaciones de intercambio entre personas y organizaciones.

De manera más amplia, el objetivo fundamental de toda organización es atender sus propias necesidades y, a la vez, atender las necesidades de la sociedad mediante la producción de bienes o servicios por los cuales recibe una compensación económica. Las personas forman una organización o se vinculan a algunas de ellas porque esperan que su participación satisfaga algunas necesidades personales. Para lograr estas satisfacciones, las personas están dispuestas a incurrir en ciertos costos o a hacer inversiones personales (esfuerzos) en la organización, pues esperan que la satisfacción de sus necesidades personales sea mayor que los costos, y evalúan el grado de satisfacción esperada y los costos mediante sus sistemas de valores.

Estas expectativas, cuando son equilibradas, pueden expresarse mediante la siguiente ecuación[17]:

$$\text{Satisfacciones} - \text{Costos} = 0$$

$$\frac{\text{Satisfacciones}}{\text{Costos}} = 1$$

Existe siempre una relación de intercambio entre los individuos y la organización; el modo de satisfacer los objetivos individuales determina su percepción de la relación, que podrá ser satisfactoria para las personas que perciben que sus recompensas sobrepasarán las exigencias que les hacen. El individuo ingresa en la organización cuando espera que su satisfacción personal sea mayor que sus esfuerzos personales. Si cree que sus esfuerzos personales sobrepasan las satisfacciones que obtiene, estará dispuesto a dejar la organización, si le es posible.

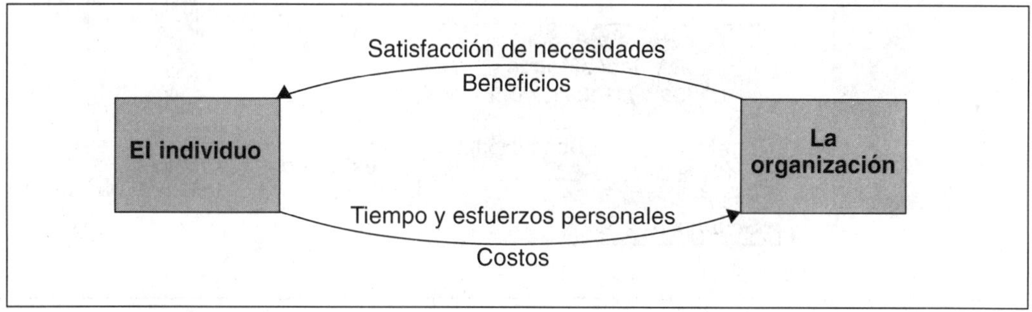

Figura 3.4 La participación del individuo: costos y beneficios personales en la relación con la organización.

Al mismo tiempo, la organización espera que la contribución de cada individuo sobrepase los costos de tener personas en la organización. Es decir, la organización espera que los individuos contribuyan con más de lo que ella les brinda.

En realidad, cada parte realiza inversiones a la espera de que la otra parte le proporcione los retornos deseados. Por consiguiente, evalúa el costo/beneficio e inversión/retorno en este proceso de intercambio. Fun-

17 Herbert G. Hicks, C. Ray Gullett, *The Management of Organizations*, Nueva York, McGraw-Hill, 1976, pp. 5-6.

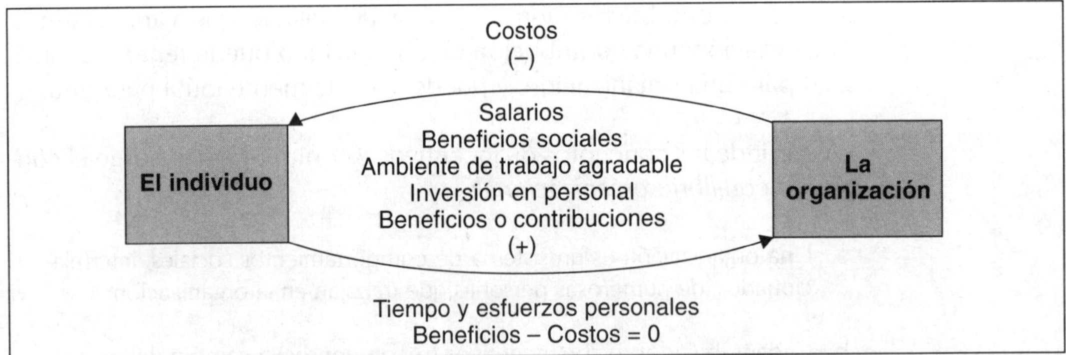

Figura 3.5 La percepción de la organización: beneficios y costos de mantener a las personas como miembros de la organización.

damentalmente, es un problema de comunicación y negociación: cada parte debe comunicar con claridad a la otra qué pretende y qué puede invertir y cuánto pretende obtener de retorno.

CONCEPTO DE INCENTIVOS Y CONTRIBUCIONES

La interacción entre personas y organizaciones puede explicarse mediante el intercambio de incentivos y contribuciones. Puesto que la organización es un sistema cooperativo racional, es necesario conocer qué motivos llevan a los individuos a cooperar. Los individuos están dispuestos a cooperar siempre y cuando sus actividades dentro de la organización contribuyan directamente al logro de sus propios objetivos personales. De ahí se derivan los conceptos de incentivos y contribuciones:

a. *Incentivos* (*alicientes*). Son "pagos" hechos por la organización a sus trabajadores (salarios, premios, beneficios sociales, oportunidades de progreso, estabilidad en el cargo, supervisión abierta, elogios, etc.). A cambio de las contribuciones, cada incentivo tiene un valor de utilidad que es subjetivo, ya que varía de un individuo a otro: lo que es útil para uno puede ser inútil para otro. Los incentivos se llaman también alicientes, recompensas o estímulos.

b. *Contribuciones*. "Pagos" que cada trabajador hace a la organización a la cual pertenece (trabajo, esfuerzo, dedicación, puntualidad, asiduidad, esmero, elogios a la organización, etc.). A cambio de los incentivos cada contribución tiene un valor de utilidad que varía según la organización: una contribución de un individuo puede tener gran utilidad para una organización, y puede ser totalmente inútil para otra.

A partir de los conceptos de incentivos y contribuciones, surge el concepto de *equilibrio organizacional*:

a. Una organización es un sistema de comportamientos sociales, interrelacionados, de numerosas personas que trabajan en la organización.

b. Cada trabajador recibe incentivos (recompensas) a cambio de los cuales hace contribuciones a la organización.

c. Cada trabajador seguirá participando en la organización si los incentivos (recompensas) que se le ofrecen son iguales o mayores (medidos en términos de los valores que representan para el trabajador y de las alternativas que se le presentan) que las contribuciones que se le exigen.

d. Las contribuciones hechas por los diversos grupos de trabajadores constituyen la fuente en la cual la organización se suple y se alimenta para conseguir los incentivos que ofrece a los trabajadores.

e. La organización será solvente y seguirá existiendo sólo si las contribuciones son suficientes para proporcionar incentivos, en cantidad suficiente, que estimulen a los trabajadores a realizar las contribuciones[18].

El equilibrio organizacional refleja el éxito de la organización en remunerar a sus empleados con incentivos adecuados y motivarlos a seguir contribuyendo a la organización, con lo cual garantiza su supervivencia y su eficacia. Dentro de este concepto, la organización ofrece alicientes para inducir un retorno equivalente o mayor de contribuciones. Es necesario que los incentivos sean útiles a los participantes y, así mismo, que sus contribuciones sean útiles a la organización para que ésta tenga solvencia. La esencia del problema es básicamente la siguiente: individuos y organizaciones se buscan y se seleccionan de manera recíproca; así, los individuos hallan las organizaciones más adecuadas a sus necesidades y a sus objetivos, y las organizaciones encuentran los individuos más adecuados a sus expectativas. Éste es el primer paso, el segundo es la acomoda-

---

18 James G. March, Herbert A. Simon, *Teoria das organizações*, Rio de Janeiro, Fundação Getúlio Vargas, Serviço de Publicações, 1966, p. 104.

ción y el ajuste recíproco entre individuos y organizaciones: ambos aprenden a acomodarse y ajustarse entre sí. El tercer paso se refiere a los individuos que desarrollan carreras dentro de las organizaciones, utilizándolas como trampolín profesional, y a las organizaciones que desarrollan a los individuos, utilizándolos como trampolín para alcanzar sus objetivos organizacionales. Si el primer paso es una elección recíproca, el segundo es un proceso de adaptación mutua, y el tercero, un desarrollo recíproco. Corresponde a la ARH asegurarse de esto.

CLIMA ORGANIZACIONAL

Del concepto *motivación* -en el nivel individual- surge el concepto -*clima organizacional*- en el nivel de la organización, aspecto importante en la relación entre personas y organizaciones. Las personas se hallan en un proceso continuo de adaptación a una variedad de situaciones para satisfacer sus necesidades y mantener cierto equilibrio individual. Tal adaptación no se limita sólo a la satisfacción de las necesidades fisiológicas y de seguridad -denominadas necesidades vegetativas-, sino que también incluye la satisfacción de las necesidades sociales, de autoestima y de autorrealización -denominadas necesidades superiores-. Como la satisfacción de las necesidades superiores depende mucho de otras personas, en especial de las que ocupan posiciones de autoridad, es importante comprender la naturaleza de la adaptación o desadaptación de las personas. La adaptación, como cualquier otra característica de la personalidad, varía de una persona a otra, y en un mismo individuo, de un momento a otro. Esta variación puede representarse como un *continuum* que va de una adaptación precaria, en un extremo, a una adaptación excelente, en el otro. Una buena adaptación significa "salud mental". Las tres principales características de las personas mentalmente sanas son las siguientes:

a. Las personas se sienten bien consigo mismas.

b. Las personas se sienten bien con las demás personas.

c. Las personas son capaces de enfrentar por sí mismas las exigencias de la vida y de las situaciones.

El clima organizacional está estrechamente ligado con la motivación de los miembros de la organización. Si la motivación de éstos es elevada, el clima organizacional tiende a ser alto y proporciona relaciones de satisfacción, animación, interés y colaboración entre los participantes. Cuando la motivación de los miembros es baja, sea por frustracion o por barreras a la satisfacción de las necesidades individuales, el clima organizacional tiende a bajar. El clima organizacional bajo se caracteriza por estados de desinterés, apatía, insatisfacción y depresión: en algunos casos puede transformarse en inconformidad, agresividad e insubordinación, típicos de situaciones en que los miembros se enfrentan abiertamente con la organización (como en los casos de huelgas, mítines, etc.). El clima organizacional representa el ambiente interno existente entre los miembros de la organización, y se halla estrechamente relacionado con el grado de motivación reinante. Puede variar en el *continuum* ilustrado en la figura 3.6.

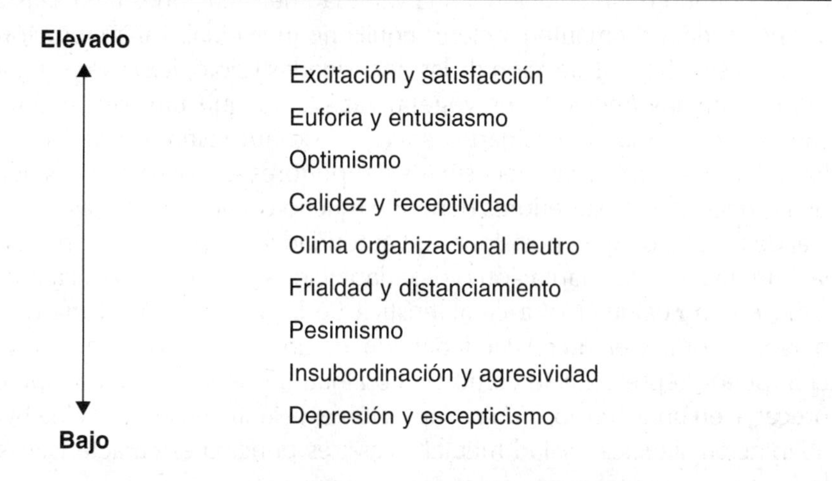

Figura 3.6 *Continuum* de los niveles del clima organizacional.

El concepto *clima organizacional* refleja la influencia ambiental en la motivación de los participantes. Por tanto, puede describirse como cualidad o propiedad del ambiente organizacional percibida o experimentada por los miembros de la organización, que influye en su comportamiento. El término se refiere específicamente a las propiedades motivacionales del ambiente organizacional, a los aspectos de la organización que provocan diversos tipos de motivación en sus miembros. El clima organizacional es alto y favorable en situaciones que proporcionan satisfacción de las necesidades personales y elevación de la moral; es bajo y desfavorable en situaciones que provocan la frustración de esas necesidades. En el fondo, el clima organizacional influye en el estado de motivación de las personas y es influenciado por éste: es como si se presentase una retroalimentación recíproca entre el estado de motivación de las personas y el clima organizacional.

RESUMEN

Las personas se agrupan para formar organizaciones que les permitan alcanzar objetivos comunes, imposibles de lograr individualmente. Las organizaciones que consiguen esos objetivos, a menudo tienen éxito y tienden a crecer. Este crecimiento exige el empleo de mayor número de personas, cada una de las cuales tiene sus propios objetivos, lo cual suscita un distanciamiento creciente entre los objetivos de la organización (comunes para aquellos que fundaron la organización) y los objetivos individuales de las personas que van incorporándose. La superación del conflicto potencial entre esos objetivos hace que la interacción entre personas y organizaciones sea compleja y dinámica. Esta interacción puede explicarse como un proceso de reciprocidad basado en un contrato psicológico, lleno de mutuas expectativas que rigen las relaciones de intercambio entre personas y organizaciones. Las organizaciones ofrecen incentivos o alicientes; las personas, contribuciones. El equilibrio organizacional depende del intercambio entre los incentivos ofrecidos y las contribuciones que se entregan como retorno a la organización.

TEMAS PRINCIPALES

Objetivos organizacionales	Objetivos individuales
Conflicto	Reciprocidad
Contrato psicológico	Relaciones de intercambio
Incentivos	Contribuciones
Utilidad	Equilibrio organizacional

PREGUNTAS Y TEMAS DE REPASO Y ANÁLISIS

1. ¿Por qué existe un conflicto potencial entre objetivos organizacionales y objetivos individuales?
2. Explique el proceso de reciprocidad en la interacción de personas y organizaciones.
3. ¿Qué es el contrato psicológico?
4. Explique las relaciones de intercambio.
5. ¿Qué son incentivos y qué son contribuciones?
6. Explique el concepto de equilibrio organizacional.

INFORME PARA ANÁLISIS Y DISCUSIÓN

"La representación de los empleados en DHB"*

La compañía DHB, fabricante tradicional de direcciones hidráulicas asentada en Porto Alegre, tuvo un periodo de intenso crecimiento cuando ingresó en el mercado de piezas fundidas, bombas, pistones y válvulas. Este proceso hizo que el personal aumentara de 10 a 393 empleados, y produjo algunas distorsiones. La rotación llegó a 92%, lo cual indicaba que casi todos los empleados habían sido cambiados en el transcurso de un año.

La consecuencia fue un cambio radical de DHB con relación a la mano de obra. Se concedió gran importancia al tema de las relaciones entre los jefes y los subordinados, y a la integración de éstos a los planes de la empresa. Un nuevo balance hecho tres años después mostró que hubo progresos evidentes. El índice de rotación anual bajó a 26,2% y el número de desvinculaciones voluntarias resultó mayor que el de los despidos decididos por la empresa. DHB inició una experiencia audaz: creó un comité de fábrica con el propósito de mejorar las relaciones entre la dirección de la empresa y sus empleados.

Admisión y desvinculación. El primer paso fue dotar de mayor responsabilidad a las jefaturas en los casos de admisiones y desvinculaciones. An-

* Tomado de la revista *Negócios em Exame*, No. 234, 9 de septiembre de 1981, p. 59, con la autorización de Editora Abril.

tes, RH reclutaba y seleccionaba a los nuevos empleados, y los supervisores y jefes no mostraban gran disposición para capacitar y desarrollar a sus subordinados. Ahora, los supervisores y jefes seleccionan a los aspirantes entre los candidatos que RH presenta, pero no tienen libertad total para desvincular a algún empleado. "En los casos en que el conflicto es personal, trasladamos al empleado, no lo desvinculamos".

La nueva política de DHB, más que reducir la rotación, buscaba sentar las bases para crear un canal de comunicación a través del cual la dirección informaría, en el plazo de varios días, sobre metas de producción, dificultades eventuales; incluso, lo utilizaría para desmentir algunos rumores inquietantes. En la primera etapa, ese canal funcionó a través de la estructura jerárquica; sin embargo, los resultados no fueron los mejores.

Elección indirecta. La solución fue crear un canal paralelo al organigrama. El comité de fábrica de DHB constaba de seis miembros elegidos por un grupo de 35 representantes (especie de colegio electoral) escogidos por la empresa. El comité ha intervenido en diversos asuntos, algunos de ellos delicados. Ante la necesidad de reducir la producción en 20%, DHB puso a funcionar el comité y llegó a un acuerdo informal con algunos empleados (de la sección metalúrgica en su mayoría) para que pintaran los locales y se mantuvieran ocupados, con el fin de evitar despidos. Con ello ganó la empresa, puesto que mantuvo estable su personal, impidió que cundiera el pánico entre los empleados y economizó, ya que los servicios de conservación por lo general se contratan con terceros. El trabajo normal de la comisión tiene que ver con la solución de problemas menos graves: cambios en el funcionamiento del restaurante, mejoramiento de los servicios sanitarios y de los vestuarios, realización de "puentes" en días feriados y cambios de horario para permitir que los empleados vean los encuentros de fútbol por televisión.

"Apertura gradual". Se trata de un amplio radio de acción que, sin embargo, excluyó la negociación de salarios. Esta limitación es coherente con el espíritu que animó a la dirección de DHB a crear el comité. La empresa escogió un proceso de "apertura gradual"; por eso excluyó los salarios que -desde la perspectiva de la empresa- podían llevar a la radicalización. La elección inicial indirecta se remplazará por elecciones libres. Estas restricciones despiertan desconfianza en el presidente del sindicato de trabajadores del sector metalúrgico de Porto Alegre, para quien esos grupos tienden a repetir los errores de los Comités Internos de Prevención de Accidentes (Cipas), que son tildadas de inoperantes en el ambiente sindical y de estar al servicio de los patrones.

CASO 3

Preocupado por el creciente problema de las relaciones con los trabajadores, debido a la realización de huelgas y mítines en otras fábricas, Raimundo Correia, director presidente de Metalúrgica Santa Rita S. A. (Mesarisa), convocó una reunión de la dirección para examinar el tema y establecer medios que evitaran conflictos futuros con el personal. Solicitó que en esa reunión estuviera presente el gerente de recursos humanos, Alberto Oliveira, para que explicara algunos aspectos del problema desde el punto de vista humano.

Al prepararse para la reunión, Alberto Oliveira buscó algunos conceptos fundamentales que sirvieran para apoyar la tesis de que si hubiesen sentimientos de reciprocidad, el personal de Mesarisa jamás entraría en huelga. Aunque Alberto conocía muy bien el pensamiento de la dirección y las ideas que el director presidente quería introducir en la empresa, basadas en la filosofía de la libre iniciativa y el pleno respeto a los derechos humanos, también sabía muy bien que esas ideas encontrarían fuerte resistencia en algunos directores. Pese a que el director presidente contaba con un gran aliado, su hijo Raimundo Correia, el director industrial, las cosas no marchaban muy bien en la compañía: la recesión experimentada por el mercado automotor y por el inmobiliario, el gran incremento de las tasas de interés, la inflación galopante, las crecientes dificultades para exportar, la reducción de las ganancias, la ausencia de recursos financieros y la misma situación de la empresa. Este conjunto de circunstancias no dejaba margen para hablar de hacer concesiones al personal; en realidad, todo apuntaba a que la empresa debía recibir algo antes para poder dar alguna cosa a cambio. En estas condiciones, cualquier plan que provocara un gasto o algún costo adicional, sería rechazado inevitablemente o pospuesto a largo plazo.

Alberto Oliveira no sabía por dónde empezar. En su condición de GRH de la empresa era el más indicado para presentar un plan que, sin ser una carga para las arcas de la compañía, mejorara las relaciones con los empleados y redujera al mínimo los riesgos de posibles huelgas o motines en Mesarisa. ¿Qué proponer?

PARTE II

Sistema de administración de recursos humanos

La administración constituye el modo de lograr que las cosas se hagan de la mejor manera posible, a través de los recursos disponibles con el fin de lograr los objetivos. La administración comprende la coordinación de recursos humanos y materiales para conseguir los objetivos. En esta concepción, se describen cuatro elementos básicos:

1. Logro de objetivos
2. por medio de personas,
3. utilizando tecnología
4. en una organización[1].

La tarea de la administración consiste básicamente en integrar y coordinar los recursos organizacionales –unas veces cooperativos, otras veces conflictivos–, tales como personas, materiales, dinero, tiempo, espacio, etc., para alcanzar, de la manera más eficaz y eficiente posible, los objetivos determinados.

LOS RECURSOS ORGANIZACIONALES

La organización es un punto de convergencia de un sinnúmero de factores de producción o recursos productivos que deben emplearse con eficiencia y eficacia.

Tradicionalmente se ha aceptado que en todo proceso productivo los factores de producción son naturaleza, capital y trabajo. La naturaleza suministra los materiales y las materias primas que deben ser procesados y convertidos en productos o en servicios; el capital proporciona los medios de pago para la adquisición de los materiales y las materias primas necesarias, y para remunerar la mano de obra empleada. El trabajo representa la acción humana o física ejercida sobre los materiales y las materias primas para convertirlos en productos terminados o servicios prestados.

Esta posición peca por ser demasiado simplista y superficial, ya que el proceso productivo es mucho más complejo y en él interviene un mayor número de variables. Además, dicha posición enfoca el proceso productivo como si fuera un sistema cerrado, cuando en realidad presenta carac-

---

1 Fremont E. Kast, James E. Rosenzweig, *Organization and Management: A Systems Approach,* Nueva York, McGraw-Hill, 1970, p. 6.

terísticas propias del sistema abierto, en virtud del intenso intercambio con el ambiente.

La organización es un proyecto social que reúne varios recursos para alcanzar determinados objetivos. Sin recursos no pueden lograrse los objetivos. Los recursos son medios que las organizaciones poseen para realizar sus tareas y lograr sus objetivos: son bienes o servicios utilizados en la ejecución de las labores organizacionales. Puede pensarse que los insumos son necesarios para elaborar el producto final o el servicio prestado por la organización. Por lo general, cuando se habla de recursos, se piensa simplemente en dinero, equipo, materiales, personal. Sin embargo, los recursos son en extremo complejos y diversificados.

Los recursos organizacionales pueden clasificarse en cinco grupos:

a. *Recursos físicos o materiales.* Necesarios para efectuar las operaciones básicas de la organización, ya sea para prestar servicios especializados o para producir bienes o productos. El espacio físico, los terrenos y los edificios, los predios, el proceso productivo, la tecnología que lo orienta, los métodos y procesos de trabajo dirigidos a la elaboración de los bienes y los servicios producidos por la organización constituyen los recursos materiales. Gran parte de lo que se refiere a tecnología puede aplicarse también al área de los recursos materiales y físicos de la organización. No obstante, la tecnología no se limita a los recursos físicos o materiales, aunque éstos son su mayor componente.

b. *Recursos financieros.* Se refieren al dinero, en forma de capital, flujo de caja (entradas y salidas), empréstitos, financiación, créditos, etc., que están disponibles de manera inmediata o mediata para enfrentar los compromisos que adquiere la organización. También están incluidos los ingresos producidos por las operaciones de la empresa, las inversiones de terceros y toda forma de efectivo que pase por la tesorería o la caja de la organización.
   Los recursos financieros garantizan los medios para adquirir los demás recursos que la organización necesita. En cierta medida, los recursos financieros definen la eficacia de la organización para lograr sus objetivos, ya que ellos permiten que la empresa adquiera los recursos necesarios para operar dentro de un volumen adecuado. Es muy común utilizar el lenguaje financiero para expresar el desempeño de la organización, en términos de ganancias o en términos de la liquidez de las acciones. También es muy común expresar la medida de los recursos

materiales o físicos en términos financieros: el valor de las máquinas y los equipos de la organización, el valor del inventario de materias primas o de productos acabados, etc.

c. *Recursos humanos.* Personas que ingresan, permanecen y participan en la organización, en cualquier nivel jerárquico o tarea. Los recursos humanos están distribuidos en el nivel institucional de la organización (dirección), en el nivel intermedio (gerencia y asesoría) y en el nivel operacional (técnicos, auxiliares y operarios, además de los supervisores de primera línea). El recurso humano es el único recurso vivo y dinámico de la organización y decide el manejo de los demás, que son físicos o materiales. Además, constituyen un tipo de recurso que posee una vocación encaminada hacia el crecimiento y desarrollo.
Las personas aportan a la organización sus habilidades, conocimientos, actitudes, comportamientos, percepciones, etc. Sin importar el cargo que ocupen -director, gerente, supervisor, operario o técnico-, las personas cumplen diversos roles dentro de la jerarquía de autoridad y responsabilidad existente en la organización. Además, las personas difieren entre sí y constituyen un recurso muy diversificado, en virtud de las diferencias individuales de personalidad, experiencia, motivación, etc. En realidad, la palabra recurso representa un concepto muy estrecho para abarcar a las personas, puesto que más que un recurso, ellas son participantes de la organización.

d. *Recursos mercadológicos.* Constituyen los medios que las organizaciones emplean para localizar, contactar e influir en los clientes o usuarios. En este sentido, los recursos mercadológicos también incluyen el mercado de consumidores o clientes de los productos o servicios ofrecidos por la organización. Por consiguiente, estos recursos comprenden todas las actividades de investigación y análisis de mercado (de consumidores y de competidores), el sistema de ventas (incluidos la planeación, la ejecución y el control), promoción, publicidad, distribución de los productos a través de los canales adecuados, desarrollo de nuevos productos según las nuevas demandas, fijación de precios, asistencia técnica al consumidor, etc. Si no existieran los recursos mercadológicos, de nada servirían los demás recursos de la organización, ya que si ésta perdiera sus clientes -consumidores o usuarios-, desaparecería de manera inevitable su razón de existir. También se llaman recursos comerciales, denominación restrictiva para distinguir las actividades directamente relacionadas con las operaciones de ventas. Corresponden al término marketing utilizado por los autores estadounidenses.

e. *Recursos administrativos.* Constituyen los medios con los cuales se planean, dirigen, controlan y organizan las actividades empresariales. Incluyen los procesos de toma de decisiones y distribución de la información necesaria, además de los esquemas de coordinación e integración utilizados por la organización.

Los cinco grupos de recursos pueden sintetizarse de la manera siguiente:

Recursos	Contenido principal	Denominación tradicional	Equivalencia en inglés
Materiales o instalaciones físicas	• Edificios y terrenos • Máquinas • Equipos • Instalaciones • Materias primas • Materiales • Tecnología de producción	Naturaleza	*Materials and machinery* (materiales y maquinaria)
Financieros	• Capital • Flujo de dinero • Crédito • Ingresos • Financiación • Inversiones	Capital	*Money* (dinero)
Humanos	• Directores • Gerentes • Jefes • Supervisores • Oficinistas • Operarios • Técnicos	Trabajo	*Man* (hombre)
Mercadológicos	• Mercado de clientes, consumidores o usuarios	No tiene correspondencia	*Marketing*
Administrativos	• Planeación • Organización • Dirección • Control	Empresa	*Management* (dirección o administración)

Figura II.1 Clasificación de los recursos organizacionales.

En toda organización ocurre el fenómeno de la división del trabajo y de especialización que provoca la diferenciación. Gracias a ésta, cada conjunto de recursos semejantes se administra dentro de un esquema de división del trabajo y de especialización de actividades, por lo cual le damos un nombre que los diferencia. A cada área de recursos corresponde una especialidad de la administración, a saber:

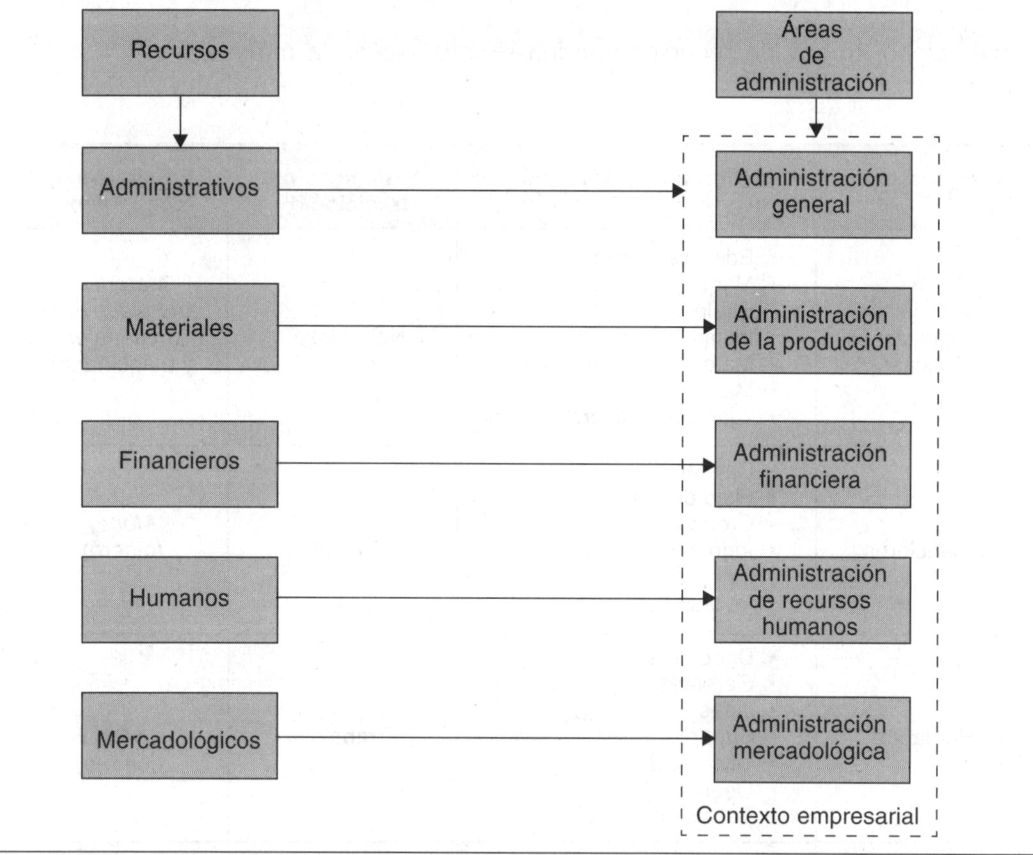

Figura II.2 Los recursos organizacionales y las especialidades de la administración.

Por esta razón, la administración requiere varias especializaciones y cada recurso una especialización. En general, la situación de esas especialidades en una organización puede demostrarse con el siguiente esquema supersimplificado:

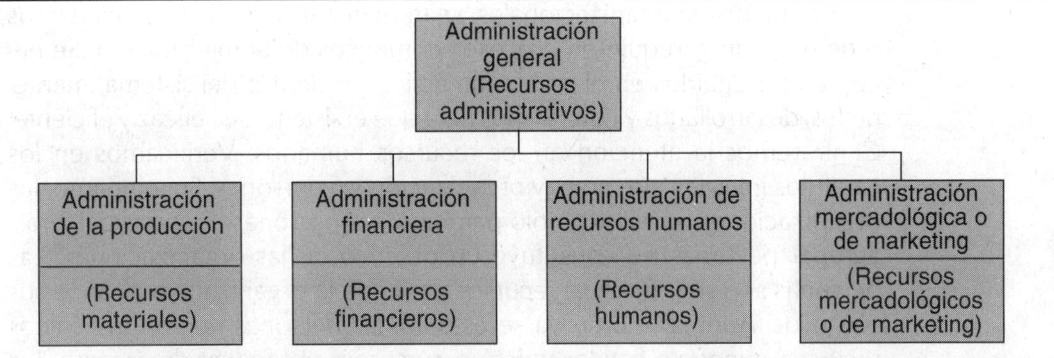

Figura II.3 Las especialidades de la administración y los recursos implicados.

Cada uno de los recursos antes citados es administrado por un subsistema específico, que trata los aspectos directamente relacionados con él, según muestra la figura II.4. Al utilizar la terminología convencional, se tiene:

- Recursos materiales → Administración de la producción
- Recursos financieros → Administración financiera
- Recursos humanos → Administración de recursos humanos
- Recursos mercadológicos → Administración mercadológica
- Recursos administrativos → Administración general

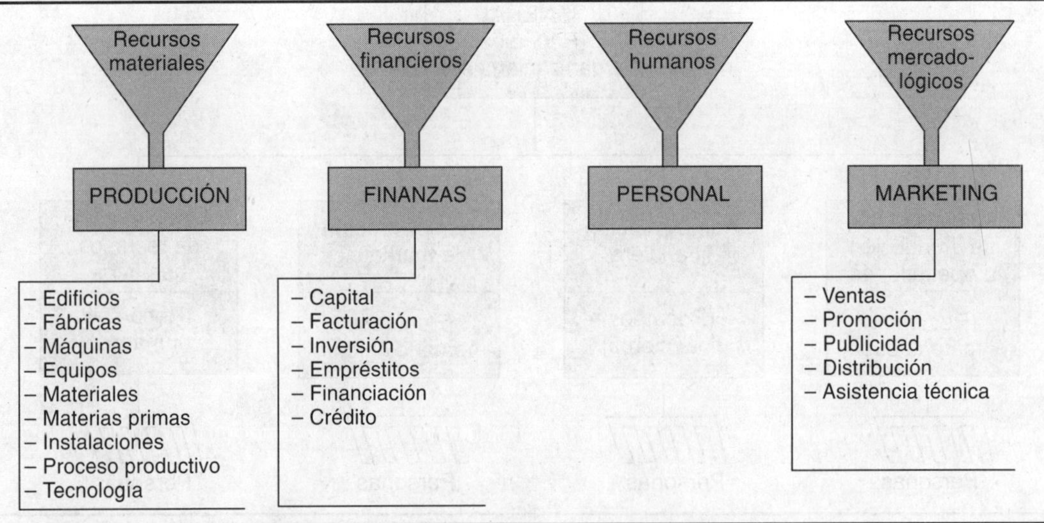

Figura II.4 Los recursos y su administración.

Los recursos organizacionales, sean materiales, humanos, financieros o de marketing, requieren procesos complejos de administración. Se necesita conseguirlos en el ambiente, aplicarlos dentro del sistema, mantenerlos, desarrollarlos y controlarlos para que el sistema sea eficaz y eficiente. Centraremos la atención en los recursos humanos. Verificamos en los capítulos iniciales que no hay organización sin personas. Sin embargo, las organizaciones no existen sólo para agrupar personas. En otras palabras, agrupar personas no constituye un objetivo de las organizaciones. Las personas son sólo medios, recursos para que la organización alcance sus objetivos. Además, como ya se estudió, las personas no son los únicos recursos, aunque sí son los únicos recursos vivos capaces de procesar los demás recursos materiales. Así mismo, constituyen los recursos más complejos de que dispone la organización: los recursos humanos. En el procesamiento de los demás recursos es necesaria la presencia de los recursos humanos. Esto significa que los ejecutivos de administración de la producción, administración financiera, administración de marketing y aun los de la de recursos humanos necesitan personas para poder procesar sus recursos básicos. Como puede observarse en la figura II.5, las personas son los únicos recursos que están presentes en todas las áreas, aspectos y niveles de la organización.

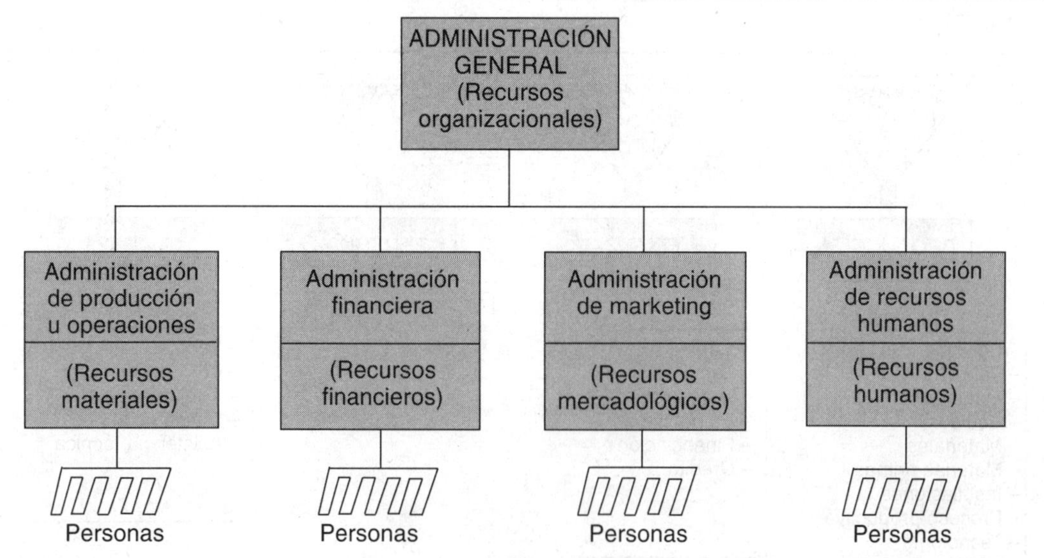

Figura II.5 Las personas son recursos que están en todas las áreas de la organización.

En este contexto, administrar personas es una tarea común a todas las áreas y niveles de la organización. La administración de recursos humanos no es una labor exclusiva del profesional de ARH, sino una responsabilidad que compete a todas las áreas y niveles de la organización. Además de sus responsabilidades específicas, cada director, cada gerente, cada jefe, administra personas que son sus subordinados directa e indirectamente.

ESTILOS DE ADMINISTRACIÓN DE RECURSOS HUMANOS

Si la estructura organizacional es importante, no lo es menos la cultura organizacional. La ARH está influida profundamente por los supuestos existentes en la organización sobre la naturaleza humana. Del mismo modo, las organizaciones se diseñan y administran según las teorías que predominan, utilizando varios principios y presupuestos que configuran la manera como se administrarán las organizaciones y sus recursos. Por ejemplo, una teoría de la organización puede establecer que el poder (autoridad) debe centralizarse en su totalidad en la cúpula de la organización, que la información debe seguir necesariamente la línea de autoridad y que el trabajo debe ser especializado. La aplicación de estos principios y presupuestos determina los condicionamientos del comportamiento humano, que deben prevalecer en las organizaciones. Por consiguiente, es indispensable conocer algunas teorías que jalonan y oriental el escalafonamiento de las personas en las organizaciones.

La teoría X y la teoría Y de McGregor

Douglas McGregor, uno de los más influyentes teóricos del comportamiento en la teoría de las organizaciones, se preocupó por distinguir dos concepciones opuestas de administración, basadas en ciertos presupuestos acerca de la naturaleza humana: la tradicional (a la que denominó teoría X) y la moderna (a la que llamó teoría Y). Estudiaremos cada una de ellas.

1. Concepción tradicional de la administración: teoría X

Se basa en ciertas concepciones y premisas erróneas y distorsionadas acerca de la naturaleza humana, las cuales predominaron durante décadas en el pasado:

- La motivación primordial del hombre son los incentivos económicos (salario).
- Como estos incentivos son controlados por la organización, el hombre es un agente pasivo que requiere ser administrado, motivado y controlado por ella.
- Las emociones humanas son irracionales y no deben interferir el propio interés del individuo.
- Las organizaciones pueden y deben planearse, de manera que neutralicen y controlen los sentimientos y las características imprevisibles.
- El hombre es perezoso por naturaleza y debe ser estimulado mediante incentivos externos.
- En general, los objetivos individuales se oponen a los de la organización, por lo cual es necesario un control rígido.
- Debido a su irracionalidad intrínseca, el hombre es básicamente incapaz de lograr el autocontrol y la autodisciplina[2].

Dentro de esta concepción tradicional del hombre, la labor de administración se ha restringido al empleo y control de la energía humana, únicamente en dirección a los objetivos de la organización. Por consiguiente, la concepción de administración es la siguiente:

- La administración responde por la organización de los elementos productivos de la empresa –dinero, materiales, equipos y personal–, y no está en procura de sus fines económicos.
- La administración también es el proceso de dirigir el esfuerzo de las personas, motivarlas, controlar sus acciones y modificar su comportamiento, para atender las necesidades de la organización.
- Sin la intervención activa de la administración, las personas permanecerían pasivas frente a las necesidades de la organización, e incluso se resistirían a cumplirlas. Por consiguiente, las personas deben ser persuadidas, recompensadas, castigadas, coaccionadas y controladas; es decir, sus actividades deben ser dirigidas. Ésta es la tarea de la administración. Por lo general, esto se resume diciendo que administrar con-

2 Douglas M. McGregor, "O lado humano na empresa", en Yolanda Ferreira Balcão, Laerte Leite Cordeiro (Orgs.), *O comportamento humano na empresa*, Rio de Janeiro, Fundação Getúlio Vargas, Instituto de Documentação, 1971, pp. 45-60.

siste en lograr que las personas ejecuten las tareas. Detrás de esta teoría tradicional hay diversas creencias adicionales, menos explícitas, pero muy difundidas como:

a. El hombre es negligente por naturaleza: evita el trabajo o trabaja lo mínimo posible y prefiere ser dirigido.

b. Carece de ambición: evita las responsabilidades y prefiere verse libre de obligaciones.

c. Es fundamentalmente egocéntrico frente a las necesidades de la organización.

d. Es crédulo, no es muy lúcido, y siempre está dispuesto a creer en charlatanes y demagogos.

e. Su propia naturaleza lo lleva a oponerse a los cambios, pues ansía la seguridad[3].

Según McGregor, estas presuposiciones y creencias todavía determinan el aspecto humano de muchas organizaciones en que se cree que las personas tienden a comportarse conforme a las expectativas de la teoría X: con negligencia, pasividad, resistencia a los cambios, falta de responsabilidad, tendencia a creer en la demagogia, excesivas exigencias de beneficios económicos, etc. Según McGregor, este comportamiento no es la causa, sino el efecto de alguna experiencia negativa en alguna organización.

2. Nueva concepción de la administración: teoría Y

Se basa en un conjunto de supuestos de la teoría de la motivación humana:

- El esfuerzo físico o mental en un trabajo es tan natural como jugar o descansar. El hombre común no siente que sea desagradable trabajar. De acuerdo con ciertas condiciones controlables, el trabajo puede ser una fuente de satisfacción (y debe realizarse voluntariamente) o una fuente de castigo (y debe evitarse, en lo posible).

- El control externo y las amenazas de castigo no son los únicos medios para lograr que las personas se esfuercen por alcanzar los objetivos organizacionales. El hombre debe autodirigirse y autocontrolarse para ponerse al servicio de los objetivos que se le confían.

3 *Ibíd.*, pp. 46-47.

- Confiar objetivos a una persona, a un empleado, o asignar, es una manera de premiar, asociada con su alcance efectivo. Las recompensas más significativas como la satisfacción de las necesidades del ego o de autorrealización, son productos directos de los esfuerzos dirigidos a conseguir los objetivos organizacionales.

- En ciertas condiciones, el hombre común aprende no sólo a asumir responsabilidades, sino también a aceptarlas. En general, la evasión de la responsabilidad, la falta de ambición y el énfasis en la seguridad personal son consecuencia de la experiencia individual, y no características humanas inherentes y universales.

- La capacidad de desarrollar un alto grado de imaginación e ingenio en la solución de problemas organizacionales se encuentra en la mayoría de la población, no en una minoría.

- En las condiciones de la sociedad industrial moderna, el potencial intelectual del hombre común sólo se utiliza parcialmente[4].

En otras palabras:

- El hombre no es pasivo ni contraviene los objetivos de la organización.

- Las personas poseen motivación básica, capacidad de desarrollo, estándares adecuados de comportamiento y están capacitadas para asumir plenas responsabilidades[5].

Dentro de la concepción moderna del hombre, a partir de la teoría Y, la labor de la administración se amplía mucho más:

- La administración es responsable de la organización de los elementos productivos de la empresa -dinero, materiales, equipos, personas- para que ésta alcance sus fines económicos.

- Las personas no son pasivas por naturaleza ni renuentes a colaborar con las necesidades de la organización, sino que pueden volverse así como resultado de su experiencia en otras organizaciones.

- La administración no crea la motivación, el potencial de desarrollo ni la capacidad de asumir responsabilidades, de dirigir el comportamien-

---

4 *Ibíd.*, p. 54.
5 *Ibíd.*, p. 55.

to para alcanzar el objetivo de la organización, puesto que éstos están presentes en las personas. La administración es responsable de proporcionar las condiciones para que las personas reconozcan y desarrollen por sí mismas esas características.

- La labor primordial de la administración es crear condiciones organizacionales y métodos de operación mediante los cuales las personas puedan alcanzar sus objetivos individuales con mayor facilidad, y dirigir sus propios esfuerzos hacia los objetivos de la organización[6].

Dentro de esta concepción, administrar es un proceso de crear oportunidades, liberar potencialidades, retirar obstáculos, ayudar al crecimiento y proporcionar orientación; vista así, es una administración por objetivos, no por controles.

En la figura II.6 se sintetizan los principales supuestos de la teoría X y la teoría Y, y se establecen algunas comparaciones significativas entre las dos teorías.

Teoría X	Teoría Y
1. A los seres humanos no les gusta el trabajo y tenderán a evitarlo, siempre que ello sea posible.	1. El trabajo puede ser una fuente de satisfacción o de sufrimiento, dependiendo de ciertas condiciones.
2. Toda organización tiene objetivos, cuyo logro requiere que se obligue, se controle y hasta se amenace con castigos a las personas que en ella trabajan para que sus esfuerzos se encaminen hacia la consecución de esos objetivos.	2. El control externo y las amenazas de castigo no son los únicos medios para estimular y dirigir los esfuerzos. Las personas pueden ejercer el autocontrol y autodirigirse, si pueden ser convencidas de comprometerse a hacerlo.
3. El ser humano prefiere ser dirigido, en vez de dirigir.	3. Las recompensas en el trabajo se hallan ligadas a los compromisos asumidos.
4. El ser humano procura evitar las responsabilidades siempre que sea posible.	4. Las personas pueden aprender a aceptar y asumir responsabilidades.
5. El hombre común es, relativamente, poco ambicioso.	5. La imaginación, la creatividad y el ingenio se hallan en la mayoría de las personas.
6. Las personas se preocupan sobre todo por su propia seguridad y bienestar.	6. El potencial intelectual del ser humano normal está lejos de ser utilizado en su totalidad.

Figura II.6 Teoría X y teoría Y: diferentes concepciones de la naturaleza humana.

6 *Ibíd.*, p. 55.

La teoría Y propone un estilo de administración bastante participativo y democrático, basado en los valores humanos. McGregor recomienda una serie de ideas renovadoras y enfocadas totalmente hacia la aplicación de la teoría Y[7]:

1. *Descentralización y delegación.* Delegar las decisiones a los niveles inferiores de la organización para permitir que todas las personas se involucren en sus actividades, tracen los caminos que juzguen mejores y asuman las responsabilidades por las consecuencias; y, de ese modo, satisfagan sus necesidades individuales más elevadas, relacionadas con la autorrealización personal.

2. *Ampliación del cargo y mayor significación del trabajo.* La reorganización, el rediseño y la ampliación del cargo implican actividades adicionales para las personas, las cuales provocan innovación y estimulan la aceptación de responsabilidad en la base de la organización, además de proporcionar oportunidades para satisfacer las necesidades sociales y de autoestima.

3. *Participación y administración consultiva.* La participación en las decisiones que afectan a las personas, y la consulta que busca obtener sus opiniones, tienen la finalidad de estimularlas a dirigir sus energías creadoras a la consecución de los objetivos de la organización. Esto les proporciona oportunidades significativas para satisfacer necesidades sociales y de autoestima.

4. *Autoevaluación del desempeño.* Los programas tradicionales de evaluación del desempeño están inspirados en la concepción tradicional (teoría X), ya que la mayor parte de dichos programas tienden a tratar al individuo como si fuera un producto que está inspeccionándose en una línea de montaje. En algunas empresas se ha experimentado con éxito que las mismas personas formulen sus propias metas u objetivos y autoevalúen periódicamente su desempeño frente a esos objetivos. El superior jerárquico ejerce un gran liderazgo en este proceso, puesto que se dedica más a orientar y estimular el desempeño futuro que a inspeccionar y juzgar el desempeño anterior. Además, el individuo se ve animado a adquirir mayor responsabilidad en la planeación y evaluación de su propia contribución para conseguir los objetivos de la

7 *Ibíd.*, p. 59-60.

organización, lo cual produce efectos positivos en las necesidades de estima y de autorrealización.

Si las ideas expuestas no producen los resultados esperados, tal vez la administración admitió la idea, pero empleó el esquema de las concepciones tradicionales.

En la actualidad, las teorías X y Y se ven como extremos antagónicos de un *continuum* de concepciones intermedias. En otras palabras, entre la teoría X (autocrática, impositiva y autoritaria) y la teoría Y (democrática, consultiva y participativa) existen degradaciones continuas y sucesivas.

Teoría Z

Recientemente, Ouchi[8] publicó un libro acerca de la concepción japonesa de administración y su empleo exitoso en las empresas norteamericanas. A esa concepción oriental dio el nombre de teoría Z, parafraseando la contribución de McGregor. Al analizar el cuadro cultural de Japón -valores, estilos y costumbres característicos-, Ouchi muestra que la productividad es más una cuestión de administración de personas que de tecnología, de gestión humana sustentada en filosofía y cultura organizacional adecuadas, que de enfoques tradicionales basados en la organización.

En Japón, el proceso decisorio es participativo y consensual -se consulta a todo el equipo y debe llegarse a un consenso-, producto de una larga tradición de participación y vinculación de los miembros en la vida de la organización. Allá el empleo es vitalicio; existe estabilidad en el cargo y la organización funciona como una comunidad unida estrechamente por el trabajo en equipo. En consecuencia, la productividad es una cuestión de organización social: la mayor productividad no se consigue a través de un trabajo más pesado, sino de una visión cooperativa asociada a la confianza. Al contrario de lo que ocurre en otros países donde hay una relación de desconfianza entre el sindicato, el gobierno y la administración de las empresas, la teoría Z destaca el sentido de responsabilidad comunitaria como base de la cultura organizacional.

---

8 William Ouchi, *Teoria Z: como as empresas podem enfrentar o desafio japonês*, São Paulo, Fundo Educativo Brasileiro, 1982.

Sistemas de administración de las organizaciones humanas

Para analizar y comparar cómo administran las organizaciones a sus miembros, Likert adoptó un interesante modelo comparativo que denominó *sistemas de administración*[9]. La acción administrativa puede asumir diversas características, dependiendo de ciertas condiciones externas e internas de la empresa. Esto significa que la acción administrativa no es igual en todas las empresas, pues varía de acuerdo con una infinidad de variables. Según Likert, no existe una política de administración válida para todas las situaciones y ocasiones posibles.

Para simplificar la metodología de Likert, utilizaremos sólo cuatro variables organizacionales: el proceso decisorio, el sistema de comunicaciones, las relaciones interpersonales y los sistemas de recompensas y castigos como medios de motivación del personal. El contenido de cada una de esas cuatro variables organizacionales es el siguiente:

a. *Proceso decisorio.* Determina cómo se toman las decisiones en la empresa y quién las toma: si las decisiones están centralizadas o descentralizadas, concentradas en la cúpula de la jerarquía o dispersas en toda la organización.

b. *Sistema de comunicaciones.* Determina cómo se transmiten y reciben las comunicaciones en la organización. Si el flujo de las informaciones es vertical y descendente, si es vertical de doble vía y si es también horizontal.

c. *Relaciones interpersonales.* Determina cómo se relacionan las personas en la organización y qué grado de libertad existe en esa relación. Si las personas trabajan aisladas entre sí o en equipos de trabajo, a través de una intensa interacción humana.

d. *Sistemas de recompensas y castigos.* Define cómo motiva la empresa a las personas para que se comporten de cierta manera, y si esa motivación es positiva e incentivadora o restrictiva e inhibidora.

---

9 Rensis Likert, *Novos padrões de administração,* São Paulo, Pioneira, 1971. *Véase* también del mismo autor, *A organização humana,* São Paulo, Atlas, 1975.

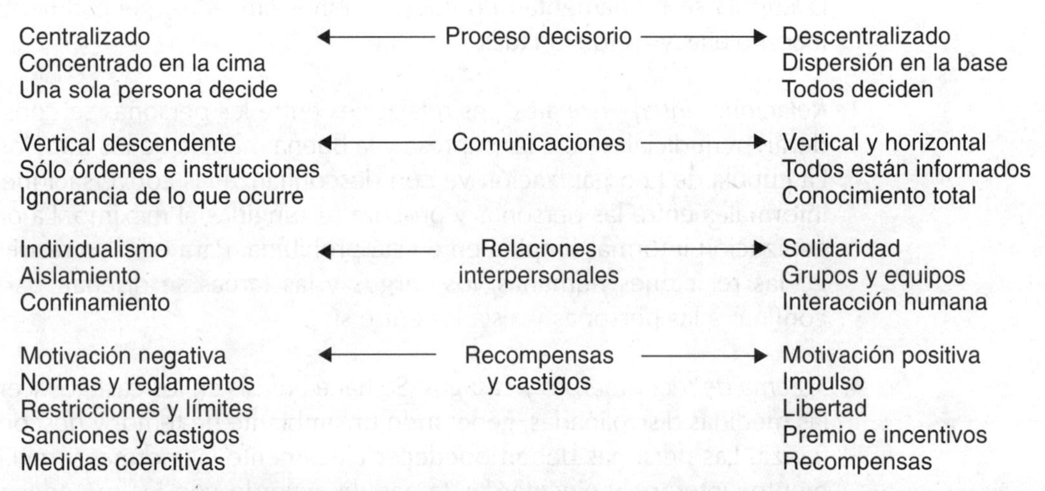

Figura II.7 Las cuatro variables comparativas de Likert.

Las cuatro variables anteriores toman formas diferentes en cada empresa. En conjunto, pueden constituir cuatro alternativas denominadas sistemas de administración. Estudiemos los cuatro sistemas administrativos de acuerdo con las cuatro variables de Likert.

Sistema 1. Autoritario-coercitivo

Sistema administrativo autocrático y fuerte, centralista, coercitivo y arbitrario que controla con rigidez todo lo que ocurre en la empresa. Es el sistema más férreo y cerrado. Sus características principales son:

1. *Proceso decisorio.* Centralizado en la cúpula de la organización. La cúpula debe conocer todos los asuntos imprevistos y no rutinarios para resolverlos; así mismo, decide todos los eventos. Por consiguiente, el nivel más elevado se congestiona y se sobrecarga con la tarea de decisión, en tanto que los niveles inferiores son ajenos por completo a las decisiones tomadas.

2. *Sistema de comunicaciones.* Bastante precario y lento. Las comunicaciones siempre son verticales, en sentido descendente, y portan órdenes, casi nunca orientaciones o explicaciones. No existen comunicaciones ascendentes ni muchos menos laterales. A las personas no se les pide información, ante lo cual las decisiones tomadas en

la cúpula se fundamentan en informaciones limitadas, generalmente incompletas y distorsionadas.

3. *Relaciones interpersonales.* Las relaciones entre las personas se consideran perjudiciales para la empresa y la buena marcha de los trabajos. La cúpula de la organización ve con desconfianza las conversaciones informales entre las personas y procura restringirlas al máximo. La organización informal simplemente está prohibida. Para evitar o restringir las relaciones humanas, los cargos y las tareas se diseñan para confinar a las personas y aislarlas entre sí.

4. *Sistema de recompensas y castigos.* Se hace énfasis en los castigos y en las medidas disciplinarias, generando un ambiente de temor y desconfianza. Las personas deben obedecer ciegamente las normas y reglamentos internos y ejecutar las tareas de acuerdo con los métodos y procedimientos vigentes. Si las personas cumplen todas sus tareas al pie de la letra, no hacen nada distinto de cumplir sus obligaciones. Las recompensas son raras y, cuando se otorgan, son predominantemente salariales y materiales, desprovistas de cualquier componente simbólico o emocional. Son frías e impersonales.

Sistema 2. Autoritario-benévolo

Sistema administrativo autoritario pero menos férreo y menos cerrado que el sistema 1. Es una variación del sistema 1, más condescendiente y menos rígido. Sus características principales son:

1. *Proceso decisorio.* Centralizado por completo en la cúpula de la organización, aunque permite la delegación reducida de pequeñas decisiones meramente repetitivas y burocráticas, basadas en rutinas y prescripciones sencillas sujetas a la aprobación posterior. Prevalece siempre el aspecto centralista.

2. *Sistema de comunicaciones.* Relativamente precario, prevalecen las comunicaciones descendentes, aunque la cúpula se oriente en algunas comunicaciones ascendentes que llegan de los niveles inferiores como retroalimentación de sus decisiones.

3. *Relaciones interpersonales.* La organización tolera que las personas se relacionen entre sí, con cierta condescendencia. Sin embargo, la

interacción humana todavía es escasa y cuenta con una incipiente organización informal considerada una amaneza para los objetivos de la empresa.

4. *Sistema de recompensas y castigos.* Se hace énfasis en las medidas disciplinarias, pero el sistema es menos arbitrario y ofrece recompensas materiales y salariales con más frecuencia. Las recompensas simbólicas o sociales son escasas.

Sistema 3. Consultivo

Sistema administrativo que tiende más hacia el lado participativo que hacia el autoritario e impositivo. Representa una moderación gradual de la arbitrariedad organizacional. Sus características principales son:

1. *Proceso decisorio.* Participativo y consultivo. Es relativamente participativo porque las decisiones se delegan en los diversos niveles jerárquicos, aunque deben seguir las políticas y directrices definidas por la dirección para orientar las decisiones y las acciones de los encargados de tomar decisiones. Es consultivo porque se tienen en cuenta la opinión y los puntos de vista de los niveles inferiores, relacionados con políticas y directrices que los afectan. Posteriormente, las decisiones se someten a la aprobación de la cúpula empresarial.

2. *Sistema de comunicaciones.* Produce comunicaciones verticales descendentes (dirigidas más hacia orientaciones generales que a órdenes específicas) y ascendentes, así como comunicaciones laterales (horizontales) entre las personas de un mismo nivel jerárquico. La empresa desarrolla sistemas de comunicación que facilitan el flujo de información y sirven de base a la consecución de los objetivos.

3. *Relaciones interpersonales.* La empresa crea condiciones para el desarrollo de una organización informal saludable y positiva. La confianza depositada en las personas es mayor, aunque todavía no es completa ni definitiva. El trabajo permite formar equipo y grupos transitorios en que se privilegian las relaciones humanas.

4. *Sistema de recompensas y castigos.* Se hace énfasis en las recompensas materiales (incentivos salariales y oportunidades de ascensos y desa-

rrollo profesional) y simbólicas (prestigio y estatus), aunque también puedan presentarse castigos leves y esporádicos.

Sistema 4. Participativo

Sistema administrativo democrático y participativo. Es el más abierto de todos los sistemas. Sus características principales son:

1. *Proceso decisorio.* Las decisiones se delegan por completo en los niveles inferiores de la organización. Aunque la cúpula de la organización defina las políticas y directrices que deben seguirse, sólo controla los resultados y deja que los diversos niveles jerárquicos se encarguen de las decisiones y las acciones. En ocasiones de emergencia, los niveles más elevados asumen la toma de decisiones, sujetándose a la ratificación explícita de los demás niveles involucrados. El consenso es el concepto más importante en el proceso de toma de decisiones.

2. *Sistema de comunicaciones.* Las comunicaciones fluyen en todos los sentidos (vertical, horizontal y lateral) y la empresa realiza cuantiosas inversiones en sistemas informáticos, puesto que éstos son imprescindibles en el logro de la flexibilidad, eficiencia y eficacia. La información se convierte en uno de los recursos más importantes de la empresa, que deben compartir todos los miembros que la necesiten para trabajar y obtener la sinergia requerida.

3. *Relaciones interpersonales.* Se hace énfasis en el trabajo en equipo. El surgimiento de grupos espontáneos es importante para establecer relaciones interpersonales efectivas, basadas en la confianza mutua entre las personas, y no en esquemas formales (descripciones de cargos, relaciones formales previstas en el organigrama, etc.). El sistema estimula la participación y el desarrollo grupal intensos, de manera que las personas se sientan responsables de lo que decidan y realicen en todos los niveles organizacionales.

4. *Sistema de recompensas y castigos.* Se hace énfasis en las recompensas, especialmente en las simbólicas y sociales, aunque no se descuidan las salariales y materiales. Los castigos se presentan raras veces y casi siempre los definen los grupos involucrados.

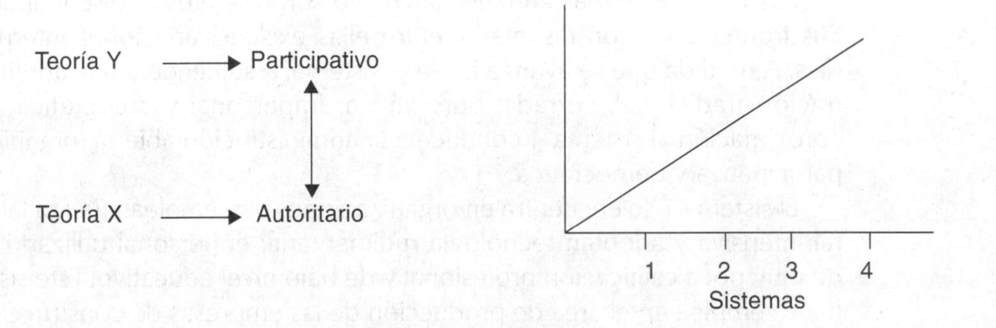

Figura II.8 El *continuum* autoritario-participativo en los cuatro sistemas y la relación con las teorías X y Y.

Comparación de variables	Sistema 1 Autoritario coercitivo	Sistema 2 Autoritario-benévolo	Sistema 3 Consultivo	Sistema 4 Participativo
Proceso decisorio	Centralizado por completo en la cúpula de la organización, que monopoliza la toma de decisiones.	Centralizado en la cúpula de la organización, permite delegar un poco las decisiones sencillas y rutinarias.	Consulta los niveles inferiores, permitiendo la delegación y participación de las personas.	Delegado y descentralizado en su totalidad. La cúpula define la política y controla los resultados.
Sistema de comunicaciones	Bastante precario. Sólo se presentan comunicaciones verticales descentes que llevan órdenes.	Relativamente precario. Prevalecen las comunicaciones verticales descendentes sobre las ascendentes.	Se facilita el flujo de comunicaciones verticales (ascendentes y descendentes) y horizontales.	Las comunicaciones son vitales en el éxito de la empresa. Se comparte toda la información.
Relaciones interpersonales	Los contactos entre personas provocan desconfianza. Se prohíbe la organización informal, pues se considera perjudicial. Los cargos aíslan a las personas.	Se toleran un poco. La organización informal es incipiente y se considera una amenaza para la empresa.	Se deposita relativa confianza en las personas. La empresa estimula la organización informal. Trabajo en equipo o en grupos esporádicos.	Trabajo en equipo. Es importante la formación de grupos informales. Confianza mutua, participación e involucramiento grupal intensos.
Sistema de recompensas	Énfasis en los castigos y las medidas disciplinarias. Obediencia estricta a los reglamentos internos. Las recompensas materiales son escasas.	Énfasis en los castigos y las medidas disciplinarias, aunque con menos arbitrariedad. Las recompensas salariales son más frecuentes. Las recompensas sociales son raras.	Énfasis en las recompensas materiales (especialmente salarios). Recompensas sociales ocasionales. Las sanciones o castigos son raros.	Énfasis en las recompensas sociales. Frecuentes recompensas materiales y salariales. Las sanciones son raras y, cuando se presentan, las deciden los grupos.

Figura II.9 Los cuatro sistemas administrativos.

Los cuatro sistemas administrativos no son discretos ni discontinuos. Sus fronteras no son distintas y entre ellas existen variaciones intermedias. A medida que se avanza hacia el sistema 1, se tiende a una administración tradicional, cerrada, burocrática, impersonal y autocrática. La aproximación al sistema 4 conduce a la administración abierta, orgánica, participativa y democrática.

El sistema 1 se encuentra en organizaciones que emplean fuerza laboral intensiva y adoptan tecnología rudimentaria; el personal utilizado es de muy poca calificación profesional y de bajo nivel educativo. Este sistema se emplea en el área de producción de las empresas de construcción civil o industriales, por ejemplo.

El sistema 2 se encuentra en empresas industriales que utilizan tecnología un poco más avanzada y fuerza laboral especializada, y que ejercen cierto tipo de coerción para no perder por completo el control sobre el comportamiento de las personas. Esto ocurre en el área de producción y montaje de la mayor parte de las empresas industriales y las oficinas de ciertas fábricas.

El sistema 3 se emplea en empresas de servicios, como bancos o financieras, o en empresas industriales que tienen tecnología avanzada y políticas de personal más abiertas.

El sistema 4 se practica poco; predomina en organizaciones que utilizan tecnología compleja y donde el personal es especializado y desarrollado, como en las agencias de publicidad, las empresas de consultoría en ingeniería, administración, auditoría y procesamiento de datos, etc.

Parece existir estrecha relación entre la tecnología empleada por la empresa y las características de las personas involucradas, y los sistemas administrativos utilizados. Cuanto más desarrollada y compleja es la tecnología, mayor es la preparación humana y la necesidad de utilizar el sistema 4.

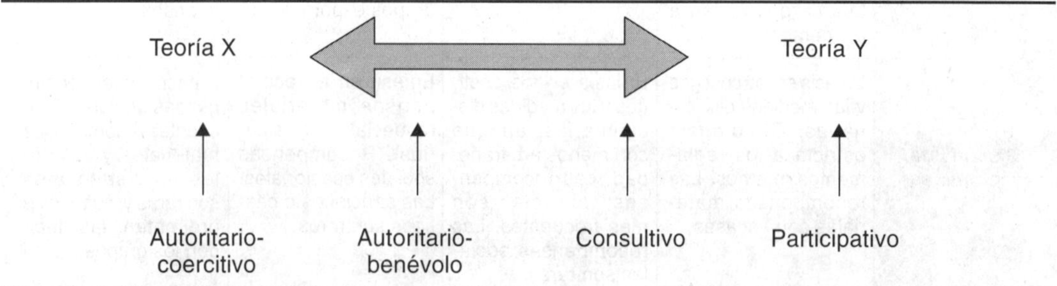

Figura II.10 La teoría X, la teoría Y y los cuatro sistemas administrativos.

Los cuatro sistemas administrativos permiten identificar los diversos grados y alternativas existentes para administrar personas en las organizaciones. En un extremo, el sistema 1 representa el comportamiento organizacional arbitrario, autoritario y autocrático, que recuerda –en muchos aspectos– la teoría X. En el otro extremo, el sistema 4 representa el comportamiento organizacional democrático y participativo, que recuerda la teoría Y. En esta amplia gama de variaciones se sitúan las diversas maneras como las organizaciones administran las personas. El desafío consiste en que las características se desplacen continua e incesantemente hacia el lado derecho de la gráfica, hacia el sistema 4. La brújula moderna de administración de personas se orienta en esa dirección.

No se trata de un proceso radical, sino de desarrollar una especie de revolución silenciosa, pero poderosa: el cambio en la manera de tratar a las personas, dándoles amplia libertad de acción, pensamiento, relaciones humanas y selección de los métodos y procedimientos de trabajo.

ENFOQUE SISTÉMICO Y SITUACIONAL DE LA ADMINISTRACIÓN

Las ideas de McGregor y Likert están bastante dirigidas hacia el comportamiento organizacional, y buscan comparar el estilo tradicional de administración con el estilo moderno basado en la comprensión de los conceptos de comportamiento y motivación. Los partidarios de la teoría del comportamiento estudian la organización desde la óptica de un sistema de intercambio de estímulos y contribuciones en una compleja red de decisiones. El enfoque de estos autores está todavía muy orientado hacia el interior de las organizaciones, como si fueran unidades absolutas, totales y únicas. La preocupación fundamental es construir modelos abiertos más o menos definidos que interactúen con el ambiente de manera dinámica, y cuyos subsistemas también marchen en una compleja interacción, tanto interna como externa, se inicia con la teoría de sistemas. Los subsistemas que conforman una organización están ligados e interrelacionados, así como el macrosistema ambiental interactúa de manera conjunta con los subsistemas y con la organización como un todo. En la teoría situacional, se tiene una visión de adentro hacia afuera de la organización y se hace énfasis en el ambiente y en las exigencias ambientales, por encima de la dinámica organizacional. El enfoque situacional sostiene que las características ambientales determinan las características organizacionales: en el ambiente se encuentran las explicaciones causales de las características de las organizaciones. No existe una mejor manera de coordinar ni de administrar la organización (*the best way*), sino que todo depende (*it depends*) de las características ambientales que sean importantes para la organización. Los sistemas culturales, políticos, económicos, etc., afectan intensa y continuamente la organización, interactuando de manera dinámica e influenciándose de modo recíproco. Las características organizacionales sólo pueden comprenderse mediante el análisis de las características ambientales con las que existe correspondencia. La teoría situacional o contingencial es básicamente situacional, circunstancial y condicional: nada es absoluto en las organizaciones ni en su administración; todo es relativo. La manera de administrar una organización difiere en el tiempo y en el espacio (ambiente).

4

Administración de recursos humanos

La Administración de Recursos Humanos (ARH) es un área de estudios relativamente nueva. El profesional de recursos humanos se encuentra en las grandes y medianas organizaciones. La ARH se aplica a organizaciones de cualquier clase y tamaño.

CARÁCTER MÚLTIPLE DE LA ARH

La ARH es un área interdisciplinaria: incluye conceptos de psicología industrial y organizacional, sociología organizacional, ingeniería industrial, derecho laboral, ingeniería de seguridad, medicina laboral, ingeniería de sistemas, cibernética, etc. En general, los asuntos estudiados por la ARH abarcan una gran cantidad de campos de conocimiento: se habla de la aplicación e interpretación de pruebas psicológicas y entrevistas, tecnología del aprendizaje individual, cambio organizacional, nutrición y alimentación, medicina y salud, servicio social, plan de carrera, diseño de cargos y diseño organizacional, satisfacción en el trabajo, ausentismo y salarios y obligaciones sociales, mercado, tiempo libre, calamidades y accidentes, disciplina y actitudes, interpretación de leyes laborales, eficiencia y eficacia, estadísticas y registros, transporte para el personal, responsabilidad en la supervisión, auditoría y un sinnúmero de temas bastante diversificados.

Los temas tratados por la ARH se refieren a aspectos internos de la organización (enfoque endógeno de la ARH) y a aspectos externos o ambientales (enfoque exógeno de la ARH). La figura 4.1 da una idea de las técnicas utilizadas en los ambientes externos e internos de la organización.

Técnicas utilizadas en el ambiente externo	Técnicas utilizadas en el ambiente interno
• Investigación del mercado laboral	• Análisis y descripción de cargos
• Reclutamiento y selección	• Evaluación de cargos
• Investigación de salarios y beneficios	• Capacitación
• Relaciones con sindicatos	• Evaluación del desempeño
• Relaciones con instituciones de formación profesional	• Plan de carreras
• Legislación laboral	• Plan de beneficios sociales
• Otras	• Política salarial
	• Higiene y seguridad
	• Otras

Figura 4.1 Algunas técnicas de ARH y su vinculación con los ambientes externo e interno de la organización.

Algunas técnicas de ARH se aplican directamente a las personas, que son los sujetos de su aplicación; otras, como las resumidas en la figura 4.2, se aplican indirectamente a las personas, bien sea a través de los cargos que ocupan o bien mediante planes o programas globales o específicos.

Como se muestra en la figura 4.3, algunas técnicas de ARH apuntan hacia la obtención y el suministro de datos, en tanto que otras son, en lo fundamental, decisiones que se toman con base en los datos.

Por otra parte, como lo ilustra la figura 4.4, la ARH puede referirse al nivel individual o a los niveles grupal, departamental, organizacional e incluso ambiental de la organización.

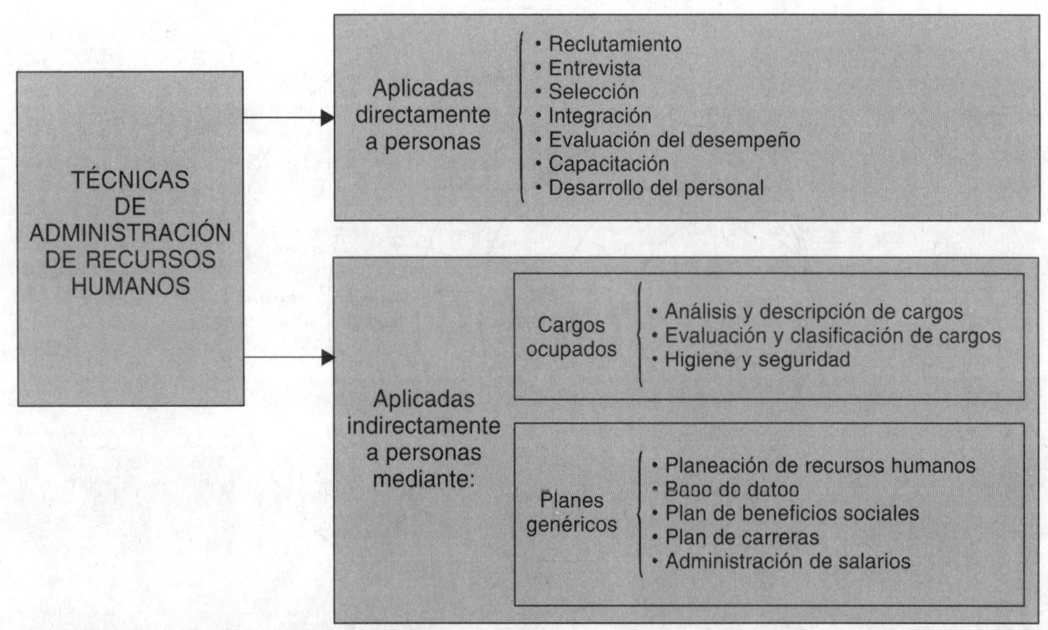

Figura 4.2 Técnicas de ARH aplicadas directamente a las personas o indirectamente a través de los cargos ocupados o de los planes globales o específicos.

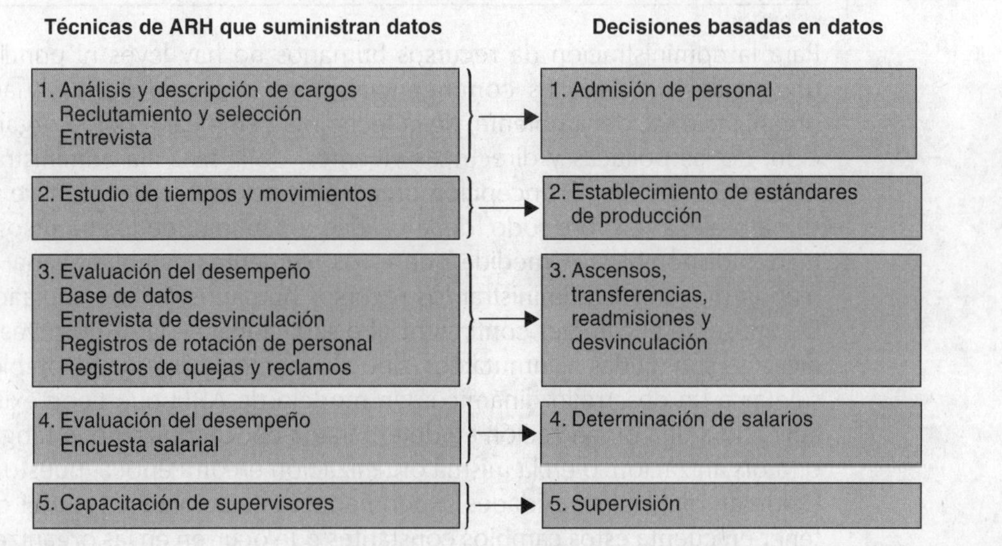

Figura 4.3 Técnicas de ARH que suministran datos y decisiones de ARH basadas en datos.

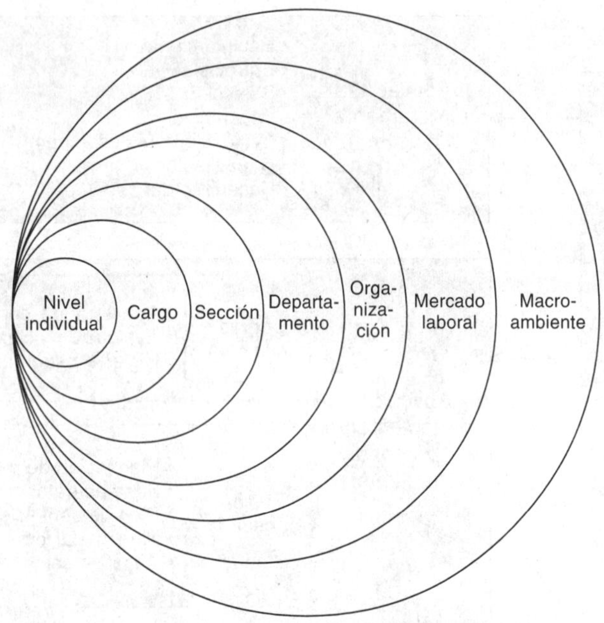

Figura 4.4 Los diversos niveles de referencia de la ARH.

CARÁCTER CONTINGENCIAL DE LA ARH

Para la administración de recursos humanos no hay leyes ni principios universales. La ARH es contingencial, pues depende de la situación organizacional, del ambiente, de la tecnología empleada por la organización, de las políticas y directrices vigentes, de la filosofía administrativa predominante, de la concepción organizacional acerca del hombre y de su naturaleza y, sobre todo, de la calidad y cantidad de los recursos humanos disponibles. A medida que estos elementos cambian, varía también la manera de administrar los recursos humanos de la organización. De ahí surge el carácter contingencial o situacional de la ARH, cuyas técnicas no son rígidas ni inmutables, sino altamente flexibles y adaptables, y sujetas a un desarrollo dinámico. Un modelo de ARH que tiene éxito al aplicarlo a una organización en determinada época, quizá no lo tenga en otra organización, o en la misma organización en otra época, puesto que todo cambia, las necesidades experimentan alteraciones y la ARH debe tener en cuenta estos cambios constantes que ocurren en las organizaciones y en sus ambientes. Además, la ARH no es un fin en sí misma, sino un medio para alcanzar la eficacia y la eficiencia de las organizaciones, a través del trabajo de las personas, que permite establecer condiciones favorables para que éstas consigan los objetivos individuales.

En algunas organizaciones geográficamente dispersas, la ARH puede centralizarse, como se indica en la figura 4.5. Los departamentos de recursos humanos de cada planta o unidad, a pesar de estar ubicados en sitios diferentes, están subordinados a la gerencia de recursos humanos, que mantiene el control sobre ellos. Dichos departamentos prestan servicios a las respectivas plantas o unidades. La ventaja de esta situación radica en que proporciona unidad de funcionamiento y uniformidad de criterios en la aplicación de las técnicas en diversas instalaciones. No obstante, presenta la desventaja de que la vinculación y la comunicación se establecen a distancia. Además de las demoras en las comunicaciones, las decisiones del órgano superior se toman desde lejos y, muchas veces, sin un conocimiento profundo de los problemas locales.

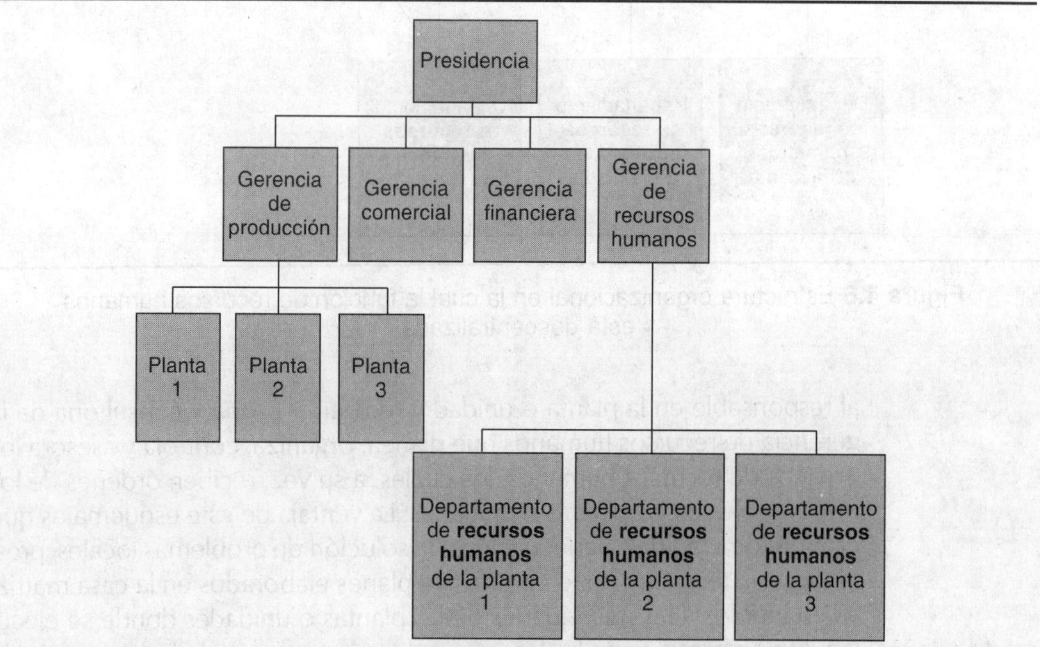

Figura 4.5 Estructura organizacional en que la función de recursos humanos está centralizada.

La figura 4.6 muestra la manera de descentralizar la ARH en otras organizaciones geográficamente dispersas. Los departamentos de recursos humanos localizados en cada planta o unidad reportan directamente

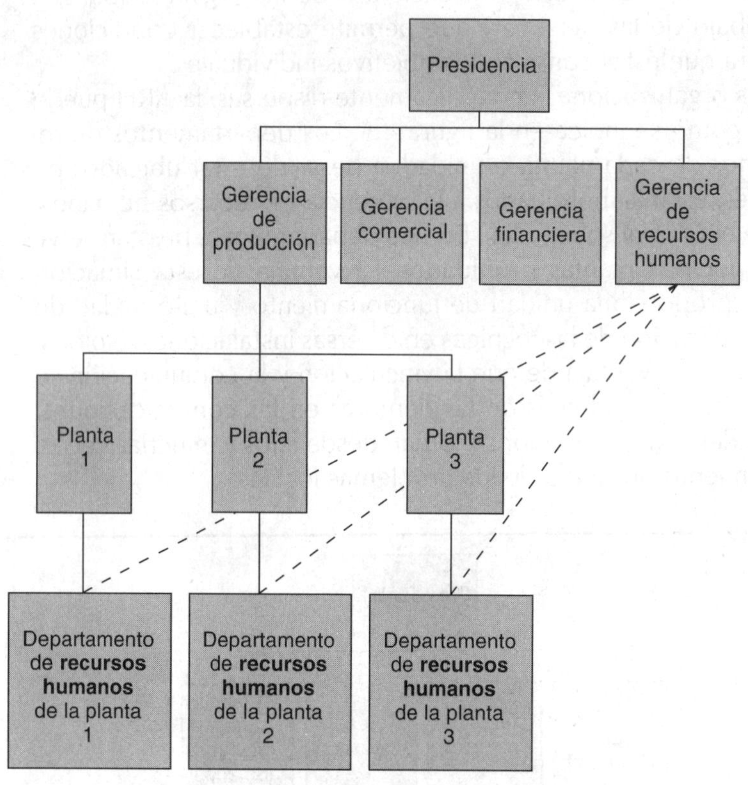

Figura 4.6 Estructura organizacional en la cual la función de recursos humanos está descentralizada.

al responsable en la planta o unidad y reciben asesoría y consultoría de la gerencia de recursos humanos que planea, organiza, controla y asesora los órganos de recursos humanos, los cuales, a su vez, reciben órdenes de los responsables en las plantas o unidades. La ventaja de este esquema es que proporciona rapidez y adecuación a la solución de problemas locales, presta asesoría técnica y pone en práctica planes elaborados en la casa matriz, adaptándolos a las necesidades de las plantas o unidades donde se ejecutan. No obstante, tiene la desventaja de la heterogeneidad y diferencia de criterios que se presentan, al adaptarlos a las necesidades locales.

En algunas organizaciones, el área de ARH se encuentra en el nivel institucional: su situación en la estructura organizacional corresponde, para el caso, al nivel jerárquico de gerencia y, por tanto, tiene capacidad de decisión, como se muestra en la figura 4.7.

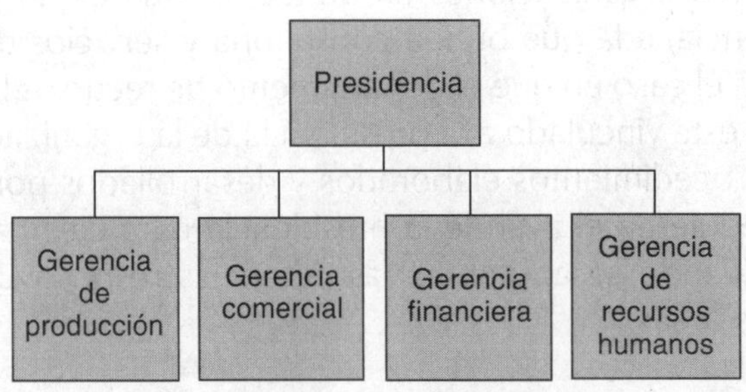

Figura 4.7 Estructura organizacional simple, en que la función de recursos humanos está en el nivel institucional.

En otras organizaciones, el órgano de recursos humanos se sitúa en el nivel intermedio y, por tanto, carece de capacidad de decisión y, por lo general, está sometido a una dependencia extraña a las actividades de recursos humanos, como se muestra en la figura 4.8. Las decisiones tomadas en la cúpula, muchas veces no tienen en cuenta aspectos relacionados con los recursos humanos porque hace falta un profesional en el ramo. Los asuntos relacionados con el personal son resueltos por uno de los gerentes, que desconoce la complejidad del problema.

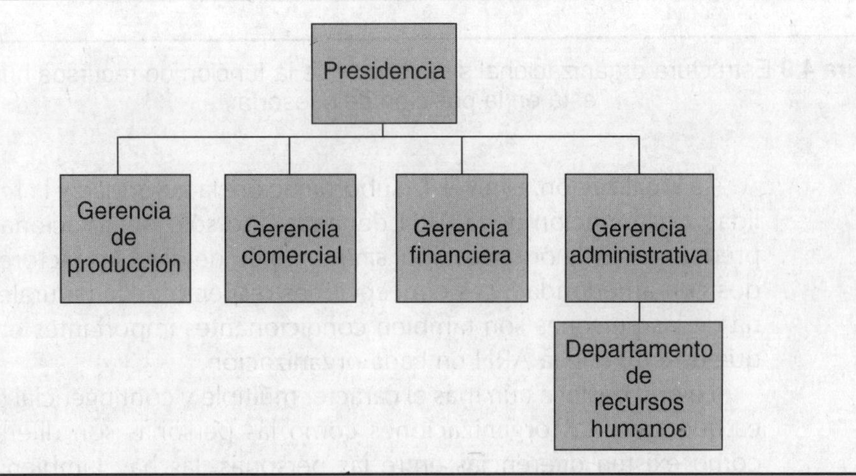

Figura 4.8 Estructura organizacional simple, en que la función de recursos humanos está en el nivel intermedio.

Existen organizaciones en donde la ARH es un órgano asesor de la presidencia, a la que brinda consultoría y servicios de *staff.* La figura 4.9 muestra el caso en que el departamento de recursos humanos (nivel intermedio) está vinculado a la presidencia de la organización: todas las políticas y procedimientos elaborados y desarrollados por la dependencia de ARH requieren el aval de la presidencia para ejecutarlos en la organización. Cuando se aprueban, las gerencias respectivas las aplican en las diversas áreas.

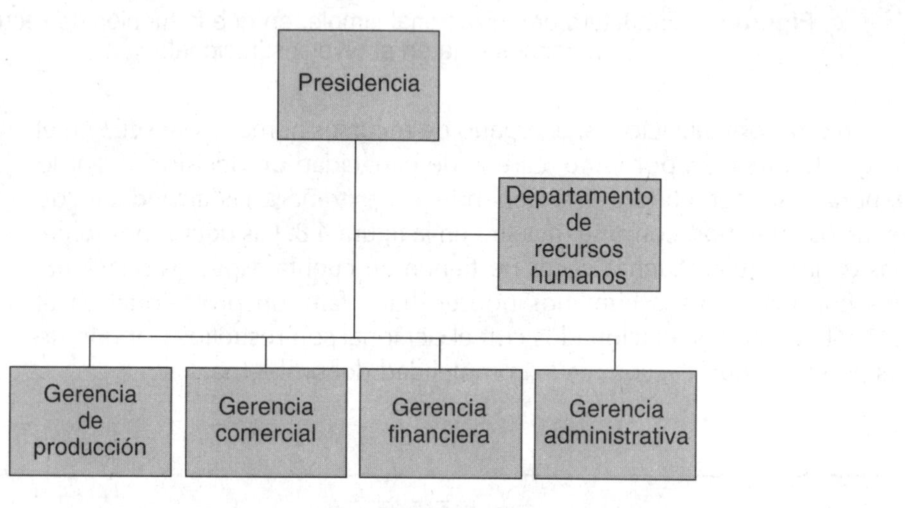

Figura 4.9 Estructura organizacional simple, en que la función de recursos humanos está en la posición de asesoría.

La localización, el nivel, la subordinación, la autoridad y la responsabilidad de la función de la ARH dependen no sólo de la racionalidad que predomine en la organización, sino también de diversos factores estudiados con anterioridad. Las concepciones respecto de la naturaleza humana de las personas son también condicionantes importantes en el papel que desempeñe la ARH en cada organización.

Lo que destaca aún más el carácter múltiple y contingencial de la ARH es que tanto las organizaciones como las personas son diferentes. Así como existen diferencias entre las personas, las hay también entre las organizaciones, lo cual hace que la ARH enfrente, necesariamente, esas diferencias.

LA ARH COMO RESPONSABILIDAD DE LÍNEA Y FUNCIÓN DE *STAFF*

El responsable de la administración de recursos humanos en el nivel institucional es el máximo ejecutivo de la organización: el presidente. Desde una perspectiva más amplia, es el responsable de la organización entera, pues le competen las decisiones acerca de la dinámica y los destinos de la organización y de los recursos disponibles o necesarios. En el nivel departamental o de división, esa responsabilidad la tiene cada ejecutivo de línea; por ejemplo, el jefe o el gerente responsable del organismo. En consecuencia, cada jefe o gerente responde por los recursos humanos puestos a su disposición en la dependencia, ya sea de línea o de asesoría, de producción, de ventas, de finanzas, de personal, etc. En resumen, toda la organización comparte la responsabilidad de la ARH. El presidente y cada jefe o gerente deben saber lo básico acerca de recursos humanos.

La primera función del presidente es lograr que la organización tenga éxito constante en todos los aspectos posibles. Por eso debe tener en cuenta que entre más grande sea la organización, mayor será el número de niveles jerárquicos y, por tanto, mayor el desfase que exista entre la decisión tomada en la cúpula y la acción que se desarrolle en las escalas inferiores. Cuanto más distanciado esté de las operaciones rutinarias, menor será el efecto cotidiano del presidente sobre éstas. Sus decisiones influyen sobre el futuro, no sobre el presente; afectan lo que sucederá, no lo que está aconteciendo. Por consiguiente, es necesario que el presidente comparta con su equipo de colaboradores las decisiones respecto de la organización y sus recursos. Lo mismo sucede a la ARH: es una responsabilidad de línea y una función de *staff,* lo cual significa que cada gerente o jefe administra el personal que labora en el área de su desempeño. El jefe toma decisiones con respecto a sus subordinados: decide sobre las nuevas admisiones, ascensos y transferencias, evaluación del desempeño, méritos, capacitación, retiros, disciplina, métodos y procesos de trabajo, etc.; supervisa, imparte órdenes, suministra información y orientación y recibe de los subordinados los informes, solicitudes y las explicaciones de las indicaciones dadas. El jefe informa las expectativas y planes de la organización, a la vez que recibe las expectativas y puntos de vista de los subordinados. Además, para que el principio de unidad de mando -o de supervisión única- funcione de manera adecuada, es necesario que no se fraccione la autoridad de cada jefe, de modo que tenga autoridad de línea sobre sus subordinados, es decir, autoridad para decidir, actuar y ordenar. En consecuencia, también tiene responsabilidad de línea con sus subordinados. La ARH es responsabilidad de línea, o sea, es responsabilidad de cada jefe.

Sin embargo, para que las jefaturas actúen de modo uniforme y consistente frente a sus subordinados, se necesita un organismo de *staff*, de asesoría y consultoría que les proporcione la orientación debida -las normas y procedimientos- acerca de cómo administrar a sus subordinados. Además de esa asesoría, consejería y consultoría, el organismo de *staff* debe prestar servicios especializados -como reclutamiento, selección, capacitación, análisis y evaluación de cargos, etc.- y enviar propuestas y recomendaciones a las jefaturas para que éstas puedan tomar decisiones adecuadas.

En estas condiciones, la ARH es una responsabilidad de línea -de cada jefe- y una función de *staff* -asesoría que el organismo de RH ofrece a cada jefe-. El área de ARH funciona aquí como un organismo de *staff*.

El *staff* de RH asesora el desarrollo de directrices en la solución de problemas específicos de personal, en el suministro de datos que posibilitan la toma de decisiones al jefe de línea y en la prestación de servicios especializados, debidamente solicitados. El jefe de línea debe, por tanto, considerar que el especialista de RH es una fuente de ayuda y no un intruso en sus responsabilidades. Los roces entre línea y *staff* jamás desaparecerán, pero podrían minimizarse si los jefes de línea y los especialistas de *staff* quisieran compartir la responsabilidad y las funciones, en un esfuerzo por lograr una mejor coordinación organizacional conjunta.

El éxito de un organismo de ARH depende directamente de que los jefes de línea lo consideren una fuente de ayuda. En consecuencia, la asesoría de personal debe ser solicitada, jamás impuesta. El administrador de RH no transmite órdenes a los miembros de línea de la organización o a los empleados, excepto cuando se trata de su propio departamento. Por consiguiente, la responsabilidad de que los miembros del grupo alcancen determinados objetivos corresponde al jefe, no al administrador de RH.

LA ARH COMO PROCESO

La ARH produce impactos profundos en las personas y las organizaciones. La manera de tratar a las personas, buscarlas en el mercado, integrarlas y orientarlas, hacerlas trabajar, desarrollarlas, recompensarlas o monitorearlas y controlarlas -en otras palabras, administrarlas en la organización-, es un aspecto fundamental en la competitividad organizacional.

Los procesos básicos en la administración de personal son cinco: provisión, aplicación, mantenimiento, desarrollo, seguimiento y control del personal.

Cuadro 4.1 Los cinco procesos básicos en la administración de personal.

Proceso	Objetivo	Actividades comprendidas
Provisión	Quién irá a trabajar en la organización	Investigación de mercado de RH Reclutamiento de personal Selección de personal
Aplicación	Qué harán las personas en la organización	Integración de personas Diseño de cargos Descripción y análisis de cargos Evaluación del desempeño
Mantenimiento	Cómo mantener a las personas trabajando en la organización	Remuneración y compensación Beneficios y servicios sociales Higiene y seguridad en el trabajo Relaciones sindicales
Desarrollo	Cómo preparar y desarrollar a las personas	Capacitación Desarrollo organizacional
Seguimiento y control	Cómo saber quiénes son y qué hacen las personas	Base de datos o sistemas de información Controles-frecuencia-productividad-balance social

Provisión, aplicación, mantenimiento, desarrollo y seguimiento (y evaluación) de las personas son cinco procesos interrelacionados estrechamente e interdependientes. Su interacción obliga a que cualquier cambio producido en uno de ellos influya en los otros, lo cual originará nuevos cambios en los demás y generará adaptaciones y ajustes en todo el sistema. Desde una perspectiva sistémica, los cinco procesos pueden estudiarse como subsistemas de un sistema mayor, como se ilustra en la figura 4.10.

Estos cinco subsistemas constituyen un proceso global y dinámico mediante el cual los recursos humanos son captados y atraídos, empleados, mantenidos, desarrollados y controlados por la organización. Este proceso no sigue obligatoriamente el orden antes establecido, debido a la interacción de los subsistemas y a que los cinco subsistemas no se relacionan entre sí de una sola y específica manera, pues son contingen-

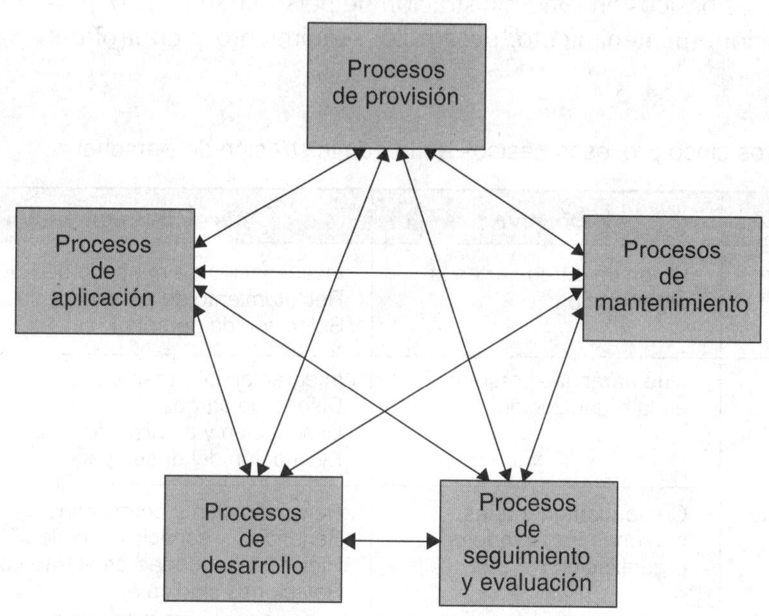

Figura 4.10 Los subsistemas del sistema de ARH y su interacción.

tes o situacionales, varían de acuerdo con la situación y dependen de factores ambientales, organizacionales, tecnológicos, humanos, etc. Aunque son interdependientes, varían en extremo, y cuando uno de ellos cambia o se desarrolla en cierta dirección, no necesariamente los demás se desarrollarán o cambiarán en esa dirección o medida.

La figura 4.12 (*véase* la página 162) muestra que en la administración de personas existe un *continuum* de situaciones intermedias, en uno de cuyos extremos, el de la izquierda, se presenta una situación de subdesarrollo y rudimentaria en cada uno de los subsistemas, en tanto que en el otro extremo, el de la derecha, se presenta una situación de superdesarrollo y complejidad. Los puntajes de 1 a 10 en la escala sirven para ayudar a localizar la situación en que se halla determinada empresa. En consecuencia, la preocupación principal será desplazar las características de la ARH de la izquierda hacia la derecha, tratando de llegar al grado 10 de la escala. Desplazar la situación de la ARH de la izquierda hacia la derecha será la tarea de los gerentes de ARH en el nuevo milenio. La meta del área en este nuevo milenio será, sin duda alguna, llegar al extremo derecho del *continuum*. Por consiguiente, hacia allá deberán orientarse los esfuerzos

Figura 4.11 Procesos y subprocesos de ARH.

para cambiar y modernizar el área. Para cada uno de los procesos de ARH corresponderá una parte de este libro, que se subdividirá en capítulos para estudiar los subprocesos.

POLÍTICAS DE RECURSOS HUMANOS

Las políticas son consecuencia de la racionalidad, la filosofía y la cultura organizacionales. Las políticas son reglas que se establecen para dirigir funciones y asegurar que éstas se desempeñen de acuerdo con los objetivos deseados. Constituyen orientación administrativa para impedir que los empleados desempeñen funciones que no desean o pongan en peligro el éxito de funciones específicas. Las políticas son guías para la acción y sirven para dar respuestas a los interrogantes o problemas que pueden presentarse con frecuencia y que obligan a que los subordinados acudan sin necesidad ante los supervisores para que éstos les solucionen cada caso.

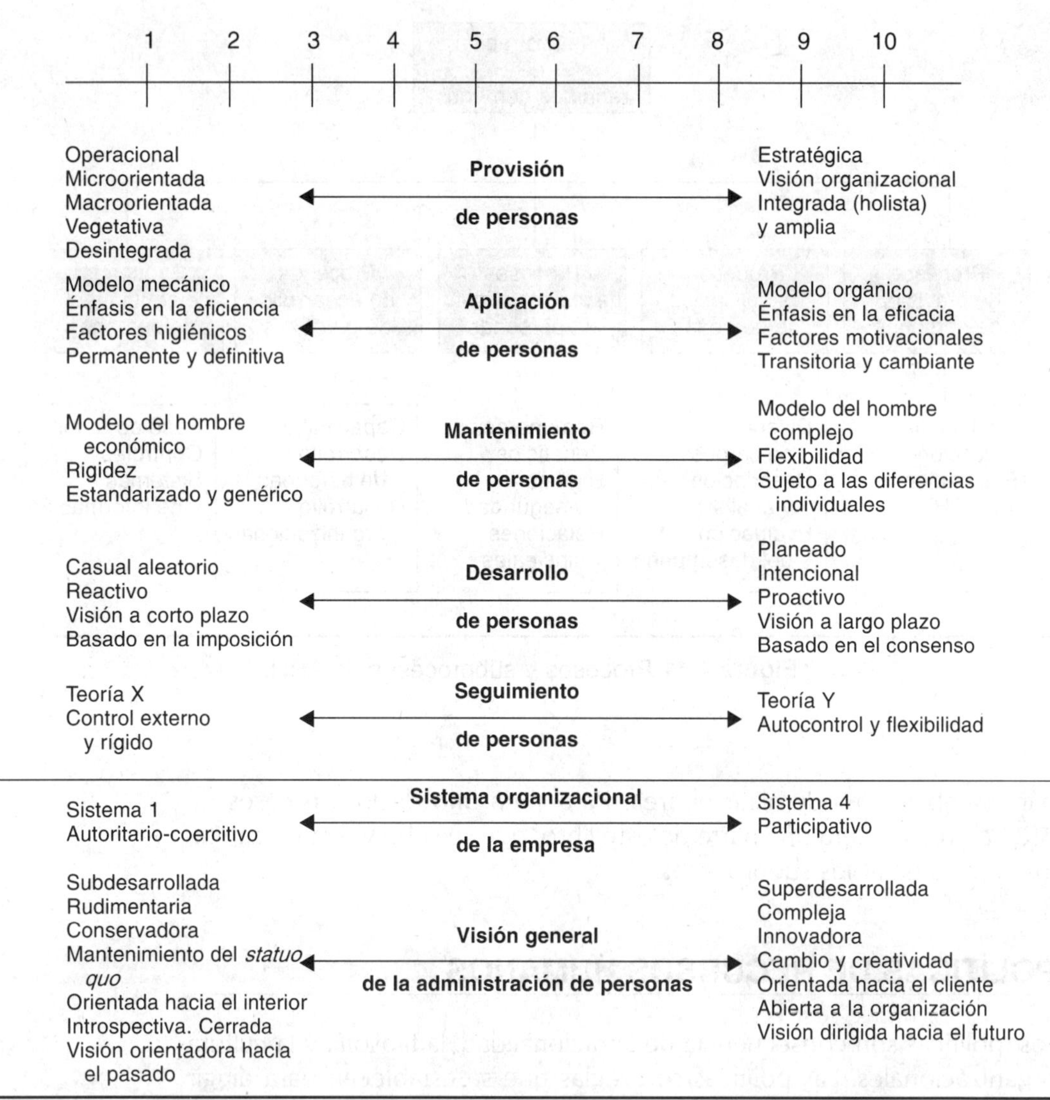

Figura 4.12 *Continuum* de situaciones en los subsistemas de ARH.

Las políticas de recursos humanos se refieren a la manera como las organizaciones aspiran a trabajar con sus miembros para alcanzar por intermedio de ellos los objetivos organizacionales, a la vez que cada uno logra sus objetivos individuales. Éstas varían enormemente, según la organización.

Figura 4.13 Proceso global de la ARH.

Cada organización pone en práctica la política de recursos humanos que más convenga a su filosofía y a sus necesidades. En rigor, una política de recursos humanos debe abarcar lo que la organización pretenda en los aspectos siguientes:

1. *Política de provisión de recursos humanos*

a. Dónde reclutar (fuentes de reclutamiento externas e internas), cómo y en qué condiciones reclutar (técnicas de reclutamiento preferidas por la organización para entrar en el mercado de recursos humanos) los recursos humanos que la organización requiera.

b. Criterios de selección de recursos humanos y estándares de calidad para la admisión, en cuanto se refiere a las aptitudes físicas e intelectuales, experiencia y potencial de desarrollo, teniendo en cuenta el universo de cargos de la organización.

c. Cómo integrar, con rapidez y eficacia, los nuevos miembros en el ambiente interno de la organización.

2. *Políticas de aplicación de recursos humanos*

a. Cómo determinar los requisitos básicos de la fuerza laboral (requisitos intelectuales, físicos, etc.) para el desempeño de las tareas y funciones del conjunto de cargos de la organización.

b. Criterios de planeación, distribución y traslado interno de recursos humanos, que consideren la posición inicial y el plan de carrera, y definan las alternativas de posibles oportunidades futuras dentro de la organización.

c. Criterios de evaluación de la calidad y la adecuación de los recursos humanos, mediante la evaluación del desempeño.

3. *Políticas de mantenimiento de recursos humanos*

a. Criterios de remuneración directa de los empleados, que tengan en cuenta la evaluación del cargo y los salarios en el mercado de trabajo, y la posición de la organización frente a esas dos variables.

b. Criterios de remuneración indirecta de los empleados, que tengan en cuenta los programas de beneficios sociales más adecuados a las necesidades existentes en los cargos de la organización, y que consideren la posición de la organización frente a las prácticas del mercado laboral.

c. Cómo mantener motivada la fuerza laboral, con la moral en alto, participativa y productiva dentro del clima organizacional adecuado.

d. Criterios de higiene y seguridad relativos a las condiciones físicas ambientales en que se desempeñan las tareas y funciones del conjunto de cargos de la organización.

e. Buenas relaciones con sindicatos y representantes del personal.

4. *Políticas de desarrollo de recursos humanos*

a. Criterios de diagnóstico y programación de preparación y rotación constante de la fuerza laboral para el desempeño de las tareas y funciones dentro de la organización.

b. Criterios de desarrollo de recursos humanos a mediano y largo plazo, revisando el desarrollo continuo del potencial humano en posiciones gradualmente elevadas en la organización.

c. Creación y desarrollo de condiciones capaces de garantizar la buena marcha y la excelencia organizacional, mediante el cambio de comportamiento de los miembros.

5. *Políticas de control de recursos humanos*

a. Cómo mantener una base de datos capaz de suministrar la información necesaria para realizar los análisis cuantitativo y cualitativo de la fuerza laboral disponible en la organización.

b. Criterios para mantener auditoría permanente a la aplicación y la adecuación de las políticas y los procedimientos relacionados con los recursos humanos de la organización.

La figura 4.14 muestra una visión de conjunto de todas estas políticas. Las políticas establecen el código de valores éticos de la organización, que rige las relaciones con sus empleados, accionistas, clientes, proveedores, etc. A partir de las políticas, pueden definirse los procedimientos que se implantarán, los cuales son caminos de acción predeterminados para orientar el desempeño de las operaciones y actividades, teniendo en cuenta los objetivos de la organización. Los procedimientos constituyen una especie de plan permanente para orientar a las personas en la ejecución de sus tareas en la organización. Básicamente, guían a las personas hacia la consecución de los objetivos, buscan dar coherencia a la realización de las actividades y garantizan un trato equitativo a todos los miembros y un tratamiento uniforme a todas las situaciones.

OBJETIVOS DE LA ARH

La administración de recursos humanos consiste en planear, organizar, desarrollar, coordinar y controlar técnicas capaces de promover el desempeño eficiente del personal, al mismo tiempo que la organización representa el medio que permite a las personas que colaboran en ella alcanzar los objetivos individuales relacionados directa o indirectamente con el trabajo. Administración de recursos humanos significa conquistar y mantener personas en la organización, que trabajen y den el máximo de sí mismas, con una actitud positiva y favorable. Representa no sólo las cosas grandiosas, que provocan euforia y entusiasmo, sino también las pequeñas, que frustran e impacientan, o que alegran y satisfacen y que, sin embargo, llevan a las personas a querer permanecer en la organización. Cuando se habla de ARH, hay muchas cosas en juego: la clase y calidad de vida que la organización y sus miembros llevarán y la clase de miembros que la organización pretende modelar.

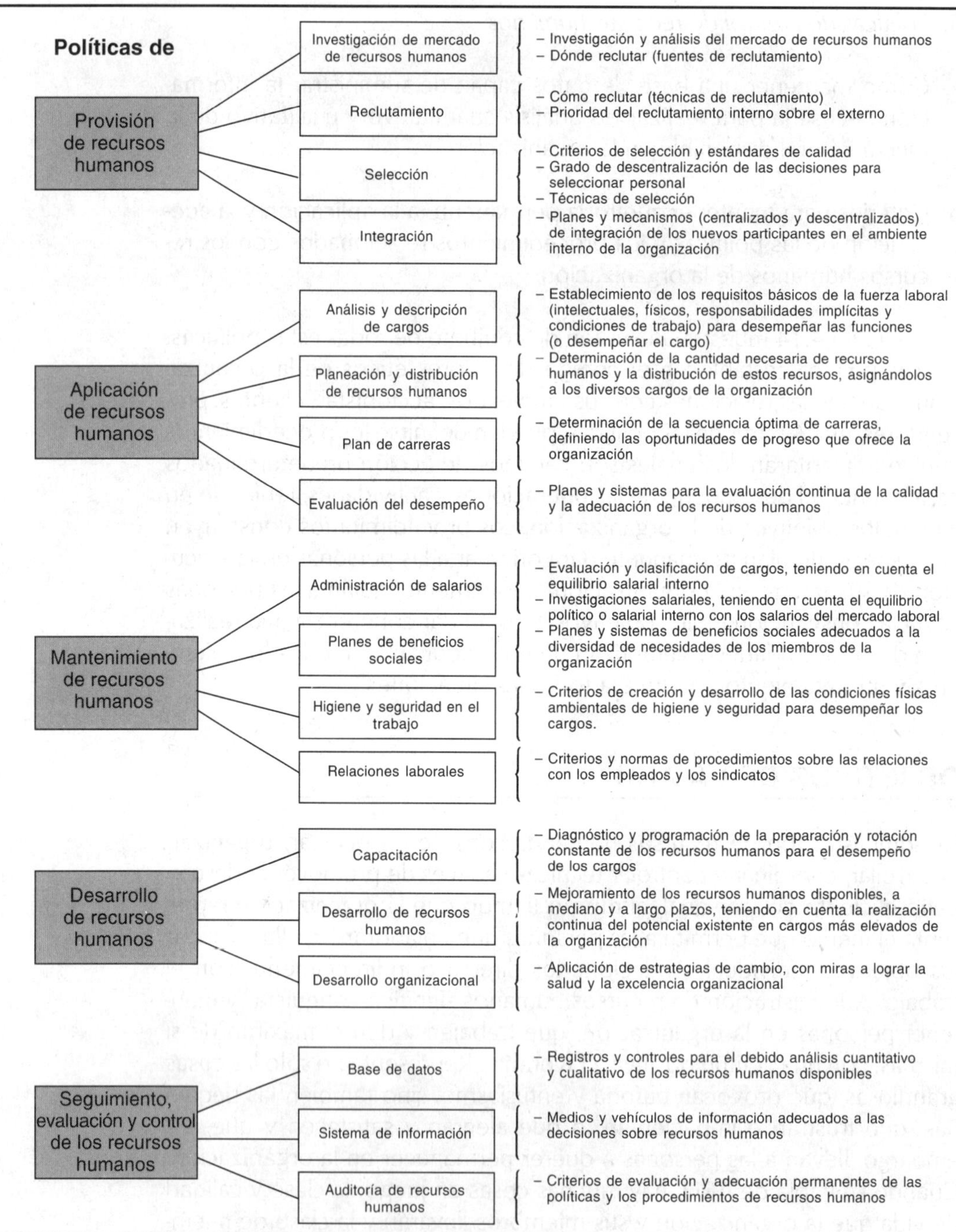

Figura 4.14 Políticas de recursos humanos.

Los objetivos de la administración de recursos humanos derivan de los objetivos de la organización. Uno de los objetivos de toda empresa es la elaboración y la distribución de algún producto (un bien de producción o de consumo) o la prestación de algún servicio (como una actividad especializada). Paralelos a los objetivos de la empresa, la ARH debe considerar los objetivos individuales de los miembros. Los principales objetivos de la ARH son:

1. Crear, mantener y desarrollar un conjunto de personas con habilidades, motivación y satisfacción suficientes para conseguir los objetivos de la organización.

2. Crear, mantener y desarrollar condiciones organizacionales que permitan la aplicación, el desarrollo y la satisfacción plena de las personas y el logro de los objetivos individuales.

3. Alcanzar eficiencia y eficacia con los recursos humanos disponibles.

DIFICULTADES BÁSICAS DE LA ARH

El ambiente de operaciones de la ARH la distingue de otras áreas de la organización. Administrar recursos humanos es bastante diferente de administrar cualquier otro recurso de la organización, porque implica algunas dificultades:

a. La ARH está relacionada con medios, recursos intermedios, y no con fines; cumple una función de asesoría, cuya actividad fundamental consiste en planear, prestar servicios especializados, asesorar, recomendar y controlar.

b. La ARH maneja recursos vivos, complejos en extremo, diversos y variables: las personas. Estos recursos –que vienen del ambiente hacia el interior de la organización– crecen, se desarrollan, cambian de actividad, de posición y de valor.

c. Los recursos humanos no pertenecen sólo al área de la ARH, sino que están distribuidos en las diversas dependencias de la organización, bajo la autoridad de varios jefes o gerentes. En consecuencia, cada jefe es responsable directo de sus subordinados. La ARH es una responsabilidad de línea y una función de *staff*.

d. La ARH se preocupa fundamentalmente por la eficiencia y la eficacia. Sin embargo, el hecho más concreto es que ella no puede controlar los hechos o las condiciones que las producen. Esto se debe a que los principales hechos o condiciones de sus operaciones son las diversas actividades de las diferentes áreas de la organización y el comportamiento heterogéneo de sus miembros.

e. La ARH opera en ambientes que ella no ha determinado y sobre los que tiene poco poder y control. De ahí que, por lo general, esté destinada a acomodarse, adaptarse y transigir. Sólo cuando el gerente de ARH tiene una noción clara de la finalidad de la empresa, podrá eventualmente conseguir, con esfuerzo y perspicacia, razonable poder y control sobre los destinos de la empresa.

f. Los patrones de desempeño y calidad de los recursos humanos son muy complejos y diferenciados, y varían según el nivel jerárquico, el área de actividad, la tecnología aplicada y el tipo de tarea o función. El control de calidad se hace desde el proceso inicial de selección del personal y se extiende al desempeño diario.

g. La ARH no trata directamente con fuentes de ingresos. Además, existe el prejuicio según el cual tener personal implica forzosamente realizar gastos. Muchas empresas todavía clasifican, con una concepción limitada, sus recursos humanos en personal productivo y personal improductivo, o personal directo y personal indirecto. La mayor parte de las empresas todavía distribuyen sus recursos humanos en función de centros de costos y no en función de centros de ganancias, como deben considerarse en realidad.

h. La dificultad de saber si la ARH lleva a cabo o no un buen trabajo es uno de sus aspectos más críticos. La ARH está llena de riesgos y desafíos no controlados y no controlables, que no siguen un estándar determinado y son imprevisibles. Es un terreno poco firme, donde la visión es borrosa y pueden cometerse errores crasos, aunque con la certeza de que se actúa de manera correcta.

La ARH no siempre recibe el apoyo de la alta gerencia, sino que éste se transfiere a otras áreas que adquieren prioridad e importancia engañosas. Algunas veces, esta situación no es buena para la empresa en su totalidad: lo que es bueno para un segmento de ésta no es necesariamente bueno para toda la organización.

RESUMEN

Para funcionar, las empresas necesitan recursos materiales, financieros, humanos, mercadológicos y administrativos, cada uno de los cuales se halla dirigido por una especialidad de la administración. No obstante, la administración de los recursos humanos depende de algunos factores complejos, entre los cuales se destaca el estilo de administración que la organización pretenda adoptar, ya sea basado en la teoría X o en la teoría Y. Otra manera de analizar los estilos administrativos consiste en estudiar los sistemas de administración: un *continuum* que va desde el sistema 1 (rígido y autoritario) hasta el sistema 4 (participativo y grupal). De ahí el carácter múltiple de la ARH y, en especial, su carácter contingente. Además, la ARH es una responsabilidad de línea (de cada jefatura) y una función de *staff*. La ARH puede verse como un sistema en cuyo proceso intervienen cinco subsistemas interdependientes: provisión, aplicación, mantenimiento, desarrollo y seguimiento (evaluación) y control de recursos humanos. Las políticas de recursos humanos, por lo general, se basan en cómo mantener cada uno de esos cinco subsistemas. No obstante, la ARH enfrenta presiones fuertes, debido a sus objetivos y su dispersión en las diferentes áreas de la organización.

TEMAS PRINCIPALES

Recursos básicos	Estilos de administración
Teoría X	Teoría *Y*
Sistemas de administración	ARH
Centralización	Descentralización
Responsabilidad de línea	Función de *staff*
Sistema	Subsistemas
Políticas	Objetivos

PREGUNTAS Y TEMAS DE REPASO Y ANÁLISIS

1. Explique los diversos recursos organizacionales y su administración.
2. Compare la teoría X con la teoría Y.
3. Explique los cuatro sistemas administrativos y su repercusión en la ARH.
4. ¿Por qué se habla del carácter múltiple de la ARH? Explique.
5. ¿Por qué se habla del carácter contingencial de la ARH? Explique.
6. Explique por qué la ARH es una responsabilidad de línea y una función de *staff*.
7. Comente acerca de la ARH como proceso compuesto de varios subsistemas.
8. Explique cada uno de los subsistemas de la ARH y su contenido.
9. Explique qué son políticas de recursos humanos.
10. ¿Cuáles son los objetivos principales de la ARH?
11. ¿Cuáles son las dificultades inherentes a la ARH?

INFORME PARA ANÁLISIS Y DISCUSIÓN 4

"Siete grandes enemigos del capitalismo salvaje"*

Terminada la época dorada del llamado "milagro económico" brasileño, algunos empresarios nacionales comenzaron a enfrentar cada vez con mayor audacia temas como la participación del Estado en la economía, el mayor acceso de los empresarios en la toma de decisiones nacionales y la necesidad de buscar mejores relaciones con los trabajadores.

Despertados por el estallido inicial de las huelgas y frente a las denuncias de un "capitalismo salvaje", estos empresarios "liberales" asumieron un liderazgo incuestionable. Su propuesta básica era crear condiciones favorables para lograr una convivencia menos conflictiva entre el capital y el trabajo. Se trataba de avanzar hacia un "capitalismo de rostro humano", en que se destacase la "función social de la empresa". Es decir, era necesario, además de asegurar mejoras salariales efectivas para los traba-

* Tomado de la revista *Negócios em Exame*, No. 215, 31 de diciembre de 1980, pp. 84-89, con autorización de Editora Abril.

jadores, propiciar condiciones de trabajo y de vida más dignas en el interior de las empresas.

Era evidente que esta acción no podría presentar resultados globales a corto plazo. La revista *Exame* resolvió verificar la realidad de las empresas a las que estaban ligados algunos de los líderes de los empresarios para comprobar la correspondencia entre la teoría y la práctica de esas concepciones.

Limitaciones. El vicepresidente de Duratex, una de las empresas consultadas por *Exame,* afirma que "las empresas tienen una flexibilidad limitada para poner en marcha una política de personal más eficiente". En su opinión, las barreras que el gobierno impone a las empresas impiden que se generalice la práctica de los anticipos salariales. Los salarios, y no los beneficios sociales, deberían destacarse en la política de las empresas. "Los beneficios continúan una tradición paternalista existente en el país desde la época de la hacienda, cuando el patrón se ocupaba de todo".

Mayor productividad. El director superintendente de Radio Frigor dice que las obligaciones empresariales continuarán creciendo en el campo de los beneficios. Por lo menos, en tanto persistan las fallas alarmantes de la Previsión Social o del sistema de transporte de las grandes ciudades. "De lo contrario, nuestros empleados, además de estar mal alimentados, continuarán con problemas de salud o llegando tarde al trabajo, lo que acarrea perjuicios evidentes a la producción y a la productividad". Las empresas dirigidas por empresarios tildados de "liberales" sólo han obtenido resultados favorables al aplicar una política de recursos humanos compatible con los nuevos tiempos que el país comienza a vivir.

BARDELLA: Democracia hasta en los fríjoles con arroz

En Bardella, los directores y gerentes empezaron como empleados. "Pretendemos que el hombre se desarrolle en la empresa, que vista nuestra camiseta", explica el gerente de relaciones industriales, quien se inició como auxiliar del departamento de personal. Por medio de un sistema de méritos, ascenso y escalafonamiento, 40% de sus empleados cambian de función o reciben aumentos salariales automáticamente cada año. "Para esto invertimos bastante en capacitación".

"Niña de los ojos". Distante de las grandes concentraciones obreras, Bardella presta servicio de transporte gratuito a los empleados, que son transportados en 61 líneas de autobuses desde varias puntos de la gran São Paulo. Esto le cuesta mensualmente millones de reales. Así mismo, la asistencia médica y odontológica es gratuita.

Sin embargo, la "niña de los ojos" es el restaurante. Representa un elevado gasto mensual, porque los precios varían. Presta servicio en todos los niveles de la empresa -desde los operarios hasta la dirección- y tiene una particularidad: el menú diario se elabora de manera democrática, mediante consulta que se realiza entre los empleados, quienes "seleccionan 30 de las 50 sugerencias hechas por la nutricionista". Como algo curioso, todos los menús deben incluir necesariamente arroz y fríjoles.

SPRINGER: Compras a plazos en los supermercados

El presidente de Springer Refrigeração, cuya fábrica está en la ciudad de Canoas, recomienda que se mire a la empresa con "rostro humano", requisito necesario "para la construcción de una organización solidaria". Esta filosofía se expresa en Springer por la combinación de las actividades del sector de recursos humanos con la actuación de la Fundación de los Empleados, que opera básicamente en el área de los beneficios sociales. A los reajustes legales, se suman los derivados del sistema de evaluación y clasificación de cargos utilizado en el plan de carrera de la empresa. "Sólo en un año, fueron ascendidos 231 empleados: 33% del total de 771".

Doble ventaja. Además de alimentación subsidiada, Springer suministra gratuitamente a los empleados comidas ligeras por la mañana y por la tarde porque, según una encuesta, 65% de los empleados llegaban en ayunas al trabajo. El transporte también es gratuito, en autobuses especiales o en microbuses (sólo para los jefes).

Los gastos médicos y odontológicos y los exámenes de laboratorio son financiados por la Fundación de los Empleados que, incluso, concede descuentos de 15% sobre el precio de los medicamentos al por menor. Mediante convenios con algunas cadenas de supermercados, la Fundación también financia las compras que sus empleados realicen, con plazos de 30 a 60 días, y reciben a cambio una bonificación de 10% sobre el monto de la compra. Esta opción representa una doble ventaja: para la empresa, porque evita inmovilización de capital, de instalaciones y de los empleados, exigidas por una cooperativa de consumo; para los empleados, porque pueden hacer las compras en las localidades donde residen.

INDUCO: Participación en las ganancias de la empresa

Induco, fábrica carioca de equipos electromecánicos, implantó un plan de participación en las ganancias para sus 849 empleados. En verdad, esta práctica fue la solución encontrada para lograr un arreglo con un grupo de antiguos empleados. La dirección convirtió a los antiguos empleados en socios minoritarios y, con el correr de los años, extendió la participación a los demás, la cual alcanzó 15% de las ganancias de la empresa.

Casa propia. Además, está la Asociación Cooperativa de Empleados de Induco, que recauda contribuciones proporcionales a los salarios. Sus actividades van desde pequeños empréstitos hasta la adquisición de casa propia. Los resultados obtenidos hasta ahora son excepcionales: "No sólo ligamos el personal a la empresa, sino que podemos inculcar mayor responsabilidad, representada, por ejemplo, en la disminución del número de accidentes de trabajo –uno por mes, en promedio– este año".

RADIO FRIGOR: La representación de los trabajadores

Radio Frigor, fábrica de equipos para refrigeración, fue una de las primeras en instituir la representación interna de los trabajadores para mejorar las relaciones entre éstos y la empresa. Estimuló su participación en la empresa, reservándoles un papel importante en la formulación de la política de beneficios sociales. Este sistema representó un balance positivo para Radio Frigor. La representación recae en un representante del sector productivo y en otro del área administrativa, subordinados al representante general de los 700 empleados. La participación de los representantes es importante en la discusión sobre equiparación salarial y en la elaboración de un criterio de prioridades para permisos otorgados por la empresa.

Horario móvil. El representante de los empleados integra también la comisión de servicios sociales compuesta por siete personas, incluido el gerente de relaciones industriales. Esta comisión elabora la política de beneficios sociales de la empresa, estableciendo un fondo variable equivalente a 0,4% de la facturación de Radio Frigor; administra el restaurante y responde por la asistencia médico-odontológica, extensiva a quienes dependen del trabajador. También responde por los jardines infantiles, salacunas para recién nacidos, auxilio funerario y otros beneficios semejantes. Radio Frigor estableció un esquema de horario móvil que permite a los trabajadores disponer de tiempo libre para atender compromisos particulares durante el horario de trabajo.

DURATEX: La complementación de la jubilación

Cuando el deseo de reivindicaciones laborales no parecía tan próximo, el vicepresidente del grupo Duratex alertaba a los dirigentes empresariales: a medida que la industrialización del país avanzaba, también lo hacían los trabajadores, que se tornaron más exigentes. A pesar de dar prioridad a los estímulos salariales, atribuyó un peso decisivo a los beneficios sociales.

Esto se observa en la Fundación Duratex, administrada por un consejo compuesto por nueve personas de confianza de la dirección del grupo que, incluso, elige los tres representantes que -según los estatutos- corresponden a los trabajadores. A pesar de conceder préstamos personales, mediante convenio con la Caja Económica Federal, la finalidad principal de la fundación es complementar la jubilación de sus ocho mil empleados.

Tres condiciones. La fundación, que emplea para su capitalización 3,5% de la nómina, exige tres condiciones básicas para conceder la complementación de la jubilación: 1) ser pensionado por el INSS, 2) haber trabajado -como mínimo- diez años consecutivos en el grupo antes de la jubilación, y 3) tener, al menos, 55 años de edad. Al contrario de lo que es usual, la Fundación Duratex no recibe contribuciones de los trabajadores.

CASO 4

Raimundo Correia, director presidente de Metalúrgica Santa Rita S. A. (Mesarisa), dedicó todo el año a establecer y definir las bases de la política general de su empresa, así como los detalles de las principales políticas específicas, como las políticas de ventas, précios, producción, inversiones, financiera, inventarios, etc. En lo relacionado con la política de recursos humanos, el director presidente pidió la asesoría del gerente de recursos humanos, Alberto Oliveira. Raimundo lo hizo sabiendo que, entre todos los recursos de la empresa -recursos físicos, financieros, tecnológicos y mercadológicos-, los únicos manejados por el nivel gerencial y no por el nivel de dirección son los recursos humanos. Tambien lo hizo sabiendo que la administración de recursos humanos no era área privativa de la GRH, sino una responsabilidad de línea y una función de *staff*. Incluso, sabía que en la fábrica los operarios no calificados estaban bajo un sistema autoritario y rígido (sistema 1), que los operarios calificados, los operarios especializados y los trabajadores por meses estaban sujetos a un sistema autoritario y benévolo (sistema 2). En la oficina central de la empresa -donde están las áreas administrativa, financiera y comercial-, los empleados estaban bajo un sistema claramente consultivo (sistema 3), y el personal de ventas y el de procesamiento de datos, así como los gerentes de departamentos, se hallaban sujetos a un sistema participativo grupal (sistema 4), bastante liberal.

Teniendo en cuenta todas esas características, Alberto Oliveira buscó demostrar al director presidente que para establecer las políticas de RH era necesario fijar antes los objetivos que la empresa pretendía alcanzar utilizando sus recursos humanos.

Póngase en la posición de Alberto Oliveira y esquematice los objetivos de la ARH en Mesarisa y, en función de esos objetivos, trace los lineamientos generales de una política de RH para toda la organización. Además, presente un organigrama del departamento de RH, adecuado a la implementación de esa política.

PARTE III

Subsistema de provisión de recursos humanos

Los procesos de provisión se hallan relacionados con el suministro de personas a la organización. Estos procesos responden por los insumos humanos e implican todas las actividades relacionadas con investigación de mercado, reclutamiento y selección de personas, así como su integración a las tareas organizacionales. Los procesos de aprovisionamiento representan la puerta de entrada de las personas en el sistema organizacional. Se trata de abastecer la organización con los talentos humanos necesarios para su funcionamiento.

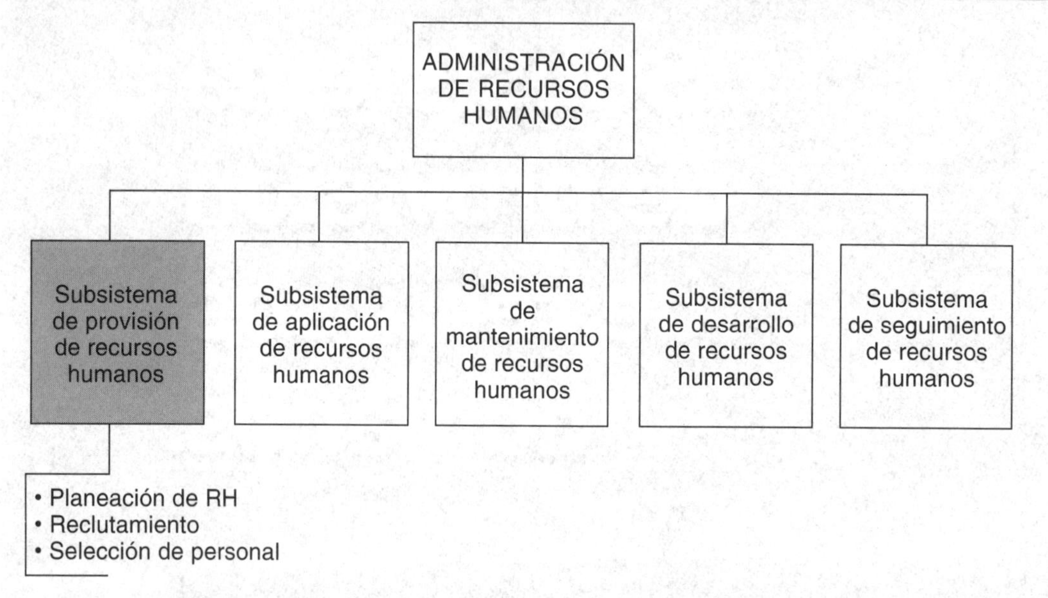

Figura III.1 Subsistema de provisión o suministro de recursos humanos.

Para comprender cómo funcionan los procesos de provisión, debemos entender cómo funciona el ambiente en que está inmersa la organización y cómo ésta localiza y busca a las personas para introducirlas en su sistema.

EL AMBIENTE ORGANIZACIONAL

Toda organización opera junto con otras organizaciones en el ambiente, del cual recibe informaciones y datos para la toma de decisiones (investigación de mercados, búsqueda de proveedores, coyuntura económica, pedidos de clientes, etc.), insumos necesarios para su operación (entrada de recursos materiales, materias primas, máquinas, equipos, materiales, etc.), entrada de recursos financieros (créditos, financiamiento, ingresos de facturación por ventas, etc.), entrada de recursos humanos, restricciones impuestas por el ambiente (legislación sobre sus operaciones, creación de impuestos, limitaciones legales sobre los precios, etc.), en tanto que pone en este ambiente los resultados provenientes de sus operaciones (productos o servicios), los residuos de dichas operaciones (residuos de materias primas, máquinas y equipos obsoletos que deben venderse, contaminación resultante de las operaciones, humo, desperdicios, gases, basuras, etc.), los resultados provenientes de la aplicación específica de recursos financieros (utilidades, reparto de dividendos, bonificaciones, pago de intereses bancarios, etc.), los resultados específicos de la aplicación de recursos mercadológicos (ventas, promoción, campañas publicitarias, imagen corporativa, distribución de los productos o servicios a los clientes, etc.), además de cierta cantidad de personas que se desvinculan de la organización.

De todos estos aspectos del ambiente, nos interesa el hecho de que los recursos humanos ingresan en el sistema y salen de él, generando una dinámica especial que estudiaremos más adelante.

Mercado de recursos humanos y mercado laboral

La palabra mercado implica varios significados:

- Lugar donde se efectuaban antiguamente los intercambios de mercancías y, por tanto, el local donde se reunían vendedores y compradores.
- "Espacio económico" donde se realizan intercambios de bienes y servicios elaborados y ofrecidos por los productores, y demandados por los compradores.
- Área geográfica o territorial en que convergen oferta y demanda para establecer un precio común.

El concepto de *mercado* presenta tres aspectos importantes:

a. *Dimensión de espacial.* Todo mercado se caracteriza por un área física, geográfica o territorial. Localidades diferentes tienen mercados distintos. El mercado laboral de las regiones de un país es diferente del que existe en las ciudades capitales. El espacio es uno de los elementos importantes del mercado.

b. *Dimensión temporal.* Todo mercado depende de la época. En épocas diferentes, un mismo mercado puede presentar características distintas: el mercado laboral en el último trimestre de cada año aumenta y tiene otras características respecto del primer trimestre. El tiempo es otro de los elementos importantes del mercado.

c. *Dimensión de oferta y demanda.* Todo mercado se caracteriza por la oferta y la disponibilidad de algo y, al mismo tiempo, por la demanda y la búsqueda de algo. Si la oferta es mayor que la demanda, el producto o servicio es fácil de obtener y se presenta competencia entre los vendedores o entre quienes ofrecen ese producto o servicio. Si la demanda es mayor que la oferta, entonces la situación se invierte, y el producto o servicio se constituye en algo de difícil adquirir; en este caso, se presenta competencia entre los compradores o entre quienes necesitan ese producto o servicio.

En términos de suministro de recursos humanos, existen dos tipos de mercados diferentes aunque estrechamente entrelazados e interrelacionados: el mercado laboral y el mercado de recursos humanos.

Mercado laboral

El mercado laboral o mercado de empleo está conformado por las ofertas de trabajo o de empleo hechas por las organizaciones en determinado lugar y época. En esencia, lo definen las organizaciones y sus oportunidades de empleo. Cuanto mayor sea la cantidad de organizaciones en una región, mayor será el mercado laboral y su potencial de vacantes y oportunidades de empleo. El mercado laboral puede segmentarse por sectores de actividades o por categorías (empresas metalúrgicas, de plásticos, bancos y entidades financieras, etc.), o por tamaños (organizaciones grandes, medianas, pequeñas, microempresas, etc.) e incluso por regiones (São Paulo, Rio de Janeiro, Belo Horizonte). Cada uno de estos segmentos tiene características propias.

Empleo significa utilización del trabajo humano. Es la situación de la persona que trabaja para una organización o para otra persona, a cambio de cierta remuneración. En economía, el término empleo designa el uso de los factores de producción: tierra y capital, además del trabajo. El conjunto de empleos representa el mercado laboral. Desempleo significa paro forzoso del segmento de la fuerza laboral que se halla sin empleo. El desempleo y el subempleo (empleo con remuneración muy baja y sin garantías laborales) se presentan principalmente en los países en desarrollo.

El mercado laboral se comporta en términos de oferta y demanda, es decir, disponibilidad de empleos y demanda de empleos, respectivamente. La figura III.2 muestra un *continuum* entre dos situaciones extremas: una de oferta de empleos (vacantes ofrecidas) y otra de demanda de empleos (vacantes buscadas). La posición central corresponde a una puntuación de equilibrio entre las dos fuerzas del mercado.

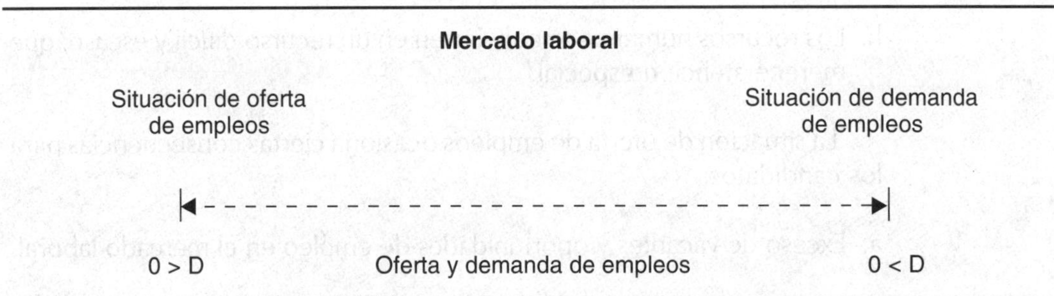

Figura III.2 Las situaciones del mercado laboral.

Como puntos de referencia, se presentan a continuación las tres posibles situaciones del mercado laboral:

1. *Oferta mayor que la demanda.* Situación en que abunda la disponibilidad de empleo: las ofertas de empleo de las organizaciones exceden al número de candidatos para satisfacerlas. Esta situación causa las siguientes consecuencias a las organizaciones:

a. Elevadas inversiones en reclutamiento, de lo cual resulta una cantidad insuficiente de candidatos, o por debajo del estándar de calidad deseado.

b. Criterios de selección más flexibles y menos rigurosos para compensar la escasez de candidatos.

c. Elevadas inversiones en capacitación de personal para compensar la falta de preparación de los candidatos.

d. Ofertas salariales más seductoras para atraer más candidatos, lo cual distorsiona la política salarial de las organizaciones.

e. Cuantiosas inversiones en beneficios sociales, tanto para atraer candidatos como para conservar el personal existente, ya que cualquier sustitución se demora y es arriesgada.

f. Énfasis en el reclutamiento interno como medio de mantener el personal y dinamizar los planes de carreras.

g. Fuerte competencia entre las organizaciones que disputan el mismo mercado de recursos humanos.

h. Los recursos humanos se convierten en un recurso difícil y escaso, que merece atención especial.

La situación de oferta de empleos ocasiona ciertas consecuencias para los candidatos:

a. Exceso de vacantes y oportunidades de empleo en el mercado laboral.

b. Los candidatos seleccionan las organizaciones que les ofrezcan mejores cargos, oportunidades, salarios y beneficios sociales.

c. Las personas se arriesgan a salir de sus organizaciones para probar oportunidades mejores en el mercado laboral, aumentando la rotación de personal.

d. Al mismo tiempo, las personas se sienten dueñas de la situación y comienzan a pedir reivindicaciones salariales y mejores beneficios sociales, se vuelven indisciplinadas, faltan al trabajo y llegan retrasadas; aumenta el ausentismo.

2. *Oferta igual a la demanda.* Situación de relativo equilibrio entre el volumen de ofertas de empleo y el volumen de candidatos para satisfacerlas.

3. *Oferta menor que la demanda.* Situación en que las ofertas de empleo hechas por las organizaciones son pocas; hay escasez de ofertas de empleo y exceso de candidatos para satisfacerlas. Esta situación ocasiona las siguientes consecuencias para las organizaciones:

a. Bajas inversiones en reclutamiento, debido al gran volumen de candidatos que buscan a las organizaciones.

b. Criterios de selección más rígidos y rigurosos para aprovechar mejor la abundancia de candidatos.

c. Muy bajas inversiones en capacitación, ya que la organización puede aprovechar los candidatos ya capacitados y con bastante experiencia previa.

d. Las organizaciones pueden hacer ofertas salariales por debajo de su propia política salarial, ya que los candidatos están dispuestos a aceptarlas.

e. Muy bajas inversiones en beneficios sociales, ya que no hay necesidad de mecanismos de retención de personal.

f. Énfasis en el reclutamiento externo como medio para mejorar el potencial humano; se sustituyen empleados por candidatos de mejor calificación.

g. No hay competencia entre las organizaciones en cuanto al mercado de recursos humanos.

h. Los recursos humanos se vuelven un recurso abundante y fácil de conseguir; no requieren atención especial.

Esta situación de demanda de empleos también ocasiona las siguientes consecuencias para los candidatos:

a. Escasez de vacantes y oportunidades de empleo en el mercado laboral.

b. Los candidatos compiten entre sí para conseguir las pocas vacantes que surgen, ya sea presentando propuestas de salarios más bajos u ofreciéndose como candidatos a cargos inferiores a su calificación profesional.

c. Las personas buscan afianzarse en las organizaciones por temor de aumentar las filas de candidatos desempleados.

d. Al mismo tiempo, las personas prefieren no crear dificultades en sus organizaciones ni dar pie para posibles despidos, se vuelven más disciplinadas y procuran no faltar al trabajo ni atrasarse en él.

Al visualizar el ambiente organizacional a través del mercado laboral, estamos focalizando las organizaciones y sus vacantes y oportunidades ofrecidas. En plena era de la información, experimentamos fuertes e incesantes cambios en el escenario del mercado laboral en todo el mundo.

Situación de oferta	Situación de demanda
• Excesiva cantidad de ofertas de vacantes • Competencia entre las empresas para conseguir candidatos • Aumento de inversiones en reclutamiento • Reducción de exigencias a los candidatos y moderación del proceso selectivo • Aumento de inversiones en capacitación • Énfasis en el reclutamiento interno • Desarrollo de políticas de retención del personal (conservación del capital humano) • Orientación hacia las personas y su bienestar • Aumento de las inversiones en beneficios sociales	• Cantidad insuficiente de ofertas de vacantes • Poca competencia entre las empresas • Reducción de inversiones en reclutamiento • Aumento de exigencias a los candidatos y mayor rigor en el proceso selectivo • Reducción de inversiones en capacitación • Énfasis en el reclutamiento externo • Desarrollo de políticas de sustitución de personal (mejoramiento del capital humano) • Orientación hacia el trabajo y la eficiencia • Reducción o congelamiento de las inversiones en beneficios sociales

Figura III.3 Comportamiento de las organizaciones en función del mercado laboral.

En los últimos años el mercado laboral brasileño experimentó una fuerte contracción en el empleo. Los sectores más afectados fueron la industria, la banca y la construcción civil, donde se perdió más de un millón de empleos, equivalente a la reducción de 30% de la fuerza laboral empleada. En cambio, la producción de estos sectores aumentó de modo sustancial, gracias a las nuevas tecnologías y los nuevos procesos de trabajo. Se produjo más con menos personas. En el mismo periodo, aumentó la oferta de empleo del sector de servicios y provocó una fuerte migración de empleados de las industrias hacia el empleo terciario.

En tanto el empleo industrial desciende de manera gradual, el terciario aumenta, pero no puede captar la totalidad de los desempleados. Ésta es una de las tendencias surgidas en la era de la información. La otra tendencia es la sofisticación paulatina del empleo: el trabajo industrial es cada vez más cerebral e intelectual, y cada vez menos muscular, gracias a la llegada de la tecnología informática. Las empresas automatizan cada vez más sus procesos de trabajo.

La tercera tendencia de la era de la información reside en el conocimiento: el capital financiero está dejando de ser el recurso más importante para ceder su lugar al conocimiento. Aunque el capital financiero todavía es importante, es mucho más importante el conocimiento de cómo invertirlo con seguridad para que sea rentable. La cuarta tendencia de la era de la informática es la globalización, ya sea del conocimiento o de la economía. El mundo está convirtiéndose en una verdadera aldea global, ante lo cual el mercado laboral deja de ser local y regional, y se globaliza cada vez más.

Existe otra manera de focalizar el ambiente organizacional y estudiar el otro lado de la moneda: el mercado de recursos humanos.

1. Gran reducción del empleo industrial:

a. Mayor producción industrial con menos personas, gracias a la utilización de nuevas tecnologías y procesos.
b. Oferta de empleo en expansión en el sector de servicios.
c. Migración del empleo industrial hacia el empleo terciario.

2. Sofisticación gradual del empleo:

a. El trabajo industrial es cada vez más intelectual y menos muscular.
b. Advenimiento de la tecnología informática a la industria.
c. Mayor automatización de los procesos industriales.

3. El conocimiento como recurso más importante:

a. El capital financiero es importante, pero es mucho más importante el conocimiento de cómo invertirlo y hacerlo rentable.
b. El conocimiento es novedad, innovación, creatividad, y la piedra angular del cambio.

4. Tendencia creciente a la globalización:

a. Globalización de la economía y creación de la aldea global.
b. Globalización del mercado laboral: cada vez más mundial y cada vez menos regional y local.

Figura III.4 Tendencias: fuerte cambio en el mercado laboral del mundo.

Mercado de recursos humanos

Está conformado por el conjunto de individuos aptos para el trabajo, en determinado lugar y época. En esencia, lo define el sector de población que está en condiciones de trabajar o está trabajando, es decir, el conjunto de personas empleadas (mercado de RH aplicado) o desempleadas (mercado de RH disponible) y aptas para trabajar. Por consiguiente, el mercado de recursos humanos está conformado por candidatos reales y potenciales para oportunidades de empleo; son candidatos reales cuando están buscando alguna oportunidad, estén empleados o no, y son candidatos potenciales cuando –aunque no estén buscando empleo– están en condiciones de desempeñarlo a satisfacción.

Por su amplitud y complejidad, el mercado de recursos humanos puede segmentarse por grados de especialización (mercado de ingenieros, médicos, abogados, técnicos, directores, gerentes, supervisores, secretarias, digitadoras, obreros especializados, obreros calificados, obreros no

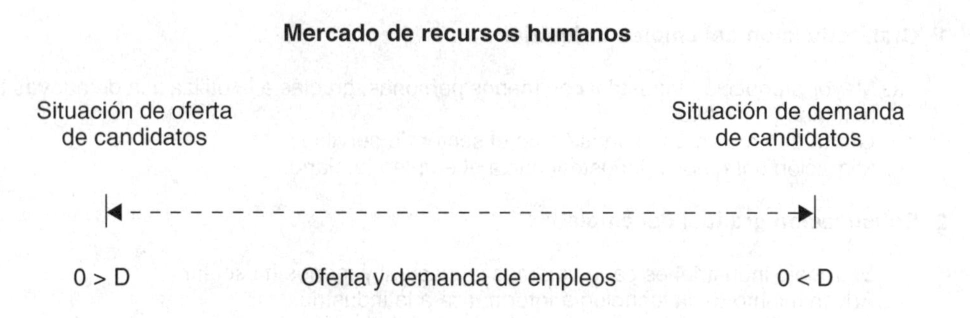

Figura III.5 Situaciones del mercado de recursos humanos.

calificados, etc.) o por regiones (São Paulo, Rio de Janeiro, Belo Horizonte, etc.). El segmento de obreros no calificados suele llamarse mercado de mano de obra, el cual es un segmento del mercado de recursos humanos conformado por personas no calificadas, personas sin experiencia previa y sin instrucción básica.

Situación de oferta	Situación de demanda
• Cantidad excesiva de candidatos	• Cantidad insuficiente de candidatos
• Competencia entre candidatos para obtener empleo	• Falta de competencia entre candidatos
• Reducción de las pretensiones salariales	• Elevación de pretensiones salariales
• Dificultad extrema para conseguir empleo	• Mucha facilidad para conseguir empleo
• Temor de perder el empleo actual y mayor apego a la compañía	• Disposición para dejar el empleo actual y menor apego a la compañía
• Baja incidencia en los problemas de ausentismo	• Alta incidencia en los problemas de ausentismo
• El candidato acepta cualquier oportunidad	• El candidato elige entre múltiples oportunidades
• Orientación hacia la supervivencia	• Orientación hacia el mejoramiento y el desarrollo

Figura III.6 Comportamiento de las personas en las dos situaciones extremas del mercado de recursos humanos.

En teoría, el mercado de recursos humanos actúa como un espejo del mercado laboral: cuando uno está en oferta, el otro está en demanda, y viceversa. Por esto, dejamos de detallar las características del mercado de recursos humanos en oferta y en demanda. La oferta de un mercado corresponde a la demanda de otro, y viceversa. Es decir, los dos son sistemas en constante interrelación: la salida (*output*) de uno es la entrada (*input*) del otro, y viceversa. Hay un intercambio continuo entre el mercado de recursos humanos y el mercado laboral. Los dos interactúan entre sí y están bajo influencia mutua y continua, como indica la figura III.7.

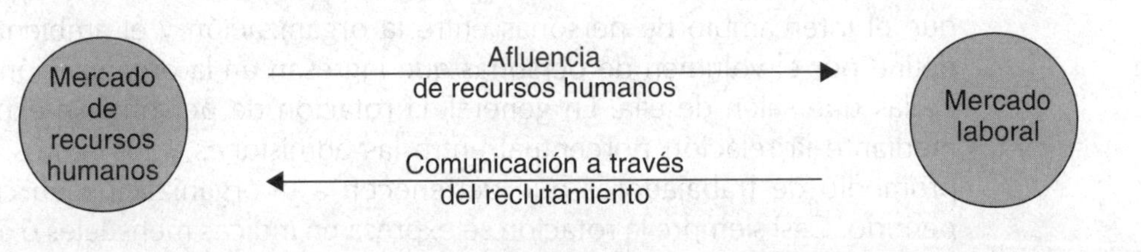

Figura III.7 Interacción continua entre el mercado de recursos humanos y el mercado laboral.

Hasta cierto punto, el mercado de recursos humanos está parcial o totalmente contenido en el mercado laboral.

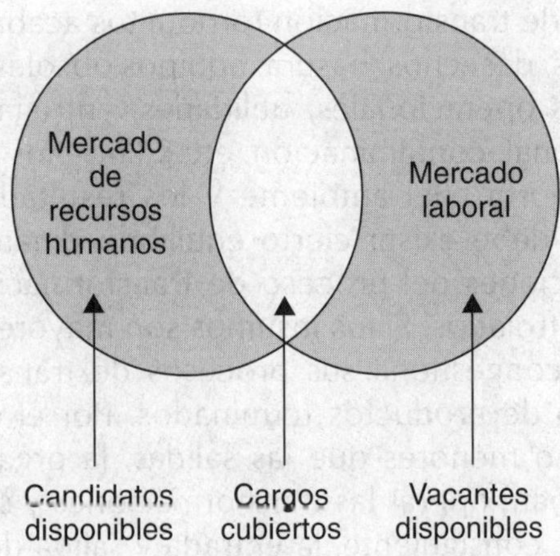

Figura III.8 Relaciones entre mercado de recursos humanos y mercado laboral.

ROTACIÓN DE PERSONAL

Al descender de un macroenfoque (aspecto ambiental del mercado) a un microenfoque (aspecto organizacional), resulta importante destacar otros aspectos de la interacción organización-ambiente. Uno de los aspectos más importantes de la dinámica organizacional es la rotación de recursos humanos o *turnover*.

El término rotación de recursos humanos se utiliza para definir la fluctuación de personal entre una organización y su ambiente; esto significa que el intercambio de personas entre la organización y el ambiente se define por el volumen de personas que ingresan en la organización y el de las que salen de ella. En general, la rotación de personal se expresa mediante la relación porcentual entre las admisiones y los retiros, y el promedio de trabajadores que pertenecen a la organización en cierto periodo. Casi siempre la rotación se expresa en índices mensuales o anuales, con el fin de realizar comparaciones, elaborar diagnósticos, dictar disposiciones o establecer predicciones.

Como todo sistema abierto, la organización se caracteriza por el flujo incesante de recursos necesarios para desarrollar sus operaciones y generar resultados. Por una parte, la organización "importa" recursos y energía del ambiente (materias primas, equipos, máquinas, tecnología, dinero, financiación, pedidos de clientes, informaciones, personal, agua, energía eléctrica, etc.), los cuales son procesados y transformados dentro de la organización. Por otra parte, la organización "exporta" al ambiente los resultados de sus operaciones y de sus procesos de transformación (productos acabados o servicios, materiales usados, desechos, basura, equipos obsoletos que deben sustituirse, resultados operacionales, utilidades, entregas a clientes, informaciones, personal, contaminación, etc.). Entre los insumos que la organización "importa" del ambiente y los resultados que "exporta" a ese ambiente debe existir cierto equilibrio dinámico capaz de mantener las operaciones del proceso de transformación en niveles satisfactorios y controlados. Si los insumos son mayores que las salidas, la organización congestiona sus procesos de transformación y acumula el inventario de productos terminados. Por el contrario, si los insumos son mucho menores que las salidas, la organización no cuenta con recursos para operar las transformaciones y seguir produciendo resultados. Por consiguiente, la entrada y salida de recursos deben mantener entre sí mecanismos homeostáticos capaces de autorregularse, mediante comparaciones entre ellos, y garantizar un equilibrio dinámico y constante. Estos mecanismos de control se denominan retroacción o retroalimentación (*feedback*).

En la actualidad, uno de los problemas que preocupan a los ejecutivos del área de recursos humanos de las organizaciones es precisamente el aumento de salidas o pérdidas de recursos humanos, situación que hace necesario compensarlas mediante el aumento de entradas. Es decir, los retiros de personal deben ser compensados con nuevas admisiones, a fin de mantener el nivel de recursos humanos en proporciones adecuadas para que opere el sistema.

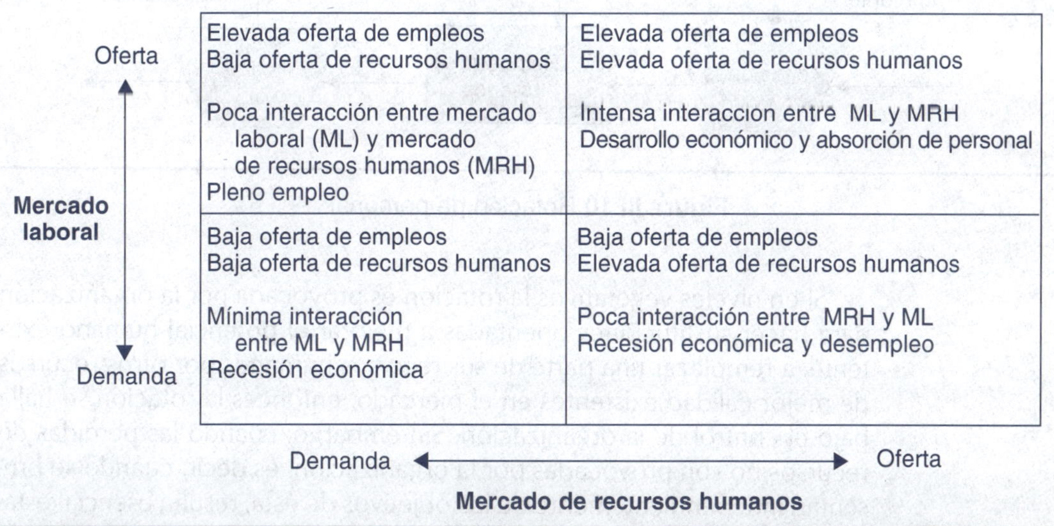

Figura III.9 Interacción entre mercado laboral y mercado de recursos humanos.

Este flujo de entrada y salida de personal (*véase* la figura III.10) se denomina rotación de personal o *turnover.* En toda organización saludable, es normal que se presente un pequeño volumen de entradas y salidas de recursos humanos, lo cual ocasiona una rotación vegetativa, de simple conservación del sistema.

La rotación de personal puede estar destinada a dotar al sistema con nuevos recursos (mayores entradas que salidas) para impulsar las operaciones y acrecentar los resultados o reducir el tamaño del sistema (mayores salidas que entradas) para disminuir las operaciones y reducir los resultados.

Sin embargo, a veces la rotación escapa del control de la organización, cuando el volumen de retiros por decisión de los empleados aumenta notablemente. Cuando el mercado laboral es competitivo y tiene intensa oferta, en general aumenta la rotación de personal.

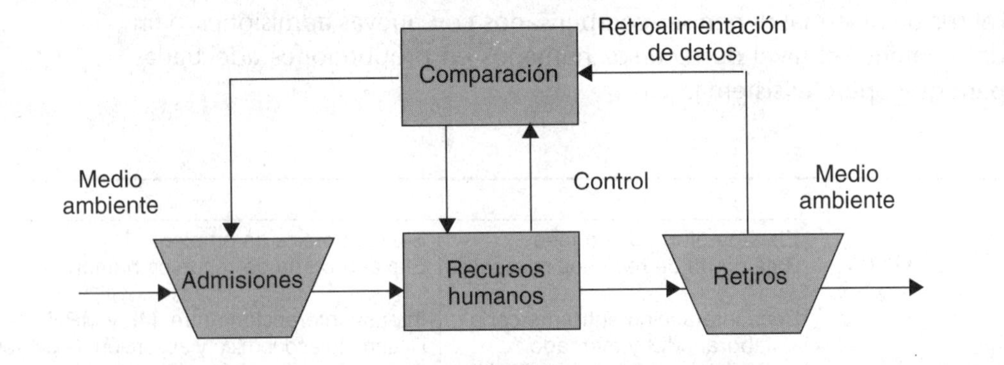

Figura III.10 Rotación de personal.

Si en niveles vegetativos la rotación es provocada por la organización para hacer sustituciones orientadas a mejorar el potencial humano existente, a remplazar una parte de sus recursos humanos por otros recursos de mejor calidad existentes en el mercado, entonces la rotación se halla bajo el control de la organización. Sin embargo, cuando las pérdidas de recursos no son provocadas por la organización, es decir, cuando se presentan independientemente de los objetivos de ésta, resulta esencial establecer los motivos que provocan la desasimilación (desincorporación) de los recursos humanos, para que la organización pueda actuar sobre aquéllos y disminuir el volumen de retiros inconvenientes.

Índice de rotación de personal

El cálculo del índice de rotación de personal se basa en la relación porcentual entre el volumen de entradas y salidas, y los recursos humanos disponibles en la organización durante cierto periodo.

1. En el cálculo del índice de rotación de personal para efectos de la planeación de RH, se utiliza la ecuación

$$\text{Índice de rotación de personal} = \frac{\frac{A + D}{2} \times 100}{PE}$$

donde

A = admisiones de personal durante el periodo considerado (entradas)

D = desvinculación de personal (por iniciativa de la empresa o por decisión de los empleados) durante el periodo considerado (salidas)

PE = promedio efectivo del periodo considerado. Puede ser obtenido sumando los empleados existentes al comienzo y al final del periodo, y dividiendo entre dos.

El índice de rotación de personal expresa un valor porcentual de empleados que circulan en la organización con relación al promedio de empleados. Por ejemplo, si el índice de rotación de personal es 3%, esto significa que la organización puede contar con sólo 97% de su fuerza laboral en ese periodo. Para poder contar con el 100%, la organización necesitaría planear un excedente de 3% de personal para compensar el flujo de recursos humanos.

2. Cuando se trata de analizar las pérdidas de personal y sus causas, en el cálculo del índice de rotación de personal no se consideran las admisiones (entradas), sino sólo las desvinculaciones, ya sea por iniciativa de la organización o de los empleados[1]:

$$\text{Índice de rotación de personal} = \frac{D \times 100}{PE}$$

Por ser parcial, esta ecuación puede enmascarar los resultados al no considerar el ingreso de recursos humanos en la organización, lo cual altera el volumen de los recursos humanos disponibles.

1 Joseph C. Agustine, "Personnel Turnover", en Joseph J. Famularo (Org.), *Handbook of Modern Personnel Administration*, Nueva York, McGraw-Hill, 1972, p. 62.

3. Cuando se trata de analizar las pérdidas de personal y hallar los motivos que conducen a las personas a desvincularse de la organización, sólo se tienen en cuenta los retiros por iniciativa de los empleados, y se ignoran por completo los provocados por la organización. En este caso, el índice de rotación de personal cubre sólo las desvinculaciones efectuadas por iniciativa de los mismos empleados, lo cual hace posible analizar las salidas resultantes de la actitud y del comportamiento del personal, separando las salidas causadas por decisión de la organización.
Una investigación efectuada por la Asociación Paulista de Administradores de Personal (APAP), en 34 grandes empresas de São Paulo, halló otra fórmula que tuvo bastante acogida:

$$\text{Índice de rotación de personal} = \frac{D \times 100}{\left(\frac{N_1 + N_2 + \dots N_n}{a}\right)}$$

donde

D = desvinculaciones espontáneas que deben sustituirse;
$N_1 + N_2 + \dots + N_n$ = sumatoria de los números de empleados al comienzo de cada mes
a = número de meses del periodo

Este índice de rotación más específico sirve mejor a un análisis de las causas y los determinantes de las desvinculaciones voluntarias. La dificultad reside en que parece existir elevada correlación positiva entre las empresas excelentes y los bajos índices de rotación. Gran parte de las desvinculaciones voluntarias se deben a una deficiente política de personal.

Desde luego, en la práctica no se presenta un índice de rotación de personal igual a cero, ni sería conveniente, pues indicaría un estado de rigidez o parálisis total de la organización. Tampoco sería conveniente un índice de rotación de personal muy elevado, pues implicaría un estado de fluidez y entropía de la organización, que no podría fijar ni asimilar de manera adecuada sus recursos humanos. El índice de rotación ideal debe permitir a la organización retener al personal de buen rendimiento y remplazar a los empleados que muestran en su desempeño distorsiones difíciles de corregir mediante un programa factible y económico. De este

Nombre de la sección	Personal actual		Admisiones		Des-vinculaciones		% de admisiones		% de des-vinculaciones		% de rotación	
	En el mes	Acumu-lado	En el mes	Acumu-lado	En el mes	Acumu-lado	En el mes	Acumu-lado	En el mes	Acumu-lado	En el mes	Acumu-lado
Sección A	68	73		25	2	21		34,2	2,9	28,8	1,4	31,5
Sección B	95	89		65	1	49		73,0	1,0	55,6	0,5	64,0
Sección C	25	28		28	1	25		71,4	4,0	89,2	2,0	94,6
Sección D	29	31		18		22		58,1		71,0		64,5
Sección E	5	6		5		8		83,3		133,3		108,3
Sección F	323	298	1	254	5	204	0,3	80,3	1,5	68,4	0,9	76,8
Sección G	116	118		80	3	59		67,8	2,5	50,0	1,2	58,9
Sección H	92	77		66		26		85,7		33,8		59,7
Total del departamento	753	720	1	541	12	414	1,3	74,0	1,6	57,5	0,8	65,8

Figura III.11 Tabulación de la rotación de personal en un departamento.

modo, cada organización tendría su rotación ideal, puesto que ésta posibilitaría la potenciación máxima de la calidad de sus recursos humanos, sin afectar la cantidad de recursos disponibles. En realidad, no existe un número que defina el índice ideal de rotación, sino una situación específica en cada organización, en función de sus problemas y de la propia situación externa de mercado. Lo importante es la estabilidad del sistema, conseguida mediante autorregulaciones y correcciones constantes de las distorsiones que se presentan. La figura III.12, tomada de una situación real, muestra las oscilaciones que ocurren con frecuencia en la empresa.

4. Cuando se trata de evaluar la rotación de personal por departamentos o secciones, tomados como subsistemas de un sistema mayor -la organización-, cada subsistema debe tener su propio cálculo del índice de rotación de personal, según la ecuación

$$\text{Índice de rotación de personal} = \frac{\frac{A + D}{2} + R + T}{PE} \times 100$$

donde:

A = personal admitido
D = personal desvinculado
R = recepción de personal por transferencia de otros subsistemas (departamentos o secciones)

T = transferencias de personal hacia otros subsistemas (departamentos o secciones).

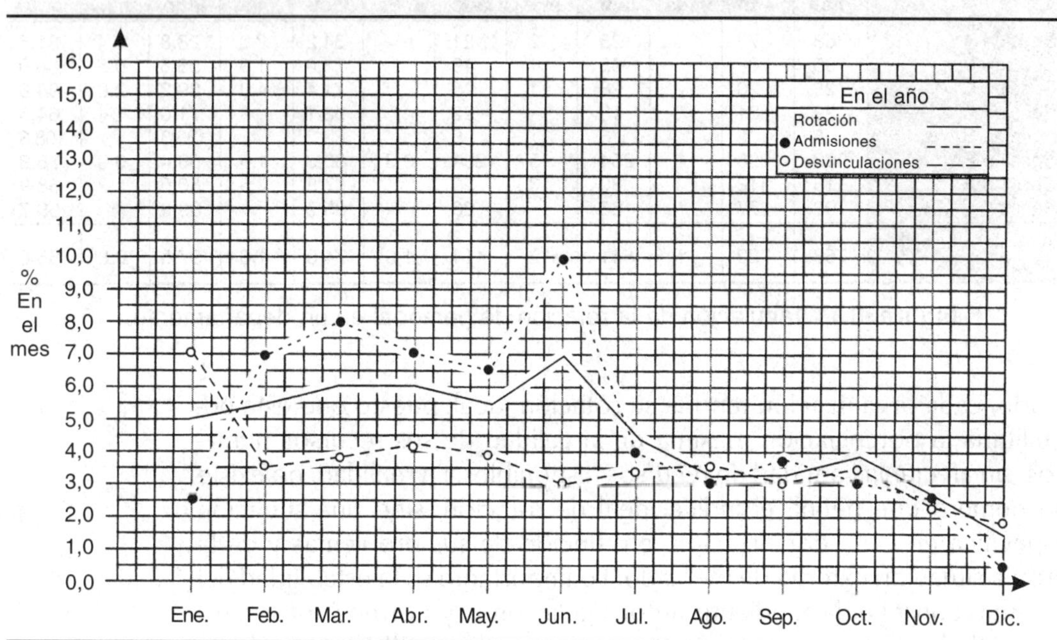

Figura III.12 Gráfica de rotación, admisión y desvinculación.

Este índice considera el flujo interno de personal en los diversos subsistemas de la organización, y entre éstos.

Diagnóstico de las causas de rotación de personal

Como ocurre con todos los sistemas, la organización tiene uno o varios objetivos por alcanzar. El sistema es eficaz en la medida en que alcanza esos objetivos con un mínimo de recursos, esfuerzos y tiempo. Una de las principales dificultades que subyacen en la administración de un sistema es medir y evaluar con exactitud su funcionamiento a través de resultados, y la adecuada utilización de los recursos. En la medida en que los resultados de un sistema no sean satisfactorios, que sus recursos no se utilicen de manera adecuada, deben tomarse medidas orientadas a corregir los inconvenientes y ajustar su funcionamiento. Lo ideal sería crear un subsistema de control automático (*feedback*) capaz de almacenar, procesar y recuperar las informaciones acerca del funcionamiento del sistema, que permitiera diagnosticar los correctivos y ajustes necesarios y evaluar la efectividad de los mismos para mejorar el desempeño del sistema.

La rotación de personal no es una causa, sino un efecto de ciertos fenómenos producidos en el interior o el exterior de la organización, que condicionan la actitud y el comportamiento del personal. Por tanto, es una variable dependiente (en mayor o menor grado) de los fenómenos internos o externos de la organización.

Como fenómenos externos pueden citarse la situación de oferta y demanda de recursos humanos en el mercado, la situación económica, las oportunidades de empleo en el mercado laboral, etc.

Entre los fenómenos internos, pueden mencionarse:

- Política salarial de la organización
- Política de beneficios sociales
- Tipo de supervisión ejercido sobre el personal
- Oportunidades de progreso profesional ofrecidas por la organización
- Tipo de relaciones humanas existentes en la organización
- Condiciones físicas del ambiente de trabajo
- Moral del personal de la organización
- Cultura organizacional de la empresa
- Política de reclutamiento y selección de recursos humanos
- Criterios y programas de capacitación y entrenamiento de los recursos humanos
- Política disciplinaria de la organización
- Criterios de evaluación del desempeño
- Grado de flexibilidad de las políticas de la organización.

La información correspondiente a estos fenómenos internos o externos se obtiene de las entrevistas de retiro con las personas que se desvinculan, para diagnosticar las fallas y eliminar las causas que están provocando el éxodo de personal. Entre los fenómenos internos causantes de retiros están casi todos los ítems que forman parte de una política de recursos humanos. Cuando esta política es inadecuada, predispone al personal a retirarse de la organización. La permanencia del personal en la organización es uno de los mejores índices de una buena política de recursos humanos, en especial cuando está acompañada de la participación y dedicación de las personas.

La entrevista de retiro constituye uno de los principales medios de controlar y medir los resultados de la política de recursos humanos

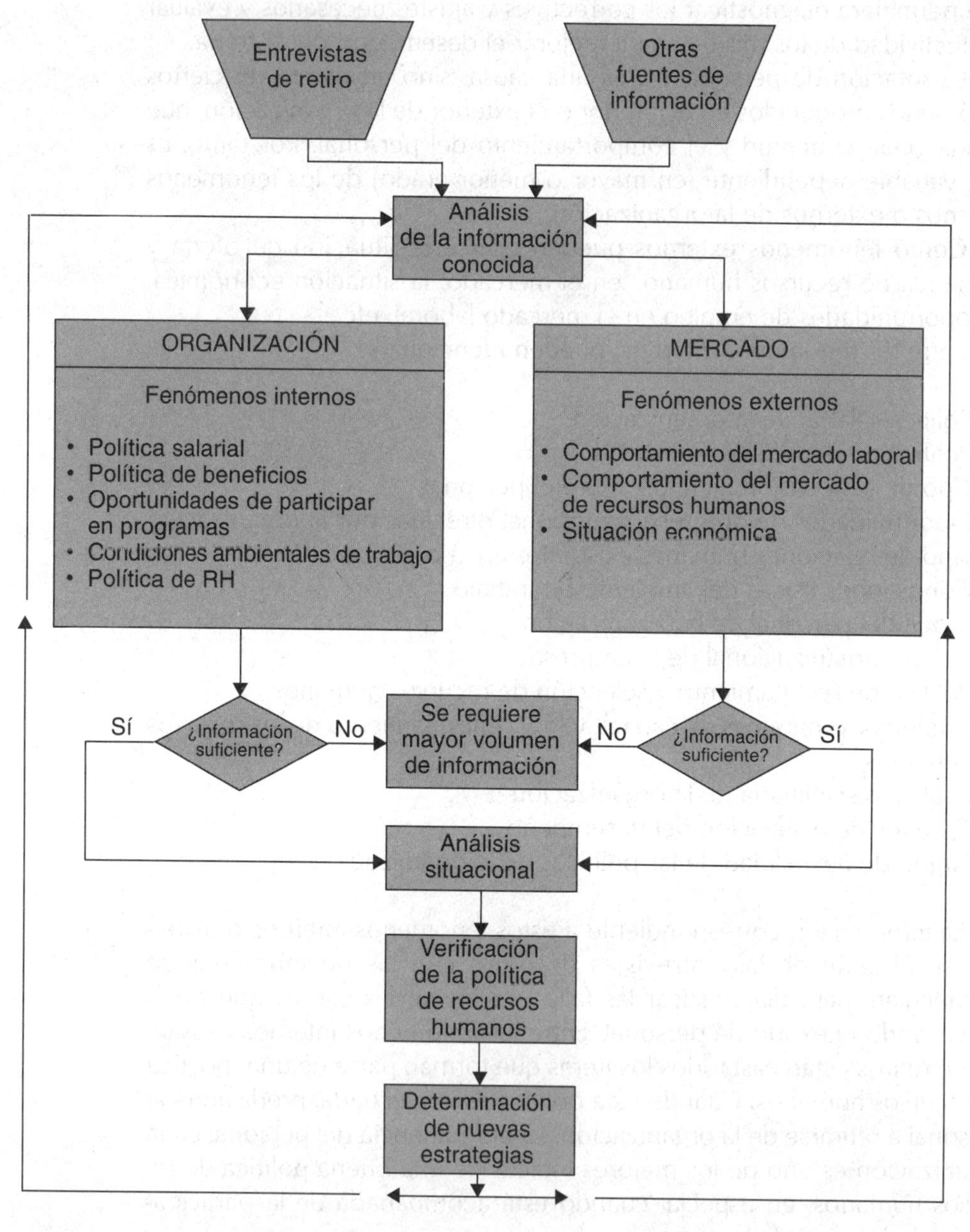

Figura III.13 Sistema de información y ajuste de la política de recursos humanos.

desarrollada por la organización. A menudo, es el principal medio utilizado para diagnosticar y determinar las causas de la rotación de personal. Algunas organizaciones sólo aplican la entrevista de retiro a los empleados que dimiten por iniciativa propia. Otras la aplican indistintamente a todos los empleados que se desvinculan, tanto a los que deciden retirarse como a los que son despedidos por motivos de la organización. Debe aplicarse esta última modalidad para llevar una estadística completa acerca de todas las causas de retiro.

En términos generales, la entrevista de retiro debe abarcar los siguientes aspectos:

1. Motivo del retiro (por decisión de la empresa o del trabajador)
2. Opinión del empleado respecto de la empresa
3. Opinión del empleado acerca del cargo que ocupa en la organización
4. Opinión del empleado sobre su jefe directo
5. Opinión del empleado acerca de su horario de trabajo
6. Opinión del empleado acerca de las condiciones físicas del ambiente en que desarrolla su trabajo
7. Opinión del empleado sobre los beneficios sociales otorgados por la organización
8. Opinión del empleado acerca de su salario
9. Opinión del empleado sobre las relaciones humanas existentes en su sección
10. Opinión del empleado acerca de las oportunidades de progreso que le brindó la organización
11. Opinión del empleado respecto de la moral y la actitud de sus compañeros de trabajo
12. Opinión del empleado acerca de las oportunidades que encuentra en el mercado laboral.

En general, estos aspectos se resumen en un formulario de entrevista de retiro en donde se registran las informaciones y respuestas. La opinión del empleado refleja su percepción de la situación y permite identificar los problemas existentes y las posibles disonancias que causan la rotación de personal. En la entrevista de retiro, se pide información referente a los aspectos que están bajo control de los empleados o son claramente percibidos por ellos. Los datos obtenidos en las entrevistas de retiro pueden tabularse por sección, departamento, división o cargo para detectar mejor la localización de los problemas existentes. El nivel de detalle de los informes puede ser muy variado.

Las informaciones obtenidas a través de las entrevistas de retiro y otras fuentes permiten hacer un análisis situacional de la organización y su ambiente y, por consiguiente, una evaluación de los efectos de la política de recursos humanos desarrollada por la organización, para determinar los cambios necesarios, con el propósito de impulsar nuevas estrategias que permitan disminuir sus efectos en la rotación de personal.

Determinación del costo de la rotación de personal

Si el sistema es eficaz en alcanzar los objetivos para los cuales fue diseñado, es importante saber cómo se utilizan los recursos disponibles para alcanzarlos, es decir, la eficiencia en la aplicación de dichos recursos. El sistema que economiza sus recursos sin sacrificar los resultados y objetivos alcanzados tiene mayores posibilidades de ganar continuidad y permanencia. Desde luego, uno de los muchos objetivos de todo sistema es la autodefensa y supervivencia.

Uno de los problemas que afronta el ejecutivo de recursos humanos en una economía competitiva es saber en qué medida vale la pena, por ejemplo, perder recursos humanos y mantener una política salarial relativamente conservadora y "barata". Muchas veces, puede resultar mucho más costoso el flujo continuo de recursos humanos a través de una elevada rotación de personal para mantener una política salarial restrictiva. Por tanto, debe evaluarse la alternativa menos costosa. Saber hasta qué nivel de rotación de personal puede llegar una organización, sin verse muy afectada, es un problema que cada organización debe evaluar según sus propios cálculos y sus intereses básicos.

La rotación de personal implica costos primarios, secundarios y terciarios, los cuales se explicarán a continuación.

a. *Costos primarios de la rotación de personal.* Se relacionan directamente con el retiro de cada empleado y su remplazo por otro. Incluyen:

1. *Costo de reclutamiento y selección:*

- Gastos de emisión y procesamiento de la solicitud de empleado.
- Gastos de mantenimiento de la sección de reclutamiento y selección (salarios del personal de reclutamiento y selección, obligaciones sociales, horas extras, artículos de oficina, arrendamientos, pagos, etc.)

- Gastos en publicación de avisos de reclutamiento en periódicos, folletos de reclutamiento, honorarios de las empresas de reclutamiento, material de reclutamiento, formularios, etc.

- Gastos en pruebas de selección y evaluación de candidatos.

- Gastos de mantenimiento de la dependencia de servicios médicos (salario del personal de enfermería, obligaciones sociales, horas extras, etc.), promediados según el número de candidatos sometidos a exámenes médicos de selección.

2. *Costo de registro y documentación:*

- Gastos de mantenimiento de la dependencia de registro y documentación del personal (salarios, obligaciones sociales, horas extras, artículos de oficina, arrendamientos, pagos, etc.)

- Gastos en formularios, documentación, anotaciones, registros, procesamiento de datos, apertura de cuenta bancaria, etc.

3. *Costo de ingreso:*

- Gastos de la dependencia de entrenamiento (en caso de que ésta sea la encargada de la integración del personal recién ingresado en la organización; si la integración está descentralizada en las diversas dependencias del sistema de recursos humanos de la organización –reclutamiento y selección, entrenamiento, servicio social, higiene y seguridad, beneficios, etc.–, debe promediarse el tiempo dedicado al programa de integración de nuevos empleados), proporcionales al número de empleados vinculados al programa de integración.

- Costo del tiempo que el supervisor de la dependencia solicitante invierte en la ambientación del empleado recién ingresado en su sección.

4. *Costo de desvinculación:*

- Gastos de la dependencia de registro y documentación, relativos al proceso de retiro del empleado [anotaciones, registros, comparendos para homologaciones (confirmaciones) ante el Ministerio de Trabajo, sindicatos, gremios, etc.], prorrateados por el número de trabajadores desvinculados.

- Costo de las entrevistas de desvinculación (tiempo del entrevistador invertido en entrevistas de desvinculación, costo de formularios, costo de la elaboración de los informes correspondientes, etc.)

- Costo de las indemnizaciones por el tiempo anterior a la opción dada por el Fondo de Garantías de Tiempo de Servicios (FGTS), según el caso.

- Costo del anticipo de pagos relacionados con vacaciones proporcionales, prima proporcional, preaviso (no importa si el empleado lleva a cabo o no la contraprestación), multa del FGTS, etc.

En esencia, los costos primarios constituyen la suma del costo de admisión más el costo de desvinculación.

El costo de admisión per cápita se calcula sumando los ítems 1, 2 y 3, correspondientes a cierto periodo, y dividiendo el resultado entre el número de empleados que ingresaron en ese periodo.

El costo de retiro per cápita se calcula sumando los datos del ítem 4, correspondientes a cierto periodo, y dividiendo el resultado entre el número de trabajadores desvinculados (por su propia decisión o por la de la organización).

Por el hecho de ser básicamente cuantitativos, los costos primarios de rotación de personal se calculan con facilidad, pues basta un sistema de tabulación con los correspondientes datos.

b. *Gastos secundarios de la rotación de personal.* Abarcan aspectos intangibles difíciles de evaluar en forma numérica porque sus características son cualitativas en su mayor parte. Están relacionados de manera indirecta con el retiro y el consiguiente remplazo del trabajador, y se refieren a los efectos colaterales e inmediatos de la rotación.

Los costos secundarios de la rotación de personal incluyen:

1. *Efectos en la producción:*

- Pérdida de producción ocasionada por la vacante dejada por el trabajador desvinculado, en tanto éste no sea remplazado.

- Producción inferior –por lo menos durante el periodo de ambientación– del nuevo empleado en el cargo.

- Inseguridad inicial del nuevo empleado y su interferencia en el trabajo de los compañeros.

2. *Efectos en la actitud del personal:*

- Imagen, actitudes y predisposiciones transmitidas a sus compañeros por el empleado que se retira.
- Imagen, actitudes y predisposiciones transmitidas a sus compañeros por el empleado que se inicia en su cargo.
- Influencia de los dos aspectos anteriores en la moral y la actitud del supervisor y del jefe.
- Influencia de esos dos aspectos en la actitud de clientes y proveedores.

3. *Costo extralaboral:*

- Gastos de personal extra u horas extras necesarios para cubrir la vacante que se presenta o para cubrir la deficiencia inicial del nuevo empleado.
- Tiempo adicional de producción causado por la deficiencia inicial del nuevo empleado.
- Elevación del costo unitario de producción por la deficiencia media provocada por el nuevo trabajador.
- Tiempo adicional del supervisor, invertido en la integración y el entrenamiento del nuevo trabajador.

4. *Costo extraoperacional:*

- Costo adicional de energía eléctrica, debido al índice reducido de producción del nuevo empleado.
- Costo adicional de lubricación y combustible, debido al índice reducido de producción del nuevo empleado.
- Costo adicional de servicios de mantenimiento, utilidades, planeación y control de la producción, etc., que se elevan más, debido al índice reducido de producción del nuevo trabajador.
- Aumento de accidentes –y, en consecuencia, de sus costos directos e indirectos–, debido a la mayor intensidad en el periodo de ambientación inicial de los recién admitidos.

- Aumento de errores, desperdicios y problemas de control de calidad causados por la inexperiencia del nuevo trabajador.

Los cálculos de los costos primarios y secundarios de la rotación de personal podrán aumentar o disminuir, de acuerdo con el nivel de los intereses de la organización. Lo importante de estos datos, además de su valor cuantitativo y cualitativo, es la toma de conciencia de los dirigentes de las organizaciones sobre los efectos profundos que la rotación de personal produce no sólo en las organizaciones, sino también en la comunidad y el individuo.

c. *Costos terciarios de la rotación de personal.* Se relacionan con los efectos colaterales mediatos de la rotación, que se manifiestan a mediano y a largo plazos. En tanto los costos primarios son cuantificables y los costos secundarios son cualitativos, los costos terciarios son sólo estimables. Entre dichos costos se cuentan:

1. *Costo de inversión extra:*

- Aumento proporcional de las tasas de seguros, depreciación de equipo, mantenimiento y reparaciones con respecto al volumen de producción (reducido ante las vacantes presentadas o a los recién ingresados durante el periodo de ambientación y entrenamiento).

- Aumento del volumen de salarios pagados a los nuevos empleados y, por tanto, incremento de reajustes a los demás empleados cuando la situación del mercado laboral es de oferta, lo que intensifica la competencia y la oferta de salarios iniciales más elevados en el mercado de recursos humanos.

2. *Pérdidas en los negocios:*

- Se reflejan en la imagen y en los negocios de la empresa, ocasionadas por la falta de calidad de los productos o servicios prestados por empleados inexpertos en periodo de ambientación.

La rotación de personal se convierte en un factor de perturbación –por sus innumerables y complejos aspectos negativos–, cuando se acelera, sobre todo si es forzada por las empresas para obtener falsas ventajas a corto plazo. No obstante, a mediano y a largo plazos, la rotación causa grandes perjuicios a la organización, al mercado y a la economía como

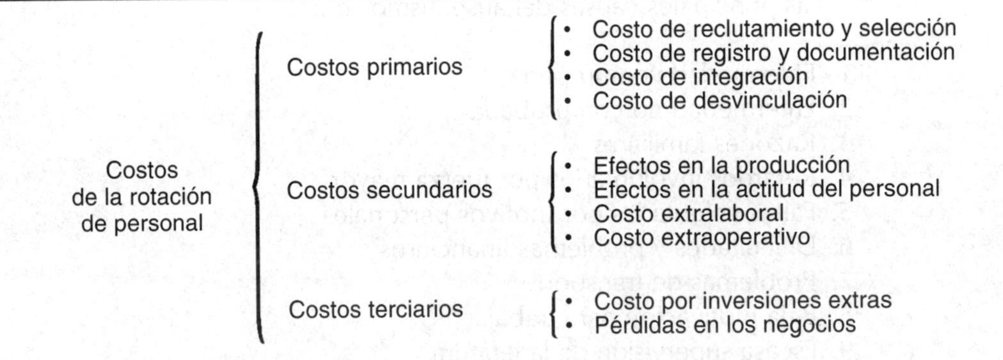

Figura III.14 Costos de la rotación de personal.

totalidad y, en su mayor parte, al trabajador, considerado individual o socialmente respecto de su familia.

AUSENTISMO

Ausentismo es el término empleado para referirse a las faltas o inasistencias de los empleados al trabajo. En sentido más amplio, es la suma de los periodos en que, por cualquier motivo, los empleados se retardan o no asisten al trabajo en la organización.

Diagnóstico de las causas del ausentismo

Las causas del ausentismo son variadas. Aún faltan estudios adecuados acerca del análisis de sus causas, sus valores reales, identificación de sus tipos, su calidad, su magnitud y su repercusión en la productividad.

El término se refiere a las ausencias en momentos en que los empleados deberían estar trabajando normalmente. El ausentismo no siempre ocurre por causa del empleado; también pueden causarlo la organización, la deficiente supervisión, la superespecialización de las tareas, la falta de motivación y estímulo, las desagradables condiciones de trabajo, la escasa integración del empleado en la organización y el impacto psicológico de una dirección deficiente[2].

2 Lauro Barreto Fontes, "Absenteísmo: um desafio à produtividade", en Revista *IDORT*, Vols. 507-508, No. 12, mayo/junio de 1974.

Las principales causas del ausentismo son:

1. Enfermedad comprobada
2. Enfermedad no comprobada
3. Razones familiares
4. Retardos involuntarios por fuerza mayor
5. Faltas voluntarias por motivos personales
6. Dificultades y problemas financieros
7. Problemas de transporte
8. Baja motivación para trabajar
9. Escasa supervisión de la jefatura
10. Política inadecuada de la organización

Algunos especialistas incluyen los accidentes de trabajo entre las causas de ausentismo, lo cual ocasiona confusión cuando se intenta comparar los índices de ausentismo de varias organizaciones.

Una vez diagnosticadas las causas del ausentismo, debe efectuarse una acción coordinada de supervisión, con el debido soporte de la política de la organización y el apoyo de la dirección para tratar de reducir el nivel de ausentismo y retardos del personal[3].

Cálculo del índice de ausentismo

El índice de ausentismo señala el porcentaje del tiempo no trabajado durante las ausencias, con relación al volumen de actividad esperada o planeada. En estos términos, el índice puede calcularse mediante la ecuación

$$\text{Índice de ausentismo} = \frac{\text{No. de días/hombre perdidos por inasistencia al trabajo}}{\text{Promedio de trabajadores x días de trabajo}}$$

Esta ecuación sólo tiene en cuenta los días/hombre de ausencia en relación con los días/hombre de trabajo. ¿Cómo se toman las ausencias de medios días y los retardos del personal? Muchas organizaciones pretenden hacer más refinado y complejo el cálculo del ausentismo –incluidos

3 C. J. Sternhagen, "Absenteeism and Tardiness", en Joseph J. Famularo (Org.), *Handbook of Modern Personnel Administration*, Nueva York, McGraw-Hill, 1972, pp. 61-11 a 61-14.

los retardos y ausencias parciales– sustituyendo días por horas, a través de la ecuación

$$\text{Índice de ausentismo} = \frac{\text{Total de horas/hombre perdidas}}{\text{Total de horas/hombre trabajadas}} \times 100$$

El índice debe considerar determinado periodo: semana, mes o año. Algunas organizaciones lo calculan diariamente para establecer comparaciones entre los días de la semana.

Para calcular el índice de ausentismo, recomendamos dos enfoques complementarios:

a. *Índice de ausentismo parcial.* Tiene en cuenta sólo el personal en actividad normal y considera únicamente las faltas y retardos convertidas en horas, pero relacionadas con:

- Faltas justificadas por certificados médicos
- Faltas por motivos médicos no justificados
- Retardos por motivos justificados o no justificados.

b. *Índice de ausentismo general (mixto).* Relacionado con el personal ausente durante un periodo prolongado:

- Vacaciones
- Licencias de toda clase
- Ausencias por enfermedad, maternidad y accidentes de trabajo.

Se trata de un índice de ausentismo mixto, pues incluye ausencias amparadas legalmente.

La elección del índice más adecuado depende de la finalidad con que se pretenda utilizarlo. Si este índice sólo se necesita para la planeación de los recursos humanos, deberá señalar el porcentaje de la fuerza laboral que, aunque pertenece a la organización, dejó de aplicarse en un periodo determinado. Si el índice fue 5% en el mes, esto significa que sólo 95% de la fuerza laboral se aplicó en el periodo. Si la organización pretende aplicar 100% de las horas/hombre de trabajo, requiere adicionar 5% de personal para compensar el ausentismo en el periodo. El costo adicional del 5% podría utilizarse productivamente en la eliminación de las causas del ausentismo.

Tabla III.1 Investigación trimestral de la Asociación Paulista de Administradores de Personal (APAP), que abarca 18 empresas y 264.491 empleados.

	Fluctuación de la fuerza laboral						Rotación de la fuerza laboral					
	Por hora		Por mes		Total		Por hora		Por mes		Total	
	Trim.	Acum.	Trim.	Acum.	Trim.	Acum.	Trim.	Acum.	Trim.	Acum.	Trim.	Acum.
1er. Cuartil	0,95	0,94	0,98	0,96	0,97	0,94	3,39	7,56	1,74	4,03	3,19	6,65
Mediana	0,99	1,01	1,01	1,02	1,00	1,00	5,86	12,63	3,12	6,69	5,17	10,79
3er. Cuartil	1,02	1,06	1,02	1,05	1,02	1,04	9,59	18,90	4,81	9,11	8,21	16,05
Media aritmética	0,98	1,01	1,00	1,01	0,98	1,01	7,17	15,53	3,70	7,54	5,90	12,55

	Ausentismo general (mixto)*						Ausentismo parcial*					
	Por hora		Por mes		Total		Por hora		Por mes		Total	
	Trim.	Acum.	Trim.	Acum.	Trim.	Acum.	Trim.	Acum.	Trim.	Acum.	Trim.	Acum.
1er. Cuartil	3,20	4,72	1,12	1,20	2,49	2,70	1,57	1,73	0,54	0,60	1,21	1,36
Mediana	4,37	3,58	1,54	1,52	3,30	3,87	2,17	2,46	0,78	0,90	1,71	1,96
3er. Cuartil	5,84	6,28	2,58	2,51	4,83	5,31	2,80	3,29	1,31	1,40	2,35	2,80
Media aritmética	4,96	5,36	2,01	2,23	4,03	4,44	2,39	3,01	1,00	1,14	1,92	2,29

* Ausencias de más de un día causadas por enfermedades o accidentes.

Cómo reducir la rotación y el ausentismo

La rotación de personal y el ausentismo constituyen factores de incertidumbre e imprevisibilidad para la organización, ocasionados por el comportamiento de los recursos humanos. Además, se hallan incluidos factores como desperdicios y pérdidas para las organizaciones y las personas involucradas. Muchas organizaciones tratan de combatir el ausentismo y la rotación de personal actuando sobre los efectos: sustituyendo los empleados que se desvinculan o descontando los días dejados de laborar, o incluso castigando a los ausentes. No obstante, la causa del problema permanece indefinidamente. La tendencia actual es actuar sobre las causas de la rotación y el ausentismo y no sobre los efectos. De este modo, es fundamental establecer sus causas y determinantes.

Para enfrentar el desafío de la rotación, muchas organizaciones han modificado su política de personal, rediseñando los cargos para volverlos más atractivos y retadores, redefiniendo la gerencia para democratizarla y hacerla participativa, replanteando la remuneración para transformarla en ganancia variable, en función del desempeño y las metas que deben ser superadas, además de fijar estrategias motivadoras que estudiaremos en los próximos capítulos.

Para disminuir el ausentismo, muchas organizaciones han suprimido los viejos relojes y establecido horarios flexibles para adaptar el trabajo a las conveniencias y necesidades personales de los empleados. Otras han reducido sus oficinas y adoptan el formato de la empresa virtual, lo cual permite que muchos empleados trabajen en la casa (*home office*) interconectados con la oficina central a través de la tecnología informática. Es un mundo nuevo que se descubre, trayendo nuevos horizontes jamás imaginados por las generaciones pasadas.

EVALUACIÓN DE LOS PROCESOS DE PROVISIÓN DE PERSONAS

Los procesos de provisión de personas pueden evaluarse conforme lo ilustra la figura III.15.

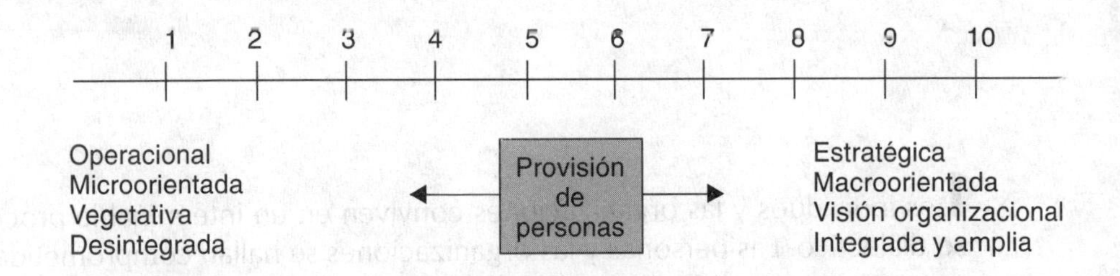

Figura III.15 *Continuum* de situaciones en los subsistemas de ARH.

En el sector izquierdo del *continuum*, los procesos de provisión de personas son meramente operacionales, burocráticos y de ejecución de tareas, que sólo atienden órdenes superiores o provenientes de otros departamentos. El proceso de provisión de personas es microorientado, pues se halla dirigido hacia el cargo que se quiere ocupar y nada más. Es vegetativo porque se orienta al mantenimiento del *statu quo,* con el simple cubrimiento de vacantes. Es microorientado porque sólo tiene como objetivo cada pedido de personal. Es desintegrado porque cada demanda de una vacante es una tarea particular y aislada de las demás.

En el sector derecho del *continuum*, los procesos de provisión de personas son estratégicos, es decir, la planeación organizacional se lleva a cabo con miras al presente y al futuro y se orienta a largo plazo y al destino de la organización y de las personas que la conforman. Es macroorientado porque cada demanda forma parte de una visión organizacional amplia, totalizante y global. De ahí también se deriva su carácter integral y amplio. El desafío está en el desplazamiento gradual y definitivo del extremo izquierdo hacia el extremo derecho del *continuum*.

5

Reclutamiento de personas

Los individuos y las organizaciones conviven en un interminable proceso dialéctico. Las personas y las organizaciones se hallan comprometidas en un proceso continuo e interactivo de atraerse unas a otras. De la misma manera como los individuos atraen y seleccionan las organizaciones, informándose y formando opiniones acerca de ellas, éstas tratan de atraer individuos y obtener informaciones acerca de ellos para decidir si hay o no interés en admitirlos[1]. Desde el punto de vista de la organización, el proceso de atracción y selección no es simple, como veremos en los dos capítulos sobre reclutamiento y selección.

El reclutamiento es un conjunto de técnicas y procedimientos orientados a atraer candidatos potencialmente calificados y capaces de ocupar cargos dentro de la organización. En esencia, es un sistema de información mediante el cual la organización divulga y ofrece al mercado de recursos humanos las oportunidades de empleo que pretende llenar. Para ser eficaz, el reclutamiento debe atraer suficiente cantidad de candidatos para abastecer de modo adecuado el proceso de selección. Además, el

---

1 Lyman W. Porter, Edward E. Lawler III, J. Richard Hackman, "Choice Processes: Individuals and Organizations Atracting and Selecting each Other", en *Behavior in Organizations,* Cap. 5, Tokio, McGraw-Hill, Kogakusha, 1975.

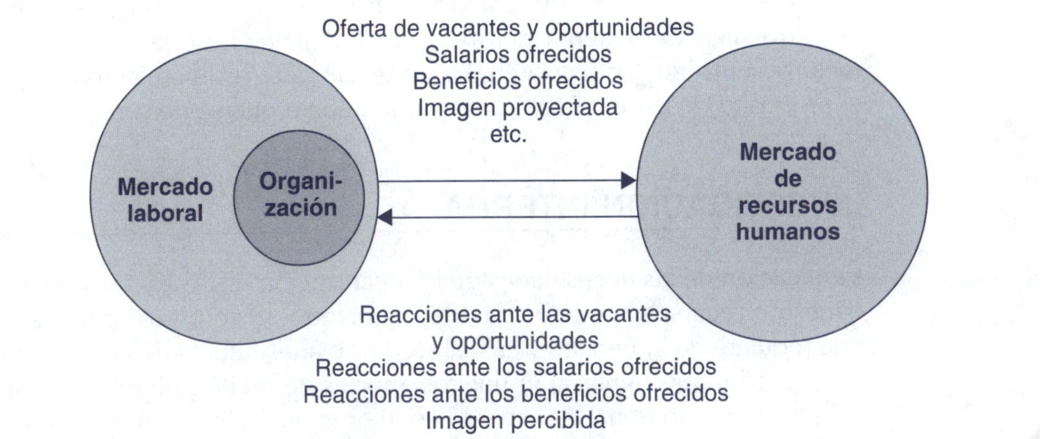

Figura 5.1 Relaciones entre organización y mercado.

reclutamiento también debe suministrar la selección de materia prima básica (candidatos) para el funcionamiento de la organización.

El reclutamiento –llevado a cabo tomando como base los datos sobre necesidades presentes y futuras de recursos humanos de la organización– consiste en realizar actividades relacionadas con la investigación e intervención en las fuentes capaces de proveer a la organización el número suficiente de personas para conseguir los objetivos. Es una actividad cuyo objetivo inmediato es atraer candidatos de entre los cuales se seleccionarán los futuros integrantes de la organización.

El reclutamiento exige una planeación rigurosa constituida por una secuencia de tres fases: personas que la organización requiere, lo que el mercado de RH puede ofrecerle y técnicas de reclutamiento por aplicar.

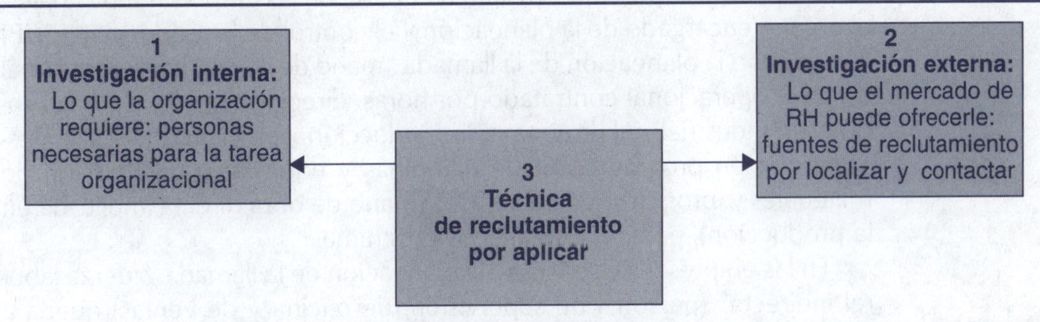

Figura 5.2 Las tres fases de la planeación del reclutamiento.

De ahí se derivan las tres etapas: investigación interna sobre necesidades, investigación externa del mercado y definición de las técnicas de reclutamiento que se utilizarán. La planeación del reclutamiento cumple el propósito de estructurar el sistema de trabajo que se desarrollará.

INVESTIGACIÓN INTERNA

Verificación de las necesidades de la organización respecto a sus necesidades de recursos humanos a corto, mediano y largo plazos para saber qué requiere de inmediato y cuáles son sus planes futuros de crecimiento y desarrollo, que significarán nuevos aportes de recursos humanos. Este censo interno no debe ser esporádico ni ocasional, sino continuo y constante, y debe abarcar todas las áreas y niveles de la organización para conocer cuáles son sus necesidades de personal y cuáles son el perfil y las características que los nuevos miembros deben mostrar y ofrecer. En muchas organizaciones, esta investigación interna se sustituye por un proceso más amplio denominado planeación de personal.

Planeación de personal

La planeación de personal es un proceso de decisión respecto de los recursos humanos necesarios para conseguir los objetivos organizacionales en un periodo determinado. Se trata de prever cuáles serán la fuerza laboral y los talentos humanos necesarios para la realización de la acción organizacional futura. No siempre la dependencia de ARH elabora la planeación de recursos humanos de la organización. El problema de anticipar en la organización la cantidad y calidad de las personas necesarias es sumamente importante. En la mayor parte de las empresas industriales, el órgano encargado de la planeación y el control de la producción (PCP) lleva a cabo la planeación de la llamada "mano de obra directa" (personal de nivel operacional contratado por horas, directamente ligado a la producción industrial). Al programar la producción, esta dependencia la descompone en programación de máquinas y equipos, programación de materiales y programación de MOD (mano de obra directa implicada en la producción), para cumplir dichos programas.

En las empresas de servicios, la planeación de la llamada "fuerza laboral indirecta" (personal de supervisión, de oficina y de ventas) queda a criterio de las diversas divisiones de la empresa o de la división de organización y métodos (O&M), en especial cuando de trata de personal de oficina. Sin embargo, en el órgano de PCP o de O&M, o el que sea, la planeación de RH se elabora según criterios de racionalidad estrictamente técnica y de un enfoque meramente cuantitativo. El órgano de ARH no siempre participa en su elaboración y recibe el resultado listo y definido.

Para aprovechar todo el potencial de realización, la organización necesita disponer de las personas adecuadas para el trabajo que debe ejecutarse. En la práctica, esto significa que los gerentes deben estar seguros de que los cargos bajo su responsabilidad están ocupados por personas capaces de desempeñarlos con acierto. Para llegar a esto, se requiere un riguroso trabajo de planeación de personal. Existen varios modelos de planeación; algunos son genéricos y abarcan toda la organización, otros son específicos para determinados sectores. Casi todos exigen la participación del órgano encargado de personal.

1. Modelo basado en la demanda estimada del producto o servicio

Las necesidades de personal son una variable dependiente de la demanda estimada del producto (en el caso de la industria) o del servicio (en el caso de una organización de servicios). La relación entre las dos variables –número de personas y demanda del producto o servicio– está influida por variaciones en la productividad, la tecnología, la disponibilidad de recursos financieros internos o externos y la disponibilidad de personas en la organización. Cualquier aumento de productividad resultante del cambio de tecnología reducirá las necesidades de personal por unidad adicional de producto o servicio. Tal aumento de productividad podrá provocar también una reducción del precio del producto o servicio, de modo que origine un aumento en las ventas y, en consecuencia, un aumento de las necesidades de personal. Este modelo, que emplea previsiones o extrapolaciones de datos históricos y se orienta hacia el nivel operacional de la organización, no tiene en cuenta posibles hechos imprevistos, como estrategias de competidores, situación de mercado de clientes, huelgas, falta de materia prima, etc.

2. Modelo basado en segmentos de cargos

Este modelo también se centra en el nivel operacional de la organización. Es una técnica de planeación de RH utilizada en muchas empresas de gran tamaño. Por ejemplo, el método de planeación de la Standard Oil consiste en:

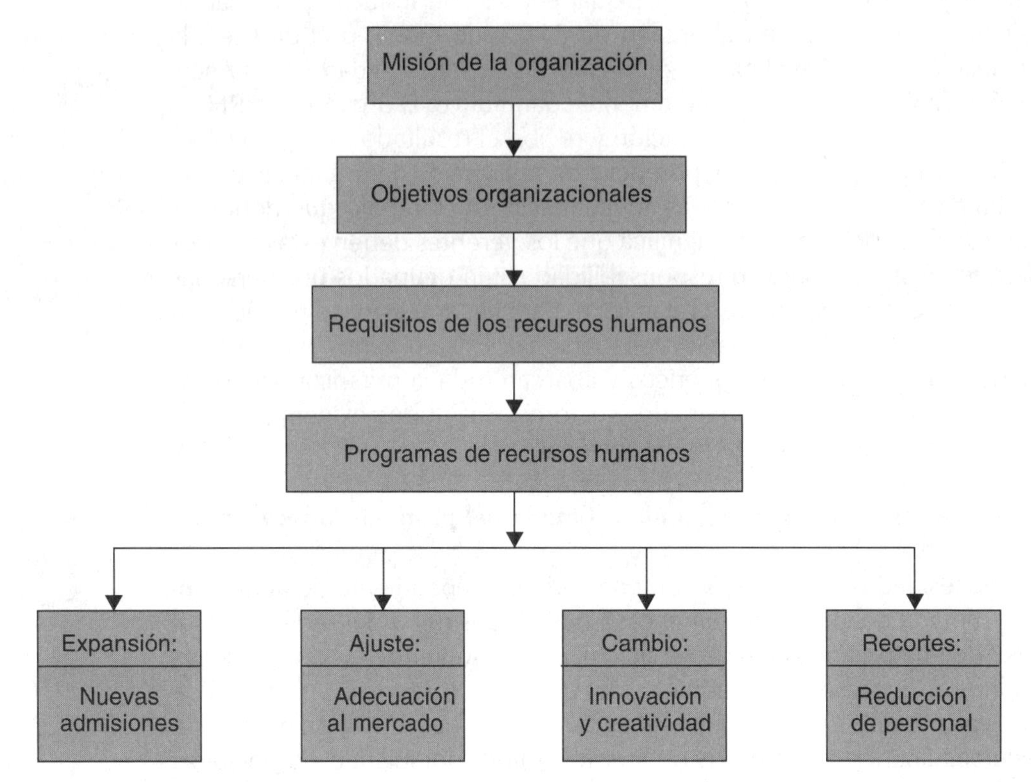

Figura 5.3 Bases de la planeación de recursos humanos.

a. Seleccionar un factor estratégico (nivel de ventas, capacidad de producción, planes de expansión, etc.) en cada área de la empresa, es decir, un factor organizacional cuyas variaciones afecten las necesidades de personal.

b. Determinar los niveles históricos (pasado y futuro) de cada factor estratégico.

c. Establecer los niveles históricos de fuerza laboral por área funcional.

d. Proyectar los niveles futuros de fuerza laboral en cada área funcional, correlacionándolos con la proyección de los niveles (históricos y futuros) del factor estratégico correspondiente.

Otras empresas, como la IBM, prefieren calcular sus necesidades totales de personal con base en proyecciones relacionadas sólo con ciertos segmentos (o familias) de cargos de su fuerza laboral que presentan más variaciones.

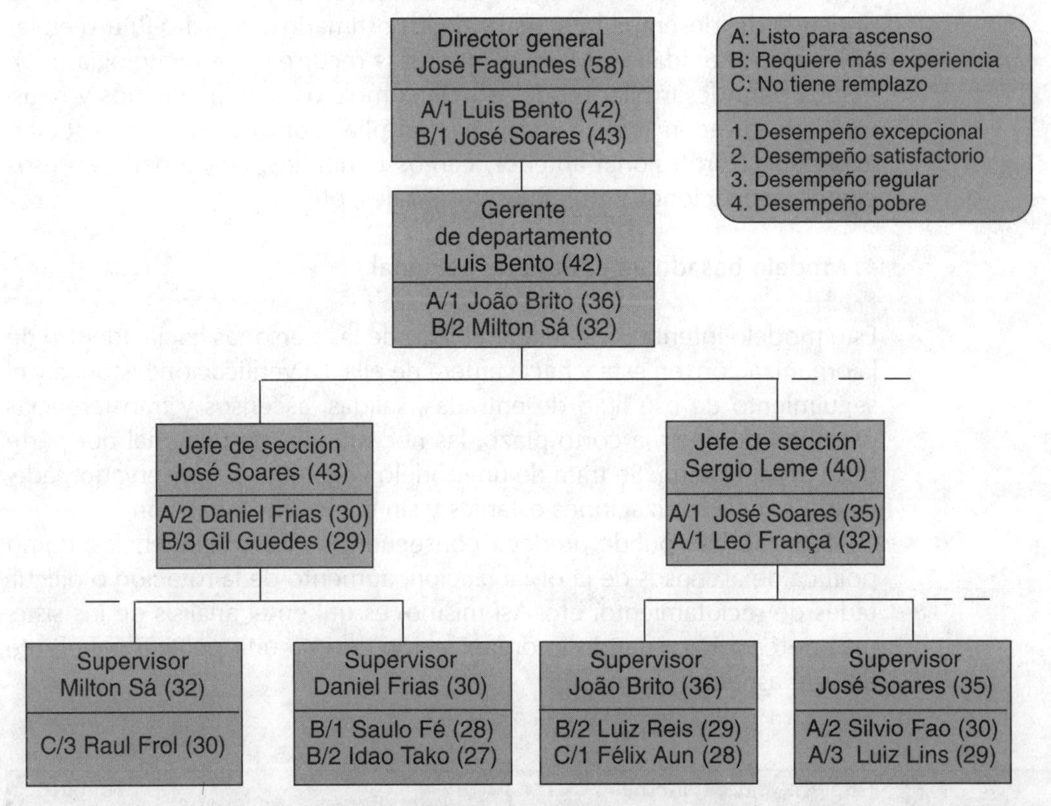

Figura 5.4 Modelo de sustitución de puestos clave.

3. Modelo de sustitución de puestos clave

Muchas organizaciones utilizan un modelo denominado mapas de sustitución u organigramas de carrera, que son una representación visual de quién sustituye a quién en la organización, ante la eventualidad de que exista alguna vacante en el futuro. La información que facilite el montaje del sistema debe provenir del sistema de información gerencial, que se estudiará más adelante. La figura 5.4 ilustra este modelo de planeación de personal y considera la información mínima para la toma de decisiones relacionadas con sustituciones futuras dentro de la organización, en función del estatus de los diversos candidatos internos. Este estatus depende de dos variables: desempeño actual y posibilidad de ascenso. El desempeño actual se obtiene de las evaluaciones de desempeño, las opiniones de los demás gerentes, colegas y subordinados. La posibilidad de ascenso depende del desempeño actual y de los estimados del éxito futuro en las nuevas oportunidades. Muchas empresas recurren a la tecnología informática para desarrollar modelos más complejos con inventarios y registros que ofrecen información más amplia, como formación escolar, experiencia profesional anterior, cargos ocupados, desempeño en esos cargos, aspiraciones y objetivos personales, etc.

4. Modelo basado en el flujo de personal

Este modelo intenta caracterizar el flujo de las personas hacia adentro de la organización, en ésta y hacia afuera de ella. La verificación histórica y el seguimiento de ese flujo de entradas, salidas, ascensos y transferencias permiten predecir, a corto plazo, las necesidades de personal por parte de la organización. Se trata de un modelo vegetativo y conservador, adecuado para organizaciones estables y sin planes de expansión.

Este modelo puede predecir consecuencias de contingencias, como política de ascensos de la organización, aumento de la rotación o dificultades de reclutamiento, etc. Así mismo, es útil en el análisis de los sistemas de carreras, cuando la organización adopta una política coherente en este aspecto.

Nivel	Número inicial	Desvinculaciones (–)	Transferencias (–)	Admisiones (+)	Ascensos (+)	Número final (=)
Dirección	4	1			1	4
Gerencia	12	2			1	11
Jefatura	30	4	1	3	1	29
Operación	360	12	18	25	1	356

Figura 5.5 Planeación de personal con base en el flujo de personal.

5. Modelo de planeación integrada

Es el modelo más amplio y totalizante. Desde el punto de vista de insumos, la planeación de personal debe tener en cuenta cuatro factores o variables intervinientes:

a. Volumen de producción planeado

b. Cambios tecnológicos que alteran la productividad del personal

c. Condiciones de oferta y de demanda, y comportamiento de la clientela

d. Planeación de carreras en la organización

Desde el punto de vista del flujo interno, la planeación de personal debe considerar la composición cambiante de la fuerza laboral de la organización, haciendo un seguimiento o evaluando las entradas y las salidas de personal y su movimiento en la organización. Éste es un modelo sistémico y totalizante de la planeación de personal.

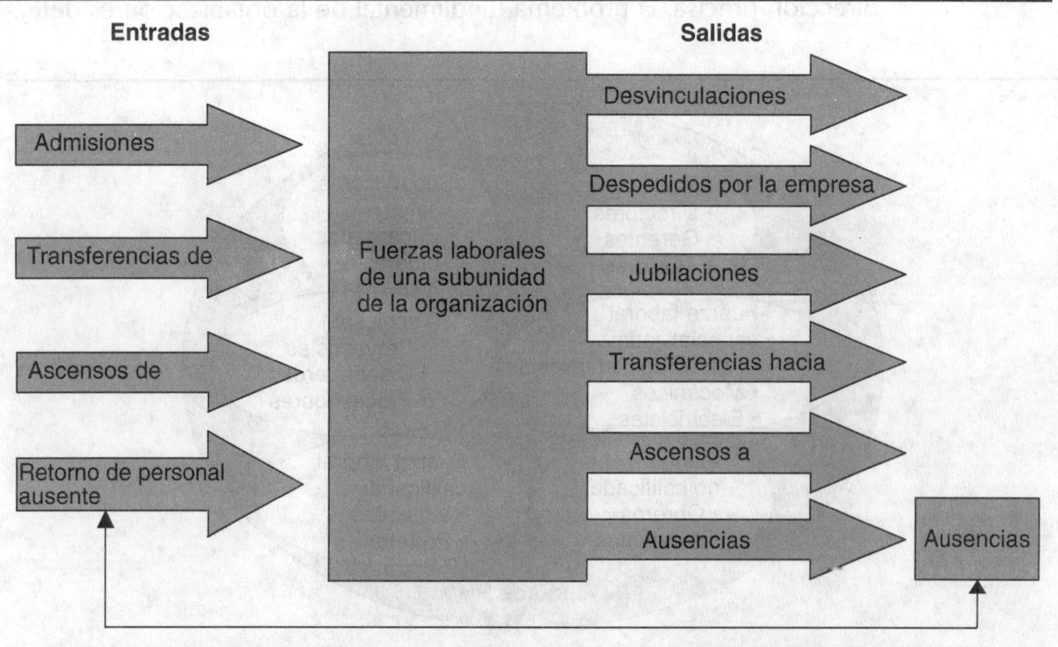

Figura 5.6 Modelo integrado de planeación de personal.

INVESTIGACIÓN EXTERNA

Es una investigación del mercado de recursos humanos orientada a segmentarlo y diferenciarlo para facilitar su análisis y su consiguiente estudio. En esta clase de investigación sobresalen dos aspectos importantes: la segmentación del mercado de recursos humanos y la localización de las fuentes de reclutamiento.

La segmentación del mercado se refiere a la descomposición de éste en segmentos o clases de candidatos con características definidas para analizarlo y estudiarlo de manera específica. La segmentación debe hacerse de acuerdo con los intereses de la organización.

Cada segmento de mercado tiene características propias, atiende a diferentes necesidades, tiene expectativas y aspiraciones diferentes, utiliza distintos medios de comunicación y, en consecuencia, debe estudiarse de manera diferente. Si la técnica de reclutamiento utilizada son los anuncios en periódicos, el seleccionado para reclutar ejecutivos será distinto del elegido para reclutar obreros no calificados.

Aquí cabe la pregunta sobre si el reclutamiento debe abarcar todo el mercado de RH, como podría indicar la figura 5.7. El reclutamiento no siempre puede abarcar todo el mercado de recursos humanos, sin una dirección precisa. El problema fundamental de la organización es detec-

Figura 5.7 Ejemplo de segmentación del mercado de recursos humanos.

tar y localizar en el mercado fuentes de suministro de recursos humanos que le interesen, para concentrar en ellas sus esfuerzos de comunicación y atracción. Estas fuentes proveedoras de recursos humanos se denominan fuentes de reclutamiento, que representan los objetivos específicos en que incidirán las técnicas de reclutamiento. Es un problema de localización: ¿dónde buscar los candidatos pretendidos? O, en otros términos, ¿dónde se encuentran los candidatos que tratamos de atraer? De ahí la necesidad de identificar y localizar las fuentes de reclutamiento que serán los manantiales de candidatos capaces de cumplir los requisitos y exigencias de la organización. La ubicación correcta de las fuentes de reclutamiento permite a la organización:

a. Elevar el rendimiento del proceso de reclutamiento, aumentando tanto la proporción de candidatos/candidatos escogidos para selección, como la de candidatos/empleados admitidos.

b. Disminuir el tiempo del proceso de reclutamiento, lo cual permite agilizarlo.

c. Reducir los costos operacionales de reclutamiento, mediante el ahorro en la aplicación de sus técnicas.

Finalizadas la investigación externa y la interna, el paso siguiente es escoger las técnicas de reclutamiento más apropiadas para cada caso. Este tema se estudiará más adelante.

EL PROCESO DE RECLUTAMIENTO

El reclutamiento implica un proceso que varía según la organización. El comienzo del proceso de reclutamiento depende de la decisión de la línea. En consecuencia, el órgano de reclutamiento no tiene autoridad para efectuar ninguna actividad de reclutamiento si el órgano que tiene la vacante no toma la decisión de llenarla. Dado que el reclutamiento es una función de *staff*, sus actos dependen de una decisión de la línea, que se oficializa mediante una especie de orden de servicio, generalmente denominada solicitud de empleado o solicitud de personal, ilustrada en la figura 5.9 (*véase* la página 219). Este documento debe llenarlo y entregarlo la persona que quiere llenar una vacante en su departamento o sección. Los detalles incluidos en el documento dependen del grado de complejidad existente en el área de recursos humanos: cuanto mayor sea la complejidad, menores serán los detalles que el responsable del órgano emisor deba llenar en el documento.

La emisión de una solicitud de empleado presenta ciertas semejanzas con la de una solicitud de material. En este caso, cuando la recibe el almacén, verifica si existe el material solicitado en los anaqueles para entregarlo al solicitante y, en caso contrario, emite una orden de compra para que algún proveedor suministre el material. En el caso de la solicitud de empleado, cuando el órgano de reclutamiento la recibe, verifica en los archivos si está disponible algún candidato adecuado; si no, debe reclutarlo a través de las técnicas de reclutamiento más indicadas para el caso. En el flujograma de la figura 5.8 puede observarse de manera simplificada el proceso.

MEDIOS DE RECLUTAMIENTO

Se ha comprobado ya que las fuentes de reclutamiento son las áreas del mercado de recursos humanos exploradas por los mecanismos de reclutamiento. Es decir, el mercado de recursos humanos presenta diversas fuentes que la empresa debe identificar y localizar, con el propósito de atraer candidatos que suplan sus necesidades, a través de múltiples técnicas de reclutamiento.

También verificamos que el mercado de recursos humanos está conformado por un conjunto de candidatos que pueden estar empleados (trabajando en alguna empresa) o disponibles (desempleados). Los can-

Figura 5.8 Fuentes de reclutamiento en el mercado de recursos humanos.

De: Departamento ____________
Para: División de relaciones industriales
Sección de reclutamiento y selección

Fecha/Emisión
/ /

Fecha/Recepción

No. /

SOLICITUD DE EMPLEADO

SECCIÓN	CÓDIGO DE SECCIÓN

NOMBRE DEL CARGO	CÓDIGO	CANTIDAD	CLASE

☐ POR REMPLAZO

REGISTRO	Fecha/Salida	NOMBRE	CARGO
	/ /		
	/ /		
	/ /		
	/ /		
	/ /		

☐ POR AUMENTO DE PLANTA

MOTIVO DEL AUMENTO

Figura 5.9 Modelo de solicitud de empleado.

didatos empleados o disponibles pueden ser reales (los que están buscando empleo o pretenden cambiar el que tienen) o potenciales (los que no están interesados en buscar empleo). Los candidatos empleados, sean reales o potenciales, están trabajando en alguna empresa, incluso en la nuestra. Esto explica los dos medios de reclutamiento: el interno y el externo.

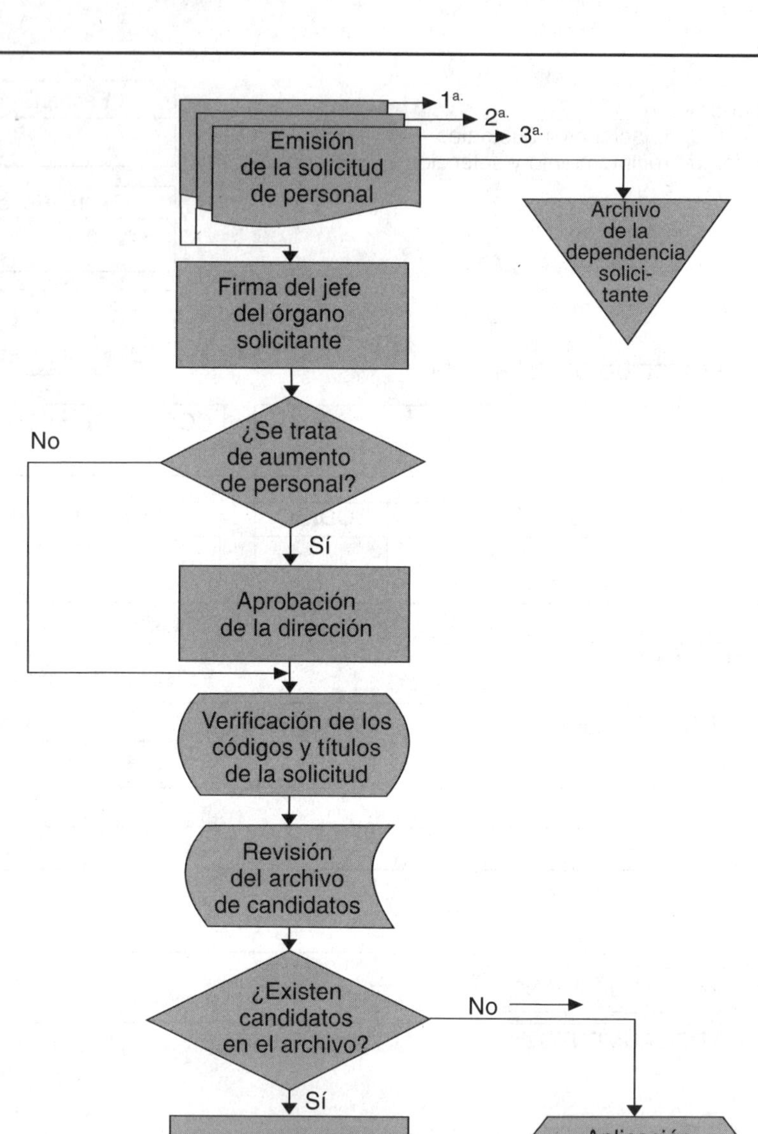

Figura 5.10 Procesamiento de una solicitud de empleado.

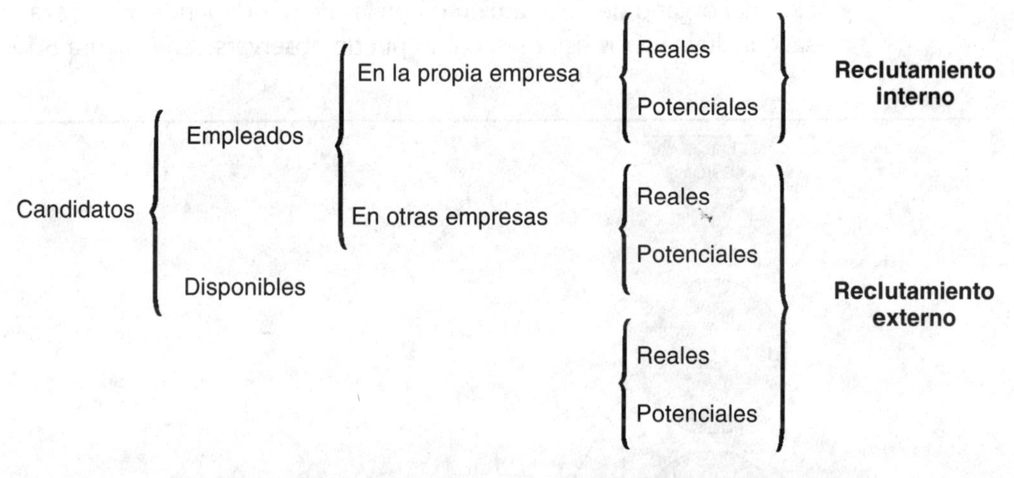

Figura 5.11 El reclutamiento y la situación de los candidatos.

El reclutamiento es externo cuando examina candidatos, reales o potenciales, disponibles o empleados en otras empresas, y su consecuencia es una entrada de recursos humanos. Se denomina interno cuando implica candidatos reales o potenciales empleados únicamente en la propia empresa, y su consecuencia es un procesamiento interno de recursos humanos.

Reclutamiento interno

El reclutamiento es interno cuando, al presentarse determinada vacante, la empresa intenta llenarla mediante la reubicación de sus empleados, los cuales pueden ser ascendidos (movimiento vertical) o trasladados (movimiento horizontal) o transferidos con ascenso (movimiento diagonal). El reclutamiento interno puede implicar:

- Transferencia de personal
- Ascensos de personal
- Transferencias con ascensos de personal
- Programas de desarrollo de personal
- Planes de "profesionalización" (carreras) de personal

El reclutamiento interno exige una intensa y continua coordinación e integración del órgano de reclutamiento con las demás dependencias de la empresa, e incluye varios sistemas, como puede observarse en la figura 5.12.

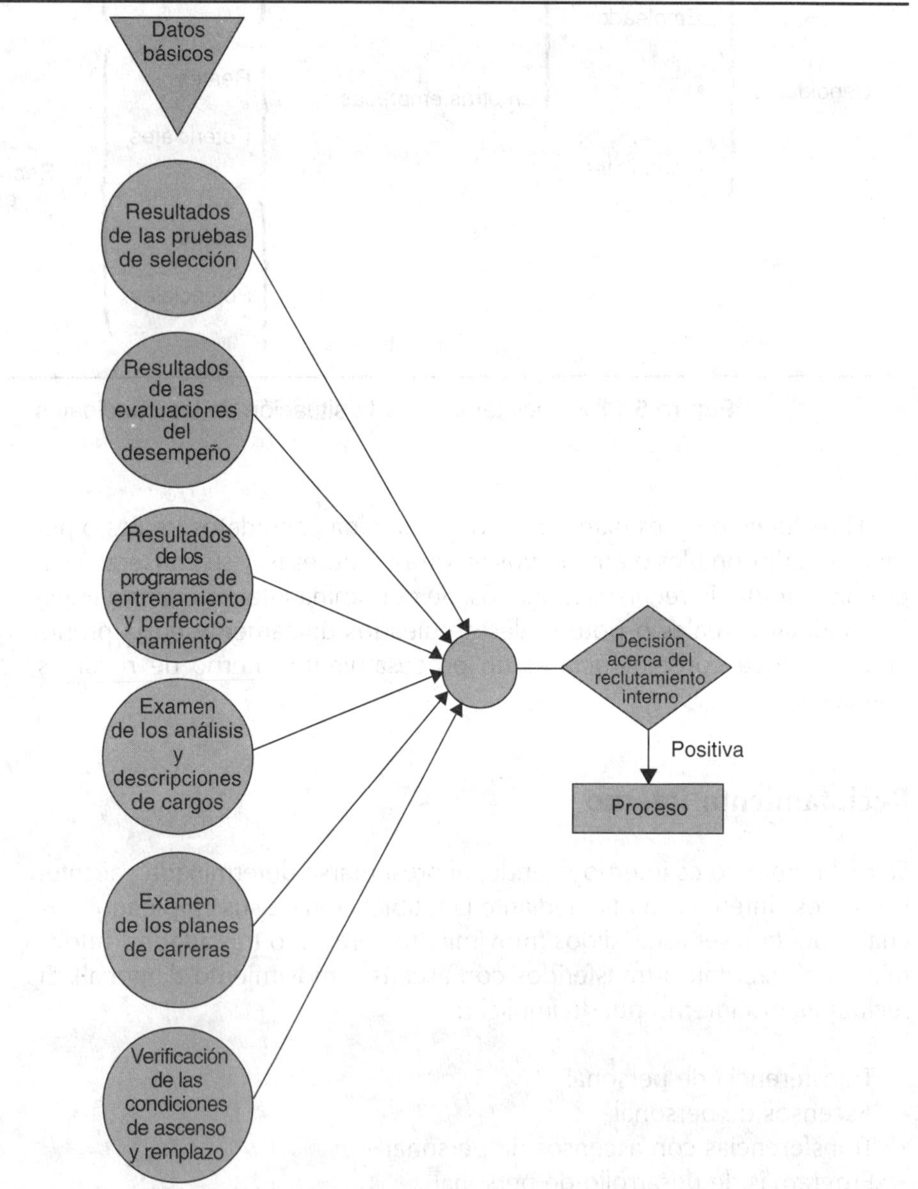

Figura 5.12 Datos básicos para el reclutamiento interno.

El reclutamiento interno se basa en datos e informaciones relacionados con los otros subsistemas, a saber:

a. Resultados obtenidos por el candidato interno en las pruebas de selección a las que se sometió para su ingreso en la organización.

b. Resultados de las evaluaciones del desempeño del candidato interno.

c. Resultados de los programas de entrenamiento y de perfeccionamiento en que participó el candidato interno.

d. Análisis y descripción del cargo que ocupa el candidato interno en la actualidad y del cargo que está considerándose, con el propósito de evaluar la diferencia entre los dos y los demás requisitos necesarios.

e. Planes de carreras o planeación de los movimientos de personal para conocer la trayectoria más adecuada del ocupante del cargo considerado.

f. Condiciones de ascenso del candidato interno (está "a punto" de ser ascendido) y de remplazo (si el candidato interno ya tiene listo un sustituto).

Para que el reclutamiento interno sea exitoso, debe existir coordinación interna entre el órgano de RH y los demás órganos de la empresa.

Ventajas del reclutamiento interno

En resumen, el reclutamiento interno es un proceso o movimiento interno de recursos humanos. Las principales ventajas que pueden derivarse del reclutamiento interno son:

- Es más económico para la empresa, pues evita gastos de anuncios de prensa u honorarios de empresas de reclutamiento, costos de recepción de candidatos, costos de admisión, costos de integración del nuevo empleado, etc.

- Es más rápido, evita las frecuentes demoras del reclutamiento externo, la expectativa por el día en que se publicará el anuncio de prensa, la espera de los candidatos, la posibilidad de que el candidato escogido deba trabajar durante el periodo de preaviso en su actual empleo, la demora natural del propio proceso de admisión, etc.

- Presenta mayor índice de validez y seguridad, puesto que ya se conoce al candidato, se le evaluó durante cierto periodo y fue sometido al concepto de sus jefes y no necesita periodo experimental –en la mayor parte de las veces–, integración ni inducción en la organización, o información amplia al respecto. El margen de error se reduce bastante, gracias al volumen de información que, por lo general, reúne la empresa acerca de sus empleados.

- Es una poderosa fuente de motivación para los empleados, pues éstos vislumbran la posibilidad de progreso en la organización, gracias a las oportunidades ofrecidas a quienes presentan condiciones para un futuro ascenso. Cuando la empresa desarrolla una política coherente de reclutamiento interno, estimula en su personal el deseo de autoperfeccionamiento y autoevaluación constantes, orientadas a aprovechar las oportunidades de perfeccionamiento y a crearlas.

- Aprovecha las inversiones de la empresa en entrenamiento de personal, que muchas veces sólo tiene su recompensa cuando el empleado pasa a ocupar cargos más elevados y complejos.

- Desarrolla un sano espíritu de competencia entre el personal, teniendo presente que las oportunidades se ofrecen a quienes demuestran condiciones para merecerlas.

Desventajas del reclutamiento interno

El reclutamiento interno presenta algunas desventajas:

- Exige que los empleados nuevos tengan potencial de desarrollo para ascender –por lo menos a ciertos niveles por encima del cargo que van a ocupar– y motivación suficiente para llegar allí. Si la organización no ofrece oportunidades de progreso en el momento adecuado, corre el riesgo de frustrar a los empleados en sus ambiciones, lo cual origina apatía, desinterés o el retiro de la organización para buscar oportunidades fuera de ella.

- Puede generar conflicto de intereses, ya que al ofrecer oportunidades de crecimiento en la organización, tiende a crear una actitud negativa en los empleados que no demuestran condiciones o no logran esas oportunidades. Cuando se trata de jefes que no obtienen ningún ascenso en la organización o que no tienen potencial de desarrollo, éstos sitúan a personal de potencial limitado en los cargos subalternos para evitar competencia en el futuro, o "frenan" el desempeño y las aspiraciones de los subordinados que podrían sobrepasarlos en el futuro.

- Cuando se administra de manera incorrecta, puede presentarse la situación que Laurence Peter denomina "principio de Peter": las empresas, al ascender incesantemente a sus empleados, los elevan siempre a la posición donde demuestran el máximo de su incompetencia. Para premiar su desempeño y aprovechar su capacidad, a medida que un empleado demuestra competencia en algún cargo, la organización lo asciende sucesivamente hasta el cargo en que el empleado, por ser incompetente, se estanca.

- Cuando se efectúa continuamente, puede llevar a los empleados a limitar la política y las directrices de la organización, ya que éstos, al convivir sólo con los problemas y las situaciones de su organización, se adaptan a ellos y pierden la creatividad y la actitud de innovación. De este modo, las personas pasan a razonar casi exclusivamente dentro de los patrones de la cultura organizacional.

- No puede hacerse en términos globales dentro de la organización. La idea de que cuando el presidente se retira, la organización puede admitir un aprendiz y ascender a todo el mundo, ya desapareció hace mucho tiempo. En este caso, se presenta una gran descapitalización del patrimonio humano: la organización pierde un presidente y adquiere un aprendiz novato e inexperto. Para no perjudicar el patrimonio humano, el reclutamiento interno sólo puede efectuarse cuando los candidatos internos igualen en condiciones a los candidatos externos.

Reclutamiento externo

El reclutamiento externo opera con candidatos que no pertenecen a la organización. Cuando existe una vacante, la organización intenta llenarla con personas de afuera, es decir, con candidatos externos atraídos por las técnicas de reclutamiento. El reclutamiento externo incide sobre candidatos reales o potenciales, disponibles o empleados en otras organizaciones, y puede implicar una o más de las siguientes técnicas de reclutamiento:

- Archivos de candidatos que se presentan espontáneamente o en otros procesos de reclutamiento.
- Candidatos presentados por empleados de la empresa.
- Carteles o anuncios en la portería de la empresa.
- Contactos con sindicatos y asociaciones gremiales.
- Contactos con universidades, escuelas, entidades estatales, directorios académicos, centros de integración empresa-escuela, etc.
- Conferencias y charlas en universidades y escuelas.
- Contactos con otras empresas que actúan en un mismo mercado, en términos de cooperación mutua.
- Anuncios en diarios, revistas, etc.
- Agencias de reclutamiento.
- Viajes de reclutamiento en otras localidades.

Las técnicas de reclutamiento ya citadas son los métodos utilizados por la organización para divulgar la existencia de una oportunidad de trabajo, junto con las fuentes de recursos humanos más adecuadas. Se denominan también vehículos de reclutamiento, ya que en lo fundamental son medios de comunicación.

En el reclutamiento externo hay dos maneras de enfocar las fuentes de reclutamiento: el enfoque directo y el enfoque indirecto. Ambos se ilustran en la figura 5.13.

Las principales técnicas de reclutamiento externo son:

- *Consulta de los archivos de candidatos.* Los candidatos que se presentan de manera espontánea o que no fueron escogidos en reclutamientos anteriores han de tener un currículo o una solicitud de empleo debidamente archivada en el órgano de reclutamiento. El sistema de archivo puede hacerse por cargo o área de actividad, dependiendo de la tipología de los cargos existentes. Independientemente del sistema que se adopte, es conveniente inscribir a los candidatos por orden alfabético, considerando el sexo, la edad y otras características importantes. Lo fundamental es que la empresa siempre tenga puertas abiertas para recibir candidatos que se presentan espontáneamente, en cualquier época, aunque por el momento no tenga vacantes. El reclutamiento debe ser una actividad continua e ininterrumpida, orientada a garantizar que haya siempre un conjunto de candidatos para cualquier eventualidad futura. Además, la organización debe estimular la llegada espontánea de los candidatos, recibirlos y, si es posible, mantener contactos eventuales con ellos, para no perder el atractivo ni el interés. Debe tenerse en cuen-

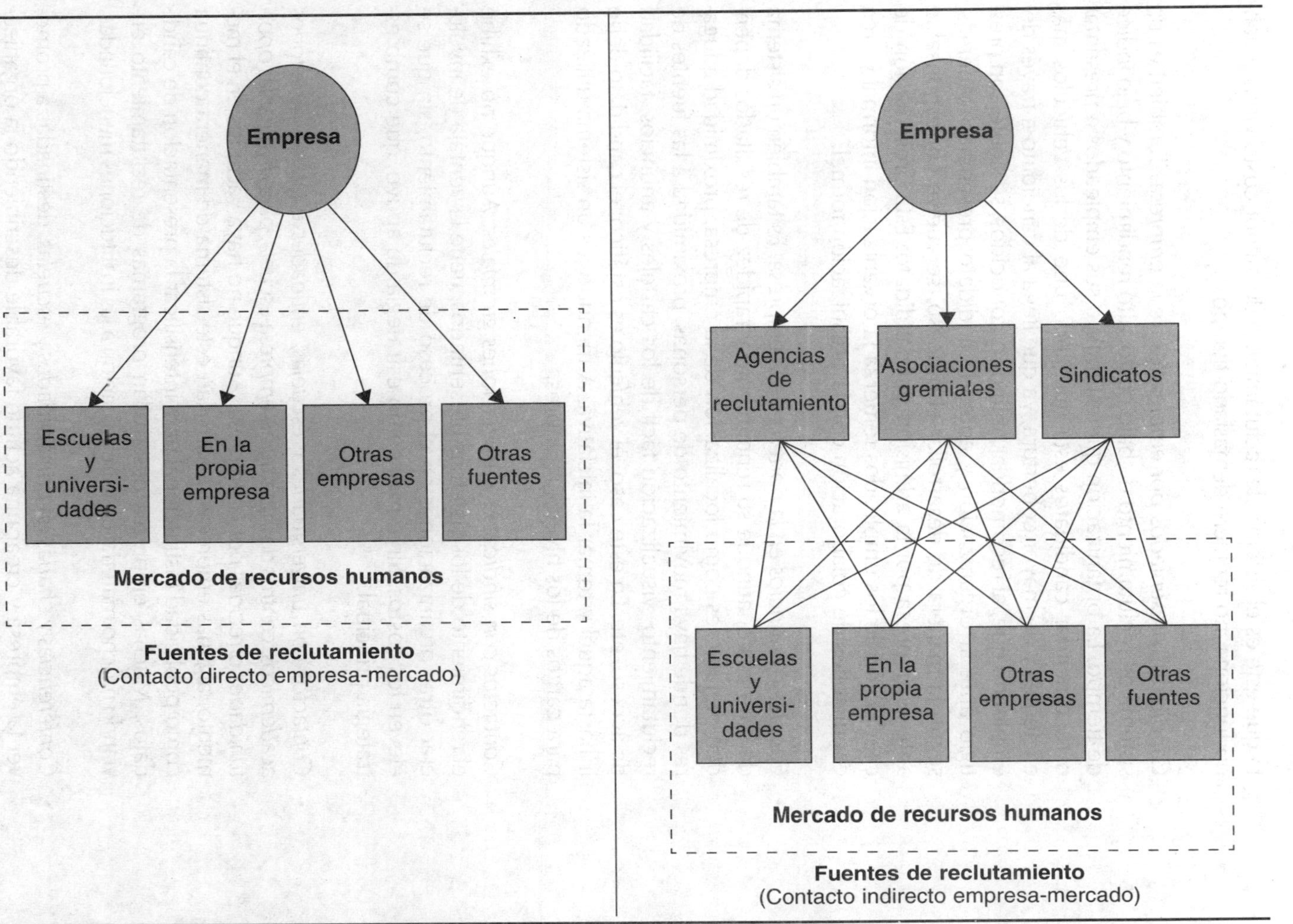

Figura 5.13 Enfoques directo e indirecto en el reclutamiento externo.

ta que éste es el sistema de reclutamiento de menor costo y que, cuando funciona, no requiere demasiado tiempo.

- *Candidatos presentados por empleados de la empresa.* También es un sistema de reclutamiento de bajo costo, alto rendimiento y bajo índice de tiempo. La organización que estimula a sus empleados a presentar o recomendar candidatos está utilizando uno de los vehículos más eficientes y de mayor cobertura, ya que llega al candidato a través del empleado que, al recomendar amigos o conocidos, se siente con prestigio ante la organización y ante el candidato presentado. Además, según la manera de desarrollar el proceso, se vuelve corresponsable ante la empresa por la admisión del candidato. Esta presentación de candidatos de los empleados refuerza la organización informal y crea condiciones de colaboración con la organización formal.

- *Carteles o anuncios en la portería de la empresa.* Es también un sistema de bajo costo, aunque su rendimiento y rapidez de resultados dependen de factores como localización de la empresa, proximidad a lugares donde haya movimiento de personas, proximidad a las fuentes de reclutamiento, visualización fácil de los carteles y anuncios, facilidad de acceso, etc. En este caso, el vehículo es estático; el candidato debe ir hasta aquél y tomar la iniciativa. A menudo, es un sistema utilizado para cargos de los niveles inferiores.

- *Contactos con sindicatos y asociaciones gremiales.* Aunque no exhibe el rendimiento de los sistemas presentados, tiene la ventaja de involucrar otras organizaciones en el proceso de reclutamiento, sin que se eleven los costos. Sirve más como estrategia de apoyo, que como estrategia principal.

- *Contactos con universidades y escuelas, entidades estatales, directorios académicos, centros de integración empresa-escuela, para divulgar las oportunidades ofrecidas por la empresa.* Aunque no haya vacantes en el momento, algunas empresas desarrollan este sistema de manera continua como publicidad institucional para intensificar la presentación de candidatos. Muchas empresas desarrollan programas de reclutamiento enviando mucho material de comunicación a las instituciones mencionadas.

- *Conferencias y charlas en universidades y escuelas,* destinadas a promover la empresa y crear una actitud favorable describiendo la organización, sus objetivos, su estructura y las oportunidades de trabajo que ofrece, a través de recursos audiovisuales (películas, diapositivas, etc.).

- *Contactos con otras empresas que actúan en el mismo mercado, en términos de cooperación mutua.* En algunos casos, estos contactos llegan a formar cooperativas u organismos de reclutamiento financiados por un grupo de empresas, que tienen mayor cobertura que si operaran por separado.

- *Viajes de reclutamiento a otras localidades.* Muchas veces, cuando el mercado local de recursos humanos está ya bastante explorado, la empresa puede apelar al reclutamiento en otras ciudades o localidades. En consecuencia, el personal del órgano de reclutamiento efectúa viajes y se instala en algún hotel para publicar anuncios en la radio y la prensa locales. Después de un periodo de prueba, los candidatos reclutados se transfieren a la ciudad donde está situada la empresa, con una serie de beneficios y garantías.

- *Anuncios en diarios y revistas.* El anuncio de prensa se considera una de las técnicas de reclutamiento más eficaces para atraer candidatos. Es más cuantitativo que cualitativo, puesto que se dirige a un público general, cobijado por el medio de comunicación, y su discriminación depende del grado de selectividad que se pretende aplicar.

- *Agencias de reclutamiento.* Con el fin de atender a pequeñas, medianas y grandes empresas, ha surgido una infinidad de organizaciones especializadas en reclutamiento de personal. Pueden proporcionar personal de niveles alto, medio o bajo, o personal de ventas, de bancos o fuerza laboral industrial. Algunas se especializan en reclutamiento de ingenieros; otras, en personal de procesamiento de datos, incluso en secretarias y otro tipo de cargos. El reclutamiento a través de agencia es uno de los más costosos, aunque esté compensado por factores relacionados con tiempo y rendimiento.

La mayor parte de las veces, estas técnicas de reclutamiento se utilizan en conjunto. Los factores de costo y tiempo son sumamente importantes al escoger la técnica o el medio más indicado para el reclutamiento externo. En general, cuanto mayor sea la limitación de tiempo, es decir, cuanto mayor sea la urgencia de reclutar un candidato, mayor será el costo de la técnica de reclutamiento que se aplique. Cuando el reclutamiento externo se desarrolla de manera continua y sistemática, la organización puede disponer de candidatos a un costo de procesamiento mucho menor.

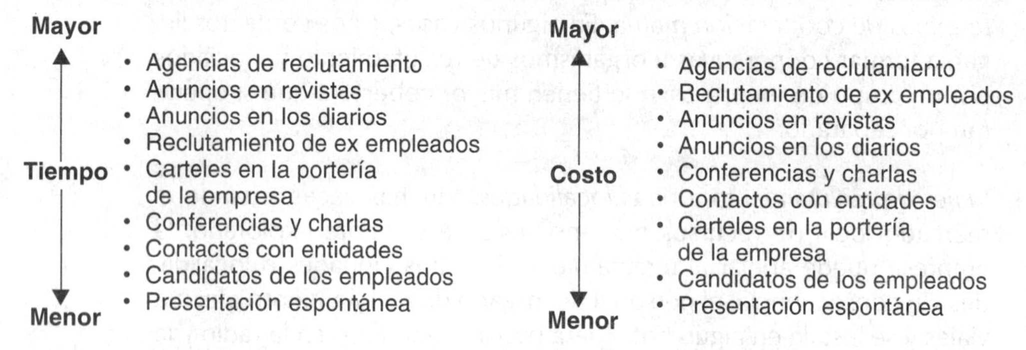

Figura 5.14 Los factores tiempo de procesamiento y costo de procesamiento en las técnicas de reclutamiento.

Ventajas del reclutamiento externo

El reclutamiento externo ofrece las siguientes ventajas:

- Trae "sangre nueva" y nuevas experiencias a la organización. La entrada de recursos humanos ocasiona siempre una importación de ideas nuevas y diferentes enfoques acerca de los problemas internos de la organización y, casi siempre, una revisión de la manera como se conducen los asuntos dentro de la empresa. Con el reclutamiento externo, la organización como sistema se actualiza con respecto al ambiente externo, y se mantiene al tanto de lo que ocurre en otras empresas.

- Renueva y enriquece los recursos humanos de la organización, sobre todo cuando la política es recibir personal que tenga idoneidad igual o mayor que la existente en la empresa.

- Aprovecha las inversiones en capacitación y desarrollo de personal efectuadas por otras empresas o por los propios candidatos. Esto no significa que la empresa deje de hacer estas inversiones de ahí en adelante, sino que usufructúa de inmediato el retorno de la inversión ya efectuada por los demás, hasta tal punto que muchas empresas prefieren reclutar afuera y pagar salarios más elevados para evitar gastos adicionales de capacitación y desarrollo, y obtener resultados de desempeño a corto plazo.

Desventajas del reclutamiento externo

El reclutamiento externo presenta algunas desventajas:

- Generalmente tarda más que el reclutamiento interno, pues se invierte bastante tiempo en la selección e implementación de las técnicas más adecuadas, en el contacto con las fuentes de reclutamiento, en la atracción y presentación de candidatos, en la aceptación y selección inicial, en el envío a la selección y a los exámenes médicos y a la documentación, así como en la liberación del candidato respecto de otro empleo y en preparar el ingreso. Cuanto más elevado es el nivel del cargo, mayor es ese periodo. La empresa debe prever y elaborar la solicitud de empleados con más anticipación para que el órgano de reclutamiento no esté presionado por los factores de tiempo y urgencia en la consecución de candidatos.

- Es más costoso y exige inversiones y gastos inmediatos en anuncios de prensa, honorarios de agencias de reclutamiento, gastos operacionales relativos a salarios y obligaciones sociales del equipo de reclutamiento, artículos de oficina, formularios, etc.

- En principio, es menos seguro que el reclutamiento interno, ya que los candidatos externos son desconocidos y la empresa no está en condiciones de verificar con exactitud sus orígenes y trayectorias profesionales. A pesar de las técnicas de selección y de los pronósticos presentados, las empresas admiten personal mediante un contrato que estipula un periodo de prueba, para tener garantía frente a la relativa inseguridad del proceso.

- Cuando monopoliza las vacantes y las oportunidades que se presentan en la empresa, puede frustrar al personal, ya que éste percibe barreras imprevistas en su desarrollo profesional. Los empleados pueden percibir el monopolio del reclutamiento externo como una política de deslealtad de la empresa hacia su personal.

- Por lo general, afecta la política salarial de la empresa, al actuar sobre su régimen interno de salarios, en especial cuando la oferta y la demanda de recursos humanos no están en equilibrio.

Reclutamiento mixto

Una empresa nunca hace sólo reclutamiento interno ni sólo reclutamiento externo. Ambos deben complementarse siempre ya que, al utilizar reclutamiento interno, se debe encontrar un remplazo para cubrir el cargo que deja el individuo ascendido a la posición vacante. Si es remplazado por otro empleado, este hecho produce otra vacante que debe llenarse. Cuando se utiliza reclutamiento interno, en algún punto de la organización siempre existe una posición que debe llenarse mediante reclutamiento externo, a menos que ésta se suprima. Por otra

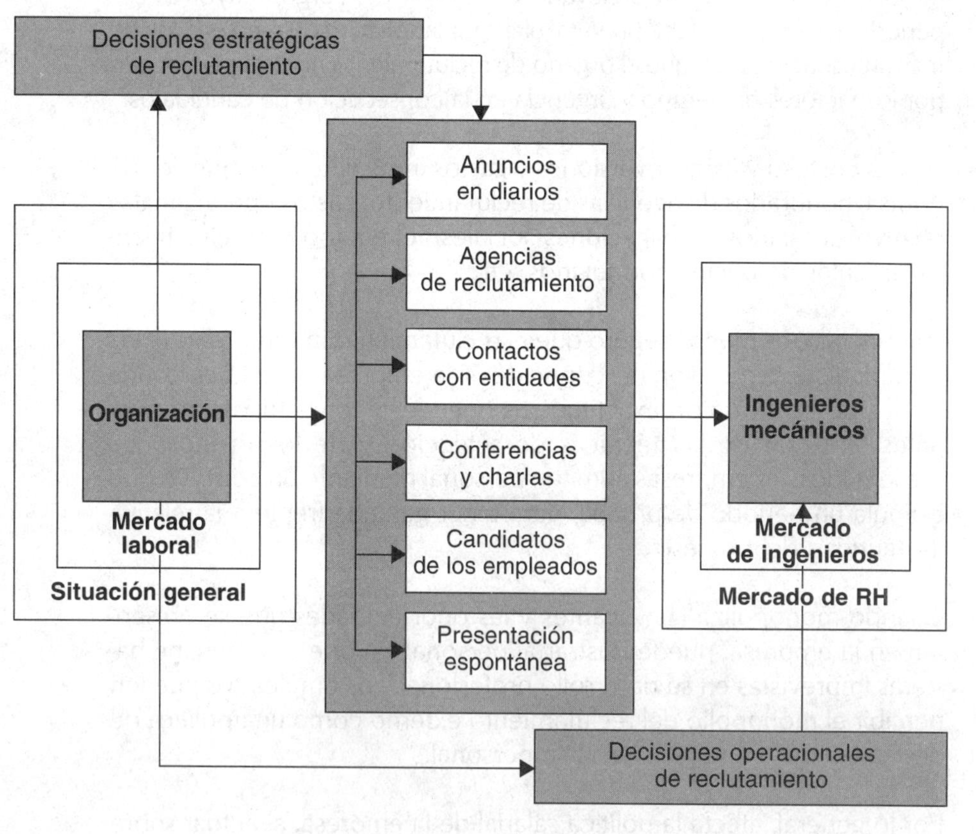

Figura 5.15 Sistema de reclutamiento externo de ingenieros mecánicos.

parte, siempre que se hace reclutamiento externo, debe plantearse algún desafío, oportunidad u horizonte al nuevo empleado para que éste no busque desafíos y oportunidades en otra organización que le parezca mejor.

Ante las ventajas y desventajas de los reclutamientos interno y externo, muchas empresas han preferido una solución ecléctica: el reclutamiento mixto, es decir, el que enfoca tanto fuentes internas como fuentes externas de recursos humanos.

El reclutamiento mixto puede ser adoptado de tres maneras:

a. *Inicialmente, reclutamiento externo, seguido de reclutamiento interno, en caso de que aquél no dé los resultados deseables.* La empresa está más interesada en la entrada de recursos humanos que en su transformación; es decir, a corto plazo, la empresa requiere personal calificado y necesita importarlo del ambiente externo. Al no encontrar candidatos externos que estén a la altura de lo esperado, asciende a su propio personal, sin considerar inicialmente criterios sobre calificaciones necesarias.

b. *Inicialmente, reclutamiento interno, seguido de reclutamiento externo, en caso de que no presente resultados deseables.* La empresa da prioridad a sus empleados en la disputa o en la competencia por las oportunidades existentes. Si no halla candidatos del nivel esperado, acude al reclutamiento externo.

c. *Reclutamiento externo y reclutamiento interno "simultáneos".* Caso en que la empresa está más preocupada por llenar la vacante existente, sea a través de entrada (*input*) o a través de la transformación de sus recursos humanos. Una buena política de personal debe preferir a los candidatos internos frente a los externos, en caso de que presenten igualdad de condiciones. Esto permite que la empresa no descapitalice sus recursos humanos, al tiempo que crea condiciones de sana competencia profesional.

RESUMEN

El subsistema de suministro o provisión de recursos humanos corresponde al reclutamiento y la selección de personal. Como sistema abierto, la organización interactúa con un mercado de recursos humanos y experimenta profundas influencias del mercado laboral. Los mecanismos de oferta y demanda de estos mercados acarrean consecuencias para los candidatos y las organizaciones que actúan en ellos. Además, como sistemas abiertos, las organizaciones se caracterizan por la rotación de personal, cuyas causas pueden ser internas o externas, pero siempre imponen costos primarios y secundarios a la organización. El ausentismo constituye también otro factor de incertidumbre y de imprevisibilidad para las organizaciones.

En este escenario, el reclutamiento sobresale como sistema destinado a atraer candidatos de las fuentes de reclutamiento identificadas y localizadas en el mercado de recursos humanos. El proceso de reclutamiento empieza por la emisión de la solicitud de empleado: el órgano solicitante (línea) toma la decisión de reclutar candidatos. El órgano de reclutamiento (*staff*) escoge los medios –reclutamiento interno, externo o mixto– para obtener las mayores ventajas en el proceso y los mejores candidatos. El reclutamiento externo puede utilizar una o más de las siguientes técnicas: archivo de candidatos, presentación de candidatos de los empleados, fijación de carteles en la portería, contactos con sindicatos, asociaciones gremiales, escuelas y universidades, cooperativas de reclutamiento, viajes de reclutamiento, anuncios en diarios y revistas, agencias de reclutamiento, etc.

TEMAS PRINCIPALES

Mercado laboral
Rotación de personal
Ausentismo
Reclutamiento interno
Reclutamiento mixto
Solicitud de empleado
Mercado de RH
Entrevista de desvinculación
Reclutamiento
Reclutamiento externo
Fuentes de reclutamiento
Técnicas de reclutamiento

PREGUNTAS Y TEMAS DE REPASO Y ANÁLISIS

1. ¿Cuáles son las características del mercado de RH en situación de oferta, y cuáles son las consecuencias para los candidatos y para las empresas?

2. ¿Qué es rotación de personal y cómo se calcula?
3. ¿Cuáles son las posibles causas internas y externas de la rotación de personal?
4. Elabore un plan o formulario de entrevista de desvinculación para detectar y tabular las causas de las desvinculaciones.
5. Elabore un esquema mediante el cual puedan tabularse los costos primarios de rotación de personal.
6. Elabore un concepto acerca de los costos secundarios de rotación de personal.
7. Defina ausentismo y establezca la ecuación para calcularlo.
8. ¿Qué es reclutamiento de personal y qué son fuentes de reclutamiento?
9. Explique por qué el reclutamiento es una responsabilidad de línea y una función de *staff*.
10. Explique el proceso de reclutamiento.
11. Compare las ventajas y las desventajas del reclutamiento interno y el reclutamiento externo.
12. Explique y compare las principales técnicas del reclutamiento externo.
13. ¿Cómo puede utilizarse el reclutamiento mixto?

INFORME PARA ANÁLISIS Y DISCUSIÓN 5

"Cómo planear desvinculaciones"*

La industria eléctrica y electrónica, presionada por la disminución de las ventas, despidió cerca de 10% de los 242 mil empleados del sector. Cuando la situación comenzó a normalizarse, los profesionales de recursos humanos de las empresas del sector analizaron la situación y concluyeron que la manera como las empresas hicieron los recortes de personal las libró de un costo adicional, pero provocó diversos efectos colaterales.

Los despidos generan pánico entre los empleados y originan situaciones de tensión y baja productividad. Este cuadro habría podido evitarse si

* Reproducido de la revista *Negócios em Exame*, No. 229, 1o. de julio de 1981, p. 39, con autorización de Editora Abril.

las empresas no hubiesen optado por la salida más fácil, que consistió en efectuar recortes indiscriminados de ciertos porcentajes de la nómina. El grupo comprendió que las empresas mostraban clara incapacidad de convivir con la crisis, ya que los recortes indiscriminados tienden a mantener la ineficiencia y conducen al desempleo a gente calificada, esencial cuando el mercado regresa a la normalidad.

Autocrítica. Los debates en la Asociación Brasileña de la Industria Eléctrica y Electrónica (Abinee) señalan la necesidad de que las empresas planeen la ejecución de programas de recorte de personal. Desde el punto de vista de la toma de decisiones, se recomienda que en ellos participen todos los directores, gerentes y jefes, haciéndose corresponsables. Los recortes deben ser coherentes, pues no es aceptable que ciertas áreas permanezcan incólumes en tanto otras se sacrifican. El objetivo es evitar la desmoralización de los miembros del programa.

Retiros de una sola vez. Concretar estas ideas depende del interés de la cúpula de la empresa, ya que va más allá de la autoridad del área de RH. Se han sugerido varias disposiciones que exigen mayor eficacia de la administración de personal. Por ejemplo, que cuando la empresa entre en crisis, el sector de RH tome la iniciativa de reducir las horas extras, defienda la asignación de vacaciones colectivas, elimine los contratos de trabajo temporal y disponga las reubicaciones internas. Agotados estos recursos y decidido el recorte, pueden llevarse a cabo de una sola vez los retiros. Lo que más asusta a los empleados es la ansiedad producida por el proceso gota a gota. El tormento chino.

CASO 5

Después de una reunión entre el director presidente, el director industrial y el director administrativo, Alberto Oliveira –gerente de RH de Metalúrgica Santa Rita S. A. (Mesarisa)– fue encargado de reclutar y seleccionar candidatos para ocupar tres nuevos cargos dentro de la estructura organizacional de la empresa: un gerente del departamento de compras (que dependería del director industrial), un jefe de programación de materiales (que dependería del gerente del departamento de producción) y un supervisor de compras técnicas (que dependería indirectamente del gerente del departamento de compras).

Alberto Oliveira también debía ajustar algunos detalles antes de atender cualquier otro asunto: no tenía ninguna información acerca de estos tres nuevos cargos, no sabía cuál iba a ser el salario de cada uno de ellos ni tampoco las características ni los requisitos que deberían cumplir los posibles candidatos. Se preocupaba porque el mercado laboral de profesionales de compras estaba muy activo últimamente y en situación de oferta, a pesar del elevado índice de desempleo existente en el mercado general. Tal vez, el jefe de programación de materiales y el supervisor de compras técnicas pudieran conseguirse a través de reclutamiento mixto, pero el gerente del departamento de compras debería reclutarse afuera. Alberto Oliveira pensó escribir todos los detalles y disposiciones que debería coordinar con sus subordinados, desde las especificaciones de los cargos que deberían llenarse, el plan de reclutamiento que habría de desarrollar y las técnicas de reclutamiento que se adoptarían, hasta la redacción de un posible anuncio para publicar en los periódicos. ¿Cómo concatenar todas estas ideas acerca del asunto?

6

Selección de personal

La selección de personal forma parte del proceso de provisión de personal, y viene luego del reclutamiento. Éste y la selección de personal son dos fases de un mismo proceso: consecución de recursos humanos para la organización. El reclutamiento es una actividad de divulgación, de llamada, de atención, de incremento en la entrada; por tanto, es una actividad positiva y de invitación. La selección es una actividad de comparación o confrontación, de elección, de opción y decisión, de filtro de entrada, de clasificación y, por consiguiente, restrictiva.

Al reclutamiento corresponde atraer de manera selectiva, mediante varias técnicas de comunicación, candidatos que cumplan los requisitos mínimos que el cargo exige. La tarea básica de la selección es escoger entre los candidatos reclutados aquellos que tengan mayores probabilidades de adaptarse al cargo ofrecido y desempeñarlo bien. En consecuencia, el objetivo específico del reclutamiento es suministrar la materia prima para la selección: los candidatos. El objetivo básico de la selección es escoger y clasificar los candidatos más adecuados a las necesidades de la organización.

CONCEPTO DE SELECCIÓN DE PERSONAL

Un dicho popular afirma que la selección es la elección del individuo adecuado para el cargo adecuado. En un sentido más amplio, escoger a entre los candidatos reclutados los más adecuados, para ocupar los cargos existentes en la empresa, tratando de mantener o aumentar la eficiencia y el desempeño del personal, así como la eficacia de la organización.

De esta manera, la selección busca solucionar dos problemas fundamentales:

a. Adecuación del hombre al cargo
b. Eficiencia del hombre en el cargo

Si todos los individuos fueran iguales y reunieran las mismas condiciones para aprender y trabajar, la selección no sería necesaria, pero hay una enorme gama de diferencias individuales físicas (estatura, peso, sexo, constitución, fuerza, agudeza visual y auditiva, resistencia a la fatiga, etc.) y psicológicas (temperamento, carácter, aptitud, inteligencia, capacidad intelectual, etc.) que llevan a que las personas se comporten y perciban las situaciones de manera diferente, y a que logren mayor o menor éxito en el desempeño de sus funciones en la organización. Las personas difieren tanto en la capacidad para aprender a realizar una tarea como en la ejecución de ella, una vez aprendida. Calcular *a priori* el tiempo de aprendizaje y el rendimiento en la ejecución es tarea de la selección.

En general puede decirse que el proceso selectivo debe suministrar no sólo un diagnóstico, sino también -en especial- un pronóstico respecto de esas dos variables. No sólo debe dar una idea real, sino también una proyección de cómo serán el aprendizaje y la ejecución en el futuro.

El punto de partida de todo proceso se fundamenta en los datos y la información que se tengan respecto del cargo que va a ser ocupado. Los criterios de selección se basan en lo que exigen las especificaciones del cargo, cuya finalidad es dar mayor objetividad y precisión a la selección del personal para ese cargo. Si por un lado están el análisis y las especificaciones del cargo que se proveerá -que dan cuenta de los requisitos indispensables exigidos al aspirante-, por el otro, tenemos candidatos profundamente diferenciados entre sí, que compiten por el empleo. En estos términos, la selección configura un proceso de comparación y decisión.

La selección como proceso de comparación

La selección debe mirarse como un proceso real de comparación entre dos variables: los requisitos del cargo (exigencias que debe cumplir el ocupante del cargo) y el perfil de las características de los candidatos

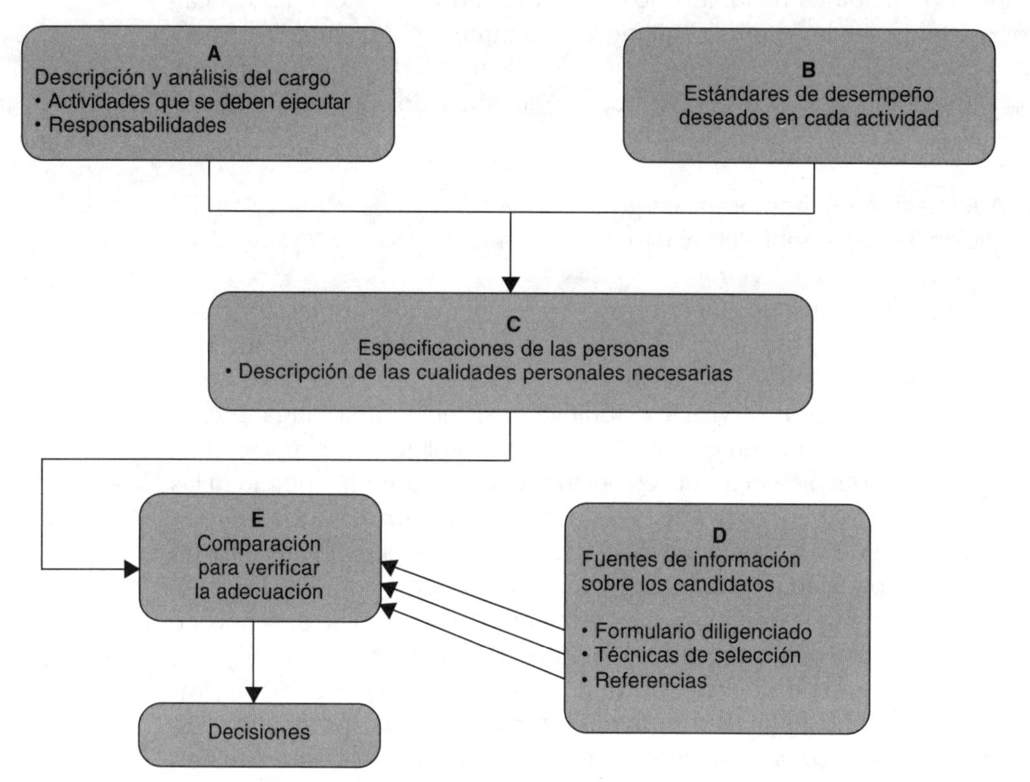

Figura 6.1 Proceso de selección de personas.

que se presentan. La primera variable la suministran el análisis y la descripción del cargo; la segunda se obtiene mediante la aplicación de técnicas de selección. Sean *x* la primera variable y *y* la segunda, como ilustra la figura 6.2.

Cuando *x* es mayor que *y*, el candidato no reúne las condiciones ideales para ocupar el cargo y, en consecuencia, es rechazado. Cuando *x* y *y* son iguales, el candidato posee las condiciones ideales para ocupar el cargo; por consiguiente, es aceptado. Cuando *x* es menor que *y*, el candidato tiene más condiciones que las exigidas por el cargo y, en consecuencia, está superdotado para este cargo. Esta comparación no se centra en un único punto de igualdad de las dos variables, sino en una franja de aceptación que admite cierta flexibilidad más o menos cercana al punto ideal y equivale a los límites de tolerancia admitidos en el proceso de control de calidad. Esta comparación exige que el análisis y la descripción

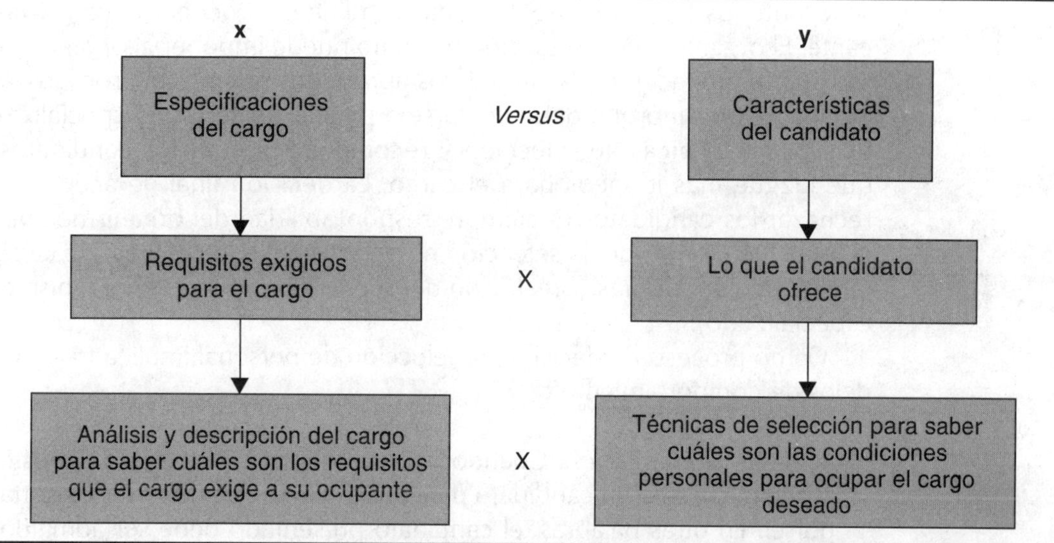

Figura 6.2 Selección de personal como proceso de comparación.

del cargo sean transformados en una ficha profesiográfica o ficha de especificaciones, a partir de la cual puede estructurarse con más rigor el proceso selectivo.

En el fondo, la comparación corresponde aproximadamente al esquema de inspección de control de calidad utilizada en la recepción de productos, materiales o materias primas en algunas empresas. El patrón de comparación es siempre un modelo que contiene las especificaciones y medidas exigidas al proveedor. Si los productos o las materias primas corresponden al patrón o se acercan a él, dentro de cierto nivel de tolerancia, se aceptarán y se enviarán al organismo solicitante; si las medidas y las especificaciones están lejos del nivel de tolerancia exigido, los productos y las materias primas se rechazarán y, en consecuencia, se devolverán al proveedor. Esa comparación es función de una dependencia de *staff* especializada en controlar la calidad.

La selección como proceso de decisión

Una vez establecida la comparación entre las características exigidas por el cargo y las de los candidatos, puede suceder que varios de ellos cumplan las exigencias y merezcan ser postulados para que el organismo solicitante los tenga en cuenta como candidatos a ocupar el cargo vacante. El organismo de selección (*staff*) no puede imponer al organismo solicitante que acepte los candidatos aprobados durante el proceso de comparación, sino que debe limitarse a prestar un servicio especializado, aplicar técnicas de selección y recomendar a aquellos candidatos que juzgue más idóneos para el cargo. La decisión final de aceptar o rechazar los candidatos es siempre responsabilidad del organismo solicitante. De este modo, la selección es responsabilidad de línea (de cada jefe) y función de *staff* (prestación del servicio por parte del organismo especializado).

Como proceso de decisión, la selección de personal implica tres modelos de comportamiento[1]:

a. *Modelo de colocación.* Cuando no se contempla el rechazo. En este modelo hay sólo un candidato para una vacante que debe ser cubierta por él. En otras palabras, el candidato presentado debe ser admitido sin objeción alguna.

b. *Modelo de selección.* Cuando hay varios candidatos para cubrir una vacante. Cada candidato se compara con los requisitos que exija el cargo por proveer; pueden ocurrir dos alternativas: aprobación o rechazo. Si se rechaza, simplemente sale del proceso, porque hay varios aspirantes a ocupar el cargo y sólo uno de ellos podrá ser aceptado.

c. *Modelo de clasificación.* Es el enfoque más amplio y situacional. En este modelo hay varios candidatos para cada vacante y varias vacantes para cada candidato. Cada candidato se compara con los requisitos exigidos para ocupar el cargo vacante. Ocurren dos alternativas para el candidato: puede ser rechazado o aceptado para ese cargo. Si es rechazado, pasa a ser comparado con los requisitos exigidos para los otros cargos vacantes, hasta que éstos se agoten; de ahí la denominación de clasificación. Cada cargo vacante es pretendido por varios candidatos que lo disputan, pero uno solo podrá ocuparlo, si llegara a ser aceptado.

1 Esta sección se basa en Antonio Carelli, *Seleção de pessoal: uma abordagem empírica*, tesis de doctorado, Instituto de Psicologia, Universidade de São Paulo, 1972, pp. 27-31.

Este modelo se sustenta en el concepto ampliado de candidato, es decir, la empresa no lo considera dirigido a determinado cargo, sino como un candidato de la organización que será ubicado en el cargo más adecuado a sus características personales. En consecuencia, estos dos requisitos aparecen en la base de cualquier programa de clasificación:

a. Técnicas de selección capaces de proporcionar información respecto de las vacantes disponibles, con sus correspondientes especificaciones, y de permitir comparaciones de los candidatos en relación con los cargos.

b. Existencia de modelos de selección que permitan máxima ganancia en las decisiones sobre candidatos, o simplemente estándares cuantitativos de resultados.

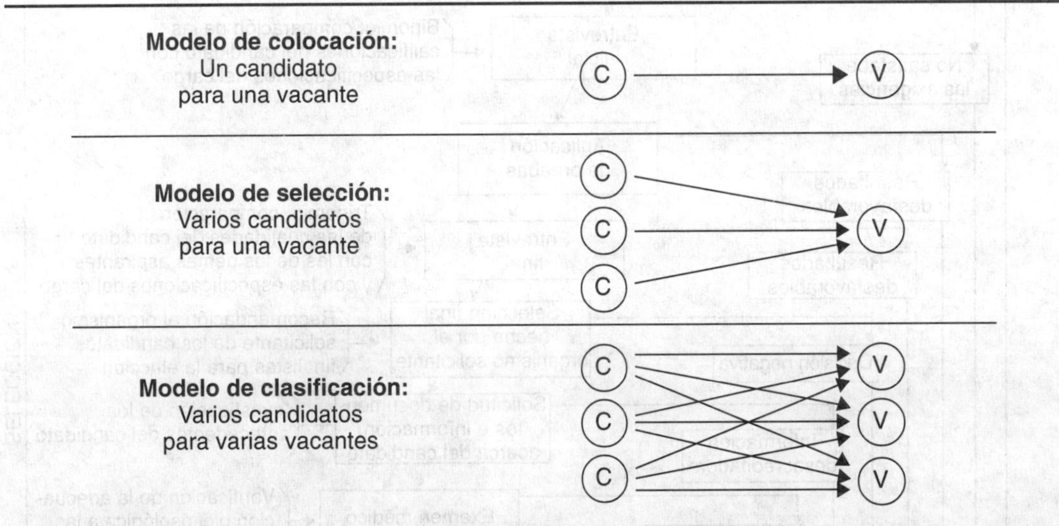

Figura 6.3 Modelos de colocación, selección y clasificación de candidatos.

El modelo de clasificación es superior a los modelos de colocación y de selección en lo tocante a aprovechamiento de candidatos, eficiencia de los procesos (por incluir la totalidad de cargos que deben ocuparse) y reducción de costos implicados (por evitar duplicación o repetición de gastos en el proceso).

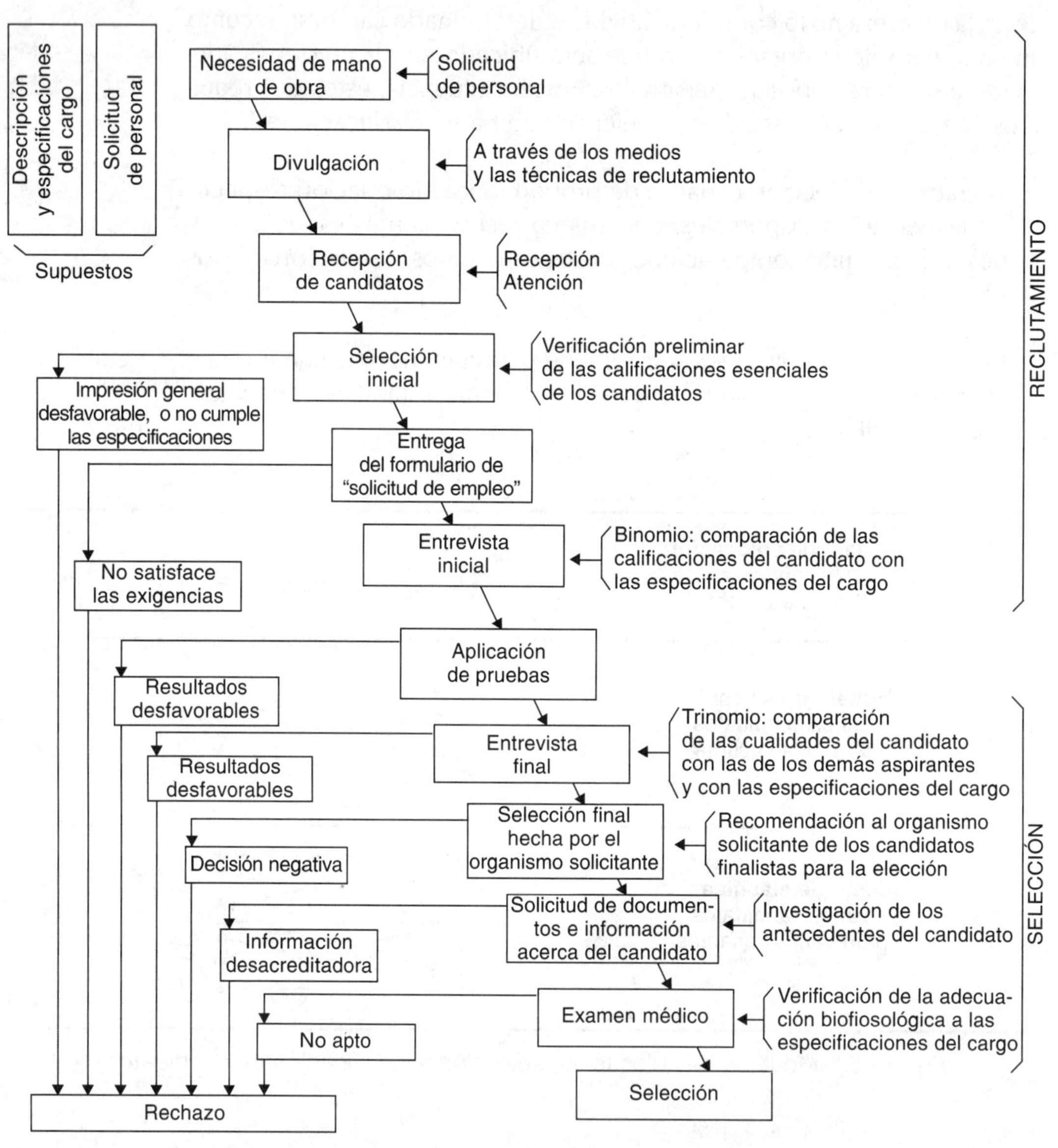

Figura 6.4 Flujograma de un proceso de reclutamiento y selección de recursos humanos, según el modelo de selección de personal.

Fuente: adaptado de Richard S. Uhrback, "Mental Alertness Tests as Aids in Selecting Employees", *Personnel*, No. 12, 1936, p. 231.

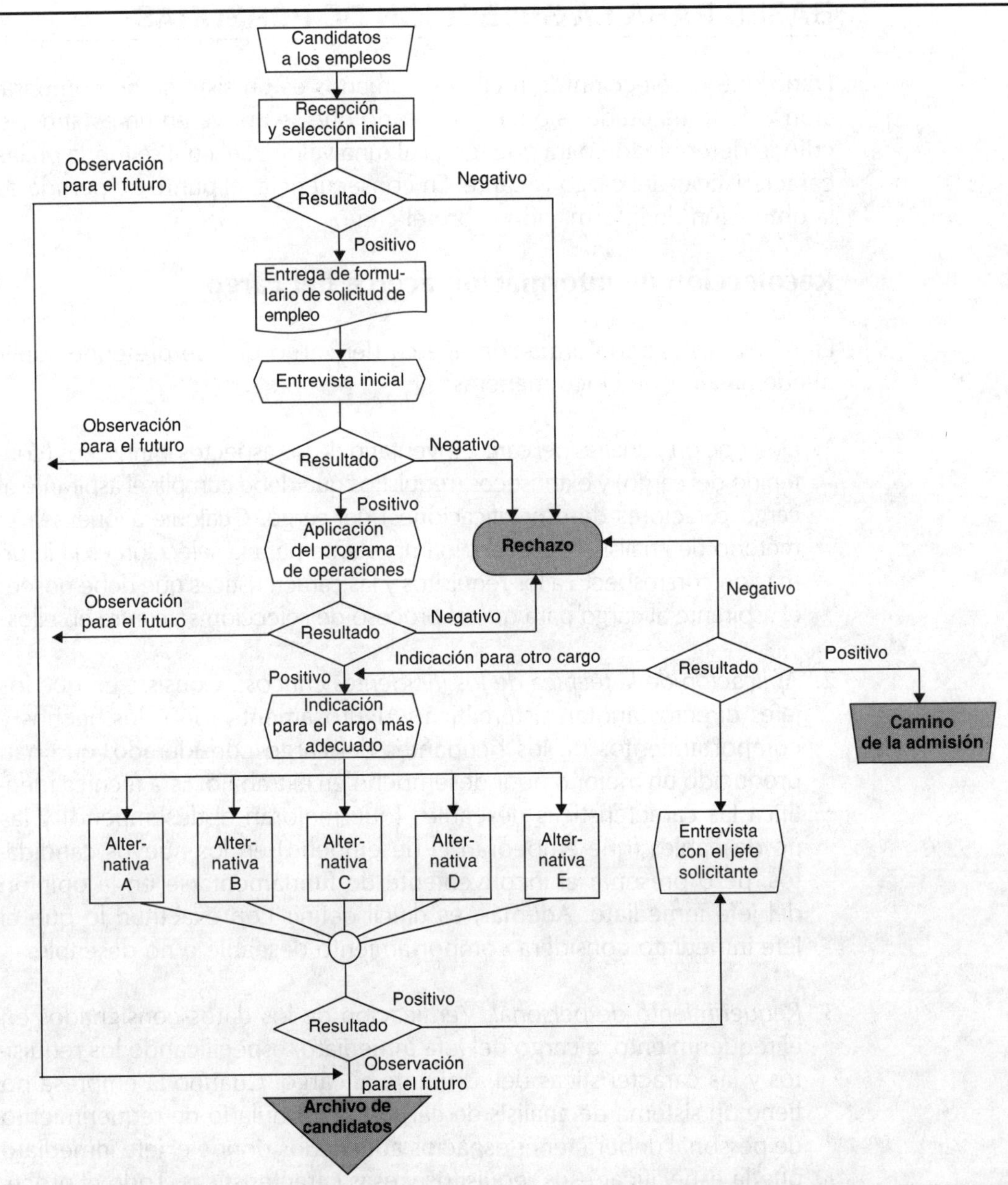

Figura 6.5 Flujograma de un sistema de reclutamiento y selección de recursos humanos, según el modelo de clasificación de personal.

Fuente: adaptado de Antonio Carelli, *Seleção, treinamento e integração do empregado na empresa*, São Paulo, MTPS, DNSHT, INPS, Fundacentro, PNVT, META IV, 1973, p. 9.

BASES PARA LA SELECCIÓN DE PERSONAS

Dado que la selección de recursos humanos es un sistema de comparación y de toma de decisión, es necesario que se apoye en un estándar o criterio determinado para que tenga alguna validez, el cual se funda en las características del cargo vacante. En consecuencia, el punto de partida es la obtención de información sobre el cargo.

Recolección de información acerca del cargo

La recolección de información acerca del cargo que se pretende suplir puede hacerse de cinco maneras:

1. *Descripción y análisis del cargo.* Inventario de los aspectos intrínsecos (contenido del cargo) y extrínsecos (requisitos que debe cumplir el aspirante al cargo o factores de especificaciones) del cargo. Cualquiera que sea el método de análisis empleado, lo importante para la selección es la información con respecto a los requisitos y las características que debe poseer el aspirante al cargo para que el proceso de selección se centre en ellos.

2. *Aplicación de la técnica de los incidentes críticos*[2]. Consiste en que los jefes directos anotan sistemática y rigurosamente todos los hechos y comportamientos de los ocupantes del cargo considerado, que han producido un mejor o peor desempeño en el trabajo. Esta técnica identifica las características deseables (que mejoran el desempeño) y las no deseables (que empeoran el desempeño) en los nuevos candidatos, pero presenta el inconveniente de fundamentarse en la opinión del jefe inmediato. Además, es difícil definir con exactitud lo que el jefe inmediato considera comportamiento deseable o no deseable.

3. *Requerimiento de personal.* Verificación de los datos consignados en el requerimiento, a cargo del jefe inmediato, especificando los requisitos y las características del aspirante al cargo. Cuando la empresa no tiene un sistema de análisis de cargos, el formulario de requerimiento de personal deberá tener espacios adecuados donde el jefe inmediato pueda especificar esos requisitos y esas características. Todo el proceso de selección se basará en esos datos.

---

2 J. C. Flanagan, "The Critical Incident Technique", en *Psychological Bulletin*, No. 51, 1954, pp. 327-358.

Características deseables	Características no deseables
• Afabilidad en el trato con las personas • Facilidad para relacionarse • Voluntad de agradar al cliente • Resistencia a la frustración • Facilidad de expresión • Facilidad para trabajar en equipo • Buena memoria • Concentración visual y mental • Facilidad para manejar números	• Irritabilidad • Introversión • Impaciencia • Bajo control emocional • Dificultad de expresión • Dificultad para relacionarse • Poca memoria • Dispersión mental • Dificultad para manejar números

Figura 6.6 Técnica de incidentes críticos para el vendedor de mostrador.

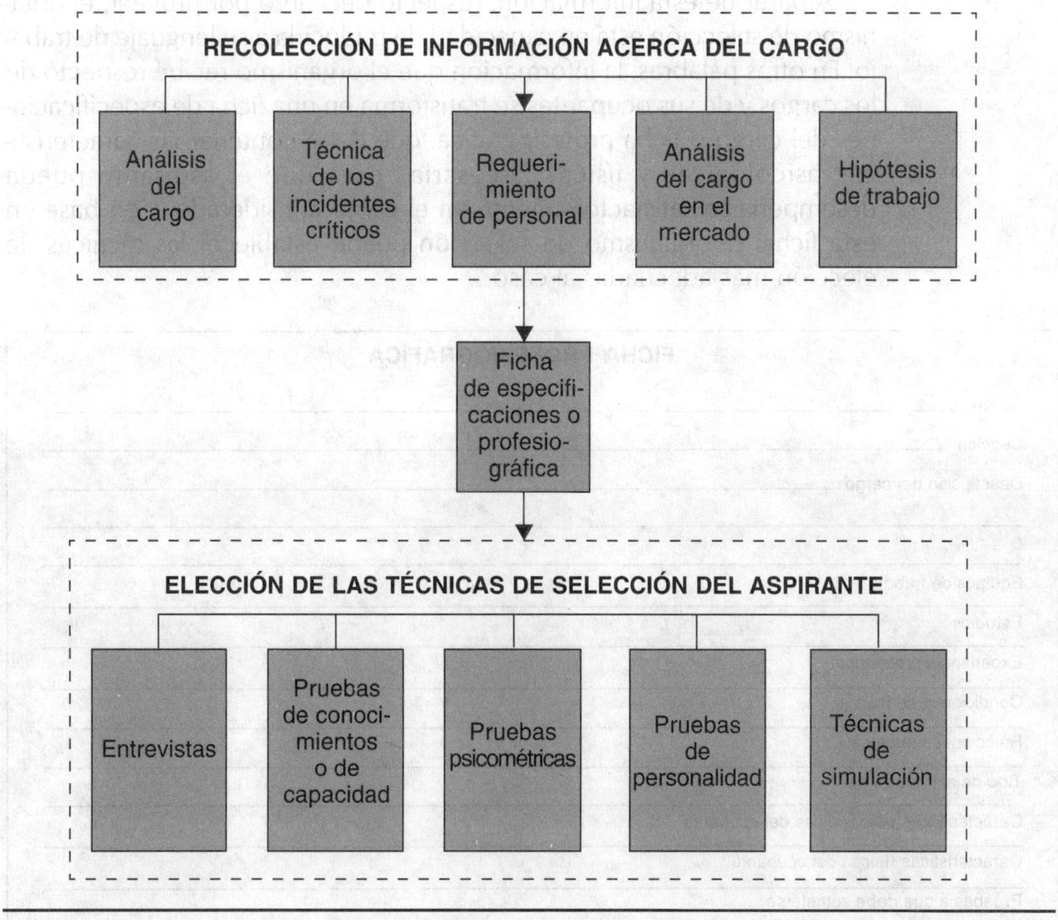

Figura 6.7 Recolección de información acerca del cargo, base del proceso de selección.

4. *Análisis del cargo en el mercado.* Cuando se trata de un cargo nuevo, sobre el que la empresa no tiene una definición *a priori*, ni el mismo jefe directo, existe la opción de verificar en empresas semejantes los cargos comparables, su contenido, los requisitos y las características de sus ocupantes.

5. *Hipótesis de trabajo.* En caso de que no pueda aplicarse ninguna de las alternativas anteriores, debe recurrirse a la hipótesis de trabajo, es decir, una predicción aproximada del contenido del cargo y su exigibilidad con relación al ocupante (requisitos y características necesarias), como simulación inicial.

A partir de esta información, respecto del cargo por proveer, el organismo de selección está en capacidad de traducirla a su lenguaje de trabajo. En otras palabras, la información que el organismo recibe respecto de los cargos y de sus ocupantes se transforma en una ficha de especificaciones del cargo o ficha profesiográfica, que debe contener las características psicológicas y físicas necesarias para que el aspirante pueda desempeñarse satisfactoriamente en el cargo considerado. Con base en esta ficha, el organismo de selección puede establecer las técnicas de elección más adecuadas al caso.

FICHA PROFESIOGRÁFICA

Cargo ______________________________

Sección ______________________________

Descripción del cargo ______________________________

____

____

Equipos de trabajo

____

Estudios

____

Experiencia profesional

____

Condiciones de trabajo

____

Relaciones humanas

____

Tipo de actividad

____

Características psicológicas del ocupante

____

Características físicas del ocupante

____

Pruebas a que debe someterse

Figura 6.8 Ejemplo de ficha profesiográfica.

La ficha profesiográfica representa una especie de codificación de las características que debe tener el aspirante a ocupar el cargo. A través de ella el seleccionador podrá saber qué debe buscar en los candidatos y en qué cantidad.

Elección de las técnicas de selección

Una vez obtenida la información acerca del cargo que debe ocuparse, el paso siguiente es la elección de las técnicas de selección más adecuadas para conocer y escoger a los candidatos apropiados. Las técnicas de selección pueden clasificarse en cinco grupos:

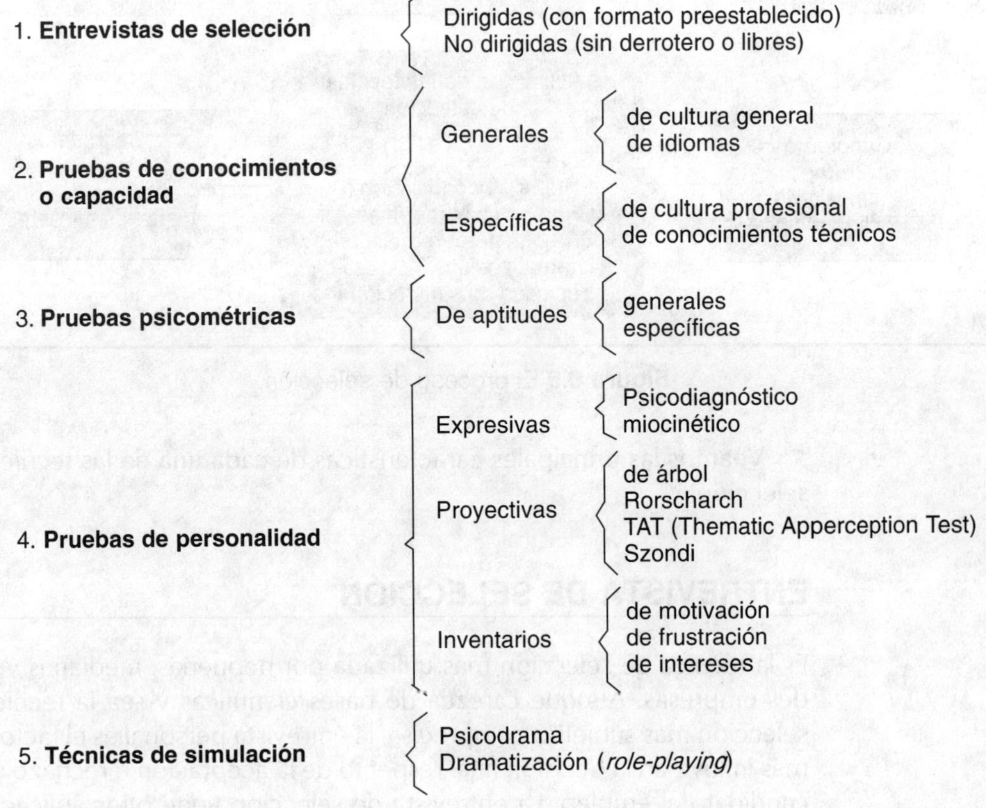

Comúnmente se elige más de una técnica de selección para cada caso. Cada una de las técnicas auxilia a las demás proporcionando un amplio conjunto de información sobre el candidato. Las técnicas elegidas deben representar el mejor elemento de predicción para un buen desempeño futuro en el cargo. Se denomina predictor a la característica que debe tener una técnica de selección para predecir el comportamiento del candidato, con base en los resultados alcanzados al ser sometido a esa técnica. La validez predictiva de una prueba se halla aplicándola a una muestra de candidatos, a quienes se evalúa el desempeño en el cargo, después de ser aceptados. Los resultados de esta prueba y los de la prueba de selección deben correlacionarse positivamente. Es obvio que en ciencias sociales, el margen de error es bastante mayor que en las ciencias físicas.

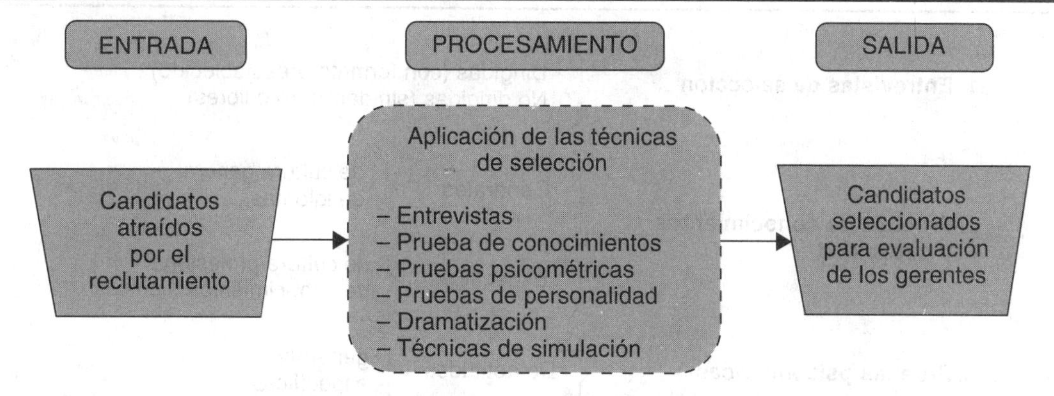

Figura 6.9 El proceso de selección.

Veamos las principales características de cada una de las técnicas de selección.

ENTREVISTA DE SELECCIÓN

Es la técnica de selección más utilizada por pequeñas, medianas y grandes empresas. Aunque carezca de bases científicas y sea la técnica de selección más subjetiva e imprecisa, la entrevista personal es el factor que más influye en la decisión final respecto de la aceptación o rechazo de un candidato al empleo. La entrevista de selección tiene otras aplicaciones en el reclutamiento, la selección de personal, la asesoría y la orientación profesional, la evaluación del desempeño, la desvinculación, etc. En todas estas aplicaciones, la entrevista de selección debe ser conducida con gran habilidad y tacto para que pueda producir los resultados esperados. La entrevista es el método más utilizado en la selección de personal, a pesar de la subjetividad y la imprecisión que reviste.

La entrevista es, en esencia, un sistema de comunicación entre dos o más personas que interactúan. Por un lado, el entrevistador o entrevistadores y, por el otro, el entrevistado o los entrevistados. En el enfoque de sistemas, el entrevistado o candidato se asemeja a una caja negra próxima a ser abierta: se le aplican determinados estímulos (entradas) para verificar sus reacciones (salidas) y establecer las posibles relaciones de causa y efecto u observar su comportamiento frente a ciertas situaciones.

La entrevista de verificación de condiciones o requisitos es distinta de la entrevista de clasificación realizada en la etapa final del reclutamiento. Éste proporciona candidatos adecuados para el proceso selectivo. Los candidatos reclutados son entrevistados para comprobar si cumplen los requisitos y calificaciones anunciadas por las técnicas de reclutamiento. La entrevista de clasificación es rápida y superficial y sirve para separar los candidatos que seguirán en el proceso de verificación de los que no satisfacen las condiciones deseadas. Generalmente la lleva a cabo el órgano de reclutamiento y selección o el gerente y su equipo.

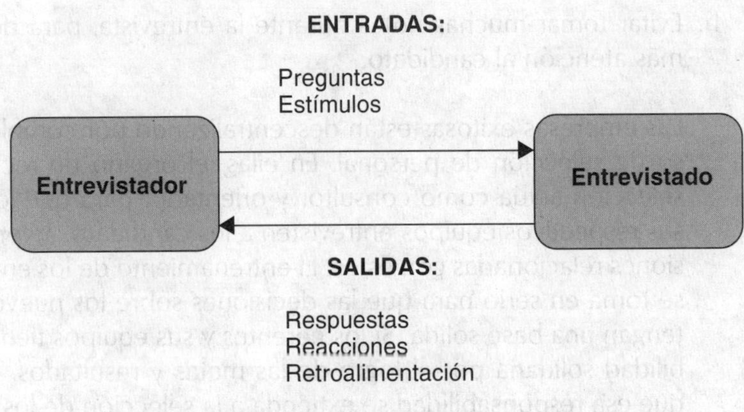

Figura 6.10 Entrevista como proceso de comunicación.

Como todo proceso de comunicación, la entrevista adolece de todos los males (ruido, omisión, distorsión, sobrecarga y –sobre todo– barreras) que enumeramos al estudiar la comunicación humana. Para disminuir estas limitaciones, se ha tratado de mejorar el grado de confianza y validez de la entrevista a través del entrenamiento de los entrevistadores y una mejor conducción del proceso de entrevista.

1. *Entrenamiento de los entrevistadores.* El entrevistador asume un papel importante en la entrevista. Muchas organizaciones están entrenando a sus gerentes y equipos en la habilidad de entrevistar candidatos. El primer paso ha sido la remoción de barreras personales y prejuicios para permitir la autocorrección y transformar la entrevista en un instrumento objetivo de evaluación. Para alcanzar esta meta, todo entrevistador debe tener presente los siguientes aspectos:

a. Examinar sus prejuicios personales y dejarlos a un lado.

b. Evitar la formulación de preguntas "capciosas".

c. Escuchar atentamente al entrevistado y demostrar interés en él.

d. Hacer preguntas que conduzcan a una respuesta narrativa.

e. Evitar omitir opiniones personales.

f. Animar al entrevistado a preguntar acerca de la organización y el cargo.

g. Evitar la tendencia a clasificar globalmente el candidato (efecto de generalización): bueno, regular o pésimo.

h. Evitar tomar muchas notas durante la entrevista, para dedicarse con más atención al candidato.

Las empresas exitosas están descentralizando por completo el proceso de selección de personal. En ellas, el órgano de reclutamiento y selección actúa como consultor y orientador para que los gerentes y sus respectivos equipos entrevisten a los candidatos y tomen las decisiones relacionadas con éstos. El entrenamiento de los entrevistadores se toma en serio para que las decisiones sobre los nuevos miembros tengan una base sólida. Si los gerentes y sus equipos tienen responsabilidad solidaria por el logro de las metas y resultados, es necesario que esa responsabilidad se extienda a la selección de los nuevos integrantes del equipo. Cada equipo entrevista y escoge a sus futuros miembros, lo cual es el mejor estímulo para consolidar el espíritu de equipo.

2. *Construcción del proceso de entrevista.* Dependiendo de la habilidad del entrevistador, puede tener mayor o menor libertad en la conducción de la entrevista; es decir, se puede estructurar y estandarizar la entrevista o puede dejarse a su libre voluntad. Las entrevistas pueden clasificarse en cinco tipos, en función del formato de las preguntas y las respuestas requeridas:

a. *Entrevista estandarizada por completo.* Entrevista estructurada, cerrada o dirigida, con derrotero preestablecido, en que se invita al candidato a responder preguntas estandarizadas y elaboradas con anticipación. No obstante su aparente limitación, las preguntas estandarizadas pueden asumir variedad de formas: selección múltiple, verdadero/falso, sí/no, agrada/desagrada, identificación de formas, etc. Su ventaja radica en que el entrevistador no tiene que preocuparse mucho por los temas que irá a investigar junto con el candidato, ni en su consecuencia, ya que todos ellos están preparados de antemano. Es el tipo de entrevista planeada y organizada para superar las limitaciones del entrevistador. En muchas organizaciones, la solicitud de empleo que llena el candidato sirve de base y guía para conducir la entrevista estandarizada.

b. *Entrevista estandarizada sólo en cuanto a las preguntas.* Las preguntas se elaboran con anticipación, pero permiten respuesta abierta o libre. El entrevistador recibe una lista (*check list*) de asuntos por preguntar y recoge las respuestas o información del candidato. La solicitud de empleo funciona bien como lista de ítems para entrevistar candidatos de manera estandarizada.

c. *Entrevista dirigida* (entrevista estandarizada en cuanto a las respuestas). No especifica las preguntas, sino el tipo de respuesta deseada. Se aplica sólo para conocer ciertos conceptos de los candidatos. El entrevistador debe saber formular las preguntas, de acuerdo con el desarrollo de la entrevista, para obtener el tipo de respuesta o información requerida.

d. *Entrevista no dirigida.* No especifica ni las preguntas ni las respuestas requeridas. Se denominan entrevistas no dirigidas, no estructuradas, exploratorias, informales, etc. Son totalmente libres y su desarrollo y orientación dependen por completo del entrevistador. Se les critica su escasa coherencia debido a que no tienen un itinerario preestablecido para cada entrevista. El entrevistador se mueve por la línea de menor resistencia o de la extensión de los temas, sin preocuparse por la secuencia, sino por el nivel de profundidad que la entrevista permita. No obstante, el entrevistador puede olvidar u omitir algunos asuntos o alguna información.

- ¿En qué emplea su tiempo libre? ¿Cuáles son sus pasatiempos?
- ¿En qué tipo de actividades comunitarias o de aprendizaje se halla involucrado?
- Describa su trabajo ideal. ¿En qué tipo de actividades está interesado?
- ¿Por qué desea trabajar en nuestra organización?
- ¿Cuáles son sus temas favoritos? ¿Por qué?
- ¿Prefiere determinados sitios de trabajo?
- ¿Cuál cree usted que es un salario adecuado?
- ¿Cuál cree usted que será su salario en cinco o diez años?
- ¿Cómo escoge un supervisor?
- ¿Qué opina de los productos o servicios de nuestra organización?
- Describa su jefe ideal.
- ¿Cuándo espera ser ascendido?
- ¿Cuáles son sus fortalezas? ¿Cuáles son sus debilidades?
- ¿Por qué cree que sus amigos gustan de usted?
- ¿Planea seguir cursos adicionales a los que ya ha hecho? ¿Cuáles? ¿Cuándo?
- ¿Qué cargos o trabajos le gustaron más?
- Describa a su jefe o profesor favorito.
- ¿Qué planes tiene respecto de su carrera?
- Si usted pudiese retroceder cinco años, ¿sería el mismo o alguien diferente? ¿En qué habría cambiado?
- ¿Por qué le gustaría ser admitido en nuestra organización?
- Describa su último empleo.
- ¿Cuántas horas piensa dedicarle a su cargo?
- ¿Qué habilidades y conocimientos posee usted?
- ¿Cuál es su deporte favorito?
- ¿Cómo se siente trabajando con otras personas?
- ¿Consigue amistades con facilidad?

Figura 6.11 Preguntas más empleadas en la entrevista de selección.

Fuente: adaptado de William B. Werther, Jr., Keith Davis, *Personnel Management and Human Resources*, Nueva York, McGraw-Hill, 1981, p. 161.

En general, los entrevistadores novatos comienzan por entrevistas estandarizadas. Cuando adquieren un poco de experiencia, evolucionan hacia el esquema de entrevistas estandarizadas sólo en cuanto a las preguntas o hacia las entrevistas dirigidas (estandarizadas sólo en cuanto a las respuestas). Las entrevistas no dirigidas están a cargo de los gerentes, que –en la secuencia del proceso selectivo– son los entrevistadores finales.

Etapas de la entrevista de selección

La entrevista puede perfeccionarse si se le aplican algunos cuidados especiales. Su desarrollo comprende cinco etapas:

1. *Preparación.* La entrevista no debe ser improvisada ni hecha a la carrera. La entrevista tendrá un tiempo definido y requiere cierta preparación o planeación que permita determinar los siguientes aspectos:

- Los objetivos específicos de la entrevista: qué se pretende con ella.
- El tipo de entrevista (estructurada o libre) adecuado para alcanzar los objetivos.
- Lectura preliminar del *curriculum vitae* del candidato por entrevistar.
- La mayor cantidad posible de información sobre el candidato por entrevistar.
- La mayor cantidad posible de información acerca del cargo por proveer y las características esenciales exigidas por el cargo.

Esta preparación es vital para que el entrevistador pueda, con relativa precisión, comprobar la adecuación de los requisitos del cargo y las características personales del aspirante. Así el entrevistador puede servir de instrumento de comparación entre lo que el cargo exige y lo que el aspirante ofrece.

2. *Ambiente.* Preparar el ambiente es un paso del proceso de la entrevista que merece un realce especial para neutralizar los posibles ruidos o interferencias externas que puedan perjudicar la entrevista. El ambiente del que hablamos es de dos tipos:

- *Físico.* El local de la entrevista debe ser confortable y estar destinado sólo a ese fin; sin ruidos ni interrupciones. Puede ser una sala pequeña, aislada y libre de la presencia de otras personas que puedan interferir el desarrollo de la entrevista.

- *Psicológico.* El clima de la entrevista debe ser ameno y cordial. No deben existir recelos o temores ni presiones de tiempo ni coacciones o imposiciones.

En una entrevista, la espera es inevitable. En consecuencia, debe haber sillas suficientes en la sala de espera. Ésta debe contar con abundantes periódicos, revistas y textos, en especial periódicos internos o información sobre la organización.

3. *Desarrollo de la entrevista.* La entrevista propiamente dicha es la etapa fundamental del proceso en que se obtiene la información que ambos actores, entrevistador y candidato, desean. La entrevista involucra dos personas que inician un proceso de relación interpersonal, cuyo nivel de interacción debe ser bastante elevado y, sobre todo, dinámico. El entrevistador envía estímulos (preguntas) al candidato, con el fin de estudiar las respuestas y reacciones en el comportamiento (retroalimentación) para elaborar nuevas preguntas (estímulos) que le permitan retroalimentar el proceso, y así sucesivamente. Así como el entrevistador obtiene la información que desea, debe proporcionar la que el aspirante requiera para tomar sus decisiones. Una parte importante de la entrevista consistirá en proporcionar información al aspirante sobre la oportunidad que existe y sobre la organización, con la intención de trasmitirle una imagen positiva y favorable, y reforzar su interés.
   El proceso de la entrevista debe tener en cuenta dos aspectos (el material y el formal) que están estrechamente relacionados.

- *Contenido de la entrevista.* Constituye el aspecto material. Es el conjunto de información que el candidato suministra de sí mismo sobre sus estudios, experiencia profesional, situación familiar, condición socioeconómica, conocimientos e intereses, aspiraciones personales, etc. Toda esta información reposa en la solicitud de empleo o *curriculum vitae* presentada por el candidato, la cual se amplía y aclara en la entrevista.

- *Comportamiento del candidato:* Constituye el aspecto formal. Es la manera como reacciona en una situación: modo de pensar, actuar, sentir, grado de agresividad, asertividad, ambiciones y motivaciones, etc. Lo que se pretende en este aspecto es tener un cuadro de las características del candidato, independientemente de sus calificaciones profesionales.

En la conducción de la entrevista, el entrevistador debe considerar estos dos aspectos –material y formal– para que la evaluación de los resultados sea adecuada. En la entrevista, el candidato provoca una impresión sobre cómo se comporta, y ofrece la información solicitada sobre su historia personal y su carrera profesional.

- Conoce bien el cargo que se pretende ocupar.
- Conoce la organización en profundidad, sus fortalezas y debilidades.
- No trata de supervalorar la organización frente al candidato.
- Lee el *curriculum vitae* del candidato antes de la entrevista.
- Se preocupa por informar al candidato acerca del cargo y de la organización.
- Se interesa por el candidato como persona.
- Está feliz por pertenecer a la organización.
- Se muestra sincero, cortés y puntual y tiene personalidad que impacta.
- Formula preguntas desafiantes, sin mostrarse muy personal o directo.
- Procura hacer una evaluación en seguida de la entrevista.

Figura 6.12 Perfil del entrevistador ideal.

Fuente: adaptado de John E. Steele, "A Profile of the Ideal Recruiter, en *Personnel Journal*, febrero de 1977, pp. 58-59.

El cuidado con la productividad de la entrevista debe ser vital, pero no imperativo. Esto quiere decir que la entrevista debe ser tan objetiva como sea posible para obtener una buena visión del candidato en el tiempo que ella dure. Esto no significa que la entrevista deba durar determinada cantidad de tiempo para cada candidato. La entrevista debe durar el tiempo necesario, y éste varía con cada candidato.

4. *Terminación de la entrevista*. La entrevista debe ser abierta y desarrollarse libremente, sin obstáculos ni timideces. La entrevista es una conversación cortés y controlada. La terminación de la entrevista debe ser cortés: el entrevistador debe hacer una señal clara para indicar que la entrevista terminó. Sobre todo, debe proporcionar al candidato información sobre la acción futura y cómo será contactado para saber el resultado.

5. *Evaluación del candidato*. A partir del momento en que el entrevistado salga del lugar, el entrevistador debe iniciar de inmediato la tarea de evaluación del candidato, puesto que los detalles están frescos en su memoria. Si no tomó nota, debe registrar los detalles. Si utilizó una hoja de evaluación, debe ser verificada y completada. Al final deben tomarse ciertas decisiones con relación al candidato: si fue rechazado o aceptado, y cuál es su colocación respecto de los otros aspirantes al mismo cargo. Si la evaluación es definitiva, podrá hacerse de manera comparativa al finalizar las entrevistas con los demás aspirantes.

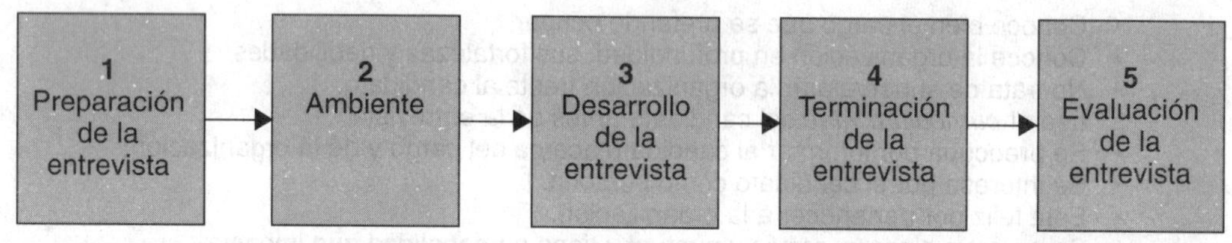

Figura 6.13 Etapas de la entrevista de selección.

En general, la entrevista debe mirarse como un instrumento de comparación, y el entrevistador necesita utilizarla dentro de cierta precisión (presentación de resultados coherentes) y cierta validez (medición exacta de lo que se pretende verificar), al igual que cuando se utiliza cualquier otro instrumento de medida confiable. Lógicamente, su margen de error (tolerancia o varianza respecto de las medidas) es mucho mayor, dada la intervención del elemento humano. El entrevistador debe ser como el fiel de la balanza que compara con objetividad las características ofrecidas por el candidato con los requisitos exigidos por el cargo.

PRUEBAS DE CONOCIMIENTO O DE CAPACIDAD

Las pruebas de conocimiento o de capacidad son instrumentos para evaluar con objetividad los conocimientos y habilidades adquiridos mediante el estudio, la práctica o el ejercicio. Buscan medir el grado de conocimientos profesionales o técnicos exigidos por el cargo (nociones de contabilidad, informática, ventas, tecnología, producción, etc.) o el grado de capacidad o habilidad para ejecutar ciertas tareas (pericia del conductor de camión, la telefonista, la digitadora, el operador de máquinas, el operador de calculadoras, etc.). Existe gran variedad de pruebas de conocimientos o de capacidad, razón por la cual acostumbramos clasificarlas en cuanto a la manera de aplicarlas, el área abarcada y la forma de elaboración.

Clasificación en cuanto a la manera de aplicarlas

- *Orales.* Pruebas aplicadas mediante preguntas y respuestas orales. Se asemejan a la entrevista, pero en éstas se formulan preguntas orales específicas que tienen como objetivo respuestas orales específicas.

CURRICULUM VITAE

Ricardo de Almeida Soares

28 años
Analista de sistemas
Brasileño Soltero
Fecha y lugar de nacimiento: 25/09/1966 - Campinas - SP
Rua Rui Barbosa, 541. Ap. 52, São Paulo, SP 04796-000
Tel.: (011)5143-2252

A. Estudios:

- Universidade Maior de São Paulo - Facultad de sistemas
  Curso de posgrado en análisis de sistemas - 1993
- Universidade Maior de São Paulo - Facultad de Sistemas
  Curso de pregrado en análisis de sistemas - 1989

B. Calificación profesional:

Experiencia en redes Unix, Internet e Intranet
Conocimientos de informática, multimedia y tecnología informática

C. Experiencia laboral:

- InterAtlantic Com. e Ind.:
  Gerente de procesos de información - Junio de 1993 a agosto de 1996
- Compañía Brasileña de Metales:
  Analista de sistemas - Diciembre de 1989 a abril de 1993
  Supervisor de procesamiento de datos - Marzo de 1985 a diciembre de 1989
- AMF Internacional:
  Digitador - Abril de 1984 a febrero de 1985

D. Pasantías o visitas:

- Compañía Brasileña de Metales
  Aprendizaje en todas las áreas operacionales y administrativas de la empresa, entre junio y diciembre de 1989

E. Otros cursos y actividades:

- Convención de la Sucesu, 5 a 12/06/1994 en Campinas - SP.
- Curso avanzado de inglés, en el Centro de Cultura Inglesa, São Paulo, 1993.
- Curso avanzado de Internet, en Intercom, São Paulo, 1995.
- Curso de dinámica de grupo, en Interface, São Paulo, 1996.

F. Idiomas:

Inglés: fluido
Español: fluido
Francés: buenos conocimientos
Alemán: conocimientos básicos

Figura 6.14 Cómo elaborar un *curriculum vitae.*

- *Escritas.* Pruebas aplicadas mediante preguntas y respuestas escritas. En general se aplican en las escuelas y las organizaciones para medir los conocimientos adquiridos.

- *De realización.* Pruebas aplicadas mediante la ejecución de un trabajo o tarea, de manera uniforme y en un tiempo determinado, como una prueba de digitación, de taquigrafía, de diseño, de manejo de un vehículo o de fabricación de piezas.

Clasificación en cuanto al área de conocimientos abarcados

- *Pruebas generales.* Miden nociones de cultura o conocimientos generales.

- *Pruebas específicas.* Indagan conocimientos técnicos directamente relacionados con el cargo en referencia. Por ejemplo, si el cargo es químico de producción, la prueba de conocimientos específicos tratará los temas de esta especialidad.

Clasificación en cuanto a la manera como se elaboran las pruebas

- *Pruebas tradicionales.* De tipo discursivo o expositivo. Pueden ser improvisadas, pues no exigen planeación. Abarcan un número menor de preguntas porque requieren respuestas largas, explicativas y demoradas. Miden la profundidad de los conocimientos, pero examinan sólo una pequeña extensión del campo de conocimientos. Su evaluación y corrección son subjetivas y exigen tiempo. Las pruebas discursivas, explicativas o tradicionales se aplican ampliamente en las escuelas o colegios en las pruebas bimestrales o semestrales.

- *Pruebas objetivas.* Estructuradas en forma de exámenes objetivos, cuya aplicación y corrección son rápidas y fáciles. Las pruebas objetivas, también denominadas *tests*, implican una planeación cuidadosa para transformar las preguntas tradicionales en ítems de pruebas. Los principales ítems son:

  - Test de alternativas simples (verdadero-falso, sí-no, etc.). Tiene 50% de probabilidad de acierto al azar.

- Test con espacios abiertos para completar (preguntas con espacios para completar).
- Test de selección múltiple (con tres, cuatro o cinco alternativas de respuestas a cada pregunta para reducir la probabilidad de acierto al azar).
- Test de ordenamiento o apareamiento (por ejemplo, varios países enumerados en un lado y las capitales colocadas en desorden en el otro).

Los tests permiten medir extensión y amplitud de conocimientos y posibilitan su aplicación (rápida y fácil) y calificación (rápida, fácil y objetiva).

- *Pruebas mixtas.* Utilizan preguntas discursivas e ítems en forma de test.

	Prueba tradicional	Prueba objetiva (test)
En cuanto a la organización	• Preguntas amplias y extensas • Respuestas indeterminadas • Examina un sector específico de la materia • Puede ser improvisada; es rápida • Aprecia la organización de ideas	• Preguntas focalizadas y específicas • Respuestas determinadas y cortas • Examina todo el campo de la materia • Planeación cuidadosa • Permite el acierto al azar
En cuanto a la aplicación	• Condiciones indeterminadas de la aplicación • Requiere tiempo para la aplicación • Dificultad y demora en su aplicación	• Condiciones determinadas y constantes de la aplicación • Poco tiempo para la aplicación • Aplicaciones sencillas y rápidas
En cuanto a la evaluación	• Exige conocimiento especial del evaluador. Evaluación difícil • Evaluación dilatada y subjetiva • Criterio subjetivo y variable	• Evaluación automática y fácil mediante plantillas de evaluación • Evaluación rápida y objetiva • Criterio predeterminado y objetivo

Figura 6.15 Comparación entre las pruebas tradicionales y las pruebas objetivas.

Pruebas psicométricas

El término designa un conjunto de pruebas que se aplica a las personas para apreciar su desarrollo mental, sus aptitudes, habilidades, conocimientos, etc. La prueba psicométrica es una medida de desempeño o de ejecución, ya sea mediante operaciones intelectuales o manuales, de selección o escritas. En general se utiliza para conocer mejor a las personas con miras a tomar la decisión de admisión, orientación profesional, evaluación profesional, diagnóstico de personalidad, etc. Las pruebas psicométricas constituyen una medida objetiva y estandarizada de muestras del comportamiento de las personas. Su función es analizar dichas muestras, examinarlas en condiciones estandarizadas y compararlas con patrones estadísticos.

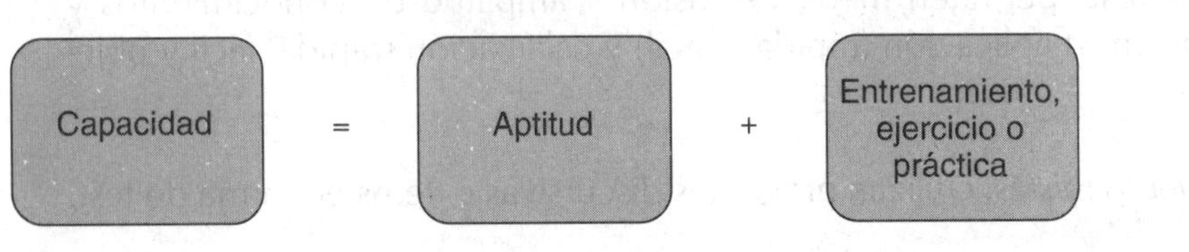

Figura 6.16 Aptitud, como base de la capacidad.

El resultado de la prueba psicométrica de una persona se compara con los estándares de resultados obtenidos por una muestra representativa de personas, y se expresa en percentiles. Las pruebas psicométricas se centran principalmente en las aptitudes para determinar cuánto de éstas tiene cada persona, con la intención de generalizar y prever ese comportamiento en determinadas formas de trabajo.

Las pruebas psicométricas se basan en las diferencias individuales (que pueden ser físicas, intelectuales y de personalidad) y analizan cómo y cuánto varía la aptitud del individuo con relación al conjunto de individuos tomado como patrón de comparación. Los resultados de las pruebas de una persona se comparan con las estadísticas de resultados y se les asignan valores, en percentiles, en relación con el patrón o estándar de comparación.

En tanto las pruebas de conocimientos o de capacidad miden la capacidad de realización de una persona, las pruebas psicométricas hacen énfasis en las aptitudes individuales. Existe gran diferencia entre aptitud y capacidad. La aptitud nace con las personas, es innata y representa la predisposición o potencialidad de la persona para aprender determinada habilidad de comportamiento. La aptitud, por ser innata, puede pasar inadvertida a la persona, que deja de utilizarla durante toda la vida. En consecuencia, la aptitud es una habilidad latente o potencial en la persona, la cual puede ser desarrollada mediante el ejercicio o la práctica.

Capacidad es la habilidad real de la persona en determinada actividad o comportamiento, y se adquiere a partir del desarrollo de una aptitud mediante el entrenamiento, la práctica o el ejercicio. La capacidad está plenamente disponible y se halla lista para que la persona la utilice en sus actividades.

Mientras una prueba de conocimiento o de capacidad ofrece un diagnóstico real de las habilidades de la persona, una prueba de aptitud proporciona un pronóstico de su potencial de desarrollo.

Aptitud	Capacidad
• Predisposición natural para determinada actividad o tarea • Existe sin ejercicio, entrenamiento o aprendizaje previo • Se evalúa por comparaciones • Permite pronosticar el futuro del candidato en el cargo • Con el ejercicio o entrenamiento, se transforma en capacidad • Predisposición general o específica a perfeccionarse en el trabajo • Posibilita la orientación hacia determinado cargo en el futuro • Es el estado latente y potencial de comportamiento	• Habilidad adquirida para realizar determinado trabajo o tarea • Producto del entrenamiento o del aprendizaje • Se evalúa mediante el rendimiento en el trabajo • Se refiere a la habilidad real del individuo: permite diagnosticar el presente • Es el resultado de ejercitar o entrenar la aptitud • Es la disposición general o específica para el trabajo actual • Posibilita la ubicación inmediata en determinado cargo • Es el estado actual del comportamiento

Figura 6.17 Diferencias entre aptitud y capacidad.

Un interesante acercamiento al estudio de las aptitudes lo ofrece Thurstone, quien desarrolló la teoría multifactorial. Según esa teoría, la estructura mental de la persona la conforma una cantidad relativamente pequeña de grandes factores más o menos independientes entre sí, cada uno de los cuales corresponde a una aptitud. Thurstone definió siete factores específicos, a los que añadió un factor general (factor G) al que denominó inteligencia general, que rige y complementa todas las aptitudes. Luego organizó una serie de pruebas para medirlos. Los factores específicos son:

1. *Factor V o comprensión verbal.* Relacionado con la facilidad en el empleo adecuado de las palabras. También se llama aptitud verbal e incluye el raciocinio verbal. Las pruebas para medir el factor V incluyen lectura, analogías verbales, ordenamiento de frases, vocabulario, etc.

Es el factor que más abunda en escritores, poetas y personas que saben utilizar las palabras.

2. *Factor W o fluidez verbal* (*word fluency*). Fluidez verbal o facilidad de hablar. Se encuentra más en oradores, vendedores y personas que hablan bien.

3. *Factor N o numérico*. Se relaciona directamente con la rapidez y exactitud en la realización de cálculos matemáticos sencillos. Abunda más en las personas que hacen cálculos mentales con rapidez.

4. *Factor S o relaciones espaciales.* Habilidad para visualizar relaciones espaciales en dos y tres dimensiones. Factor abundante en proyectistas, diseñadores, conductores de camiones y personas que realizan cálculos geométricos o proyecciones mentales respecto de espacio y dimensión.

5. *Factor M o memoria asociativa.* Incluye facilidad de memorización, que puede ser visual (imágenes, símbolos, palabras escritas, etc.) o auditiva (palabras escuchadas, sonidos, música, etc.)

6. *Factor P o rapidez perceptual.* Es la habilidad para percibir con rapidez y exactitud detalles visuales, o reconocer con rapidez semejanzas y diferencias. También se denomina aptitud burocrática o atención concentrada. Se halla más en empleados que trabajan con números y letras (digitadores, auxiliares de oficina, etc.)

7. *Factor R o raciocinio*. Puede ser raciocinio inductivo o concreto (de las partes al todo) o raciocinio deductivo (del todo a las partes).

Para cada factor existen una o más pruebas psicométricas específicas. Normalmente, los candidatos presentan una serie de pruebas psicométricas para evaluar sus diversas aptitudes. Para medir el factor G se aplican pruebas de inteligencia. En la actualidad se hace mucho énfasis en la denominada inteligencia emocional, es decir, el grado de adaptación del comportamiento emocional de la persona.

Cada cargo exige que el ocupante tenga determinadas aptitudes específicas. Las pruebas psicométricas adecuadas para medir las aptitudes que debe tener el aspirante al cargo se establecen de acuerdo con la ficha profesiográfica, que determina el perfil del candidato ideal. En consecuencia, es común encontrar diversas series de pruebas para cada cargo.

Nombre ______________________________ Fecha ___/___/___

Pruebas psicométricas:	Percentiles:										
	0	10	20	30	40	50	60	70	80	90	100
1. Factor G											
2. Factor V											
3. Factor W											
4. Factor N											
5. Factor S											
6. Factor M											
7. Factor P											
8. Factor R											

Figura 6.18 Resultados de pruebas psicométricas.

Grupo funcional	Pruebas psicométricas
Obreros rasos	• Nivel intelectual medio • Factor P • Destreza manual y digital
Obreros de línea de montaje	• Nivel intelectual intermedio • Factor P • Destreza manual y digital • Factor S
Encargado de sección	• Nivel intelectual medio superior • Factor V • Factor W • Factor R

Figura 6.19 Series de pruebas psicométricas.

Las pruebas psicométricas presentan dos importantes características, que las entrevistas no consiguen alcanzar:

a. *Validez*. Capacidad de la prueba para pronosticar de manera correcta la variable que se pretende medir. Una prueba de selección es válida cuando logra pronosticar el desempeño futuro de la persona en el cargo.

b. *Precisión*. Capacidad de la prueba para presentar resultados semejantes al aplicarla varias veces a una misma persona. Una prueba es precisa cuando, aplicada varias veces a una misma persona, presenta la menor desviación estándar alrededor de la media de los diversos resultados obtenidos. Una prueba es poco precisa cuando los resultados obtenidos por una misma persona son diferentes y dispersos.

El desafío radica en lograr que los instrumentos empleados en el proceso de selección presenten características de validez y precisión: que tanto la entrevista como las pruebas de conocimientos sean válidas y precisas, y consigan medir lo que se pretende medir en los candidatos y que sus aplicaciones repetidas sean coherentes entre sí y no presenten desviaciones ni discrepancias notorias.

Pruebas de personalidad

Estas pruebas sirven para analizar los diversos rasgos de la personalidad, sean determinados por el carácter (rasgos adquiridos o fenotípicos) o por el temperamento (rasgos heredados o genotípicos). Un rasgo de personalidad es una característica marcada que distingue a una persona de las demás.

Las pruebas de personalidad son genéricas cuando revelan rasgos generales de la personalidad, a manera de síntesis; reciben el nombre de psicodiagnósticos. En esta categoría entran las llamadas pruebas expresivas (de expresión corporal), como el PMK (psicodiagnóstico miocinético de Mira y López) y las denominadas pruebas proyectivas (proyección de la personalidad), como el psicodiagnóstico de Rorschach, la prueba de percepción temática, la prueba de árbol de Koch, la prueba de la figura humana de Machover, la prueba de Szondi, etc.

Las pruebas de personalidad son específicas cuando investigan determinados rasgos o aspectos de la personalidad, como equilibrio emocional, frustraciones, intereses, motivaciones, etc. Esta categoría incluye los inventarios de intereses, de frustración y de motivación. Tanto la aplicación como la interpretación de las pruebas de personalidad exigen la participación de un psicólogo.

Técnicas de simulación

Las técnicas de simulación tratan de pasar del tratamiento individual y aislado al tratamiento en grupo, y del método exclusivamente verbal o de ejecución a la acción social. Su punto de partida es el drama, que significa reconstruir en un tablado -contexto dramático- el momento presente, el aquí y ahora, el acontecimiento más cercano a la realidad que se pretende estudiar y analizar. De este modo, al representar una escena, el protagonista asume un papel (*role-playing*) y permanece en un tablado circular rodeado de otras personas -contexto grupal- que asisten a la representación y pueden o no participar en la escena. Las técnicas de simulación son, básicamente, técnicas de dinámica de grupo. La principal técnica de simulación es el psicodrama, basado en la teoría general de roles: cada persona representa los roles que más caracterizan su comportamiento, bien sea de manera aislada o en interacción con otra u otras personas. Establece vínculos habituales o intenta establecer nuevos vínculos. Actúa aquí y ahora como lo hace cotidianamente, lo cual permite analizar y diagnosticar su esquema de comportamiento.

Las técnicas de simulación abrirán un campo interesante para la selección de personal. Las características humanas y el potencial de desarrollo que revelan las técnicas de selección tradicionales deben esperar su confirmación u objeción después de algún tiempo de ejercicio del cargo, ya que no investigan el comportamiento *de facto* de los candidatos ni sus interacciones con personas, situaciones y desafíos. Algunas empresas utilizan técnicas de simulación como complemento del diagnóstico: junto con los resultados de las pruebas psicológicas y las entrevistas, el aspirante debe dramatizar un acontecimiento generalmente relacionado con el futuro papel que desempeñará en la empresa, para que pueda suministrar una expectativa más realista acerca de su comportamiento futuro en el cargo. Estas técnicas se utilizan bastante en los cargos que exigen muchas relaciones interpersonales, como dirección, gerencia, supervisión, ventas, compras, contactos, etc. La posibilidad de error, intrínseca a cualquier sistema de selección, puede reducirse de modo sensible; incluso el mismo aspirante podrá darse cuenta de su adaptación o no al cargo pretendido, simulando una situación que deberá enfrentar más tarde. La simulación fomenta la retroalimentación y favorece el autoconocimiento y la autoevaluación. Las técnicas de simulación deben ser dirigidas por psicólogos y no por legos.

EL PROCESO DE SELECCIÓN

La selección de personal funciona como un proceso compuesto de varias etapas o fases secuenciales que atraviesan los candidatos. En las primeras etapas se encuentran las técnicas más sencillas y económicas; al final se hallan las técnicas más complejas y costosas.

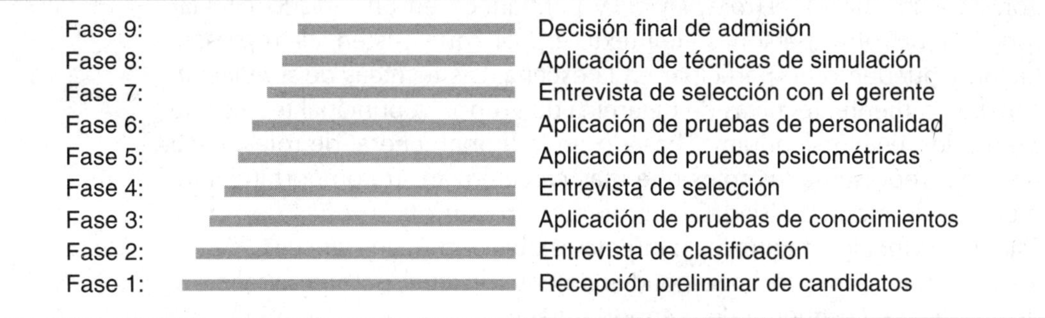

Figura 6.20 Proceso de selección como secuencia de etapas de dificultad creciente.

Dado que en general se emplea más de una técnica de selección, las alternativas disponibles son bastante variadas, de acuerdo con el perfil de complejidad que exija el cargo vacante. Entre las principales alternativas de procesos de selección se encuentran:

a. *Selección en una sola etapa*. Las decisiones se basan en los resultados de una sola técnica de selección, que puede ser una entrevista o una prueba de conocimientos. Es el tipo más sencillo e imperfecto de selección de personal.

b. *Selección secuencial en dos etapas*. Proceso empleado cuando la información estudiada en el primer paso se juzga insuficiente para aceptar o rechazar al aspirante. Su objetivo es mejorar la eficiencia del programa de selección mediante el plan secuencial, que permite al responsable de la decisión aplicar al candidato otra técnica selectiva. En la selección secuencial en dos etapas se exige una decisión definitiva después de la segunda etapa. Es un proceso sencillo de selección de personal, sujeto a errores y distorsiones.

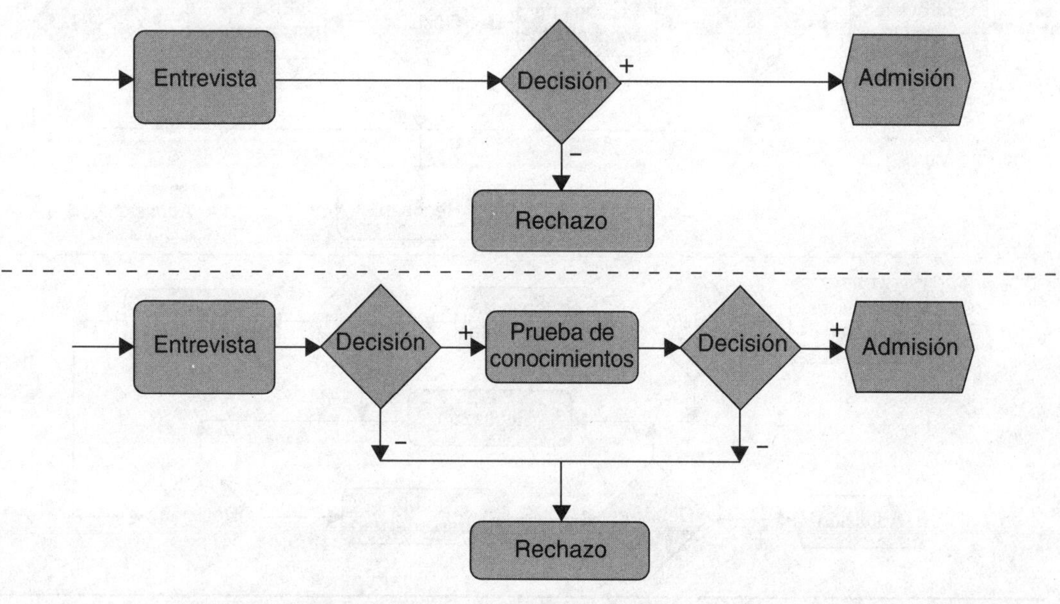

Figura 6.21 Sistemas de selección en una y en dos etapas.

c. *Selección secuencial en tres etapas.* Proceso de selección que incluye una secuencia de tres decisiones tomadas con base en tres técnicas de selección.

d. *Selección secuencial en cuatro o más etapas.* Emplea mayor cantidad de técnicas de selección. La estrategia de selección secuencial siempre es, en términos utilitarios, superior a la selección en una sola etapa. La principal ventaja de los planes secuenciales radica en la disminución del costo de la obtención de la información, que se efectúa por etapas, según la necesidad del caso. Los métodos secuenciales se recomiendan cuando las pruebas son muy costosas, como en el caso de las pruebas que exigen exámenes y evaluaciones individualizados. Si no estuviesen de por medio los gastos en la obtención de información, sería preferible aplicar el conjunto de pruebas a todos los candidatos, sin hacer distinción y sin importar el tamaño ni la extensión.

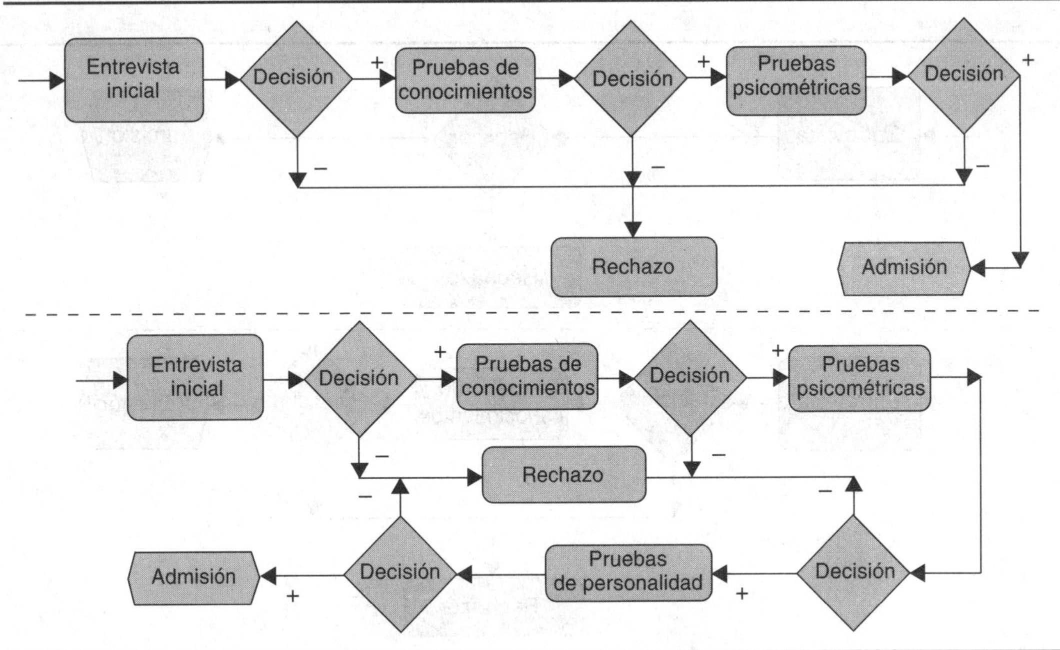

Figura 6.22 Sistemas de selección en tres y en cuatro etapas.

En las organizaciones saludables, aquellas que administran a las personas de manera participativa y democrática, se observa que la tecnología está en baja, en tanto que el humanismo está en alza. Esto significa que las entrevistas prevalecen sobre las pruebas (de aptitud o de personalidad) en la selección de las personas. Las pruebas no pierden su importancia y significado sino que, por el contrario, sirven de apoyo a la conducción de las entrevistas y la toma de decisiones respecto de los candidatos.

Tomada la decisión final de admitir al candidato, éste debe ir al examen médico de admisión, y se le revisa su experiencia laboral y profesional.

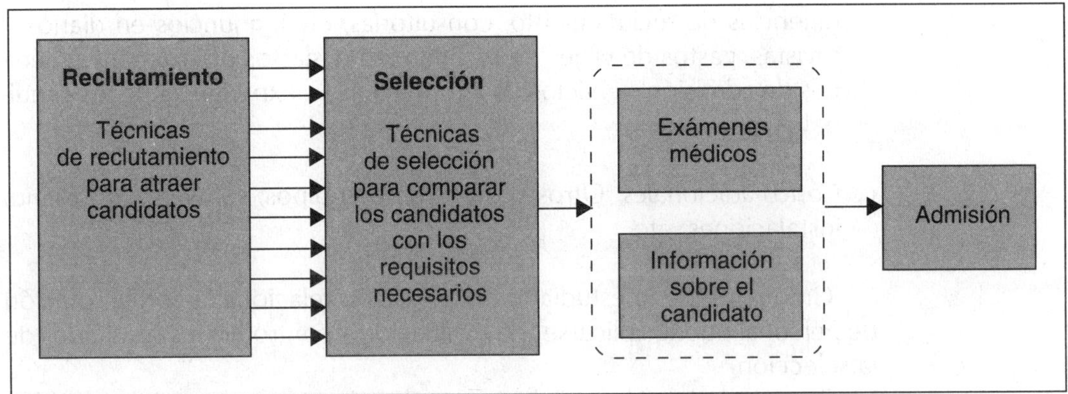

Figura 6.23 Proceso de provisión de personal.

Evaluación y control de resultados

El proceso selectivo debe ser eficiente y eficaz. La eficiencia consiste en hacer las cosas de manera correcta: saber entrevistar bien, aplicar pruebas de conocimientos que sean válidas y precisas, agilizar la selección, contar con un mínimo de costos operacionales, involucrar las gerencias y sus equipos en el proceso de selección de candidatos, etc. La eficacia consiste en lograr resultados y conseguir los objetivos: atraer los mejores talentos hacia la empresa y, sobre todo, mejorar la empresa cada vez más con las nuevas adquisiciones de personal. Sin embargo, cabe formular la pregunta ¿cómo sabemos que dotamos de eficiencia y eficacia al proceso de selección de personal? Uno de los principales problemas que se presentan en la administración de un proceso es precisamente medir y evaluar su funcionamiento por medio de sus resultados, es decir, de sus salidas. Sólo con esa retroalimentación es posible saber si es necesario intervenir para corregir los errores y ajustar el funcionamiento del proceso para mejorarlo cada vez más.

Para medir la eficiencia del proceso, deberá establecerse la siguiente estructura de costos, la cual permite un análisis adecuado:

a. *Costos de personal.* Incluyen el personal que administra los procesos de provisión de personal, sus salarios y beneficios sociales, así como el tiempo del personal de línea (los gerentes y sus equipos) aplicado en las entrevistas con los candidatos.

b. *Costos de operación.* Incluyen llamadas telefónicas, telegramas, correspondencia, honorarios de profesionales y de servicios involucrados (agencias de reclutamiento, consultorías, etc.), anuncios en diarios y revistas, gastos de viajes de reclutamiento, gastos de exámenes médicos de admisión, servicios de información de experiencia de los candidatos, etc.

c. *Costos adicionales.* Otros costos como equipos, software, mobiliario, instalaciones, etc.

Gran parte de lo estudiado en la sección relacionada con la rotación de personal puede aplicarse a la evaluación y control de los resultados de la selección.

Para medir la eficacia del proceso de selección es muy útil el empleo del cociente de selección, calculado mediante la ecuación

$$\text{Cociente de selección} = \frac{\text{Número de candidatos admitidos}}{\text{Número de candidatos examinados}} \times 100$$

El cociente de selección (tasa de selección) es la razón entre el número de candidatos admitidos y el número de candidatos sometidos a las técnicas de selección. A medida que el cociente de selección disminuye, aumentan su eficiencia y su selectividad. En general, el cociente de selección experimenta cambios por la situación del mercado de oferta y demanda de recursos humanos, como ya se estudió anteriormente.

Pueden sugerirse otras mediciones de rendimiento del proceso de provisión de personal:

a. Costo total de las operaciones de reclutamiento y selección.

b. Costo de admisión (costo per cápita).

c. Costo de admisión por fuente de reclutamiento.

d. Total de admisiones.

e. Total de admisiones por fuente de reclutamiento.

f. Calidad de reclutamiento por fuente.

g. Beneficios por fuente y eficiencia de la fuente.

h. Análisis de los resultados de las pruebas y tests de los admitidos, frente a los rechazados.

i. Análisis de los resultados de las pruebas y tests de los admitidos, frente al rendimiento observado.

j. Total de admisiones por anuncio.

k. Costos diferenciales por fuente.

l. Costo total de las operaciones de reclutamiento y selección.

No obstante el elevado costo operacional, la selección de personal trae importantes y enormes beneficios a la organización:

a. Acoplamiento de las personas al cargo y, por ende, satisfacción de éstas con el empleo.

b. Rapidez en la adaptación e integración del nuevo empleado a las nuevas funciones.

c. Mejoramiento gradual del potencial humano mediante la elección sistemática de los mejores talentos.

d. Mayor estabilidad y permanencia del personal, y la consiguiente reducción de la rotación de personal.

e. Mayor rendimiento y productividad por el aumento de la capacidad del personal.

f. Mejoramiento en las relaciones humanas, debido a la elevación de la moral.

g. Menor inversión y esfuerzo en capacitación, debido a la mayor facilidad para aprender a realizar las tareas del cargo y las nuevas actividades exigidas por la innovación.

La selección de personal también deja importantes beneficios para las personas:

a. Aprovecha al máximo las habilidades y características de cada persona en el trabajo.

b. Lo anterior favorece el éxito potencial en el cargo.

c. Eleva la satisfacción de las personas porque encuentra la actividad más indicada para cada individuo.

d. Evita pérdidas futuras en la reubicación o la sustitución de personas, debido al fracaso probable en el cargo.

Para que haya mejoramiento continuo en el proceso de provisión de recursos humanos es necesario que no esté estrictamente condicionado por normas, directrices, esquemas y rutinas de trabajo que puedan provocar rigidez e inflexibilidad. Como todo sistema, el proceso de provisión de personal es vivo, adaptable, y debe ser ágil y flexible. Además, debe descentralizarse para que sea participativo; es decir, debe involucrarse a los gerentes de línea y a sus respectivos equipos en el reclutamiento y selección de personal. Es impresionante la correlación que existe entre empresas exitosas y el hecho de que –en una posición de administración participativa– éstas deleguen por completo el proceso selectivo en los gerentes y sus respectivos equipos de trabajo. La administración participativa se caracteriza porque descentraliza la administración de personas, con el fin de que cada gerente se convierta en gestor de personas, en gestor de sus subordinados. Así mismo, cada gerente administra los demás recursos con ayuda de su equipo de trabajo. En las organizaciones exitosas, los gerentes y sus respectivos equipos de trabajo seleccionan el personal. La administración participativa parte del supuesto de que todas las personas deben involucrarse en el proceso decisorio y, en consecuencia, nada es más lógico que los propios equipos sean responsables en la decisión respecto de quiénes serán sus futuros miembros y colegas.

RESUMEN

El reclutamiento y la selección son parte de un mismo proceso: el suministro de RH. La selección es un proceso de comparación entre dos variables: requisitos exigidos por el cargo vacante *versus* características ofrecidas por los candidatos. La selección también es un proceso de decisión y elección en que pueden utilizarse tres modelos: de colocación, de selección y de clasificación. En todos los casos la situación es una responsabilidad de línea y una función de *staff*. El primer paso de la selección consiste en obtener información acerca del cargo a proveer (mediante el análisis del cargo, del requerimiento de personal, etc.); el segundo es la obtención de informes acerca del candidato mediante la aplicación de técnicas de selección: entrevista, pruebas de conocimientos o de capacidad, pruebas psicométricas, pruebas de personalidad y técnicas de simulación. Así mismo, el proceso de selección puede encadenar esas técnicas de selección en etapas secuenciales (una, dos, tres, o más), dependiendo de la exactitud y la precisión que se pretendan alcanzar. La evaluación de los resultados de la selección puede hacerse mediante ciertos indicadores genéricos o mediante el cociente de selección.

TEMAS PRINCIPALES

Selección
Modelo de selección
Comparación
Hipótesis de trabajo
Especificaciones del cargo
Prueba de selección
Técnicas de selección
Pruebas de conocimientos
Prueba de personalidad
Aptitud
Cociente de selección
Modelo de colocación
Modelo de clasificación
Incidentes críticos
Ficha profesiográfica
Entrevista
Prueba
Técnicas de simulación
Prueba psicométrica
Capacidad
Psicodrama

PREGUNTAS Y TEMAS DE REPASO Y ANÁLISIS

1. Explique la selección como proceso de comparación, decisión y elección.
2. Compare los modelos de colocación, selección y clasificación de candidatos.
3. Compare el flujograma convencional del proceso de reclutamiento y selección con el flujograma del modelo de clasificación.
4. ¿Cómo se lleva a cabo la recolección de información respecto del cargo por proveer?
5. ¿Qué es ficha profesiográfica?
6. Comente las fases de la entrevista de selección.
7. ¿Qué características, ventajas y desventajas tienen las pruebas objetivas en comparación con las pruebas tradicionales de conocimientos o de capacidad?
8. ¿Cuáles son los principales tipos de ítems utilizados en la elaboración de una prueba?
9. Escriba las principales diferencias entre aptitud y capacidad. ¿Cómo pueden evaluarse o medirse?
10. Explique la teoría multifactorial de Thurstone y los principales factores.
11. ¿Qué son técnicas de simulación y pruebas de personalidad?
12. Explique las alternativas del sistema de selección.
13. ¿Cómo se evalúan los resultados de la selección de personal?

INFORME PARA ANÁLISIS Y DISCUSIÓN 6

"Cómo selecciona Alcoa"*

El director de recursos humanos de Alcoa Aluminio S. A. defiende la idea de que el proceso de selección de candidatos a un empleo debe ser sistematizado, principalmente si es de gran escala y coincide con una fase en que hay mucha disponibilidad de fuerza laboral, como ocurre en la actualidad. La oportunidad de poner en práctica la propuesta surgió cuando Alcoa, en medio de diversos programas de expansión y adquisición de otras empresas, empezó a utilizar el computador para seleccionar los mejores candidatos.

La firma, que al principio poseía una fábrica de aluminio en la ciudad minera de Poços de Caldas, asumió en poco tiempo el control de Termocanadá (fabricante de cables, también en Poços de Caldas), se asoció con ASA (Aluminio S. A. Repujado y Laminación), en Pernambuco, inició la construcción de una fábrica de polvo de aluminio en Poços y construyó la mayor fábrica de aluminio del país, en São Luís, capital del estado de Maranhão. Como consecuencia de ese crecimiento acelerado, la planta de personal de la empresa pasó de cuatro mil a seis mil personas.

Dos mil ingenieros. De esta manera nació el PSPC (preselección por computador), programa administrado por el departamento de recursos humanos, cuya finalidad es evitar que se mantenga gran cantidad de hojas de vida en los archivos tradicionales, instruir a los que trabajan en la selección de nombres y dar "más seriedad" a este trabajo, "muy dependiente de la irritabilidad, el cansancio y la subjetividad de los seleccionadores".

El PSPC, desarrollado en la misma Alcoa, utiliza los equipos de la empresa y sigue una programación de sistemas sencilla. Los candidatos son reclutados mediante anuncios en los diarios, y los datos (escolaridad, experiencia y características personales) suministrados se introducen en el computador para compararlos con los requisitos del cargo por proveer. El computador elabora las listas de los candidatos que más se aproximan a los requisitos. Al poco tiempo de ser establecido, el PSPC dio muestras de su utilidad: Alcoa ofreció 16 cargos para ingenieros y recibió dos mil hojas de vida.

Otras aplicaciones. Este programa no sólo fue creado para administrar mejor el cubrimiento inmediato de las vacantes, sino que también se utiliza

---

* Tomado de la revista *Negócios em Exame*, No. 243, 27 de enero de 1982, p. 56, con autorización de Editora Abril.

para almacenar información acerca de profesionales que podrían trabajar en la fábrica en el futuro. Cuando se implantó el PSPC, el departamento de RH tenía cerca de cuatro mil hojas de vida de personas (del estado de Maranhão, en su mayoría) interesadas en ingresar a Alcoa. La simple publicación de un anuncio bajo el lema de "Marañense, vuelve a casa", en algunas capitales, provocó la presentación de más de tres mil hojas de vida. La suma de las que están registradas en el computador se acerca a diez mil.

Además de las ventajas cuantificables, como ahorro de tiempo, el PSPC ofrece ventajas mucho más importantes, como contribuir a que la selección sea más justa, desde el punto de vista del empleado, y más eficiente, desde el punto de vista de la empresa. Como si esto fuera poco, el PSPC tiene su propia metodología y la utiliza en otras aplicaciones, como la reestructuración del escalafón de los empleados que pertenecen a la empresa. De este modo, se dio mayor coherencia a los planes de reclasificación de cargos, promoción y sucesión.

CASO 6

El gerente de recursos humanos de Metalúrgica Santa Rita S. A. (Mesarisa), Alberto Oliveira, había presentado a la dirección un excelente plan de reclutamiento para tres cargos creados recientemente: un gerente del departamento de compras, un jefe de programación de materiales y un supervisor de compras técnicas. Este último cargo reporta al gerente del departamento de compras, quien reporta a la dirección industrial, en tanto que el jefe de programación de materiales está subordinado al gerente del departamento de producción. Los candidatos no tardarían en aparecer; sin embargo, el esfuerzo de reclutamiento requiere intensificarse, debido a la oferta en el mercado de trabajo para esa clase de profesionales.

Alberto Oliveira no tenía la descripción y el análisis de esos cargos, porque fueron creados recientemente, y no sabía cómo recolectar la información al respecto para configurar las especificaciones que se exigirían a los aspirantes. Incluso no había pensado en qué técnicas de selección emplearía y qué preguntaría a los candidatos; tampoco había pensado en cuál sería la secuencia del proceso de selección, aunque veía que era una excelente oportunidad para demostrar a los directores su capacidad de planear y llevar a cabo un buen trabajo. Sin embargo, ¿cómo presentar y detallar el asunto?

PARTE IV

Subsistema de aplicación de recursos humanos

Los procesos de aplicación de personas incluyen los primeros pasos de la integración de los nuevos miembros en la organización, el diseño del cargo que debe desempeñarse y la evaluación del desempeño en el cargo. Ya se analizó que los procesos de provisión de personal se encargan de buscar en el mercado las personas necesarias y colocarlas e integrarlas en la organización para que ésta pueda mantener su continuidad. El paso siguiente es emplearlas como fuerza de trabajo en la empresa. Esto significa que las personas, después de reclutadas y seleccionadas, deben ser integradas en la organización, destinadas a sus cargos y evaluadas en cuanto a su desempeño. En consecuencia, después de los procesos de provisión siguen los procesos de aplicación de recursos humanos, que se analizarán en los tres capítulos que conforman esta parte IV: diseño de los cargos, descripción y análisis de los cargos y evaluación del desempeño humano.

SOCIALIZACIÓN ORGANIZACIONAL

Después de ser reclutadas y seleccionadas, las personas ingresan en las organizaciones; en consecuencia, el ingreso es restrictivo y selectivo. Sólo algunas personas tienen condiciones para ingresar en las organizaciones y ser admitidas para ocupar cargos. Antes de asignarles sus cargos, las organizaciones buscan integrar a las personas en su contexto, aclimatándolas y condicionándolas –mediante ceremonias de iniciación y aculturación social– a las prácticas y la filosofía predominantes en la organización y, simultáneamente, desprendiendo de viejos hábitos y prejuicios indeseables el comportamiento del recién iniciado. De esta manera, la organización recibe a los nuevos seleccionados y los integra a su cultura, su contexto y su sistema para que puedan comportarse de manera adecuada a las expectativas de la organización.

La socialización organizacional procura establecer, junto con el nuevo miembro, las bases y premisas de funcionamiento de la organización, y cuál será su colaboración en este aspecto. Debido a la socialización, el nuevo empleado renuncia a una parte de su libertad de acción al ingresar en la organización: se compromete a cumplir un horario de trabajo, desempeñar ciertas actividades, seguir las orientaciones del superior, obedecer determinadas normas y reglamentos internos y cumplir todo lo relacionado con sus funciones.

La organización trata de inducir la adaptación del comportamiento del individuo a sus necesidades y objetivos imprimiéndole sus caracterís-

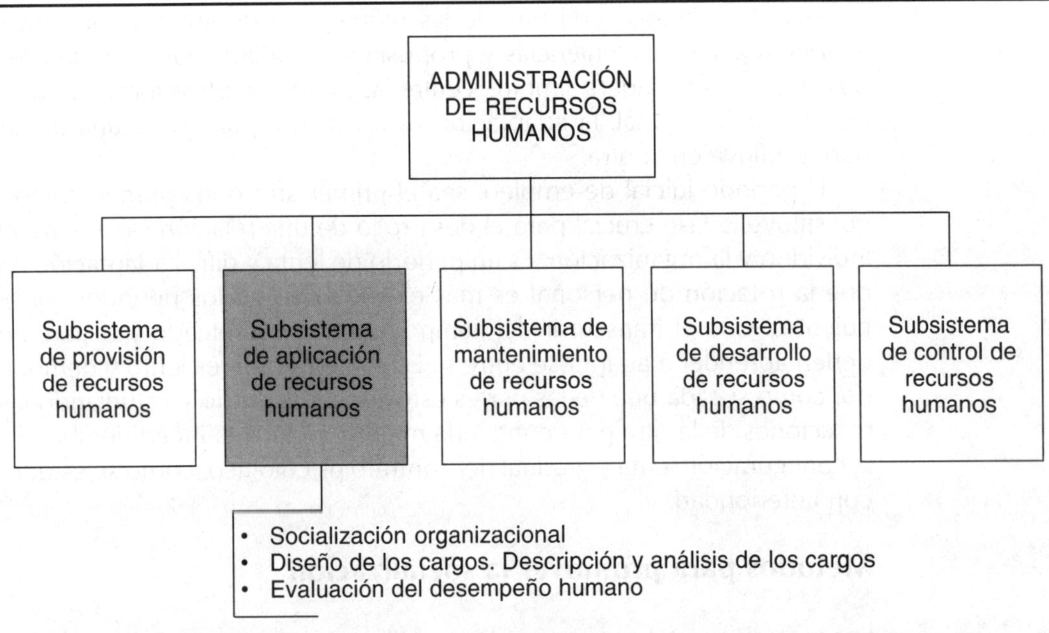

Figura IV.1 Administración de recursos humanos y sus subsistemas.

ticas con firmeza. Entre tanto, el nuevo miembro tratará de influir en la organización y el gerente para crear una situación laboral que le proporcione satisfacción y le permita alcanzar sus objetivos personales. En muchas ocasiones, este proceso de personalización está en conflicto con el proceso de socialización propuesto por la organización. En realidad, es un proceso bidireccional en que cada una de las partes trata de influir para que la otra parte se adapte a ella.

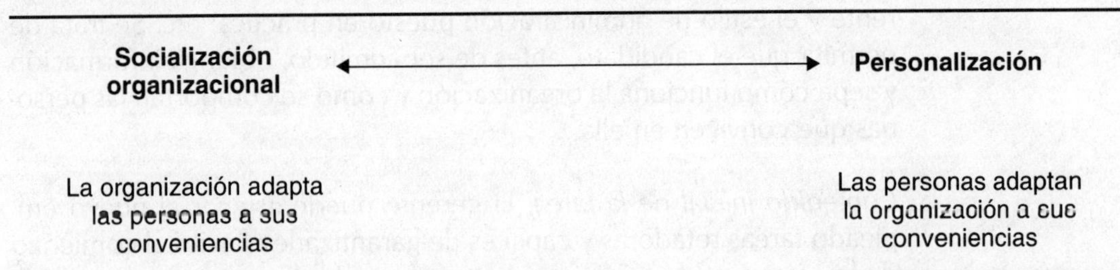

Figura IV.2 Extremos del *continuum* de la adaptación mutua entre personas y organización.

En este proceso cada una de las partes trata de influir en la otra y adaptarla a sus conveniencias y propósitos. La adaptación es mutua en busca de una verdadera simbiosis entre las partes. En otros términos, además de bidireccional, la adaptación es recíproca, pues cada una de las partes influye en la otra.

El periodo inicial de empleo, sea el primer año o los primeros años, constituye la fase crucial para el desarrollo de una relación sana entre el individuo y la organización. Es un periodo de lenta y difícil adaptación en que la rotación de personal es más elevada que en los periodos subsiguientes. Con el transcurrir del tiempo, el nuevo empleado y el gerente deben aprender a adaptarse entre sí. Este aprendizaje es lento y demorado, como si cada una de las partes estuviera analizando y estudiando las reacciones de la otra para conocerla mejor y reducir la incertidumbre. Es la configuración lenta y gradual del contrato psicológico, como se estudió con anterioridad.

Métodos para promover la socialización

Los métodos que las organizaciones utilizan para promover la socialización entre los nuevos empleados y los antiguos son muy variados. En algunas organizaciones la socialización es contundente, como la de los estudiantes novatos en escuelas y universidades. En las empresas, la socialización organizacional es un proceso de aplicación que trata de crear un ambiente de trabajo receptivo y agradable durante el periodo inicial del empleo. Este proceso utiliza una gran variedad de métodos, de los cuales los más utilizados son:

a. *Planeación del proceso selectivo.* Esquema de entrevistas de selección mediante el cual el candidato puede conocer su futuro ambiente de trabajo, la cultura predominante en la organización, los colegas, las actividades desarrolladas, los desafíos y recompensas a la vista, el gerente y el estilo de administración puesto en práctica, etc. Se trata de permitir que el candidato, antes de ser admitido, obtenga información y sepa cómo funciona la organización y cómo se comportan las personas que conviven en ella.

b. *Contenido inicial de la tarea.* El gerente puede asignar al nuevo empleado tareas retadoras y capaces de garantizarle el éxito al comienzo de la carrera en la organización, y entregarle después tareas gradualmente más complejas y cada vez más exigentes. Los nuevos empleados a los que se les asignan tareas exigentes se hallan más capacitados para desempeñar las tareas futuras con más éxito. El empleado principiante tiende a incorporar altos patrones de desempeño y expectativas positivas respecto de las recompensas que pueda obtener si su desempeño es excelente. Cuando se asignan tareas fáciles al principiante, éstas no le brindan la oportunidad de lograr éxito ni obtener motivación.

c. *Papel del gerente.* Para el empleado nuevo, el gerente representa la imagen de la organización. El gerente puede designar a un supervisor para que se encargue de ser el tutor del nuevo empleado y lo oriente y lo guíe durante el periodo inicial en la organización. Si el supervisor desempeña un buen trabajo en la ejecución de tareas clave, el empleado ve la organización de manera positiva; si, por el contrario, el supervisor es ineficiente en su labor con el nuevo empleado, éste verá la organización de modo negativo. En consecuencia, el supervisor debe cumplir tres funciones básicas con el nuevo empleado:

1. Entregar al nuevo empleado una descripción clara de la tarea que debe desempeñar.

2. Suministrar toda la información técnica acerca de cómo realizarla.

3. Proporcionar retroalimentación adecuada al nuevo empleado sobre la calidad de su desempeño.

Los gerentes escogen bien a los supervisores para asegurar que la supervisión, el seguimiento y la orientación de los nuevos empleados sean buenos. Para actuar como verdaderos tutores, los supervisores deben tener alto grado de seguridad personal para que no se sientan amenazados ante el fracaso o el éxito de los nuevos empleados, y tener mucha paciencia para tratar personal nuevo e inexperto.

d. *Grupos de trabajo.* El grupo de trabajo puede cumplir un papel importante en la socialización de los nuevos empleados. El gerente puede encomendar la integración del nuevo empleado a un grupo de trabajo. La aceptación del grupo es fuente fundamental de satisfacción de las necesidades sociales. Además, los grupos de trabajo influyen bastante en las creencias y actitudes de los individuos frente a la organización, así como en la manera de comportarse. El gerente también debe designar los nuevos empleados que formarán parte de grupos de trabajo, que puedan provocar impacto positivo y duradero.

e. *Programas de integración.* Entrenamiento intensivo inicial dirigido a los nuevos miembros de la organización para familiarizarlos con el lenguaje habitual de la organización, los usos y costumbres internos (cultura organizacional), la estructura de la organización (áreas o departamentos existentes), los principales productos o servicios, la misión de la organización y los objetivos organizacionales, etc. Casi siempre los programas de integración o inducción constituyen el método principal de adaptación de los nuevos empleados a las prácticas normales de la organización. Su propósito se dirige a que el nuevo empleado aprenda e incorpore valores, normas y patrones de comportamiento que la organización considera imprescindibles y pertinentes para el buen desempeño de sus empleados.

Asuntos organizacionales	a. Misión y objetivos básicos de la organización b. Políticas: medios a través de los cuales se alcanzarán los objetivos c. Cómo se organiza y estructura la empresa: qué hace cada área o departamento d. Distribución física del área que utilizará el nuevo miembro e. Principales productos y servicios de la organización f. Normas y reglamentos internos g. Procedimientos de seguridad en el trabajo
Beneficios	a. Horario de trabajo, de descanso y de comida (o refrigerios) b. Días de pago y anticipos salariales c. Beneficios sociales ofrecidos por la organización
Presentación	a. A los superiores y los colegas de trabajo
Deberes de los cargos	a. Responsabilidades básicas confiadas al nuevo empleado b. Tareas del cargo c. Objetivos del cargo d. Visión general del cargo

Figura IV.3 Principales ítems de un programa de integración.

El programa de integración busca que el nuevo empleado asimile con rapidez e intensidad, en una situación de laboratorio, la cultura de la organización, y de ahí en adelante se comporte como un miembro comprometido con la organización. En algunas organizaciones, los programas de integración los desarrolla el órgano encargado del entrenamiento, mientras que en otras sólo los coordinan y ejecutan los gerentes de línea en los diversos aspectos tratados. Son programas que duran entre uno y cinco días, dependiendo de la intensidad de la integración que la organización pretenda lograr, y cuentan con un seguimiento del empleado a mediano plazo, llevado a cabo por el gerente o el supervisor que fungen de tutores de los nuevos empleados y que se responsabilizan de la evaluación de su desempeño. En los casos en que el nuevo empleado ocupe una posición destacada, en niveles de gerencia o dirección, el programa de integración puede durar meses y sigue una agenda que programa su presencia en las diversas áreas o departamentos de la organización con un tutor permanente (su gerente o director) y un tutor específico en cada área o departamento incluido en la agenda.

- Proceso de selección
- Contenido inicial de la tarea
- Supervisor como tutor
- Grupo de trabajo
- Programa de integración

Figura IV.4 Métodos de socialización organizacional.

El ingreso y la socialización, que constituyen la bienvenida a los nuevos empleados, son dos aspectos importantes para consolidar una buena relación a largo plazo entre individuo y organización.

La empresa como sistema de roles[1]

Las organizaciones se crean con el propósito de producir algo: servicios o productos. En consecuencia, emplean energía humana y no humana para

1 Daniel Katz, Robert L. Kahn, *Psicologia social das organizações*, São Paulo, Atlas, 1970, p. 88.

transformar materias primas en productos acabados o servicios prestados. Aunque son dueñas de cosas inanimadas, como edificios, máquinas y equipos, instalaciones, mesas, archivos, etc., en últimas, las organizaciones están compuestas de personas. Las organizaciones sólo pueden operar cuando las personas están en sus puestos de trabajo y son capaces de desempeñar los roles para los cuales fueron seleccionadas, contratadas y preparadas. Por consiguiente, las organizaciones delinean su estructura formal, definen órganos y cargos y preestablecen, con mayor o menor volumen de reglas burocráticas, los requisitos necesarios y las atribuciones que se les conferirán a los empleados. Esta división del trabajo y la consiguiente especialización producen diferenciación enorme de roles en la organización, que procura racionalizar la situación estableciendo rutinas para disminuir la inseguridad de los empleados, aumentar las posibilidades de previsión y centralizar funciones y controles. De este modo, surge la burocratización, que puede -hasta cierto punto- traer alguna eficiencia a la organización, debido a su carácter racional, aunque no siempre esa eficiencia compense la rigidez y racionalidad a las que se encuentra asociada.

Aunque ingresen en una organización, las personas continúan participando en otras organizaciones donde desempeñan otros roles sociales. Las personas viven en otros ambientes y son moldeadas e influenciadas por ellos. Por consiguiente, la organización no constituye la totalidad de la vida de las personas, puesto que no es la sociedad entera ni envuelve completamente a las personas. Por esta razón, las personas sólo están incluidas parcialmente en la organización, hecho que se denomina inclusión parcial. En otros términos, la organización no utiliza al individuo en su totalidad ni copa todo su potencial, sino sólo algunos de sus comportamientos más importantes para el desempeño del rol. Éste es el mayor desperdicio de las organizaciones: el desperdicio humano, puesto que -para funcionar- la organización apenas selecciona ciertos comportamientos de los individuos. Tales comportamientos específicos se mezclan con los de otros empleados para transmitirlos a todos los miembros de la organización, de modo que haya coordinación e integración entre ellos, condiciones básicas para el buen funcionamiento de la organización.

En sociología, se dice que rol es el conjunto de actividades y comportamientos que se solicitan a un individuo que ocupa determinada posición en una organización. Todas las personas ocupan roles en las organizaciones. Algunos roles ya pueden ser conocidos por el individuo, debido a la información que tiene del proceso técnico y de la tarea de la empresa, o se le comunican mediante otros empleados que dependen de su comportamiento de rol para cumplir con las expectativas de sus propios cargos. En consecuencia, la empresa puede considerarse como una serie de roles o conjuntos de actividades que deben realizar los individuos, y una serie de conjuntos de roles o de grupos que se superponen, cada uno de los cuales está conformado por personas cuyas expectativas giran en torno de un individuo. En resumen, la empresa es un sistema de roles.

Las empresas sólo empiezan a operar cuando las personas encargadas de desempeñar roles específicos y realizar actividades requeridas ocupan sus posiciones respectivas. Uno de los problemas fundamentales de toda empresa es reclutar, seleccionar y formar a sus empleados en función de los puestos de trabajo, de modo que los desempeñen con la máxima eficacia. Una manera de ocupar los diversos puestos de trabajo en una empresa consiste en emplear un conjunto de personas que quizá reúnan las cualidades requeridas. Después de la evaluación del desempeño, tal vez sólo permanezcan aquellas que reúnen las condiciones para desempeñar con éxito las funciones propias de sus cargos. La lógica de un sistema de reclutamiento y selección de personal es muy clara: en una empresa hay puestos de trabajo que deben ser ocupados; por tanto, exige a los aspirantes calificaciones (que deben especificarse en detalle) necesarias para desempeñarse en ellos, y selecciona a los que reúnan tales cualidades. Este "modelo de selección" se basa en el supuesto de que las necesidades básicas que deben satisfacerse corresponden a la organización. En este sistema de roles, cada persona debe desempeñar el papel que le asigna la empresa.

Desempeño del rol

El desempeño del rol recibe muchas influencias. Por ejemplo, considere una relación entre jefe y subordinado, en que el primero debe asignar un rol al segundo. El proceso comienza cuando el jefe explica al subordinado lo que debe hacer (expectativa del rol); el empleado recibe las explicaciones e interpreta la expectativa que se le comunica, con alguna distorsión proveniente del proceso de comunicación (rol percibido), y realiza lo que se le pidió, según su interpretación personal (comportamiento del rol). Cumplido este paso, el jefe evalúa el desempeño del subordinado (comportamiento controlado) y compara este desempeño con la expectativa del rol.

De ese modo, el desempeño del rol no siempre está de acuerdo con las expectativas, pues en este proceso pueden ocurrir cuatro discrepancias o disonancias, según se ilustra en la figura IV.5.

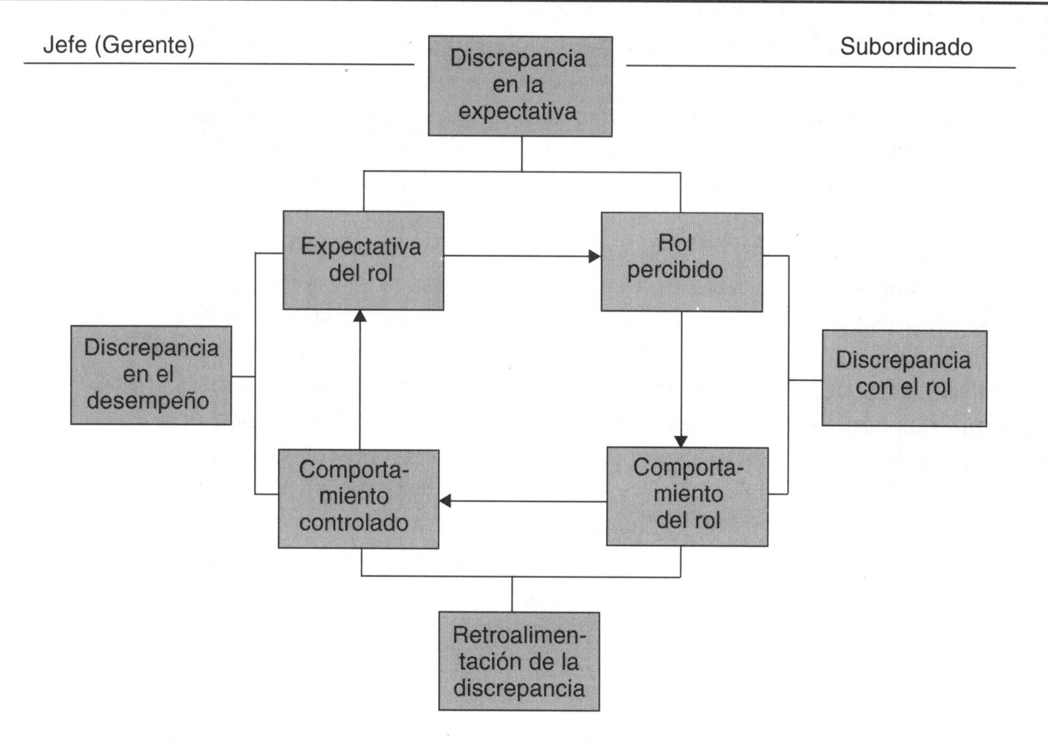

Figura IV.5 Desempeño del rol.

Fuente: George Graen, "Role-making Processes within Complex Organizations", en Marvin D. Dunnette (Org.), *Handbook of Industrial and Organizational Psychology*, Chicago, Rand McNally, 1976.

1. *Discrepancia de la expectativa.* Diferencia entre la expectativa del rol transmitida por el jefe y el rol percibido por el subordinado, de acuerdo con su interpretación. No siempre aquello que explica el jefe lo entiende perfectamente el subordinado.

2. *Discrepancia con el rol.* Diferencia entre el rol percibido por el subordinado y el comportamiento del rol que desempeña. El subordinado no

siempre consigue ejecutar lo que entiende que debe hacer, o no es capaz de realizarlo de manera efectiva.

3. *Retroalimentación de la discrepancia.* Diferencia entre el comportamiento del rol del subordinado y el comportamiento controlado por el jefe. El jefe no siempre evalúa adecuadamente todo lo que el subordinado realiza.
4. *Discrepancia en el desempeño.* Diferencia entre el comportamiento controlado por el jefe y la expectativa del rol que él transmitió al subordinado. El subordinado no siempre realiza lo que se le dice que ejecute.

La comprensión del desempeño del rol debe tener en cuenta los cuatro aspectos mencionados con anterioridad. Para efectos de lo que se estudiará en este libro, es conveniente relacionar los conceptos de rol y de cargo, aunque sean bastante diferentes entre sí. De aquí en adelante, en vez de hablar de roles, hablaremos de cargos.

EVALUACIÓN DE LOS PROCESOS DE APLICACIÓN DE LAS PERSONAS

En la figura IV.6 se ilustra el procedimiento para evaluar los procesos de aplicación de las personas. Dichos procesos pueden representarse en un *continuum* que abarca desde una situación precaria e incipiente (sector izquierdo del *continuum*) hasta una configuración compleja y bien desarrollada (sector derecho).

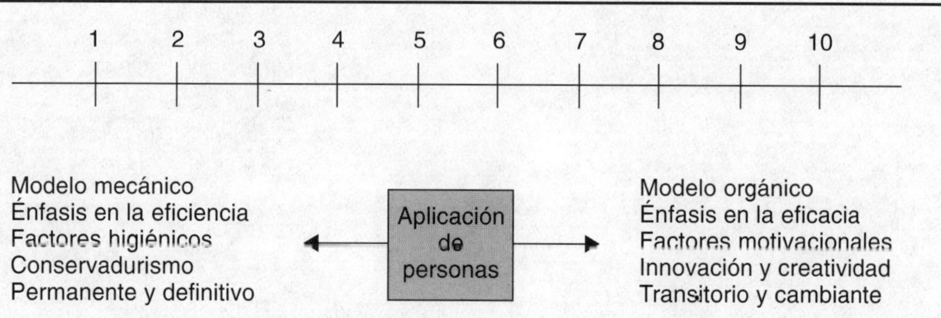

Figura IV.6 *Continuum* de situaciones en los procesos de aplicación de personas.

En el sector izquierdo del *continuum*, los procesos de aplicación de personas se caracterizan por su modelo mecánico, cuando se basan en una concepción mecanicista y determinista: a cada causa corresponde un solo efecto, cada acción provoca una sola reacción; hacen énfasis en la eficiencia, al exigir que las personas ejecuten sus actividades de acuerdo con el método de trabajo, procedimientos y rutinas establecidos por la organización. En sentido estricto, las personas no deben pensar sino ejecutar, puesto que el método se considera perfecto e inmutable. Además, dichos procesos sólo privilegian los factores higiénicos expuestos en la teoría de Herzberg. Esto indica que se otorga mucha importancia a los salarios que se pagan, a los beneficios ofrecidos, al tipo de supervisión aplicado a las personas, a la política interna de la organización. En otras palabras, se da mucha importancia a los factores *insatisfactorios* y los de contexto, y prevalece el conservadurismo. La permanencia de las actividades indica que existe la certeza de que todo es definitivo e inmutable.

En el sector derecho del *continuum*, los procesos de aplicación se caracterizan por el modelo orgánico, el énfasis en la eficacia, la focalización en los factores motivacionales y la innovación y la creatividad, pues se considera que los cargos y las actividades organizacionales no son inmutables y están sujetos a mejoramiento continuo.

7

Diseño de cargos

Las personas trabajan en las organizaciones a través de los cargos que ocupan. Cuando alguien dice que trabaja en determinada empresa, la primera pregunta que se nos ocurre es ¿qué cargo ocupa? Así conocemos qué hace en la organización, nos hacemos una idea de su importancia y del nivel jerárquico que ocupa. Para la organización, el cargo es la base de la aplicación de las personas en las tareas organizacionales; para la persona, el cargo es una de las mayores fuentes de expectativa y motivación en la organización. Las personas siempre ocupan un cargo cuando ingresan en una organización.

CONCEPTO DEL CARGO

El concepto del *cargo* se fundamenta en las nociones de tarea, atribución y función.

a. *Tarea.* Actividad individual que ejecuta el ocupante del cargo. En general, es la actividad asignada a cargos simples y rutinarios (como los que ejercen los que trabajan por horas o los obreros), como montar una pieza, enroscar un tornillo, fabricar un componente, insertar una pieza, etc.

b. *Atribución*. Actividad individual que ejecuta la persona que ocupa un cargo. En general, se refiere a cargos más diferenciados (ocupados por quienes trabajan por meses o por los empleados de oficina), como elaborar un cheque, emitir una solicitud de material, elaborar una orden de servicio, etc. La atribución es una tarea un poco más sofisticada, más intelectual y menos material.

c. *Función*. Conjunto de tareas (cargos por horas) o atribuciones (cargos por meses) que el ocupante del cargo ejecuta de manera sistemática y reiterada. También puede ejecutarlas un individuo que, sin ocupar un cargo, desempeña una función de manera transitoria o definitiva. Para que un conjunto de tareas o atribuciones constituya una función, se requiere que se ejecuten de modo repetido.

d. *Cargo*. Conjunto de funciones (tareas o atribuciones) con posición definida en la estructura organizacional, en el organigrama. La posición define las relaciones entre el cargo y los demás cargos de la organización. En el fondo, son relaciones entre dos o más personas.

El cargo se compone de todas las actividades desempeñadas por una persona, las cuales pueden incluirse en un todo unificado que ocupa una posición formal en el organigrama. Para desempeñar sus actividades, la persona que ocupa un cargo debe tener una posición definida en el organigrama. De este modo, un cargo constituye una unidad de la organización y consiste en un conjunto de deberes que lo separan y distinguen de los demás cargos. La posición del cargo en el organigrama define su nivel jerárquico, la subordinación, los subordinados y el departamento o división donde está situado. Ubicar un cargo en el organigrama implica establecer esas cuatro categorías o condiciones.

En el organigrama, cada cargo se representa mediante un rectángulo con dos terminales de comunicación. El terminal de arriba, que lo liga al cargo superior, refleja la responsabilidad en términos de subordinación. El terminal de abajo, que lo liga a los cargos inferiores, refleja la autoridad en términos de supervisión. Ubicar un cargo en el organigrama implica indicar su nivel jerárquico (por ejemplo, dirección, gerencia, supervisión, ejecución), el área en que está situado (departamento o división), a quién reporta (quién es su superior inmediato), a quién supervisa (cuáles son sus subordinados directos) y cuáles son los cargos con que mantiene relaciones laterales.

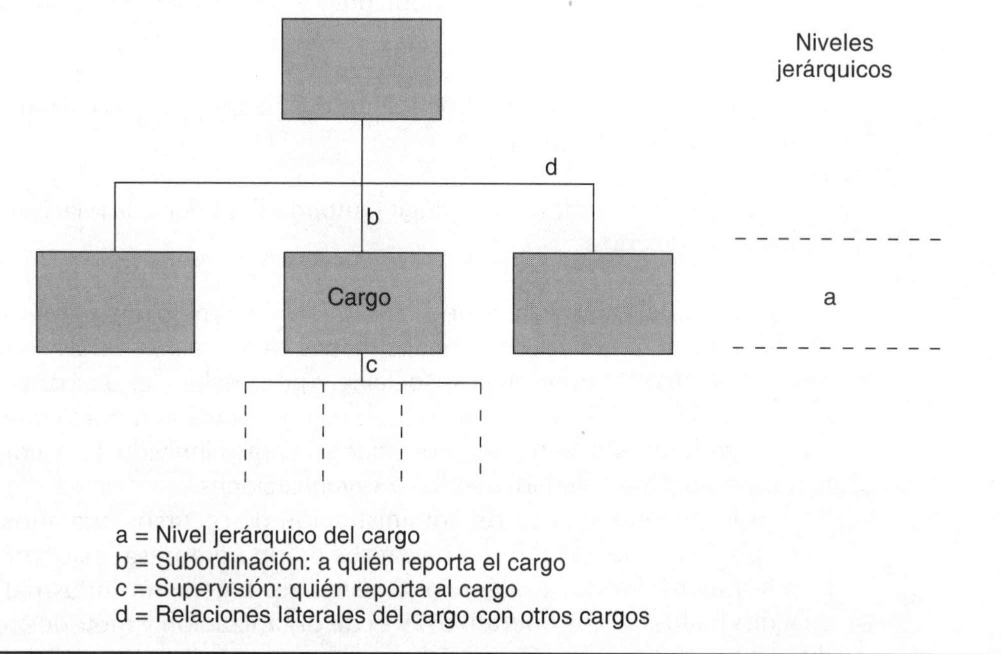

Figura 7.1 Ubicación del cargo en el organigrama.

El ocupante es la persona designada para desempeñar un cargo. Toda persona que trabaje en una organización ocupa un cargo. Existen cargos que tienen un solo ocupante (por ejemplo, el director general), en tanto que otros tienen varios ocupantes que realizan las mismas tareas (por ejemplo, operadores de máquinas, tenedor de libros, vendedores, etc.). Las tareas o atribuciones constituyen las actividades realizadas por quien ocupa el cargo. Cuando una persona ocupa determinado cargo, se espera que ejecute las tareas o atribuciones propias del cargo, dependa de un superior, administre sus subordinados y responda por su unidad de trabajo.

CONCEPTO DE DISEÑO DEL CARGO

Diseñar un cargo significa establecer cuatro condiciones fundamentales:

a. Conjunto de tareas o atribuciones que el ocupante deberá cumplir (contenido del cargo).

b. Cómo deberá cumplir esas atribuciones y tareas (métodos y procesos de trabajo).

c. A quién deberá reportar el ocupante del cargo (responsabilidad); es decir, la relación con su jefe.

d. A quién deberá supervisar o dirigir (autoridad); es decir, la relación con los subordinados.

El diseño del cargo es la especificación del contenido, de los métodos de trabajo y de las relaciones con los demás cargos para cumplir requisitos tecnológicos, empresariales, sociales y personales del ocupante del cargo. En el fondo, el diseño de los cargos representa el modelo que los administradores emplean para proyectar los cargos individuales y combinarlos en unidades, departamentos y organizaciones.

Por lo general, el área de administración de recursos humanos no es responsable del diseño de los cargos en una empresa; esto corresponde muchas veces a algún organismo de ingeniería industrial (el cual diseña los cargos operativos) y el de organización y métodos (que diseña los cargos de oficina), al que le compete la planeación y la distribución de las tareas y atribuciones de gran parte de la empresa. Los demás cargos (de las áreas administrativa, financiera y mercadológica) son diseñados generalmente por la gerencia respectiva, en un proceso continuo de solución de problemas. Esto implica que los cargos no son estables, estáticos ni definitivos, sino que están en evolución, innovación y cambio continuos para adaptarse a las constantes transformaciones tecnológicas, económicas, sociales, culturales y legales. En la actualidad se observa una revolución completa en el concepto del cargo, debido a las exigencias del mundo moderno y la globalización de la economía.

MODELOS DE DISEÑO DE LOS CARGOS

Es probable que el diseño del cargo sea tan antiguo como el trabajo humano. Desde cuando el ser humano debió dedicarse a cazar o pescar aprendió, de la experiencia acumulada con los siglos, a modificar su comportamiento para mejorarlo continuamente. El proceso se complicó cuando aumentaron las tareas y fueron necesarias varias personas para realizarlas. No obstante, en el fondo no se modificó la situación básica de un hombre que desempeña tareas bajo el mando de otro, a pesar de todos los cambios sociales, políticos, económicos, culturales y demográficos ocurridos durante la larga historia de la humanidad. Aunque la profunda división del trabajo implantada por la Revolución Industrial -debido al surgimiento de fábricas, la interdependencia gradual de los trabajos, la invención de las máquinas y la instauración de la mecanización, la llegada de la administración científica y, posteriormente, del movimiento de relaciones humanas- modificó el contenido del trabajo, no modificó la esencia de la situación de dependencia de una persona respecto de otra. A partir de la década de 1960, un grupo de científicos del comportamiento y consultores de empresas demostró que los antiguos enfoques de diseño de los cargos conducen a resultados contrarios a los objetivos organizacionales. A partir de entonces, surgen nuevos modelos de diseño de los cargos.

Modelo clásico o tradicional de diseño de los cargos

Es la figura utilizada por los ingenieros pioneros del movimiento de la administración científica, la primera de las teorías administrativas, a comienzos del siglo XX. Taylor y sus seguidores -Gantt y Gilbreth- hicieron un primer intento sistemático por aplicar ciertos principios para el desempeño óptimo del individuo en el cargo. La administración científica pregonaba que sólo los métodos científicos permitirían proyectar los cargos y entrenar a las personas para obtener la eficiencia máxima. Mientras Taylor buscaba la cooperación entre la administración y los obreros para aumentar la productividad y repartir sus beneficios entre las dos partes, sus seguidores fueron más restrictivos y se concentraron en dos aspectos principales: determinación de la mejor manera de desempeñar las tareas de un cargo (*the best way*), y utilización de incentivos salariales (premios de producción) para garantizar la adhesión del empleado a los métodos de trabajo establecidos, lo cual se denominó racionalización del trabajo. La mejor manera se definía mediante estudios de tiempos y movimientos que permitían determinar el método de trabajo que debían seguir los trabajadores. Se establecía una separación entre pensamiento (gerencia) y actividad (obreros): los cargos se proyectaban según el modelo de hacer y no de pensar. El gerente mandaba y el obrero simplemente obedecía y ejecutaba. El entrenamiento en el cargo se limitaba a las habilidades específicas necesarias para la ejecución de las tareas. El punto de vista dominante era que cuanto más simples y repetitivas fueran las tareas, mayor sería la eficiencia del trabajador. De ahí se derivó el énfasis en la fragmentación de las tareas, la simplificación exagerada de las actividades y, en consecuencia, la superespecialización del trabajador.

El modelo clásico diseña los cargos teniendo en cuenta las siguientes etapas:

1. Se parte del supuesto según el cual el hombre es sólo un apéndice de la máquina, un mero recurso productivo. Se busca la racionalidad eminentemente técnica. La tecnología precede a las personas. La tecnología (máquinas, herramientas, instalaciones, distribución física) sirve de base para el diseño de los cargos. En otros términos, el diseño de los cargos sirve exclusivamente a la tecnología y a los procesos de producción. El diseño es óptimo cuando cumple los requisitos de la tecnología y los procesos productivos. La manera de analizar el diseño es lógica y determinista: descomposición de la tarea en sus partes componentes.

2. En función de los aspectos citados, el trabajo se divide y fragmenta en partes, de modo que cada persona realiza sólo una tarea sencilla y rutinaria. Cada persona recibe una responsabilidad parcial y fragmentada en la ejecución rutinaria y repetitiva, teniendo como referencia el tiempo estándar y los ciclos de producción que deben cumplirse. En conjunto, el trabajo de las personas debe ser armonioso, rítmico y coordinado.

3. El diseño clásico de los cargos se basa en la presuposición de estabilidad y permanencia a largo plazo del proceso productivo, lo cual implica que el diseño de los cargos es definitivo y se establece para siempre. No se prevén cambios.

4. El énfasis se hace en la eficiencia de las personas. El trabajo se mide mediante el estudio de tiempos y movimientos (cronometraje) para definir el tiempo medio de ejecución, denominado tiempo estándar, que representa 100% de eficiencia. Con el objetivo de aumentar la eficiencia, el diseño de los cargos permite otorgar premios de producción a quien sobrepase el tiempo estándar, con base en el concepto de hombre económico.

El modelo clásico de diseño de los cargos trata de proyectar los cargos siguiendo estos pasos:

a. Segmentar y fragmentar los cargos en tareas sencillas, repetitivas y que ofrezcan facilidades para entrenar al trabajador.

b. Mediante el estudio de tiempos y movimientos, eliminar actividades y movimientos innecesarios que produzcan fatiga o no estén relacionados con la tarea que va a ejecutarse.

c. Definir el método de trabajo para encontrar la mejor manera de que sus ocupantes se muevan, se sitúen y emprendan la tarea.

d. Seleccionar científicamente al trabajador de acuerdo con la tarea.

e. Eliminar todo lo que pueda provocar cansancio físico. Los instrumentos y los equipos deben distribuirse de manera que se minimicen el esfuerzo y la pérdida de tiempo; así mismo deben proyectarse instrumentos que faciliten el trabajo humano, como líneas de montaje, bandas transportadoras y otras máquinas que reduzcan acciones y esfuerzos físicos innecesarios.

f. Establecer el tiempo medio en que los obreros deben ejecutar la tarea; es decir, el tiempo estándar. Éste es igual a 100% de eficiencia. Un obrero cuya eficiencia es 80% está produciendo 20% menos de lo que normalmente exige la tarea, quizá por razones de selección, entrenamiento o supervisión inadecuados. El ideal es obtener una eficiencia igual a 100% o superior.

g. Ofrecer planes de incentivo salarial; es decir, otorgar premios de producción para los obreros que superen el tiempo estándar, con el fin de lograr la máxima eficiencia posible y obtener rendimientos superiores a 100%, y repartir con ellos parte de las ganancias conseguidas por la empresa.

h. Mejorar el ambiente físico de la fábrica, de modo que el ruido, la iluminación, la ventilación y otros factores no produzcan cansancio ni reduzcan la eficiencia. En otros términos, proyectar las condiciones físicas y ambientales que favorecen el trabajo y proporcionan comodidad al trabajador.

En esta lógica fría y mecanicista, el resultado esperado es la eficiencia máxima. Además, aumentarán las utilidades de la organización y, gracias a los incentivos salariales, los salarios de los trabajadores serán mayores. Así, ambos salen ganando. De ahí se desprende la presuposición implícita según la cual lo que es bueno para la organización es bueno para el trabajador. El modelo clásico no identifica ningún conflicto entre individuos y organización. La figura 7.2 ofrece una visión resumida del razonamiento que fundamenta el modelo clásico.

Sin duda, el esquema empleado es característico del enfoque de sistema cerrado: incluye pocas variables en el sistema para que funcione dentro de una relación determinista de causa y efecto. Es la denominada teoría de la máquina: la organización y las personas son vistas como algo que funciona con una lógica muy simple. La idea que subyace en el enfoque clásico es muy clara: el trabajador y su cargo son tratados como máquinas. Además, el trabajador se considera un apéndice de la máquina. La tecnología ocupa el lugar de predominio. El tiempo es importante en la medición de los cargos, que están sometidos al método y se vuelven sencillos y repetitivos para favorecer la tecnología y no a las personas. Este enfoque desarrolló el concepto de línea de montaje, la gran innovación en su época.

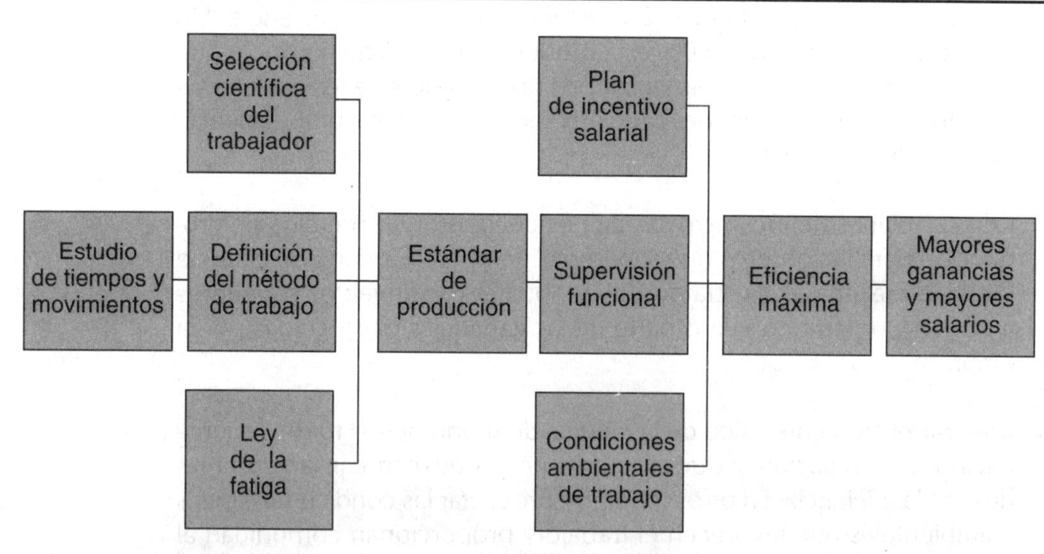

Figura 7.2 Enfoque mecanicista de la administración científica.

Fuente: Idalberto Chiavenato, *Introdução à teoria geral da administração*, São Paulo, Makron Books, 1995, p. 83.

La manera clásica de configurar estos cargos buscaba las siguientes ventajas:

a. Admisión de empleados con calificaciones mínimas y salarios bajos.

b. Estandarización de las actividades.

c. Facilidad de supervisión y control, lo que permitía un mayor número de empleados por cada jefe (mayor amplitud de control).

d. Reducción de los costos de entrenamiento.

e. Aplicación del principio de la línea de montaje.

No obstante, la exagerada simplificación de los cargos acarreó problemas y limitaciones que constituyeron grandes desventajas como:

a. Los cargos sencillos y repetitivos se tornan monótonos y poco exigentes, lo cual provoca apatía, fatiga psicológica, desinterés y pérdida del significado del trabajo. En casos más graves, producen efectos nocivos como el resentimiento, baja de la moral e incluso resistencia activa de los obreros. Estos efectos negativos originan elevada rotación de personal, mayor ausentismo y poca dedicación del personal, e inciden bastante en la pretendida reducción de costos, pues en algunos casos llegan a sobrepasarlos.

b. Al desmotivarse en el trabajo, las personas tienden a concentrarse en las reivindicaciones y expectativas por mayores salarios y mejores condiciones de trabajo para compensar la insatisfacción y el descontento con la tarea.

c. Los rápidos cambios sociales, culturales y económicos indican que la supersimplificación de los cargos crea problemas en el futuro o transfiere algunos de los existentes, debido a cuatro razones básicas:

1. Los jóvenes de hoy están recibiendo mejor educación e información y deberán conformar una fuerza laboral que deseará ocupar cargos importantes que impliquen desafíos y sean adecuados a su estándar de formación y su nivel de conocimientos.

2. Cada generación tiene sus propias actitudes frente a la autoridad, y las personas de hoy están menos inclinadas que sus antecesoras a aceptar ciegamente las órdenes dadas por sus superiores.

3. Debido al cambio gradual de nuestra sociedad respecto del concepto de bienestar social y calidad de vida, existen ciertos cargos cíclicos y rutinarios que las personas no quieren desempeñar, lo cual exige que se adopten elementos motivadores intrínsecos para atraer y mantener en ellos a sus ocupantes.

4. El advenimiento de la era de la información y la globalización de la economía provocó una migración de los empleos del sector industrial a los empleos en el área de servicios. Mientras en el sector industrial las ofertas de empleo se reducen cada año, éstas se multiplican en el sector de servicios. En esta era posindustrial, las tareas mecánicas y físicas las ejecutan máquinas y equipos sofisticados (como los robots y equipos electrónicos), en tanto que las personas desempeñan nuevas tareas intelectuales y complejas.

En síntesis, los resultados logrados por los seguidores de la teoría clásica no correspondieron a los esperados porque siguieron un razonamiento lógico y racionalista que no concordaba con el aspecto humano de las personas.

Otro aspecto importante del modelo clásico es que el trabajo debe ser individualizado y aislado, lo cual conduce a un confinamiento social de quien lo ejecuta. Aunque trabaje junto con otras personas en la línea de montaje o en la operación de una máquina, cada obrero tiene su tarea específica e individual y ningún contacto personal o social con los colegas. La interdependencia se reduce a la tarea y no incluye contactos interpersonales. Las personas se hallan juntas físicamente, pero distantes socialmente. Además, la relación de trabajo de cada obrero es en dos sentidos: se relaciona con su superior sólo a través del terminal de comunicación de su cargo con él. El gerente monopoliza los contactos del trabajador con el resto de la organización: todo debe contar con su anuencia. Los escasos contactos con los colegas son formales e impersonales y están estrictamente controlados. La programación y el flujo secuencial del trabajo son responsabilidad del gerente. El trabajador ejecuta pero no piensa. En este modelo, el trabajador no está interesado ni es capaz de ejercer autodirección y autocontrol. La organización controla, fiscaliza y sigue continuamente su comportamiento. El trabajador debe limitarse a

Ventajas esperadas	Resultados reales
1. Dado que las tareas se aprenden con rapidez, no se requiere mucho entrenamiento.	1. Los ahorros en el costo de entrenamiento se pierden por causa de la elevada rotación de personal.
2. Los cargos son ocupados por personas poco capacitadas, pero fáciles de seleccionar, a las que se les pagan bajos salarios.	2. Los altos índices de ausentismo requieren trabajadores extras disponibles, lo cual eleva los costos laborales.
3. Los trabajadores pueden ser cambiados de sus puestos, debido a las pocas habilidades que se requieren y a la facilidad de entrenamiento.	3. Es necesario pagar altos salarios para que las personas acepten los cargos repetitivos en la línea de montaje.
4. Los trabajadores no se sienten físicamente cansados, debido a la mecanización. La fatiga debe ser mínima.	4. Debido a la falta de compromiso de los trabajadores, ocurren problemas de calidad y productividad.
5. La estandarización permite mayor facilidad en el control de calidad; se minimiza la probabilidad de error.	5. La rotación de personal incrementa los costos de reclutamiento y selección.
6. La producción puede preverse y planearse, gracias a la mecanización.	6. La producción se vuelve imprevisible debido al comportamiento de las personas.
7. La administración ejerce el control sobre los trabajadores mediante la simple observación.	7. Los problemas de supervisión aumentan la distancia entre el trabajador y la gerencia.

Figura 7.3 Ventajas esperadas y resultados reales del modelo clásico de diseño de los cargos.

ejecutar la tarea con eficiencia, de acuerdo con los métodos impuestos, puesto que se le ofrecen una remuneración y premios de producción.

Aunque haya avanzado en el diseño de los cargos, el modelo clásico no estuvo a la par de los cambios sociales, culturales y tecnológicos del mundo moderno y permaneció atado al pasado, que se remonta a casi cien años. En la actualidad se ponen en entredicho sus ventajas, puesto que sus desventajas y limitaciones se señalan como trabas a las buenas relaciones entre personas y organizaciones. Pese a que todavía se utiliza en muchas organizaciones, el diseño clásico representa un enfoque superado y obsoleto que debe actualizarse con urgencia.

Modelo humanista de las relaciones humanas

El modelo humanista, surgido con la escuela de relaciones humanas durante el transcurso de los años de 1930, en franca oposición a la administración científica que representaba el estándar administrativo de la época, fue una reacción humanista contra el mecanicismo predominante en la administración de las empresas de la época. La escuela de relaciones humanas hizo a un lado los factores que la administración científica consideraba decisivos: las ciencias sociales sustituyeron a la ingeniería industrial, la organización informal relegó a la organización formal, el liderazgo sustituyó a la jefatura, la persuasión ocupó el lugar de las órdenes, las recompensas sociales remplazaron a las salariales, apareció la fatiga psicológica en lugar de la fatiga fisiológica, el comportamiento del individuo cedió su lugar al comportamiento del grupo y el organigrama dio paso al sociograma. El concepto de persona humana pasó del hombre económico (motivado sólo por recompensas salariales) al hombre social (motivado por incentivos sociales). El nuevo enfoque fue una verdadera revolución que sintonizó la administración con el espíritu democrático característico de los estadounidenses. Con la teoría de las relaciones humanas se inician los primeros estudios sobre liderazgo, motivación, comunicaciones y demás aspectos relacionados con las personas. El énfasis en las tareas (administración científica) y el énfasis en la estructura (teoría clásica) se desplaza al énfasis en las personas.

No obstante el cambio revolucionario de mentalidad y de conceptos, el diseño del cargo no se diferencia del modelo clásico. La teoría de las relaciones humanas no se preocupó por el diseño de los cargos, pues no se dedicó a analizarlo ni propuso un modelo mejor. La única diferencia radica en las implicaciones humanas, puesto que el modelo humanista se centra más en el contexto del cargo y las condiciones sociales en que se desempeña, que en el contenido del cargo o en su ejecución. Se olvida del cargo en sí, en tanto que la persona ocupante del cargo recibe atención y consideración en lo referente a sus necesidades, y no es tratado como máquina. El modelo humanista permite una mayor interacción entre las personas y sus superiores y la participación en algunas decisiones acerca de las tareas de la unidad, como medio de satisfacer las necesidades individuales y aumentar la moral del personal. Sin embargo, la consulta y la participación no interfieren el cumplimiento de la tarea ni afectan el flujo y la secuencia del trabajo, aspectos que no experimentan modificaciones. El gerente debe organizar un grupo de trabajo cohesionado e integrado, promover una atmósfera psicológica amigable y cooperativa –independientemente de la coordinación del trabajo–, e incrementar las actividades del cargo; por ejemplo, rotar a los ocupantes de cargos semejantes y dar oportunidades ocasionales de interactuar con otras unidades y departamentos. Algunos aspectos, como el tiempo libre y las condiciones físicas de trabajo y de comodidad, se consideran medios para reducir la monotonía y desarrollar sentimientos positivos. Aunque se analizó mucho el contexto del cargo, no se modificó el contenido del mismo. El modelo humanista no consiguió desarrollar un diseño de los cargos que remplazara el modelo tradicional, pues sólo se preocupó por el desarrollo externo. En otros términos, se preocupó por la envoltura, no por el producto.

Modelo clásico	Modelo humanista
• Énfasis en la tarea y en la tecnología	• Énfasis en la persona y el grupo social
• Concepto de hombre económico	• Concepto de hombre social
• Recompensas salariales y materiales	• Recompensas sociales y simbólicas
• Mayor eficiencia, gracias al método de trabajo	• Mayor eficiencia, gracias a la satisfacción de las personas
• Preocupación por el contenido del cargo	• Preocupación por el contexto del cargo
• El gerente imparte las órdenes	• El gerente es líder
• Órdenes e imposiciones	• Comunicación e información
• Obediencia estricta	• Participación en las decisiones

Figura 7.4 Algunas diferencias entre el modelo clásico y el modelo humanista.

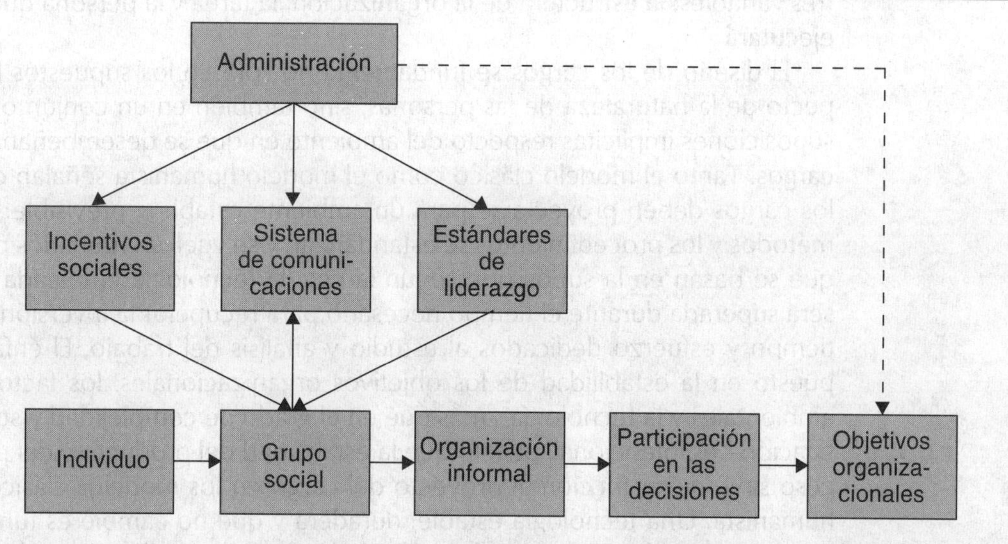

Figura 7.5 Enfoque de las relaciones humanas.

Fuente: Idalberto Chiavenato, *Introdução à teoria geral da administração*, São Paulo, Makron Books, 1995, p. 210.

En años recientes, la escuela de relaciones humanas fue criticada por la limitación del campo de estudio y la parcialidad en las conclusiones, la concepción ingenua y romántica del trabajador y, sobre todo, el enfoque manipulador que favorecía a la administración y desarrollaba una estrategia sutil dirigida a que los obreros trabajaran más y exigieran menos de la organización.

A pesar de todas las críticas, el gran logro de la reacción humanista fue desplazar el énfasis administrativo en las tareas hacia el énfasis en las personas. La idea de la administración participativa ya estaba latente en la escuela de las relaciones humanas, como una semilla que necesitaba germinar y desarrollarse, lo cual sólo aconteció a finales del siglo XX, gracias a otros enfoques más modernos y amplios de la administración.

Modelo situacional o contingencial

Es el enfoque más amplio y complejo; tiene en cuenta dos variables: las diferencias individuales de las personas y las tareas involucradas. De ahí la denominación de situacional, porque depende de la adecuación del diseño del cargo a esas dos variables. En el modelo situacional convergen tres variables: la estructura de la organización, la tarea y la persona que la ejecutará.

El diseño de los cargos se fundamenta no sólo en los supuestos respecto de la naturaleza de las personas, sino también en un conjunto de suposiciones implícitas respecto del ambiente en que se desempeñan los cargos. Tanto el modelo clásico como el modelo humanista señalan que los cargos deben proyectarse para un ambiente estable y previsible: los métodos y los procedimientos se estandarizan y se vuelven rutinarios porque se basan en la suposición según la cual la tecnología empleada no será superada durante el tiempo necesario para recuperar la inversión de tiempo y esfuerzo dedicados al estudio y análisis del trabajo. El énfasis puesto en la estabilidad de los objetivos organizacionales, los factores ambientales y la tecnología –más que en el grado de complejidad y sofisticación– es intencional, puesto que la estabilidad del producto y del proceso sirve de restricción al proyecto del cargo en los modelos clásico y humanista. Una tecnología estable, duradera y que no cambie es fundamental para volver rutinarias las actividades físicas e intelectuales de los ocupantes del cargo y mantener separados el pensar y el hacer, lo cual permite que los miembros puedan seleccionarse y entrenarse para desarrollar un conjunto de tareas sencillas, repetitivas y estrictamente definidas. De ahí se deriva el carácter permanente y definitivo de los cargos, típico del diseño clásico. Como si los cargos fuesen perfectos y no hubiera necesidad de modificarlos o mejorarlos.

En el modelo situacional, las prescripciones relacionadas con el diseño del cargo no se basan en la suposición de estabilidad y permanencia de los objetivos y los procesos organizacionales, sino que, al contrario, son dinámicas y se basan en la ampliación continua del cargo mediante el enriquecimiento de tareas, como una responsabilidad básica puesta en las manos del gerente y de su equipo de trabajo. De este modo, el diseño situacional de los cargos cambia con el desarrollo personal del empleado y el desarrollo tecnológico de la tarea.

En un mundo en donde todo cambia, los cargos no pueden ser estáticos ni permanentes; además, como la fuerte competencia exige productividad y calidad, la organización debe alcanzar altos niveles de desempeño y mejorar continuamente en la aplicación de los talentos creativos y la capacidad de autodirección y autocontrol de sus miembros, mientras les proporciona oportunidades de satisfacción de sus necesidades individuales.

El modelo situacional supone la aplicación de la capacidad de autodirección y autocontrol de las personas y, sobre todo, de objetivos planeados conjuntamente por el ocupante del cargo y el gerente para que el cargo sea un verdadero factor de motivación. El administrador no sólo debe consultar a los subordinados para tratar de satisfacer las necesidades de participación y de reconocimiento, sino que también debe crear mecanismos que ayuden a que la contribución de los individuos mejore el funcionamiento del departamento. Estas necesidades dejan de ser fines y se convierten en medios. La satisfacción de las necesidades individuales de participación y reconocimiento es un subproducto deseable, pero no el objetivo principal de las actividades gerenciales. Además de la adopción de factores tecnológicos, deben tenerse en cuenta ciertos factores psicológicos para obtener:

a. Elevada motivación intrínseca del trabajo.

b. Desempeño de alta calidad en el trabajo.

c. Elevada satisfacción con el trabajo.

d. Reducción de las faltas al trabajo (ausentismo) y las desvinculaciones espontáneas (rotación).

Aunque exista diversidad en los estándares de satisfacción en el trabajo, se sabe que ésta es un elemento dentro de una red de variables interrelacionadas. Esa red permite entender cómo influyen los cargos en las personas, en su motivación y desempeño, así como en su satisfacción. Existen muchas personas que no están satisfechas con el trabajo que ejecutan. En general, las que ejecutan trabajos más interesantes y exigentes están más satisfechas que las que ejecutan tareas repetitivas y monótonas. Las oportunidades de obtener mejores resultados del personal y del trabajo aumentan cuando se conjugan tres estados psicológicos esenciales en las personas que ejecutan el trabajo[1]:

a. Cuando la persona cree que su trabajo es significativo y tiene valor.

b. Cuando la persona se siente responsable por los resultados del trabajo.

c. Cuando la persona conoce los resultados que obtiene haciendo el trabajo.

Las investigaciones de algunos autores[2] señalaron cinco dimensiones esenciales de un cargo y comprobaron que cuanto más tuviera un cargo la característica representada por cada una de esas dimensiones, mayor sería el potencial para crear los estados psicológicos citados anteriormente. A partir de ahí surgió el modelo situacional, según el cual cada cargo diseñado debe reunir cinco dimensiones esenciales:

a. *Variedad*. Número y variedad de habilidades exigidas por el cargo. Reside en el conjunto de operaciones del trabajo o en el uso de equipos y procedimientos para que el desempeño del cargo sea menos monótono y repetitivo. La variedad incluye la intervención de diversas habilidades y conocimientos del ocupante, la utilización de diversos equipos y procedimientos y la ejecución de diferentes tareas. Los cargos que presentan gran variedad eliminan la rutina y la monotonía, e implican mayores desafíos porque los empleados deben utilizar todas sus habilidades y capacidades para realizar el trabajo con éxito.

---

1 Idalberto Chiavenato, *Manual de reengenharia*: um guia para reinventar e humanizar a sua empresa com a ajuda das pessoas, São Paulo, Makron Books, 1995, p. 91.

2 Edward E. Lawler III, J. Richard Hackman, "Corporate Profits and Employee Satisfaction: Must they be in Conflict?", en Keith Davis, *Organizational Theory: a Book of Readings*, Nueva York, McGraw-Hill, 1974, p. 198.

No hay variedad cuando el cargo es secuencial y monótono, cuando la persona no puede conversar con los colegas, cuando el trabajo está rígidamente programado por terceros, cuando el área de trabajo se halla restringida por la gerencia, cuando los elementos de su trabajo dependen por completo del gerente. La variedad se produce a medida que el propio empleado planea y programa su trabajo, suple sus insumos, utiliza diversos equipos, ambientes, métodos de trabajo y diferentes operaciones con creatividad y diversidad.

b. *Autonomía.* Grado de independencia y criterio personal que tiene el empleado para planear y ejecutar el trabajo. Se refiere a la mayor autonomía e independencia que tiene el empleado para programar su trabajo, seleccionar el equipo que va a utilizar y decidir qué métodos o procedimientos va a seguir. La autonomía está relacionada con el tiempo de que dispone el empleado para la supervisión directa del gerente. Cuanto mayor es la autonomía, mayor el tiempo que el empleado deja de recibir supervisión directa y mayor la autogestión del trabajo propio. La falta de autonomía se presenta cuando los métodos de trabajo son predeterminados, cuando se controlan con rigidez los intervalos de trabajo, cuando se restringen los desplazamientos de la persona o cuando los elementos de trabajo dependen exclusivamente del gerente o de otros. La autonomía proporciona libertad de métodos, de programar el trabajo y los intervalos de descanso; desplazamiento físico ilimitado y autosuministro de los insumos de trabajo, sin depender de la gerencia o de otras personas.

c. *Significado de la tarea.* Volumen del impacto reconocible que el cargo produce en otras personas. Se refiere a la interdependencia del cargo con los demás cargos de la organización, y a la contribución de su trabajo en el departamento o la organización como totalidad. Cuanto más significado tengan las tareas, mayor responsabilidad experimentará el ocupante del cargo. Se trata de aumentar la noción de significado de las tareas ejecutadas y, en consecuencia, del papel de la persona en la organización. Cuando el cargo satisface esta dimensión, el empleado puede distinguir –en su trabajo– lo más importante de lo menos importante, diferenciar lo esencial de lo accidental y lo pertinente de lo no pertinente. Aún más, el empleado puede crear condiciones para adecuar el cargo a las necesidades del cliente interno o externo.
La tarea pierde significado cuando el empleado recibe órdenes lacónicas que debe cumplir y no se le aclara cuál es la finalidad o el objetivo

del trabajo. Entender el significado de las tareas requiere una explicación completa del trabajo, de sus objetivos, de su utilidad e importancia, de su interdependencia con los demás cargos de la organización y, en especial, saber a qué cliente interno o externo se destina el trabajo.

d. *Identidad con la tarea.* Grado en que el cargo requiere que la persona complete una unidad integral del trabajo. Se refiere a la posibilidad de ejecutar una porción completa o global del trabajo e identificar con claridad los resultados de sus esfuerzos. El ocupante del cargo se identificará con la tarea, a medida que la ejecuta cabal e integralmente como producto final de su actividad. Ensamblar por completo un producto, y no sólo realizar una etapa de la operación, proporciona identidad.
   No existe identidad con la tarea cuando el empleado ejecuta actividades fragmentadas e incompletas e ignora para qué sirven, y cuando la gerencia determina por completo el ambiente de trabajo. Por ejemplo, el empleado enrosca tornillos todo el día, pero no sabe con exactitud para qué sirve su trabajo. La identidad con la tarea se logra a medida que la persona ejecuta un trabajo completo cuyo resultado final es un producto suyo, una realización suya, que la hace sentirse "dueña" del sitio de trabajo o del propio trabajo realizado; es decir, cuando la persona ejecuta un trabajo integral o un módulo integral del trabajo que le da una noción de la totalidad, la extensión y el objetivo por alcanzar.

e. *Retroalimentación.* Grado de información de retorno que recibe el empleado para evaluar la eficiencia de su esfuerzo en la producción de resultados. Se refiere a la información de retorno que la persona recibe cuando está trabajando, la cual le indica cómo está desempeñando su tarea. La retroalimentación ocurre a medida que el empleado recibe información de retorno sobre cómo va su actividad, la cual es proporcionada por el mismo resultado de su trabajo. Esta retroalimentación le permite obtener una autoevaluación continua y directa de su desempeño, sin necesidad de que el superior lo evalúe con periodicidad.
   La retroalimentación constituye un problema de información. Cuando la producción del empleado se mezcla con la de otras personas o cuando la producción es retirada frecuentemente, no existe la posibilidad de conocer los resultados del trabajo personal. La retroalimentación ocurre sólo cuando el empleado tiene conocimiento de los resultados de su propio trabajo o cuando su producción por horas o diaria puede verse o palparse.

Bajo grado ←		→ Alto grado
Trabajo parcial, secuencial, rutinario, monótono y repetitivo. Las operaciones, equipos y habilidades son siempre iguales, sin ningún cambio, variación o innovación. Rutina.	← **VARIEDAD** →	Trabajo diverso, con operaciones diferentes, equipos y múltiples habilidades. Diversidad y desafío para ejecutar distintas actividades creativas e innovadoras. Variación.
Trabajo programado con rigidez; el lugar y los equipos son definitivos y los métodos son preestablecidos. El jefe determina qué hacer, cómo, cuándo y dónde hacerlo.	← **AUTONOMÍA** →	Amplia libertad para programar y planear el trabajo, escoger el equipo, el lugar y el método de trabajo. El empleado programa su trabajo, escoge el lugar, el método y el equipo.
Desconocimiento del impacto y las interdependencias de la tarea con las otras tareas de la organización. Visión estrecha, confinada, aislada y miope de la actividad.	← **SIGNIFICADO DE LA TAREA** →	Conocimiento amplio de la repercusión del trabajo sobre los demás trabajos de la organización. Visión amplia de las consecuencias y las interdependencias del trabajo.
Trabajo específico, parcial y fragmentado, sin ningún sentido psicológico para la persona, que se frustra y se aliena. Trabajo impropio o anormal.	← **IDENTIDAD CON LA TAREA** →	Trabajo integral, conjunto y global, con significado para la persona, que le permite identificarse con la tarea. El trabajo pertenece a la persona.
Ninguna información sobre el desempeño o el resultado del trabajo. Completa ignorancia sobre el desempeño. Necesidad de evaluación externa y de incentivo salarial, para compensar.	← **RETRO-ALIMENTACIÓN** →	Información clara sobre el desempeño y el resultado del trabajo. Perfecta e inmediata noción del desempeño. Sentido de autoevaluación, autodirección y autocontrol. Autorrealización.

Figura 7.6 Las cinco dimensiones esenciales en el diseño de los cargos situacionales.

Fuente: Idalberto Chiavenato, *Manual de reengenharia: um guia para reinventar e humanizar a sua empresa com a ajuda das pessoas*, São Paulo, Makron Books, 1995, p. 95.

Las cinco dimensiones esenciales o profundas crean condiciones para que el empleado encuentre satisfacción intrínseca en el cumplimiento de la tarea que realiza. Estas condiciones permiten que los factores motivacionales o de satisfacción influyan profundamente en el cargo. Por medio de estas dimensiones, se puede asegurar que el diseño del cargo permite que[3]:

3 Idalberto Chiavenato, *op. cit.*, p. 96.

a. La persona utilice varias de sus habilidades y competencias personales en la ejecución de tareas.

b. La persona tenga cierta autonomía, independencia y autodirección en la ejecución de las tareas.

c. La persona haga algo significativo, que tenga cierto sentido o razón de ser.

d. La persona se sienta responsable por el éxito o el fracaso de las tareas llevadas a cabo con sus propios esfuerzos.

e. La persona descubra y evalúe su propio desempeño mientras ejecuta el trabajo, sin intervención de terceros o de la jefatura.

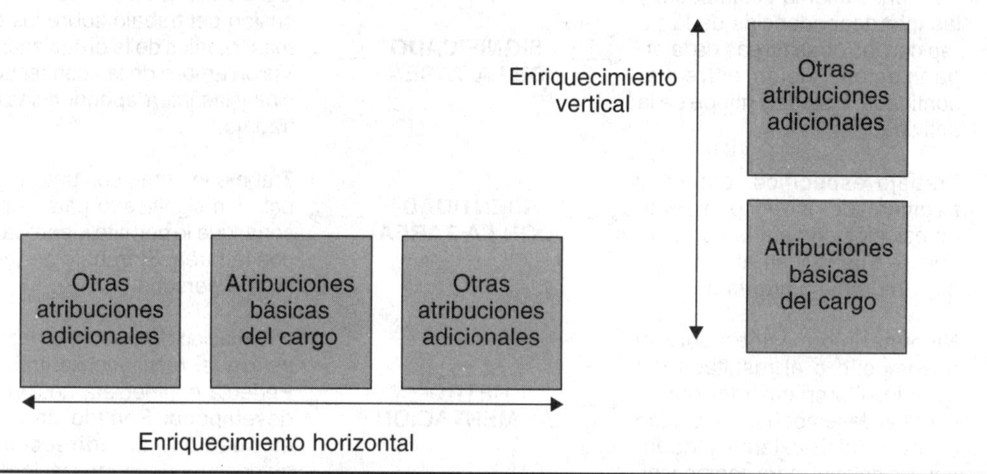

Figura 7.7 Enriquecimiento vertical y horizontal del cargo.

Las dimensiones esenciales afectan intrínsecamente la calidad de los cargos, producen satisfacción personal e involucramiento humano, y generan mayor productividad. El nuevo enfoque del diseño de los cargos se anticipa al cambio y aprovecha todas sus ventajas en circunstancias que exigen flexibilidad y adaptación creativa a nuevos problemas y objetivos, en especial cuando el ambiente es dinámico y cambiante, y los cambios son continuos e intensos. Los cambios desactualizan constantemente el contenido y la estructura de los cargos y exigen nuevas actitudes y habilidades a los empleados. De ahí la necesidad de rediseñar continuamente los cargos y actualizarlos de acuerdo con los cambios ocurridos en el contexto organizacional y en las características de las personas, puesto que éstas también cambian: aprenden nuevas habilidades y nuevos conceptos, desarrollan actitudes y enriquecen su comportamiento en el trabajo que ejecutan. En consecuencia, el cambio principal que debe tenerse en cuenta es la modificación permanente del comportamiento humano debido a la actualización continua de su potencial.

Enriquecimiento de los cargos

Este problema no es nuevo, puesto que desde hace más de 30 años McGregor[4] afirmaba que, en las empresas, la teoría Y se aplica mediante un estilo de dirección basado en una serie de medidas innovadoras y humanistas, entre las que destacaba la ampliación del cargo para lograr que el trabajo tuviera mayor significación. En vez de la superespecialización y el confinamiento de las tareas del modelo clásico, la ampliación del cargo requiere la reorganización y extensión de sus actividades para que las personas puedan conocer el significado de lo que hacen y, en especial, tener una idea de la contribución de su trabajo personal en las operaciones de la organización como totalidad. Más adelante, Herzberg[5] desarrolló la teoría de los dos factores de la motivación en el trabajo y pregonó el denominado enriquecimiento del cargo como medio principal de obtener satisfacción intrínseca del cargo porque, en ocasiones, el cargo es pequeño para el espíritu

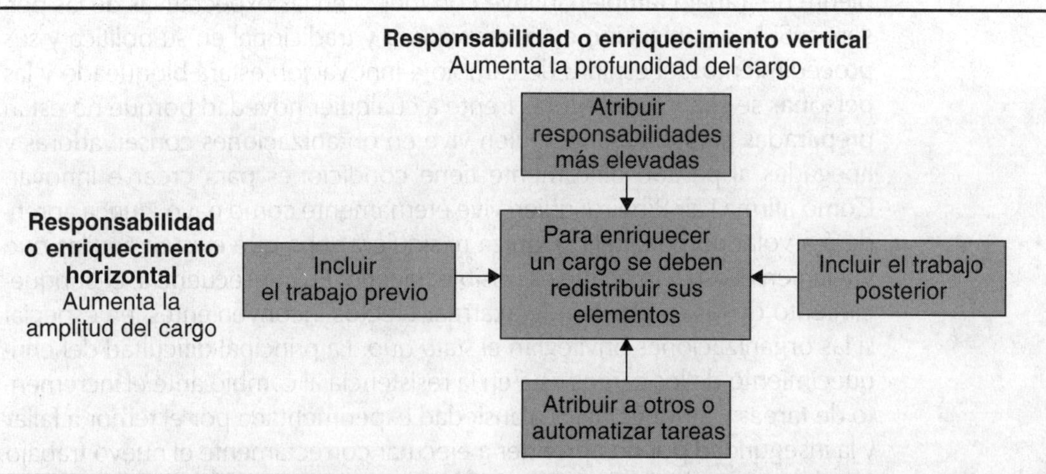

Figura 7.8 Pasos para el enriquecimiento de los cargos.

4 Douglas McGregor, *The Human Side of Enterprise*, Nueva York, McGraw-Hill, 1960.
5 Frederick Herzberg, *The Work and Nature of Man*, Cleveland, Ohio, The World, 1966.

de muchas personas. En otras palabras, los cargos no son suficientemente grandes para la mayoría de las personas y es necesario redimensionarlos. La manera más práctica y viable de adaptar el cargo al crecimiento profesional de los empleados es el enriquecimiento del cargo, también denominado ampliación del cargo, que consiste en aumentar deliberada y gradualmente los objetivos, las responsabilidades y los desafíos de las tareas del cargo. El enriquecimiento del cargo puede ser lateral u horizontal (con adición de nuevas responsabilidades del mismo nivel) o vertical (con adición de nuevas responsabilidades de nivel cada vez más elevado).

Si el cargo se amplía para que el empleado cumpla una mayor variedad de tareas o un mayor número de operaciones, el cargo se enriquece horizontal o lateralmente. Por el contrario, si el empleado debe involucrarse en la planeación, organización e inspección, además de realizar su trabajo, el cargo se enriquece verticalmente.

Las pruebas aportadas por las investigaciones indican que el enriquecimiento de los cargos -sea vertical u horizontal, individual o grupal- mejora el desempeño y, por lo menos, reduce la insatisfacción en el trabajo.

A pesar de todos los aspectos motivacionales positivos, el enriquecimeinto del cargo puede acarrear con el tiempo algunas consecuencias inconvenientes, pues las reacciones de las personas son diferentes ante los cambios producidos en su ambiente, y van desde la sensación de ansiedad y angustia hasta el sentimiento de ser explotadas por la organización. El ambiente de trabajo también influye con fuerza en las expectativas de las personas. Si la organización es conservadora y tradicional en su política y sus procedimientos, el espíritu de cambio e innovación estará bloqueado y las personas se sentirán inseguras frente a cualquier novedad porque no están preparadas para encararla. Quien vive en organizaciones conservadoras y apegadas al pasado difícilmente tiene condiciones para crear e innovar. Como afirma Lair Ribeiro: quien vive eternamente como pavo, nunca aprenderá a volar como águila. Y quizá ni siquiera sepa que existen águilas que vuelan en el espacio ni que es posible hacerlo. En consecuencia, el enriquecimiento de los cargos puede acarrear efectos inconvenientes, en especial si las organizaciones privilegian el *statu quo*. La principal dificultad del enriquecimiento de los cargos está en la resistencia al cambio ante el incremento de tareas y atribuciones. La ansiedad experimentada por el temor a fallar y la inseguridad por no aprender a ejecutar correctamente el nuevo trabajo pueden crear obstáculos. Los sindicatos también han tocado el tema del enriquecimiento de los cargos y han acusado a varias empresas de aprovecharlo para explotar a las personas. Cuando el enriquecimiento del cargo se hace de manera exagerada y con demasiada rapidez, puede provocar una intensa concentración del individuo en el trabajo y reducir sus relaciones interpersonales por falta de tiempo o de habilidades sociales, ya que al enriquecerse el cargo las relaciones propias del cargo también se vuelven más complejas.

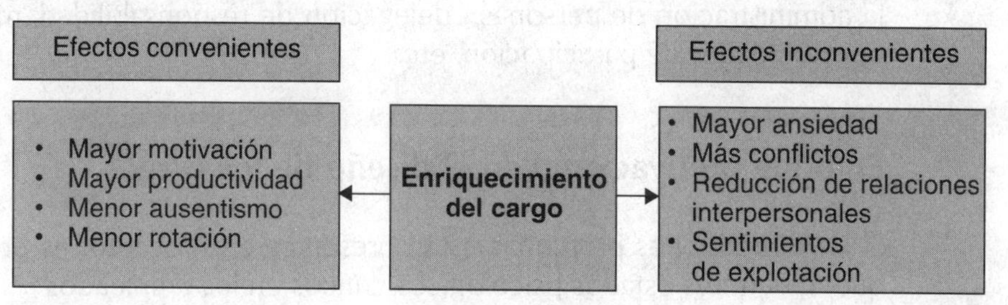

Figura 7.9 Efectos convenientes e inconvenientes del enriquecimiento del cargo.

La adaptación del cargo al empleado permite mejorar la relación básica entre las personas y su trabajo, incluidas nuevas oportunidades de iniciar otros cambios en la organización y la cultura organizacional, y mejorar también la calidad de la vida laboral. Lo que se espera del enriquecimiento de los cargos no es sólo el mejoramiento de las condiciones

Los viejos ambientes	Aspectos	Los nuevos ambientes
Alargadas, con muchos niveles administrativos	← **Estructuras** →	Aplanadas, con pocos niveles administrativos
Centralizada en la administración de la cúpula	← **Autoridad** →	Descentralizada, con empoderamiento en todos los niveles
Amplio y diversificado	← **Papel del *staff*** →	Pequeño y controlado
Simplificados y estrechos. Los gerentes piensan y las personas ejecutan	← **Diseño de los cargos** →	Multifuncionales y amplios. Las personas piensan, ejecutan y mejoran continuamente
Importante como unidad administrativa formal	← **Grupo de trabajo** →	Sistemas sociotécnicos integrados y equipos ampliamente utilizados
Salario conforme a clasificación del cargo y desempeño individual	← **Compensación** →	Salario flexible, por metas, y de acuerdo con el desempeño individual y grupal
Limitado apenas al cargo ocupado, y descartable	← **Entrenamiento** →	El ocupante del cargo es valioso; es animado a aprender nuevas habilidades y muchas tareas

Figura 7.10 Nuevas tendencias en la naturaleza del sitio de trabajo.

de trabajo de los asalariados, sino también un aumento de la productividad y una reducción de las tasas de rotación y ausentismo del personal. En general, una experiencia de este tipo incluye un nuevo concepto de cultura y clima organizacional, tanto en las áreas de producción como en las oficinas: reeducación de la jefatura y la gerencia, descentralización de la administración de personas, delegación de responsabilidad, mayores oportunidades de participación, etc.

Enfoque motivacional en el diseño de los cargos

Si las dimensiones profundas están presentes en un cargo, es probable que creen tres estados psicológicos críticos en los empleados[6]:

1. *Percepción del significado.* Grado en que el empleado experimenta que su trabajo es importante, valioso y sirve para algo.

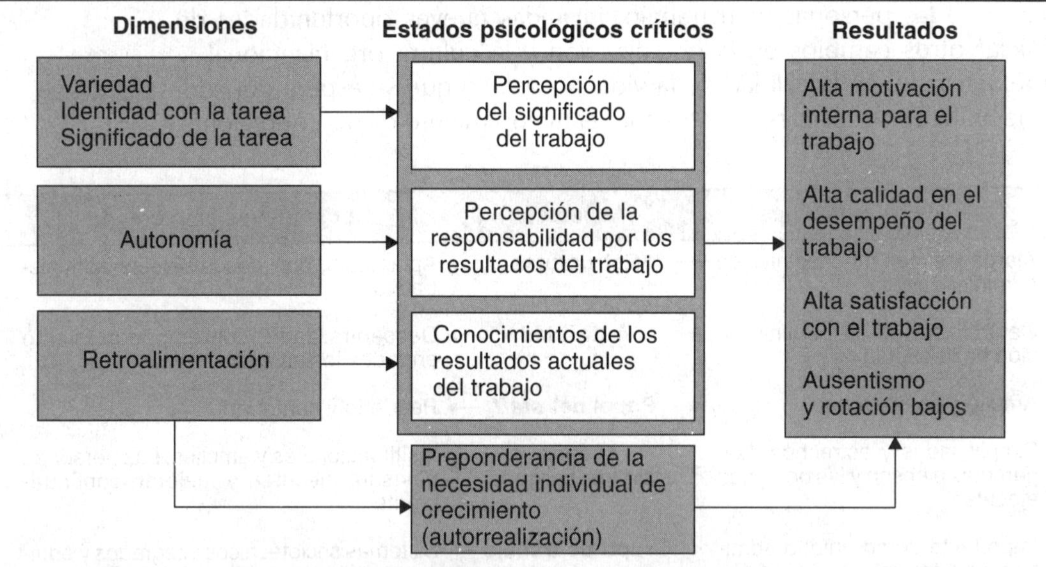

Figura 7.11 Características de la tarea para lograr motivación en el trabajo.

Fuente: adaptado de J. Richard Hackman y Greg R. Oldham, "Motivation through the Design of Work: Test of a Theory", en *Organizational Behavior and Human Performance*, agosto de 1976, p. 256.

6 J. Richard Hackman, Greg R. Oldham, "Motivation through the Design of Work: Test of a Theory", en *Organizational Behavior and Human Performance*, agosto de 1976, pp. 250-279.

2. *Percepción de la responsabilidad.* Grado de responsabilidad personal asumida por el empleado frente a los resultados del trabajo desempeñado.

3. *Conocimiento de los resultados.* Comprensión que tiene el empleado de cómo desempeña el trabajo.

Basado en las cinco dimensiones y en los tres estados psicológicos críticos, se desarrolló un método para implementarlo mediante el aumento del volumen de cada característica representada por las cinco dimensiones esenciales. La idea básica era reunirlas con los tres estados psicológicos críticos en seis conceptos implementadores a través del enriquecimiento de los cargos y de las recompensas individuales y grupales.

Cinco dimensiones básicas	Tres estados psicológicos	Seis conceptos implementadores
• Variabilidad • Autonomía • Significado de las tareas • Identidad con la tarea • Retroalimentación	• Percepción del trabajo como algo significativo y valioso • Percepción de ser responsable de los resultados del trabajo realizado • Conocimiento de los resultados del trabajo	• Tareas combinadas • Unidades naturales de trabajo • Relaciones directas con el cliente o usuario • Responsabilidad o enriquecimiento vertical • Canales de retroalimentación • Grupos autónomos

Figura 7.12 Los seis conceptos implementadores para unir las dimensiones esenciales y los estados psicológicos deseados.

Los seis conceptos implementadores de las cinco dimensiones esenciales y los tres estados psicológicos son:

a. *Tareas combinadas.* Juntar varias tareas en una sola. En tanto el diseño clásico de los cargos se preocupaba por fragmentar y dividir el trabajo en tareas especializadas menores, la tendencia actual es reunir esas partes en módulos mayores de trabajos integrados. Este cambio aumenta la diversidad del trabajo y la identidad con la tarea. La línea de montaje tradicional se remplaza por el ensamblaje de todo el producto, realizado por una sola persona, que pasa a denominarse generalista o gerente de tarea.

b. *Formación de unidades naturales de trabajo.* Consiste en identificar diversas tareas que deben ejecutarse, agruparlas en módulos significativos y asignarlas a una persona. Una unidad natural de trabajo reúne ciertas partes especializadas de un proceso, lo que permite lograr una noción integral del trabajo. El Citibank estadounidense modificó el proceso de manejar la correspondencia relacionada con las "cartas de crédito", que constaba de 30 etapas e involucraba 14 personas que tardaban 30 días en llevarlo a cabo. El nuevo proceso lo ejecuta una persona en un día. La Guardian Life Insurance Co. tenía un proceso de archivo al estilo de la línea de montaje, que empleaba cuatro personas, cada una de las cuales realizaba una etapa específica del largo proceso, sin saber dónde se procesaba un archivo cuando el cliente llegaba a pedir información. El enriquecimiento incluyó la creación de un cargo denominado "analista de cuentas" para atender a un conjunto de clientes en determinado sector, lo cual disminuyó los retrasos y las quejas de los clientes. La formación de unidades naturales de trabajo aumenta el sentimiento de pertenencia y destaca la identidad con la tarea y el significado de ésta última.

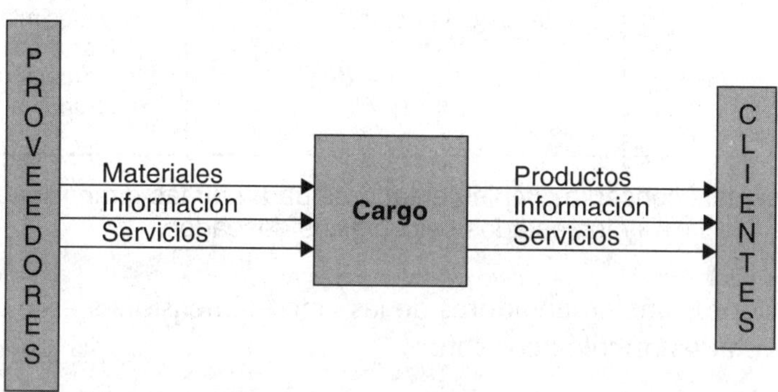

Figura 7.13 Relaciones entre el ocupante del cargo, sus proveedores y sus clientes.

c. *Relaciones directas con el cliente o usuario.* Establecer comunicaciones directas entre el ocupante del cargo y los diversos usuarios internos o clientes externos del servicio, así como con sus proveedores.

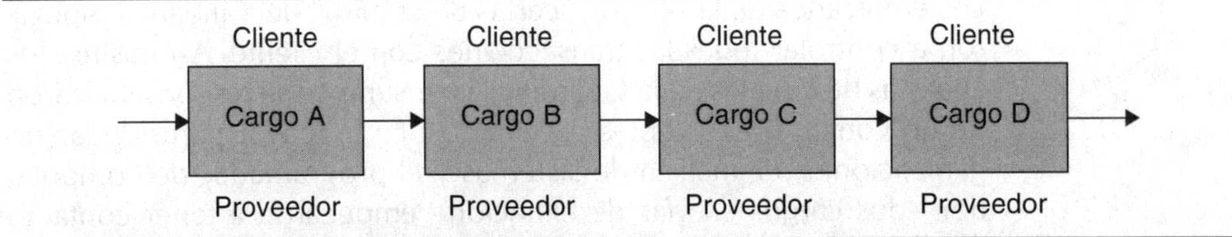

Figura 7.14 Cadena de calidad.

El principal objetivo del enriquecimiento del cargo es dar un cliente a cada cargo; el cliente puede ser interno o externo. Si calidad significa atender las exigencias del cliente, lo primero que debe averiguarse es cuáles son esas exigencias para construir cadenas de calidad que funcionen bien. La capacidad de atender las exigencias de los clientes es vital no sólo entre dos organizaciones diferentes (cliente externo), sino también dentro de la misma organización (cliente interno).

Para lograr calidad en la organización, cada persona miembro de la cadena de calidad –cada ocupante de cargo– debe cuestionar de la siguiente manera cada una de las interfaces[7]:

Clientes

- ¿Quiénes son mis clientes inmediatos?
- ¿Cuáles son sus verdaderos requerimientos y exigencias?
- ¿Cómo puedo identificar estos requerimientos?
- ¿Cómo puedo medir mi capacidad de satisfacerlos?
- ¿Cómo puedo saber si estoy satisfaciéndolos continuamente?

Proveedores

- ¿Quiénes son mis proveedores inmediatos?
- ¿Cuáles son mis verdaderos requerimientos?
- ¿Cómo comunico estos requerimientos a mis proveedores?
- ¿Mis proveedores tienen capacidad para evaluar y cumplir mis requerimientos?
- ¿Cómo les informo de los cambios producidos en mis requerimientos?

7 John S. Oakland, *Gerenciamento da qualidade total: TQM*, São Paulo, Nobel, 1994, p. 20.

Los empleados de la sección "cartas de crédito" del Citibank empezaron a controlar todas las transacciones con el cliente. Así mismo, los analistas de cuentas de la Guardian Life Insurance se responsabilizaron de un conjunto de clientes asegurados. En la mayor parte de las organizaciones, el analista de sistemas y el programador de computador –dos cargos en vías de extinción– empezaron a tener contacto con los diversos usuarios del sistema. La relación directa mejora el trabajo, pues proporciona retroalimentación al empleado. Tratar con los clientes o usuarios es aumentar la variedad porque el ocupante del cargo se entera de modo directo de las dudas y problemas para solucionarlos. Esto da mayor responsabilidad y autonomía. El potencial de tales relaciones con el cliente aumenta la diversidad de operaciones y la autonomía, lo cual proporciona otra fuente de retroalimentación.

d. *Responsabilidad o enriquecimiento vertical.* Integración vertical que enriquece el cargo adicionando tareas más elevadas o actividades gerenciales. Corresponde al enriquecimiento vertical del cargo. Éste es uno de los conceptos implementadores más importantes del enriquecimiento del cargo porque agrega tareas más elevadas y convierte al empleado en una especie de gerente. El empleado cuyo cargo se enriquece verticalmente recibe más autoridad, responsabilidad y criterio para planear, organizar y controlar su propio trabajo. Esto también puede lograrse a través de la fijación de metas de desempeño y dando al empleado la libertad suficiente para resolver solo sus problemas y para tomar decisiones acerca de cómo y cuándo ejecutar las tareas. El enriquecimiento vertical aumenta la autonomía.
La Xerox llevó a cabo cambios en los cargos de representante técnico introduciendo elementos de planeación y control, como pedir piezas, establecer tiempos para mantenimiento preventivo, suministrar información y participar en la evaluación de su propio desempeño y en la determinación de su mérito. En muchas ocasiones, el enriquecimiento vertical puede incluir el establecimiento de objetivos, lo que estimula la motivación y el desempeño.

e. *Apertura de canales de retroalimentación.* Asignar una tarea que permita obtener información acerca de cómo realiza el empleado su trabajo, en lugar de depender de la gerencia o de terceros. Casi siempre, la apertura de canales de retroalimentación se lleva a cabo atribuyendo al propio ocupante del cargo el control de su desempeño y creando una tarea total y completa de la que pueda conocer sus resultados.

Esto incrementa el conocimiento de los resultados de las actividades del trabajo. La retroalimentación obtenida directamente del cargo es más aceptable que la lograda a través del gerente o de algún departamento de asesoría. En ciertos casos, cuando las operaciones de montaje se hallan juntas y los cargos se enriquecen verticalmente, de manera que las personas fiscalizan su propio trabajo, es común pegar un adhesivo en cada producto, que identifica a cada persona e invita al cliente a contactarse con la fábrica, si se halla algún defecto. En otros casos, el simple establecimiento de relaciones directas con los clientes, como lo hacen la Guardian Life Insurance o el Citibank, garantiza que el cliente proporcione retroalimentación al empleado. La retroalimentación entre los usuarios y los proveedores es más directa con la apertura de canales, y sin la participación del gerente o el personal de asesoría.

f. *Creación de grupos autónomos.* Varios trabajos individuales pueden transferirse a grupos interactivos o equipos de trabajo. Las investigaciones han demostrado que la dinámica interna de los grupos proporciona mayor satisfacción, pues el grupo influye en el comportamiento individual y ayuda a encontrar soluciones de trabajo más eficaces que las individuales. Lo fundamental al crear grupos autónomos de trabajo es asignar una tarea completa y conceder una buena cantidad de autonomía para decidir la ejecución. El sistema de recompensas debe ser tan coherente como el mismo diseño del grupo. Las recompensas deben basarse en el desempeño total del grupo y no en el desempeño individual, para que las recompensas externas coincidan con la motivación interna creada por el diseño del trabajo. Además, las personas deben rotar en la ejecución de las tareas comprendidas en la tarea principal, lo cual proporciona entrenamiento, visión global, variedad a la tarea e identificación con ésta. La eficacia dependerá no sólo del diseño de la tarea, sino también del grupo, de las características de los miembros, del tipo de comunicación existente, de la moral interna, etc. Cierta clase de círculos de control de calidad (CCC), equipos transitorios, equipos multifuncionales, células de trabajo, etc., son buenos ejemplos de este enfoque de diseño de tareas mediante el enriquecimiento del cargo y el mejoramiento de la calidad de vida en las organizaciones.

En circunstancias en que varias personas se relacionan o pueden relacionarse como grupo en la ejecución de ciertos trabajos, es preferible proyectar el trabajo no sólo como un conjunto de tareas individuales, sino como una tarea total repartida entre el grupo. La interacción grupal crea recursos sociales capaces de estimular con fuerza la motivación, el desempeño en el trabajo y la productividad. Estas conclusiones no son recientes, pues datan de la década de 1960 cuando el Instituto Tavistock de Londres experimentó con grupos de mineros del carbón la introducción de cambios tecnológicos para medir la productividad y satisfacción en el trabajo, lo cual condujo a la formulación del denominado enfoque sociotécnico.

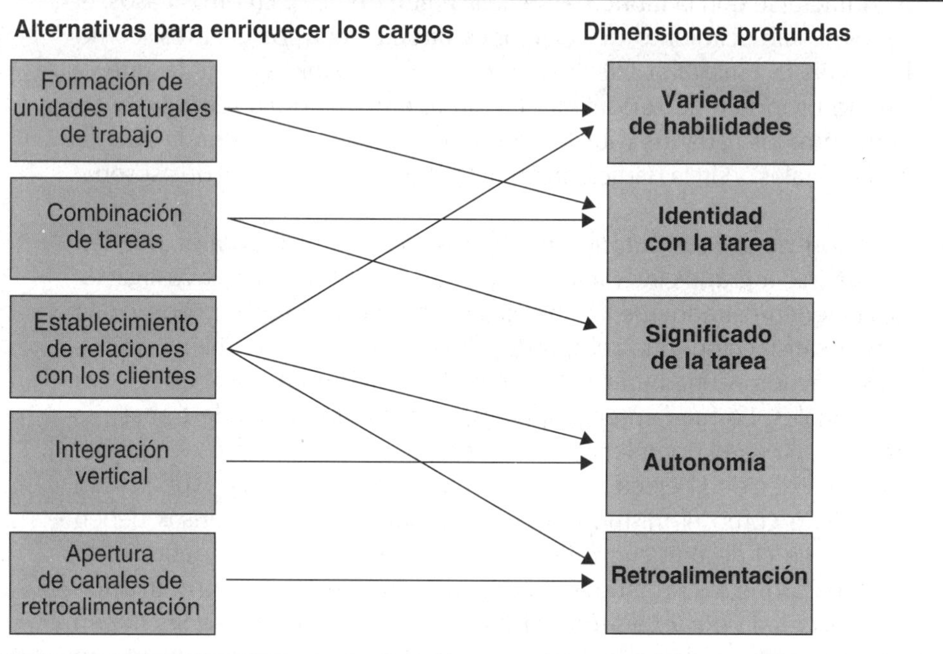

Figura 7.15 Alternativas para enriquecer los cargos, y las dimensiones profundas que se afectan.

Equipos de trabajo

En el diseño moderno de los cargos, existe una fuerte tendencia a crear equipos de trabajo autónomos o autogestionarios, conformados por personas cuyas tareas se rediseñan para crear alto grado de interdependencia. A estos equipos se les confiere autoridad para tomar decisiones relacionadas con el trabajo que deben realizar. Los equipos de trabajo funcionan con procesos participativos de toma de decisiones y con tareas compartidas, y responden por buena parte del trabajo "gerencial" de nivel superior. Uno de sus aspectos fundamentales es la habilidad multifuncional: cada miembro del grupo debe poseer habilidades para desempeñar varias tareas. Los miembros responden por los resultados y metas alcanzados, y deciden la distribución del trabajo entre sí, la programación del trabajo, se entrenan entre sí, evalúan la contribución individual y son responsables de la calidad del trabajo grupal y del mejoramiento continuo.

En general, los atributos principales de los equipos de alto desempeño son los siguientes[8]:

- *Participación.* Todos los miembros se comprometen con el empoderamiento y la autoayuda.
- *Responsabilidad.* Todos los miembros se sienten responsables del resultado logrado.
- *Claridad.* Todos los miembros comprenden y apoyan los objetivos del equipo.
- *Interacción.* Todos los miembros se comunican en un clima abierto y confiable.
- *Flexibilidad.* Todos los miembros quieren cambiar y mejorar el desempeño.
- *Focalización.* Todos los miembros se dedican a alcanzar las expectativas puestas en el trabajo.
- *Creatividad.* Todos los talentos e ideas se utilizan en beneficio del equipo.
- *Rapidez.* Todos los miembros actúan con prontitud ante los problemas y oportunidades.

CALIDAD DE VIDA EN EL TRABAJO

Investigaciones recientes demuestran que para alcanzar calidad y productividad, las empresas deben contar con personas motivadas para desempeñar los trabajos que les asignan, y recompensarlas de manera adecuada por su contribución. En consecuencia, la competitividad organizacional

8 John R. Schermerhorn, Jr., *Management*, Nueva York, John Wiley, 1996, p. 275.

se halla relacionada por obligación con la calidad de vida en el trabajo. Por atender al cliente externo, no debe olvidarse al cliente interno. Para satisfacer el cliente externo, las organizaciones deben satisfacer antes a los empleados responsables del producto o servicio ofrecido. La administración de la calidad total en una organización depende fundamentalmente de la optimización del potencial humano, del bienestar que experimentan las personas al trabajar en una organización.

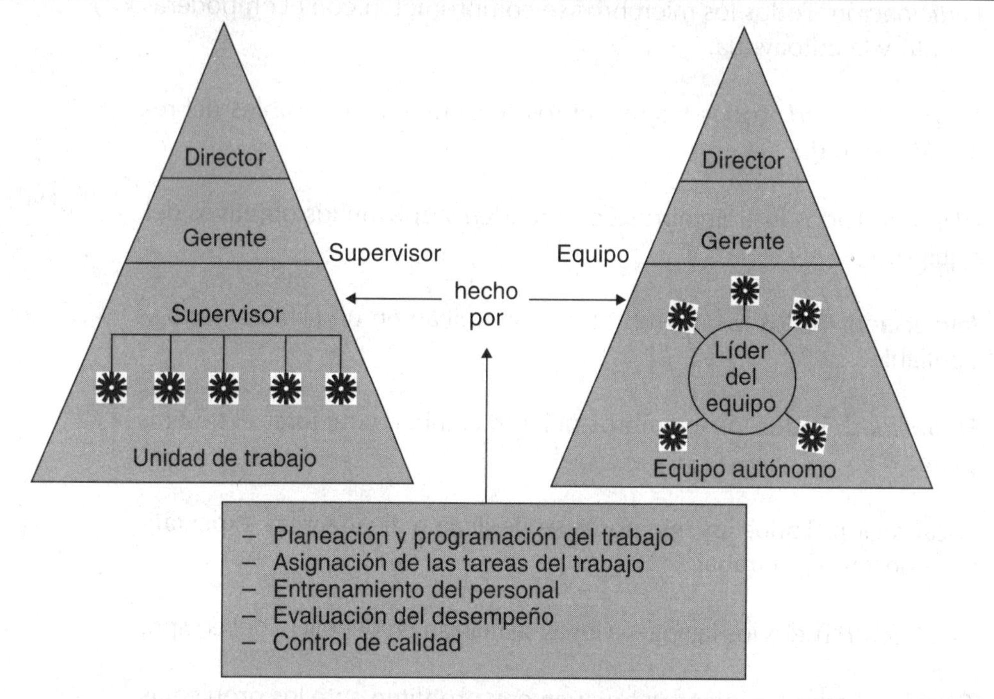

Figura 7.16 Implicaciones organizacionales y gerenciales de los equipos autónomos.

Fuente: adaptado de John R. Schermerhorn, Jr., *Management*, Nueva York, John Wiley, 1966, p. 274.

La calidad de vida en el trabajo (CVT) representa el grado de satisfacción de las necesidades de los miembros de la empresa mediante su actividad en ella. La calidad de vida en el trabajo comprende diversos factores, como satisfacción con el trabajo ejecutado, posibilidades de futuro en la organización, reconocimiento por los resultados obtenidos, salario recibido, beneficios ofrecidos, relaciones humanas en el grupo y la organización, ambientes psicológico y físico de trabajo, libertad de decidir,

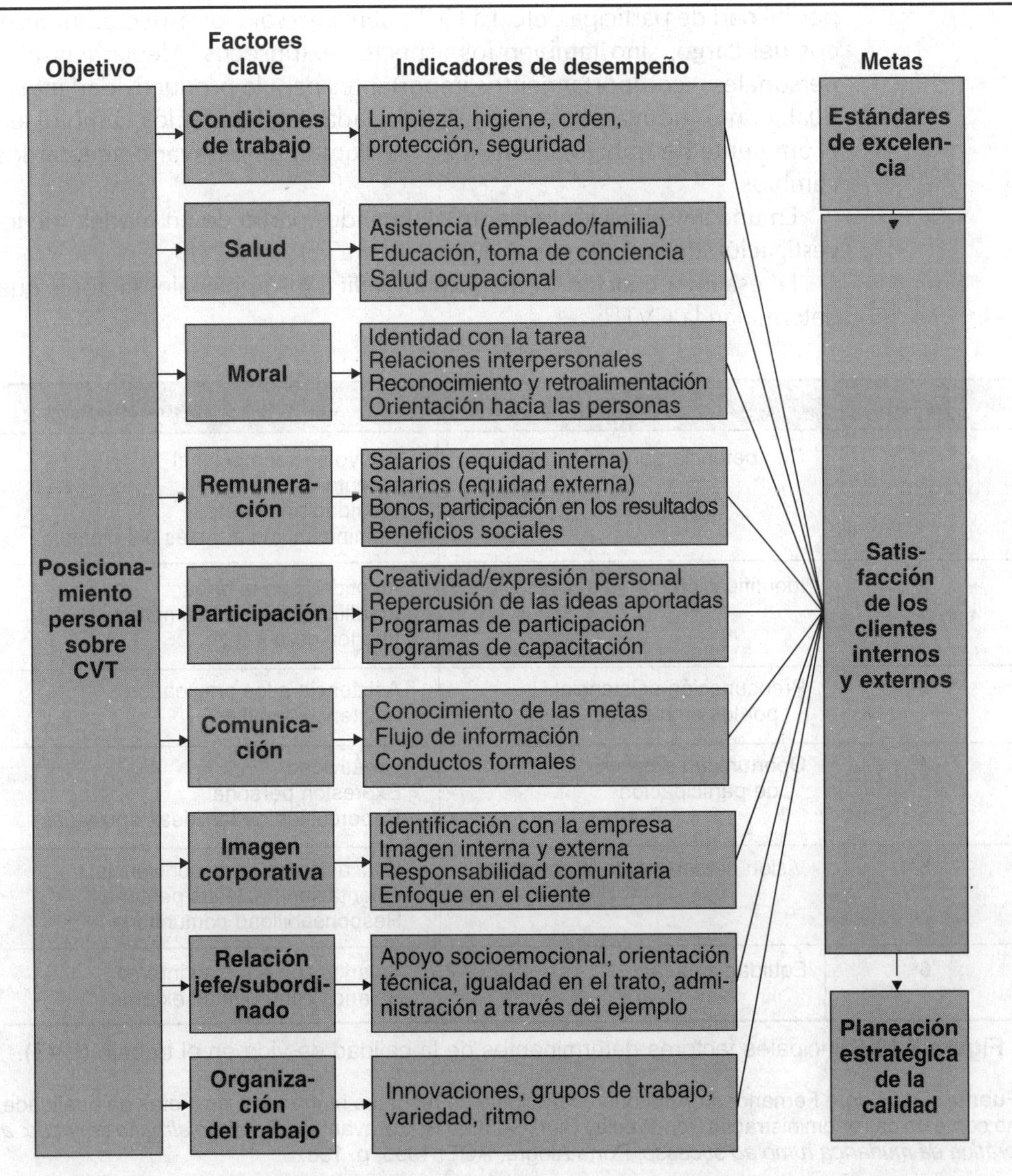

Figura 7.17 Modelo de investigación sobre calidad de vida en el trabajo.

Fuente: Eda Conte Fernandes, "Auditoria operacional de recursos humanos e as metas da qualidade no contexto da readministração", en Wesley Bjur, Geraldo R. Caravantes, *Readministração em ação: a prática da mudança rumo ao sucesso*, Porto Alegre, AGE, 1995, p. 179.

posibilidad de participar, etc. La CVT abarca no sólo los aspectos intrínsecos del cargo, sino también los aspectos extrínsecos. Afecta actitudes personales y comportamientos importantes para la productividad individual, como motivación para el trabajo, adaptabilidad a los cambios en el ambiente de trabajo, creatividad y voluntad de innovar o aceptar los cambios.

En una investigación reciente[9], Fernandes partió de un modelo de investigación de la CVT, como el de la figura 7.17.

En esa investigación, Fernandes identificó los principales factores que determinan la CVT[10]:

Orden	Factor	Variables determinantes
1ª	Competencia general	Apoyo socioemocional Orientación técnica Igualdad en el trato Administración a través del ejemplo
2ª	Identificación con la empresa	Identidad con la tarea Identificación con la empresa Imagen corporativa
3ª	Preocupación asistencial por los empleados	Asistencia a los empleados Asistencia familiar
4ª	Oportunidad efectiva de participación	Creatividad Expresión personal Repercusión de las ideas aportadas
5ª	Visión humanista de la empresa	Educación/toma de conciencia Orientación hacia las personas Responsabilidad comunitaria
6ª	Equidad salarial	Salarios con equidad interna Salarios con equidad externa

Figura 7.18 Principales factores determinantes de la calidad de vida en el trabajo (CVT).

Fuente: Eda Conte Fernandes, "Auditoria operacional de recursos humanos e as metas da qualidade no contexto da readministração", en Wesley Bjur, Geraldo R. Caravantes, *Readministração em ação: a prática da mudança rumo ao sucesso*, Porto Alegre, AGE, 1995, p. 198.

9 Eda Conte Fernandes, "Auditoria operacional de recursos humanos e as metas da qualidade no contexto da readministração", en Wesley Bjur, Geraldo R. Caravantes, *Readministração em açao: a prática da mudança rumo ao sucesso*, Porto Alegre, AGE, 1995, pp. 172-200.

10 *Ibíd.*

La preocupación de la sociedad por la calidad de vida se desplazó hace poco tiempo hacia la situación de trabajo como parte integrante de una sociedad compleja y de un ambiente heterogéneo. La calidad de vida en el trabajo resume dos posiciones antagónicas: por un lado, la reivindicación de los empleados en cuanto al bienestar y la satisfacción en el trabajo; por otro, el interés de las empresas respecto de los efectos potenciadores sobre la productividad y la calidad.

Dado que la importancia de las necesidades humanas varía según la cultura de cada individuo y de cada organización, la calidad de vida en el trabajo está determinada no sólo por las características individuales (necesidades, valores, expectativas) o situacionales (estructura organizacional, tecnología, sistemas de remuneración, política interna), sino también por la actuación sistémica de estas características individuales y organizacionales.

El desempeño de cargos y el clima organizacional representan factores importantes en la determinación de la calidad de vida en el trabajo. Si ésta fuese pobre, conduciría a la alienación del empleado y a la insatisfacción, a la mala voluntad, a la caída de la productividad y a comportamientos contraproducentes (ausentismo, sabotaje, robo, afiliación sindical, etc.)[11]. Si fuese satisfactoria, se llegará a un clima de confianza y respeto mutuo en que el individuo tratará de aumentar sus contribuciones y elevar sus oportunidades de éxito psicológico, y la administración querrá reducir mecanismos rígidos de control social.

RESUMEN

Los procesos de aplicación de recursos humanos incluyen la ubicación de las personas en los cargos y la evaluación de su desempeño en tales cargos.

La empresa es un sistema de roles. Un rol es un conjunto de actividades y comportamientos que se exigen a una persona. Para que ésta comprenda los roles que se le asignan, se somete a una socialización empresarial, es decir, un aprendizaje de los valores, normas y comportamientos que la organización exige. No obstante, el desempeño del rol es complejo y está sujeto a muchas discrepancias y disonancias. La ARH

---

11 J. Richard Hackman, J. L. Suttle, *Improving Life at Work: Behavioral Science Approaches to Organizational Changes*, Santa Monica, Goodyear, 1977.

llama cargos a los roles. Los cargos no siempre son diseñados o especificados por la ARH, sino también por otros organismos que pueden utilizar varios modelos de diseño, como el clásico o tradicional, el humanista o el situacional. Obviamente, siempre habrá la posibilidad de enriquecer o ampliar el cargo. En la actualidad los cargos se adaptan y ajustan al desempeño profesional de las personas: es lo que se denomina enriquecimiento o ampliación de los cargos. Además, los cargos están dejando de ser individuales y aislados socialmente para convertirse en actividades de equipos con elevado contenido social. Todo esto se lleva a cabo con el propósito de mejorar la calidad de vida en el trabajo; es decir, el grado de satisfacción de las personas con sus actividades y la organización.

TEMAS PRINCIPALES

Socialización organizacional
Rol
Diseño clásico o tradicional
Diseño humanista
Calidad de vida en el trabajo
Satisfacción intrínseca
Enriquecimiento de los cargos
Diseño de los cargos
Equipos de trabajo
Diseño situacional
Dimensiones profundas del cargo
Estados psicológicos

PREGUNTAS Y TEMAS DE REPASO Y ANÁLISIS

1. ¿Qué es socialización organizacional?
2. Explique el concepto de empresa como sistema de roles.
3. ¿En qué consiste el desempeño del rol y cuáles son las posibles discrepancias o disonancias que pueden presentarse?
4. ¿Qué es el diseño de cargos y quién lo realiza dentro de la organización?
5. Explique y compare los modelos de diseño de los cargos.
6. ¿Cuáles son las dimensiones profundas en el diseño de un cargo?
7. ¿Cómo pueden implementarse?
8. Explique los conceptos de enriquecimiento y ampliación del cargo.
9. ¿En qué consiste la satisfacción intrínseca?
10. ¿Cuáles son los estados psicológicos?
11. ¿Cómo pueden desarrollarse equipos de trabajo?
12. ¿Qué es la calidad de vida en el trabajo?

INFORME PARA ANÁLISIS Y DISCUSIÓN 7

"La tarjeta lo dice todo"*

En los últimos años las empresas derribaron las paredes de las oficinas, aplanaron las jerarquías al eliminar gran parte del nivel gerencial, expurgaron la planta de personal para reducir la cantidad y mejorar la calidad y, debido a estas medidas, flexibilizaron las funciones. Sin embargo, no han podido desembarazarse de ciertos aspectos relativamente menores, como la importancia que se da a los títulos y a los cargos. Pero, en la práctica, ¿son aspectos relativamente menores los títulos y los cargos? Si la estructura de la empresa tiene títulos, las personas siempre se preocuparán por éstos, puesto que incluyen la imagen del profesional que ocupa el cargo. Y la imagen se halla íntimamente relacionada con la vida humana.

Cuando alguien nos da su tarjeta de visita, ¿la gente lee primero el cargo que ocupa esa persona, o su nombre? La mayoría dirigirá la vista hacia el título del cargo. Desde hace algunos años, las grandes empresas han tratado de desmitificar, con éxito, los títulos de los cargos de sus ejecutivos. Un consultor que visitó recientemente Lubrijol, una empresa del sector químico en los Estados Unidos, decidió conocer de cerca a los empleados. Comenzó por formular las preguntas de rigor a quien le presentaban: ¿cuál es su cargo y función? Desde el conductor hasta el presidente, obtuvo la misma respuesta: "Trabajo en Lubrizol". Comprobó que los cargos dejaron de ser una prioridad en la compañía. Los empleados se identificaban con la empresa y no con los cargos que ocupaban en la jerarquía.

Algunas empresas multinacionales tratan de adoptar nuevas actitudes para aproximarse a ese concepto. Entre éstas se cuenta American Express. Durante los últimos tres años la casa matriz estadounidense inició una reestructuración de los nombres de los cargos para lograr que los títulos de éstos perdieran importancia en la estructura de la empresa. Esta tendencia es mundial. Esta nueva filosofía se opone a los deseos de las personas.

---

* Tomado del artículo "O Seu Carfão Já Diz Tudo?", en revista *Exame*, año 30, No. 3, 29 de enero de 1997, pp. 108-109.

En algunos países, muchas empresas dan gran importancia a los títulos de los cargos, en especial en la relación con el público externo. Quienes más cerca sienten esta situación son los profesionales de ventas y de áreas cuya función consiste en conquistar y mantener clientes. El supervisor de cuentas y distribución de Microsoft de Brasil sugirió a sus superiores que modificaran el nombre del cargo de supervisor por el de gerente. Él no pedía que lo ascendieran, sino que le mejorasen el nombre del cargo. Su cliente principal era uno de los mayores distribuidores de productos de Microsoft en Brasil. Después de un año de trabajar con el cliente, pasó a tratar de manera directa con el vicepresidente de la empresa; incluso, algunas veces habló con el vicepresidente mundial para América Latina. Al mismo tiempo, confiesa que estaba incómodo con su título, pues sintió que necesitaba cierto estatus para legitimar su posición como representante de Microsoft en las negociaciones en Brasil. Al final, consiguió su propósito.

Microsoft no fue la única en claudicar ante las exigencias del mercado brasileño. En el Banco de Boston, 15 ejecutivos que llevan las cuentas de las grandes corporaciones y ocupan el cargo de gerente de relaciones se convierten en directores cuando cruzan la puerta del banco. La función es igual, pero el título de director facilita el acceso a las personas clave de las empresas de los clientes.

Dado que no siempre las empresas son tan flexibles, entra en juego la creatividad. Algunos ejecutivos de las multinacionales tienen una tarjeta de visita clandestina para utilizarla en Brasil, debido a que ciertas empresas se ven obligadas a emplear la nomenclatura internacional del grupo, aunque esto origine dudas. Por ejemplo, en los Estados Unidos es común llamar gerente general o líder al ejecutivo principal de la empresa, títulos que no tienen la misma importancia en portugués. En estos casos, el ejecutivo utiliza la tarjeta oficial dentro de la compañía y durante los viajes oficiales, pero cuando tiene que visitar a un gran cliente brasileño, muestra la tarjeta nacional.

Los símbolos de estatus, títulos y cargos tienen importancia y pueden representar problemas para quien no tiene dichos títulos y cargos, o deja de tenerlos. No obstante, conviene prestar atención a estas palabras: el sentido común, la experiencia y la habilidad de lo que se lleva a cabo son más importantes que el título. Lo esencial es que el profesional sea respetado por los subordinados, pues si una persona no consigue ganar el respeto y la admiración de los subordinados y de quienes le rodean, cualquier título que ostente no cambiará la situación.

CASO 7

Alberto Oliveira, gerente de recursos humanos de Metalúrgica Santa Rita S. A. (Mesarisa) tiene un plan para reestructurar los cargos de su departamento. Quiere remplazar los antiguos enfoques de diseño clásico y humanista por el de diseño situacional para proporcionar motivación intrínseca y gran satisfacción en el trabajo, y lograr desempeño de alta calidad en el trabajo de los empleados. Quiere sustituir el trabajo rutinario y burocrático por un trabajo variado y autónomo que permita dar sentido a la tarea, identificarse con ésta y, sobre todo, que suministre retroalimentación. Así mismo, desea que la labor de su equipo proporcione estados psicológicos que ayuden a percibir que el trabajo es una actividad significativa y valiosa de cuyos resultados se es responsable, y del conocimiento de estos resultados. Para tal efecto, convocó a todo su personal y le pidió la colaboración para emprender tal propósito, pues quería que todos participasen de modo activo en la implementación del nuevo esquema. Como el personal no conocía nada sobre diseño de cargos, Oliveira quería presentar algunos ejemplos de tareas combinadas, formación de unidades naturales de trabajo, relaciones directas con el cliente o el usuario, enriquecimiento o responsabilidad vertical, apertura de canales de retroalimentación y creación de grupos autónomos. ¿Cómo podría hacerlo?

8

Descripción y análisis de cargos

Debido a la división del trabajo y a la consiguiente especialización de funciones, las necesidades básicas de recursos humanos para la organización, sea en cantidad o en calidad, se establecen mediante un esquema de descripción y especificación de cargos. La descripción del cargo se refiere a las tareas, los deberes y las responsabilidades del cargo, en tanto que las especificaciones del cargo se ocupan de los requisitos que el ocupante necesita cumplir. Por tanto, los cargos se proveen de acuerdo con esas descripciones y esas especificaciones. El ocupante del cargo debe tener características compatibles con las especificaciones del cargo, en tanto que el rol que deberá desempeñar es el contenido del cargo registrado en la descripción. En general, la descripción del cargo presenta el contenido de éste de manera impersonal, y las especificaciones suministran la percepción que tiene la organización respecto de las características humanas que se requieren para ejecutar el trabajo, expresadas en términos de educación, experiencia, iniciativa, etc.

Puesto que en la mayor parte de las organizaciones los cargos se proyectan y se diseñan sin contar con la dependencia de ARH, falta saber cómo los proyectan y los diseñan las otras dependencias. En otras palabras, es necesario que se analicen y se describan los cargos para conocer su contenido y sus especificaciones, con el fin de administrar los recursos humanos empleados en ellos. Cuando el diseño del cargo ya está hecho desde hace mucho tiempo, la dificultad radica en conocerlo en su totalidad. La descripción y el análisis de cargos es el mejor camino para lograrlo.

DESCRIPCIÓN DE CARGOS

Es necesario describir un cargo, para conocer su contenido.

La descripción del cargo es un proceso que consiste en enumerar las tareas o funciones que lo conforman y lo diferencian de los demás cargos de la empresa; es la enumeración detallada de las funciones o tareas del cargo (qué hace el ocupante), la periodicidad de la ejecución (cuándo lo hace), los métodos aplicados para la ejecución de las funciones o tareas (cómo lo hace) y los objetivos del cargo (por qué lo hace). Básicamente, es hacer un inventario de los aspectos significativos del cargo y de los deberes y las responsabilidades que comprende.

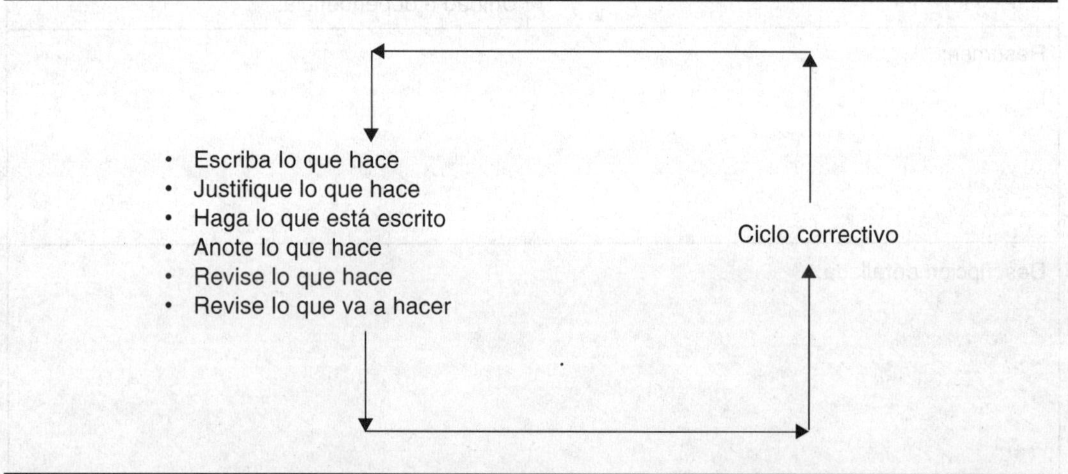

Figura 8.1 Sistema de calidad y mejoramiento continuo.

Fuente: John S. Oakland, *Gerenciamento da qualidade total-TQM*, São Paulo, Nobel, 1994, p. 111.

Un cargo "puede ser descrito como una unidad de la organización, cuyo conjunto de deberes y responsabilidades lo distinguen de los demás cargos. Los deberes y las responsabilidades de un cargo, que corresponden al empleado que lo desempeña, proporcionan los medios para que los empleados contribuyan al logro de los objetivos en una organización"[1].

Básicamente, tareas o funciones "son los elementos que conforman un rol de trabajo y que debe cumplir el ocupante del cargo"[2]. Las fases que se ejecutan en el trabajo constituyen el cargo total. Un cargo "es la reunión de todas aquellas actividades realizadas por una sola persona, que pueden unificarse en un solo concepto y ocupan un lugar formal en el organigrama"[3].

En resumen, la descripción de cargos está orientada hacia el contenido de éstos, es decir, hacia sus aspectos intrínsecos.

DESCRIPCIÓN DEL CARGO		
Nombre del cargo:	Fecha de elaboración: __/__/__	Fecha de revisión: __/__/__
Código:		
Departamento:	Unidad o dependencia:	
Resumen:		
Descripción detallada:		

Figura 8.2 Ejemplo de una hoja de descripción del cargo.

1 J. Herbert Chruden, Arthur W. Sherman, Jr., *Personnel Management*, Cincinnati, South-Eastern, 1963, p. 79.
2 Bryan Livy, *Job Evaluation: A Critical Review*, Londres, George Allen and Unwin, 1975, p. 46.
3 *Ibíd.*

ANÁLISIS DE CARGOS

Después de la descripción, sigue el análisis del cargo. Una vez identificado el contenido del cargo (aspectos intrínsecos), se analiza el cargo en relación con los aspectos extrínsecos, es decir, los requisitos que el cargo exige a su ocupante.

Aunque la descripción y el análisis de cargos están estrechamente relacionados en sus finalidades y en el proceso de obtención de datos, se diferencian entre sí: la descripción se orienta al contenido del cargo (qué hace el ocupante, cuándo lo hace, cómo lo hace y por qué lo hace), en tanto que el análisis pretende estudiar y determinar los requisitos de calificación, las responsabilidades implícitas y las condiciones que el cargo exige para ser desempeñado de manera adecuada. Este análisis es la base para evaluar y clasificar los cargos, con el propósito de compararlos.

La figura 8.3 muestra el desdoblamiento de la descripción y del análisis del cargo.

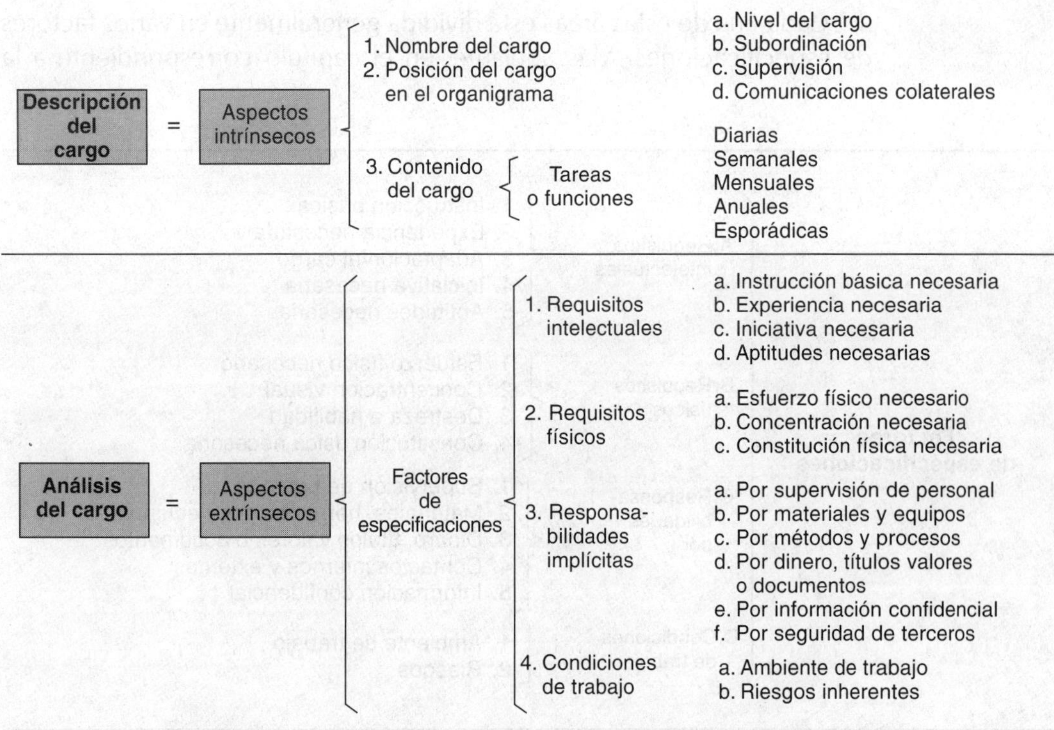

Figura 8.3 Contenido de la descripción y del análisis de cargos.

Estructura del análisis de cargos

La descripción de cargos es una simple exposición de las tareas o funciones que desempeña el ocupante de un cargo, en tanto que el análisis de cargos es una verificación comparativa de las exigencias (requisitos) que dichas tareas o funciones imponen al ocupante. En otras palabras, cuáles son los requisitos físicos e intelectuales que debe tener el empleado para el desempeño adecuado del cargo, cuáles son las responsabilidades que el cargo le impone y en qué condiciones debe desempeñar el cargo.

En general, el análisis de cargos se refiere a cuatro áreas de requisitos aplicadas casi siempre a cualquier tipo o nivel de cargo:

1. Requisitos intelectuales
2. Requisitos físicos
3. Responsabilidades implícitas
4. Condiciones de trabajo.

Cada una de estas áreas está dividida generalmente en varios factores de especificaciones. Más adelante, en el capítulo correspondiente a la

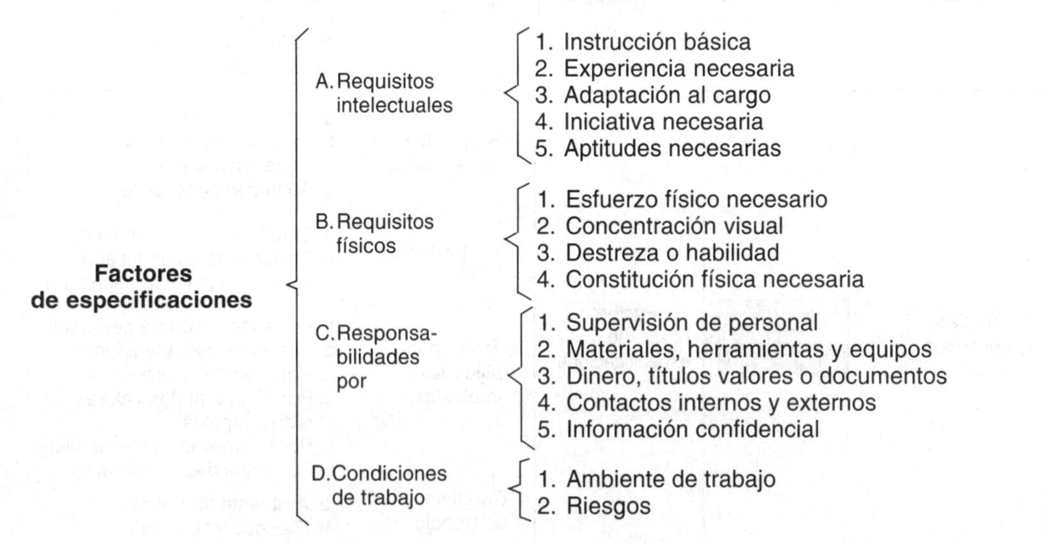

Figura 8.4 Factores de especificaciones: esquema simplificado.

administración de salarios, los factores de especificaciones se transformarán en factores de evaluación de cargos mediante un tratamiento estadístico. En el fondo, los factores de especificaciones son puntos de referencia que permiten analizar una gran cantidad de cargos de manera objetiva; son verdaderos instrumentos de medición, elaborados de acuerdo con la naturaleza de los cargos existentes en la empresa. Si varía la naturaleza de los cargos que van a analizarse, cambiarán no sólo los factores de especificaciones considerados, sino también su amplitud de variación y sus características de comportamiento.

Veamos por separado cada uno de los factores de especificaciones.

Requisitos intelectuales

Tienen que ver con las exigencias del cargo en lo referente a los requisitos intelectuales que el empleado debe poseer para desempeñar el cargo de manera adecuada. Entre los requisitos intelectuales están los siguientes factores de especificaciones:

1. Instrucción básica
2. Experiencia básica
3. Adaptabilidad al cargo
4. Iniciativa necesaria
5. Aptitudes necesarias

Requisitos físicos

Tienen que ver con la cantidad y la continuidad de energía y de esfuerzos físico y mental requeridos, y la fatiga provocada, así como con la constitución física que necesita el empleado para desempeñar el cargo adecuadamente. Entre los requisitos físicos se encuentran los siguientes factores de especificaciones:

1. Esfuerzo físico necesario
2. Capacidad visual
3. Destreza o habilidad
4. Constitución física necesaria

Responsabilidades implícitas

Se refieren a la responsabilidad que tiene el ocupante del cargo –además del trabajo normal y de sus funciones– por la supervisión directa o indirecta del trabajo de sus subordinados, por el material, por las herramientas o equipo que utiliza, por el patrimonio de la empresa, el dinero, los títulos valores o documentos, las pérdidas o ganancias de la empresa, los contactos internos o externos y la información confidencial.

En consecuencia, debe responsabilizarse por:

1. Supervisión de personal
2. Material, herramientas o equipo
3. Dinero, títulos valores o documentos
4. Contactos internos o externos
5. Información confidencial.

Condiciones de trabajo

Se refieren a las condiciones ambientales del lugar donde se desarrolla el trabajo, y sus alrededores, que pueden hacerlo desagradable, molesto o sujeto a riesgos, lo cual exige que el ocupante del cargo se adapte bien para mantener su productividad y rendimiento en sus funciones. Evalúan el grado de adaptación del elemento humano al ambiente y al equipo, y facilitan su desempeño. Comprenden los siguientes factores de especificaciones:

1. Ambiente de trabajo
2. Riesgos

Desde el punto de vista de los factores de especificaciones, el análisis de cargos puede estructurarse mediante un esquema de estandarización que facilite, en gran parte, la recolección de información y permita tener una base aceptable de comparación entre los cargos.

MÉTODOS DE DESCRIPCIÓN Y ANÁLISIS DE CARGOS

La descripción y el análisis de cargos son responsabilidad de línea y función del *staff*, es decir, la línea responde por las informaciones ofrecidas, en tanto que la prestación de servicios de obtención y manejo de información es responsabilidad del *staff*, representado en primera instancia

ALFA S. A.

Resumen

Redactar en español, digitar documentos en inglés y español, programar reuniones, orientar las visitas y encargarse de los archivos.

Descripción del cargo

- Recibir, clasificar y distribuir correspondencia (circulares), carpetas, informes y folletos, firmar los comprobantes de recibo y archivarlos.
- Preparar y digitar cartas y textos en español.
- Enviar textos y asuntos recibidos para compilar los informes.
- Organizar y mantener los archivos de documentos y cartas –generalmente confidenciales–, y los registros; determinar su localización, cuando se necesite, e informar de los compromisos al superior.
- Mantener los elementos necesarios al cargo: material de oficina, servicios generales, solicitudes y pedidos; participar en compromisos menores que son de responsabilidad de su superior, bien sea recordándoselo o asistiendo a ellos.
- Ejecutar otras tareas relacionadas con las descritas, según el criterio de su superior.

ANÁLISIS DEL CARGO

Requisitos intelectuales

- Instrucción básica: secundaria; secretariado o equivalente, con conocimientos en digitación de textos.
- Experiencia de trabajo: familiaridad con las normas y funciones del cargo.
- Otras aptitudes: personalidad atrayente y cortés, carácter discreto y responsable, buena redacción, rapidez digital, fluidez verbal, memoria asociativa de nombres, datos y fisonomías, capacidad de síntesis y de desarrollo, coordinación mental y excelente razonamiento abstracto, noción del tiempo y capacidad para prever nuevas situaciones y adaptarse a ellas.

Responsabilidad

- Contactos: mucha discreción en asuntos confidenciales y tacto para lograr cooperación; trabajo en que la frecuencia de los contactos es muy acentuada.

Condiciones de trabajo

- Ambiente de trabajo: propio de oficinas, salas de reuniones.

Figura 8.5 Ejemplo de descripción y análisis de un cargo.

por el analista de cargos[4], quien puede ser un empleado especializado del *staff*, el jefe del departamento en que está localizado el cargo que va a describirse y analizarse, o el propio ocupante del cargo.

Los métodos que más se utilizan en la descripción y el análisis de cargos son:

1. Observación directa
2. Cuestionario
3. Entrevista directa
4. Métodos mixtos

En seguida estudiaremos por separado cada uno de los métodos de descripción y análisis de los cargos.

Método de observación directa

Es uno de los métodos más utilizados, tanto por ser el más antiguo históricamente como por su eficiencia. Su aplicación resulta mucho más eficaz cuando se consideran estudios de micromovimientos, y de tiempos y métodos. El análisis del cargo se efectúa observando al ocupante del cargo, de manera directa y dinámica, en pleno ejercicio de sus funciones, mientras el analista de cargos anota los datos clave de su observación en la hoja de análisis de cargos. Es más recomendable para aplicarlo a los trabajos que comprenden operaciones manuales o que sean sencillos y repetitivos. Algunos cargos rutinarios permiten la observación directa, pues

4 El analista de cargos "deduce, analiza y desarrolla datos ocupacionales relativos a los cargos, cualidades necesarias para ocupar los cargos y características del ocupante, que sirven de base para la orientación profesional, la evaluación de salarios, la utilización de trabajadores y otras prácticas de personal. Estudia cargos desempeñados en la industria, el comercio y otras organizaciones y elabora descripciones de elementos de los cargos y de los requisitos físicos e intelectuales que debe cumplir el ocupante. Define, clasifica y correlaciona datos ocupacionales; desarrolla medios de orientación para trabajadores inexpertos o que desean cambiar de cargo, y prepara procedimientos de entrevista para facilitar la contratación de trabajadores; utiliza datos para desarrollar sistemas de evaluación de salarios y recomienda cambios en la clasificación de los cargos; prepara organigramas, elabora monografías -mediante la descripción de patrones o tendencias industriales-; diseña pruebas para medir conocimientos ocupacionales y habilidades de los trabajadores y realiza la búsqueda ocupacional relacionada. En United States Employment Service, *Dictionary of Occupational Titles*, Vol. 1, Definitions of Titles, Washington, United States Government Printing Office, 1949, p. 818.

el volumen de contenido manual puede verificarse con facilidad mediante la observación. Dado que no en todos los casos la observación responde todas las preguntas ni disipa todas las dudas, por lo general va acompañada de entrevista y análisis con el ocupante del cargo o con el supervisor.

Características:

a. El analista de cargos recolecta los datos acerca de un cargo mediante la observación de las actividades que realiza el ocupante de éste.

b. La participación del analista de cargos en la recolección de la información es activa; la del ocupante es pasiva.

Ventajas:

a. Veracidad de los datos obtenidos, debido a que se originan en una sola fuente (analista de cargos) y al hecho de que ésta sea ajena a los intereses de quien ejecuta el trabajo.

b. No requiere que el ocupante del cargo deje de realizar sus labores.

c. Método ideal para aplicarlo en cargos sencillos y repetitivos.

d. Correspondencia adecuada entre los datos obtenidos y la fórmula básica del análisis de cargos (qué hace, cómo lo hace y por qué lo hace).

Desventajas:

a. Costo elevado porque el analista de cargos requiere invertir bastante tiempo para que el método sea completo.

b. La simple observación, sin el contacto directo y verbal con el ocupante del cargo, no permite obtener datos importantes para el análisis.

c. No se recomienda aplicarlo en cargos que no sean sencillos ni repetitivos.

Se aconseja que este método se aplique en combinación con otros para que el análisis sea más completo y preciso.

Método del cuestionario

Para realizar el análisis, se solicita al personal (en general, los que ejercen el cargo que será analizado, o sus jefes o supervisores) que diligencie un cuestionario de análisis de cargos y registre todas las indicaciones posibles acerca del cargo, su contenido y sus características.

Cuando se trata de una gran cantidad de cargos semejantes, de naturaleza rutinaria y burocrática, es más rápido y económico elaborar un cuestionario que se distribuya a todos los ocupantes de esos cargos. El cuestionario debe elaborarse de manera que permita obtener respuestas correctas e información útil. Antes de aplicarlo, deben conocerlo al menos un ocupante del cargo y su superior para establecer la pertinencia y adecuación de las preguntas, y eliminar los detalles innecesarios, las distorsiones, la falta de relación o las posibles ambigüedades de las preguntas.

Características:

a. La recolección de datos sobre un cargo se efectúa mediante un cuestionario de análisis del cargo, que llena el ocupante o su superior.

b. La participación del analista de cargos en la recolección de datos es pasiva (recibe el cuestionario); la del ocupante es activa (llena el cuestionario).

Ventajas:

a. Los ocupantes del cargo y sus jefes directos pueden llenar el cuestionario conjunta o secuencialmente; de esta manera se proporciona una visión más amplia de su contenido y de sus características, además de que participan varias instancias jerárquicas.

b. Este método es el más económico para el análisis de cargos.

c. También es el que más personas abarca, pues el cuestionario puede ser distribuido a todos los ocupantes de cargos y devuelto con relativa rapidez, tan pronto como lo hayan respondido. Esto no ocurre con los demás métodos de análisis de cargos.

d. Es el método ideal para analizar cargos de alto nivel, sin afectar el tiempo ni las actividades de los ejecutivos.

Desventajas:

a. No se recomienda su aplicación en cargos de bajo nivel, en los cuales el ocupante tiene dificultad para interpretarlo y responderlo por escrito.

b. Exige que se planee y se elabore con cuidado.

c. Tiende a ser superficial o distorsionado en lo referente a la calidad de las respuestas escritas.

Método de la entrevista

El enfoque más flexible y productivo en el análisis de cargos es la entrevista que el analista hace al ocupante del cargo. Si está bien estructurada, puede obtenerse información acerca de todos los aspectos del cargo, la naturaleza y la secuencia de las diversas tareas que comprende el cargo, y de los porqués y los cuándo. Puede hacerse con relación a las habilidades requeridas para ocupar el cargo, permite intercambiar información obtenida de los ocupantes de otros cargos semejantes, verificar las incoherencias en los informes y, si es necesario, consultar al supervisor inmediato para asegurarse de que los detalles obtenidos son válidos. Garantiza una interacción frente a frente entre el analista y el empleado, lo cual permite la eliminación de dudas y desconfianzas, principalmente frente a empleados obstructores y obstinados. En la actualidad, los responsables de elaborar los planes de análisis de cargos prefieren este método basado en el contacto directo y en los mecanismos de colaboración y participación.

El método de la entrevista directa consiste en recolectar los elementos relacionados con el cargo que se pretende analizar, mediante un acercamiento directo y verbal con el ocupante o con su jefe directo. Puede realizarse con uno de ellos o con ambos, juntos o separados.

Características:

a. La recolección de datos se lleva a cabo mediante una entrevista del analista con el ocupante del cargo, en la que se hacen preguntas y se dan respuestas verbales.

b. La participación del analista y del ocupante del cargo es activa.

Ventajas:

a. Los datos relativos a un cargo se obtienen de quienes lo conocen mejor.

b. Hay posibilidad de analizar y aclarar todas las dudas.

c. Este método es el de mejor calidad y el que proporciona mayor rendimiento en el análisis, debido a la manera racional de reunir los datos.

d. No tiene contraindicaciones. Puede aplicarse a cualquier tipo o nivel de cargo.

Desventajas:

a. Una entrevista mal conducida puede llevar a que el personal reaccione de modo negativo, no la comprenda ni acepte sus objetivos.

b. Puede generar confusión entre opiniones y hechos.

c. Se pierde demasiado tiempo, si el analista de cargos no se prepara bien para realizarla.

d. Costo operativo elevado: exige analistas expertos y parálisis del trabajo del ocupante del cargo.

Métodos	Participación	
	del analista	del ocupante
Observación	activa	pasiva
Cuestionario	pasiva	activa
Entrevista	activa	activa

Figura 8.6 Tipo de participación en la recolección de datos sobre el cargo.

Métodos mixtos

Es evidente que cada uno de los métodos de análisis posee ciertas características, ventajas y desventajas. Para contrarrestar las desventajas y obtener el mayor provecho posible de las ventajas, se recomienda utilizar métodos mixtos, combinaciones eclécticas de dos o más métodos de análisis. Los más utilizados son:

a. Cuestionario y entrevista, ambos con el ocupante del cargo. Primero el ocupante responde el cuestionario y después presenta una entrevista rápida; el cuestionario se tendrá como referencia.

b. Cuestionario con el ocupante y entrevista con el superior para profundizar y aclarar los datos obtenidos.

c. Cuestionario y entrevista, ambos con el superior.

d. Observación directa con el ocupante del cargo y entrevista con el superior.

e. Cuestionario y observación directa, ambos con el ocupante del cargo.

f. Cuestionario con el superior y observación directa con el ocupante, del cargo, etc.

La elección de estas combinaciones dependerá de las particularidades de cada empresa, como objetivos del análisis y descripción de cargos, personal disponible para esta tarea, etc.

ETAPAS DEL ANÁLISIS DE CARGOS

En síntesis, un programa de análisis de cargos comprende tres etapas:

Etapa de planeación

Fase en que se planea cuidadosamente todo el trabajo del análisis de cargos; es una fase de oficina y de laboratorio. La planeación del análisis de cargos requiere los siguientes pasos:

1. *Determinación de los cargos que deben describirse*, analizarse e incluirse en el programa de análisis, así como de sus características, naturaleza, tipología, etc.

2. *Elaboración del organigrama de cargos* y ubicación de los cargos en éste. Al ubicar un cargo en el organigrama, se logran definir los siguientes aspectos: nivel jerárquico, autoridad, responsabilidad y área de actuación.

3. *Elaboración del cronograma de trabajo*, que especifique por dónde se iniciará el programa de análisis, el cual podrá comenzar en las escalas superiores y descender gradualmente hasta las inferiores, o viceversa, o empezar en las intermedias o desarrollar una secuencia horizontal, por áreas de la empresa.

4. *Elección del (de los) método(s) de análisis que va(n) a aplicarse.* Los métodos adecuados se escogen según la naturaleza y las características de los cargos que han de analizarse. En general, se eligen varios métodos de análisis porque es difícil que los cargos tengan naturaleza y características semejantes. La elección recaerá en los métodos que presenten las mayores ventajas o, por lo menos, las menores desventajas respecto de los cargos que van a analizarse.

5. *Selección de los factores de especificaciones que se utilizarán* en el análisis, basada en dos criterios:

a. *Criterio de universalidad.* Los factores de especificaciones deben estar, de alguna manera, presentes en la totalidad de los cargos que se analizarán o, por lo menos, en 75% de éstos para comparar las características ideales de los ocupantes; por debajo de ese porcentaje, el factor desaparece y deja de ser adecuado para la comparación.

b. *Criterio de discriminación.* Los factores de especificaciones deben variar, según el cargo. En otros términos, no pueden ser constantes o uniformes. Por ejemplo, el factor de educación básica necesaria responde al criterio de universalidad, porque todos los cargos exigen cierto nivel de instrucción o escolaridad, pero también responde al criterio de discriminación, ya que todos los cargos requieren grados diferentes de escolaridad, desde la primaria, incompleta o completa, hasta la educación superior.
Para satisfacer el criterio de universalidad, los cargos se distribuyen generalmente en varios sistemas: cargos de supervisión, por meses, por horas, etc., porque son pocos los factores de especificaciones que logran cubrir la amplia gama de características de los cargos de una organización.

6. *Dimensionamiento de los factores de especificaciones.* Determinar el campo o amplitud de variación de cada factor dentro del conjunto de cargos que se pretende analizar. La amplitud de variación corresponde a la distancia comprendida entre el límite inferior (mínimo) y el límite superior (máximo) que un factor presenta en un conjunto de cargos. Un factor se dimensiona para adaptar o ajustar el instrumento de medida que representa al objetivo que se pretende medir. En el fondo, los factores de especificaciones constituyen un conjunto de indicadores para analizar un cargo. Se hace necesario dimensionarlos para establecer qué segmento de su totalidad servirá para analizar determinado conjunto de cargos. Por ejemplo, el factor de especificaciones educación básica necesaria, cuando se aplica a cargos por horas no calificados, podrá tener un límite inferior (alfabetización) y uno superior (educación primaria completa) diferentes de cuando se aplica a cargos de supervisión; en este caso, el límite inferior (educación primaria completa) y el superior (educación superior completa) son bastante elevados.

7. *Gradación de los factores de especificaciones.* Consiste en transformarlos de variable continua (a la que puede asignársele cualquier valor a lo largo de su amplitud de variación) en variable discreta o discontinua (a la que pueden asignársele sólo determinados valores que representan segmentos de su amplitud de variación). Un factor de especificaciones se gradúa para facilitar y simplificar su aplicación. En general, el número de grados de un factor de especificaciones se sitúa entre 4, 5 o 6 grados. En consecuencia, cada factor podrá tener sólo 4, 5 o 6 grados de variación, en vez de poseer *n* valores continuos.

Etapa de preparación

En esta fase se aprestan las personas, los esquemas y los materiales de trabajo:

1. Reclutamiento, selección y entrenamiento de los analistas de cargos que conformarán el equipo de trabajo.

2. Preparación del material de trabajo (formularios, folletos, materiales, etc.).

3. Disposición del ambiente (informes a la dirección, a la gerencia, a la supervisión y a todo el personal incluido en el programa de análisis de cargos).
4. Recolección previa de datos (nombres de los ocupantes de los cargos que se analizarán, elaboración de una relación de los equipos, herramientas, materiales, formularios, etc., utilizados por los ocupantes de los cargos).

La etapa de preparación puede desarrollarse de manera simultánea con la etapa de planeación.

Etapa de ejecución

En esta fase se recolectan los datos relativos a los cargos que van a analizarse y se redacta el análisis.

1. Recolección de datos sobre los cargos mediante el (los) método(s) de análisis elegido(s) (con el ocupante del cargo o con el supervisor inmediato).
2. Selección de los datos obtenidos.
3. Redacción provisional del análisis, hecha por el analista de cargos.
4. Presentación de la redacción provisional del análisis al supervisor inmediato, para que la ratifique o la rectifique.
5. Redacción definitiva del análisis del cargo.
6. Presentación de la redacción definitiva del análisis del cargo, para la aprobación (al comité de cargos y salarios, al ejecutivo o al organismo responsable de oficializarlo en la organización).

OBJETIVOS DE LA DESCRIPCIÓN Y EL ANÁLISIS DE CARGOS

La aplicación de los resultados del análisis de cargos es muy amplia: reclutamiento y selección de personal, identificación de necesidades de capacitación, definición de programas de capacitación, planeación de la fuerza

DESCRIPCIÓN Y ANÁLISIS DEL CARGO

Nombre: pintor de mantenimiento **Sección:** industrial

Resumen: pintar con pistola o brocha superficies metálicas y de madera que pertenecen a la empresa.

DESCRIPCIÓN DEL CARGO

- Preparar las superficies que van a pintarse, raspándolas, lijándolas y quitando los residuos de pintura. Pasar varias capas de masilla sintética con rapidez.
- Preparar las pinturas que van a utilizarse, mezclándolas con otras pinturas, disolventes, secantes y pigmentos, en cantidades convenientes hasta alcanzar el color y la textura ideales. Introducir la pintura en un compresor, conectar el equipo al compresor y regular el flujo mediante válvulas. Proteger con tiras de papel o cinta las superficies que no deben pintarse. Dirigir la pistola hacia las partes que van a pintarse y realizar movimientos acompasados en sentidos vertical, horizontal y circular; lijar las capas de pintura después de que se sequen, antes de aplicar otra capa, hasta alcanzar el acabado perfecto. Retocar con brocha las partes inaccesibles.
- Pintar manualmente las paredes y las fachadas de los edificios y las placas, utilizando pinceles, brochas y escobillas. Dibujar ribetes y logotipos en las superficies pintadas.
- Conservar el equipo utilizado, quitando los residuos y limpiando el cañón de la pistola con líquidos diluyentes y gasa.
- Ejecutar otras tareas relacionadas con las ya descritas, a juicio de su superior.

ANÁLISIS DEL CARGO

A. Requisitos intelectuales:
- **Educación:** primaria. Operaciones con números enteros, conocimiento de materiales utilizados en los procesos de pintura.
- **Experiencia:** un año (por lo menos); periodo que se juzga necesario para adquirir las habilidades y familiarizarse por completo con su campo de actividad.
- **Aptitudes:** inteligencia (grupo medio inferior), introversión equilibrada, iniciativa, espíritu critico y creativo, resistencia a la fatiga física y, en especial, a la visual, percepción discriminatoria y diferencial (aguda), gran destreza manual, rapidez de reacción ante los estímulos, agudeza visual.

B. Requisitos físicos:
- **Esfuerzo físico:** movimiento constante de brazos y piernas, coordinación de movimientos de los brazos: verticales, horizontales y circulares, firmeza en el pulso, articulación de la rodilla y el cuello para agacharse, levantarse, subir y bajar escaleras; el trabajo se ejecuta de pie.

C. Responsabilidad implícita:
- **Patrimonio:** las pérdidas parciales o totales pueden comprobarse por lo que dice el obrero respecto del material empleado y la mano de obra desperdiciada; es poco probable que se causen daños al equipo (pérdidas pequeñas).

D. Condiciones de trabajo:
- **Ambiente:** condiciones ligeramente desagradables debido a la presencia de polvo de lija, emanaciones de la pintura –consideradas perjudiciales para la salud del ocupante–, olores, ruido, frío y calor (condiciones externas de trabajo).
- **Seguridad:** condiciones consideradas a veces peligrosas, posibles caídas en trabajos sobre andamios; esguinces, escoriaciones y pequeños cortes de poca gravedad.

Figura 8.7 Ejemplo de descripción y análisis de un cargo por horas.

de trabajo, evaluación de cargos, proyecto de equipo y métodos de trabajo, etc. Casi todas las actividades de recursos humanos se basan en la información que proporciona el análisis de cargos.

Los objetivos del análisis y la descripción de cargos son muchos, pues éstos constituyen la base de cualquier programa de RH. Los principales objetivos son:

1. Ayudar a la elaboración de los anuncios, demarcación del mercado de mano de obra donde debe reclutarse, etc., como base para el reclutamiento de personal.

2. Determinar el perfil del ocupante del cargo, de acuerdo con el cual se aplicarán las pruebas adecuadas, como base para la selección del personal.

3. Suministrar el material necesario, según el contenido de los programas de capacitación, como base para la capacitación del personal.

4. Determinar las escalas salariales –mediante la evaluación y clasificación de cargos–, según la posición de los cargos en la empresa y el nivel de los salarios en el mercado de trabajo, como base para la administración de salarios.

5. Estimular la motivación del personal para facilitar la evaluación del desempeño y el mérito funcional.

6. Servir de guía del supervisor en el trabajo con sus subordinados, y guía del empleado para el desempeño de sus funciones.

7. Suministrar a la sección higiene y seguridad industrial los datos relacionados para minimizar la insalubridad y peligrosidad de ciertos cargos.

RESUMEN

Cuando los cargos son diseñados por los demás organismos, la ARH debe describirlos y analizarlos para administrarlos mejor, al establecer cuáles son las características, habilidades, aptitudes y conocimientos que requieren los ocupantes de los cargos. Con el fin de conocer mejor las exigencias que los cargos imponen a sus ocupantes, el análisis de cargos se distribuye en cuatro grupos de factores: requisitos intelectuales, requisitos físicos, responsabilidades implícitas y condiciones de trabajo. Los métodos de análisis de cargos son la observación, la entrevista, el cuestionario y los métodos mixtos. En general, el análisis de cargos exige tres etapas: planeación, preparación y ejecución. En el fondo, la descripción y el análisis de cargos representa la base fundamental de cualquier trabajo de ARH, pues permite ayudar en el reclutamiento y la selección de personal para los cargos, la capacitación, la administración de salarios, la evaluación del desempeño, la higiene y seguridad en el trabajo, además de informar al superior, o al gerente de línea, el contenido y las especificaciones de los cargos de su área, puesto que la descripción y el análisis de cargos son una responsabilidad de línea y una función de *staff*.

TEMAS PRINCIPALES

Descripción del cargo	Cargo
Métodos mixtos	Análisis del cargo
Requisitos del cargo	Factores de especificaciones
Observación directa	Cuestionario
Entrevista	

PREGUNTAS Y TEMAS DE REPASO Y ANÁLISIS

1. ¿Cuáles son las nociones fundamentales en el concepto de cargo?
2. Explique en qué consisten la descripción y el análisis del cargo.
3. Explique la estructura del análisis de cargos.
4. Explique las características, las ventajas y las desventajas del método de observación directa.
5. Explique las características, las ventajas y las desventajas del método de la entrevista.
6. Explique las características, las ventajas y las desventajas del método del cuestionario.
7. Explique las alternativas de los métodos mixtos.

8. Explique las etapas del análisis de cargos.
9. ¿Cuáles son los objetivos de la descripción y el análisis de cargos?

INFORME PARA ANÁLISIS Y DISCUSIÓN 8

"Sodexho capacita personal para preparar refrigerios"*

La filial brasileña de la multinacional francesa Sodexho –especializada en proveer refrigerios a fábricas, escuelas y hospitales– duró algunos años "probando" el mercado de refrigerios industriales y descubrió que es muy promisorio pero riesgoso en extremo. Consolidado el equipo de gerencia y definida una estrategia que privilegia la calificación del personal (base para mantener la buena calidad de los refrigerios y, por consiguiente, la renovación de los contratos con las empresas), Sodexho cree estar preparada para crecer de modo acelerado. La estructura de personal establecida permite a la empresa pensar en el aumento de la facturación mensual. La empresa opera varios restaurantes (el Citibank y Manah están entre sus clientes) y produce cerca de seis mil refrigerios diarios.

La estrategia de Sodexho se orienta a acertar en lo que los ejecutivos de RH (en general, responsables de la contratación de concesionarios como Sodexho) señalan como falla principal: mala administración de los restaurantes y altibajos en la calidad de los refrigerios. Este problema no es sólo la principal fuente de quejas y de no renovación del contrato, sino que determina el propio perfil del sector. Aunque el sistema de autogestión de los restaurantes acarrea trastornos a las empresas, es el más utilizado debido a los contratiempos causados por los concesionarios de estos servicios. Tanto es así que hoy sólo 25% de los 4 millones de refrigerios servidos diariamente en el país es suministrado por empresas concesionarias.

Personal de reserva. Ante esta situación, es natural que la prioridad de Sodexho sea estructurar el sector de personal. Debido a que se pretende que esta área apoye las áreas de marketing y ventas, la gerencia de RH se constituyó antes que las de las demás áreas.

---

* Tomado de la revista *Negócios em Exame*, No. 237, 21 de octubre de 1981, pp. 80-81, con autorización de Editora Abril.

Gracias a su concepción, Sodexho puede "vender" a los clientes un método de trabajo que concede autonomía casi total a los administradores de restaurantes. El sistema permite atender de inmediato las sugerencias, pedidos y reclamos de las empresas cliente y de sus empleados usuarios de los restaurantes.

Además de invertir directamente en la capacitación del personal asignado a este tipo de responsabilidad, Sodexho mantiene cierto excedente para las eventualidades. En consecuencia, una parte superior a 10% de los gastos de nómina se destina al pago de un pequeño contingente llamado "personal de reserva", grupo de personas calificadas que permanece a disposición del sector de capacitación, sea en las escuelas de hotelería francesas o en la unidad de Sodexho en Europa o Brasil. Este personal puede sustituir a alguien que haya dejado la empresa o puede salir directamente a establecer nuevos restaurantes, según la negociación que haga la gerencia comercial.

Todo claro. La planeación de recursos humanos está estrechamente ligada a la política comercial. Al final, de nada sirve que los vendedores logren buenos contratos, si es insuficiente el personal técnico disponible para administrar el restaurante dentro de los estándares exigidos por el cliente y prometidos por Sodexho.

Este contingente de reserva puede incluir personal directamente ligado al manejo de restaurantes, o empleados de nivel más elevado y más relacionados con funciones de planeación y coordinación. En algunos casos, administradores de empresas e ingenieros –incluso con cursos de posgrado– han aceptado ejercer funciones menos importantes durante más de un año o hacer prácticas en restaurantes del país o del exterior.

Esta prioridad dada a la capacitación también es válida para los obreros. El reclutamiento de personal no calificado también se realiza de manera que se favorezcan la capacitación y el desarrollo. De esta manera, en el momento del reclutamiento es menos importante lo que el candidato sabe hacer que la capacidad de aprendizaje demostrada durante las pruebas y las dos entrevistas, después de aprobar un examen médico riguroso. En Sodexho, aunque el cargo no sea muy importante, se le informa al empleado, durante el proceso de reclutamiento e iniciación del trabajo, cuáles son los planes de la empresa y qué posibilidades de ascenso ofrece. Por ejemplo, dentro de este proceso, un repostero sabe que puede llegar a ser jefe de cocina, lo cual representará un aumento en su salario y en su estatus.

Puerta de entrada. En la práctica, Sodexho establece el plan de carrera, muy utilizado por las empresas en la actualidad, en una actividad que sólo ahora comienza a profesionalizarse. Si se aplica de manera adecuada, el plan de carrera se vuelve interesante no sólo para los empleados sino también para el empleador, que puede garantizar, entre otras ventajas, una operación eficiente y confiable porque el personal trabaja motivado.

Además, la empresa logra atenuar algunos factores negativos, como la rotación. Aunque trabaja con mano de obra muy inestable (la rotación en el sector es superior a 10% mensual), Sodexho ha logrado bajar los índices progresivamente y hoy está cerca de 8%. Para satisfacción de los ejecutivos de Sodexho, las entrevistas de desvinculación muestran que la búsqueda de un salario mejor no es el motivo que impulsa al empleado a dejar la empresa, sino que predominan algunos factores familiares, como el cambio de residencia.

Preocupada por establecer una política de recursos humanos más seria y coherente, Sodexho determinó que, salvo en contadas excepciones, sólo recurrirá al mercado laboral para contratar personal destinado a los cargos inferiores. Sodexho cree que si mantiene abierta la puerta de entrada sólo a los empleados de la empresa y valora la "vajilla de plata de la casa", a corto plazo tendrá personal bien estructurado y con gran experiencia para apoyar programas de expansión, incluso mayores que los que lleva a cabo en la actualidad.

Al final, una vez que amplíe su participación en el segmento de restaurantes en industrias y oficinas, la empresa pretende abrir nuevos frentes para proveer a escuelas, hospitales, contratistas de grandes obras públicas, e incluso a personal que trabaja en plataformas submarinas.

CASO 8

Aunque tiene casi 1.400 empleados y llegará a un máximo de 1.900, Metalúrgica Santa Rita S. A. (Mesarisa) no ha hecho todavía un censo de sus cargos. En otras palabras, Mesarisa aún no tiene descritos y analizados los cargos de los trabajadores por horas o por meses. Ni siquiera el de los supervisores, jefes y gerentes. Alberto Oliveira, gerente de recursos humanos de la compañía, cree que es el momento oportuno para iniciar una labor de tal magnitud. Su posición e imagen en la dirección es excelente y debe lograr que la política de recursos humanos y la ejecución práctica de ésta estén bien fundamentadas. Sin embargo, no tiene en su *staff* personal experimentado y no puede contratar nuevos empleados o especialistas en el tema, debido a las restricciones financieras de la empresa. Oliveira, de espíritu liberal y abierto, piensa que describir y analizar los cargos es una responsabilidad de línea de cada jefatura o supervisión, y que seguramente puede ayudar en la función de *staff* asesorando a los jefes y supervisores en ese proceso. Lo más difícil sería lograr que se aceptaran estas ideas e instruir a todo el personal para comenzar la labor: establecer un amplio programa de análisis y descripción de cargos de la empresa.

Un paso podría ser presentar la idea de crear una comisión de descripción y análisis de cargos ante el director presidente, quien seguramente la aprobaría si Oliveira la coordinara en su totalidad; otra idea sería hacer que la comisión aprobara todas las etapas de un programa de descripción y análisis de cargos de la empresa.

Otra idea sería agrupar los cargos en tres categorías o conjuntos: los cargos por horas (obreros no calificados, obreros calificados y obreros especializados), los cargos por meses (de la fábrica y de la oficina central), y empleados administrativos (supervisores, jefes y gerentes). Para cada categoría o conjunto de cargos, habría una metodología específica de recolección y procesamiento de datos, y de participación de línea.

Alberto Oliveira está entusiasmado y nervioso. Como ejecutivo de *staff* debe presentar un plan detallado de cómo desarrollar el programa de descripción y análisis de cargos, de cómo integrar la comisión y, sobre todo, de cómo coordinar un trabajo de tal magnitud con tan pocos subordinados disponibles. Además, es necesario que comparta la información obtenida mediante la descripción y el análisis de cargos con los diferentes sectores o secciones de su departamento, como reclutamiento, selección, capacitación, higiene y seguridad, administración de salarios, evaluación del desempeño, etc.

9

Evaluación del desempeño humano

En el mundo en que vivimos evaluamos en todo momento el desempeño de las cosas y personas que nos rodean. Queremos saber hasta dónde llega el volumen del equipo de sonido que compramos, qué velocidad alcanza nuestro automóvil en la carretera, cómo reaccionan nuestros amigos ante las situaciones difíciles, cómo va el rendimiento de los ahorros frente a otras inversiones, cómo va el portafolio de acciones en la bolsa, cómo marcha nuestra empresa, cómo se comporta nuestra novia en momentos difíciles, etc. La evaluación del desempeño es un hecho cotidiano en nuestra vida, así como en las organizaciones.

Las prácticas de evaluación del desempeño no son nuevas. Desde el momento en que una persona emplea a otra, el trabajo de ésta última pasa a ser evaluado en términos de costo y beneficio. Tampoco son recientes los sistemas formales de evaluación del desempeño. En la Edad Media la Compañía de Jesús, fundada por san Ignacio de Loyola, utilizaba un sistema combinado de informes y notas de las actividades y del potencial de cada uno de los jesuitas que predicaban la religión en todo el mundo, en una época en que la única forma de transporte y comunicación era la navegación a vela. El sistema se basaba en autoclasificaciones hechas por los miembros de la orden, informes de cada supervisor acerca de las actividades de sus subordinados e informes especiales hechos por cualquier jesuita que creyese tener informaciones acerca de su propio desempeño o del de sus compañeros, a las cuales un superior quizá no tenía acceso por un medio diferente. Muchos años después, en 1842, el Servicio Público Federal de los Estados Unidos implantó un sistema de informes anuales para evaluar el desempeño de los funcionarios; en 1880 el ejército estadounidense adoptó el mismo sistema. En 1918 General Motors desarrolló un sistema de evaluación para sus ejecutivos. No obstante, sólo después de la Segunda Guerra Mundial comenzaron a popularizarse en las empresas los sistemas de evaluación del desempeño, aunque la preocupación se orientaba exclusivamente hacia la eficiencia de la máquina para aumentar la productividad de la empresa. A comienzos del siglo XX la escuela de administración científica inició el fuerte impulso de la teoría administrativa, con el afán de aprovechar la capacidad óptima de la máquina, situando a la par el trabajo del hombre y calculando con bastante precisión el rendimiento potencial, el ritmo de operación, la necesidad de lubricación, el consumo de energía y el tipo de ambiente necesario para el funcionamiento. El énfasis puesto en los equipos y el consiguiente enfoque mecanicista de la administración no resolvieron el problema del aumento de la eficiencia de la organización. El hombre, considerado apenas como un "operador de botones", era visto como un objeto moldeable a los intereses de la organización y fácilmente manipulable, puesto que se creía que estaba motivado únicamente por intereses salariales y económicos. Con el paso del tiempo las organizaciones lograron resolver problemas relacionados con la primera variable, la máquina, pero no los de la segunda variable, el hombre. La eficiencia de las organizaciones estaba aún por conseguir.

El enfoque se invirtió a partir de la escuela de las relaciones humanas, pues la preocupación principal de los administradores pasó a ser el hombre. Las nuevas teorías administrativas se plantearon los mismos interrogantes que tenían que ver con la máquina, pero ahora relacionados con el hombre: ¿Cómo conocer y medir las potencialidades del hombre? ¿Cómo lograr que aplique totalmente ese potencial? ¿Cuál es la fuerza fundamental que impulsa sus energías a la acción? Frente a tales interrogantes surgió una infinidad de respuestas que ocasionaron la aparición de técnicas administrativas capaces de crear condiciones para un efectivo mejoramiento del desempeño humano dentro de la organización, y una gran cantidad de teorías sobre la motivación para trabajar. La serie de teorías administrativas y organizacionales surgidas con posterioridad tuvieron un impacto fuerte y definitivo: la importancia del ser humano en las organizaciones y su papel dinamizador de los demás recursos organizacionales. Pero este papel no podría dejarse al azar. Era necesario que no sólo se planeara e implementara el desempeño humano, sino también que se evaluara y orientara hacia determinados objetivos comunes.

EN QUÉ CONSISTE LA EVALUACIÓN DEL DESEMPEÑO

No estamos interesados en el desempeño general, sino en el desempeño del cargo, en el comportamiento de rol del ocupante del cargo. El desempeño del cargo es situacional en extremo, varía de persona a persona y depende de innumerables factores condicionantes que influyen poderosamente. El valor de las recompensas y la percepción de que las recompensas dependen del esfuerzo determinan el volumen de esfuerzo individual que la persona está dispuesta a realizar: una perfecta relación de costo-beneficio. A su vez, el esfuerzo individual depende de las habilidades y capacidades de la persona y de su percepción del papel que desempeñará. De este modo, el desempeño del cargo está en función de todas estas variables que lo condicionan con fuerza.

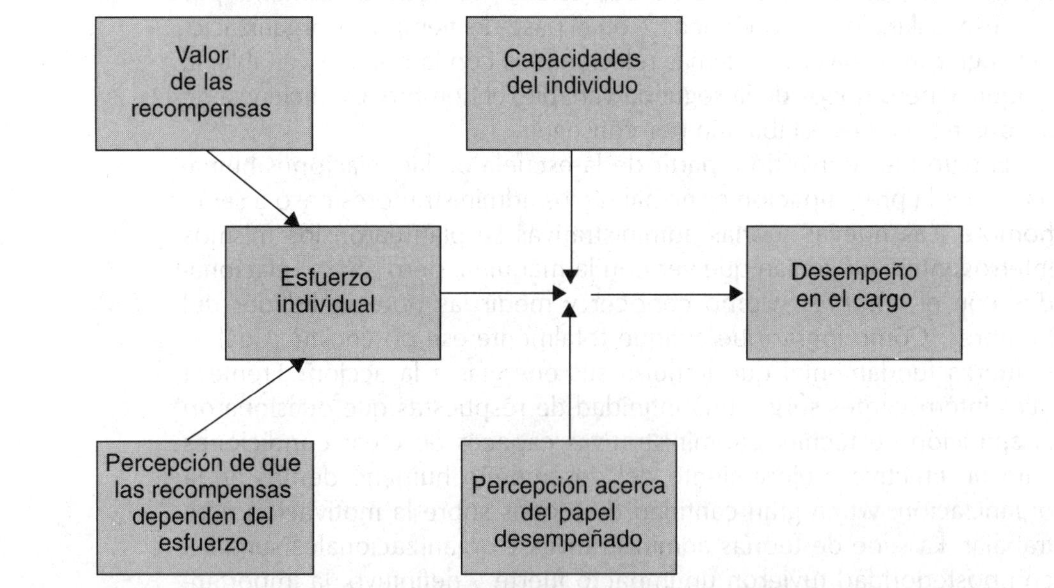

Figura 9.1 Factores que afectan el desempeño del cargo.

Fuente: Edward E. Lawler III, Lyman Porter, "Antecedent Attitudes of Effective Managerial Performance", en Victor H. Vroom, Edward L. Deci (Orgs.), *Management and Motivation*, Middlesex, Penguin, 1973, p. 256.

La evaluación del desempeño es una apreciación sistemática del desempeño de cada persona en el cargo o del potencial de desarrollo futuro. Toda evaluación es un proceso para estimular o juzgar el valor, la excelencia, las cualidades de alguna persona. La evaluación de los individuos que desempeñan roles dentro de una organización puede llevarse a cabo utilizando varios enfoques, que reciben denominaciones como evaluación del desempeño, evaluación del mérito, evaluación de los empleados, informes de progreso, evaluación de eficiencia funcional, etc[1]. Algunos de estos conceptos son intercambiables. En resumen, la evaluación del desempeño es un concepto dinámico, ya que las organizaciones siempre evalúan a los empleados con cierta continuidad, sea formal o informalmente. Además, la evaluación del desempeño constituye una técnica de dirección imprescindible en la actividad administrativa. Es un medio que permite localizar problemas de supervisión de personal, integración del empleado a la organización o al cargo que ocupa en la actualidad, desacuerdos, desaprovechamiento de empleados con potencial más elevado que el requerido por el cargo, motivación, etc. Según los tipos de problemas identificados, la evaluación del desempeño puede ayudar a determinar y desarrollar una política de recursos humanos adecuada a las necesidades de la organización.

RESPONSABILIDAD POR LA EVALUACIÓN DEL DESEMPEÑO

De acuerdo con la política de recursos humanos adoptada por la organización, la responsabilidad por la evaluación del desempeño humano puede atribuirse al gerente, al mismo empleado, al empleado y al gerente en conjunto, al equipo de trabajo, al órgano de gestión de personal o a un comité de evaluación del desempeño. Cada una de estas alternativas implica una filosofía de acción.

El gerente

En la mayor parte de las organizaciones, el gerente es responsable del desempeño de sus subordinados y de su evaluación. Así, quien evalúa el

1 En inglés, aparece también con diversos nombres: *merit rating, personnel review, personnel appraisal, merit evaluation, employee appraisal, performance appraisal, employee rating, progress report, performance evaluation,* etc.

desempeño del personal es el propio gerente o supervisor, con la asesoría del órgano de gestión de personal, que establece los medios y los criterios para tal evaluación. Dado que el gerente o el supervisor no tienen conocimiento especializado para proyectar, mantener y desarrollar un plan sistemático de evaluación del desempeño del personal, se recurre al órgano de gestión de personal con función de *staff* para establecer, acompañar y controlar el sistema, en tanto que cada jefe mantiene su autoridad de línea evaluando el trabajo de los subordinados mediante el esquema trazado por el sistema. En la actualidad, este sistema de trabajo proporciona mayor libertad y flexibilidad, con miras a que cada gerente sea gestor de su personal.

El empleado

Algunas organizaciones más democráticas permiten que el mismo individuo responda por su desempeño y realice su autoevaluación. En estas organizaciones cada persona autoevalúa su desempeño, eficiencia y eficacia, teniendo en cuenta parámetros establecidos por el gerente o la organización.

El empleado y el gerente

En la actualidad las organizaciones están adoptando un esquema dinámico y avanzado de administración del desempeño. Aquí resurge la vieja administración por objetivos (APO), con nuevos elementos y sin los traumas provocados por la arbitrariedad, la autocracia y el estado continuo de tensión y aflicción entre las personas involucradas, que caracterizaron su implementación en la mayor parte de nuestras organizaciones. Ahora la APO es democrática, participativa, involucradora y muy motivadora. En esta APO que emerge, la evaluación del desempeño recorre los siguientes caminos:

1. *Formulación de objetivos por consenso.* Primer paso en esta nueva APO participativa en que los objetivos se establecen entre el gerente y el evaluado, lo cual supone una verdadera negociación para llegar a un consenso. Los objetivos deben establecerse por consenso, no deben imponerse. La superación de estos objetivos debe representar un beneficio para la empresa y una participación directa del evaluado en ese

beneficio, como un premio o esquema de remuneración variable. De todas maneras, debe ser un incentivo fuerte y convincente para dinamizar alguna forma de comportamiento.

2. *Compromiso personal en la consecución de los objetivos fijados en conjunto.* En algunos casos se presenta una especie de contrato formal o psicológico para caracterizar el acuerdo logrado en cuanto a los objetivos que deben alcanzarse. Siempre es necesario que el evaluado acepte plenamente los objetivos y que se comprometa a alcanzarlos. Ésta es la condición *sine qua non* del sistema.

3. *Actuación y negociación con el gerente en la asignación de los recursos y los medios necesarios para alcanzar los objetivos.* Definidos los objetivos por consenso y logrado el compromiso personal, el paso siguiente es conseguir los recursos y medios necesarios para alcanzar los objetivos con eficacia. Si no hay recursos ni medios, los objetivos se tornan inalcanzables. Estos recursos y medios pueden ser materiales (equipos, máquinas, etc.), humanos (equipo de trabajo) o inversiones personales en capacitación y desarrollo profesional del evaluado. Representan un costo para alcanzar los objetivos deseados.

4. *Desempeño.* Comportamiento del evaluado en la búsqueda de los objetivos fijados. Aquí reside el aspecto principal del sistema. El desempeño constituye la estrategia individual para lograr los objetivos deseados.

5. *Medición constante de los resultados y comparación con los objetivos fijados.* Verificación de los costos y beneficios involucrados en el proceso. La medición de los resultados, y los objetivos, requieren fundamentos cuantitativos confiables que den una idea objetiva y clara del funcionamiento del proceso y del esfuerzo de la persona evaluada.

6. *Retroalimentación intensiva y medición conjunta continua.* Debe existir mucha información de retorno y, sobre todo, amplio apoyo de la comunicación para reducir la disonancia y aumentar la coherencia. Éste es uno de los aspectos más importantes del sistema: el evaluado debe tener una percepción de cómo va marchando, para establecer una relación entre el esfuerzo y el resultado alcanzado.

En esta concepción, la evaluación del desempeño no comienza por la apreciación del pasado, sino por la preparación del futuro, y se halla más

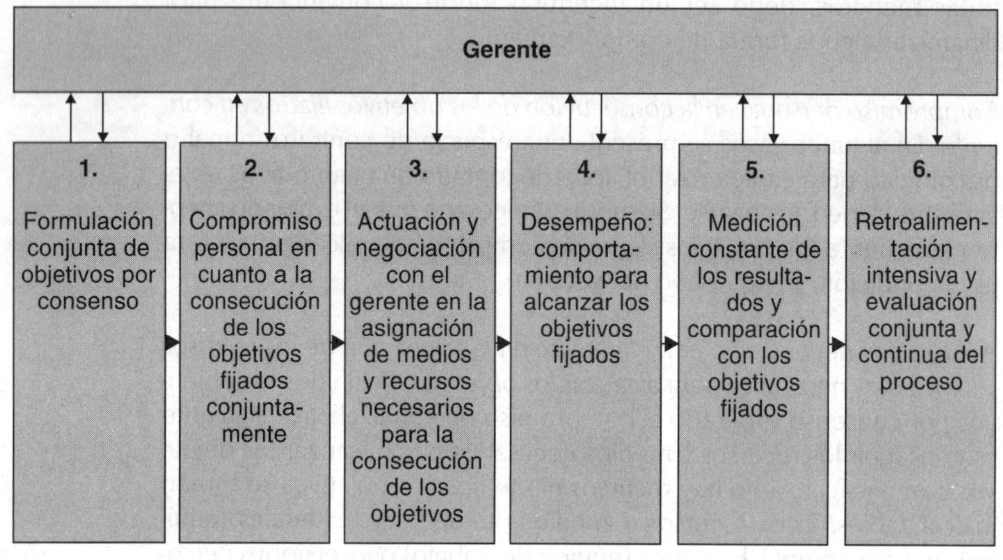

Figura 9.2 Proceso de administración participativa por objetivos.

orientada hacia la planeación del desempeño futuro que hacia el juzgamiento del desempeño del pasado. Pero no se queda sólo en eso, sino que busca orientar el desempeño hacia fines negociados y establecidos con anterioridad, dotarlo con todos los medios necesarios para conseguirlo de manera adecuada, rodearlo de mediciones apropiadas y comparativas y, sobre todo, darle coherencia con retroalimentación y evaluación continuas. Así se asegura un desempeño conforme a las necesidades de la organización y los objetivos de carrera del evaluado.

El equipo de trabajo

El equipo de trabajo también puede evaluar el desempeño de cada uno de sus miembros y programar con cada uno de ellos las medidas necesarias para mejorarlo cada vez más. En este caso, el equipo responde por la evaluación del desempeño de sus miembros y define sus objetivos y metas.

El órgano de gestión de personal

Es una alternativa corriente en organizaciones más conservadoras, aunque están dejando de practicarla por su carácter centralista y burocrático en extremo. En este caso, el órgano de gestión de personal responde por la evaluación del desempeño de todos los miembros de la organización. Cada gerente proporciona la información del desempeño de cada empleado, la cual se procesa e interpreta para enviar informes o programas de pasos coordinados por el órgano de gestión de personal. Como todo proceso centralista, exige reglas y normas burocráticas que coartan la libertad y la flexibilidad de las personas involucradas en el sistema. Además, presenta la desventaja de trabajar con medias y medianas, y no con el desempeño individual y singular de cada persona. Se basa en lo genérico y no en lo particular.

Comité de evaluación

En algunas organizaciones, la evaluación del desempeño corresponde a un comité nombrado para este fin, y constituido por empleados permanentes o transitorios, pertenecientes a diversas dependencias o departamentos. En este caso, la evaluación es colectiva y la realiza un grupo de personas. Los miembros permanentes o estables (como el presidente de la organización o su representante, el director del órgano de gestión de personal y el especialista en evaluación del desempeño) participan en todas las evaluaciones, y su papel es mantener el equilibrio de los juicios, el acatamiento de los estándares y la permanencia del sistema. Los miembros transitorios son el gerente de cada evaluado o su supervisor. Pese a la evidente distribución de fuerzas, esta alternativa también recibe críticas por su aspecto centralizador y por su espíritu de juzgamiento, en lugar de utilizarse en la orientación y el mejoramiento continuo del desempeño. Está expuesta a las mismas críticas del literal anterior.

En la actualidad la tendencia es desplazar la responsabilidad por la evaluación del desempeño hacia el mismo individuo, junto con la participación gerencial, para establecer por consenso los objetivos que deben alcanzarse.

Evaluador de 360°

Es una innovación reciente en la apreciación del desempeño, según la cual cada persona es evaluada por las personas de su entorno; esto signi-

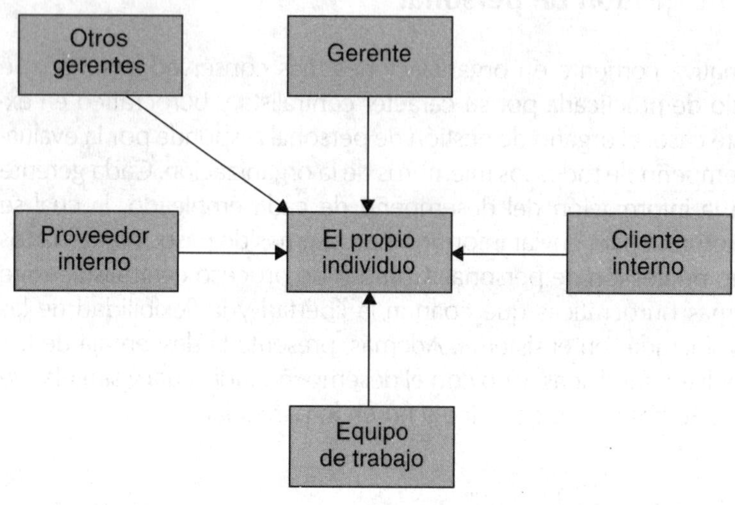

Figura 9.3 Responsabilidad por la evaluación del desempeño.

fica que cualquier persona con la que mantenga cierta interacción o intercambio participa en la evaluación de su desempeño. Este tipo de evaluación refleja los distintos puntos de vista involucrados en el trabajo de la persona: el superior, los subordinados, los colegas, los proveedores internos y los clientes internos participan en la evaluación de su desempeño, de modo que ésta refleje los puntos de vista de los diversos individuos involucrados en el trabajo de cada persona.

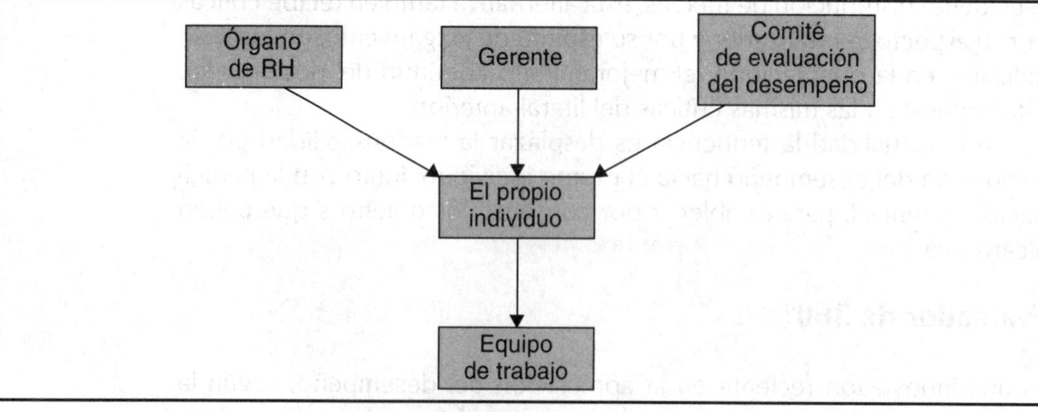

Figura 9.4 Evaluación de 360°.

OBJETIVOS DE LA EVALUACIÓN DEL DESEMPEÑO

La evaluación del desempeño es un asunto que ha despertado numerosas manifestaciones favorables[2] y otras sumamente adversas[3]. No obstante, se ha hecho poco para lograr una verificación real y científica de sus efectos. También podría afirmarse que mientras la selección de recursos humanos es una especie de control de calidad en la recepción de materia prima, la evaluación del desempeño es una especie de inspección de calidad en la línea de montaje. Estas dos analogías se refieren implícitamente a la posición pasiva, sumisa y pesimista del individuo que está siendo evaluado, con relación a la organización de la cual hace o desea hacer parte, y al enfoque rígido, mecanizado, distorsionado y limitado acerca de la naturaleza humana. La evaluación del desempeño no puede reducirse al simple juicio superficial y unilateral del jefe con respecto al comportamiento funcional del subordinado, sino que es necesario profundizar un poco más, ubicar causas y establecer perspectivas de común acuerdo con el evaluado. Si debe modificarse el desempeño, el mayor interesado -el evaluado- debe saber no sólo acerca del cambio planeado, sino saber también por qué y cómo deberá implementarse éste (si es que debe implementarse), debe recibir retroalimentación adecuada y reducir discrepancias con respecto a su actuación en la organización.

Meyer, Kay y French Jr.[4] describen un estudio científico desarrollado por la General Electric Company para probar la eficacia de su programa tradicional de evaluación del desempeño. Se verificó la existencia de un aspecto bastante positivo (muchas personas tienen una idea favorable acerca de la evaluación del desempeño y suponen que todo individuo debe saber cómo le va en su cargo), junto a un aspecto bastante negativo, según el cual son extremadamente raros los casos de gerentes que por su propia iniciativa emplean el programa de evaluación del desempeño, y sólo lo hacen bajo severo control e inspección, aunque saben que el sistema busca mejorar el desempeño de los subordinados.

---

2 Harold Mayfield, "In Defense of Performance Appraisal", en *Harvard Business Review*, Mar./Abr. de 1960, p. 81. *Véase también* Alva F. Kindalland, James Gatza, "Positive Program for Appraisal", en *Harvard Business Review*, Nov /Dic. de 1963, p. 153.

3 Douglas McGregor, "An Uneasy Look at Performance Appraisal, en *Harvard Business Review*, May/Jun. de 1957, p. 89.

4 Herbert H. Meyer, Emanuel Kay, John R. P. French Jr., "Split Roles in Performance Appraisal", en Gene W. Dalton, Paul R. Lawrence (Orgs.), *Motivation and Control in Organizations*, Homewood, Richard D. Irwin, Dorsey Press, 1973, pp. 378-389.

Como ocurría en la mayor parte de las organizaciones, el programa tradicional y amplio de evaluación anual del desempeño, utilizado entonces por la General Electric, tenía a dos propósitos principales:

1. Justificar el procedimiento salarial recomendado por el superior.
2. Buscar una oportunidad (motivacional) para que el superior reexaminara el desempeño del subordinado, y fomentar la discusión acerca de la necesidad de mejoramiento; en consecuencia, el superior proyectaba planes y objetivos para mejorar el desempeño del subordinado.

La medida más urgente consistió en modificar la estructura y los objetivos del sistema en la General Electric.

La evaluación del desempeño no es un fin en sí mismo, sino un instrumento, un medio, una herramienta para mejorar los resultados de los recursos humanos de la empresa. Para alcanzar este objetivo básico –mejorar los resultados de los recursos humanos de la empresa–, la evaluación del desempeño intenta conseguir diversos objetivos intermedios. La evaluación del desempeño puede tener los siguientes objetivos intermedios:

1. Adecuación del individuo al cargo
2. Capacitación
3. Promociones
4. Incentivo salarial por buen desempeño
5. Mejoramiento de las relaciones humanas entre superiores y subordinados
6. Autoperfeccionamiento del empleado
7. Información básica para la investigación de recursos humanos
8. Cálculo del potencial de desarrollo de los empleados
9. Estímulo a la mayor productividad
10. Conocimiento de los estándares de desempeño de la empresa
11. Retroalimentación (*feedback*) de información al individuo evaluado
12. Otras decisiones relacionadas con el personal: transferencias, licencias, etc.

En resumen, los objetivos fundamentales de la evaluación del desempeño pueden presentarse de tres maneras:

1. Permitir condiciones de medición del potencial humano para determinar su pleno empleo.

2. Permitir el tratamiento de los recursos humanos como una importante ventaja competitiva de la empresa, y cuya productividad puede desarrollarse de modo indefinido, dependiendo del sistema de administración.

3. Dar oportunidades de crecimiento y condiciones de efectiva participación a todos los miembros de la organización, teniendo en cuenta, por una parte, los objetivos organizacionales y, por otra, los objetivos individuales.

BENEFICIOS DE LA EVALUACIÓN DEL DESEMPEÑO

Cuando un programa de evaluación del desempeño está bien planeado, coordinado y desarrollado, proporciona beneficios a corto, mediano y largo plazos. En general, los principales beneficiarios son el individuo, el gerente, la organización y la comunidad.

1. *Beneficios para el jefe:*

- Evaluar mejor el desempeño y el comportamiento de los subordinados, con base en las variables y los factores de evaluación y, sobre todo, contando con un sistema de medición capaz de neutralizar la subjetividad.

- Proponer medidas y disposiciones orientadas a mejorar el estándar de desempeño de sus subordinados.

- Comunicarse con sus subordinados para que comprendan la mecánica de evaluación del desempeño como un sistema objetivo, y que mediante ese sistema puedan conocer cuál es su desempeño.

2. *Beneficios para el subordinado:*

- Conocer las reglas de juego, es decir, los aspectos de comportamiento y de desempeño que más valora la empresa en sus empleados.

- Conocer cuáles son las expectativas de su jefe acerca de su desempeño, y sus fortalezas y debilidades, según la evaluación del jefe.

- Saber qué disposiciones o medidas toma el jefe para mejorar su desempeño (programas de entrenamiento, capacitación, etc.), y las que el propio subordinado deberá tomar por su cuenta (autocorrección, mayor esmero, mayor atención al trabajo, cursos por su propia cuenta, etc.)

- Autoevaluar y autocriticar su autodesarrollo y autocontrol.

3. *Beneficios para la organización:*

- Puede evaluar su potencial humano a corto, mediano y largo plazos, y definir la contribución de cada empleado.

- Puede identificar los empleados que necesitan actualización o perfeccionamiento en determinadas áreas de actividad, y seleccionar a los empleados que tienen condiciones para ascenderlos o transferirlos.

- Puede dar mayor dinámica a su política de recursos humanos, ofreciendo oportunidades a los empleados (no sólo de ascensos, sino de progreso y de desarrollo personal), estimulando la productividad y mejorando las relaciones humanas en el trabajo.

MÉTODOS TRADICIONALES DE EVALUACIÓN DEL DESEMPEÑO

El problema de la evaluación del desempeño de grupos de personas en las organizaciones condujo a encontrar soluciones que se transformaron en métodos de evaluación bastante populares, denominados métodos tradicionales de evaluación del desempeño, los cuales varían de una organización a otra porque cada una tiende a construir su propio sistema para evaluar el desempeño de las personas. En muchas empresas es corriente encontrar varios sistemas específicos que cambian según el nivel y las áreas de asignación del personal; por ejemplo, sistema de evaluación de gerentes, trabajadores por meses, por horas, vendedores, etc. Cada sistema sirve a determinados objetivos específicos y a determinadas características del personal involucrado. Pueden utilizarse varios sistemas de evaluación del desempeño o estructurar cada uno de éstos en un método de evaluación adecuado al tipo y a las características de los evaluados. Esta adecuación es de importancia para la obtención de resultados. La evaluación del desempeño es un medio, un método, una herramienta, y no un fin en sí misma. Es un medio para obtener datos e información que puedan registrarse, procesarse y canalizarse para mejorar el desempeño humano en las organizaciones. En el fondo, la evaluación del desempeño sólo es un buen sistema de comunicaciones que actúa en sentido horizontal y vertical en la empresa.

Los principales métodos tradicionales de evaluación del desempeño son:

1. Método de las escalas gráficas
2. Método de elección forzada
3. Método de investigación de campo
4. Método de incidentes críticos
5. Métodos mixtos

Método de las escalas gráficas

Es el método de evaluación del desempeño más utilizado y divulgado. Aunque, en apariencia, es el método más sencillo, su aplicación exige múltiples cuidados, con el fin de evitar la subjetividad y los prejuicios del evaluador, que podrían causar interferencias considerables. Es muy criticado porque reduce los resultados a expresiones numéricas mediante la aplicación de procedimientos matemáticos y estadísticos para corregir las distorsiones personales introducidas por los evaluadores.

Este método evalúa el desempeño de las personas mediante factores de evaluación previamente definidos y graduados. Utiliza un formulario de doble entrada, en donde las filas (horizontales) representan los factores de evaluación del desempeño, en tanto que las columnas (verticales) representan los grados de variación de tales factores, seleccionados previamente para definir en cada empleado las cualidades que se intenta evaluar. Cada factor se define con un resumen, sencillo y objetivo. Cuanto mejor sea este resumen, mayor será la precisión del factor. Cada uno de éstos se dimensiona para reflejar desde un desempeño pobre o insuficiente hasta el óptimo o excelente. Entre esos extremos existen tres alternativas:

1. *Escalas gráficas continuas.* Escalas donde sólo están definidos los extremos; la evaluación del desempeño puede situarse en cualquier punto de la línea que los une. En este caso, existen un límite mínimo y un límite máximo de variación del factor de evaluación, la cual puede hacerse en cualquier punto de esta amplitud de variación.

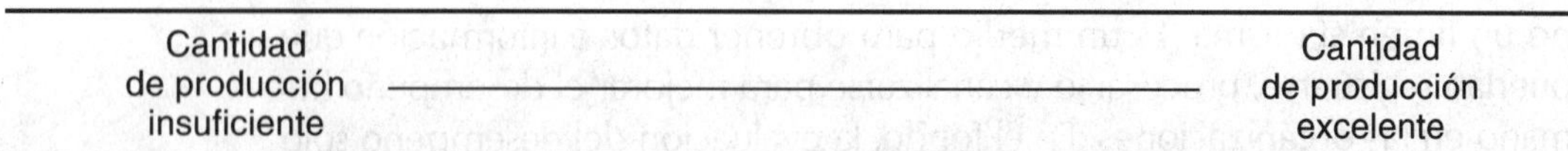

2. *Escalas gráficas semicontinuas.* Idénticas a las escalas continuas, excepto que se incluyen puntos intermedios definidos entre los extremos (límite mínimo y límite máximo) para facilitar la evaluación.

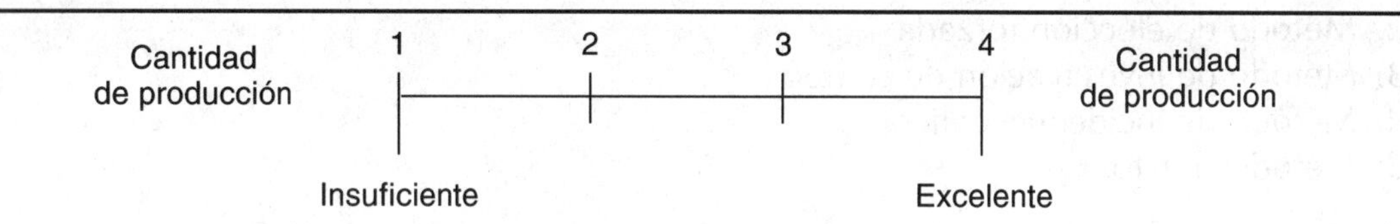

3. *Escalas gráficas discontinuas.* En éstas, la posición de las marcaciones ya está fijada y descrita con anterioridad; el evaluador sólo debe seleccionar una de ellas para evaluar el desempeño del empleado. Todos los ejemplos presentados de aquí en adelante serán de escalas gráficas discontinuas.

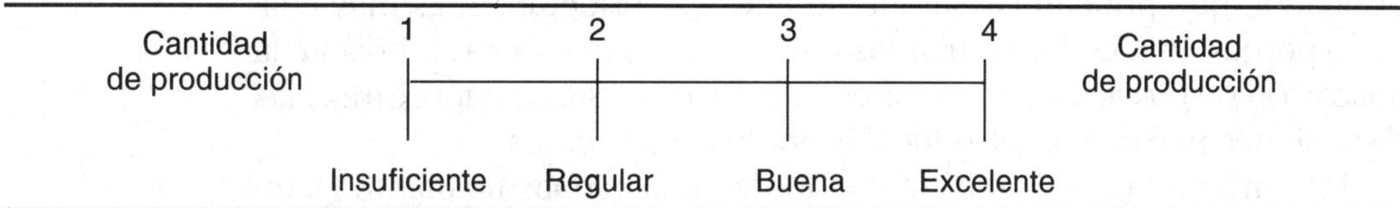

Para facilitar las evaluaciones, las escalas discontinuas se representan mediante gráficas de dos entradas: en las entradas horizontales (filas) se escriben los factores de evaluación del desempeño, y en las entradas verticales (columnas) se escriben los grados o las graduaciones de los factores. De ahí el cuadro de dos entradas que caracteriza este método de evaluación.

Algunas empresas utilizan el método de escala gráfica con asignación de puntos, para cuantificar los resultados y facilitar las comparaciones entre los empleados. Los factores se ponderan y se les dan valores en puntos, de acuerdo con su importancia en la evaluación. Una vez realizada la evaluación, se suman los puntos obtenidos por los empleados. Esta simplificación extrema de la evaluación del desempeño constituye una paradoja: por una parte, cuantifica los resultados y facilita las comparaciones en términos globales; por otra, reduce la compleja gama de desempeño de un empleado a un simple número sin significado. En el caso de la figura 9.6, el máximo puntaje que un empleado podría obtener es 85, y el mínimo, 6.

EVALUACIÓN DEL DESEMPEÑO

Nombre del empleado: ______ Fecha: __/__/__
Departamento/Sección: ______ Cargo: ______

Desempeño en la función: considere sólo el desempeño actual del empleado en su función

	Óptimo	Bueno	Regular	Deficiente	Insuficiente
Producción Volumen y cantidad de trabajo ejecutados normalmente	❒ Sobrepasa siempre las exigencias. Muy rápido	❒ Con frecuencia sobrepasa las exigencias	❒ Satisface las exigencias	❒ A veces está por debajo de las exigencias	❒ Siempre por debajo de las exigencias. Muy lento
Calidad Exactitud, esmero y orden en el trabajo ejecutado	❒ Siempre superior. Excepcionalmente puntual en el trabajo	❒ A veces superior. Es bastante cuidadoso en el trabajo	❒ Siempre es satisfactorio. Su cumplimiento es aceptable: tiene pocas variaciones	❒ Parcialmente satisfactorio. A veces comete errores	❒ Nunca es satisfactorio. Comete numerosos errores
Conocimiento del trabajo Grado de conocimiento del trabajo	❒ Conoce todo lo necesario y aumenta siempre sus conocimientos	❒ Conoce lo necesario	❒ Conocimiento suficiente del trabajo	❒ Conoce parte del trabajo. Necesita capacitación	❒ Tiene poco conocimiento del trabajo
Cooperación Actitud hacia la empresa, la jefatura y los compañeros de trabajo	❒ Posee excelente espíritu de colaboración. Es diligente	❒ Se desempeña bien en el trabajo de equipo. Procura colaborar	❒ Colabora normalmente en el trabajo de equipo	❒ No demuestra buena voluntad. Sólo colabora cuando es muy necesario	❒ Se muestra renuente a colaborar

Características individuales: considere sólo las características individuales del evaluado y su comportamiento funcional dentro y fuera de su cargo

Comprensión de situaciones Grado en que capta la esencia de un problema. Capacidad de asociar situaciones y captar hechos	❒ Óptima capacidad de intuición y percepción	❒ Buena capacidad de intuición y percepción	❒ Capacidad de intuición y percepción satisfactorias	❒ Poca capacida de intuición y percepción	❒ Nulas capacidades de intuición y percepción
Creatividad Ingenio. Capacidad de crear ideas y proyectos	❒ Tiene siempre ideas excelentes. Es creativo y original	❒ Casi siempre tiene buenas ideas y proyectos	❒ Algunas veces hace sugerencias	❒ Levemente rutinario. Tiene pocas ideas propias	❒ Tipo rutinario. Carece de ideas propias
Capacidad de realización Capacidad de llevar a cabo ideas y proyectos	❒ Óptima capacidad de concretar ideas nuevas	❒ Buena capacidad de concretar ideas nuevas	❒ Pone en práctica ideas nuevas con habilidad satisfactoria	❒ Tiene cierta dificultad para concretar nuevos proyectos	❒ Incapaz de llevar a cabo una idea o proyecto

Figura 9.5 Evaluación del desempeño por el método de escala gráfica.

EVALUACIÓN DEL EMPLEADO

Nombre completo: ______________________ Fecha: __/__/__

Departamento/Sección: ______________________ Cargo: ______________

Cada factor se divide en un número de grados de aplicación.

Considere cada uno de ellos por separado y asigne sólo un grado a cada factor. Indique el valor en puntos en la columna de la derecha.

Factores de evaluación	Grado					Puntos
1. **Producción** Evalúe la producción del trabajo o la **cantidad** de servicios	1-2-3 Producción inadecuada	4-5-6 Producción apenas aceptable	7-8-9 Su producción satisface, pero no tiene nada de especial	10-11-12 Mantiene siempre una buena producción	13-14-15 Siempre da cuenta de un volumen de servicio fuera de lo corriente	
2. **Calidad** Evalúe la exactitud, la frecuencia de errores, la presentación, el orden y el esmero que caracterizan el servicio del empleado	1-2-3 Comete demasiados errores y el servicio demuestra desinterés y descuido	4-5-6 En general satisface, aunque a veces deja qué desear	7-8-9 En general trabaja con cuidado	10-11-12 Siempre hace bien su trabajo	13-14-15 Su trabajo demuestra siempre dedicación excepcional	
3. **Responsabilidad** Evalúe la manera como el empleado se dedica al trabajo y ejecuta el servicio dentro del plazo estipulado. Considere la vigilancia necesaria para conseguir los resultados deseados	1-2-3 Es imposible confiar en sus servicios, por lo cual requiere vigilancia permanente	4-5-6 No produce siempre los resultados deseados, si no se le vigila bastante	7-8-9 Puede confiarse en él (o ella), si se ejerce una vigilancia normal	10-11-12 Es dedicado; sólo necesita una breve instrucción	13-14-15 Merece la máxima confianza. No requiere vigilancia	
4. **Cooperación/Actitud** Mida la intención de cooperar, la ayuda que presta a los compañeros, la manera como acata órdenes	1-2-3 Poco dispuesto a cooperar, y constantemente muestra falta de educación	4-5-6 A veces es difícil de tratar. Carece de entusiasmo	7-8-9 En general cumple con buena voluntad lo que se le encarga. Está satisfecho con su trabajo	10-11-12 Está dispuesto siempre a colaborar y ayudar a sus compañeros	13-14-15 Colabora al máximo. Se esfuerza por ayudar a sus compañeros	
5. **Sensatez e iniciativa** Tenga en cuenta la sensatez de las decisiones del empleado cuando no ha recibido instrucciones detalladas o ante situaciones excepcionales	1-2-3 Siempre toma decisiones incorrectas	4-5-6 Con frecuencia se equivoca; siempre necesita instrucciones detalladas	7-8-9 Demuestra sensatez razonable en circunstancias normales	10-11-12 Resuelve los problemas normalmente, con un alto grado de sensatez	13-14-15 Piensa rápida y lógicamente en todas las situaciones. Se puede confiar siempre en sus decisiones	
6. **Presentación personal** Considere la impresión causada a los demás por la presentación personal del empleado, su manera de vestir, de arreglarse, su cabello, su barba, etc.	1-2 Negligente. Descuidado	3-4 A veces descuida su apariencia	5-6 Normalmente está bien presentado	7-8 Es cuidadoso en su manera de vestir y presentarse	9-10 Es sumamente cuidadoso en su presentación	
					TOTAL DE PUNTOS	

Figura 9.6 Evaluación del desempeño mediante escala gráfica que utiliza puntos.

Ventajas del método de las escalas gráficas

1. Brinda a los evaluadores un instrumento de evaluación de fácil comprensión y de aplicación sencilla.
2. Posibilita una visión integrada y resumida de los factores de evaluación, es decir, de las características de desempeño más destacadas por la empresa y la situación de cada empleado ante ellas.
3. Exige poco trabajo al evaluador en el registro de la evaluación, ya que lo simplifica enormemente.

Desventajas del método de las escalas gráficas

1. No permite mucha flexibilidad al evaluador; en consecuencia, debe ajustarse al instrumento, y no éste a las características del evaluado.
2. Está sujeto a distorsiones e interferencias personales de los evaluadores, quienes tienden a generalizar su apreciación acerca de los subordinados para todos los factores de evaluación. Cada persona percibe e interpreta las situaciones según su "campo psicológico". Tal interferencia subjetiva y personal de orden emocional y psicológico lleva a algunos evaluadores al *halo effect* o efecto de halo. Este efecto hace que los evaluadores consideren óptimo o excelente a un empleado en todos los factores o que un evaluador muy exigente considere deficientes o insuficientes a todos sus subordinados.
3. Tiende a rutinizar y generalizar los resultados de las evaluaciones.
4. Requiere procedimientos matemáticos y estadísticos para corregir las distorsiones y la influencia personal de los evaluadores.
5. Tiende a presentar resultados tolerantes o exigentes para todos los subordinados.

Método de elección forzada

El método de elección forzada (*forced choice method*) fue desarrollado por un equipo de técnicos estadounidenses durante la Segunda Guerra

Mundial para escoger los oficiales de las fuerzas armadas de su país que debían ser ascendidos. El ejército deseaba lograr un sistema de evaluación que neutralizara el efecto de halo, el subjetivismo y el proteccionismo propios del método de escala gráfica, y que permitiese obtener resultados de evaluación más objetivos y válidos. Al aplicar el método de elección forzada, se obtuvieron resultados ampliamente satisfactorios. Este método se aplicó después en varias empresas[5].

	Factores de evaluación	No. de veces hallado
Grupo I -	**Desempeño objetivo:**	
	Cantidad de trabajo	44
	Calidad del trabajo	31
Grupo II -	**Conocimiento y desempeño del cargo:**	
	Conocimiento del cargo	25
	Frecuencia	14
	Puntualidad	12
	Hábitos de seguridad	7
	Buena administración del cargo	3
Grupo III -	**Características del individuo:**	
	Espíritu de cooperación	37
	Digno de confianza	36
	Iniciativa	35
	Inteligencia	27
	Exactitud	17
	Diligencia	14
	Adaptabilidad	14
	Actitud	14
	Personalidad	13
	Razonamiento	13
	Aplicación	12
	Liderazgo	10
	Conducta	6
	Talento	6
	Salud	5
	Aseo	5
	Apariencia	4
	Entusiasmo	4
	Potencial	4

Figura 9.7 Factores más empleados en la evaluación del desempeño, según la investigación realizada en 50 empresas.

Fuente: Dale Yoder, *Administração de pessoal e relações industriais*, São Paulo, Mestre Jou, 1969, p. 433.

5 J. R. Berkshire, R. W. Highland, "Forced-choice Performance Rating: A Methodological Study", en *Personnel Psychology*, No. 6, 1953, pp. 355-378.

Características del método de elección forzada

Este método consiste en evaluar el desempeño de los individuos mediante frases descriptivas de alternativas de tipos de desempeño individual. En cada bloque o conjunto compuesto de dos, cuatro o más frases, el evaluador debe elegir por fuerza sólo una o dos, las que más se apliquen al desempeño del empleado evaluado. De ahí la denominación "elección forzada".

EVALUACIÓN DEL DESEMPEÑO

Empleado ______________________________

Cargo ____________________ **Sección** __________

A continuación encontrará frases de desempeño combinadas en bloques de cuatro. Escriba una "X" en la columna lateral, bajo el signo "+" para indicar la frase que mejor define el desempeño del empleado, y bajo el signo "–" para indicar la frase que menos define su desempeño. No deje ningún bloque sin llenar dos veces.

	No.	+	–		No.	+	–
Sólo hace lo que le ordenan	01			Tiene temor de pedir ayuda	41		
Comportamiento irreprochable	02			Mantiene su archivo siempre ordenado	42		
Acepta críticas constructivas	03			Ya presentó baja de producción	43		
No produce cuando está sometido a presión	04			Es dinámico	44		
Cortés con los demás	05			Interrumpe constantemente el trabajo	45		
Vacila al tomar decisiones	06			Nunca es entusiasmado	46		
Merece toda la confianza	07			Tiene buen potencial por desarrollar	47		
Tiene poca iniciativa	08			Nunca se muestra desagradable	48		
Se esmera en el servicio	33			Nunca hace buenas sugerencias	73		
No tiene formación adecuada	34			Es evidente que "le gusta lo que hace"	74		
Tiene buena apariencia personal	35			Tiene buena memoria	75		
En su servicio siempre hay errores	36			Le gusta reclamar	76		
Se expresa con dificultad	37			Tiene criterio para tomar decisiones	77		
Conoce su trabajo	38			Regularmente debe llamársele la atención	78		
Es cuidadoso con las instalaciones de la empresa	39			Es rápido	79		
Espera siempre una recompensa	40			Por naturaleza es un poco hostil	80		

Figura 9.8 Evaluación del desempeño por el método de elección forzada.

La naturaleza de las frases varía bastante; no obstante, hay dos formas de componerlas:

a. Se forman bloques de dos frases de significado positivo y dos de significado negativo. Al juzgar al empleado, el supervisor o evaluador elige la frase que más se ajusta y, luego, la que menos se ajusta al desempeño del evaluado.

b. Se forman bloques de sólo cuatro frases de significado positivo. Al juzgar al empleado, el supervisor o evaluador elige las frases que más se ajustan al desempeño del evaluado.

Las frases que conforman los conjuntos o bloques no se escogen al azar, sino que deben seleccionarse mediante un procedimiento estadístico tendiente a verificar su adecuación a los criterios existentes en la empresa y su capacidad de discriminación, a través de dos índices: el índice de aplicabilidad y el índice de discriminación.

Ventajas del método de elección forzada

El método de elección forzada presenta las siguientes ventajas:

1. Proporciona resultados confiables y exentos de influencias subjetivas y personales porque elimina el efecto de halo o generalización (*halo effect*).

2. Su aplicación es sencilla y no requiere preparación previa de los evaluadores.

Desventajas del método de elección forzada

El método de elección forzada presenta las siguientes desventajas:

1. Su elaboración e implementación son complejas, pues exigen una planeación muy cuidadosa y demorada.

2. Es un método comparativo y discriminatorio, y presenta resultados globales; distingue sólo los empleados buenos, medios e insuficientes, sin dar mayor información.

3. Cuando se utiliza para el desarrollo de recursos humanos, requiere información complementaria acerca de las necesidades de capacitación, potencial de desarrollo, etc.
4. Deja al evaluador sin ninguna noción del resultado de la evaluación con respecto a sus subordinados.

Método de investigación de campo

Método de evaluación del desempeño, desarrollado con base en entrevistas de un especialista en evaluación, con el superior inmediato, mediante las cuales se evalúa el desempeño de sus subordinados, buscando las causas, los orígenes y los motivos de tal desempeño, mediante el análisis de hechos y situaciones. Es un método de evaluación más amplio que permite, además de emitir un diagnóstico del desempeño del empleado, planear junto con el superior inmediato su desarrollo en el cargo y en la organización[6].

Uno de los problemas más graves de la planeación y el desarrollo de recursos humanos en una empresa es la necesidad de dar retroalimentación de datos acerca del desempeño de los empleados admitidos, integrados y capacitados. Sin esta retroalimentación de datos, el órgano de personal no está en condiciones de medir, controlar ni acompañar la adecuación y la eficiencia de sus servicios. En este sentido, el método de investigación de campo puede tener una gran diversidad de aplicaciones, ya que permite evaluar el desempeño y sus causas, planear junto con la supervisión inmediata los medios para su desarrollo y, sobre todo, acompañar el desempeño del empleado de manera mucho más dinámica que otros métodos de evaluación del desempeño[7].

Características del método de investigación de campo

La evaluación del desempeño la realiza el superior (jefe) con asesoría de un especialista (*staff*) en evaluación del desempeño. El especialista va

6 Guy W. Wadsworth, "Performance Appraisal", en Thomas L. Whisler, Shirley F. Harper (Orgs.), *Performance Appraisal: Research and Practice*, Nueva York, Rinehart, Holt & Winston, 1962.
7 *Ibíd.*

a cada una de las secciones para entrevistar a los jefes sobre el desempeño de sus respectivos subordinados. De aquí proviene el nombre de investigación de campo. Aunque la evaluación sea responsabilidad de línea de cada jefe, se hace énfasis en que la función de *staff* debe asesorar a cada jefe.

El especialista en evaluación del desempeño lleva a cabo una entrevista de evaluación con cada jefe, cumpliendo aproximadamente el siguiente itinerario[8].

a. *Evaluación inicial.* El desempeño de cada empleado se evalúa inicialmente de acuerdo con uno de los tres aspectos siguientes:

   - Desempeño más que satisfactorio (+)
   - Desempeño satisfactorio (±)
   - Desempeño menos que satisfactorio (–)

b. *Análisis complementario.* Una vez definida la evaluación inicial del desempeño, cada empleado es evaluado con mayor profundidad a través de preguntas que el especialista formula al jefe.

c. *Planeación.* Una vez analizado el desempeño, se elabora un plan de acción que puede implicar:

   - Asesoría al empleado
   - Readaptación del empleado
   - Capacitación
   - Desvinculación y sustitución
   - Promoción a otro cargo
   - Mantenimiento en el cargo actual

d. *Seguimiento.* (*Fair play*) se trata de una verificación o comprobación del desempeño de cada empleado.

Ventajas del método de investigación de campo

El método de investigación de campo ofrece las siguientes ventajas:

8 Maria Diva da S. Lucena, *Avaliação do desempenho*, São Paulo, McGraw-Hill de Brasil, 1976, p. 50.

1. Cuando está precedido de las dos etapas preliminares de análisis de la estructura de los cargos y de análisis de las aptitudes y calificaciones profesionales necesarias, permite al supervisor una visualización no sólo del contenido de los cargos bajo su responsabilidad, sino también de las habilidades, las capacidades y los conocimientos exigidos.

2. Proporciona una relación provechosa con el especialista en evaluación, quien presta al supervisor una asesoría y también una capacitación de alto nivel en la evaluación de personal.

3. Permite efectuar una evaluación profunda, imparcial y objetiva de cada empleado, localizando las causas de ciertos comportamientos y las fuentes de problemas.

4. Permite planear la acción capaz de retirar los obstáculos y proporcionar mejoramiento del desempeño.

5. Permite un acoplamiento con la capacitación, el plan de carreras y demás áreas de actuación de la ARH.

6. Acentúa la responsabilidad de línea y la función de *staff* en la evaluación de personal.

7. Es el método más completo de evaluación.

Desventajas del método de investigación de campo

El método de investigación de campo presenta las siguientes limitaciones:

1. Tiene elevado costo operacional por la intervención de un especialista en evaluación.

2. Hay retardo en el procesamiento, debido a la entrevista uno a uno con respecto a cada empleado subordinado, llevada a cabo con el supervisor.

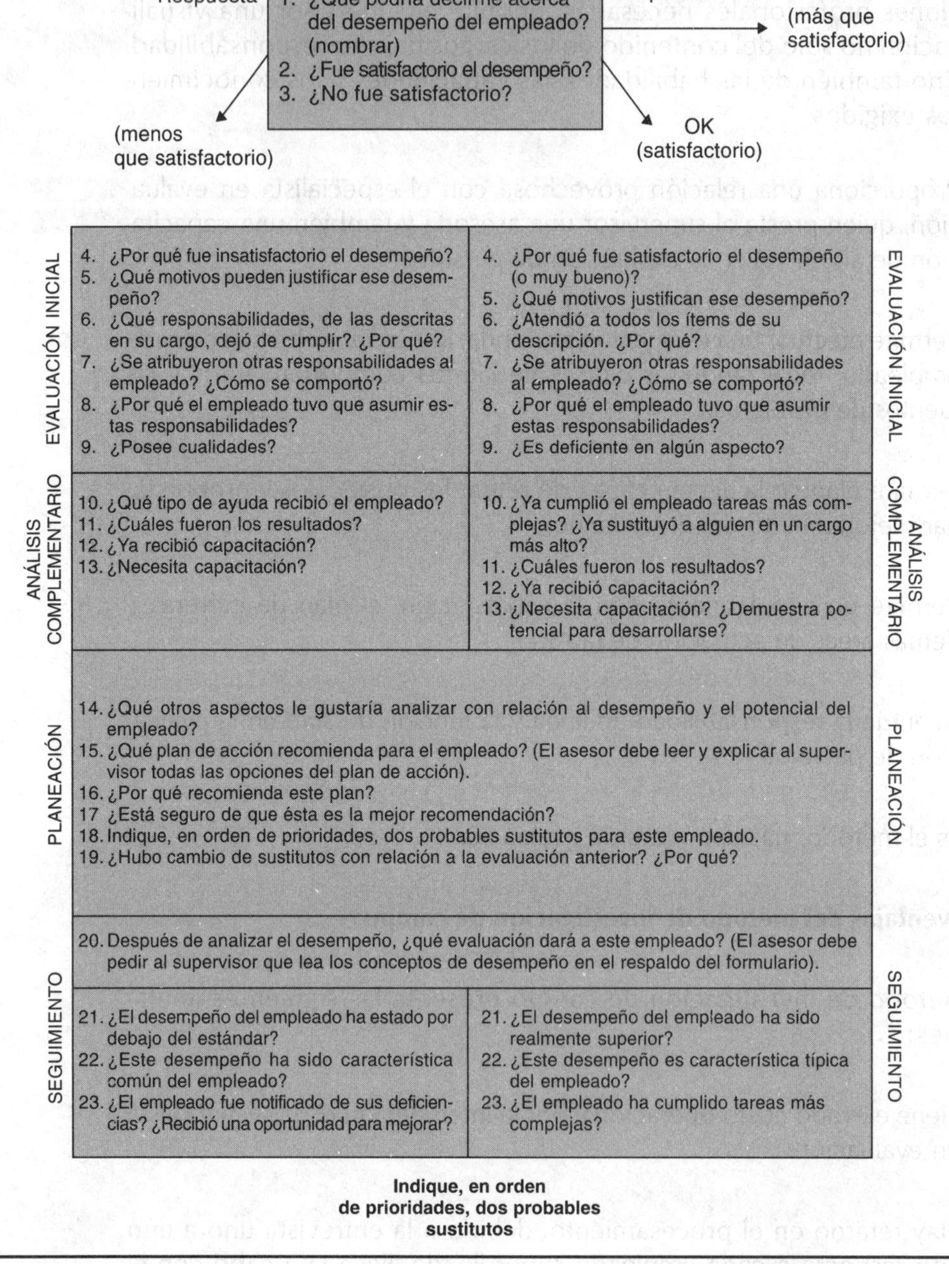

Figura 9.9 Guía de entrevista del método de investigación de campo.

Método de incidentes críticos

Es un método sencillo de evaluación del desempeño, creado y desarrollado por los especialistas de las fuerzas armadas estadounidenses durante la Segunda Guerra Mundial[9].

Características del método de incidentes críticos

El método de incidentes críticos se basa en el hecho de que en el comportamiento humano existen ciertas características extremas capaces de conducir a resultados positivos (éxito) o negativos (fracaso). En consecuencia, el método no se preocupa por las características normales, sino exactamente por aquellas características muy positivas o muy negativas. Se trata de una técnica en que el supervisor inmediato observa y registra los hechos excepcionalmente positivos y los excepcionalmente negativos con respecto al desempeño de sus subordinados. Así, el método de incidentes críticos se centra en las excepciones –tanto positivas como negativas– en el desempeño de las personas.

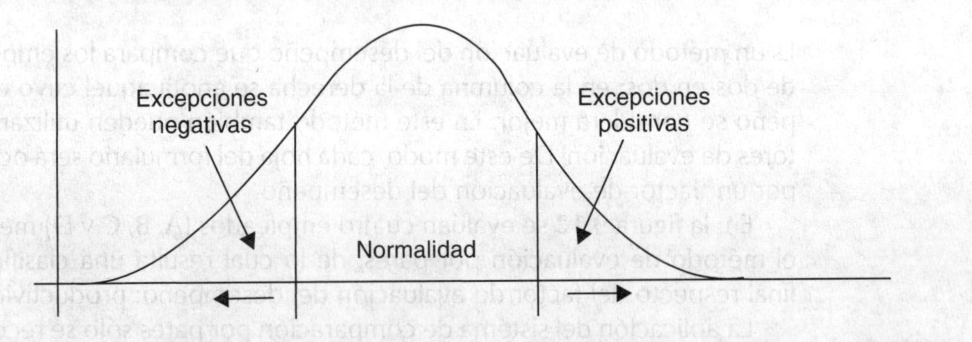

Figura 9.10 Los incidentes críticos o excepcionales.

Las excepciones positivas deben realzarse y ponerse más en práctica, en tanto que las negativas deben corregirse y eliminarse. Cada factor de evaluación se utiliza en términos de incidentes críticos o excepcionales.

9 El método de incidentes críticos fue introducido en la evaluación del desempeño por Flanagan y Burns. J. C. Flanagan y R. K. Burns, "The Employee Performance Record: A New Appraisal and Development Tool, en *Harvard Business Review*, No. 5, 1955, pp. 95-102.

Lado rojo:			Lado azul:		
Fecha de ocurrencia	Ítem	Incidente crítico negativo	Fecha de ocurrencia	Ítem	Incidente crítico positivo

Factor de evaluación: **productividad**

Ítem:	Ítem:
A = Trabajó lentamente B = Perdió tiempo en el periodo de trabajo C = No inició su tarea de inmediato	A = Trabajó rápidamente B = Economizó tiempo en el periodo de trabajo C = Comenzó de inmediato la nueva tarea

Figura 9.11 Evaluación del desempeño por el método de incidentes críticos.

Método de comparación por pares

Es un método de evaluación del desempeño que compara los empleados de dos en dos; en la columna de la derecha se anota aquel cuyo desempeño se considera mejor. En este método también pueden utilizarse factores de evaluación. De este modo, cada hoja del formulario será ocupada por un factor de evaluación del desempeño.

En la figura 9.12 se evalúan cuatro empleados (A, B, C y D) mediante el método de evaluación por pares, de lo cual resulta una clasificación final respecto del factor de evaluación del desempeño: productividad.

La aplicación del sistema de comparación por pares sólo se recomienda cuando los evaluadores no estén en condiciones de utilizar otros métodos de evaluación más precisos, porque es un proceso muy sencillo y poco eficiente.

Método de frases descriptivas

Este método es ligeramente diferente del método de elección forzada porque no es obligatoria la elección de frases. El evaluador señala las frases que caracterizan el desempeño del subordinado (signo "+" o "S") y aquellas que demuestran el opuesto de su desempeño (signo "–" o "N").

Comparación de los empleados en cuanto a la productividad:	A	B	C	D
A y B		X		
A y D	X			
C y D			X	
A y C	X			
B y C		X		
B y D		X		
Puntuación	2	3	1	0

Figura 9.12 Evaluación por el método de comparación por pares.

No.	Factores de evaluación del desempeño	Sí (+)	No (–)
1.	¿Tiene suficiente grado de escolaridad para el desempeño del cargo?		
2.	¿Usualmente es alegre y sonriente?		
3.	¿Tiene experiencia en el servicio que está ejecutando?		
4.	¿Es contrario a las modificaciones y no se interesa por nuevas ideas?		
5.	¿Conoce información y procesos de producción que no deben conocer terceros?		
6.	¿Desarrolla un trabajo complejo, prestando mucha atención a las instrucciones recibidas?		
7.	¿Demuestra atracción por el sexo opuesto?		
8.	¿Tiene interés en aprender cosas nuevas?		
9.	¿Su trabajo no exige más grados de escolaridad?		
10.	¿Puede, por sí solo, planear, ejecutar y controlar sus tareas?		
11.	¿Su apariencia es buena y agradable en el trato general?		
12.	¿Demuestra concentración mental en el trabajo?		
13.	¿La atención en el trabajo exige que se esfuerce la vista?		
14.	¿Presta atención a las condiciones de trabajo, sobre todo al orden?		
15.	¿El resultado del trabajo presenta errores y no es satisfactorio?		
16.	¿Un curso de especialización es recomendable para su progreso en el trabajo?		
17.	¿Le gusta fumar?		
18.	¿Es descuidado en su presentación personal y en el vestir?		
19.	¿Cuida de sí mismo y de sus compañeros durante el trabajo?		
20.	¿Podría tener mayores conocimientos de los trabajos para rendir más?		
21.	¿Vigila cuidadosamente el desempeño de las máquinas en que trabaja?		
22.	¿No se desgasta en la ejecución de las tareas?		
23.	¿Su producción es encomiable?		
24.	Aunque siempre cumple la misma función, ¿no se incomoda con la repetición?		
25.	¿Tiene fama de no llevar nunca dinero en el bolsillo?		

Figura 9.13 Modelo del método de frases descriptivas.

NUEVAS TENDENCIAS EN LA EVALUACIÓN DEL DESEMPEÑO

La rápida apertura económica global presiona a las empresas a buscar la excelencia como única manera de sobrevivir en un mundo complejo y desafiante. La excelencia es la base de la ganancia. Una de las consecuencias de la apertura fue la disminución repentina de niveles jerárquicos por prácticas de *downsizing* y reducción, que acortó la distancia entre jefes y subordinados. La aproximación producida por la compresión jerárquica introdujo, de manera inevitable, nuevas tendencias en la evaluación del desempeño humano, ya fuera individual o colectivo (trabajo en equipo). Por esta razón, los complicados procesos estructurados y formalizados de evaluación desaparecen gradualmente, aunque de modo transitorio, mientras predomina la evaluación cualitativa y directa de las personas, que no depende de informes sucesivos hasta llegar al responsable del tratamiento de la información y de tomar las decisiones.

Además, se ha buscado la excelencia mediante inversión en entrenamiento, capacitación y desarrollo de las personas, consideradas hoy talentos humanos que deben estimularse y desarrollarse, y no simplemente recursos humanos inertes de los que puede disponerse. Sin embargo, de nada sirve promover estos cambios de comportamiento si no se brinda la capacitación orientadora y motivadora a los principales agentes de estas transformaciones (las personas) para que puedan ser blanco de ellos y, al mismo tiempo, llevarlos a cabo y promoverlos como sujetos activos. Tampoco sirve de nada entrenar, capacitar y desarrollar a las personas si no existe un adecuado sistema de evaluación del desempeño que muestre el acierto o desacierto de las medidas tomadas: indicar si se sigue el camino elegido y si conducirá a los objetivos deseados. La evaluación del desempeño se torna necesaria para verificar permanentemente el rumbo e introducir con el tiempo las correcciones o modificaciones, aún más en un contexto ambiental en constante cambio y transformación. Detectar los ajustes necesarios involucra a las personas, los equipos y las áreas y, en especial, la empresa como totalidad.

Adicional a todas esas influencias, el derrotero de la evaluación del desempeño ha sido marcado por otros dos factores importantes, el primero de los cuales es la sustitución gradual de la organización funcional y departamentalizada por la organización por procesos, que alteró los sistemas de indicadores y de mediciones de las empresas; el segundo es la participación de los trabajadores en los resultados de las empresas, lo cual requiere un sistema de mediciones e indicadores que permita negociaciones francas y objetivas entre las empresas y sus empleados. Lo que se percibe es la falta de indicadores de desempeño en muchas empresas o la utilización desordenada de varios indicadores dispersos y desconectados que no proporcionan la visión global necesaria.

En este contexto, las principales tendencias en la evaluación del desempeño son las siguientes:

1. *Los indicadores tienden a ser sistémicos* y se ve la empresa como un todo que conforma un conjunto homogéneo e integrado que privilegia los aspectos importantes o pertinentes. En principio, deben derivarse de la planeación estratégica de la compañía, que determinará qué medir, cómo y cuándo. El efecto de cascada facilita la localización de metas y objetivos de los diversos departamentos y niveles jerárquicos involucrados. Si es posible, los indicadores deben estar ligados a los principales procesos empresariales y deben centrarse en los clientes interno y externo.

2. *Los indicadores tienden a escogerse y seleccionarse como criterios distintos de evaluación*, bien sea para premiación, remuneración variable, participación en los resultados, ascensos, etc. Es muy difícil que un solo indicador pueda ser tan flexible y universal que sirva por igual a criterios diferentes. Es necesario distinguir los indicadores adecuados para que sirva a cada uno de los criterios específicos.

3. *Los indicadores tienden a ser escogidos en conjunto* para evitar posibles distorsiones y para no descartar otros criterios de evaluación. Es el caso de la comisión de los vendedores, calculada apenas a partir de los ingresos de venta: al no considerar la ganancia que proporciona el producto vendido, esto conduce a que el vendedor se esfuerce por vender sólo los productos de mayor valor unitario, dejando de lado los demás productos de la línea. Existen cuatro clases principales de indicadores:

a. *Indicadores financieros*. Relacionados con los aspectos financieros, como flujo de caja, utilidades, retorno sobre la inversión, relación costo/beneficio.

b. *Indicadores ligados al cliente*. Entre éstos se encuentran la satisfacción del cliente –sea interno o externo–, tiempo de entrega de pedidos, competitividad en precio o calidad, franja de mercado cubierta.

c. *Indicadores internos.* Entre éstos se hallan los tiempos de proceso, los índices de seguridad, índices de reprocesos, ciclo del proceso.

d. *Indicadores de innovación.* Aquí se cuentan el desarrollo de nuevos procesos y nuevos productos, proyectos de mejoramiento, mejoramiento continuo, calidad total, investigación y desarrollo.

Además, la evaluación del desempeño se basa cada vez más en la adopción de índices objetivos de referencia que ayuden en el proceso, tales como:

a. Indicadores de desempeño global (de toda la empresa)

b. Indicadores de desempeño grupal (del equipo)

c. Indicadores de desempeño individual (de la persona).

La finalidad es fijar marcos de referencia que puedan ayudar en la comparación y el establecimiento de nuevas metas y resultados que deben alcanzarse, además de permitir una visión global del proceso.

4. *Evaluación del desempeño como elemento integrador de las prácticas de RH.* La empresa trata de identificar talentos que responderán sólo por el resultado final global de sus unidades de negocios. De este modo, la evaluación del desempeño continúa y complementa el trabajo de los procesos de provisión de personal para seguir y localizar a las personas cuyas características sean adecuadas a los negocios de la empresa. También amplía los procesos de aplicación en el sentido de indicar si las personas están bien integradas en sus cargos y tareas. Así mismo, complementa los procesos de mantenimiento al señalar tanto el desempeño y los resultados alcanzados, como los procesos de desarrollo al indicar las fortalezas y las debilidades, las potencialidades que deben desarrollarse y las que deben corregirse. Y, finalmente, complementa los procesos de seguimiento y control al proporcionar retroalimentación a las personas. En consecuencia, la evaluación del desempeño asume un papel supremamente importante como elemento integrador de las prácticas de RH, puesto que es un proceso que sirve de enlace a los demás procesos de la ARH.

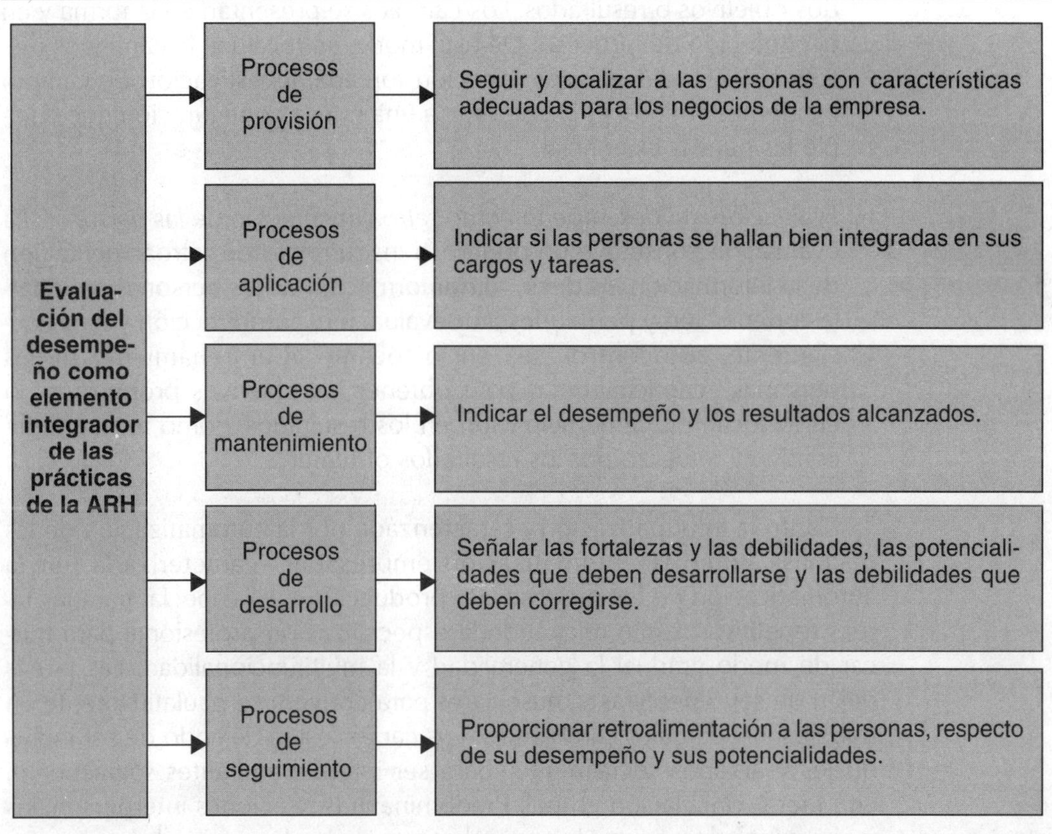

Figura 9.14 Evaluación del desempeño como elemento integrador de las prácticas de la ARH.

5. *Evaluación del desempeño mediante procesos sencillos y no estructurados.* Es un proceso sin los antiguos rituales burocráticos de llenar formularios y comparar factores de evaluación genéricos y amplios. Es una desburocratización y liberalización de la evaluación del desempeño. La evaluación no estructurada es flexible y, en general, la realizan los ejecutivos de nivel inmediatamente más alto mediante el contacto directo y cotidiano con las personas involucradas en el proceso. La evaluación es producto de un acuerdo entre evaluador y evaluado y deja de ser un acto de juzgamiento superior y definitivo del comportamiento del empleado. Es casi una negociación porque ambos intercambian ideas e información, lo cual origina un compromiso conjunto: por un lado, proporcionar las condiciones necesarias para el crecimiento profesional y, por el otro, la consecución de determina-

dos objetivos o resultados. Los cambios se presentan en la forma y en el contenido del proceso. De este modo, se revalúan los antiguos métodos de escalas gráficas, elección forzada, investigación de campo, incidentes críticos, etc., y se llega a una nueva configuración que cumple las nuevas exigencias.

6. *Evaluación del desempeño como retroalimentación de las personas.* La evaluación constituye un poderoso instrumento de retroalimentación de la información, es decir, retroinformación de las personas para darles orientación y permitirles autoevaluación, autodirección y, por consiguiente, autocontrol, sea en lo tocante al entrenamiento de las personas –capacitándolas para obtener los objetivos propuestos– o en lo tocante a la participación en los resultados, como forma de incentivo y refuerzo por los resultados obtenidos.

Tanto la informatización –caracterizada por la automatización de las oficinas– como la automatización empresarial –caracterizada por la automatización de los procesos de producción–, en especial para las tareas repetitivas, están relegando la especialización profesional para buscar de modo gradual la generalidad y la multifuncionalidad. Las tareas dejan de ser repetitivas y musculares para convertirse paulatinamente en trabajos intelectuales cambiantes. Los cargos están dejando de ser individuales y aislados socialmente para ser interdependientes socialmente, con fuerte vinculación grupal. Predominan las relaciones interpersonales y el espíritu de equipo. En este contexto, la evaluación del desempeño adquiere un sentido más amplio al incluir aspectos nuevos como

a. *Competencia personal.* Capacidad de aprendizaje de las personas y asimilación de nuevos y diferentes conocimientos y habilidades.

b. *Competencia tecnológica.* Capacidad de asimilar el conocimiento de diversas técnicas necesarias para cumplir la multifuncionalidad y la generalidad.

c. *Competencia metodológica.* Capacidad de emprender actividades, e iniciativa para resolver problemas de distinta naturaleza. En otros términos, espíritu emprendedor para solucionar problemas.

d. *Competencia social.* Capacidad de relacionarse eficazmente con diversas personas y grupos, así como de realizar trabajos en equipo.

Las personas deben recibir retroalimentación relacionada con sus competencias. En general, las personas reúnen diversas dosis de esas competencias. Lo importante es que dispongan de retroalimentación suficiente para elaborar un autodiagnóstico de su presencia en el desempeño cotidiano.

7. *La evaluación del desempeño requiere la medición y comparación de algunas variables individuales, grupales y organizacionales.* Para no caer en la subjetividad ni en la falta de criterios, el sistema de evaluación del desempeño debe apoyarse en un amplio referente que fortalezca la coherencia en todos sus aspectos.

8. *La evaluación del desempeño hace cada vez más énfasis en los resultados, las metas y los objetivos alcanzados, que en el propio comportamiento.* Los medios están cediendo lugar a los fines alcanzados o que se pretenden alcanzar. Los medios corren por cuenta de las personas que los escogen con libertad, según sus preferencias o habilidades personales. Los fines se convierten en el parámetro de la evaluación para recompensar el trabajo excelente, así como el desempeño eficaz y no sólo eficiente. Las empresas de alto desempeño procuran crear constantemente las condiciones ideales para obtener y mantener el alto desempeño de sus empleados, lo cual no es una mera coincidencia. El énfasis en los resultados, las metas y los objetivos establecidos de modo claro, unívoco y sencillo permite observar tres vertientes bastante interesantes: la desburocratización, la evaluación hacia arriba y la autoevaluación.

a. *Desburocratización.* Ocurre porque la evaluación del desempeño hace a un lado el exceso de papeleo y de formularios, que antes constituía el dolor de cabeza de los ejecutivos. La burocracia está desapareciendo. En la actualidad, la evaluación se vuelve sencilla y descomplicada y está exenta de formalismos exagerados y criterios complicados y genéricos, dictados por algún órgano centralista y burocrático.
   Se trata de verificar cuáles de los objetivos formulados se alcanzaron y cómo podría mejorarse el desempeño para elevar cada vez más las metas y los resultados. Cuál es el resultado alcanzado y que participación derivará de éste el individuo o grupo que lo propició. Esto da libertad a las personas para escoger sus propios medios y utilizar mejor sus habilidades individuales y sociales.

b. *Evaluación hacia arriba.* Al contrario de la evaluación del subordinado por el superior, este tipo de evaluación es el otro lado de la moneda y permite que el equipo evalúe a su gerente, cómo proporcionó los medios para que el equipo alcanzara los objetivos y cómo podría el gerente mejorar la eficacia del equipo y sus resultados. Esta evaluación permite que el equipo negocie e intercambie con el gerente nuevos enfoques de liderazgo, motivación y comunicación para que las relaciones laborales sean más libres y eficaces. El mando arbitrario del superior se sustituye por una nueva forma de actuación democrática y participativa.

c. *Autoevaluación.* Constituye la tercera vertiente. Cada persona puede y debe evaluar su propio desempeño como medio de alcanzar las metas y los resultados fijados, y de superar las expectativas. Determinar cuáles son las necesidades y carencias personales, para mejorar el desempeño, definir cuáles son las fortalezas y las debilidades, las potencialidades y las debilidades, y determinar también lo que debe reforzarse y cómo mejorar los resultados de las personas y los equipos involucrados.

9. *La evaluación del desempeño está relacionándose estrechamente con la noción de expectativa.* Relación entre las expectativas personales y las recompensas derivadas del nivel de productividad del individuo. Es una teoría de la motivación en que la productividad se presenta como un resultado intermedio de una cadena que conduce a determinados resultados finales deseados, como dinero, ascenso, apoyo del gerente, aceptación del grupo, reconocimiento público, etc., enmarcado todo dentro del modelo situacional de expectativa, que busca elevar el nivel de valencia positiva de la productividad y de la calidad en el trabajo. En otras palabras, elevar el grado de instrumentalidad de la excelencia en el comportamiento de trabajo, lo cual significa que las personas entiendan que la excelencia en el desempeño beneficia la empresa y, en especial, a las personas involucradas.

En consecuencia, es necesario vincular los resultados de la evaluación del desempeño a incentivos a corto plazo, como la remuneración flexible o los sistemas de incentivo. Un sistema flexible que no represente costo adicional a la empresa, sino un tipo de participación de las personas en los resultados alcanzados y en la consecución de los objetivos formulados.

Con todas estas tendencias, la evaluación del desempeño –antes burocratizada, rutinaria, repetitiva y complaciente– está flexibilizándose, sin ser estructurada ni semiestructurada, pero guardando amplia libertad

EVALUACIÓN DEL DESEMPEÑO

Nombre: ______________________ Fecha: ___/___/___

Cargo: ______________________ Sección: ______________

Defina sucintamente cada ítem, graduándolo de acuerdo con el siguiente criterio	Criterio	Óptimo	Sobre la media			Media			Debajo de la media			Nulo
		10	9	8	7	6	5	4	3	2	1	0

I. Desempeño de la función

GRADO

1. **Producción:**
Cantidad de trabajo ejecutado normalmente ______________ ________ (________)

2. **Calidad:**
Exactitud y orden en el trabajo ______________ ________ (________)

3. **Conocimiento del trabajo:**
Grado de conocimiento de sus tareas ______________ ________ (________)

4. **Cooperación:**
Actitud hacia la empresa, la jefatura y los compañeros de trabajo ______________ ________ (________)

II. Características individuales

1. **Comprensión:**
Grado de percepción de problemas, hechos y situaciones ______________ ________ (________)

2. **Creatividad:**
Capacidad de concebir ideas productivas ______________ ________ (________)

3. **Realización:**
Capacidad de poner en práctica ideas propias o ajenas ______________ ________ (________)

III. Evaluación complementaria

1. **Ajuste funcional general:**
Adecuación y desempeño de la función ______________ ________ (________)

2. **Progreso funcional:**
Grado de desarrollo en la función ______________ ________ (________)

3. **Cumplimiento y puntualidad:**
Responsabilidad en cuanto a horarios y obligaciones ______________ ________ (________)

4. **Salud:**
Estado general de salud y disposición para el trabajo ______________ ________ (________)

Figura 9.15 Evaluación de desempeño por el método mixto.

en la forma y el contenido. Lo importante es dirigir los esfuerzos de las personas hacia objetivos que sirvan al negocio de la empresa y a los intereses individuales de aquéllas, integrando sin conflictos -de la mejor manera posible- los objetivos organizacionales y los objetivos individuales y reforzando la idea de que la evaluación del desempeño no es un fin en sí misma sino un importante medio para mejorar e impulsar el comportamiento de las personas.

LA ENTREVISTA DE EVALUACIÓN DEL DESEMPEÑO

La comunicación del resultado de la evaluación al subordinado es un punto fundamental de todos los sistemas de evaluación del desempeño. De nada sirve la evaluación si el mayor interesado -el propio empleado- no llega a conocerla. Es necesario darle a conocer la información pertinente y significativa acerca de su desempeño, para que puedan alcanzarse a plenitud los objetivos. Esta comunicación se establece durante la entrevista de evaluación del desempeño.

Los propósitos de la entrevista de evaluación del desempeño son[10]:

1. Dar al subordinado las condiciones necesarias para mejorar su trabajo mediante una comunicación clara e inequívoca de su estándar de desempeño. La entrevista brinda al subordinado la oportunidad no sólo de aprender y conocer lo que el jefe espera de él en términos de calidad, cantidad y métodos de trabajo, sino también de entender las razones de esos estándares de desempeño. Son las reglas del juego, que sólo podrá jugarse bien cuando los jugadores las comprendan.

2. Dar al subordinado una idea clara acerca de cómo está desempeñando su trabajo (retroalimentación), destacando sus fortalezas y sus debilidades y comparándolas con los estándares de desempeño esperados. Muchas veces el empleado cree, subjetivamente, que le va bien, y puede desarrollar una idea distorsionada con respecto a su desempeño ideal. Él necesita saber lo que el jefe piensa acerca de su trabajo, para ajustar y adecuar su desempeño a los estándares esperados.

---

10 Earl G. Planty y Carlos E. Efferson, "Counseling Executives After: Merit Rating or Evaluation", en M. J. Dooher y V. Marqus (Orgs.), *The Development of Executive Talent*, Nueva York, American Management Association, 1953.

3. Discutir los dos –empleado y gerente– las medidas y los planes, para desarrollar y utilizar mejor las aptitudes del subordinado, que necesita entender cómo podrá mejorar su desempeño y participar activamente en las medidas tomadas para posibilitar tal mejoramiento.

4. Estimular relaciones personales más fuertes entre el gerente y los subordinados, en las cuales ambos estén en condiciones de hablar con franqueza lo referente al trabajo: cómo está desarrollándose y cómo podrá mejorarse e incrementarse. La intensificación de la comprensión hombre a hombre es un factor básico para el desarrollo de relaciones humanas fuertes y sanas.

5. Eliminar o reducir discrepancias, ansiedades, tensiones e incertidumbres que surgen cuando los individuos no gozan de asesoría planeada y bien orientada.

El gerente debe tener habilidad para presentar los hechos y conseguir que el subordinado, al terminar la entrevista, haya asumido la determinación de superarse y ajustar su desempeño al nivel exigido por su cargo, y que esté consciente de los aspectos positivos y negativos de su desempeño. El éxito de una entrevista de evaluación depende de muchos factores. Ésta debe ser preparada de manera apropiada, de modo que el jefe sepa de antemano lo que dirá al subordinado y cómo va a decirlo. El evaluador debe considerar dos aspectos importantes:

1. Todo empleado tiene aspiraciones y objetivos personales y, por elementales que sean sus funciones dentro de la empresa, debe ser considerado siempre como una persona única, diferente de las demás.

2. El desempeño debe evaluarse en función del cargo ocupado por el empleado y de la orientación y las oportunidades que recibió del jefe.

RESUMEN

La evaluación del desempeño es una apreciación sistemática del comportamiento de las personas en los cargos que ocupan. A pesar de ser una responsabilidad de línea y una función de *staff*, en algunas empresas la evaluación del desempeño puede estar a cargo del superior directo, del propio empleado o incluso de un comité de evaluación, según los objetivos de la evaluación del desempeño. Los principales métodos de evaluación del desempeño son las escalas gráficas, la elección forzada, la investigación de campo, la comparación por pares, las frases descriptivas y los métodos mixtos. En cualquiera de estos métodos, la entrevista de evaluación del desempeño con el empleado evaluado constituye el punto principal del sistema: la comunicación que sirve de retroalimentación (*feedback*) y que reduce las discrepancias entre el superior y el subordinado.

TEMAS PRINCIPALES

Evaluación del desempeño
Escalas gráficas
Efecto de halo
Investigación de campo
Frases descriptivas
Comité de evaluación
Factores de evaluación
Elección forzada
Comparación por pares
Entrevista de evaluación

PREGUNTAS Y TEMAS DE REPASO Y ANÁLISIS

1. ¿Qué es la evaluación del desempeño?
2. ¿Quién puede ser responsable de la evaluación del desempeño?
3. ¿Cuáles son los objetivos de la evaluación del desempeño?
4. Explique las características, las ventajas y las desventajas del método de las escalas gráficas.
5. Explique las características, las ventajas y las desventajas del método de elección forzada.
6. Explique las características, las ventajas y las desventajas del método de investigación de campo.
7. ¿Qué es el efecto de halo?
8. Explique el método de comparación por pares y el método de frases descriptivas.
9. Explique la entrevista de evaluación del desempeño y su papel en el proceso de evaluación de personas.
10. Explique los factores de evaluación del desempeño.

INFORME PARA ANÁLISIS Y DISCUSIÓN 9

"Menos riesgos con el personal"*

Para un grupo como Rhodia, con trece empresas diseminadas por varios estados brasileños y más de trece mil empleados, administrar de modo asistemático la generación y el desarrollo de los recursos humanos, principalmente la franja de los cargos decisorios (cerca de mil), comenzaba a volverse peligroso. Sobre todo ahora que la empresa viene profundizando en su diversificación. Consciente del problema en ciernes, la empresa resolvió implantar la metodología Rhodia de planeación de personal, un sistema que después de cuatro años de estudio está en pleno funcionamiento.

Así como no hay dificultades en el área de personal ejecutivo, el gerente general de RH asegura que no hay prisa en cuanto a los resultados. Los objetivos del nuevo método son todos a largo plazo y prevén principalmente una optimización de los resultados desde el punto de vista de la empresa, y una mayor motivación de los empleados escalafonados.

Sin improvisación. La empresa cambió la manera improvisada de manejar sus talentos por mecanismos rigurosamente administrados, como planes de carrera, de sucesión y de intercambio de personal entre las diversas unidades, además de planes de remoción (despidos) y de reclutamiento externo.

La expectativa de la dirección de Rhodia es reducir los riesgos –que no son insignificantes– en la administración de RH. La empresa desea reducir al mínimo posible el número de casos en que sus buenos empleados sean olvidados en el momento de cubrir las vacantes. También pretende minimizar la aparición de empleados del tipo "muebles y utensilios", es decir, empleados antiguos que se acomodan en sus cargos. Además, no desea seguir siendo sorprendida por la falta de sustitutos cuando alguien deja un empleo. Ante esta situación, el área de RH deberá equipararse a las áreas de producción, mercadeo y finanzas, entre otras, que llevan más tiempo administrándose dentro de las normas de planeación estratégica.

El punto crucial del método de Rhodia es el cruce entre el inventario de las necesidades de personal y la información individual de los mil em

---

* Tomado de la revista *Negócios em Exame*, No. 256, 28 de julio de 1982, pp. 58-59, con autorización de Editora Abril.

pleados de nivel decisorio, desde jefes de sección hasta directores. Todos los jefes están capacitándose para que razonen todo el año como si estuviesen planeando la implantación de una nueva unidad. El primer paso del trabajo consiste entonces en definir las necesidades de personal, con base en el plan de actividades y de metas. En consecuencia, se elabora un primer organigrama sin nombres. En seguida se identifican las personas que ya trabajan en el sector y las que tienen potencial para hacerlo. Si es claro que hará falta personal, se negocian transferencias, se convocan aspirantes y se planean las contrataciones.

Evaluación. Antes de llegar a esta instancia, ya se habrá utilizado un vasto instrumental de identificación y evaluación anual de recursos humanos, dividido en cuatro etapas:

- *Histórico-profesional.* Currículo normal, actualizado cada año.
- *Planeación individual de la carrera.* Lista de verificación (elaborada cada dos años por el propio empleado). Sirve al empleado para hacer una reflexión acerca del pasado y el presente profesional, y abre espacio para incluir comentarios personales sobre las habilidades técnicas, gerenciales y administrativas de cada uno, así como sobre funciones diferentes que al empleado le gustaría cumplir.
- *Análisis de desempeño.* Informe producido anualmente por el empleado y por su jefe. En ese informe se discuten las metas trazadas al comienzo del ejercicio y los problemas enfrentados para conseguirlas.
- *Análisis de potencial.* Realizado por un comité de ejecutivos de alto nivel, define el horizonte de carrera de todos los mil empleados de mayor rango. Una vez establecido el nivel máximo (y no el cargo) que el empleado debe alcanzar, se definen los programas de capacitación, complementación de formación escolar y tránsito por diversas áreas de la empresa.

Para complementar el instrumental, Rhodia creó un centro de evaluación de personal cuya principal función es evaluar a los aprendices o aspirantes, con datos sobre actuación y potencial.

De ventas a finanzas. Para una empresa asentada en Brasil desde hace más de 60 años, el esquema representa una gran novedad, pero no hay un rompimiento con el pasado; en el fondo, la metodología consagra una política no escrita, cuyos principios son la primacía de los propios recursos y la igualdad de oportunidades.

Obviamente, la empresa espera obtener provecho del nuevo método. Sus expectativas van más allá de la optimización de resultados: por ejemplo, se pretende que todas las unidades y divisiones de la empresa adopten un lenguaje común en el tema de RH y que la gerencia general de RH tenga un control más estricto del personal escalafonado.

La aplicación del método interesa al empleador y a los empleados, que "tendrán ganancias tangibles" representadas en menos subjetivismo en las promociones y en la concesión de aumentos por mérito, por ejemplo.

Pero lo que fascina a la dirección de Rhodia, cuando mira el método desde el punto de vista de los empleados, es la movilidad interna que éste permitirá. Por ejemplo, ahora un gerente de ventas de la división textil podrá luchar por una transferencia a la división química. O incluso asumir un cargo importante en el área financiera después de recibir capacitación adicional.

CASO 9

Alberto Oliveira, gerente de RH de Metalúrgica Santa Rita S. A. (Mesarisa) ha hecho grandes progresos en su empresa. Acaba de concluir con éxito un programa de descripción y análisis de todos los cargos de la compañía, los cuales fueron divididos en tres categorías: personal que trabaja por horas (no calificado, calificado y especializado), personal que trabaja por meses (tanto de la fábrica como de la oficina central y de las filiales) y personal de supervisión y jefatura (supervisores de sección, jefes de sección y gerentes de departamento).

Toda la atención de la empresa estaba volcada hacia las actividades de su departamento, y Oliveira llegó a la conclusión de que el momento era apropiado para la implantación de otro sistema: la evaluación del desempeño. A pesar de ser metódico, él tenía muchas ideas en la cabeza y no lograba concatenarlas ni ordenarlas de manera adecuada para presentarlas y discutirlas con la dirección. Se percataba de que debía solicitar una reunión con todos los directores y presentar un plan completo. En consecuencia, tenía que pensar en todos los detalles, pues sería muy desagradable ser sorprendido por una pregunta que no estuviese en condiciones de responder satisfactoriamente.

Alberto opinaba que al personal que trabaja por horas debería evaluársele el desempeño mediante el método de escalas gráficas. Deberían definirse los factores de evaluación, y se relacionarían con las características del trabajo y las características personales. Se tendría un máximo de 10 factores, que tendrían 5 grados de variación: (A = deficiente, B = aceptable, C = regular, D = bueno, E = excelente). Debía diseñar un formulario y esquematizar los métodos y procedimientos por adoptar, de modo que el sistema funcionase apropiadamente.

El personal que trabaja por meses debería tener un sistema de evaluación de desempeño mediante el mismo método de las escalas gráficas, pero con factores de evaluación adecuados a su tipo de trabajo y su cultura organizacional. Se establecería un máximo de 10 factores, que también tendrían 5 grados de variación, pero relacionados con las características de trabajo, las características personales y algunas proyecciones hacia el futuro.

El personal de supervisión y jefatura debería tener un sistema más dinámico y profundo. Para lograr esto, Oliveira se inclinaba hacia el método de investigación de campo, que podría ser coordinado por el jefe de la sección de capacitación, Paulo Rezende, empleado perfectamente indicado para asumir este reto. Otra alternativa sería la administración por objetivos.

Oliveira se daba cuenta también de que la responsabilidad de evaluar compete a cada jefatura, pero que el consenso dentro de la empresa en cuanto a la implantación de evaluación sería fácilmente alcanzado si se creara un comité destinado a planear e implementar el sistema, no a ejecutar la evaluación. Pero, ¿cómo poner en el papel todas estas ideas y detalles para presentarlos ante la dirección?

PARTE V

Subsisteme de mantenimiento de recursos humanos

Desde el punto de vista de los recursos humanos, una organización es viable no sólo si capta y emplea sus recursos humanos de manera adecuada, sino que los mantiene también en la organización. El mantenimiento de los recursos humanos exige una serie de cuidados especiales, entre los que sobresalen los planes de compensación monetaria, beneficios sociales e higiene y seguridad en el trabajo. Los temas de los dos primeros capítulos que estudiaremos a continuación -Compensación (administración de salarios) y Planes de beneficios sociales- forman parte de un sistema de recompensas que la organización brinda a sus miembros, con el fin de mantenerlos satisfechos y motivados, e inducirlos a permanecer en la organización y sentirla suya.

RECOMPENSAS Y CASTIGOS

Para funcionar dentro de ciertos estándares de operación, las organizaciones tienen un sistema de recompensas (incentivos para estimular ciertos tipos de comportamientos) y castigos (sanciones o penas -reales o potenciales- para impedir ciertos tipos de comportamientos), con el fin de limitar el comportamiento de las personas.

El "sistema de recompensas incluye el paquete total de beneficios que la organización pone a disposición de sus miembros, y los mecanismos y procedimientos para distribuir estos beneficios. No sólo se consideran los salarios, vacaciones, ascensos a posiciones más elevadas (con mayores salarios y beneficios), sino también algunas recompensas como garantía de estabilidad en el cargo, transferencias laterales hacia posiciones más desafiantes o hacia posiciones que lleven a un progreso, a un desarrollo adicional y a varias formas de reconocimiento por servicios notables"[1]. Por otra parte, el sistema de castigos incluye una serie de medidas disciplinarias tendientes a orientar el comportamiento de las personas que se desvían de las rutas esperadas, así como a impedir que se repitan (advertencias verbales o escritas) o, en casos extremos, a castigar su reincidencia (suspensiones del trabajo) o separar de la compañía de los demás al responsable (desvinculación de la organización).

1 Raymond E. Miles, *Theories of Management: Implications for Organizational Behavior and Development*, Tokio, McGraw-Hill Kogakusha, 1975, p. 129.

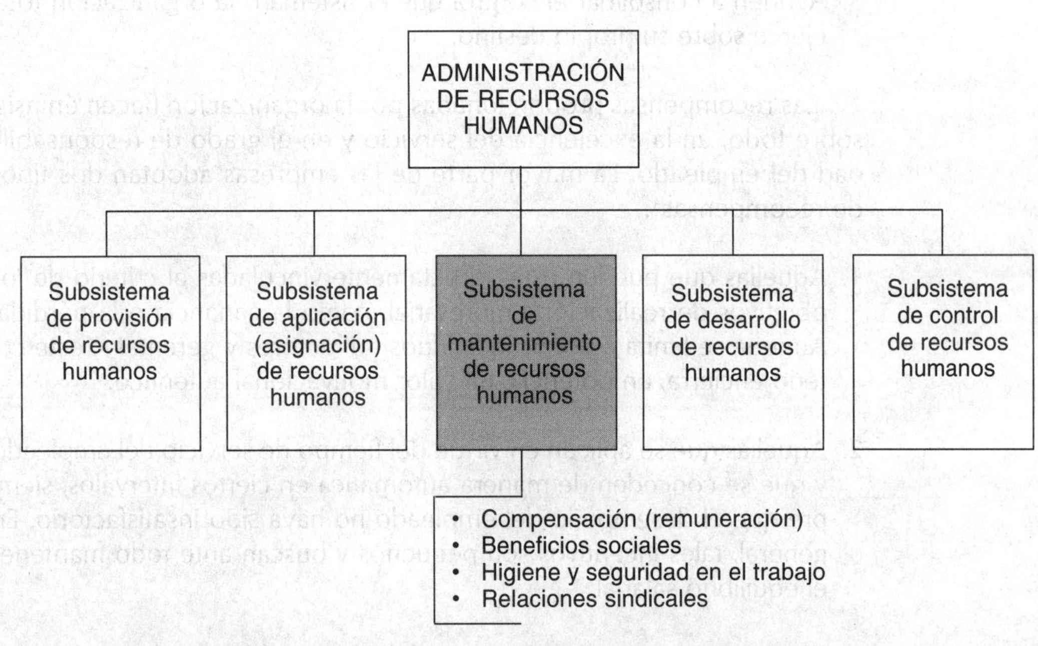

Figura V.1 Los procesos de mantenimiento de personal.

El sistema de recompensas (salarios, beneficios, promociones, etc.) y el de castigos (acciones disciplinarias, etc.) constituyen los factores básicos que inducen al individuo a trabajar en beneficio de la organización[2]. Tradicionalmente se ha supuesto que las recompensas son factores escasos y que jamás deberían exceder las contribuciones y los recursos previamente asignados en la organización[3].

Por consiguiente, las recompensas se aplican para reforzar las actividades humanas que:

1. Aumenten la conciencia y la responsabilidad del individuo (y del grupo).
2. Amplíen la interdependencia con terceros y con el sistema, o con la organización total.

---

2 Chester Barnard, *As funções do executivo*, São Paulo, Atlas, 1971.

3 Peter B. Clark y James Q. Wilson, "Incentive Systems: A Theory of Organizations", en *Administrative Science Quarterly*, Vol. 6, No. 2, septiembre de 1961, pp. 134-135.

3. Ayuden a consolidar el control que el sistema o la organización total ejerce sobre su propio destino.

Las recompensas proporcionadas por la organización hacen énfasis, sobre todo, en la excelencia del servicio y en el grado de responsabilidad del empleado. La mayor parte de las empresas adoptan dos tipos de recompensas[4]:

1. Aquellas que pueden estar directamente vinculadas al criterio de los objetivos de realización empresarial, como la ganancia o la pérdida. Aunque se limita a pocos individuos –directores y gerentes–, este criterio encierra, en potencia, un valor motivacional auténtico.

2. Aquellas que se aplican en virtud del tiempo de servicio del empleado y que se conceden de manera automática en ciertos intervalos, siempre que el desempeño del empleado no haya sido insatisfactorio. En general, tales incentivos son pequeños y buscan ante todo mantener el equilibrio salarial.

Pueden incluirse otros dos tipos de recompensas:

3. Aquellas que alcanzan una pequeña proporción de individuos de desempeño excepcional, situados en determinada franja salarial. En este caso, las recompensas exigen diferenciación en el desempeño e implican amplio mejoramiento salarial con auténtico valor motivacional.

4. Las que contemplan resultados departamentales, divisionales o globales, objetivamente cuantificables. Estas recompensas se comparten dentro del grupo, en términos de porcentaje proporcional a la base salarial de cada uno.

Los cuatro tipos de recompensas que acabamos de enunciar se conciben como retribuciones por la consecución de cierto objetivo organizacional: fabricar determinado producto, alcanzar determinado índice de ganancias, etc. Pero, ¿sólo son éstos los objetivos de una orga-

4 Douglas McGregor, "O lado humano da empresa", en Yolanda Ferreira Balcão y Laerte Leite Cordeiro (Orgs.), *O comportamento humano na empresa*, Rio de Janeiro, Fundação Getúlio Vargas, Instituto de Documentação, 1971, pp. 45-60.

nización? En la definición de organización, están implícitas tres clases de actividades[5]:

1. Alcance de objetivos
2. Mantenimiento del sistema interno
3. Adaptación al ambiente externo

En este sentido, es necesario que se amplíe la base de las recompensas y de los castigos: un individuo puede ser recompensado no sólo en función de su contribución personal en la consecución de las metas de la organización para la cual trabaja (producción, ganancia, etc.), sino también en función de su contribución a las otras dos actividades esenciales de la organización: el mantenimiento del sistema interno y la adaptación de la organización al ambiente que la rodea. Tradicionalmente, la estrategia organizacional ha recompensado sólo a los administradores de nivel jerárquico elevado por sus contribuciones a esas dos últimas actividades, y ha impedido que los demás empleados de la organización tengan oportunidad de participar de ellas.

La filosofía básica recomendada en un sistema de recompensas y castigos debe fundamentarse en los siguientes principios:

1. Retroalimentación (retroacción); es decir, refuerzo positivo del comportamiento deseado.

2. Concatenación de las recompensas y de los castigos con los resultados esperados.

3. Concatenación de las recompensas y de los castigos con una concepción ampliada del cargo.

Con base en el concepto de Skinner, según el cual "el comportamiento está determinado por sus consecuencias", los principios del refuerzo positivo se fundamentan en dos aspectos básicos:

1. Las personas desempeñan sus actividades de la manera que les permita obtener mayores recompensas.

2. Las recompensas ofrecidas sirven para reforzar, cada vez más, el mejoramiento del desempeño.

5 Chris Argyris, *A integração indivíduo-organização*, São Paulo, Atlas, 1975, p. 272.

Infortunadamente, el castigo se utiliza con mayor frecuencia que la recompensa para modificar el desempeño. La estrategia global del castigo es paradójica en extremo porque, cuando el castigo se utiliza con persistencia para mejorar el desempeño, muchas veces se convierte en una recompensa: la recompensa se otorga cuando no se castiga por no tener cierto desempeño. No obstante, prima la acción negativa sobre la positiva y, para empeorar la situación, la acción correctiva sobre la preventiva.

El refuerzo positivo está orientado directamente hacia los resultados deseados. La teoría del refuerzo positivo parte del hecho de que una persona se comporta de acuerdo con una de estas dos razones:

1. Porque un tipo o nivel de desempeño específico es persistentemente recompensador.

2. Porque un estándar de desempeño específico fue recompensado alguna vez, de manera que éste se repetirá, con la expectativa de que también se repita la recompensa.

La recompensa o incentivo es alguna gratificación, tangible o intangible, a cambio de la cual las personas se hacen miembros de la organización (decisión de participar) y, una vez en la organización, contribuyen con tiempo, esfuerzo u otros recursos válidos (decisión de producir). Cualquiera sea el propósito, el producto o la tecnología de la organización, es fundamental mantener el equilibrio incentivos/contribuciones[6].

El ejecutivo de la organización es la persona que tiene la responsabilidad particular de mantener el equilibrio entre incentivos y contribuciones. Cada miembro de la organización desempeña una tarea o conjunto de actividades que consumen el tiempo total de un individuo en una organización. Se supone que todos los empleados de una organización tratan de actuar de manera racional; es decir, minimizan los costos y maximizan los beneficios del desempeño de la tarea organizacional por sí mismos. No obstante, nunca dos empleados tienen la misma preferencia al escoger el modo de hacerlo. Lo que representa dificultad para uno, puede presentar facilidad para otro[7].

---

6 James Q. Wilson, "Innovation in Organization: Notes Toward a Theory", en James D. Thompson (Org.), *Organizational Design and Research: Approaches to Organizational Design*, Pittsburgh, University of Pittsburgh Press, 1971, p. 196.

7 George Homans, *Social Behavior: Its Elementary Forms*, Nueva York, Harcourt, Brace & World, 1961.

TEORÍA DE LA INEQUIDAD

Las personas y las organizaciones están inmersas en un complejo sistema de relaciones de intercambio: las personas hacen contribuciones a la organización, y de ésta reciben incentivos o recompensas. Las contribuciones que las personas hacen representan inversiones personales que deben proporcionar ciertos retornos en forma de incentivos o recompensas. Este complejo sistema de relaciones de intercambio se complica aún más porque cada persona analiza sus propias contribuciones (inversiones) y las compara con las contribuciones (inversiones) que las demás personas ofrecen a la organización. Incluso, comparan sus recompensas (retornos) con las recompensas (retornos) recibidas por las demás personas. Esta comparación podría expresarse mediante la ecuación

$$\frac{\text{Mis recompensas}}{\text{Mis contribuciones}} = \frac{\text{Recompensas de los demás}}{\text{Contribuciones de los demás}}$$

Cuando los dos miembros de la ecuación son equivalentes, se da una situación de equidad. Cuando ocurre la equidad, la persona experimenta un sentimiento de satisfacción[8]. Cuando los dos miembros de la ecuación no son iguales (el primer término es mayor que el segundo, o el segundo es mayor que el primero), se presenta una situación de inequidad. Cuando hay inequidad, la persona experimenta un sentimiento de injusticia y de insatisfacción, que aumenta en la medida en que crece la inequidad. Existe inequidad cuando la persona siente que se le paga menos o que se le paga más. Si el salario está por encima o por debajo de lo que el empleado considera justo por su trabajo, se presenta una tensión. Si el salario está muy por debajo, genera disgusto; y si está muy por encima, ocasiona culpa. En tal situación de tensión, el empleado trata de reducir el desequilibrio cambiando alguno de los dos miembros de la ecuación que esté en condiciones de modificar: con preferencia, sus contribuciones a la organización[9].

---

8 J. Stacy Adams, "Inquirity in Social Exchange", en Henry L. Tosi y W. Clay Hamer, *Organizational Behavior and Management: A Contingency Approach*, Chicago, St. Clair Press, 1977, p. 218.

9 Leonard R. Sayles, *Behavior on Industrial Work Groups: Prediction and Control*, Nueva York, John Wiley & Sons, 1958, p. 98.

En los dos siguientes capítulos -Compensación (administración de salarios) y Planes de beneficios sociales-, se muestra que la inequidad constituirá el fantasma invisible capaz de poner en jaque a muchos de los buenos programas de recompensas al personal.

COMPENSACIÓN Y PRODUCTIVIDAD

El dinero puede ser un motivador efectivo para alcanzar mayor productividad, si el empleado percibe que el aumento de su esfuerzo lleva de hecho al aumento de su recompensa monetaria[10]. El problema de la mayor parte de los planes de remuneración reside en que los empleados no sienten que exista tal relación y creen que la remuneración se basa en la edad, la educación, el desempeño en los años previos, y también en criterios irrelevantes como la suerte o el favoritismo.

A pesar de las críticas hechas al sistema de recompensas y castigos vigente, son pocas las propuestas prácticas. Jaques[11] propone un sistema de normas para lograr un justo pago, cualquiera sea el nivel del trabajo realizado. Después de analizar casi mil tipos de tareas, Jaques concluyó que todos los empleados pueden compartir esas normas, independientemente del trabajo que realicen. El meollo del problema está en establecer el peso de la responsabilidad en cada tarea ejecutada, lo cual puede hacerse determinando el periodo máximo durante el cual el subordinado puede realizar el trabajo -bajo su propio arbitrio e iniciativa- que el superior le asignó, sin que esos elementos sean sometidos a la evaluación del superior: este tiempo se denomina lapso de arbitrio. Esto incluye todos los aspectos del trabajo previstos en el reglamento interno de la organización, a los cuales deberá ajustarse el subordinado, o será castigado por negligencia.

La medida del lapso de arbitrio es una cuantificación objetiva que se relaciona con dos aspectos[12]:

1. La importancia de la tarea ejecutada, desde el punto de vista de la organización.

2. El nivel jerárquico del empleado.

10 Edward E. Lawler III, *Pay and Organizational Effectiveness*, Nueva York, McGraw-Hill, 1971.
11 Elliot Jaques, *Equitable Payment*, Nueva York, John Wiley & Sons, 1961.
12 Elliot Jaques, *Measurement of Responsibility*, Boston, Harvard University Press, 1956.

Según Jaques, los individuos que cumplen diferentes tareas que poseen el mismo lapso de arbitrio deben tener la misma retribución salarial. Cualquier desvío hacia abajo de este nivel de comparación tiende a estar acompañado por actitudes de reacción que, a su vez, exigirán medidas disciplinarias de la administración de la empresa. Cualquier desvío hacia arriba del nivel de comparación tiende a estar acompañado por sentimientos de remuneración injusta y tratamiento privilegiado. Esta conclusión de Jaques, de que una de las variables cruciales del trabajo es el grado de control que el individuo ejerce sobre su propio comportamiento, coincide con la de Argyris[13].

En el fondo, consideramos que la productividad es un efecto (no una causa) de la administración de varios recursos. La productividad es una relación mensurable entre el producto obtenido (resultado o salida) y los recursos empleados en la producción. En lo que respecta a los recursos humanos, la productividad del trabajo humano es igual al cociente de dividir la producción entre el tiempo empleado en ella. La productividad humana depende no sólo del esfuerzo realizado y del método racional, sino, sobre todo, del interés y de la motivación de las personas. El desconocimiento de estos últimos aspectos es la razón de los resultados poco pertinentes de las técnicas de productividad de la mano de obra directa.

EVALUACIÓN DE LOS PROCESOS DE MANTENIMIENTO DE PERSONAL

Todos los procesos de mantenimiento de personal (remunerar, conceder beneficios y servicios sociales compatibles con un nivel de vida saludable, proporcionar un ambiente físico y psicológico de trabajo agradable y seguro, garantizar relaciones sindicales cordiales y de colaboración) son importantes para definir la permanencia de las personas en la organización y, aún más, para la motivación hacia el trabajo y la consecución de los objetivos organizacionales. En algunas organizaciones no se concede importancia a estos procesos de mantenimiento de personal porque se aproximan al modelo de hombre económico (que trabaja exclusivamente a cambio del salario), porque son rígidas e inflexibles y porque generalizan y estandarizan, tratando igual a todas las personas, sin tener en cuenta sus diferencias individuales y sus diferentes contribuciones a la

13 Chris Argyris, *op. cit.*, p. 272.

organización. En otras organizaciones, a estos procesos se les da mucha importancia porque se aproximan al modelo de hombre complejo, porque son flexibles y adaptables a las personas, y porque respetan las diferencias individuales y tienen en cuenta que sus contribuciones al éxito de la organización son diferentes. El reto consiste en llevar las características de estos procesos de mantenimiento de personal, de modo gradual y con firmeza, hacia el lado derecho de la figura V.2.

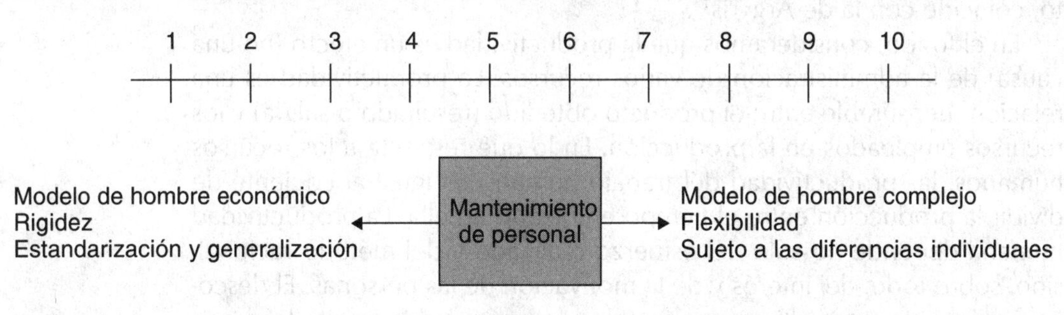

Figura V.2 *Continuum* de situaciones en los subsistemas de gestión de personal.

10

Compensación (administración de salarios)

Es muy común estudiar la actividad organizacional en general, y la actividad empresarial en particular, como un proceso de conversión de varios recursos en un sistema integrado para obtener salidas o resultados. El proceso de conversión incluye una combinación óptima de entradas, como capital, tecnología, materias primas, esfuerzo humano, etc., en un conjunto de trabajo para producir un resultado deseado. El elemento humano es parte integral de esta actividad.

Desde el punto de vista de los economistas, cuando una administración inteligente combina de manera adecuada los tres factores de producción (recursos naturales, dinero acumulado y trabajo), crea más capital o riqueza. Este fenómeno sinérgico o emergente sistémico es una característica sin par de los sistemas abiertos. La riqueza creada de esta manera se divide entre las partes interesadas: una parte, en forma de costo, pasa a los proveedores de materia prima o equipos, los propietarios de máquinas, equipos o edificios arrendados; otra parte, en forma de intereses, a quienes prestaron dinero a la organización; otra parte, en forma de dividendos, a quienes proveyeron el capital de participación o de riesgo y, por último, otra parte, en forma de salarios o de obligaciones sociales resultantes, a las entidades de previsión y gubernamentales. Cada recurso productivo tiene su costo y su beneficio, su inversión y su retorno.

Todo proceso productivo sólo es viable con la participación conjunta de diversos socios que contribuyen con algún esfuerzo o actividad. Los proveedores contribuyen con materias primas, servicios, tecnologías, edificios o inmuebles arrendados, etc. Los inversionistas y accionistas contribuyen con capital y créditos que posibilitan la adquisición de otros recursos. Las personas que trabajan en la empresa contribuyen con sus conocimientos, capacidades y habilidades. Los clientes contribuyen comprando los bienes o servicios que produce la organización. Cada uno de estos socios de la organización contribuye con algo y tiene la expectativa de obtener un retorno por su contribución.

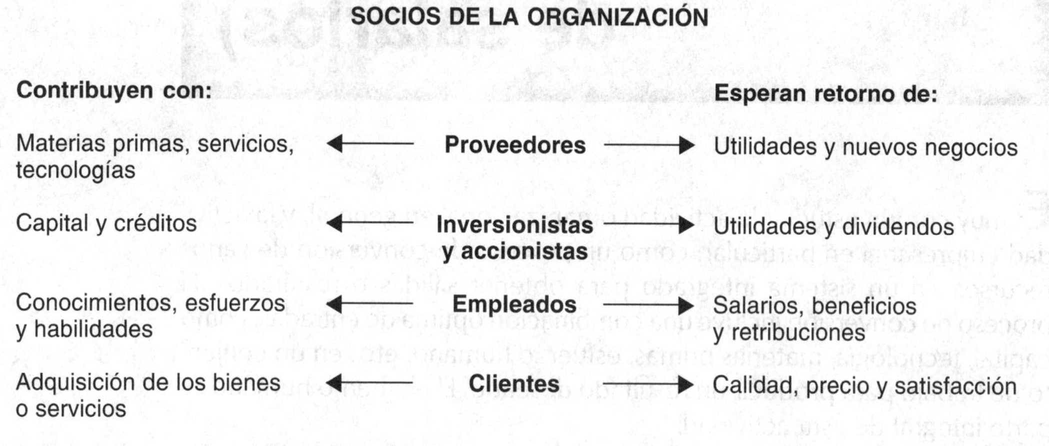

Figura 10.1 Los socios de la organización.

Cada socio está dispuesto a invertir en la organización, a medida que sus inversiones le brindan retornos y resultados atractivos. En función de sus características sistémicas, la organización logra reunir todos los recursos ofrecidos por los diversos socios, y multiplicar los resultados mediante el efecto sinérgico. Con estos resultados es posible obtener un retorno mayor que las contribuciones entregadas y mantener la continuidad del negocio. Tradicionalmente las organizaciones han dado prelación al socio considerado más importante: el accionista o inversionista; sin embargo, en la actualidad esa asimetría está sustituyéndose por una visión integrada de todos los socios del negocio, ya que todos son indispensables para alcanzar el éxito. El socio más cercano a la organización es el empleado. Gran parte de la riqueza generada por la organización pasa a los empleados en forma de salarios, beneficios sociales y demás obligaciones derivadas de éstos.

Uno de los aspectos más importantes de la filosofía de una organización es la política de salarios. El nivel de salarios es el elemento esencial, tanto en la posición competitiva de la organización en el mercado de trabajo como en las relaciones de la organización con sus propios empleados.

EL CARÁCTER VARIADO DEL SALARIO

Compensación es el área relacionada con la remuneración que el individuo recibe como retorno por la ejecución de tareas organizacionales. Básicamente, es una relación de intercambio entre las personas y la organización. Cada empleado hace transacciones con su trabajo para obtener recompensas financieras y no financieras. La recompensa financiera puede ser directa o indirecta.

La compensación financiera directa es el pago que recibe cada empleado en forma de salarios, bonos, premios y comisiones. El salario representa el elemento más importante. Salario es la retribución en dinero o su equivalente que el empleador paga al empleado por el cargo que éste ejerce y por los servicios que presta durante determinado periodo. El salario puede ser directo o indirecto. Directo es el que se recibe como contraprestación del servicio en el cargo ocupado. En el caso de los empleados que trabajan por horas, corresponde al número de horas efectivas trabajadas al mes (excluido el descanso semanal remunerado). En el caso de los trabajadores por meses, corresponde al salario mensual recibido.

La compensación financiera indirecta constituye el salario indirecto, resultante de cláusulas de la convención colectiva de trabajo y del plan de beneficios y servicios sociales ofrecidos por la organización. El salario indirecto incluye vacaciones, gratificaciones, propinas, adicionales (de inseguridad, de insalubridad, de trabajo nocturno, de tiempo de servicio), participación en las utilidades, horas extras, así como el equivalente monetario de los servicios y beneficios sociales ofrecidos por la organización (alimentación subsidiada, transporte subsidiado, seguro de vida colectivo, etc.). La suma del salario directo y del salario indirecto constituye la remuneración. Por consiguiente, la remuneración abarca todos los elementos del salario directo y todos los elementos del salario indirecto. En otras palabras, la remuneración constituye todo cuanto el empleado recibe, directa o indirectamente, como consecuencia del trabajo que desarrolla en una organización. Así, la remuneración es género y el salario es especie.

Las recompensas no financieras, como prestigio, autoestima, reconocimiento y estabilidad en el empleo afectan profundamente la satisfacción con el sistema de compensación, y ya fueron estudiadas en el capítulo 2.

Se da el nombre de compensación al sistema de incentivos y recompensas que la organización establece para remunerar y recompensar a las personas que trabajan en ella. Así, la compensación incluye la remuneración, en todas sus formas posibles. La compensación es, probablemente, la razón principal por la que las personas buscan un empleo. Desde el punto de vista de cada persona, resulta casi una necesidad vital. Pago es el medio que permite a las personas satisfacer sus necesidades y las de sus familias. Para muchas personas que tienen una actitud instrumental frente al trabajo, es la razón principal para trabajar. No obstante, el trabajo puede ser algo más que un elemento que permite satisfacer las necesidades fisiológicas de las personas. La compensación define el nivel de importancia de una persona para la organización.

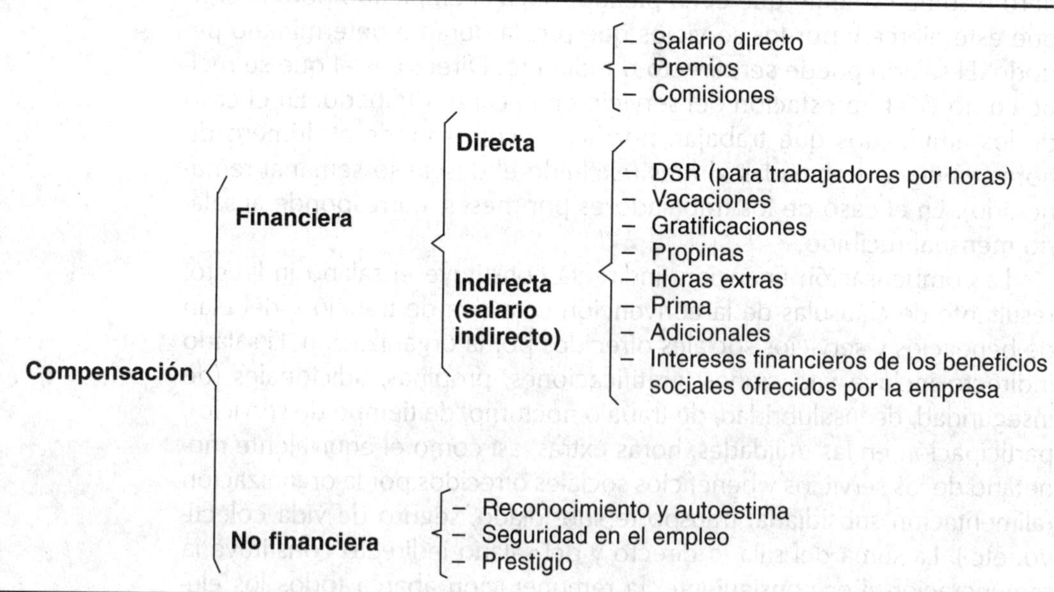

Figura 10.2 Diversos tipos de compensación.

También existe distinción entre salario nominal y salario real. El salario nominal representa el volumen de dinero asignado en el contrato individual por el cargo ocupado. En una economía inflacionaria, el salario nominal pierde poder adquisitivo si no se actualiza con periodicidad. El salario real representa la cantidad de bienes que el empleado puede adquirir con aquel volumen de dinero, y corresponde al poder adquisitivo, poder de compra o cantidad de mercancías que puede adquirir con el salario. De este modo, la sola reposición del valor real no significa aumento salarial: el salario nominal se modifica para proporcionar el salario real equivalente al periodo anterior. De aquí proviene la distinción entre reajuste salarial (reconstitución del salario real) y aumento real del salario (incremento del salario real).

Debido a su complejidad, el salario puede considerarse de muchas maneras diferentes:

1. Es el pago de un trabajo.

2. Constituye una medida del valor de un individuo en la organización.

3. Da estatus jerárquico en la organización.

El salario constituye el centro de las relaciones de intercambio entre las personas y las organizaciones. Todas las personas dentro de las organizaciones ofrecen su tiempo y su esfuerzo, y a cambio reciben dinero, lo cual representa el intercambio de una equivalencia entre derechos y responsabilidades recíprocas entre el empleado y el empleador.

El salario para las personas

El salario representa una de las más complejas transacciones, ya que cuando una persona acepta un cargo, se compromete a una rutina diaria, a un patrón de actividades y a una amplia gama de relaciones interpersonales dentro de una organización, por lo cual recibe un salario. Así, a cambio de este elemento simbólico intercambiable –el dinero–, el hombre es capaz de entregar gran parte de sí mismo, de su esfuerzo y de su vida.

Muchas veces, las personas consideran que el trabajo es un medio para alcanzar un objetivo intermedio, el salario, que permite conseguir muchos objetivos finales, como ya se estudió en la teoría de la expectati-

Sector industrial de la empresa	Porcentaje de los salarios en el valor del producto
Fábricas de tejidos	55%
Industria automovilística y de autopartes	44%
Astilleros navales-Mecánica pesada	43%
Siderúrgicas	38%
Industria aeronáutica-Equipos de computación	37%
Componentes electrónicos-Máquinas de escribir	36%
Editorial y artes gráficas	35%
Equipos de comunicación-Vestuario y afines	33%
Vidrios planos	32%
Maquinaria de construcción-Refrigerantes	26%
Juguetes y elementos deportivos-Madereras	26%
Equipo ferroviario	24%
Papel y productos afines	22%
Concreto y cemento	21%
Neumáticos y mangueras de caucho	20%
Confecciones	19%
Zinc-Productos farmacéuticos	18%
Bizcochos y galletas-Envases de metal	17%
Fibras, plásticos y caucho	16%
Empaques	13%
Refinación de azúcar	8%
Cigarros	7%
Derivados del petróleo	6%

Figura 10.3 Participación porcentual de los salarios en el costo del producto.

Fuente: Herbert J. Chruden y Arthur W. Sherman Jr., *Personnel Management,* Cincinnati, South-Western, 1963, p. 519.

va. El salario es la fuente de renta que define el patrón de vida de cada persona, en función de su poder adquisitivo.

El salario para las organizaciones

Para las organizaciones, el salario es a la vez un costo y una inversión. Costo, porque se refleja en el costo del producto o del servicio final; inversión, porque representa empleo de dinero en un factor de producción –el trabajo–, en un intento por conseguir un retorno mayor a corto o mediano plazos.

La participación de los salarios y las respectivas obligaciones sociales en el valor del producto depende, obviamente, del sector industrial de la organización. Cuanto más automatizada sea la producción (tecnología de capital intensivo), menor será la participación de los salarios en los costos de producción. Además, cuanto mayor sea el índice de manufactura (tecnología de mano de obra intensiva), mayor será la incidencia de los salarios en los costos de producción. En cualquiera de estos dos casos, los salarios siempre representan para la empresa un respetable volumen de dinero que debe ser muy bien administrado.

El compuesto salarial

Hay una serie de factores internos (organizacionales) y externos (ambientales) que condicionan los salarios y determinan sus valores. El conjunto de estos factores internos y externos se denomina compuesto salarial (*wage mix*). El compuesto salarial incluye los factores relacionados en la figura 10.4[1]:

La determinación de los salarios es compleja, ya que muchos factores variables e interrelacionados ejercen efectos diferentes sobre los salarios. Estos factores actúan independiente o armónicamente entre sí para elevar o bajar los salarios. No obstante, cuando actúan como fuerzas opuestas, estos factores pueden servir para anularse entre sí y estabilizar los salarios.

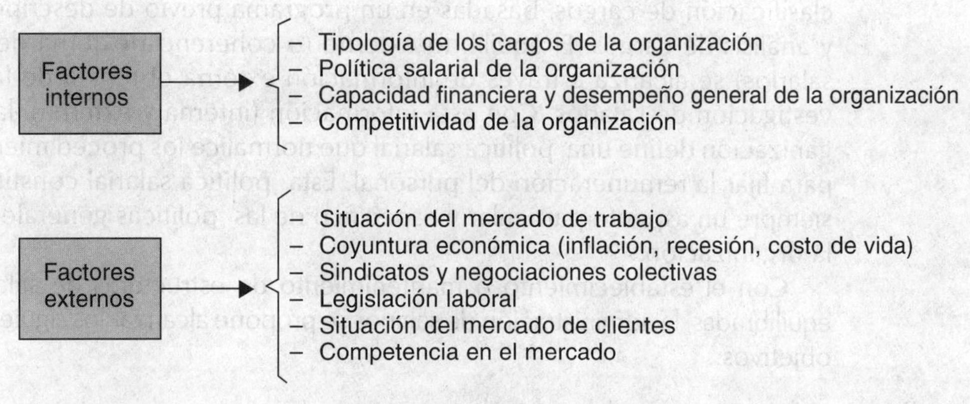

Figura 10.4 Compuesto salarial.

1 Herbert J. Chruden, Arthur W. Sherman Jr., *Personnel Management*, Cincinnati, South-Western, 1963, p. 520.

CONCEPTO DE ADMINISTRACIÓN DE SALARIOS

En una organización, cada cargo tiene su valor individual. Sólo se puede remunerar con justicia y equidad al ocupante de un cargo, si se conoce el valor de ese cargo con relación a los demás cargos de la organización y a la situación del mercado. Dado que la organización es un conjunto integrado de cargos en diferentes niveles jerárquicos y en diferentes sectores de especialidad, la administración de salarios es un asunto que compete a la organización como un todo, y repercute en todos sus niveles y sectores.

En consecuencia, la administración de salarios puede definirse como el conjunto de normas y procedimientos tendientes a establecer o mantener estructuras de salarios equitativas y justas en la organización. Estas estructuras de salario deberán ser equitativas y justas con relación a:

1. Los salarios, respecto de los demás cargos de la propia organización; así se busca el equilibrio interno de los salarios.

2. Los salarios, respecto de los mismos cargos de otras empresas que actúan en el mercado de trabajo; así se busca el equilibrio externo de los salarios.

El equilibrio interno (o coherencia interna de los salarios) se alcanza mediante la información interna obtenida a través de la evaluación y la clasificación de cargos, basadas en un programa previo de descripción y análisis de cargos. El equilibrio externo (o coherencia externa de los salarios) se alcanza a través de información externa obtenida de la investigación de salarios. Con esta información (interna y externa), la organización define una política salarial que normalice los procedimientos para fijar la remuneración del personal. Esta política salarial constituye siempre un aspecto particular y específico de las políticas generales de la organización.

Con el establecimiento o mantenimiento de estructuras de salarios equilibradas, la administración de salarios se propone alcanzar los siguientes objetivos:

1. Remunerar a cada empleado de acuerdo con el valor del cargo que ocupa.

2. Recompensarlo adecuadamente por su desempeño y dedicación.

3. Atraer y retener a los mejores candidatos para los cargos.
4. Ampliar la flexibilidad de la organización, dándole los medios adecuados para la movilidad del personal y racionalizando las posibilidades de desarrollo y de carrera.
5. Lograr que los empleados acepten los sistemas de remuneración adoptados por la empresa.
6. Mantener equilibrio entre los intereses financieros de la organización y su política de relaciones con los empleados.

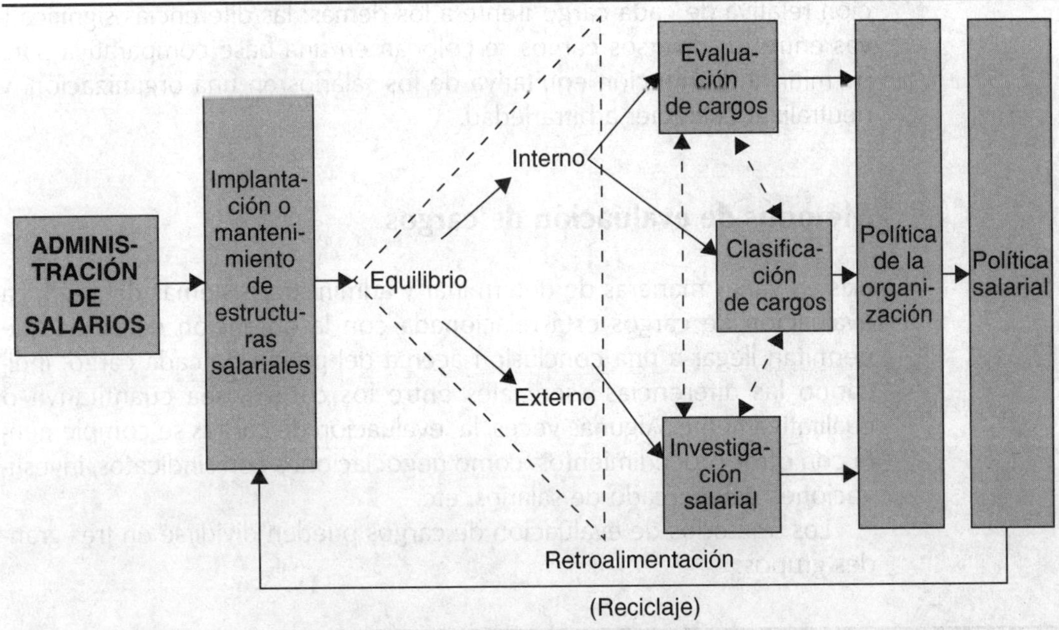

Figura 10.5 El sistema de administración de salarios.

EVALUACIÓN Y CLASIFICACIÓN DE CARGOS

La evaluación y clasificación de cargos son dos componentes de la administración salarial que guardan el equilibrio interno de los salarios.

La evaluación de cargos es un término genérico que abarca varias técnicas mediante las cuales se aplican criterios comunes de comparación de cargos para construir una estructura lógica, equitativa, justa y aceptable de los cargos. La evaluación de cargos es "el proceso de analizar y comparar el contenido de los cargos, con el fin de colocarlos en un orden de jerarquización, que sirva de base a un sistema de remuneración. Es una técnica proyectada para asesorar el desarrollo de una nueva estructura de salarios que defina las correlaciones entre los cargos sobre una base coherente y sistemática"[2]. En otras palabras, la evaluación de cargos se relaciona en lo fundamental con el precio para el cargo.

La evaluación de cargos (*job evaluation*) es un medio de determinar el valor relativo de cada cargo dentro de la estructura organizacional y, por tanto, la posición relativa de cada cargo en la estructura de cargos de la organización. En rigor, la evaluación de cargos intenta determinar la posición relativa de cada cargo frente a los demás: las diferencias significativas entre los diversos cargos se colocan en una base comparativa para permitir la distribución equitativa de los salarios en una organización, y neutralizar cualquier arbitrariedad.

Métodos de evaluación de cargos

Existen varias maneras de determinar y administrar sistemas de pago. La evaluación de cargos está relacionada con la obtención de datos que permitan llegar a una conclusión acerca del precio de cada cargo, indicando las diferencias esenciales entre los cargos, sea cuantitativa o cualitativamente. Algunas veces, la evaluación de cargos se complementa con otros procedimientos, como negociaciones con sindicatos, investigaciones del mercado de salarios, etc.

Los métodos de evaluación de cargos pueden dividirse en tres grandes grupos:

Comparación básica	Comparación no cuantitativa	Comparación cuantitativa
Cargo como un todo	Cargo como un todo	Partes del cargo o factores
Cargo *versus* cargo Cargo *versus* escala	Jerarquización de cargos Categorías predeterminadas	Comparación por factores Evaluación por puntos

Figura 10.6 Métodos de evaluación de cargos.

2 British Institute of Management, *Job Evaluation*, Londres, Management Publications, 1970.

Todos los métodos de evaluación de cargos son eminentemente comparativos: comparan los cargos entre sí o comparan los cargos con algunos criterios (categorías o factores de evaluación) tomados como base de referencia.

Base de comparación	Esquema de comparación	
	Cargo como un todo	**Partes del cargo o factores**
Cargo *versus* cargo	1. Jerarquización de cargos	4. Comparación por factores
Cargo *versus* criterio	2. Categorías predeterminadas (clasificación de cargos)	3. Puntos

Figura 10.7 Métodos de evaluación de cargos.

El punto de partida para cualquier esquema de evaluación de cargos consiste en obtener información respecto de los cargos, mediante el análisis de cargos, para tomar las decisiones comparativas sobre ellos. La evaluación de cargos hace énfasis en la naturaleza y el contenido de los cargos y no en las características de las personas que los ocupan. Por tanto, la evaluación de cargos debe fundamentarse en la información proporcionada por el análisis de cargos.

Estudiemos cada uno de los métodos de evaluación de cargos.

Método de jerarquización (*Job Ranking*)

El método de evaluación de cargos por jerarquización se denomina también método de comparación simple, y consiste en disponer los cargos en orden creciente o decreciente con relación a algún criterio de comparación. También recibe el nombre de comparación cargo a cargo porque cada cargo se compara con los demás, en función del criterio elegido como base de referencia. Es el más rudimentario de los métodos de evaluación de cargos, pues la comparación entre los cargos es global y sintética, y no se lleva a cabo ningún análisis ni descomposición; por tal razón, la comparación tiende a ser superficial.

El primer paso para la aplicación de este método es el análisis de cargos, con el fin de obtener información sobre éstos. La información debe prepararse con mucho cuidado para que el evaluador pueda trabajar con datos objetivos.

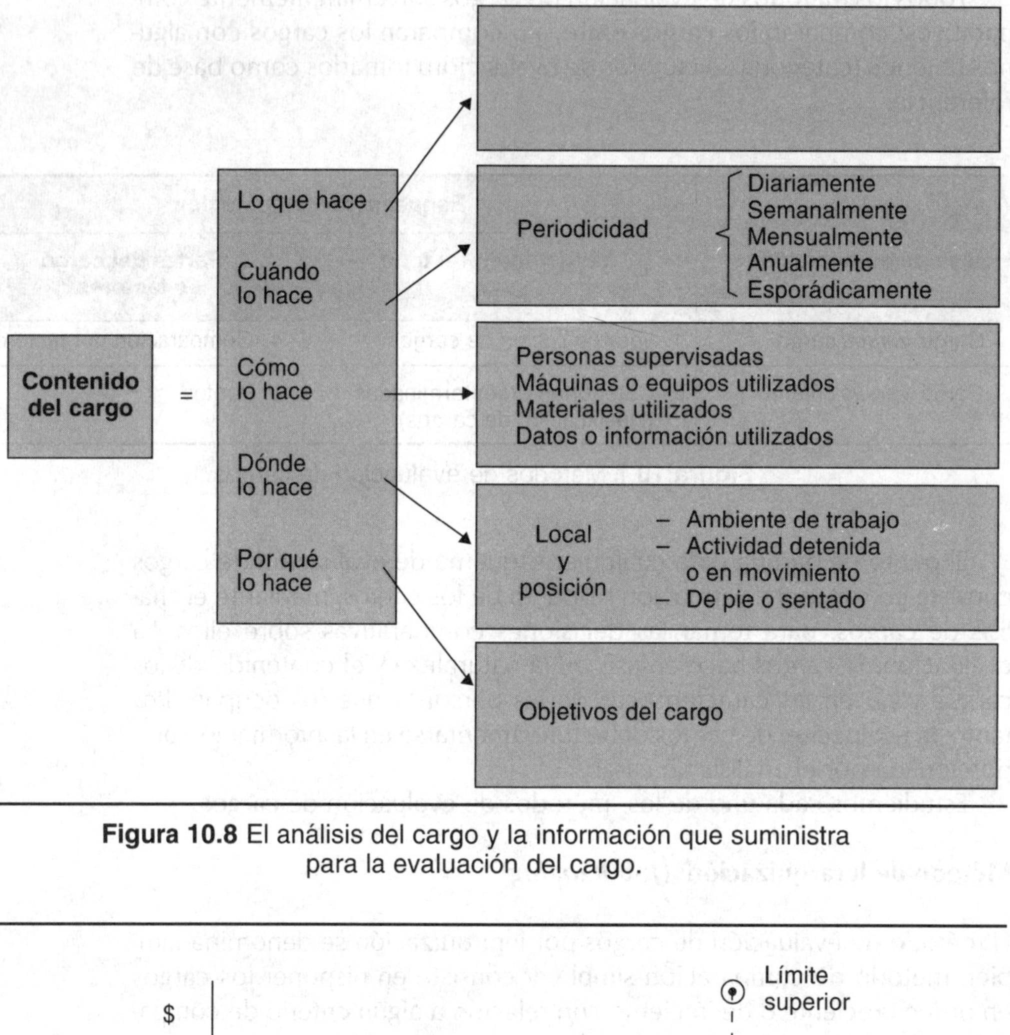

Contenido del cargo
=
Lo que hace
Cuándo lo hace
Cómo lo hace
Dónde lo hace
Por qué lo hace
Periodicidad
Diariamente
Semanalmente
Mensualmente
Anualmente
Esporádicamente
Personas supervisadas
Máquinas o equipos utilizados
Materiales utilizados
Datos o información utilizados
Local y posición
– Ambiente de trabajo
– Actividad detenida o en movimiento
– De pie o sentado
Objetivos del cargo

Figura 10.8 El análisis del cargo y la información que suministra para la evaluación del cargo.

$
Salarios
Límite superior
Límite inferior
–
+
Criterio de jerarquización

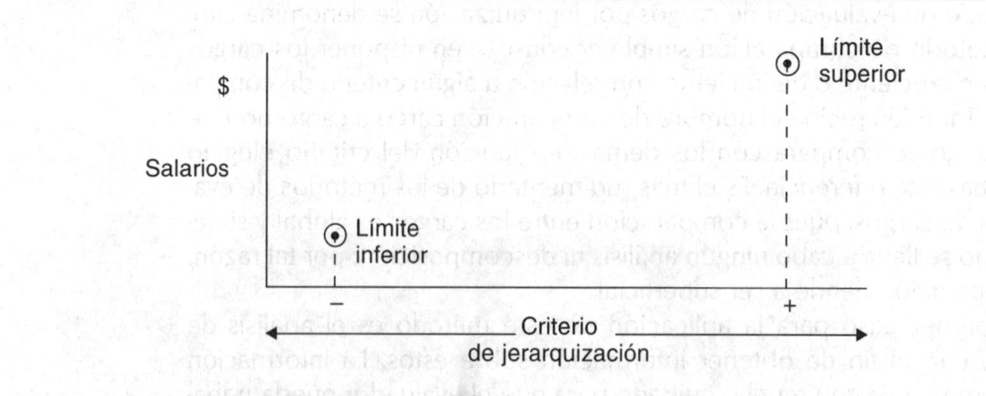

Figura 10.9 Método de jerarquización por límites.

Existen dos maneras de aplicar el método de jerarquización:

a. *Mediante la definición previa de los límites superior e inferior de la jerarquización*. Esta alternativa presupone las siguientes etapas:

1. Se define el criterio de comparación entre los cargos (por ejemplo, complejidad, importancia con respecto a los objetivos de la empresa, etc.)

2. Con relación al criterio escogido, se definen los dos puntos extremos de la jerarquización:

- El *límite superior*: cargo que posee la mayor cantidad posible del criterio escogido (por ejemplo, cargo más complejo o más importante).

- El *límite inferior:* cargo que tiene la menor cantidad posible del criterio escogido (por ejemplo, cargo menos complejo de todos o menos importante). Después de determinar los dos límites, los demás cargos se situarán en el rango de variación constituido por ellos.

3. Se comparan los demás cargos entre sí (cargo a cargo), en función del criterio, y se elabora una jerarquía en orden ascendente o descendente con relación al criterio.

4. Esta jerarquía constituye la clasificación de los cargos.

b. *Mediante la definición previa de los cargos de referencia* (cargos tipo) del criterio escogido. Esta segunda alternativa presupone las siguientes etapas:

1. Se define inicialmente el criterio de comparación entre los cargos.

2. Se definen algunos cargos de referencia (cargos tipo) que representan cantidades variadas –pero conocidas– del criterio escogido (por ejemplo, un cargo en extremo complejo, otro muy complejo, otro relativamente complejo, otro menos complejo y otro que no es complejo).

Cada cargo de referencia funciona como punto focal alrededor del cual se agrupan los otros cargos. A medida que los otros cargos se comparan y escalonan con relación a éste, se va delineando la jerarquía de los cargos y el escalonamiento subsiguiente exige otras comparaciones con los cargos ya posicionados. Otros puntos de referencia surgen a lo largo de la jerarquización que va conformándose.

3. Los cargos de referencia se disponen en una jerarquía en orden ascendente o descendente.

4. Los demás cargos se comparan con cada uno de los cargos de referencia y se colocan en la jerarquía correspondiente al resultado de esa comparación.
   Cada cargo de referencia es un cargo clave que se utilizará como marco, estándar o punto de localización con el cual se compararán los demás cargos. La definición y claridad de los cargos de referencia constituyen un punto fundamental para la utilización de este método. Los cargos de referencia deberán seleccionarse entre los varios niveles de la organización o de la jerarquía existente. Una vez determinado el cargo de referencia, los otros cargos se compararán con éste dentro de una base genérica de comparación: ¿El cargo es más importante o menos importante que el cargo de referencia? Hecha la comparación, el cargo se coloca en un orden de jerarquía, encima o debajo del punto de referencia.

5. La jerarquización de los cargos constituye la propia clasificación de los cargos comparados entre sí.

Desde el punto de vista administrativo, el método de jerarquización de cargos es probablemente el de manejo más simple, ya que no exige muchos detalles en el análisis de cargos y puede efectuarse con relativa rapidez y con un mínimo costo de tiempo, energía y recursos. Aunque produzca una estructura de cargos muy poco diferenciada, el método proporciona una base aceptable para la discusión y negociación. Es un método no analítico por cuanto los cargos no se detallan en sus requisitos y elementos componentes, para una cuidadosa evaluación y comparación, sino que se comparan como un todo. Es un método no cuantitativo, ya que no da ninguna indicación del grado de diferencia entre los cargos, y simplemente indica si un cargo exige más o menos de un individuo o si para la organización es más o menos importante que otro cargo. Como su nombre lo indica, este método produce una jerarquización de cargos[3].

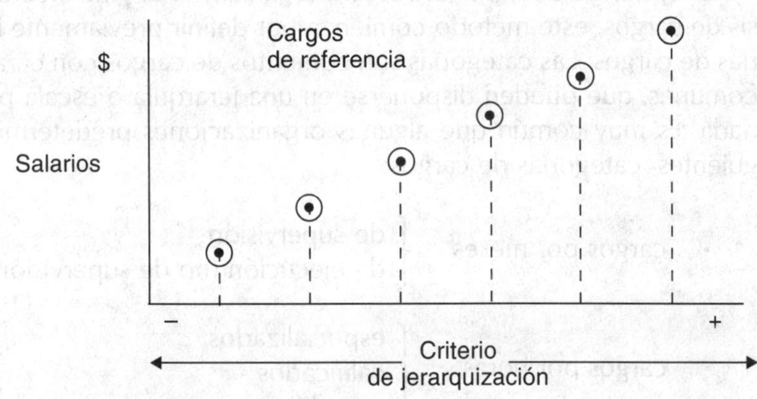

Figura 10.10 Método de jerarquización por cargos de referencia.

Comparado con los demás métodos de evaluación de cargos, la jerarquización es uno de los más fáciles de comprender por los empleados. Su fortaleza es la simplicidad y el alto grado de aceptabilidad dentro de la organización. Si el método de jerarquización está bien estructurado, conduce generalmente a una equitativa racionalización del aspecto salarial, ya que impide que alguien esté demasiado bien pagado o mal pagado[4]. Sin embargo –dado su bajo grado de precisión–, si un programa de evaluación exige mayor precisión, es necesario escoger otro método de evaluación.

Método de categorías predeterminadas (*Job Classification*)

El método de categorías predeterminadas constituye una variación del método de jerarquización sencillo, que podría denominarse método de jerarquizaciones simultáneas. Para aplicar este método, es necesario divi-

3 Bryan Livy, *Job Evaluation: A Critical Review*, Londres, George Allen & Unwin, 1975, p. 53.
4 *Ibíd.*, p. 64.

dir los cargos que van a compararse en conjuntos de cargos (categorías predeterminadas) que posean ciertas características comunes. En seguida se aplica el método de jerarquización sencillo en cada uno de estos conjuntos o categorías de cargos.

Después de definir la estructura organizacional y de efectuar el análisis de cargos, este método comienza por definir previamente las categorías de cargos. Las categorías son conjuntos de cargos con características comunes, que pueden disponerse en una jerarquía o escala predeterminada. Es muy común que algunas organizaciones predeterminen las siguientes categorías de cargos:

- cargos por meses
  - de supervisión
  - de ejecución (no de supervisión)
- cargos por horas
  - especializados
  - calificados
  - no calificados o de obreros

En algunas organizaciones, los cargos se dividen en tres categorías principales, según se ilustra en la figura 10.11.

Categoría 1	Cargos no calificados	Trabajo esencialmente rutinario, que requiere poca precisión, y experiencia limitada
Categoría 2	Cargos calificados	Exigen cierto potencial intelectual y alguna experiencia general y específica en el desempeño de tareas de cierta variedad y dificultad
Categoría 3	Cargos especializados	Exigen espíritu analítico y creador para solucionar problemas técnicos complejos y desarrollar métodos

Figura 10.11 Clasificación de los cargos en categorías.

Una vez determinado el número de categorías más apropiadas para la organización (que incluso puede analizarse con el sindicato o junto con la delegación regional del trabajo), deben definirse con claridad la responsabilidad de cada categoría y otros requisitos y exigencias comunes de cada grado. Las definiciones de las categorías deben escribirse y pasan a constituir un estándar o marco frente al cual se evalúan los demás cargos y se clasifican en el grado apropiado. Algunas veces resulta interesante establecer un cargo de referencia en cada categoría para facilitar el proceso de comparación. Los criterios para seleccionar los cargos de referencia son exactamente los mismos que ya analizamos antes en el método de jerarquización. Su finalidad es constituir un medio práctico de clasificación para todos los cargos de una organización, de acuerdo con las definiciones de las categorías. Esta tarea se encarga generalmente a un comité de evaluación de cargos, y las conclusiones son resultado del consenso de sus participantes.

El método de las categorías predeterminadas proporciona una organización planeada. Tomado en su totalidad, este método da la impresión de ser arbitrario o de no traducir la realidad. Una vez implantado, este método puede volverse inflexible y poco sensible a los cambios de la naturaleza y del contenido de los cargos. No obstante, es más elaborado que el método de jerarquización y permite que se incorporen nuevos cargos a la estructura. Es un método no analítico y cualitativo, como el método de jerarquización.

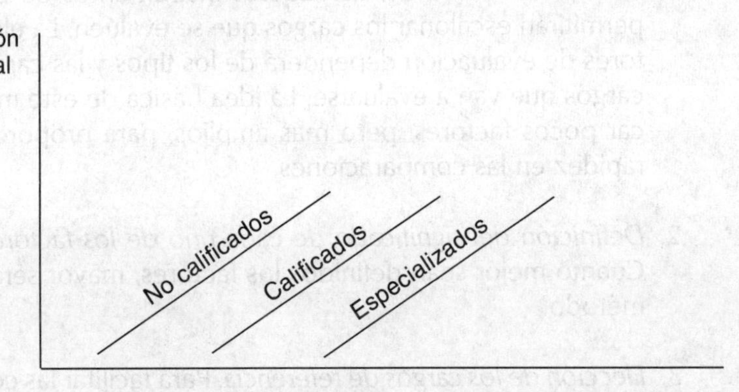

Figura 10.12 Las jerarquizaciones múltiples en el método de categorías predeterminadas.

Aunque ofrecen ventajas, como la rapidez y la sencillez administrativa, los métodos cualitativos no siempre resultan exitosos. Por estas razones, algunos métodos más precisos basados en técnicas cuantitativas de evaluación de cargos son más ampliamente conocidos que las técnicas cualitativas.

Método de comparación de factores (*Factor Comparison*)

El método de comparación de factores es una técnica que utiliza el principio de jerarquización. Es una técnica analítica por cuanto los cargos se comparan mediante factores de evaluación.

La creación del método de comparación de factores se atribuye a Eugene Benge[5], quien propuso cinco factores genéricos:

- Requisitos intelectuales
- Habilidades exigidas
- Requisitos físicos
- Responsabilidad
- Condiciones de trabajo

El método de comparación de factores exige las siguientes etapas, que deben desarrollarse después del análisis de cargos:

1. *Elección de los factores de evaluación.* Los factores constituyen criterios de comparación, verdaderos instrumentos de comparación que permitirán escalonar los cargos que se evalúen. La elección de los factores de evaluación dependerá de los tipos y las características de los cargos que van a evaluarse. La idea básica de este método es identificar pocos factores, pero más amplios, para proporcionar sencillez y rapidez en las comparaciones.

2. *Definición del significado de cada uno de los factores de evaluación.* Cuanto mejor sean definidos los factores, mayor será la precisión del método.

3. *Elección de los cargos de referencia.* Para facilitar las comparaciones de los demás cargos. Los cargos de referencia se escogen para facilitar el manejo de los factores de evaluación.

4. *Jerarquización de los factores de evaluación.* Cada cargo de referencia se evalúa mediante la jerarquización de los factores de evaluación. Supongamos que los cargos de referencia escogidos sean el de recepcionista y el de aseador.

5 Eugene J. Benge, S. H. L. Burk y E. N. Hay, *Manual of Job Evaluation*, Nueva York, Harper & Row, 1941.

Orden de jerarquización de los factores	Aseador	Recepcionista
1	Requisitos físicos	Habilidades exigidas
2	Condiciones de trabajo	Responsabilidad
3	Habilidades exigidas	Requisitos intelectuales
4	Responsabilidad	Requisitos físicos
5	Requisitos intelectuales	Condiciones de trabajo

Figura 10.13 Jerarquización de factores en dos cargos de referencia.

Las jerarquizaciones son independientes para cada factor.

5. *Evaluación de factores en los cargos de referencia.* Al tomar como base los cargos de referencia, los factores deben evaluarse y ponderarse en cuanto a su contribución individual al total (lo cual puede expresarse en porcentajes), de modo que la suma total del salario obtenida para un cargo de referencia pueda dividirse y considerarse en términos absolutos para cada factor.

Supongamos que en los cargos que van a ser evaluados, la selección de los cargos de referencia recae sobre los de recepcionista y aseador. El primero recibe una remuneración de $300.000 mensuales; y el segundo, $150.000 mensuales. Utilizando los factores de Benge, supongamos que el comité de evaluación establece lo siguiente, respecto de la importancia relativa de cada factor en cada cargo de referencia:

Factores de evaluación	Recepcionista ($)	Aseador ($)
Requisitos intelectuales	60.000	10.000
Habilidades exigidas	100.000	30.000
Requisitos físicos	40.000	50.000
Responsabilidad	80.000	20.000
Condiciones de trabajo	20.000	40.000
	$300.000	$150.000

Figura 10.14 Evaluación de los factores en los dos cargos de referencia.

La evaluación de factores es parte del trabajo que asigna valores monetarios a cada factor. Si se conoce el salario, entonces cada factor debe tener cierto valor. La suma total de los valores de los factores constituye 100% del salario. Para cada uno de los dos cargos de referencia, debe decidirse el valor de cada factor, como en el ejemplo anterior. Esta evaluación de factores puede hacerse en porcentaje o en dinero.

6. *Montaje de la matriz de jerarquización y de evaluación de los factores.* Ahora la tarea consiste en hacer concordar los resultados de la evaluación de factores con los obtenidos en la jerarquización original de los factores. En otras palabras, debe haber conformidad entre las diferencias relativas indicadas por la jerarquización y las diferencias absolutas encontradas en las asignaciones salariales arbitrarias y subjetivas. En la práctica, esta tarea no es fácil. El medio más simple consiste en montar una matriz de jerarquización de factores en que cada factor de evaluación se desdobla y se escalona de acuerdo con su importancia en los cargos de referencia, como se ilustra en la figura 10.15.

Orden de jerarquización	Requisitos intelectuales	Habilidades requeridas	Requisitos físicos	Responsabilidad	Condiciones de trabajo
1	Aseador			Aseador	Recepcionista
2					
3	Recepcionista	Aseador			
4			Recepcionista	Recepcionista	Aseador
5		Recepcionista	Aseador		

Figura 10.15 Matriz de jerarquización de factores.

La matriz es un mapa que sólo muestra las diferencias relativas entre los cargos, pero no indica las diferencias absolutas, que es lo deseado. Las diferencias absolutas se determinarán mediante el proceso de evaluación de factores. La matriz anterior se completa con los resultados de la evaluación de factores, transformándose así en una matriz de jerarquización y de evaluación de factores:

Orden de jerarquización	Requisitos intelectuales	Habilidades requeridas	Requisitos físicos	Responsabilidad	Condiciones de trabajo
1	Aseador ($20.000)			Aseador ($20.000)	Recepcionista ($20.000)
2					
3	Recepcionista ($60.000)	Aseador ($30.000)			
4			Recepcionista ($40.000)	Recepcionista ($80.000)	Aseador ($40.000)
5		Recepcionista ($100.000)	Aseador ($50.000)		

Figura 10.16 Matriz de jerarquización y de evaluación de factores.

7. *Escala comparativa de cargos.* El siguiente paso consiste en transformar esta matriz de jerarquización y de evaluación de factores en una escala comparativa de cargos, como muestra la figura 10.17.

Valores en $	Requisitos intelectuales	Habilidades requeridas	Requisitos físicos	Responsabilidad	Condiciones de trabajo
10.000	Aseador				
20.000				Aseador	Recepcionista
30.000		Aseador			
40.000			Recepcionista		Aseador
50.000			Aseador		
60.000	Recepcionista				
70.000					
80.000				Recepcionista	
90.000					
100.000		Recepcionista			
110.000					
120.000					
130.000					
140.000					

Figura 10.17 Escala comparativa de cargos.

Con la escala comparativa de cargos está listo el instrumento de evaluación de cargos mediante el método de comparación de factores. En esta escala, cada cargo se clasifica en cada uno de los factores por medio de la comparación de factores; luego se suman los valores en pesos (o en porcentaje) para tener la evaluación global del cargo.

Si hubiese contradicciones o anomalías en el proceso doble de jerarquización y de evaluación de factores, deberán hacerse nuevos ajustes hasta que los resultados sean coherentes. Esta técnica es menos exacta que la evaluación por puntos, pero es la que ofrece mayor confiabilidad entre todas las técnicas de evaluación de cargos, desde el punto de vista global de las evaluaciones.

En general, el método de comparación de factores es más apropiado para cargos de trabajo por horas y otros menos complejos, aunque puede adaptarse para cargos de trabajo por meses. Este método ha provocado innumerables críticas, pues sus dificultades operacionales son bastante notorias. Es una técnica fácilmente contaminable por la varianza de errores y sesgos en la jerarquización, así como por la subjetividad.

Método de evaluación por puntos (*Point Rating*)

También se denomina método de evaluación por factores y puntos. Creado por el estadounidense Merrill R. Lott[6], se convirtió en el método de evaluación de cargos más utilizado en las empresas. Es el más perfeccionado y el más utilizado de los métodos expuestos en este libro. La técnica es analítica: las partes componentes de los cargos se comparan mediante factores de evaluación. También es una técnica cuantitativa: se asignan valores numéricos (puntos) a cada elemento o aspecto del cargo y se obtiene un valor total de la suma de valores numéricos (conteo de puntos).

El método de evaluación por puntos se basa en el análisis de cargos y exige las siguientes etapas:

1. *Elección de los factores de evaluación.* Los factores de evaluación son los mismos factores de especificaciones escogidos para el programa de análisis de cargos. En consecuencia, la elección de los factores, su definición, su dimensionamiento y su graduación son asuntos ya tratados en el capítulo dedicado al análisis de cargos. En general, los factores de evaluación se clasifican en cuatro grupos de factores:

a. *Requisitos intelectuales.* Exigencias de los cargos en cuanto a las características intelectuales de los ocupantes.

b. *Requisitos físicos.* Exigencias de los cargos en cuanto a las características físicas del ocupante.

c. *Responsabilidades implícitas.* Exigencias de los cargos en cuanto a aquello por lo que el ocupante debe responder.

d. *Condiciones de trabajo.* Condiciones físicas bajo las cuales el ocupante desempeña el cargo.

Estos cuatro grupos involucran habitualmente los siguientes factores:

---

6 Merrill R. Lott, *Wage Scales and Job Evaluation*, Nueva York, Ronald Press, 1926.

FACTORES DE EVALUACIÓN
Requisitos intelectuales:
1. Instrucción básica 2. Experiencia 3. Iniciativa e ingenio
Requisitos físicos:
4. Esfuerzo físico necesario 5. Concentración mental o visual
Responsabilidad por:
6. Supervisión de personal 7. Material o equipo 8. Métodos o procesos 9. Informaciones confidenciales
Condiciones de trabajo:
10. Ambiente de trabajo 11. Riesgos

Figura 10.18 Factores de evaluación.

2. *Ponderación de los factores de evaluación.* La ponderación de los factores de evaluación se hace de acuerdo con su importancia relativa, ya que éstos no son idénticos en su contribución al desempeño de los cargos, y requieren ajustes compensatorios.

La ponderación consiste en atribuir a cada factor de evaluación su peso relativo en las comparaciones entre los cargos. Generalmente se utiliza el peso porcentual con que cada factor entra en la evaluación de cargos. Al terminar la ponderación e intentar hacer ciertos ajustes, la suma de participación de todos los factores quizá no sea igual a 100. En estos casos, la escala de puntos experimentará una reducción constante o un crecimiento constante, lo cual no anula la precisión del instrumento de medición.

3. *Montaje de la escala de puntos.* Terminada la ponderación de los factores, la siguiente etapa es la atribución de valores numéricos (puntos) a los diversos grados de cada factor. En general, el grado más bajo de cada factor (grado A) corresponde al valor del porcentaje de pondera-

Factores	1ª Ponderación	2ª Ponderación
Requisitos intelectuales:		
1. Instrucción básica	15	15
2. Experiencia	20	25
3. Iniciativa e ingenio	15	15
Requisitos físicos:		
4. Esfuerzo físico necesario	6	6
5. Concentración mental o visual	6	6
Responsabilidad por:		
6. Supervisión de personal	10	10
7. Material o equipo	4	4
8. Métodos o procesos	4	4
9. Informaciones confidenciales	4	4
Condiciones de trabajo:		
10. Ambiente de trabajo	6	6
11. Riesgos	10	10
Total:	100	105

Figura 10.19 Ponderación de los factores de evaluación.

ción, es decir, los valores ponderados sirven de base para elaborar la escala de puntos de cada factor y constituirán el valor en puntos para el grado A de cada factor. Establecidos los valores numéricos (puntos) para el grado A de cada factor, el siguiente paso es la asignación de puntos a los grados B, C, D, y así sucesivamente. Por tanto, se trata de establecer una progresión de puntos a lo largo de los diversos grados de cada factor. Puede utilizarse una progresión aritmética, una progresión geométrica o una progresión arbitraria. Por ejemplo:

Progresión	Grado				
	A	B	C	D	E
Progresión aritmética	5	10	15	20	25
Progresión geométrica	5	10	20	40	80
Progresión arbitraria	5	12	17	22	25

Figura 10.20 Progresiones de la escala de puntos.

En la progresión aritmética, el valor de cada grado aumenta a través de un valor constante; en la progresión geométrica, el valor de cada grado aumenta 100% con relación al grado anterior, de modo que el valor de puntos se duplica en cada una de las etapas sucesivas. La utilización de una de estas progresiones depende, obviamente, de los objetivos de la evaluación. La progresión aritmética tiende a producir una recta salarial, en tanto que las otras dos progresiones tienden a producir una curva salarial. Al adoptar la progresión aritmética sobre los factores ya ponderados, se obtiene la siguiente escala de puntos:

Factor	Grado A	Grado B	Grado C	Grado D	Grado E	Grado F
Requisitos intelectuales:						
1. Instrucción básica	15	30	45	60	75	90
2. Experiencia	25	50	75	100	125	150
3. Iniciativa e ingenio	15	30	45	60	75	90
Requisitos físicos:						
4. Esfuerzo físico necesario	6	12	18	24	30	36
5. Concentración mental o visual	6	12	18	24	30	36
Responsabilidad por:						
6. Supervisión de personal	10	20	30	40	50	60
7. Material o equipo	4	8	12	16	20	24
8. Métodos o procesos	4	8	12	16	20	24
9. Informaciones confidenciales	4	8	12	16	20	24
Condiciones de trabajo:						
10. Ambiente de trabajo	6	12	18	24	30	36
11. Riesgos	10	20	30	40	50	60

Figura 10.21 Escala de puntos.

4. *Montaje del manual de evaluación de cargos.* Una vez efectuado el montaje de la escala de puntos, se procede a definir el significado de cada uno de los factores de evaluación. Ahora se trata del montaje del manual de evaluación de cargos, una especie de guía o estándar de comparación entre los diversos grados de cada factor y sus respectivos valores en puntos. Cada factor ocupa una página del manual, como se ilustra en la figura 10.22.

INSTRUCCIÓN BÁSICA		
Este factor considera el grado de instrucción general o entrenamiento específico preliminar exigidos para el adecuado desempeño del cargo. Debe considerar sólo aquella instrucción aplicable al cargo, y no la educación formal de la persona que actualmente lo ocupa.		
Grado	**Descripción**	**Puntos**
A	El ocupante debe saber leer y escribir, o tener el curso de alfabetización	15
B	El cargo exige nivel de instrucción correspondiente a la primaria o equivalente	30
C	El cargo exige nivel de instrucción correspondiente a la secundaria o equivalente	45
D	El cargo exige nivel de instrucción correspondiente a la secundaria o equivalente	60
E	El cargo exige nivel de instrucción correspondiente al curso superior completo	75
F	El cargo exige nivel de instrucción correspondiente al curso superior completo, más curso de posgrado	90

Figura 10.22 Redacción del manual de evaluación.

5. *Evaluación de los cargos mediante el manual de evaluación.* Con el manual da evaluación se procede a evaluar los cargos. Se toma un factor por turno y se comparan con él todos los cargos, anotando el grado y el número de puntos de cada cargo en ese factor. Generalmente se utiliza un formulario de doble entrada: en las filas se escriben los cargos; en las columnas, los factores de evaluación, de acuerdo con el modelo presentado en la figura 10.23. En esta etapa, cada cargo corresponde a un valor en puntos obtenido de la suma de los puntos en cada factor.

6. *Trazado de la curva salarial.* Ahora la tarea consiste en convertir los valores de puntos en valores monetarios. Debe destacarse que esto no significa que la relación numérica entre los cargos indique una diferenciación precisa en valores monetarios entre ellos. Los valores en puntos de los cargos nunca son perfectamente exactos y funcionan sólo como líneas maestras en la relativa dispersión de los cargos.

El primer paso exige correlacionar el valor de cada cargo en puntos y el salario de su ocupante (salario medio cuando el cargo tiene varios ocupantes).

Factores de evaluación / Cargos	Instrucción		Experiencia		Iniciativa			Ambiente de trabajo		
	Grados	Puntos	Grados	Puntos	Grados	Puntos		Grados	Puntos	Total de puntos
Digitador	B	30	A	25	A	15		A	6	183
Secretario auxiliar	C	45	B	50	B	30		A	6	263
Secretario especializado	C	45	C	75	C	45		A	6	356
Diseñador	B	30	C	75	B	30		A	6	276
Secretaria auxiliar	C	45	B	50	B	30		A	6	313
Secretaria bilingüe	D	60	C	75	C	45		A	6	417
Supervisor de seguridad	D	60	D	100	E	75		B	12	546
Reclutador de personal	C	45	C	75	D	60		B	12	404
Auxiliar de costos	D	60	D	100	D	60		A	6	547
Auxiliar de importación	D	60	D	100	C	45		A	6	436

Figura 10.23 Modelo de formulario de doble entrada para evaluación de cargos.

Con estos valores, expresados en puntos y en salarios actualmente pagados por la organización, puede dibujarse una gráfica en donde los valores en puntos se señalan en el eje de las abscisas (*x*), y los valores en salarios en el eje de las ordenadas (*y*). Los valores en puntos tienen un estándar de medida establecido mediante la evaluación, lo que no ocurre en la escala de salarios. Para configurar los valores de x (puntos) y de *y* (salarios), se construye un gráfico de distribución de frecuencias para indicar la relación entre los valores de evaluación de los cargos y los respectivos salarios pagados actualmente.

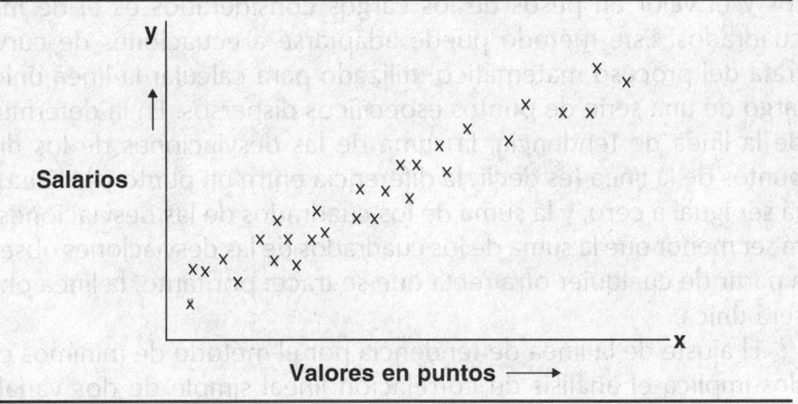

Figura 10.24 Gráfica con los valores en puntos y en salarios.

En la figura 10.25 puede dibujarse la línea media, es decir, la línea de tendencia de los salarios (recta o curva salarial) que presente la menor distancia media posible en relación con los puntos dispersos de la gráfica.

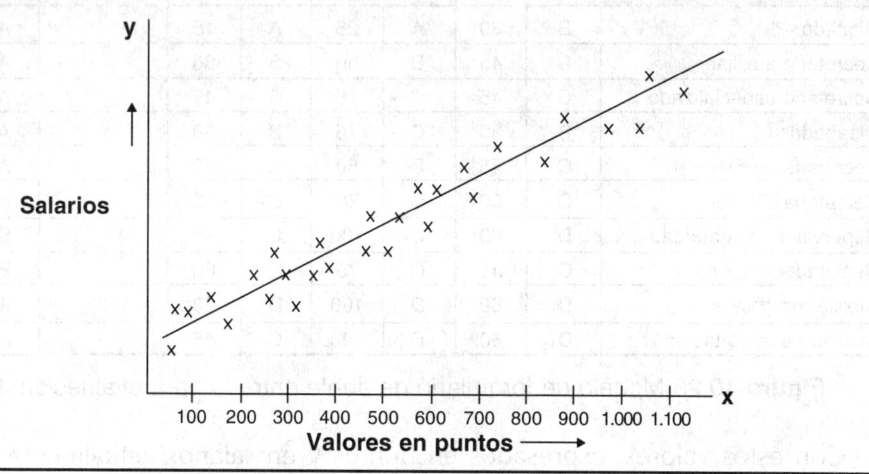

Figura 10.25 Línea de tendencia de los salarios con respecto a los puntos.

La línea de tendencia puede calcularse con mayor exactitud mediante la técnica estadística de los mínimos cuadrados o también por medio de procedimientos estadísticos similares para la obtención de una recta o parábola que identifique la correlación entre puntos y salarios. No obstante, el método de correlación por excelencia entre el valor en puntos y el valor en pesos de los cargos considerados es el de mínimos cuadrados. Este método puede adaptarse a ecuaciones de curvas. Se trata del proceso matemático utilizado para calcular la línea única a lo largo de una serie de puntos específicos dispersos. En la determinación de la línea de tendencia, la suma de las desviaciones de los diversos puntos de la línea (es decir, la diferencia entre un punto y la línea) deberá ser igual a cero, y la suma de los cuadrados de las desviaciones deberá ser menor que la suma de los cuadrados de las desviaciones observadas a partir de cualquier otra recta que se trace: por tanto, la línea obtenida será única.

El ajuste de la línea de tendencia por el método de mínimos cuadrados implica el análisis de correlación lineal simple de dos variables, a saber:

1. Variable independiente (variable x): los puntos
2. Variable dependiente (variable y): los salarios

La ecuación utilizada para generar una parábola (curva salarial) es:

$$y_c = a + bx + cx^2$$

Para generar una recta salarial se utiliza la ecuación

$$y_c = a + bx$$

En estas ecuaciones, a, b y c representan las constantes (parámetros), en tanto que x y y_c representan las variables. El parámetro a define la posición inicial de la curva o recta salarial; el parámetro b, la inclinación de la línea de tendencia; y el c, la curvatura de la línea de tendencia.

Los valores de los parámetros se calculan mediante las ecuaciones[7]:

$$\begin{aligned} Na + b\Sigma x &= c\Sigma x^2 = \Sigma y \\ a\Sigma x + b\Sigma x^2 + c\Sigma x^3 &= \Sigma xy \\ a\Sigma x^2 + b\Sigma x^3 + c\Sigma x^4 &= \Sigma x^2 y \end{aligned}$$

Al resolver el sistema de estas tres ecuaciones, encontramos fácilmente los valores de a, b y c, como sigue:

y_c = valores de los salarios corregidos

$$a = \frac{\Sigma y}{\Sigma x}$$

$$b = \frac{\Sigma xy}{\Sigma x^2}$$

$$c = \frac{\Sigma x^2 y}{\Sigma x^3}$$

Al tomar los resultados de la evaluación de los cargos en puntos (x_i) y los salarios actualmente pagados a sus ocupantes (y_i), de ahí en adelante cada cargo será bidimensionado a través de esas dos variables, a saber:

7 Ruy A. Silva Leme, *Curso de estatística*, Rio de Janeiro, Ao Livro Técnico, 1961, p. 231.

Cargos	Total de puntos (x_i)	Salarios medios (y_i)
Digitadora	183	200.000
Secretario auxiliar	263	280.000
Secretario especializado	356	310.000
Diseñador	276	300.000
Secretaria auxiliar	313	305.000
Secretaria bilingüe	417	330.000
Supervisor de seguridad	546	390.000
Reclutador de personal	404	310.000
Auxiliar de costos	547	420.000
Auxiliar de importación	436	350.000

Figura 10.26 Valores de los cargos en puntos y sus respectivas medias salariales.

7. *Definición de franjas salariales.* Una vez dibujada la línea de tendencia de los salarios (curva o recta salarial), se verifica que, a lo largo de esa línea, a cada valor en puntos corresponda un único valor de salarios. Como la administración de salarios se preocupa por las estructuras salariales y no por los salarios tomados aisladamente, es necesario transformar la línea de tendencia en una franja de salarios, lo cual se logra al aplicar un alejamiento a mayor y a menor a lo largo de la línea. Este alejamiento se calcula porcentualmente (por ejemplo, ±5% o ±10%).

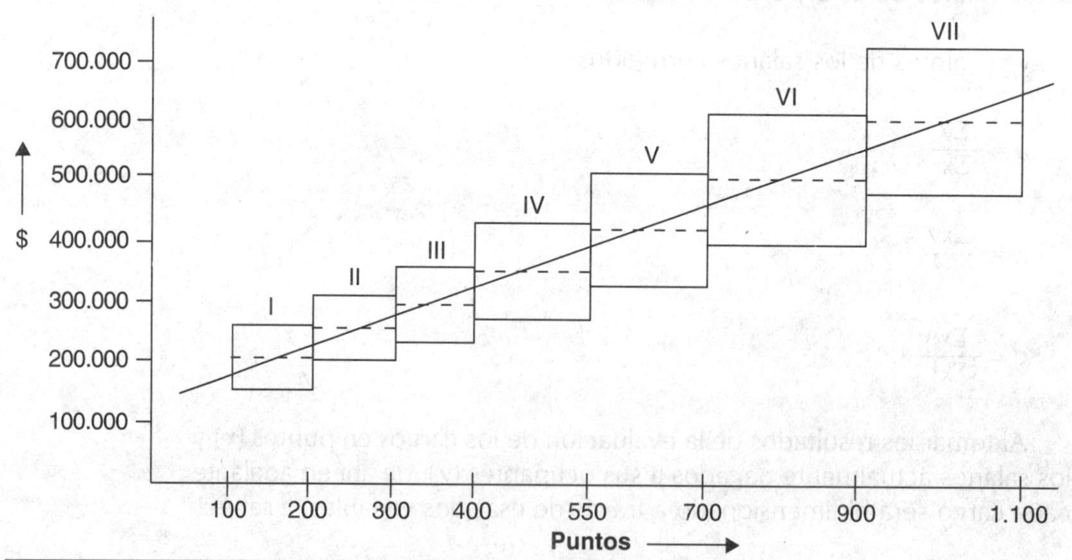

Figura 10.27 Trazado de las franjas salariales.

Al desglosar la gráfica de las franjas salariales, se llega al siguiente resultado en términos numéricos:

Clases de cargos	Amplitud de puntos	Salario medio ($)	Porcentaje de alejamiento de la franja	Amplitud de la franja ($)	Franja salarial	
					Límite inferior ($)	Límite superior ($)
I	100-200	190.000	40	76.000	152.200	228.000
II	201-300	235.000	40	94.000	188.000	282.000
III	301-400	280.000	40	112.000	224.000	336.000
IV	401-550	340.000	40	136.000	272.000	408.000
V	551-700	400.000	40	160.000	320.000	480.000
VI	701-900	475.000	40	190.000	380.000	570.000
VII	901-1.100	550.000	50	275.000	412.500	687.500

Figura 10.28 Clases de cargos y las respectivas franjas salariales.

En la figura 10.28, todos los cargos cuya evaluación esté entre 100 y 200 puntos pertenecerán a la clase I: su salario de admisión será el límite inferior de la franja ($152.200); después de un periodo de prueba devengará el salario medio de la franja ($190.000) y, dependiendo de la evaluación del desempeño, podrá situarse en el límite superior de la franja ($228.000).

Las clases de cargos son mutuamente excluyentes (un cargo sólo cabe en una única clase de puntos), en tanto que las franjas salariales se superponen, de modo que los salarios de una franja pueden ser semejantes a los de otras franjas más elevadas o menos elevadas.

Comité de evaluación de cargos

La evaluación del cargo es una recomendación del organismo de *staff*, que deberá ser aprobada por el organismo de línea y por la dirección de la organización. Para facilitar este trabajo de aprobación se utiliza el comité de evaluación, constituido por el responsable de la administración de salarios y los analistas, los directores cuyas áreas estén implicadas en el trabajo, los gerentes y los jefes a quienes corresponda. En este comité se llega generalmente a una solución armónica e integrada, que garantiza la plena aceptación y ejecución del programa.

El comité de evaluación de cargos tiene dos objetivos:

a. *Objetivo técnico.* El comité se constituye con los elementos de las diversas áreas de la organización más familiarizados con los cargos que serán evaluados, lo cual garantiza el equilibrio y la uniformidad de las evaluaciones en todas las áreas de la organización.

b. *Objetivo político.* Al contar con la participación de elementos pertenecientes a todas las áreas de la organización, las evaluaciones se aceptarán sin restricciones.

El comité de evaluación de cargos está constituido por lo general por:

- *Miembros permanentes o estables.* Miembros que deberán participar en todas las evaluaciones de la organización. Por ejemplo, el gerente de recursos humanos y el ejecutivo responsable de la administración de salarios.

- *Miembros provisionales.* Miembros que deberán opinar en las evaluaciones de los cargos bajo su supervisión; por tanto, actúan parcialmente en el plan de evaluación de cargos.

Clasificación de cargos

De acuerdo con los resultados de la evaluación, los cargos pueden clasificarse en clases de cargos. El agrupamiento de los cargos en clases busca facilitar no sólo la administración salarial, sino permitir también que cada clase de cargo tenga un tratamiento genérico en términos de salarios, beneficios sociales, regalías y ventajas, señales de estatus, etc.

La clasificación de cargos se elabora de manera arbitraria. Con el propósito de establecer salarios, las series suelen dividirse en grados o grupos de cargos (clases de cargos) a los que se atribuyen franjas de clases de salarios con límites máximos y mínimos. Al final, cada clase tiene un grado de importancia relativo, y todos los cargos contenidos en ella tienen igual tratamiento.

Algunos métodos de evaluación de cargos tienden a proporcionar automáticamente una clasificación de cargos; es el caso del método de jerarquización y el de las categorías predeterminadas. Otros métodos, como el de evaluación por puntos, proporcionan cierto número de puntos para cada cargo, lo cual permite que la clasificación de dichos cargos se haga por clases de puntos.

Clases de cargos	Amplitud de puntos
1	hasta 100
2	101 a 200
3	201 a 300
–	–
–	–
–	–

Figura 10.29 Ejemplo de clasificación de cargos por puntos.

Existen varios criterios para la clasificación de cargos:

a. *Clasificación por puntos:* los cargos se agrupan en clases, de acuerdo con intervalos de puntos.

b. *Clasificación por cargos de carrera:* Secretario I
Secretario II
Secretario III

c. *Clasificación por grupo ocupacional:* Ingeniero civil
Ingeniero electricista
Ingeniero químico

d. *Clasificación por área de servicio:* Gerente de finanzas
Tesorero
Contador
Auxiliar de contador
Cajero

e. *Clasificación por categoría:* Secretaria junior
Secretaria
Secretaria bilingüe
Secretaria ejecutiva

INVESTIGACIÓN SALARIAL

La administración de salarios intenta no sólo obtener el equilibrio interno de salarios en la organización, sino también el equilibrio externo de salarios con relación al mercado de trabajo. De esta manera, antes de definir las estructuras salariales de la empresa, es conveniente investigar y analizar los salarios de la comunidad. En consecuencia, la empresa podrá:

a. Utilizar investigaciones hechas por empresas en las cuales haya participado.

b. Utilizar investigaciones hechas por empresas especializadas.

c. Promover su propia investigación salarial.

La implementación de una investigación de salarios debe tener en cuenta:

1. Cuáles son los cargos investigados (cargos de referencia).

2. Cuáles son las compañías participantes.

3. Cuál es el periodo estudiado o investigado (periodicidad).

La investigación de salarios puede hacerse por medio de:

- Cuestionarios
- Visitas a empresas
- Reuniones con especialistas en salarios
- Llamadas telefónicas entre especialistas en salarios.

Selección de los cargos de referencia

Al promover su investigación salarial, la empresa debe seleccionar cargos de referencia para establecer su estructura salarial. Los cargos de referencia pueden ser:

- Cargos que representan los diversos puntos de la curva salarial de la empresa.

- Cargos fácilmente identificables en el mercado.
- Cargos que representan los sectores de actividad de la empresa.

El número de cargos de referencia que conforman la investigación es variable, dependiendo no sólo del tipo de actividad de la empresa y de sus posibilidades, sino de sus necesidades e intereses, especialmente. Los cargos de referencia son los elegidos para representar el mercado de trabajo, por una parte, y para representar la estructura de salarios de la empresa, por otra. Al mismo tiempo, representan muestras del mercado de salarios externo y de la estructura interna de salarios de la empresa. Por tal razón, también se denominan cargos muestra. Deben seleccionarse con mucho cuidado para permitir comparaciones claras y adecuadas entre la empresa y el mercado.

Selección de las empresas participantes

Los criterios adoptados para la elección de las empresas que deberán ser invitadas a participar en la investigación salarial, como muestras del mercado de trabajo, son los siguientes:

a. *Localización geográfica de la empresa.* Las empresas pueden seleccionarse en función de su localización geográfica. Existen cargos cuyos ocupantes sólo son influenciados por el mercado local de trabajo, sin que se interesen en las ofertas de trabajo en localidades distantes. Es el caso de la mano de obra no calificada, que tiende a buscar empleo en su propio barrio, con el fin de ahorrar tiempo y gastos de transporte para ir al trabajo, que representa una parte considerable de su salario. Cuando se pretende investigar salarios de trabajos por horas no calificados, en general las empresas escogidas son las que estén situadas en las inmediaciones de la empresa investigadora.

b. *Sector industrial de la empresa.* Muchas empresas seleccionan para sus investigaciones otras del mismo sector industrial. Se presupone que debe existir alguna similitud de operaciones y actividades que se traduzca en la tipología de cargos. Las empresas del mismo sector industrial emplean tecnologías comparables, lo que se refleja en los cargos. Cuando se intenta investigar cargos técnicos u operacionales asociados directamente a la naturaleza de las actividades de la empresa, la tendencia es seleccionar empresas del mismo sector industrial, ya se trate de bancos, siderúrgicas, hospitales, industrias de plásticos o mecánicas.

c. *Tamaño de la empresa.* Muchos cargos están relacionados con el tamaño de la empresa, en virtud de la amplitud administrativa, el volumen de responsabilidad involucrada, etc. Por ejemplo, un director de producción o un gerente de compras tienen características de remuneración diferentes cuando se trata de empresas pequeñas, medianas o grandes. Lo mismo ocurre con un supervisor o un cargo de jefatura, con relación al tamaño de su sección o departamento.

d. *Política salarial de la empresa.* Muchas empresas han sido escogidas para participar en investigaciones salariales, gracias a su política salarial. Cuando la empresa pretende seguir una política salarial agresiva, tiende a escoger empresas con políticas salariales más avanzadas. Cuando la empresa pretende pagar alrededor de la media existente en el mercado, tiende a escoger empresas relativamente conservadoras en cuanto a política salarial.

Cuando se trata de una investigación salarial amplia, es común escoger muestras de empresas aplicando varios de los criterios que acabamos de estudiar. En ocasiones, estos criterios se utilizan con un propósito específico y no global; es el caso de pretender investigar cargos de manejo de herramienta o de procesamiento de datos: se seleccionan empresas que desarrollan estas tecnologías, independientemente de su tipo genérico de actividad.

El número de empresas que debe componer una investigación salarial varía en función del nivel de detalle y de precisión de la investigación, así como del tiempo disponible para llevarla a cabo.

Además de los salarios, pueden investigarse otros eiementos, como la información de política salarial y de los beneficios que las empresas ofrecen (franjas salariales, influencia del mérito en el salario, aumento por ascensos, asistencia médica y social, restaurante, etc.), así como datos sobre el comportamiento organizacional (rotación, ausentismo, etc.).

La investigación salarial es un intercambio de información respecto de los salarios y asuntos relacionados. En otros términos, la empresa que investiga y obtiene información de las demás se compromete a entregarles los resultados de la investigación debidamente tabulados y procesados, manteniendo ciertos límites de confidencialidad de la información. Cada empresa deberá recibir los resultados con su identificación, pero con la *identificación de las demás codificadas,* con el fin de preservar el sigilo necesario. Muchas veces ocurre que las empresas investigadas se comunican entre sí para intercambiar después la identificación de sus códigos y conocer mutuamente sus situaciones.

Recolección de datos

Una vez definidos los cargos de referencia y las empresas muestra, el siguiente paso consiste en recolectar información para la investigación. En una investigación salarial, la recolección de datos puede llevarse a cabo por los siguientes medios:

a. Cuestionario, que deberán diligenciar las empresas participantes.

b. Visitas y el consiguiente intercambio personal de información, mediante entrevistas o reuniones.

c. Reuniones de asociaciones de empresas o asociaciones de gremios.

d. Cartas, cuando las empresas investigadas están localizadas en sitios distantes.

e. Llamadas telefónicas, cuando las investigaciones son cortas y la relación entre los ejecutivos de las empresas es más profunda.

El principal medio de recolección de información es, sin duda, el cuestionario, por la facilidad de manejo y registro de los datos.

INVESTIGACIÓN SALARIAL

Compañía investigada: ______________________ Fecha: __/__ /__

Nombre del cargo: ______________ Código: ______________

Breve descripción del cargo

Frecuencia	Salarios	Frecuencia	Salarios	Frecuencia	Salarios

Resumen

Frecuencia total	Menor salario	Mayor salario	Salario medio

Figura 10.30 Cuestionario de investigación salarial.

Tabulación y tratamiento de los datos

Teniendo ya los datos del mercado, la empresa los tabulará y les aplicará el tratamiento estadístico de los datos para posibilitar la comparación con sus propios salarios y verificar si su esquema es satisfactorio o necesita correcciones.

Cargo: Secretaria junior
Fecha:

Empresa	Frecuencia	Menor salario	Mayor salario	Salario medio
B	3	935.000	937.000	936.000
C	1	935.500	933.500	935.500
Z	4	833.000	836.000	834.000
A	6	730.000	737.000	732.500
F	3	731.000	733.600	731.800
E	8	730.500	733.300	731.600
D	1	731.000	731.000	731.000
Salario medio	N = 26	832.300	834.800	833.200

Figura 10.31 Tabulación de datos en una investigación de salarios.

POLÍTICA SALARIAL

La política salarial es el conjunto de principios y directrices que reflejan la orientación y la filosofía de la organización en lo que corresponde a la remuneración de sus empleados. De esta manera, todas las normas presentes y futuras, así como las decisiones sobre cada caso, deberán orientarse por estos principios y directrices. La política salarial no es estática; por el contrario, es dinámica y evoluciona, y se perfecciona al aplicarla a situaciones que cambian con rapidez. Una política salarial debe contener:

a. *Estructura de cargos y salarios.* Clasificación de los cargos y las franjas salariales para cada clase de cargos.

b. *Salarios de admisión para las diversas clases salariales.* El salario de admisión para empleados debe coincidir con el límite inferior de la clase salarial. No obstante, cuando el elemento reclutado no llena en su totalidad los requisitos exigidos por el cargo, el salario de admisión podrá estar por debajo del límite mínimo de la clase salarial hasta en 10% o 20%, debiendo ajustarse al valor de este límite después del periodo de prueba, si el ocupante corresponde a las expectativas.

c. *Previsión de reajustes salariales*, ya sea por determinación legal (acuerdos colectivos) o espontánea. Los reajustes salariales pueden ser:

1. *Reajustes colectivos* (o por costo de vida). Buscan restablecer el valor real de los salarios frente a los cambios de la coyuntura económica del país. Cuando los ajustes colectivos sean espontáneos, su frecuencia dependerá de la administración de la empresa, y no deberán representar derecho adquirido para nuevos ajustes, ya que serán compensados en la época de los reajustes sindicales.

2. *Reajustes individuales.* Complementan los ajustes colectivos y pueden clasificarse en:

- *Reajustes por promoción.* Se entiende por promoción el ejercicio autorizado, continuo y definitivo de un cargo diferente del actual, en un nivel funcional superior.
- *Reajustes por adecuación.* La empresa trata de pagar salarios compatibles con los salarios pagados en el mercado de trabajo.
- *Reajustes por méritos.* Se conceden a los empleados que deben ser recompensados por su desempeño superior al normal.

El objetivo de la compensación salarial es crear un sistema de recompensas equitativo para la organización y los empleados. Patton[8] afirma que una política de compensación debe tener en cuenta siete criterios para ser eficaz:

1. *Adecuada.* La compensación debe distanciarse de los estándares mínimos del gobierno y del sindicato.

---

8 Thomas Patton, *Pay*, Nueva York, Free Press, 1977.

2. *Equitativa.* A cada persona debe pagársele proporcionalmente a su esfuerzo, sus habilidades y su entrenamiento.
3. *Balanceada.* Salarios, beneficios y otras recompensas deben proporcionar un paquete total razonable de recompensas.
4. *Eficacia en cuanto a costos.* Los salarios no pueden ser excesivos, y deben estar de acuerdo con lo que cada organización puede pagar.
5. *Segura.* Los salarios deben ser suficientes para brindar seguridad a los empleados y ayudarles a satisfacer sus necesidades básicas.
6. *Estimulante.* Los salarios deben motivar eficazmente el trabajo productivo.
7. *Aceptable para los empleados.* Los empleados deben comprender el sistema de salarios y sentir que es razonable para ellos y para la empresa.

Organización sin cargos definitivos

Las organizaciones están volviéndose flexibles y orgánicas, y sus cargos varían, pues se redefinen constantemente, lo cual cambia toda la base para la administración de salarios, que se torna movediza. La evaluación de cargos constituye un examen sistemático que especifica cuál es el valor relativo de cada cargo para la organización. De la misma manera como ocurre con el análisis de cargos, el proceso de evaluación de cargos es contingente, ya que depende de una precisa y completa descripción de cargos que le sirve de base. Sin ésta, la evaluación de cargos se convierte en un proceso subjetivo que determina cuánto se debe pagar en cada posición. La pregunta obligada es: sin el análisis de cargos, que sirva de base y fundamento al proceso de evaluación de cargos, ¿el sistema de determinación de salarios es precario y obsoleto? Parece que sí.

La evaluación tradicional de cargos tiende a desaparecer debido a los profundos cambios que ocurren en las organizaciones, causados por las exigencias ambientales. En lugar de basarse en los procesos de análisis y descripción de cargos, la evaluación de cargos muestra una fuerte tendencia a cambiar de foco. En vez de centrarse en los cargos en sí, tiende a focalizar las personas que los ocupan. En la actualidad existe un movimiento que está replanteando la manera de remunerar y recompensar a las personas. En lugar de centrarse en el valor relativo de cada cargo para la organización, el nuevo proceso se preocupa por el valor que cada persona puede agregar a la organización. Desde esta nueva perspectiva, las personas son remuneradas de acuerdo con el grado de conocimientos, habilidades y comportamientos específicos que ofrezcan y aporten beneficios a la organización. Cuanto más competencias de éstas posean las personas, serán mejor remuneradas. En consecuencia, los sistemas de pago están alejándose de modo gradual del sistema tradicional de pagar conforme el cargo, hacia un nuevo enfoque en que cada trabajador individual se convierte en el foco principal del sistema. Pagar a las personas según el valor que aporten a la organización es perfectamente coherente con lo estudiado en los capítulos anteriores. Estas competencias específicas exigidas a las personas deben ser detalladas en la planeación estratégica de RH para que la organización pueda remunerar específicamente aquellas "actividades" que la ayudan a conseguir los objetivos. Además, al saber que la empresa recompensa determinadas competencias y no simplemente otros factores, las personas están en condiciones de administrar mejor su desempeño y su carrera. El desempeño conduce a las recompensas que las personas reciben, y éstas saben lo que deben hacer para ganar más. Así, los procesos tradicionales de evaluación de cargos pierden terreno en las organizaciones modernas para dar paso a una focalización centrada en la nueva definición de fuerza laboral. El pago equitativo está en la base de los servicios que las personas prestan a la organización.

Nuevos enfoques de remuneración

En un mundo de cambios dinámicos, globalización de la economía e influencia profunda de la tecnología informática, los programas de compensación no pueden permanecer al margen de estas transformaciones, y están experimentándolas. Las organizaciones no pueden continuar aumentando indefinidamente los salarios en determinado porcentaje anual para estar a tono con los aumentos del costo de vida, si no se produce un aumento correspondiente en el desempeño y en la productividad. Por esta razón, muchas organizaciones están implementando nuevos sistemas de remuneración orientados hacia el desempeño, y abandonando los métodos tradicionales de remuneración fija. Los nuevos sistemas incluyen planes de remuneración flexible, de acuerdo con la consecución de metas y objetivos establecidos por consenso, así como remuneración por equipos.

Las prestaciones sociales en Brasil son las mayores del mundo

Para empleados por meses (base de 240 horas mensuales)	% sobre el salario	% acumulado
A. Obligaciones sociales		
Previsión social	20,00	
FGTS (Fondo de Garantía por Tiempo de Servicio)	8,00	
Salario-educación	2,50	
Accidentes de trabajo (promedio)	2,00	
SESI (Servicio Social de la Industria)	1,50	
SENAI (Servicio Nacional de Aprendizaje Industrial)	1,00	
SEBRAE (Servicio Brasileño de Apoyo a la Pequeña Empresa)	0,60	
INCRA (Instituto Nacional de Colonización y Reforma Agraria)	0,20	
Subtotal de A		35,80
B. Tiempo no laborado		
Descanso semanal remunerado	18,91	
Vacaciones	9,45	
Festivos	4,36	
Bono de vacaciones	3,64	
Aviso previo	1,32	
Auxilio-enfermedad	0,55	
Subtotal de B		38,23
C. Tiempo no laborado		
Prima por salario	10,91	
Gastos de rescisión contractual	2,57	
Subtotal de C		13,48
D. Derivados de los aspectos anteriores		
Incidencia acumulativa del grupo A/B	13,68	
Incidencia del FGTS sobre la prima por salario	0,87	
Subtotal de D		14,55
Total general		102,06

Figura 10.32 Prestaciones sociales en Brasil.

Fuente: José Pastore, "Limites e virtudes da flexibilização", en *O Estado de São Paulo*, 2 de febrero de 1996, p. B2.

La política salarial debe tener en cuenta otros aspectos importantes del sistema de recompensas al personal: beneficios sociales, estímulos e incentivos al desempeño dedicado de los empleados, oportunidades de crecimiento profesional, garantía de empleo (estabilidad en la empresa), etc.

CONSECUENCIAS DE LOS SALARIOS

Los salarios tienen varios desdoblamientos desde el punto de vista legislativo y fiscal. Generan prestaciones sociales que se calculan sobre sus valores en una verdadera cascada. Sobre los salarios inciden los cálculos de previsión social, del FGTS, y otras prestaciones soportadas y pagadas por la organización cuando ésta remunera a sus empleados. Las prestaciones incluyen obligaciones sociales, tiempo no trabajado por el empleado, así como los derivados de los aspectos anteriores, debido al efecto de cascada.

De acuerdo con la figura 10.32, se percibe que por cada $100,00 pagados a un empleado por meses, la empresa debe contribuir con otros $102,06 en prestaciones sociales. Los salarios en Brasil, aunque son bajos, representan valores mucho mayores comparados con otros países industrializados, debido a ese valor bastante elevado.

Comparación de prestaciones sociales para cada US$1,00 de salario-hora, hecha por la Booz-Allen & Hamilton en las ensambladoras de automóviles para cargos por horas (base: 8 horas laborales diarias).

Brasil:	US$ 1,66
Italia:	US$ 1,12
Francia:	US$ 0,88
Alemania:	US$ 0,76
Estados Unidos:	US$ 0,34
Japón:	US$ 0,31

Comparación del salario-hora medio pagado a los empleados en las empresas ensambladoras de automóviles.

Brasil:	US$ 3,00
Inglaterra:	US$ 12,00
Japón:	US$ 13,00
Estados Unidos:	US$ 15,00
Italia:	US$ 16,00
Alemania:	US$ 21,00

Figura 10.33 Comparación realizada por la Booz-Allen & Hamilton en las ensambladoras de automóviles.

Fuente: Joelmir Beting, "Sem quebrar os ovos", en *O Estado de São Paulo*, 6 de marzo de 1996, p. B2.

Por esa razón, aunque los salarios directos pagados a los empleados hayan sido inferiores a los de otros países, nuestras empresas han resultado teniendo un costo de mano de obra mucho mayor debido a la fuerte incidencia de prestaciones sociales, que han elevado el denominado "costo Brasil".

REMUNERACIÓN VARIABLE

Por ser fija, la remuneración tradicional no motiva a las personas a desempeñarse mejor, en especial si en la empresa los salarios son iguales y los desempeños, desiguales. Las organizaciones hacen grandes esfuerzos para aumentar la productividad e incrementar la eficiencia. Sin embargo, a medida que los empleados aumentan la productividad, surge una duda: ¿Quién se beneficia más de eso: sólo la empresa o la empresa y el empleado en conjunto? La productividad de las personas sólo aumenta y se mantiene cuando ellas tienen interés en producir más. En consecuencia, la remuneración variable puede activar la productividad de las personas.

Remuneración variable es la porción de la remuneración total que se le paga al empleado con periodicidad trimestral, semestral o anual. Es selectiva (para algunos empleados y ejecutivos) y depende de los resultados logrados por la empresa (sea en el área, el departamento o el cargo) en determinado periodo mediante el trabajo en equipo o el trabajo individual de cada empleado. Algunas empresas brasileñas han introducido ese sistema, como la Rhodia, Mangels, Monsanto, Crefisul e Iochpe-Maxion, que adhirieron a la nueva figura. Las denominaciones varían según la empresa: *pay for performance*, remuneración variable, participación en los resultados, salario flexible. El diseño del programa también varía, pero el objetivo es siempre el mismo: convertir al empleado en un aliado y un socio en los negocios de la empresa.

Existe una gran ventaja frente a otros beneficios, puesto que el empleado sólo recibe más dinero si la empresa tiene negociadas las ganancias de la productividad al comienzo del ejercicio. La remuneración variable no presiona el costo de las empresas, pues éstas se autofinancian con el aumento de la productividad y la reducción de costos. Con las dificultades de la crisis y la apertura del mercado, las empresas debieron luchar en los últimos años contra los altos costos. En consecuencia, cualquier aumento de salario y de las prestaciones sería un paso atrás. La remuneración flexible fue la salida. Además, la motivación generada por la remuneración flexible fue un impulso importante para el renacer de los negocios. Ella resume todas las exigencias para un empleado moderno, pues obliga al profesional a orientarse hacia los resultados y tener espíritu empresarial.

Una de las grandes ventajas de la remuneración variable es la flexibilidad. Si la empresa tiene pérdidas, puede tener como objetivo obtener beneficios; si requiere ganar espacio a la competencia, elige la participación en el mercado como su principal meta. La sucursal brasileña de la Monsanto, uno de los mayores grupos químicos del mundo, desarrolló su programa de participación en las ganancias con un objetivo bien definido: reforzar el trabajo en equipo en la compañía y poner punto final a los conflictos entre algunos departamentos. La empresa inició el programa y los 660 empleados ya están participando en éste. Grupos de 10 a 12 trabajadores de diversas áreas y niveles jerárquicos se reúnen para definir las metas en cada una de las unidades. Denominados *design teams*, estos equipos deciden todo, desde la forma de pago a los participantes en el programa. Sólo hay una regla predefinida: sin ganancia no hay premio. La empresa comparte equitativamente con sus empleados lo que sobrepase la meta de ganancia. Los propios *design teams* establecieron algunos principios rígidos. Uno de éstos expresa que ninguno recibirá premio si hay siquiera un solo accidente de trabajo en la unidad de negocios. "Si no estamos todos juntos, nadie recibe premio" es el lema. Los empleados eligen cuatro o cinco colegas como "embajadores del *gain sharing*", a quienes les corresponde divulgar y reforzar durante el año las metas propuestas. El programa debe ser sencillo para que todos puedan seguirlo, y hasta la empresa estableció una política humorística para reforzar ese principio, la Kiss (beso, en inglés), iniciales de la frase *Keep it simple, stupid*. Sencillo y lucrativo. Mediante la remuneración flexible, la empresa transforma a cada empleado en un pequeño empresario.

La condición fundamental para la implementación de la remuneración variable es que la empresa tenga una estructura de cargos y salarios que sirva de base al sistema. La remuneración variable requiere cuatro aspectos básicos:

1. La planeación estratégica de la empresa debe estar orientada hacia una administración por objetivos (APO) eminentemente participativa, democrática y amplia. La APO es un poderoso instrumento para la evaluación del desempeño y el rendimiento cuando

a. Los empleados crean los objetivos, los desarrollan y trabajan sin presiones o normas coercitivas.

b. Los objetivos se dirigen a los aspectos esenciales del negocio.

c. Es un "contrato" vivo, y no simplemente un esquema de reglas y normas.

2. Proceso sencillo y de fácil comprensión y seguimiento que permita la cuantificación objetiva del desempeño de la empresa, de las unidades y de los empleados.

3. Flexibilidad, de modo que permita introducir ajustes cuando sean necesarios.

4. Transparencia en los criterios de premiación, que deben negociar y aceptar todos los empleados involucrados en el proceso.

La APO es una de las buenas ideas destruidas por el furor burocrático de algunas empresas. Cuando Drucker definió el proceso en 1954, quería referirse a la administración de las empresas por objetivos y autocontrol: es decir, autodirección no burocratizada. No obstante, lo que sobrevivió fue la antítesis de lo que él había pregonado: una complicada e inflexible rutina burocrática, implantada de arriba hacia abajo y fuertemente coercitiva y angustiosa. Si las bases primitivas fueran respetadas, tendríamos restaurado el verdadero concepto de APO, sistema democrático y participativo que proporciona retornos tanto a la empresa como a las personas involucradas.

La Promon Engenharia distribuyó una tercera parte de sus utilidades entre los empleados que llevaban más de un año en la empresa. Con base en el ejercicio de 1993, cerca de US$5,5 millones fueron acreditados en los holerites en 1994, repartidos en función de los factores (puntos), que van de uno a cuatro para empleados corrientes, y hasta seis para los cargos ejecutivos. La cantidad de factores se asigna de acuerdo con el desempeño del empleado, según criterios de trabajo en equipo, flexibilidad, innovación, etc. Se estima que el valor de cada factor equivaldrá a un salario. De este modo, el empleado que obtenga la nota máxima va a recibir cuatro salarios más al año.

En Ivix, subsidiaria de productos y servicios de IBM, cada empleado arriesga parte del salario para ganar más. Dependiendo del cargo, cerca de 10 a 30% de la remuneración es variable. La multiplicación de ese porcentaje del salario dependerá de la consecución de las metas de facturación, utilidades y proyectos estratégicos.

El Citibank lanzó su programa *pay for performance* basado en el sistema utilizado en Crefisul. Denominado Programa de Remuneración por Superación de Metas, el sistema de Crefisul contribuyó a disminuir la rotación de 18% a 13,5% en los empleados. Un ejecutivo de una área de negocios puede obtener un premio de hasta 12 salarios mensuales; es decir, duplica su remuneración anual. Sin embargo, ganar ese premio no es fácil: debe sobrepasar las metas establecidas en 40%. El programa no cuesta nada al banco. De los 650 empleados, una tercera parte está involucrada en el programa. En 1992 se distribuyeron US$730.000 por ese concepto; en 1993 se repartió un millón de dólares. La remuneración variable estimula a los empleados, pues promete ganancias considerables; no obstante, también son mayores los riesgos. La inestabilidad es la regla y esto repercute con fuerza en el estilo de gestión.

Las empresas están perfeccionando los beneficios sociales y reduciendo los antiguos privilegios. La Tigre, fabricante de tubos y conexiones de Joinville, en el interior de Santa Catarina, recortó su paquete de beneficios. Los ejecutivos recibían 250 litros de gasolina mensuales pagados por la empresa; ahora no reciben nada. Los directores podían gastar US$200 en la tienda interna por cuenta de la empresa; ahora ya no pueden hacerlo. Cada director tenía seguridad en su casa; se la retiraron. La Tigre redujo esos beneficios y los incorporó al salario. El recorte de los beneficios ocurrió por causa de la remuneración variable; es decir, recompensa por objetivos alcanzados. La práctica de este sistema explica la poca agresividad de la política salarial. Al conformar el paquete de la remuneración total de sus ejecutivos, las empresas han preferido disminuir el peso relativo del salario mensual, en favor de la posibilidad de obtener mayores ganancias en forma de bonos y participación en los resultados.

Una red paulista comercializadora de productos de aseo y belleza, la Abaeté, transformó a sus ejecutivos en verdaderos empresarios internos capaces de manejar las 14 tiendas como si fueran pequeñas empresas independientes. Orientada hacia el comercio minorista o mayorista de productos de aseo y belleza, la empresa siempre enfrentó la competencia de las tiendas por departamentos y los supermercados. La agilidad y la flexibilidad fueron la fórmula principal para lograr el éxito en esa disputa. Por esta razón, Abaeté optó por implantar una gestión descentralizada en que cada una de sus tiendas tuviese autonomía para funcionar como una pequeña empresa. El comienzo fue una ecuación compleja. Por un lado, era necesario desarrollar la capacidad emprendedora de los profesionales de primer nivel. Inicialmente, se definió cuál era en realidad el negocio de la empresa. La mayoría de los ejecutivos desconocía el fin de la actividad de la empresa. Abaeté entrevistó clientes, proveedores y empleados para definir su identidad. "Somos una empresa comercializadora de productos de aseo y belleza para mujeres, hombres y niños", destaca el presidente. Esta definición fue fundamental, pues, en algunas ocasiones, los gerentes de tiendas llegaron a vender jabón en polvo y juguetes, lo que perjudicó la imagen de la empresa. Al mejor estilo de las empresas estadounidenses, Abaeté estableció un credo: "Él es nuestra constitución". A partir de allí, invirtió en el desarrollo de sus 58 ejecutivos, considerados personas clave de la organización. Así, comenzó a distribuir trimestralmente una parte de sus utilidades, si llegaban a una meta preestablecida. El resto de los 600 empleados recibe bonos cada tres meses, calculados con base en el volumen de ventas de cada tienda. Al distribuir las utilidades, consiguió motivar a los gerentes y comprometerlos en los resultados de la empresa, pero todavía carecían de una visión general. Entonces, Abaeté creó una especie de campeonato entre las tiendas. Al finalizar el año, el gerente y subgerente de la unidad campeona ganan un viaje con todos los gastos pagados. Se tienen en cuenta 13 criterios de evaluación, y van desde utilidades hasta rotación de inventarios, desde el índice de rotación de ejecutivos hasta la reducción de costos. De esta manera, no hay sólo la preocupación por vender más a menor precio y alcanzar una utilidad excelente, pero irreal, sino que los gerentes enfocan el negocio como totalidad.

RESUMEN

Todas las organizaciones adoptan un complejo sistema de recompensas y castigos para mantener a sus empleados dentro de comportamientos esperados: recompensan (mediante refuerzo positivo) los comportamientos que se consideran adecuados, y castigan los comportamientos inadecuados. Los empleados comparan las recompensas con sus contribuciones, generándose sentimientos de equidad o de inequidad, que son subjetivos pero que definen la manera como los empleados interpretan el trato que reciben de las organizaciones.

La principal recompensa es el salario, cuyo carácter variado vuelve compleja su administración. La administración de salarios busca implementar y mantener estructuras salariales capaces de alcanzar un equilibrio o consistencia internos (mediante la evaluación y clasificación de cargos) simultáneamente con un equilibrio o consistencia externos (mediante la investigación salarial), que se conjugan a través de una política salarial que defina las decisiones que la organización pretenda tomar con respecto a la remuneración de su personal. La evaluación de cargos puede hacerse mediante los métodos de jerarquización de cargos, categorías predeterminadas, comparación por factores y evaluación por puntos; la clasificación de cargos, por medio de puntos, franjas, grupos ocupacionales, áreas de actividad, categorías, etc. La investigación salarial debe abarcar cargos de referencia en empresas que representan el mercado de salarios. Con los datos internos (evaluación y clasificación de cargos) y los datos externos (investigación salarial) puede definirse la política salarial de la organización.

TEMAS PRINCIPALES

Recompensas
Refuerzo positivo
Inequidad
Evaluación de cargos
Jerarquización de cargos
Comparación de factores
Cargos de referencia
Curva salarial
Investigación salarial
Castigos
Equidad
Compuesto salarial
Clasificación de cargos
Categorías predeterminadas
Evaluación por puntos
Factores de evaluación
Franjas salariales
Política salarial

PREGUNTAS Y TEMAS DE REPASO Y ANÁLISIS

1. Explique el sistema de recompensas y castigos.
2. ¿Qué es el refuerzo positivo?
3. Explique la teoría de la inequidad.
4. Explique el carácter variado del salario.
5. ¿Qué es el compuesto salarial? Explique su respuesta.
6. Explique el concepto de administración salarial y sus componentes.
7. Defina evaluación y clasificación de cargos.
8. Compare los métodos de evaluación de cargos.
9. Explique en detalle el método de jerarquización.
10. Explique en detalle el método de categorías predeterminadas.
11. ¿Qué son los cargos de referencia y cuál es su aplicación?
12. ¿En qué consiste el comité de evaluación de cargos y cómo se utiliza?
13. Explique en detalle el método de comparación de factores.
14. Explique en detalle el método de evaluación por puntos.
15. ¿Cuáles son los criterios de clasificación de cargos? Explique su respuesta.

16. ¿Cómo se seleccionan los cargos de referencia en una investigación salarial?
17. ¿Cuáles son los criterios de selección de las empresas participantes en una investigación salarial?
18. Defina el concepto de política salarial y su contenido.

INFORME PARA ANÁLISIS Y DISCUSIÓN 10

"Menor importancia de la jerarquía"*

Administrar la remuneración de los empleados que tienen alto grado de especialización y que, a pesar de esta condición, no ejercen cargos de jefatura ha sido un obstáculo casi insalvable para numerosas empresas. Algunas de éstas pasaron a inspirarse en la experiencia de centros de investigación de empresas de ingeniería y proyectos para crear planes especiales de remuneración. Los principales parámetros de estos planes son el tiempo transcurrido después de terminada la formación escolar y la experiencia profesional acumulada, en vez de la responsabilidad y del poder de decisión de los cargos.

Esto ha sido tenido en cuenta en el grupo Villares, responsable en los últimos años de la contratación de un gran número de ingenieros y técnicos de diversas especialidades. Más recientemente, este tipo de plan salarial se adoptó en Refinações de Milho Brasil. Allí la remuneración de abogados, analistas de sistemas e ingenieros de proyectos ya está regida por el llamado "plan profesional".

La Compañía Siderúrgica de Tubarão (CST), en Vitória (Espíritu Santo), está adoptando un plan semejante que pretende tratar de manera diferente a los técnicos de nivel medio y superior desvinculados del proceso de producción.

Pesos diferentes. Estos planes son muy parecidos en sus bases. Tanto Villares como Refinações y la CST adoptaron como principal instrumen-

---

* Tomado de la revista *Negocios em Exame*, No. 240, 2 de diciembre de 1981, p. 76, con autorización de Editora Abril.

to de determinación de salarios la "curva de madurez", fórmula matemática que establece la relación entre la vivencia profesional y los salarios pagados en el mercado. Una vez definida esta relación principal, cada empresa desarrolla un número variable de factores secundarios de remuneración.

En Refinações hubo asignación de puntos a diversos factores, con pesos diferentes. Se privilegió la experiencia específica en la industria de harina de maíz, siguiendo en orden decreciente la experiencia, la capacidad de liderar grupos, el tiempo de formación universitaria y el dominio del idioma inglés.

En el Instituto de Investigaciones Tecnológicas (IPT) del estado de São Paulo, la "curva" tiene menos componentes. Al final, la investigación, la producción y la venta de conocimiento científico y tecnológico son el objetivo de su actividad, y se da tanta importancia a los títulos del especialista como al saber hacer. En el plan especial del IPT se incluyen 774 empleados de nivel técnico y superior. A partir de cierto punto de la carrera, el empleado debe optar por una función de supervisión o por continuar en el trabajo de investigación. Lo más curioso es que todos pueden cambiar de actividad en cualquier momento, sin que esto perjudique su ascenso. De esta manera, independientemente de la opción escogida, un ingeniero con más años de práctica puede alcanzar un salario más elevado.

Fuga de cerebros. La aplicación de los planes especiales de remuneración ha producido efectos benéficos en las empresas que los adoptan. Por ejemplo, tanto en Refinações como en Villares, dichos planes están atenuando la confusión provocada por el escalafonamiento forzado de empleados cuya remuneración –alta– se basa más en el mercado de trabajo que en la importancia del cargo en el organigrama de la empresa. Los planes especiales también ayudan a agilizar el proceso de reclutamiento y contribuyen a retener y motivar a los profesionales. En el IPT los efectos fueron aún más notorios, ya que se evitó la "fuga de cerebros".

No por esto la aplicación de dichos planes deja de tener algunas contraindicaciones, pues exigen una administración complicada, en especial cuando son muchas las derivaciones de la curva de madurez, que pueden llevar a una acomodación de los especialistas, por propiciar aumentos automáticos por mérito. Sin embargo, nada de esto es grave "ante el estímulo para que un buen ingeniero intente perfeccionarse, en vez de caer en la burocracia".

CASO 10

Metalúrgica Santa Rita S. A. (Mesarisa) es una empresa que puede enorgullecerse de tener todos sus cargos numerados, descritos y analizados, y de llevar a cabo evaluación del desempeño en todos los niveles.

Sin embargo, Alberto Oliveira, gerente de recursos humanos de Mesarisa, afirma que aún hay mucho por hacer. El próximo paso que pretende dar es implantar una administración de salarios basada en evaluación y clasificación de cargos e investigaciones salariales periódicas. No obstante, Oliveira necesita que la dirección esté de acuerdo y apruebe su plan. Como la empresa atraviesa dificultades (la fuerte inflación, el desempleo, el fantasma de la recesión, los altos intereses que elevan aún más el costo del dinero, la baja producción que fuerza todavía más la capacidad ociosa de la empresa, el descenso de las ventas, los tropiezos en las exportaciones, la incertidumbre sobre el futuro), el momento no es muy favorable para grandes innovaciones en el área. A pesar de todo, Oliveira cree que –en un momento como éste– la implantación de un sistema racional de administración de salarios sería muy bien recibida por el personal, como una señal de lealtad de la empresa, aunque el sistema no traiga grandes beneficios inmediatos a los empleados.

Con estas ideas en mente, Oliveira empezó a trabajar. Antes de elaborar un plan para presentar a la dirección y obtener la correspondiente aprobación, necesitaba definir muchos temas:

- ¿Dividiría los cargos de la misma manera como hizo en el programa de análisis y descripción de cargos? ¿Cuáles serían los conjuntos de cargos? ¿Cuáles métodos de evaluación se aplicarían en cada uno de estos conjuntos de cargos? ¿Qué tipos de clasificación se aplicarían?

- ¿Cómo diseñar las investigaciones salariales? ¿Qué criterios utilizar para escoger las empresas y los cargos de referencia? ¿Cómo se diseñarían los cuestionarios?

- ¿Cómo definir una política salarial para la empresa Mesarisa? ¿Qué aspectos debería plantear inicialmente a la dirección?

Con todas estas dudas, Oliveira no sabía por dónde empezar a elaborar el esquema del plan de administración de salarios para su empresa.

11

Planes de beneficios sociales

El salario pagado con relación al cargo ocupado constituye sólo una parte del paquete de compensaciones que las empresas suelen ofrecer a sus empleados. En general, la remuneración comprende muchas otras formas, además del pago en salario: una considerable parte de la remuneración total está constituida por beneficios sociales y servicios sociales. Estos beneficios y servicios sociales constituyen costos de mantenimiento del personal. Además, uno de los costos de mayor importancia para las organizaciones empresariales y, sobre todo para las organizaciones de servicios, es la remuneración, directa o indirecta, de sus empleados en todos los niveles jerárquicos. En este enfoque, la remuneración directa –el salario– es proporcional al cargo ocupado, en tanto que la remuneración indirecta –servicios y beneficios sociales– es común para todos los empleados, independientemente del cargo ocupado. Algunas empresas han desarrollado planes diferentes de servicios y beneficios sociales para diferentes niveles de empleados: directores, gerentes, jefes y empleados por meses, empleados por horas, etc.

Los beneficios sociales son aquellas facilidades, comodidades, ventajas y servicios que las empresas ofrecen a sus empleados para ahorrarles esfuerzos y preocupaciones. La empresa puede financiarlos, parcial o totalmente. Estos beneficios constituyen medios indispensables para el mantenimiento de la fuerza laboral dentro de un nivel satisfactorio de moral y productividad.

ORÍGENES DE LOS BENEFICIOS SOCIALES

La historia de los servicios y beneficios sociales es reciente y está íntimamente relacionada con la gradual toma de conciencia de la responsabilidad social de la empresa. Los orígenes y el crecimiento de los planes de servicios y beneficios sociales se deben a los siguientes factores:

1. Actitud del empleado en cuanto a los beneficios sociales.
2. Exigencias de los sindicatos.
3. Legislación laboral y de seguridad social impuesta por el gobierno.
4. Competencia entre las empresas en la disputa por los recursos humanos, ya sea para atraerlos o para mantenerlos.
5. Controles salariales ejercidos indirectamente por el mercado mediante la competencia en los precios de los productos o servicios.
6. Impuestos fijados a las empresas, las cuales buscan localizar y explorar medios lícitos de lograr deducciones de sus obligaciones tributarias.

En muchas empresas, los planes de servicios y beneficios sociales se orientaron en principio hacia una perspectiva paternalista y limitada, justificada por la preocupación de retener la fuerza laboral y disminuir la rotación de personal. Esta preocupación, mucho mayor en las empresas cuyas actividades se desarrollan en condiciones difíciles y adversas y donde se vuelve crítica la definición de incentivos monetarios y no monetarios para mantener el personal, se extendió después a las demás empresas. En la actualidad los servicios y beneficios sociales de la empresa, además del aspecto competitivo en el mercado de trabajo, constituyen actividades tendientes a preservar las condiciones físicas e intelectuales de sus empleados. Además de la salud, las actitudes de los empleados son los principales objetivos de estos planes.

TIPOS DE BENEFICIOS SOCIALES

Los planes de servicios y beneficios sociales están destinados a auxiliar al empleado en tres áreas de su vida:

1. En el ejercicio del cargo (bonificaciones, seguro de vida, premios por producción, etc.)

2. Fuera del cargo, pero dentro de la empresa (descanso, refrigerios, restaurante, transporte, etc.)

3. Fuera de la empresa, en la comunidad (recreación, actividades comunitarias, etc.)

Los planes de servicios y beneficios sociales pueden clasificarse de acuerdo con sus exigencias, su naturaleza y sus objetivos.

1. *En cuanto a sus exigencias.* Los planes pueden clasificarse en legales y voluntarios, según su exigibilidad.

a. *Beneficios legales.* Exigidos por la legislación laboral, por la seguridad social o por convenciones colectivas con sindicatos, como:

- Prima anual
- Vacaciones
- Pensión
- Seguro de accidentes de trabajo
- Auxilio por enfermedad
- Subsidio familiar
- Salario por maternidad
- Horas extras
- Recargo por trabajo nocturno
- Etc.

Algunos de estos beneficios son pagados por la empresa, en tanto que otros son pagados por las entidades de seguridad social.

b. *Beneficios voluntarios.* Concedidos por la liberalidad de la empresa, ya que no son exigidos por la ley ni por negociación colectiva. También se denominan beneficios marginales (los estadounidenses los denominan *fringe benefits*). Incluyen:

- Bonificaciones
- Seguro de vida colectivo
- Restaurante
- Transporte
- Préstamos
- Asistencia médico-hospitalaria diferenciada mediante convenio
- Complementación de la pensión
- Etc.

2. *En cuanto a su naturaleza.* Los planes pueden clasificarse en monetarios y no monetarios, de acuerdo con su naturaleza.

a. *Beneficios monetarios.* Concedidos en dinero a través de la nómina; generan obligaciones sociales que se derivan de ellos.

- Prima anual
- Vacaciones
- Pensión
- Complementación de la pensión
- Bonificaciones
- Planes de préstamos
- Complementación de salarios en las ausencias prolongadas por causa de enfermedad
- Reembolso o subsidio de medicamentos
- Etc.

b. *Beneficios no monetarios.* Ofrecidos en forma de servicios, ventajas o comodidades para los usuarios, a saber:

- Servicio de restaurante
- Asistencia médico-hospitalaria y odontológica
- Servicio social y consejería
- Club o asociación recreativa
- Seguro de vida colectivo
- Conducción o transporte de la casa a la empresa, y viceversa
- Horario móvil de entrada y salida del personal de oficina
- Etc.

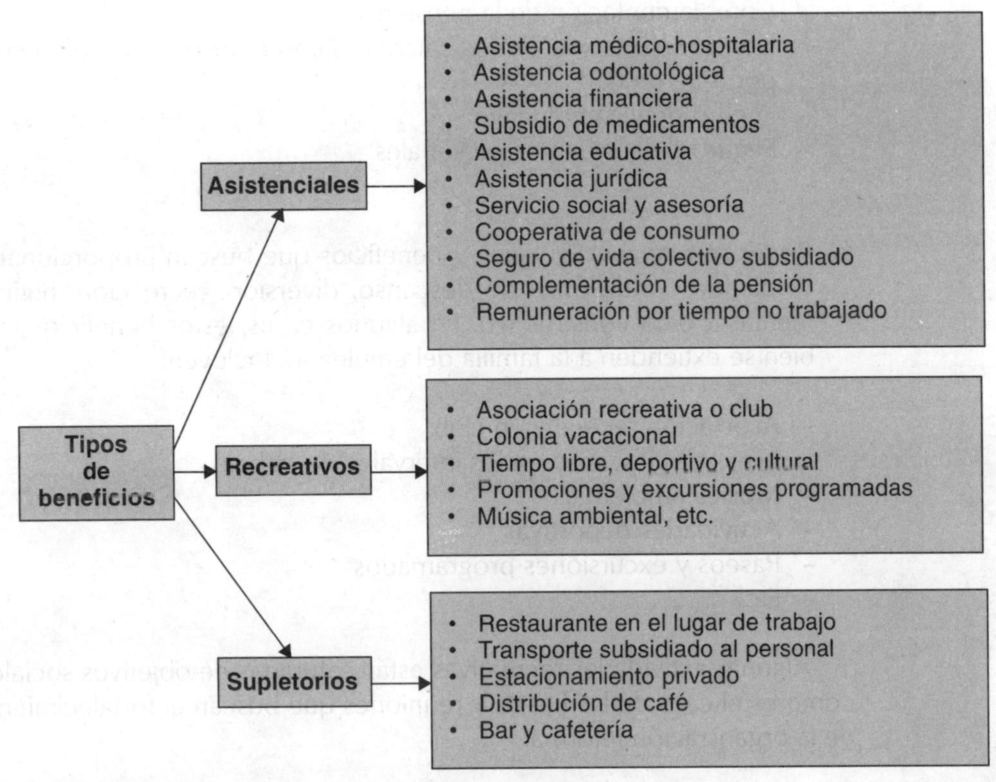

Figura 11.1 Tipos de servicios y beneficios sociales en cuanto a los objetivos.

3. *En cuanto a los objetivos.* En cuanto a sus objetivos, los planes pueden clasificarse en asistenciales, recreativos y supletorios.

a. *Planes asistenciales.* Beneficios que buscan proporcionar al empleado y a su familia ciertas condiciones de seguridad y previsión en casos de situaciones imprevistas o emergencias, que muchas veces están fuera de su control o de su voluntad. Incluyen:

- Asistencia médico-hospitalaria
- Asistencia odontológica
- Asistencia financiera mediante préstamos

- Servicio social
- Complementación de la pensión
- Complementación de los salarios durante ausencias prolongadas por enfermedad
- Seguro de vida colectivo
- Seguro de accidentes personales
- Etc.

b. *Planes recreativos.* Servicios y beneficios que buscan proporcionar al empleado condiciones de descanso, diversión, recreación, higiene mental u ocio constructivo. En algunos casos, estos beneficios también se extienden a la familia del empleado. Incluyen:

- Asociación recreativa o club
- Áreas de descanso en los intervalos de trabajo
- Música ambiental
- Actividades deportivas
- Paseos y excursiones programados
- Etc.

Algunas actividades recreativas están saturadas de objetivos sociales, como es el caso de las fiestas y reuniones que buscan el fortalecimiento de la organización informal.

c. *Planes supletorios.* Servicios y beneficios que buscan proporcionar a los empleados ciertas facilidades, comodidades y utilidades para mejorar su calidad de vida. Incluyen:

- Transporte o conducción del personal
- Restaurante en el lugar de trabajo
- Estacionamiento privado para los empleados
- Horario móvil de trabajo
- Cooperativa de productos alimenticios
- Agencia bancaria en el lugar de trabajo
- Etc.

Los planes supletorios constituyen aquellas comodidades que si la empresa no las ofreciese, el empleado tendría que buscarlas por sí mismo.

Un plan de beneficios sociales generalmente se ofrece para atender un gran abanico de necesidades de los empleados. Dentro de esta concepción de atención de las necesidades humanas, los servicios y beneficios sociales constituyen un software de apoyo o, en otras palabras, un esquema integrado capaz de reducir aquellos factores de insatisfacción (ambientales o higiénicos), así como de incrementar algunos factores de satisfacción (motivacionales o intrínsecos) descritos por Herzberg[1]. En consecuencia, es necesaria una composición integrada de servicios y beneficios a los empleados.

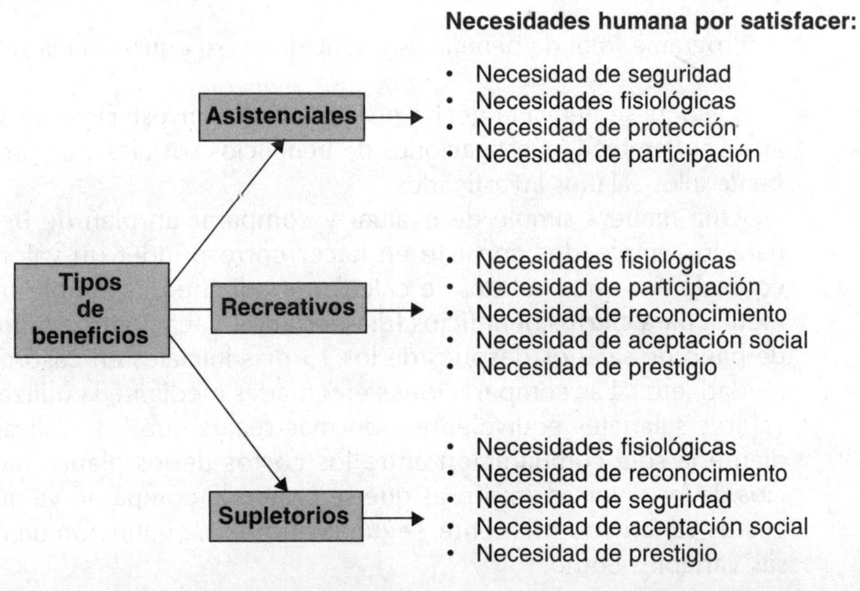

Figura 11.2 Tipos de beneficios sociales y necesidades humanas.

COSTOS DE LOS PLANES DE BENEFICIOS SOCIALES

Uno de los costos de mayor importancia para las organizaciones está representado por la remuneración –directa e indirecta– de sus trabajado-

1 Frederick Herzberg, "O conceito de higiene como motivação e os problemas do potencial humano de trabalho", en David H. Hampton (Org.), *Conceitos de comportamento na administração*, São Paulo, EPU, 1973, pp. 53-62.

res en todos los niveles jerárquicos. En la política de remuneración global de la empresa, los beneficios extras, es decir, los que se conceden más allá de las exigencias legales y del salario básico, pasaron a consumir últimamente una parte sustancial del presupuesto de gastos.

En rigor, la remuneración global que la empresa concede a los empleados está constituida por dos grandes factores:

1. Remuneración monetaria total, que incluye el salario básico, comisiones, bonificaciones y todos los demás beneficios recibidos en dinero.

2. Programa total de beneficios traducido en su equivalencia salarial.

De aquí se deriva el hecho de que muchas investigaciones salariales incluyen también investigaciones de beneficios sociales y su proporción frente a los salarios investigados.

Una manera simple de evaluar y comparar un plan de beneficios para los empleados consiste en hacer corresponder un valor salarial equivalente: estos valores se calculan mediante una simple base aritmética para ciertos beneficios (días feriados, vacaciones, continuación de pago de salarios después de los 15 días iniciales en caso de enfermedad, etc.). Las comparaciones efectuadas mediante la utilización de valores salariales equivalentes son más reales que las realizadas mediante la sola comparación entre los costos de los planes de beneficios de las diversas empresas que se pretende comparar, ya que estos costos varían enormemente, según la empresa, en función de numerosas variables como:

- Número de empleados
- Nivel socioeconómico del personal
- Política salarial de la empresa
- Distribución del personal por edades
- Proporción entre mayores y menores, hombres y mujeres, solteros y casados
- Localización de la empresa
- Condiciones de infraestructura de la comunidad, etc.

Una empresa que tenga en sus cuadros empleados de mayor edad, tendrá un costo mayor por la misma póliza de seguro de vida colectivo o por el mismo plan de seguridad privado que el de una empresa que tenga un gran número de empleados jóvenes.

CRITERIOS PARA EL PLANEAMIENTO DE SERVICIOS Y BENEFICIOS SOCIALES

La adopción de planes y programas de servicios y beneficios sociales no se hace al azar. Por el contrario, es el resultado de muchos ensayos, discusiones y estudios que obedecen a objetivos y criterios determinados. Para definir un programa de beneficios es necesario fijar objetivos y criterios. Los objetivos se refieren a las expectativas de la organización, a corto y largo plazos, con relación a los resultados del programa, en tanto que los criterios son factores que pesan relativamente en la ponderación del programa[2], como puede observarse en la figura 11.3.

Objetivos	Criterios
1. Reducción de la rotación y del ausentismo	1. Costo del programa
2. Elevación de la moral	2. Capacidad de pago
3. Refuerzo de la seguridad	3. Necesidad real
	4. Poder del sindicato
	5. Consideraciones sobre impuestos
	6. Relaciones públicas
	7. Responsabilidad social
	8. Reacciones de la fuerza laboral

Figura 11.3 Objetivos y criterios de los programas de beneficios.

Fuente: Andrew F. Sikula, *Personnel Administration and Human Resources Management*, Nueva York, John Wiley & Sons, 1976, p. 322.

Existen algunos principios que sirven como criterios para diseñar el esquema de los servicios y beneficios sociales que la organización pretende implantar o desarrollar.

Principio del retorno de la inversión

En una economía de iniciativa privada, el principio básico orientador plantea que no debe concederse voluntariamente ningún beneficio al em-

2 Andrew F. Sikula, *Personnel Administration and Human Resources Management*, Nueva York, John Wiley & Sons, 1976, p. 322.

pleado, a menos que, como retorno para la organización, haya rendimiento en términos de productividad y moral por parte del empleado. Si se viola este principio, se minará una de las bases racionales del sistema de libre empresa[3]. Gray añade: "Aunque los planes de beneficios se refieran por lo general a beneficios concedidos a los empleados, es necesario que la organización también se beneficie. La organización necesita planes de beneficios orientados a reclutar y retener empleados competentes. No obstante, la organización necesita controlar los costos de los beneficios y ser capaz de proyectar algunos costos. Esto puede completarse con más facilidad con planes formales de beneficios que con planes informales, que se negocian a medida que los problemas surgen intempestivamente"[4]. En consecuencia, todo beneficio debe contribuir a la organización, de manera que sea igual a los costos o, por lo menos, los reduzca o los compense al producir algún retorno.

Principio de responsabilidad mutua

El costo de los beneficios sociales debe ser de responsabilidad mutua, es decir, los costos de los beneficios deben compartirse entre la organización y los empleados beneficiados[5] o, por lo menos, la concesión de un beneficio debe reposar en la solidaridad de las partes involucradas.

Una relación humana más profunda puede mantenerse sólo cuando las dos partes desean y son capaces de hacer más de lo que los requisitos mínimos señalan. La responsabilidad mutua es la característica de las personas que cooperan entre sí para alcanzar un propósito del grupo. Como los servicios y beneficios sociales son complementos lógicos de los requisitos de trabajo, la empresa tiene derecho a esperar estándares más elevados de eficiencia de los empleados, que desperdician energías en la lucha contra condiciones adversas como la falta de transporte para ir a la empresa, la falta de restaurante, la asistencia médico-hospitalaria precaria, la dificultad de obtener préstamos, etc.

---

3 Edwin B. Flippo, *Princípios de administração de pessoal*, São Paulo, Atlas, 1970, p. 595.

4 Robert D. Gray, "Appraising and Integrating Employee Benefits", *BIRC Publication*, No. 3, Pasadena, California, Institute of Technology, Industrial Relations Section, octubre de 1956, p. 17.

5 Paul Pigors, Charles A. Myers, *A Personnel Administration: A Point of View and a Method*, Nueva York, McGraw-Hill, 1965, p. 546.

Algunos ítems de los planes de servicios y beneficios son totalmente pagados por la empresa: servicio social, remuneración por tiempo no trabajado, etc. Otros ítems son prorrateados, es decir, que se pagan, en proporciones que varían mucho, entre la empresa y el empleado (restaurantes, transporte, asistencia educativa, etc.). Otros ítems los pagan en su totalidad los empleados: seguro de vida colectivo subsidiado, cooperativas de consumo, etc.

Algunos ítems, pagados total o parcialmente por los empleados en ciertas empresas, son gratuitos en otras, como transporte, asociación recreativa, etc. Una participación relativa del empleado, aunque mínima, es importante en el caso de algunos ítems, como servicio de restaurante, plan diferenciado de asistencia médico-hospitalaria, asistencia odontológica, asociación recreativa, etc. Por lo general, los beneficios obtenidos con facilidad dejan de despertar interés: todo lo que una empresa ofrece de manera gratuita a los empleados puede parecer, a los ojos de éstos, algo legalmente obligatorio o servicio de calidad inferior.

Otros principios

Además del principio de retorno de la inversión y de la responsabilidad mutua, existen otros que sirven como criterio para el desempeño de los planes de servicios y beneficios sociales, a saber[6]:

1. Los beneficios otorgados a los empleados deben satisfacer alguna necesidad real.

2. Los beneficios deben limitarse a las actividades en que el grupo es más eficiente que el individuo.

3. El beneficio debe extenderse a la base más amplia posible de personas.

4. La concesión del beneficio no debe despertar connotaciones de paternalismo benevolente.

5. Los costos de los beneficios deben ser calculables y deben tener una financiación sólida y garantizada para evitar implicaciones políticas.

6 Edwin Flippo, *op. cit.*, p. 597.

En este contexto, todo plan de servicios y beneficios sociales deberá cumplir los siguientes requisitos:

1. Ser ventajoso a largo plazo, tanto para la organización como para los empleados.
2. Ser aplicable sobre bases económico-financieras que puedan sustentarse.
3. Ser planeado y costeado entre la organización y los empleados, en lo referente a tiempo, dinero, tareas y, en especial, a la administración de los servicios.

OBJETIVOS DE UN PLAN DE BENEFICIOS SOCIALES

Las personas son atraídas por la organización y participan en ésta no sólo en función del cargo, el salario, las oportunidades y el clima organizacional, sino también en función de las expectativas de servicios y beneficios sociales que podrán disfrutar.

Los beneficios tratan de brindar ventajas a la organización y al empleado, así como extenderse a la comunidad. Esto puede observarse en la figura 11.4.

Ventajas de los beneficios	
para la organización	**para el empleado**
• Elevan la moral de los empleados • Reducen la rotación y el ausentismo • Elevan la lealtad del empleado hacia la empresa • Aumentan el bienestar del empleado • Facilitan el reclutamiento y la retención del personal • Aumentan la productividad y disminuyen el costo unitario del trabajo • Demuestran las directrices y los propósitos de la empresa hacia los empleados • Reducen molestias y quejas • Promueven las relaciones públicas con la comunidad	• Ofrecen ventajas no expresadas en dinero • Ofrecen asistencia para la solución de problemas personales • Aumentan la satisfacción en el trabajo • Contribuyen al desarrollo personal y al bienestar individual • Ofrecen medios para establecer mejores relaciones sociales entre los empleados • Reducen los sentimientos de inseguridad • Ofrecen oportunidades adicionales de lograr estatus social • Ofrecen remuneración extra • Mejoran las relaciones con la empresa • Reducen las causas de insatisfacción

Figura 11.4 Ventajas de los beneficios para la organización y para el empleado.

Sin embargo, estas ventajas no siempre pueden medirse o cuantificarse. Otro aspecto importante de los servicios y beneficios sociales es su relativa disfunción cuando no son bien planeados ni administrados: algunos aspectos pueden ser aceptados con renuencia por los empleados, en tanto que otros pueden dar lugar a críticas severas y burlas.

Es probable que ocurran dificultades relacionadas con los planes de servicios y beneficios sociales precarios, como puede verse en la figura 11.5.

- Acusación de paternalismo
- Costos excesivamente elevados
- Pérdida de vitalidad cuando se torna en hábito
- Favorece a los trabajadores menos productivos
- Negligencia en cuanto a otras funciones del personal
- Nuevas fuentes de quejas y reclamos
- Relaciones cuestionables entre motivación y productividad

Figura 11.5 Problemas de un programa de beneficios sociales.

Fuente: Andrew F. Sikula, *Personnel Administration and Human Resources Management*, Nueva York, John Wiley, 1976, p. 323.

En síntesis, los planes de beneficios sociales se orientan generalmente hacia el logro de ciertos objetivos referentes a las expectativas de corto y largo plazos de la empresa, con relación a los resultados de los planes. Casi siempre, los objetivos básicos de los planes de beneficios sociales son:

- Mejoramiento de la calidad de vida de los empleados
- Mejoramiento del clima organizacional
- Reducción de la rotación de personal y del ausentismo
- Facilidad en la atracción y el mantenimiento de recursos humanos
- Aumento de la productividad en general

RESUMEN

Los beneficios sociales son facilidades, servicios, comodidades y ventajas ofrecidos por la organización a sus empleados. Son recompensas, y sus orígenes son recientes. En cuanto a su exigencia, pueden ser legales o voluntarios; en cuanto a su naturaleza, pueden ser monetarios o no monetarios; en cuanto a sus objetivos, pueden ser asistenciales, recreativos o supletorios. En lo fundamental, los beneficios son medios de que dispone la organización para satisfacer necesidades humanas (fisiológicas, de seguridad, sociales y de autoestima) en el plano de los factores higiénicos o de insatisfacción.

Aunque los costos de los planes de beneficios sociales pueden ser pagados en su totalidad por la empresa, prorrateados entre la empresa y los empleados, o pagados en su totalidad por los empleados, deben estar condicionados al principio de la responsabilidad mutua, y sus costos deben ser compartidos de alguna manera entre la empresa y los empleados.

Los objetivos de los planes de beneficios sociales están destinados a brindar ventajas a la empresa y, sobre todo, a los empleados.

TEMAS PRINCIPALES

Remuneración directa
Beneficios legales
Beneficios monetarios
Planes asistenciales
Planes supletorios
Remuneración indirecta
Beneficios voluntarios
Beneficios no monetarios
Planes recreativos
Responsabilidad mutua

PREGUNTAS Y TEMAS DE REPASO Y ANÁLISIS

1. ¿Qué es remuneración directa y qué es remuneración indirecta?
2. Defina beneficios sociales.
3. Explique los orígenes de los beneficios sociales.
4. Explique los beneficios en cuanto a su exigencia.
5. Explique los beneficios en cuanto a su naturaleza.
6. Explique los beneficios en cuanto a sus objetivos.
7. Establezca una relación entre la oferta de beneficios y la satisfacción de necesidades humanas.
8. ¿Cómo puede cubrirse el costo de los planes de beneficios sociales?
9. Explique el principio de la responsabilidad mutua.
10. ¿Cuáles son los principales objetivos de los planes de beneficios sociales?

INFORME PARA ANÁLISIS Y DISCUSIÓN 11

"Las fábricas de azúcar llevan los recursos humanos al campo"*

La fábrica São Martinho, una de las tres más grandes del mundo (cuenta con cinco mil empleados), pertenece al grupo Ometto. Localizada en las proximidades de Ribeirão Preto (estado de São Paulo), la fábrica administra un programa de asistencia cuyo presupuesto es casi el doble del presupuesto del municipio de Pradópolis, donde se localizan su fábrica y una buena parte de sus cultivos de caña. Sólo después de haber eliminado el uso de la mano de obra flotante –los llamados "bóias-frias"– en el corte de caña, la fábrica consiguió consolidar un ambicioso sistema de asistencia médico-odontológica preventiva, administrado en conjunto con la facultad de medicina de la Universidad de São Paulo en Ribeirão Preto. Los resultados no se hicieron esperar. En la actualidad, la calidad de vida de las habitantes de la zona urbana de Pradópolis, donde 95% de los habitantes están ligados a la fábrica, se exhibe como un trofeo. Entre otros logros, se eliminó la mortalidad infantil.

Escuelas abiertas. Así como ocurrió en la fábrica de São Martinho, otras fábricas de la región han mejorado sus programas de asistencia. Otro factor de estímulo y ampliación de los programas fue el aumento de los recursos, consecuencia del acentuado crecimiento de las ventas de alcohol hidratado. En la fábrica Martinópolis, Serrana (estado de São Paulo), la producción de alcohol creció 63 veces en los últimos cinco años, en tanto que la de azúcar aumentó cuatro veces.

Con los recursos adicionales, la dirección de Martinópolis puede realizar un antiguo sueño: construir conjuntos habitacionales en terrenos de la fábrica. Los empleados recibieron, sin pagar alquiler, 40 casas de 90 metros cuadrados de área útil cada una. En la actualidad se proyectan nuevos conjuntos habitacionales.

En la fábrica Vale do Rosário, que antes destinaba casi todos los recursos asistenciales exclusivamente a la asistencia médica, el aumento de los recursos permitió incursionar en el área de la enseñanza. La asistente social de la fábrica, preocupada por el bajo desempeño escolar de los

* Tomado de la revista *Negócios em Exame*, No. 235, 23 de enero de 1981, pp. 78-79, con autorización de Editora Abril.

hijos de los empleados de la fábrica, puso de nuevo en funcionamiento las antiguas escuelas industriales del estado en los municipios de Morro Agudo -donde se localiza la fábrica-, Orlindia y São Joaquim da Barra. Las tres unidades reúnen cerca de 500 niños con edades superiores a 7 años.

Baja producción. En la fábrica Santa Lydia, de Ribeirão Preto, la posibilidad de ampliar los beneficios coincidió con la llegada de un equipo de ejecutivos contratados para "profesionalizar" su administración. Una de las primeras tareas de este equipo fue definir una política de recursos humanos -que no existía- en la cual el programa de asistencia y beneficios sería un valioso instrumento. La fábrica Santa Lydia decidió eliminar la figura del "bóia-fria", y promovió la contratación de todos los cortadores de caña a su servicio. "Aunque tengamos alta rotación, vamos a insistir", promete el gerente de RH de la empresa.

Esta obstinación no parece incoherente, ya que la empresa tiene un generoso presupuesto de beneficios. Una de estas metas es el aumento de la productividad del cortador. Hace 10 años, los cortadores de la región de Ribeirão Preto conseguían una producción diaria de 15 toneladas en promedio. En la actualidad, producen menos de la mitad. La explicación que los trabajadores de la fábrica dan a este fenómeno es la transferencia, hacia otras ocupaciones en la ciudad, de los trabajadores más capaces y vigorosos.

Noventa por ciento tiene parásitos. En el caso de los trabajadores rurales, no hay manera de mejorar el desempeño sin mejorar las condiciones de salud, alimentación y vivienda. No es casual que la fábrica São Martinho optara por privilegiar la medicina preventiva, pues cerca de 90% de los trabajadores rurales de la región llegan a las fábricas con parásitos intestinales.

En la fábrica São Martinho, la preocupación por el mejoramiento de la calidad de vida de los trabajadores fue llevada hasta las últimas consecuencias, puesto que la empresa financia parte de los equipos comunitarios -centros de salud, escuelas, dispensarios y servicios de tratamiento de acueducto y alcantarillado- que hacen hoy de Pradópolis una ciudad modelo.

La prioridad actual de Santa Lydia es mejorar las condiciones de vivienda. La empresa pretende no sólo atraer y establecer en la ciudadela de Dumont, a 7 kilómetros de la fábrica, gran parte de los "bóias-frias" que va a contratar, sino también transferir hacia allí a la mayoría de las 60 familias que aún viven en territorio de la fábrica. La empresa constructora Cohab, de Ribeirão Preto, concluirá la construcción de un conjunto de 200 casas, cuyos terrenos e infraestructura los paga en parte la fábrica Santa Lydia.

Tanto la Santa Lydia como la Martinópolis implantaron un esquema de acción en los frentes de trabajo en el campo. Ambas empresas terminaron ya los proyectos de unidades móviles que llevarán un mínimo de comodidad a los cortadores a la hora del almuerzo. Estos vehículos, denominados "carretas sanitarias", tienen baños con duchas, sanitarios y agua potable. En la São Martinho ya funciona desde hace cierto tiempo el sistema de unidades móviles que transportan hacia el frente los puestos de enfermería.

Alto riesgo. Desde el punto de vista de los obreros y técnicos que trabajan en las fábricas, estas iniciativas no son ninguna novedad, ya que ellos han estado beneficiándose de los programas de asistencia. La novedad es la admisión del antiguo "bóia-fria" cortador de caña en este círculo más limitado de empleados con cargos fijos, derechos laborales y acceso a beneficios.

Diversas causas parecen estar llevando a numerosos productores de la región de Ribeirão Preto a optar por la "estabilización" del cortador de caña, una de las cuales es la presión de la opinión pública, que considera socialmente reprobable el sistema de trabajo del "bóia-fria". Reclutado en la periferia de las ciudades donde habita, por un intermediario que recibe una comisión de 45% sobre el pago de los jornales, es llevado en camiones hacia los cultivos. Otra causa es la comprobación de que la mayor parte del factor humano de sus empresas era administrado por extranjeros, lo cual constituye un riesgo muy alto.

CASO 11

En una reunión de la dirección, el director industrial de la Metalúrgica Santa Rita S. A. (Mesarisa), Raimundo Correia Jr., se mostró indignado por las pésimas condiciones de vida de la mayor parte de los obreros de la empresa, sobre todo los no calificados que trabajan por horas y que forman el mayor contingente de mano de obra directa de la fábrica. Correia Jr. se preocupaba bastante por los hábitos de alimentación, higiene, vestuario, salud, e incluso por el bajo nivel de instrucción de este personal.

Como éstos son los principales aspectos que definen la calidad de vida de las personas, su conclusión parece muy sencilla: los obreros de la empresa tienen un estándar de vida bastante precario. A partir de esta argumentación, se inició una fuerte discusión cuando el director presidente, Raimundo Correia, solicitó la presencia del gerente de RH de la empresa, Alberto Oliveira.

Después de escuchar el problema planteado por la dirección, Oliveira procuró mostrar lo que podría ser la filosofía de beneficios sociales de Mesarisa, fundamentada en las necesidades individuales de los obreros. En primer lugar -en secuencia cronológica- se sitúan las necesidades fisiológicas, de alimentación, vivienda, reposo y descanso. La empresa podría ayudar en parte a sus obreros en la satisfacción de algunas de estas necesidades. En segundo lugar están las necesidades de seguridad (física y psicológica): necesidad de protección contra enfermedad y accidentes, de protección contra adversidades (desempleo, desamparo, incapacidad personal o invalidez, vejez). Oliveira subrayó que estas dos necesidades -fisiológicas y de seguridad- son cruciales para los empleados de los niveles inferiores, es decir, los obreros no calificados. En tercer lugar están las necesidades sociales: necesidad de prestigio, estatus, reconocimiento, consideración y respeto. Las necesidades sociales son más considerables entre los obreros especializados, entre los trabajadores por meses y el personal de supervisión (encargados, capataces, supervisores, jefes, etc.), pero son insignificantes para los obreros no calificados. En cuarto lugar están las necesidades de autorrealización personal. Oliveira intentó demostrar a la dirección que estas dos últimas necesidades deberían tratarse cuando todas las demás necesidades hubieran sido consideradas en la práctica. También demostró que estas dos últimas necesidades hacen parte de aquello que se acostumbra llamar factores motivacionales, en tanto que las otras se denominan factores higiénicos.

El director presidente hizo algunas anotaciones mientras Oliveira presentaba los fundamentos de una filosofía de beneficios sociales. Cuando Oliveira terminó su explicación, Raimundo Correia le pidió que presentara en la próxima reunión de la dirección un esquema inicial de un plan integrado de beneficios sociales que pudiera implantarse en etapas cronológicas (las mismas expuestas por Oliveira en la presentación de las necesidades humanas) y que abarcase los diversos segmentos de personal de la empresa: trabajadores por hora, trabajadores por meses y personal de supervisión y jefatura. Además, quería que Oliveira definiese cuáles serían los beneficios que la empresa podría ofrecer y cómo podrían ser costeados (pagados exclusivamente por los empleados, exclusivamente por la empresa o compartidos entre la empresa y los empleados). Por último, solicitó a Oliveira que detallase cómo se ofrecerían, y que indicase cuál sería la secuencia de introducción de estos beneficios. Raimundo Correia subrayó que, como director presidente de la empresa, necesitaría conocer un plan integrado para poder decidir con el resto de la dirección aquello que la empresa pudiera hacer a corto, a mediano o largo plazos, en términos de beneficios sociales.

Alberto Oliveira salió de la reunión sin ocultar su alegría por haber hecho tomar conciencia del problema a la dirección, pero a la vez no ocultaba su preocupación por tener que presentar un plan tan complicado.

12

Higiene y seguridad en el trabajo

La ARH abarca las actividades de provisión de los recursos humanos necesarios para la organización, reclutamiento y selección de personal, su aplicación en puestos de trabajo, descripción y análisis de cargos, evaluación del desempeño, mantenimiento dentro de un espíritu constructivo y sano, remuneración dentro de patrones objetivos, equitativos y motivadores; y, finalmente, planes de beneficios sociales destinados a alimentar una cadena de servicios y beneficios de la infraestructura. Todas estas actividades, dentro del contexto organizacional, son importantes para la obtención, la aplicación y el mantenimiento de habilidades y aptitudes capaces de asegurar la eficiencia organizacional. Todas deben desarrollarse de manera sincronizada y adecuada. Así mismo, se necesitan otras actividades paralelas para asegurar la disponibilidad de las habilidades y aptitudes de la fuerza laboral. Los programas de seguridad y de salud constituyen algunas de estas actividades paralelas importantes para el mantenimiento de las condiciones físicas y psicológicas del personal.

Desde el punto de vista de la administración de recursos humanos, la salud y la seguridad de los empleados constituyen una de las principales bases para la preservación de la fuerza laboral adecuada. De manera genérica, higiene y seguridad en el trabajo constituyen dos actividades estrechamente relacionadas, orientadas a garantizar condiciones personales y materiales de trabajo capaces de mantener cierto nivel de salud de los empleados. Según el concepto emitido por la Organización Mundial de la Salud, la salud es un estado completo de bienestar físico, mental y social, y no sólo la ausencia de enfermedad.

HIGIENE EN EL TRABAJO

La higiene en el trabajo se refiere a un conjunto de normas y procedimientos tendientes a la protección de la integridad física y mental del trabajador, preservándolo de los riesgos de salud inherentes a las tareas del cargo y al ambiente físico donde se ejecutan. La higiene en el trabajo está relacionada con el diagnóstico y la prevención de enfermedades ocupacionales, a partir del estudio y el control de dos variables: el hombre y su ambiente de trabajo[1].

Un plan de higiene en el trabajo cubre por lo general el siguiente contenido:

1. *Un plan organizado.* Incluye la prestación no sólo de servicios médicos, sino también de enfermería y primeros auxilios, en tiempo total o parcial, según el tamaño de la empresa.

2. *Servicios médicos adecuados.* Abarcan dispensarios de emergencia y primeros auxilios, si es necesario. Estas facilidades deben incluir:

a. Exámenes médicos de admisión.

b. Cuidados relativos a lesiones personales, provocadas por enfermedades profesionales.

c. Primeros auxilios.

d. Eliminación y control de áreas insalubres.

e. Registros médicos adecuados.

f. Supervisión en cuanto a higiene y salud.

g. Relaciones éticas y de cooperación con la familia del empleado enfermo.

---

1 "Scope, Objectives and Functions of Occupational Health Programs", en *Journal of the American Medical Association*, Vol. 174, 1o. de octubre de 1960, pp. 533-536.

h. Utilización de hospitales de buena categoría.

i. Exámenes médicos periódicos de revisión y chequeo.

3. *Prevención de riesgos para la salud*

a. Riesgos químicos (intoxicaciones, dermatosis industrial, etc.)

b. Riesgos físicos (ruidos, temperaturas extremas, radiaciones ionizantes y no ionizantes, etc.)

c. Riesgos biológicos (agentes biológicos, microorganismos patógenos etc.)

4. *Servicios adicionales*, como parte de la inversión empresarial sobre la salud del empleado y de la comunidad; éstos incluyen:

a. Programa informativo destinado a mejorar los hábitos de vida y explicar asuntos de higiene y de salud. Supervisores, médicos de empresas, enfermeros y demás especialistas proporcionan informaciones en el curso de su trabajo regular.

b. Programa regular de convenios o colaboración con entidades locales para la prestación de servicios de radiografías, programas recreativos, conferencias, películas, etc.

c. Verificaciones interdepartamentales -entre supervisores, médicos y ejecutivos- sobre señales de desajuste que implican cambios de tipo de trabajo, de departamento o de horario.

d. Previsiones de cobertura financiera para casos esporádicos de prolongada ausencia del trabajo por enfermedad o accidente, mediante planes de seguro de vida colectivo, o planes de seguro médico colectivo. De este modo, aunque esté alejado del servicio, el empleado recibe su salario normal, que se completa mediante este plan.

e. Extensión de beneficios médicos a empleados pensionados, incluidos planes de pensión o de jubilación.

Objetivos de la higiene en el trabajo

La higiene en el trabajo o higiene industrial, como muchos la denominan, es eminentemente preventiva, ya que se dirige a la salud y al bienestar del trabajador para evitar que éste se enferme o se ausente de manera temporal o definitiva del trabajo.

Entre los objetivos principales de la higiene en el trabajo están[2]:

- Eliminación de las causas de enfermedad profesional.
- Reducción de los efectos perjudiciales provocados por el trabajo en personas enfermas o portadoras de defectos físicos.
- Prevención del empeoramiento de enfermedades y lesiones.
- Mantenimiento de la salud de los trabajadores y aumento de la productividad por medio del control del ambiente de trabajo.

Según Baptista[3], estos objetivos pueden obtenerse:

- Mediante la educación de los obreros, jefes, capataces, gerentes, etc., indicándoles los peligros existentes y enseñándoles cómo evitarlos.
- Manteniendo constante estado de alerta ante los riesgos existentes en la fábrica.
- Por estudios y observaciones de nuevos procesos o materiales que puedan utilizarse.

La higiene en el trabajo implica el estudio y control de las condiciones de trabajo, variables situacionales que influyen de manera poderosa en el comportamiento humano.

CONDICIONES AMBIENTALES DE TRABAJO

El trabajo de las personas está profundamente influido por tres grupos de condiciones:

2 Hilton Baptista, *Higiene e segurança do trabalho*, Rio de Janeiro, Serviço Nacional de Aprendizagem Industrial, Departamento Nacional, Divisão de Ensino e Treinamento, p. 15.

3 *Ibíd.*, p. 15.

- *Condiciones ambientales de trabajo.* Iluminación, temperatura, ruido, etc.
- *Condiciones de tiempo.* Duración de la jornada de trabajo, horas extras, periodos de descanso, etc.
- *Condiciones sociales.* Organización informal, estatus, etc.

La higiene en el trabajo se ocupa del primer grupo: condiciones ambientales de trabajo, aunque no descuida en su totalidad los otros dos grupos. Las condiciones ambientales de trabajo son las circunstancias físicas en las que el empleado se encuentra cuando ocupa un cargo en la organización. Es el ambiente físico que rodea al empleado mientras desempeña un cargo.

Los tres elementos más importantes de las condiciones ambientales de trabajo son: iluminación, ruido y condiciones atmosféricas.

Iluminación

Cantidad de luminosidad que se presenta en el sitio de trabajo del empleado. No se trata de la iluminación general, sino de la cantidad de luz en el punto focal del trabajo. De este modo, los estándares de iluminación se establecen de acuerdo con el tipo de tarea visual que el empleado debe ejecutar: cuanto mayor sea la concentración visual del empleado en detalles y minucias, más necesaria será la luminosidad en el punto focal de trabajo. La iluminación deficiente ocasiona fatiga a los ojos, perjudica el sistema nervioso, ayuda a la deficiente calidad del trabajo y es responsable de una buena parte de los accidentes de trabajo. Un sistema de iluminación debe cumplir los siguientes requisitos:

a. Ser suficiente, de modo que cada bombilla o fuente luminosa proporcione la cantidad de luz necesaria para cada tipo de trabajo.

b. Estar constante y uniformemente distribuido para evitar la fatiga de los ojos, que deben acomodarse a la intensidad variable de la luz. Deben evitarse contrastes violentos de luz y sombra, y las oposiciones de claro y oscuro. En la figura 12.1 pueden observarse los niveles mínimos de iluminación para las tareas visuales.

Clase	Lúmenes
1 Tareas visuales variables y sencillas	250 a 500
2 Observación continua de detalles	500 a 1.000
3 Tareas visuales continuas y de precisión	1.000 a 2.000
4 Trabajos muy delicados y de detalles	+ de 2.000

Figura 12.1 Niveles mínimos de iluminación para tareas visuales (en lúmenes).

La distribución de luz puede ser[4]:

I. *Iluminación directa.* La luz incide directamente sobre la superficie iluminada. Es la más económica y la más utilizada para grandes espacios.

II. *Iluminación indirecta.* La luz incide sobre la superficie que va a ser iluminada mediante la reflexión en paredes y techos. Es la más costosa. La luz queda oculta a la vista por algunos dispositivos con pantallas opacas.

III. *Iluminación semiindirecta.* Combina los dos tipos anteriores con el uso de bombillas translúcidas para reflejar la luz en el techo y en las partes superiores de las paredes, que la transmiten a la superficie que va a ser iluminada (iluminación indirecta). De igual manera, las bombillas emiten cierta cantidad de luz directa (iluminación directa); por tanto, existen dos efectos luminosos.

IV. *Iluminación semidirecta.* La mayor parte de la luz incide de manera directa en la superficie que va a ser iluminada (iluminación directa), y cierta cantidad de luz la reflejan las paredes y el techo. Estos cuatro tipos de iluminación se presentan en la figura 12.2

c. Estar colocada de manera que no encandile ni produzca fatiga a la vista, debida a las constantes acomodaciones.

4 D. S. Broadbent, "Effects of Noise on Behavior, en C. M. Harris (Org.), *Handbook of Noise Control*, Nueva York, McGraw-Hill, 1957.

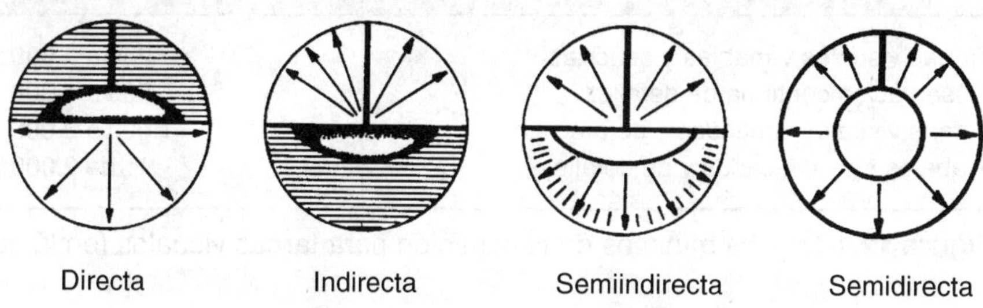

Figura 12.2 Tipos de iluminación.

Ruido

El ruido se considera un sonido o barullo indeseable. El sonido tiene dos características principales: frecuencia e intensidad. La frecuencia es el número de vibraciones por segundo emitidas por la fuente de sonido, y se mide en ciclos por segundo (cps). La intensidad del sonido se mide en decibelios (db). La evidencia y las investigaciones realizadas[5] muestran que el ruido no provoca disminución en el desempeño del trabajo. Sin embargo, la influencia del ruido sobre la salud del empleado y principalmente sobre su audición es poderosa. La exposición prolongada a elevados niveles de ruido produce, de cierta manera, pérdida de audición proporcional al tiempo de exposición. En otras palabras, cuanto mayor sea el tiempo de exposición al ruido, mayor será el grado de pérdida de audición.

El efecto desagradable de los ruidos depende de:

a. La intensidad del sonido

b. La variación de los ritmos o irregularidades

c. La frecuencia o tono de los ruidos

La intensidad del sonido varía de manera considerable. La menor vibración sonora audible corresponde a un decibelio (1 db), en tanto que

5 Joseph Tiffin y Ernest J. McCormick, *Psicologia industrial*, São Paulo, EPU, Edusp, 1975, p. 658.

los sonidos extremadamente fuertes provocan a menudo sensación dolorosa a partir de 120 db. La figura 12.3 da una idea de la intensidad del sonido:

Tipo de sonido	Decibelios
Menor vibración sonora audible	1
Murmullo	30
Conversación normal	50
Tráfico intenso	70
Inicio de la fatiga causada por barullo	75
Ruidos industriales externos	80
Pitos y sirenas	85
Escapes de camiones	90
Comienzo de la pérdida de audición	90
Máquinas	110
Sierras	115
Umbral del ruido doloroso	120
Prensa hidráulica	125
Aviones jet	130

Figura 12.3 Niveles generales de ruido.

Fuente: adaptado de A. P. G. Peterson y E. E. Gross Jr., *Handbook of Noise Measurement*, New Concord, General Radio, 1963, p. 4.

El nivel máximo de intensidad de ruido permitido legalmente en el ambiente de trabajo es 85 decibelios. Por encima de esta cifra, el ambiente se considera insalubre. Los ruidos entre 85 y 95 decibelios pueden causar daños auditivos crónicos, directamente proporcionales a intensidad, frecuencia y tiempo de exposición.

El control de los ruidos busca la eliminación o, al menos, la reducción de los sonidos indeseables. Los ruidos industriales pueden ser:

a. Continuos (máquinas, motores o ventiladores).

b. Intermitentes (prensas, herramientas neumáticas, forjas).

c. Variables (personas que hablan, manejo de herramientas o materiales).

Los métodos más ampliamente utilizados para controlar los ruidos en la industria pueden incluirse en una de las cinco categorías siguientes:

a. Eliminación del ruido en el elemento que lo produce, mediante reparación o nuevo desempeño de la máquina, engranajes, poleas, correas, etc.

b. Separación de la fuente de ruido, mediante pantallas o disposición de máquinas y demás equipos sobre soportes, filtros o amortiguadores de ruido.

c. Aislamiento de la fuente de ruido dentro de muros a prueba de ruido.

d. Tratamiento acústico de los techos, paredes y pisos para la absorción de ruidos.

e. Equipos de protección individual (EPI), como el protector auricular.

CONDICIONES ATMOSFÉRICAS

Temperatura

Una de las condiciones ambientales importantes es la temperatura. Existen cargos cuyo sitio de trabajo se caracteriza por elevadas temperaturas, como en el caso de proximidad de hornos siderúrgicos, de cerámica y forjas, donde el ocupante del cargo debe vestir ropas adecuadas para proteger su salud. En el otro extremo, existen cargos cuyo sitio de trabajo exige temperaturas muy bajas, como en el caso de los frigoríficos que requieren trajes de protección adecuados. En estos casos extremos, la insalubridad constituye la característica principal de estos ambientes de trabajo.

Humedad

La humedad es consecuencia del alto grado de contenido higrométrico del aire. Existen condiciones de elevada humedad en el sitio de trabajo, como en el caso de la mayoría de los telares, que requieren alta graduación higrométrica para el tratamiento de los hilos. No obstante, existen condiciones ambientales de poca o ninguna humedad, como en el caso de las industrias de cerámica, donde el aire se denomina "seco". En estos casos extremos, la insalubridad constituye la característica principal.

SEGURIDAD EN EL TRABAJO

La seguridad y la higiene en el trabajo son actividades ligadas que repercuten de manera directa en la continuidad de la producción y la moral de los empleados. La seguridad en el trabajo es el conjunto de medidas técnicas, educativas, médicas y psicológicas empleadas para prevenir accidentes y eliminar las condiciones inseguras del ambiente, y para instruir o convencer a las personas acerca de la necesidad de implantar prácticas preventivas. Su empleo es indispensable para el desarrollo satisfactorio del trabajo. Cada vez es mayor el número de empresas que crean sus propios servicios de seguridad. Según el esquema de organización de la empresa, los servicios de seguridad tienen la finalidad de establecer normas y procedimientos que aprovechen los recursos disponibles para prevenir accidentes y controlar los resultados obtenidos. Muchos servicios de seguridad no obtienen resultados, e incluso fracasan, porque no se apoyan en directrices básicas bien delineadas y comprendidas por la dirección de la empresa, o porque no se desarrollaron debidamente sus diversos aspectos. El programa debe ser establecido partiendo del principio de que la prevención de accidentes se alcanza mediante la aplicación de medidas de seguridad adecuadas, y de que sólo pueden ser bien aplicadas mediante un trabajo en equipo. En rigor, la seguridad es una responsabilidad de línea y una función de *staff*. En otras palabras, cada jefe es responsable de los asuntos de seguridad de su área, aunque exista en la organización un organismo de seguridad para asesorar a todas las jefaturas con relación a este asunto.

No debe confundirse el organismo de seguridad de la organización con el Comité Interno de Prevención de Accidentes (Cipa). En Brasil, el Cipa es una imposición legal de la Consolidación de las Leyes del Trabajo (CLT). En las organizaciones donde existen ambos, aunque trabajen conjuntamente con el mismo objetivo, el Cipa y el organismo de seguridad deben ser llamados por sus verdaderos nombres y merecer la diferenciación correspondiente. Al Cipa le corresponde registrar los actos inseguros de los trabajadores y las condiciones de inseguridad; así mismo, debe fiscalizar lo que ya existe. Por su parte, el organismo de seguridad dispone soluciones. El Cipa tiene especial importancia en los programas de seguridad en empresas pequeñas y medianas. En las grandes empresas, este concepto ha evolucionado más: los miembros del Cipa ayudan a los supervisores y jefes en asuntos de seguridad.

Un plan de seguridad implica los siguientes requisitos:

a. La seguridad en sí misma es una responsabilidad de línea y una función de *staff* frente a su especialización.

b. Las condiciones de trabajo, el ramo de actividad, el tamaño, la localización de la empresa, etc., determinan los medios materiales preventivos.

c. La seguridad no debe limitarse sólo al área de producción. Las oficinas, los depósitos, etc., también ofrecen riesgos, cuyas implicaciones afectan a toda la empresa.

d. El plan de seguridad implica la adaptación del hombre al trabajo (selección de personal), adaptación del trabajo al hombre (racionalización del trabajo), además de los factores sociopsicológicos, razón por la cual ciertas organizaciones vinculan la seguridad al órgano de recursos humanos.

e. La seguridad en el trabajo en ciertas organizaciones puede llegar a movilizar todos los elementos para el entrenamiento y preparación de técnicos y operarios, control de cumplimiento de normas de seguridad, simulación de accidentes, inspección periódica de los equipos de control de incendios, primeros auxilios, y para la elección, adquisición y distribución de una serie de elementos de vestuario del personal (anteojos de seguridad, guantes, cascos, botas, etc.), en determinadas áreas de la organización.

f. Es importante la aplicación de los siguientes principios:

- Apoyo activo de la administración, que comprende: mantenimiento de un programa de seguridad completo e intensivo; discusión con la supervisión, en reuniones periódicas, de los resultados alcanzados por los supervisores; toma de medidas exigidas para mejorar las condiciones de trabajo. Con base en este apoyo, los supervisores deben colaborar para que los subordinados trabajen con seguridad y produzcan sin accidentes.

- Mantenimiento del personal dedicado exclusivamente a la seguridad.
- Instrucciones de seguridad para cada trabajo.
- Instrucciones de seguridad a los empleados nuevos. Éstas deben darlas los supervisores, que pueden hacerlo en el sitio de trabajo con perfecto conocimiento de causa. Las instrucciones generales quedan a cargo de la sección de seguridad.
- Ejecución del programa de seguridad por intermedio de la supervisión. Aunque todos tienen responsabilidades definidas en el programa, los supervisores asumen responsabilidades especiales. Son las personas clave en la prevención de accidentes.
- Integración de todos los empleados en el espíritu de seguridad. La prevención de accidentes es trabajo de equipo, sobre todo en lo que corresponde a la difusión del espíritu de prevención. Deben emplearse y desarrollarse todos los medios de divulgación para que los empleados lo acepten y asimilen.
- Ampliación del programa de seguridad por fuera de la compañía. Busca la seguridad del empleado en cualquier lugar o en cualquier actividad, y la eliminación de las consecuencias de los accidentes ocurridos fuera del trabajo, que son semejantes, en extensión y profundidad, a los ocurridos en la empresa.
- No debe haber confusión entre el Cipa y el organismo de seguridad. El primero es una imposición legal en Brasil y el segundo es creación de la empresa.

La seguridad del trabajo contempla tres áreas principales de actividad, a saber:

1. Prevención de accidentes
2. Prevención de robos
3. Prevención de incendios

Cada una de estas tres áreas se tratará por separado.

Prevención de accidentes

La Organización Mundial de la Salud define accidente como "un hecho no premeditado del cual resulta daño considerable". El National Safety Council define el accidente como "la ocurrencia de una serie de hechos que, en general y sin intención, produce lesión corporal, muerte o daño material". Baptista recuerda que "estas definiciones se caracterizan porque consideran que el accidente es un hecho súbito, inesperado, imprevisto (aunque algunas veces es previsible) y no premeditado ni deseado que ocasiona daño considerable, aunque no especifica si se trata de daño económico (perjuicio material) o daño físico a personas (sufrimiento, invalidez o muerte)"[6].

La seguridad busca minimizar los accidentes de trabajo. Podemos definir accidente de trabajo como el que ocurre en el trabajo y provoca, directa o indirectamente, lesión corporal, perturbación funcional o enfermedad que ocasiona la muerte, la pérdida total o parcial, permanente o temporal de la capacidad para el trabajo. La palabra accidente significa un acto imprevisto, perfectamente evitable en la mayor parte de los casos. Las estadísticas de accidentes de trabajo, por ley, abarcan también los accidentes del trayecto, es decir, aquellos que ocurren en el transporte del empleado de su casa a la empresa, y viceversa.

Los accidentes de trabajo se clasifican en:

- *Accidente sin dejar de asistir a trabajar.* Después del accidente, el empleado continúa trabajando. Este tipo de accidente no se considera en los cálculos de los coeficientes de frecuencia ni de gravedad, aunque debe ser investigado y anotado en el informe, además de presentado en las estadísticas mensuales.

- *Accidente con inasistencia al trabajo.* Es aquel que puede causar:

a. *Incapacidad temporal.* Pérdida total de la capacidad de trabajo en el día del accidente o que se prolongue durante un periodo menor de un año. A su regreso, el empleado asume su función sin reducir la capacidad. Cuando se agrava la lesión -en el caso de que el accidente no le impide asistir al trabajo- y debe dejar de asistir, el accidente recibirá nueva designación; es decir, se considerará accidente con inasistencia

6 Hilton Baptista, *op. cit.*, p. 9.

al trabajo, y el periodo de inasistencia se iniciará el día en que se comprobó el agravamiento de la lesión. En este caso, se mencionará en el informe del accidente y en el informe del mes.

b. *Incapacidad permanente parcial.* Reducción permanente y parcial de la capacidad de trabajo.

La incapacidad permanente parcial generalmente está motivada por:

- Pérdida de cualquier miembro o parte del mismo.
- Reducción de la función de cualquier miembro o parte del mismo.
- Pérdida de la visión o reducción funcional de un ojo.
- Pérdida de la audición o reducción funcional de un oído.
- Cualesquiera otras lesiones orgánicas, perturbaciones funcionales o psíquicas que ocasionaren, en opinión del médico, reducción de menos de tres cuartas partes de la capacidad de trabajo.

c. *Incapacidad total permanente.* Pérdida total permanente de la capacidad de trabajo.

La incapacidad total permanente está motivada por:

- Pérdida de la visión de los dos ojos.
- Pérdida de la visión de un ojo, y reducción en más de la mitad de la visión del otro.
- Pérdida anatómica o impotencia funcional de más de un miembro de sus partes esenciales (mano o pie).
- Pérdida de la visión de un ojo, simultáneamente con la pérdida anatómica o impotencia funcional de una de las manos o de un pie.
- Pérdida de la audición de ambos oídos, o reducción en más de la mitad de su función.
- Cualesquiera otras lesiones orgánicas, perturbaciones funcionales o psíquicas permanentes que ocasionen, según opinión médica, la pérdida de tres cuartas partes o más de la capacidad de trabajo.

d. *Muerte.*

Las estadísticas de accidentes

La VI Conferencia Internacional de Estadística del Trabajo estableció el coeficiente de frecuencia y el coeficiente de gravedad como medidas para controlar y evaluar accidentes. Ambos coeficientes se utilizan en casi todos los países, permitiendo comparaciones internacionales, además de las comparaciones entre diferentes sectores industriales.

1. La fórmula del coeficiente de frecuencia (CF) es

$$CF = \frac{\text{No. de accidentes con inasistencia al trabajo} \times 1.000.000}{\text{No. de horas/hombre trabajadas}}$$

El coeficiente de frecuencia (CF) representa el número de accidentes con inasistencia, ocurrido por cada millón de horas/hombre trabajadas durante el periodo considerado; es un índice que relaciona el número de accidentes por cada millón de horas/hombre trabajadas, con el fin de establecer comparaciones entre todos los tipos y tamaños de empresas. Para el cálculo del CF se necesitan los siguientes datos:

- *Número medio de empleados* de la empresa en determinado intervalo de tiempo (día, mes o año). Relación entre el total de horas trabajadas por todos los empleados en este intervalo de tiempo y la duración normal del trabajo en el mismo intervalo (con base en 8 horas diarias, 25 días o 200 horas por mes, y 300 días o 2.400 horas por año).

- *Horas/hombre trabajadas.* Número que arroja la suma de todas las horas trabajadas efectivamente por todos los empleados de la empresa, incluidos los de oficina, administración, ventas u otras actividades. Son horas en que los empleados están sujetos a accidentes de trabajo. En el número de horas/hombre trabajadas deben incluirse las horas extras, y excluirse las horas remuneradas no trabajadas, como las que transcurren cuando hay ausencias justificadas, licencias, vacaciones, enfermedades y descansos remunerados. Se toman como base 8 horas diarias de trabajo. El número de horas/hombre trabajadas se refiere a la totalidad de los empleados de la empresa o del departamento.

2. La fórmula del coeficiente de gravedad (CG) es

$$CG = \frac{\text{días perdidos + días computados} \times 1.000.000}{\text{No. de horas/hombre trabajadas}}$$

El coeficiente de gravedad (CG) es el número de días perdidos y contabilizados (debitados) por cada millón de horas/hombre trabajadas durante el periodo considerado. Es un índice que relaciona la cantidad de ausencias o inasistencias con cada millón de horas/hombre trabajadas, para establecer comparaciones con otros tipos y tamaños de empresas.

Para calcular el CG se necesitan los siguientes datos:

- *Días perdidos.* Total de días en los cuales el trabajador accidentado queda incapacitado temporalmente para el trabajo, a consecuencia del accidente. Los días perdidos o debitados se cuentan a partir del día inmediatamente siguiente al del accidente, hasta el último día de la incapacidad por orden médica, inclusive. En el conteo de los días perdidos se incluyen los domingos, los feriados o cualquier otro día en que no haya trabajo en la empresa. En caso de accidente considerado inicialmente sin inasistencia al trabajo, pero que por justa razón pasa a incluirse entre los accidentes con inasistencia, el conteo de los días perdidos o debitados se iniciará el día de la comunicación del empeoramiento de la lesión.

- *Días perdidos trasladados.* Días perdidos durante el mes, por accidente del mes anterior (o de meses anteriores).

- *Días debitados o computados* (contabilizados por reducción de la capacidad o muerte). Cantidad de días que convencionalmente se atribuye a los casos de accidentes que ocasionan muerte, incapacidad permanente, total o parcial, y que representan la pérdida total o la reducción de la capacidad de trabajo, según la tabla de evaluación convencional de la reducción permanente de la capacidad de trabajo.

Identificación de las causas de accidentes

La mayor parte de las causas de los accidentes puede identificarse y eliminarse para evitar nuevos accidentes. Según la American Standards Association, las principales causas de accidentes son:

Tipos de industrias	No. de empresas	No. promedio de empleados	Horas/hombre de exposición al riesgo	Coeficientes de	
				Frecuencia (CF)	Gravedad (CG)
00 - Extracción de minerales	15	9.202	22.956.778	57,02	2.527
10 - Productos de minerales no metálicos	45	41.279	101.534.969	30,13	1.843
11 - Metalúrgica	147	153.094	373.983.576	56,46	2.049
12 - Mecánica	64	65.277	147.512.081	36,41	1.359
13 - Material eléctrico y de comunicaciones	70	80.567	187.293.840	19,83	572
14 - Material de transporte	63	166.890	384.051.084	25,33	773
15 - Madera	12	7.741	20.143.212	49,55	2.274
16 - Mobiliario	6	2.810	6.610.087	54,31	506
17 - Papel y papelería	21	16.680	42.076.021	40,28	1.275
18 - Caucho	5	11.056	25.576.099	25,96	853
19 - Cueros y pieles y productos semejantes	2	2.674	7.569.845	25,62	867
20 - Química	82	50.943	121.643.858	28,35	1.196
21 - Productos farmacéuticos y veterinarios	17	12.213	33.924.470	26,26	916
22 - Perfumes, jabones y velas	6	7.274	17.950.220	11,59	842
23 - Productos de material plástico	19	9.912	23.821.975	42,82	1.362
24 - Textiles	50	48.695	113.669.562	29,18	904
25 - Confecciones, calzado y tejidos	4	2.205	5.005.976	43,95	518
26 - Productos alimenticios	51	33.997	92.580.395	38,32	1.244
27 - Bebidas	10	3.904	10.149.034	43,16	1.071
28 - Cigarrillos	15	10.411	21.508.654	38,17	827
29 - Editorial y gráfica	2	444	1.041.082	–	–
30 - Diversas	12	11.565	27.642.444	24,78	597
Servicios de construcción civil	26	51.085	130.269.006	76,88	2.494
Servicios de transporte	8	45.326	105.316.512	39,18	1.579
Servicios de almacenamiento y distribución de petróleo	2	2.603	5.820.331	–	–
Servicios de almacenamiento y distribución de gas	2	2.348	5.216.694	–	–
Servicios de producción y distribución de energía eléctrica	23	84.678	201.366.817	20,93	2.074
Otros servicios	28	66.802	156.295.744	63,48	2.561
De productos de extracción vegetal	1	8.420	18.718.863	56,89	1.719
Total	808	1.012.095	2.411.249.229	38.39	1.486

Figura 12.4 Estadística de accidentes de trabajo (808 empresas de la región de São Paulo y Rio).

Fuente: Associação Brasileira para Prevenção de Acidentes.

1. *Agente.* Se define como el objeto o la sustancia (máquinas, local o equipo que podrían protegerse de manera adecuada) directamente relacionado con la lesión, como prensa, mesa, martillo, herramienta, etc.

2. *Parte del agente.* Aquella que está estrechamente asociada o relacionada con la lesión, como el volante de la prensa, la pata de la mesa, el mango del martillo, etc.

3. *Condición insegura.* Condición física o mecánica existente en el local, la máquina, el equipo o la instalación (que podría haberse protegido o

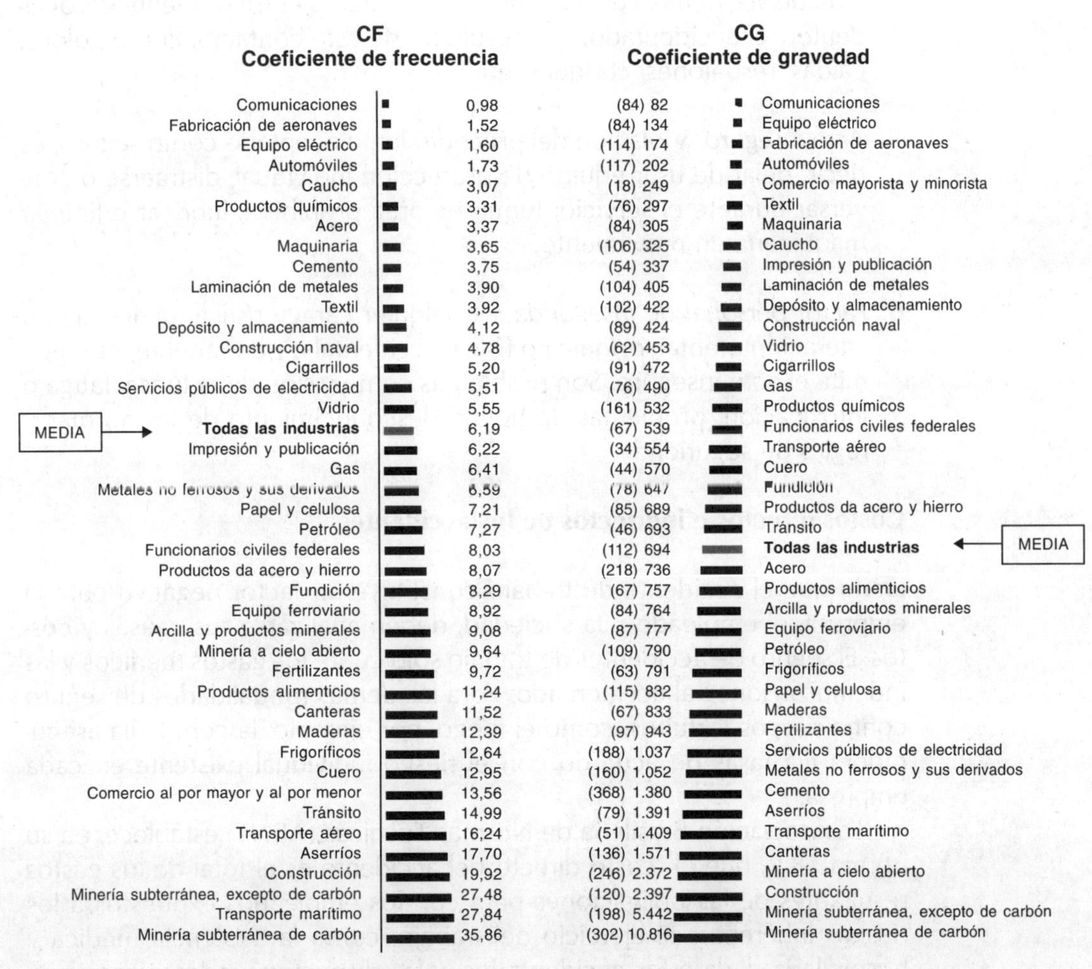

Figura 12.5 Coeficiente de frecuencia y coeficiente de gravedad en los Estados Unidos durante 1963.

Fuente: National Safety Council, *Accident Facts*, 1963, p. 23.

reparado) y que posibilita el accidente, como piso resbaladizo, aceitoso, mojado, con altibajos, máquina sin protección o con poleas y partes móviles desprotegidas, instalación eléctrica con cables deteriorados, motores sin polo a tierra, iluminación deficiente o inadecuada, etc.

4. *Tipo de accidente.* Forma o modo de contacto entre el agente del accidente y el accidentado, o el resultado de este contacto, como golpes, caídas, resbalones, choques, etc.

5. *Acto inseguro.* Violación del procedimiento aceptado como seguro, es decir, dejar de usar equipo de protección individual, distraerse o conversar durante el servicio, fumar en área prohibida, lubricar o limpiar maquinaria en movimiento.

6. *Factor personal de inseguridad.* Cualquier característica, deficiencia o alteración mental, psíquica o física, accidental o permanente, que permite el acto inseguro. Son problemas como visión defectuosa, fatiga o intoxicación, problemas de hogar, desconocimiento de las normas y reglas de seguridad.

Costos directos e indirectos de los accidentes

Dado que el accidente de trabajo constituye un factor negativo para la empresa, el empleado y la sociedad, deben analizarse sus causas y costos. El seguro de accidentes de trabajo sólo cubre los gastos médicos y las indemnizaciones al accidentado. Para las demás modalidades de seguro contra riesgos fortuitos, como el fuego, por ejemplo, la compañía aseguradora fija tasas de acuerdo con el riesgo individual existente en cada empresa.

La Asociación Brasileña de Normas Técnicas (ABNT) establece, en su norma 18-R, que el costo directo del accidente es el total de los gastos resultantes de las obligaciones para con los empleados expuestos a los riesgos inherentes al ejercicio del trabajo, como la asistencia médica y hospitalaria dada a los accidentados, y las respectivas indemnizaciones, ya sean diarias o por incapacidad permanente. En general, estos gastos los cubren las compañías de seguros.

El costo indirecto del accidente de trabajo, según la ABNT, cobija todos los gastos de fabricación, gastos generales, lucro cesante y demás factores cuya incidencia varía según la empresa. Recientemente, el seguro social incluyó en el costo indirecto del accidente de trabajo los siguientes aspectos: gastos del primer tratamiento, obligaciones sociales, costo del tiempo perdido por la víctima, pérdida por disminución del rendimiento del accidentado al retornar al trabajo, pérdida por el menor rendimiento del trabajador que sustituye temporalmente al accidentado, cálculo del tiempo perdido por los compañeros de trabajo, etc.

En varios países se acepta la proporción de 4 a 1 entre los valores de los costos indirecto y directo. Por tanto, el costo indirecto representa cuatro veces el costo directo del accidente de trabajo, además de la tragedia personal y familiar que puede ocasionar el accidente de trabajo.

La cantidad de accidentes de trabajo registrados en algunos países es alarmante. En la mayor parte de los casos, se trasgreden las normas de seguridad en el trabajo, que si se obedecieran podrían reducir esta lamentable incidencia. Debe recordarse que tanto la enfermedad profesional como el accidente de trabajo causan responsabilidad civil y penal al empleador, en los casos de dolo o culpa.

Prevención de robos (vigilancia)

El servicio de vigilancia de cada empresa tiene características propias. Además, las medidas preventivas deben revisarse con frecuencia para evitar la rutina, que vuelve obsoletos los planes.

En general, un plan de prevención de robos (vigilancia) incluye:

a. *Control de entrada y salida de personal.* Se lleva a cabo en la portería de la empresa, cuando entra o sale el personal. Este control puede ser visual o basarse en la revisión de cada individuo que entra o sale de la fábrica. Puede ser un control muestral (por sorteo que realiza un aparato electrónico que cada empleado debe accionar) o total. Este control se limita a los obreros, por estar revestido de aspectos poco enaltecedores, puesto que se enmarca en la teoría "X" de McGregor y se asemeja al Sistema 1 –autoritario coercitivo– descrito por Likert. Se utiliza ampliamente en las fábricas.

b. *Control de entrada y salida de vehículos.* Muchas empresas ejercen fiscalización más o menos rígida en cuanto a vehículos, principalmente camiones de su flota de transporte o vehículos que traen o llevan mercancías o materias primas. Cuando se trata de vehículos de la empresa, como camiones y otros automotores, la portería anota las horas de entrada y de salida, el contenido, el nombre del conductor y, a veces, el kilometraje del vehículo.

c. *Estacionamiento fuera del área de la fábrica.* En general, las empresas mantienen fuera del área de la fábrica el estacionamiento de los automotores de sus empleados, con el fin de evitar el transporte clandestino de productos, componentes o herramientas. Algunas empresas no permiten el acceso de los empleados a sus automóviles en el estacionamiento durante el horario de trabajo.

d. *Ronda por los terrenos de la fábrica y por el interior de la misma.* Es muy común que se presenten esquemas de ronda en el interior de la fábrica y en sus alrededores, en especial fuera del horario de trabajo, no sólo para efectos de vigilancia, sino también para verificar la prevención de incendios.

e. *Registro de máquinas, equipos y herramientas.* Las máquinas, los equipos y las herramientas se inventarían con periodicidad. Las herramientas y los instrumentos utilizados por los obreros se depositan, al final de cada jornada de trabajo, en el respectivo almacén de herramientas para efectos de control y prevención de hurtos. Algunas empresas, cuando admiten nuevos obreros, hacen recibo de entrega de herramientas, y corresponde al obrero la responsabilidad de su mantenimiento.

f. *Controles contables.* Ciertos controles contables se efectúan principalmente en las áreas de compra, almacén de herramientas, expedición y recibo de mercancías. Estos controles contables son verificados periódicamente por empresas externas de auditoría. La detección de casos de sobrefacturación (compra de productos a precios mayores que los estipulados en la nota fiscal), subfacturación (venta a precios menores del que consta en la factura) o pago de facturas sin el correspondiente registro hace posible la localización de pérdida de mercancías.

Prevención de incendios

La prevención y el combate de incendios, sobre todo cuando hay mercancías, equipos e instalaciones valiosas que deben protegerse, exigen planeación cuidadosa. Disponer de un conjunto de extintores adecuados, conocer el volumen de los depósitos de agua, mantener un sistema de detección y alarma y proporcionar entrenamiento al personal son los puntos clave.

El fuego de un incendio es una reacción química de oxidación exotérmica, es decir, combustión con liberación de calor. Para que haya reacción, como puede observarse en la figura 12.6, deben estar presentes:

- Combustible (sólido, líquido, gaseoso)
- Comburente (generalmente el oxígeno atmosférico)
- Catalizador (la temperatura)

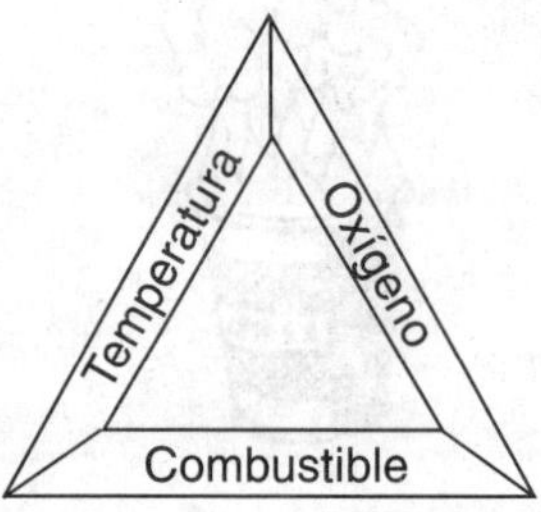

Figura 12.6 Triángulo del fuego.

Clasificación de los incendios

Para mayor facilidad en la estrategia de extinción, los incendios pueden clasificarse en cuatro categorías principales, como se muestra en la figura 12.7.

Categoría del incendio	Tipo de combustibles	Principales agentes extintores	Cuidados principales
A	Papel, madera, tejidos, trapos empapados en aceite, basura, etc.	• Espuma • Soda y ácido • Agua	Eliminación del calor, empapando con agua
B	Líquidos inflamables, aceites y derivados del petróleo (tintas, gasolina, etc.)	• Gas carbónico (CO_2) • Polvo químico seco • Espuma	Neutralización del comburente con sustancia no inflamable
C	Equipos eléctricos conectados	• Gas carbónico (CO_2) • Polvo químico seco	*Ídem.*
D	Gases inflamables bajo presión	• Polvo químico seco • Gas carbónico (CO_2)	*Ídem.*

Figura 12.7 Clasificación de los incendios en cuatro categorías.

Cada categoría de incendio requiere un método de extinción adecuado (*véase* la figura 12.8).

Clase A
Incendios que tienen como combustible materiales que dejan residuos después de quemarse: madera, papel, paño, fibra, caucho y otros.

Clase B
Incendios producidos por la quema de combustibles líquidos o gaseosos, materiales que no dejan residuos después de quemarse: gasolina, aceite, disolventes, grasa, etc.

Clase C
Incendios en equipos o instalaciones eléctricas en funcionamiento.

Figura 12.8 Clases de incendios.

Métodos de extinción de incendios

Puesto que el fuego es el resultado de la reacción de tres elementos (combustible, oxígeno del aire y temperatura), su extinción exige al menos la eliminación de uno de los elementos que componen el "triángulo del fuego". De este modo, la extinción de un incendio puede lograrse utilizando los siguientes principios:

1. *Retiro o aislamiento: neutralización del combustible.* Consiste en retirar el material que está en combustión, u otros que puedan alimentar o propagar el fuego (*véase* la figura 12.9). Ejemplos:

- Cerrar el registro del tubo del combustible que está alimentando el incendio.
- Retirar materiales de las proximidades del fuego para limitar su campo de acción.
- Retirar la parte del material incendiado, lo cual puede lograrse con facilidad al comienzo del incendio.

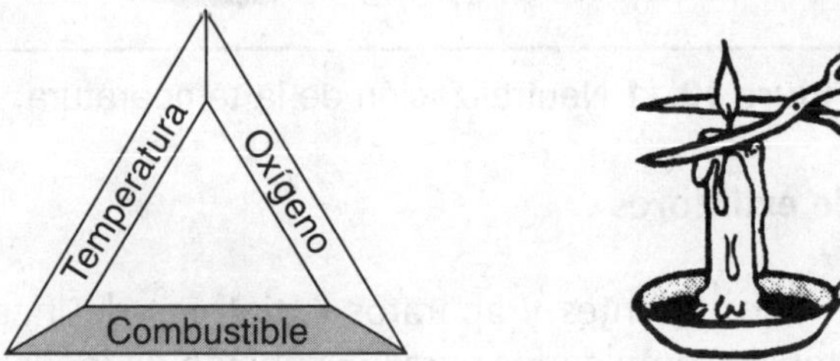

Figura 12.9 Neutralización del combustible.

2. *Cubrimiento: neutralización del comburente.* Consiste en eliminar o reducir el oxígeno del aire en la zona donde hay llamas, para interrumpir la combustión del material. Éste es el principio usado cuando se pretende apagar el fuego con alguna cobertura o con arena, según se ilustra en la figura 12.10.

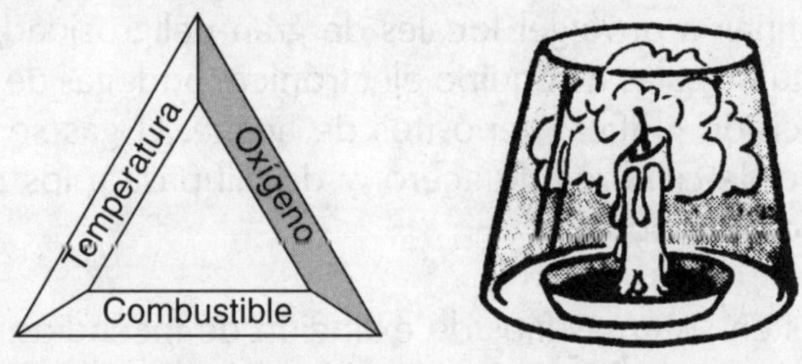

Figura 12.10 Neutralización del comburente.

3. *Enfriamiento: neutralización de la temperatura.* Consiste en reducir la temperatura del material incendiado hasta que cese la combustión. El elemento más utilizado para este fin es el agua, por su poder de enfriamiento y por ser más económica que cualquier otro agente extintor.

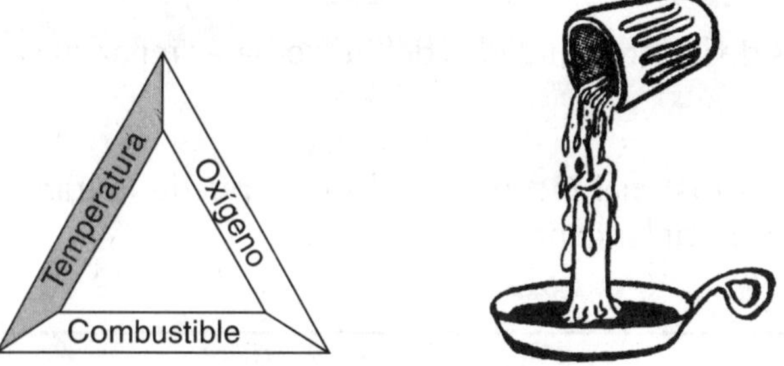

Figura 12.11 Neutralización de la temperatura.

Tipos de extintores

Existen varios agentes y aparatos extintores de incendios. Los primeros son materiales empleados para la extinción de incendios. Para extinguir el fuego es necesario, además de identificar su clase, conocer cuál es el tipo de extintor adecuado que debe utilizarse. Existen sistemas móviles y fijos para extinguir incendios. La figura 12.12 puede ser útil en la identificación del tipo de extintor adecuado para cada clase de incendio.

- *Espuma.* Equipo móvil que emulsiona espuma, compuesto generalmente de una estación emulsionadora, de un sistema de distribución de espuma y de diques de protección.

- *Gas carbónico.* Las instalaciones móviles o fijas de gas carbónico se destinan a proteger locales de gran peligrosidad, como depósitos de pinturas, salas de equipo electrónico, bodegas de barcos, máquinas de precisión gráfica, depósitos de aceite. El gas se acondiciona en una serie de cilindros de acero, y de allí pasa a los difusores a través de tubos de cobre.

Existen sistemas fijos de extinción de incendios, que pueden ser manuales o automáticos. La elección del mejor proceso debe hacerla un especialista. Entre los sistemas fijos podemos señalar:

Clases de incendios y los agentes extintores			
Clases de fuego / Agentes extintores	Clase A Papel, madera, tejidos, fibra, etc.	Clase B Líquidos inflamables, tintas, aceites, grasas, etc.	Clase C Equipos eléctricos en funcionamiento
CO_2 (gas carbónico)	Sólo actúa sobre las llamas	**Sí** Apaga por enfriamiento y cubrimiento	**Sí** Apaga por enfriamiento y cubrimiento
Espuma	**Sí** Para fuegos superficiales y de pequeña extensión	**Sí** La espuma flota sobre los líquidos inflamables y apaga la llama	**No** La espuma es conductora de la electricidad
Carga líquida	**Sí** Apaga por enfriamiento y empapa el material combustible	**No** La carga podrá extender el líquido inflamable además de no apagar el fuego	**No** La carga líquida es conductora de la electricidad
Polvo	Sólo actúa sobre las llamas	**Sí** Apaga por cubrimiento	**Sí** Apaga por cubrimiento
Agua	**Sí** Apaga por enfriamiento y empapa el material combustible	**Sí** El agua, en forma de neblina, enfría y apaga el fuego	**No** El agua es conductora de la electricidad

Figura 12.12 Identificación del tipo de extintor adecuado para cada clase de incendio.

- *Hidrantes y mangueras.* Es el sistema fijo de prevención de incendios utilizado con mayor frecuencia. Los hidrantes son conexiones instaladas de manera estratégica, en sitios internos y externos, destinados al acoplamiento de mangueras para combatir incendios. Los hidrantes están conectados al conducto principal de agua, destinado sólo a la extinción de incendios. Los hidrantes deben tener gran calibre, y la presión del agua debe corresponder al volumen de libras por centímetro cúbico exigido por la ley. Junto a los hidrantes hay instaladas mangueras con llave para el acoplamiento y los surtidores. Cuando se instalan en la parte externa de los edificios, las mangueras y los acoplamientos deben quedar guardados en cajas metálicas para protegerlos de la intemperie, de modo que sean visibles y de fácil acceso. Cuando se instalan en la parte interna de los edificios, deben mantenerse en soportes especiales y estar protegidos sólo por una cubierta sencilla. Las mangueras son conductores flexibles utilizados para transportar agua a presión desde su punto de toma hasta el lugar donde debe utilizarse para la extinción del fuego. El equipo hidráulico exigido por las mangueras comprende varios accesorios: uniones (de tipo de acople rápido), surtidores y boquillas. Las uniones sirven para conectar los extremos de la manguera al hidrante y al surtidor. El surtidor está constituido por piezas metálicas acopladas en los extremos de la manguera, destinadas a dirigir, dar forma y controlar el chorro de agua. Existen surtidores de chorro y de neblina. Las boquillas o puntas son piezas móviles colocadas en la salida del surtidor, y tienen diferentes diáme-

Materia prima

1. ¿Hay materias primas muy inflamables en el proceso de producción?
2. ¿Existe un sistema adecuado para el control de su calidad?
3. ¿Se controlan las condiciones de almacenamiento?
4. ¿Hay sustancias químicas tóxicas expuestas de manera peligrosa?
5. ¿Se manejan correctamente los materiales inflamables?
6. ¿Los operadores tienen instrucciones de emergencia para eventuales derramamientos?
7. ¿Qué precauciones se tomaron para controlar el fuego en las áreas en que tales materiales están almacenados? ¿El empleo de agua en el local podría producir gases tóxicos?

Procesamiento

1. ¿La reacción es exotérmica?
2. ¿Hay instalaciones para la eliminación del calor resultante?
3. ¿Cuál es el efecto de los contaminantes externos sobre la reacción?
4. ¿Los intermediarios del proceso son estables?
5. ¿Se conocen los límites de seguridad en el manejo de materiales estables?
6. ¿Existen instrucciones para actuar de emergencia en el centro de operaciones ante eventuales fallas de energía, vapor, etc.?
7. ¿Hay formación de subproductos o gases durante el contacto accidental con agua, disolventes, ácidos, etc.?
8. ¿Hay condiciones para controlar tales reacciones paralelas?
9. ¿Qué se ha hecho para asegurar que los trabajadores están entrenados para enfrentar situaciones de emergencia?
10. ¿Los dispositivos de emergencia (máscaras de gas, extintores, etc.) se encuentran en un punto accesible y en buenas condiciones de funcionamiento?

Productos acabados

1. ¿Los materiales de embalaje ofrecen condiciones de seguridad en cuanto a la toxicidad y el fuego?
2. ¿El empleo de recipientes obedece las especificaciones de toxicidad, estabilidad química, inflamabilidad, etc.?
3. ¿Qué consecuencias tendría el rompimiento del embalaje? ¿Hay recursos de emergencia para enfrentarlas?
4. ¿Los distribuidores de productos reciben instrucciones sobre las condiciones exigidas para manejarlos y almacenarlos?
5. ¿El sitio de almacenaje dispone de instrucciones sobre precauciones que deben tomarse con relación a cada producto que presente riesgo?

Equipo y disposición física (*layout*)

1. ¿Se conocen las limitaciones de los equipos (presión máxima, límite de velocidad, etc.)?
2. ¿Son adecuados los dispositivos de protección (válvulas de escape, discos de ruptura, etc.)?
3. ¿Son accesibles las válvulas y los puntos vulnerables?
4. ¿Es mínimo el número de "puntos críticos"? ¿Están identificados? ¿Reciben atención especial de los operadores?
5. ¿Los tanques y la tubería se instalaron de manera que no corran riesgos en caso de vaciamientos?
6. ¿Se tuvo el cuidado de instalar regaderas y aspersores (*sprinklers*)?
7. ¿Es adecuado el sistema de ventilación?

Figura 12.13 Las cuatro áreas críticas en la prevención de incendios.

tros, según las condiciones de la presión, del volumen de agua y de la necesidad del servicio. Muchas veces se necesitan varias mangueras conectadas entre sí para acercarse al fuego.

- *Aspersores (sprinklers).* Equipos fijos conformados por regaderas o rociadores automáticos de agua. Se recomiendan para incendios de categoría A en la fase inicial, pero no para incendios de categoría B o C. Los aspersores buscan impedir la propagación del fuego. Las compañías de seguros los reconocen como equipo de alta calidad, concediendo descuentos hasta de 60% en los pagos de seguro para los riesgos de los bienes protegidos por estos equipos. Se caracterizan porque exigen poco mantenimiento y presentan elevada durabilidad; en cambio, requieren dimensionamiento adecuado de los depósitos de agua. Su costo de instalación resulta muy elevado.

- *Emulsionadores (emulsifier).* Equipos fijos que arrojan agua a alta presión, utilizando el principio del emulsionamiento de los aceites, que de esta manera no se queman. Este sistema se recomienda para incendios de la categoría B, sobre todo en centrales termoeléctricas o en calderas a base de aceite, llaves protectoras de aceite, transformadores, generadores de vapor, etc.

Administración de riesgos

La administración de riesgos abarca identificación, análisis y administración de las condiciones potenciales de desastre. El riesgo es imprevisible, pero probable. Además del sistema de protección contra incendios (aparatos portátiles, hidrantes y sistemas automáticos), la administración de riesgos exige un esquema de pólizas de seguro contra fuego y lucro cesante, como medio complementario de asegurar el patrimonio y el avance de la empresa.

RESUMEN

Los subsistemas de mantenimiento de RH exigen también condiciones de trabajo que garanticen salud y bienestar. Por tanto, deben minimizarse la insalubridad y la peligrosidad. La higiene en el trabajo se centra tanto en las personas (servicios médicos y servicios adicionales) como en las condiciones ambientales de trabajo: iluminación, ruido y condiciones atmosféricas (temperatura, humedad, ventilación, etc.).

La seguridad en el trabajo se dirige a la prevención de accidentes, robos e incendios. En la prevención de accidentes, el organismo de seguridad es complementado por el Cipa. El coeficiente de frecuencia y el coeficiente de gravedad se emplean para evaluar los accidentes, pues permiten hacer comparaciones con la situación de otras empresas. La prevención de accidentes busca identificar las causas de éstos, con el fin de eliminarlas y evitar que continúen provocando nuevos accidentes. El costo indirecto de un accidente de trabajo representa cuatro veces su costo directo. La prevención de robos incluye esquemas de vigilancia y de controles internos en la empresa. La prevención de incendios parte del concepto del triángulo del fuego, que permite clasificar los tipos de incendios y los métodos más eficaces de prevención y extinción de cada uno de ellos.

TEMAS PRINCIPALES

Higiene en el trabajo
Ruido
Seguridad en el trabajo
Accidente
Coeficiente de gravedad
Triángulo del fuego
Iluminación
Condiciones atmosféricas
Cipa
Coeficiente de frecuencia
Incendio

PREGUNTAS Y TEMAS DE REPASO Y ANÁLISIS

1. Defina el concepto de higiene en el trabajo.
2. Explique el contenido de un plan de higiene en el trabajo.
3. ¿Cuáles son los objetivos de la higiene en el trabajo?
4. ¿Qué es la iluminación y cuáles son los requisitos de un sistema de iluminación?
5. Describa los tipos de distribución de luz y sus aplicaciones.
6. ¿Qué es ruido y cómo puede medirse y controlarse?
7. Defina el concepto de seguridad en el trabajo.

8. Explique el contenido y los requisitos de un plan de seguridad en el trabajo.
9. ¿Cuál es la diferencia entre el Cipa y el organismo de seguridad?
10. ¿Qué es un accidente? ¿Cómo pueden clasificarse los accidentes?
11. Explique qué es el coeficiente de frecuencia.
12. Explique qué es el coeficiente de gravedad.
13. ¿Cuáles son las principales causas de los accidentes?
14. Explique qué es costo directo y qué es costo indirecto de los accidentes.
15. Explique el contenido de un plan de prevención de robos (vigilancia).
16. Describa cómo se clasifican los incendios.
17. Explique qué es el triángulo del fuego.
18. Explique los métodos de extinción de incendios.

INFORME PARA ANÁLISIS Y DISCUSIÓN 12

"Un *rush* en la prevención de accidentes"*

La Fundación Jorge Duprat Figueiredo de Seguridad y Medicina del Trabajo (Fundacentro) realizó la primera convención de Cipas del estado de São Paulo, con participación de "cipeiros" (trabajadores que integran los comités internos de prevención de accidentes, obligatorios en empresas que tienen más de 50 empleados), médicos ocupacionales o del trabajo, así como ingenieros y técnicos de seguridad. Durante dos días todos participaron en una especie de balance de las actividades de los Cipas y conocieron los planes del Ministerio de Trabajo y de Fundacentro para ampliar la labor de prevención de accidentes.

Fundacentro amplió el soporte técnico al servicio de fiscalización del Ministerio de Trabajo mediante una red de laboratorios en el interior del estado de São Paulo y la promoción de una amplia campaña de prevención a través de la televisión. Además, Fundacentro, entidad que recibe parte de las primas o pagos de seguridad contra accidentes recogidos por los empleadores para el Seguro Social, ampliará sustancialmente su bagaje técnico. Recientemente inauguró el Centro Técnico Nacional, un inmenso laboratorio de investigaciones y pruebas.

* Tomado de la revista *Negócios em Exame*, No. 247, 24 de marzo de 1982, pp. 90-92, con autorización de Editora Abril.

Millones en perjuicios. Este *rush* de Fundacentro cuenta con el decidido apoyo del Ministerio de Trabajo. En la convención no se ahorraron elogios a la capacidad de Fundacentro para entrenar 320 Cipas en sólo seis meses.

La estrategia de Fundacentro no sólo pretende motivar a los empleados para que participen de manera más activa en los Cipas, sino también atraer a los empresarios para que se involucren más decididamente en el trabajo de prevención de accidentes. Con relación a los empresarios en particular, busca utilizar argumentos económicos demostrando la magnitud de los perjuicios. De hecho, es grande el daño causado por los accidentes graves, que ocasionan invalidez y muerte. Sólo Previsión Social gasta millones de reales en indemnizaciones cada año. Los técnicos de Fundacentro estiman que cuatro veces este valor debe haberse gastado con la paralización de la producción, la ruptura de máquinas y la disminución en la productividad de los empleados.

Aumento de muertes. Las estadísticas oficiales muestran que ha habido progresos sustanciales en el combate contra los accidentes de trabajo. De hecho, éstos descendieron de 16% a 6% con relación al número de empleados accidentados y al número de beneficiarios asegurados por las entidades de previsión social.

La validez de estas cifras es cuestionada por sindicalistas como el presidente del sindicato de obreros metalúrgicos de Osasco, quien afirma que el cambio de legislación abrió una brecha para que las empresas omitan el registro de accidentes que impiden asistir al trabajo menos de 15 días. Además, recuerda que el número de muertes a consecuencia de accidentes aumentó 20%. En un año, por ejemplo, hubo 4.824 muertes, según las estadísticas del Seguro Social.

Actuación sistemática. El sindicato de Osasco es uno de los inspiradores del Departamento Intersindical de Estudios e Investigaciones de la Salud y del Ambiente de Trabajo (Diesat), organismo creado y financiado por el movimiento sindical para prestarle asesoría en la formulación de propuestas relacionadas con la salud de los trabajadores. En Osasco, el sindicato viene actuando junto con los empleadores para la realización de elecciones más abiertas y con participación del sindicato. Gracias a este esfuerzo, según él, se triplicó el número de Cipas en los diez municipios que componen la base territorial de Osasco.

Ganar terreno. Toda esta movilización demuestra que los sindicatos empiezan a ganar terreno en una franja cuya iniciativa pertenecía tradicionalmente al empresario. Éste es el cuadro que suscita la especulación según la cual Fundacentro y el Ministerio de Trabajo pretenden retomar esa iniciativa. En muchas empresas, esta preocupación no tiene mucho sentido. Al contrario, ejemplos como el de la Mercedes-Benz, de São Bernardo do Campo, fueron expuestos como casos modelos que deben seguirse. La Mercedes-Benz mantiene en funcionamiento 25 Cipas, cuando por ley podría tener sólo uno.

En la Mercedes, 25 comités. Si se limitara a cumplir la ley, la Mercedes-Benz tendría 12 "cipeiros", pero como optó por la creación de una estructura capaz de comprobar los puntos de peligro y de insalubridad de toda la fábrica, mantiene 25 comités denominados internamente "Cipas departamentales" cuyo conjunto, que cobija más de 200 empleados, compone el Cipa oficial. Cada uno de estos Cipas está integrado por 8 a 12 empleados. Cada sector de la fábrica está representado por dos empleados con funciones semejantes. Estos Cipas se reúnen al menos una vez al mes bajo la coordinación de un empleado del sector de prevención de accidentes y con la presencia de un médico de trabajo y un asistente social.

Los técnicos de la Mercedes argumentan que esta compleja estructura es eficaz para identificar problemas, pero no para proponer soluciones viables. Para suplir este vacío, existe el comité central de asesoría, compuesto de 30 personas (capataces, ingenieros, técnicos de seguridad y médicos), que formula proyectos para ser aprobados por la dirección.

"Apertura". El esfuerzo conjunto de Fundacentro y el Ministerio de Trabajo es positivo: los trabajadores podrán ver los progresos del gobierno y del conjunto de las empresas en el combate contra accidentes. Y dado que el movimiento sindical no pretende perder la iniciativa, se prevé una disputa por el control de los Cipas, la cual será sólo el primero de una serie de *rounds* en los próximos años.

CASO 12

En una reunión del Comité Interno de Prevención de Accidentes (Cipa) se ventiló el hecho de que Metalúrgica Santa Rita S. A. (Mesarisa) debería recibir el trofeo de la empresa líder en el mercado, en cuanto al número de accidentes y a la gravedad de las consecuencias provocadas por ellos.

Se verificó que las empresas del sector metalúrgico tuvieron en 1996 un coeficiente de frecuencia (CF) medio de 56,46, en tanto que el coeficiente de gravedad (CG) fue 2,049. Fernando Torres, jefe de la sección de higiene y seguridad de Mesarisa, no creyó en estos datos y solicitó a los miembros del Cipa un tiempo para confrontar tales datos y elaborar un programa de prevención de accidentes para la fábrica. Al verificar sus cifras, Fernando hizo las siguientes anotaciones:

Meses	No. de horas/hombre trabajadas	No. de accidentes con inasistencia al trabajo	No. de días perdidos o debitados
Ene.	224.700	18	2.850
Feb.	239.300	25	3.160
Mar.	305.900	38	3.820
Abr.	266.300	22	3.300
May.	279.200	29	3.450
Jun.	276.300	36	3.930
Jul.	292.600	38	4.020
Ago.	290.900	40	4.220
Sep.	280.300	37	4.160
Oct.	279.200	32	3.850
Nov.	252.100	28	3.230
Dic.	224.800	19	2.820

Con estos datos, Torres pretende mostrar a los miembros del Cipa cuál es la posición de Mesarisa con respecto a las demás empresas del sector metalúrgico frente al CF y al CG, así como presentar un programa de prevención de accidentes que pueda implantarse con éxito para reducir la ocurrencia de siniestros en la fábrica.

13

Relaciones laborales

El subsistema de mantenimiento de recursos humanos cobija también las relaciones de la propia organización con las entidades que representan a sus empleados: los sindicatos. Estas relaciones se denominan relaciones laborales porque tienen que ver con el trabajo del personal y son negociadas y acordadas con los sindicatos. En otros términos, las relaciones laborales se basan en la política de la organización frente a los sindicatos, tomados como representantes de los anhelos, aspiraciones y necesidades -por lo menos en teoría- de los empleados. Las relaciones laborales constituyen la política de relación de la organización con sus propios miembros. En la práctica, es una especialidad política, puesto que el conflicto entre capital y trabajo puede resolverse, en una sociedad en transición, mediante una negociación política inteligente.

POLÍTICAS DE RELACIONES LABORALES

La política de relaciones con los sindicatos refleja de modo directo la ideología, la cultura y los valores asumidos por la alta administración de la organización, los cuales, a su vez, están influenciados por la etapa de desarrollo del sindicalismo, por el régimen político del gobierno y por la situación coyuntural de la economía del país, entre otros factores ambientales.

Entre las políticas de relaciones laborales que la organización puede adoptar, podemos definir cuatro[1]: paternalista, autocrática, de reciprocidad y participativa.

Política paternalista

Caracterizada por aceptar con facilidad y rapidez las reivindicaciones de los trabajadores, sea por inseguridad, falta de habilidad o incompetencia en las negociaciones con los líderes sindicales. A medida que los sindicatos logran atender las necesidades o reivindicaciones de sus bases, van creando otras de interés colectivo o particular de sus propios líderes, y las presentan como si proviniesen de las bases que representan. El sindicato se fortalece mediante el esfuerzo positivo: a cada necesidad satisfecha sigue otra mayor que debe ser atendida. Cada concesión representa, para la empresa, un costo adicional. La visión global de las necesidades y aspiraciones de los empleados se sustituye por el casuismo y la inmediatez para satisfacer cada reivindicación que va surgiendo. Esta actitud cortoplacista, orientada hacia la solución de problemas, debilita la organización y transmite inseguridad a los gerentes y supervisores de primera línea frente a las constantes presiones sindicales.

Política autocrática

Caracterizada por la postura rígida e impositiva de la organización, que actúa de modo arbitrario y legalista para conceder lo estipulado por ley y de acuerdo con sus intereses. No siempre se atienden las reivindicaciones, lo cual provoca el surgimiento de focos de indisciplina y grupos de oposición en el sindicato frente a los fracasos en los intentos de negociación. Dichos fracasos generan refuerzo negativo frente a la imagen de la organización, y cierta tensión entre la organización y sus miembros. La falta de diálogo perjudica la gerencia y la supervisión porque carecen de autoridad para satisfacer las aspiraciones y necesidades de sus subordinados, lo cual origina descontento, insubordinación e indisciplina en el personal. La supervisión es servil ante los superiores, pero rígida con los

---

1 Ademar Faljone, *Prática das negociações sindicais*, São Paulo, Tama, 1984, pp. 14-23.

subordinados. La política autocrática no puede sostenerse por mucho tiempo, dado su carácter unilateral e impositivo, que causa frustración e indignación en el personal.

Política de reciprocidad

Se basa en la reciprocidad entre la organización y el sindicato. Las reivindicaciones se resuelven de modo directo y exclusivo entre la dirección de la organización y la del sindicato; la participación de los trabajadores y los supervisores es escasa. El objetivo es constituir un pacto y atribuir al sindicato la responsabilidad de impedir que las cláusulas pactadas sean violadas por los trabajadores. Este pacto no siempre contempla las necesidades de los trabajadores ni las recomendaciones de los supervisores, lo cual origina presiones del sindicato contra los trabajadores y de la dirección contra los supervisores. Además de no contar con el apoyo y el compromiso de trabajadores y supervisores, esta política no siempre se cumple y produce desconfianza y falta de credibilidad de los trabajadores en la dirección del sindicato, y de los supervisores, en la dirección de la organización.

Política participativa

Caracterizada por considerar que las relaciones laborales involucran al sindicato y a los trabajadores, por un lado, y a la organización, a los dirigentes y a los supervisores, por otro. Esta visión propicia una evaluación amplia y objetiva de cada reivindicación o situación en cuanto a su viabilidad, naturaleza, oportunidad, validez y, sobre todo, en cuanto a integración e identidad con las demás políticas y objetivos de la organización. Presupone que las soluciones se negocien y discutan con datos concretos, objetivos y racionales, y que no se sustenten en opiniones personales. Esta política requiere buenas relaciones con los trabajadores y un clima organizacional sano en que gerentes y supervisores sean asesorados por especialistas de *staff,* no sólo en los asuntos de relaciones laborales, sino también en la búsqueda de soluciones a los problemas relacionados con las relaciones humanas en el trabajo.

La política participativa tiene en cuenta al empleado desde el punto de vista social, político y económico, y no sólo desde el punto de vista productivo. El cumplimiento de los acuerdos, así como la solución de los problemas, quejas y reclamos individuales de los trabajadores, se delegan en los supervisores de primera línea. Los problemas relacionados con grupos o situaciones más amplias, o incluso la interpretación de la ley o de las condiciones de la convención colectiva, deberán tratarse con la gerencia y especialistas en relaciones laborales para evitar que la solución cree precedentes de usos y costumbres en la solución de problemas en el futuro. Hallada la solución, la aplicación se encomienda a la supervisión directa. La dirección de la organización y del sindicato se encargan de resolver los problemas generales que involucran a todos los trabajadores. La política participativa corresponsabiliza al sindicato en el mantenimiento de un ambiente armónico en las relaciones laborales y en el cumplimiento de los acuerdos colectivos. Esta política, basada en el consenso entre las partes, es preventiva y no correctiva, pues se anticipa a los problemas o, por lo menos, los trata cuando son controlables. La autoridad de la gerencia y la supervisión se realzan y legitiman, mientras que el sindicato adquiere prestigio al privilegiar la negociación como medio de llegar a un acuerdo, convención o contrato colectivo.

En la actualidad, uno de los mayores desafíos del área de ARH en varios países, consecuencia de la apertura política y el creciente desarrollo del sindicalismo, es la convivencia con la evolución sindical y la participación de los trabajadores, por un lado, y, por el otro, la necesidad de que todos los niveles de la administración de la organización tomen conciencia de la nueva realidad laboral y de la creciente participación de los trabajadores en movimientos de reivindicación. Es evidente la necesidad de preparar a los empresarios y a todos los niveles de la administración para que adopten una posición democrática fundamentada en una política de relaciones laborales participativa.

Además, existe otro desafío para el área de ARH: la necesidad de conquistar espacio organizacional para actuar en los niveles táctico y estratégico, lo cual exige ganar mayor credibilidad junto a la alta administración y los demás niveles de la organización, y obtener mayor autonomía y poder de decisión.

EL SINDICALISMO

El sindicalismo no es un fenómeno reciente en la historia de las relaciones entre la organización y sus miembros, pues sus orígenes se remontan al surgimiento del sistema capitalista, a partir del siglo XVIII, con el inicio de la Revolución Industrial en Inglaterra. Los sindicatos nacieron cuando los empleadores comenzaron a establecer premios entre trabajadores y consumidores, es decir, cuando se desarrolló el sistema de remuneración, resultante del aumento de la población local (urbanización) y la expansión de los mercados internos. La presión de la competencia de precios entre productores de bienes o servicios provocó presión sobre los salarios, situación que impulsó a los trabajadores a buscar protección mutua contra tales presiones. Los sindicatos no surgieron en las fábricas, sino en pequeños establecimientos como zapaterías, sastrerías, constructoras, etc., cuando esos negocios comenzaron a producir para mercados mayores y para satisfacer la demanda futura. Antes de 1800, varios grupos de trabajadores empezaron a organizarse para actuar contra las condiciones de trabajo inhumanas. Al comienzo estas organizaciones fueron perseguidas de manera legal, pues los sindicatos eran considerados organizaciones criminales, según las leyes inglesas. Los empresarios buscaron combatir a toda costa esas organizaciones subversivas. En los periodos de aumento de precios, los sindicatos lograban reclutar miembros para presionar el alza en los salarios para sobrevivir. A pesar de momentos de declive, el movimiento sindical experimentó progresos constantes, incluso en los periodos de depresión económica.

Así, de una reacción contra las condiciones de trabajo, el sindicalismo evolucionó hacia la representación firme y legítima de los derechos y las expectativas de las clases trabajadoras. En la actualidad el sindicalismo representa un proceso de reivindicaciones por salarios y condiciones de trabajo mejores; además, es una fuerza política que forma parte natural de la disputa del poder en un régimen democrático.

Al hablar de la historia del movimiento sindical, Gramsci[2] destaca que los sindicatos constituyen el tipo de organización proletaria específico del periodo de la historia dominado por el capital. En cierto sentido, el sindicato es parte integral de la sociedad capitalista y cumple una función inherente al régimen de propiedad privada. Según él, la naturaleza esencial del sindicato es la competencia, no el ser comunista. El sindicato no puede ser instrumento de renovación radical de la sociedad: puede ofrecer al proletariado burócratas expertos, técnicos especialistas en asuntos laborales, pero no puede ser la base del poder proletario. Su razón de ser se halla en el trabajo, en la producción industrial, no en la división de clases. El sindicalismo no es un medio para hacer la revolución; es simplemente una forma de la sociedad capitalista que organiza a los obreros no como productores, sino como asalariados, es decir, como criaturas del régimen capitalista de propiedad privada,

---

2 Antonio Gramsci, *Escritos políticos*, Lisboa, Seara Nova, 1977, V. 2, pp. 41-44.

como vendedores de la mercancía de trabajo. El sindicalismo asocia a los trabajadores de acuerdo con el instrumento de trabajo o de la materia que va a transformarse, es decir, el sindicalismo asocia a los obreros según la forma que les imprime el régimen capitalista, el régimen del individualismo económico.

Como organización, el sindicato es una agremiación o asociación constituida para defender los intereses comunes de sus miembros. Existen los sindicatos de empleados o trabajadores y los sindicatos de empleadores o patronales. Los sindicatos se asocian en federaciones de ámbito regional. Las federaciones son instituciones que congregan sindicatos representativos del mismo sector industrial, sean de empleados o de empleadores, en número no inferior a cinco. Las federaciones son asociaciones sindicales de grado superior, normalmente asociadas en confederaciones. Éstas son agremiaciones sindicales de ámbito nacional, de grado superior, que congregan un mínimo de tres federaciones de sindicatos de empleados o de empleadores.

Medios de acción sindical

Para lograr las reivindicaciones de sus bases, el sindicato de los empleados puede utilizar varios medios para presionar a las organizaciones, como la huelga, los piquetes y las formas ilícitas de presión sindical.

Huelga (Greve)

Nombre de una plaza de París donde se reunían los trabajadores que no estaban de acuerdo con las condiciones de trabajo en las fábricas, a comienzos del siglo XIX. El nombre de la plaza se convirtió en sinónimo de la parálisis colectiva del trabajo, general o parcial, así como de la disminución intencional del ritmo normal de trabajo por parte de los empleados de una organización para lograr la modificación de las condiciones de trabajo. Si los trabajadores de determinada organización faltan a sus labores para asistir a un partido de fútbol, no hay huelga, sino falta colectiva al trabajo porque no se busca cambiar las condiciones de trabajo, sino apoyar a un equipo durante un tiempo determinado[3]. La huelga es una sus-

---

3 Itaboraí Martins, "Na greve, como na guerra", en *O Estado de São Paulo*, São Paulo, 6 de agosto de 1985.

pensión temporal, colectiva y pacífica del trabajo, como forma de conquistar ciertas reivindicaciones laborales. En general, la determinan el sindicato de trabajadores o los mismos trabajadores.

La huelga es un derecho que tienen todas las personas de abstenerse de trabajar para presionar al empleador y conseguir una reivindicación de interés general. La huelga es la parálisis colectiva del trabajo y debe constituir un acto colectivo voluntario que tiene un objetivo determinado; su manifestación exterior es la suspensión colectiva de la obligación de trabajar o no durante un periodo determinado[4]. La huelga suspende el contrato de trabajo, afecta sólo las relaciones del trabajo remunerado, implica la interrupción del salario y requiere deliberación previa. En el fondo, la huelga es la ruptura de las relaciones entre capital y trabajo, ocasionada por algún conflicto de intereses entre patronos y empleados. Es la antítesis de una rara política de RH. Detrás de la huelga puede haber factores objetivos, subjetivos y políticos:

a. Desde el punto de vista objetivo, los trabajadores entran en huelga cuando necesitan reforzar la reivindicación por mejores condiciones de trabajo, mejores salarios, beneficios, condiciones de ascenso, progreso, seguridad y estabilidad, relaciones con las jefaturas, etc.

b. Desde el punto de vista subjetivo, los trabajadores entran en huelga cuando se sienten perjudicados por una decisión o acción de la empresa.

c. Desde el punto de vista político, los trabajadores entran en huelga buscando mayor espacio de participación en el ejercicio del poder, dentro o fuera de la organización. En este aspecto, los trabajadores y sus líderes han descubierto que el ejercicio del poder político les ofrece mejores condiciones para alcanzar sus objetivos.

En los países civilizados, la huelga es el último recurso de presión y el argumento final para resolver el conflicto colectivo de trabajo. La huelga constituye, más que el salario, el rasgo distintivo y fundamental entre el trabajo libre y el trabajo servil. La adhesión a la huelga no siempre es general; en consecuencia, se conforman piquetes para presionar a los colegas a adherirse a ésta.

---

4 Ademar Faljone, *op. cit*, pp. 33-34.

Los piquetes son agrupaciones de huelguistas que buscan alentar a los colegas o impedir la entrada de los empleados que desean trabajar, o que buscan incluso coaccionar a quienes no se adhieren a la huelga. Los piquetes están prohibidos por el Código Penal, pues propician actos de coacción e intimidación que restringen la libertad individual de quienes no están de acuerdo con la huelga. Los piquetes pueden establecerse en:

- La entrada de la empresa, para impedir el ingreso al trabajo.
- Puntos estratégicos por donde deben pasar los empleados, para impedir que vayan a trabajar.

La huelga es la parálisis parcial o total de las actividades de los trabajadores, utilizada como medio de presión en la negociación de sus intereses o la consecución de sus objetivos. Movimiento huelguístico es un término genérico utilizado para indicar las fases de preparación, inicio y extensión de las actividades de reivindicación de derechos, condiciones y conquistas de la clase trabajadora. El movimiento huelguístico comprende los contactos políticos, las asambleas generales, la divulgación de folletos, comunicados y manifiestos, la movilización del sector obrero involucrado y la atracción de fuerzas de apoyo en todos los estratos sociales. Estas actividades van seguidas por el comienzo de la huelga propiamente dicha[5].

El derecho de huelga es un elemento pacífico en el orden jurídico contemporáneo nacional e internacional[6]. Ya en 1776, Adam Smith, creador de la escuela liberal en economía, aseguraba -en su libro *Riqueza de las naciones*- que mientras el patrón en sí mismo constituye una alianza económica, los obreros se fragmentan en una miríada de locales de servicios. De este modo, el derecho económico y el derecho social se dirigen a corregir las desigualdades económicas y sociales que sufre el grupo de los trabajadores. La huelga es un correctivo al desequilibrio entre el grupo de los trabajadores subordinados y los jefes de la empresa, dotados de poder casi soberano en materia económica.

---

5 Flávio de Toledo y B. Milioni, *Dicionário de recursos humanos*, São Paulo, Atlas, 1986, p. 55.

6 Evaristo de Moraes Filho, "Direito de greve", en *Revista LTr*, São Paulo, Vol. 50, No. 7, julio de 1986, p. 780.

El derecho de huelga se presenta como un derecho económico y social[7]. La huelga constituye un medio y no un fin en sí mismo; por tanto, no es más que un medio de defensa y de presión[8].

Formas ilícitas de presión sindical

Los movimientos laborales reivindicatorios pueden manifestarse en formas denominadas impropiamente huelgas, que constituyen formas ilegales de presión sindical porque no se apoyan en la deliberación del conjunto de trabajadores o no están precedidas de negociación ni de la ruptura de ésta. Entre las formas ilícitas de presión sindical de los trabajadores pueden señalarse:

1. *Huelga simbólica.* Parálisis colectiva de corta duración, sin abandonar el lugar de trabajo. Es una huelga "de demostración" que interrumpe el trabajo durante el horario normal de actividad, pero los participantes permanecen en sus puestos de trabajo. Es un medio de presión utilizado por grupos pequeños de empleados.

2. *Huelga de advertencia.* Parálisis destinada a afirmar la importancia de la reivindicación, la disposición de los trabajadores a entrar en huelga y la capacidad de movilización de éstos. Es una interrupción repentina del trabajo de todo el personal -que abandona el sitio de trabajo- durante un breve lapso, generalmente poco antes del término de la jornada. Es una forma de presión ilícita porque viola las normas contractuales e incumple la prestación del trabajo de la manera convenida. Cuando se torna repetitiva, aumenta el poder de presión de los empleados.

3. *Huelga de celo.* También denominada operación estándar porque el trabajador se ciñe de manera estricta a lo señalado en el reglamento interno, pero distorsiona la ejecución del trabajo, al cumplir el contrato con tanta minuciosidad, que impide la marcha regular de la producción, ocasionando trastornos e inconvenientes a la organización. También es una forma de presión ilícita por la mala fe evidente. El

7 V. Simi, *Il Diritto de Sciopero*, Milán, 1956, p. 83.
8 Sebastião Machado Filho, "Sindicato, política e direito", en *Revista LTr*, São Paulo, Vol. 50, No. 5, mayo de 1986, p. 543.

empleado cuenta con la ventaja de que no viola el contrato de trabajo y, por tanto, puede percibir normalmente su salario. No hay interrupción ni parálisis del trabajo, pues las tareas se realizan, aunque con tropiezos. Tampoco hay abandono del lugar de trabajo. Esta práctica, que exige conocimiento profundo de los reglamentos internos de la organización, mucha cohesión grupal y disciplina del personal, la llevan a cabo los empleados bastante calificados.

4. *Operación tortuga.* También se denomina huelga blanca porque el trabajo se cumple con lentitud o en condiciones técnicas inadecuadas. Durante esta operación disminuye el volumen de trabajo o la calidad de la producción.

5. *Parálisis relámpago.* Interrupción colectiva rápida e intempestiva en uno o diversos sectores de la misma organización u organizaciones diferentes. La parálisis relámpago se denomina operación vaca brava cuando ocurre sin previo aviso en varios sectores de una o más organizaciones, lo cual dificulta prevenirla e impide que la organización tome las medidas tendientes a neutralizarla.

6. *Faltas o retrasos del personal en sectores vitales.* En ocasiones, los empleados que trabajan en áreas vitales para el funcionamiento de la organización faltan al trabajo o se retrasan de modo voluntario creando problemas graves a la normalidad de las operaciones.

7. *Parálisis de proveedores vitales.* Intento de perjudicar una organización paralizando las organizaciones satélites que suministran materia prima o servicios esenciales para que funcione. De este modo, las organizaciones intermediarias o proveedoras son utilizadas para perjudicar determinada organización terminal.

8. *Rehusarse a trabajar horas extras.* Cuando el personal se niega a trabajar horas extras solicitadas por la organización.

9. *Ocupación del lugar de trabajo.* Forma agresiva de presión sindical en que el personal ocupa el lugar de trabajo y permanece en éste durante cierto tiempo, incluso varios días, en casos extremos. Esta ocupación puede estar acompañada de efectos propagandísticos como la instalación de carpas en la fábrica, realización de asambleas, empleo de afiches y carteles y establecimiento de vigilancia. La ocupación de la fábrica

tiene como propósito impedir por completo la producción cuando la fábrica piensa contratar nuevos empleados o desarrollar el trabajo con los empleados que no adhirieron al movimiento. Es una agresión contra la libertad de trabajo y contra la propiedad privada y, al mismo tiempo, un delito civil y penal.

10. *Sabotaje.* Empleo de medios violentos y ocultos para destruir bienes materiales o dañar máquinas, instalaciones, bienes de la empresa, productos o servicios, materias primas, etc. Constituye un atentado contra la propiedad y, por tanto, un acto ilícito.

MEDIOS DE ACCIÓN PATRONAL

Dado que los trabajadores emplean medios de acción sindical para hacer valer sus reivindicaciones, las organizaciones también pueden utilizar ciertos medios de presión contra los trabajadores, como el cierre patronal (*lock-out*) y la lista negra.

Lock-out o cierre patronal

El término inglés *lock-out* designa el cierre o huelga patronal, es decir, el cierre temporal de la empresa, determinado por los administradores o por el sindicato patronal como medio de presión en las negociaciones sindicales con los empleados. Este cierre ocasiona problemas a los empleados, que dejan de trabajar y percibir remuneración, así como a la misma comunidad, que deja de recibir los productos o servicios. La opinión pública puede ser favorable a la organización. Los empleadores utilizan este medio para defenderse de formas ilegales o atípicas de huelga u otros medios de presión ilícitos empleados por los trabajadores, y para obligarlos a ceder en algunas reivindicaciones exageradas. La huelga patronal no significa despido de los trabajadores, sino una suspensión temporal de la relación de trabajo. La huelga patronal puede ser ofensiva o defensiva, pero siempre será un acto unilateral del empleador o del sindicato patronal. El cierre debe ocurrir en legítima defensa de la organización para evitar daños o perjuicios causados a la empresa si ésta siguiese funcionando, o cuando las pretensiones laborales de los empleados imposibiliten la continuidad de la organización, después de agotadas todas las alternativas de negociación y conciliación.

Lista negra

Relación de trabajadores desvinculados por llevar a cabo acciones sindicales -activismo sindical-, distribuida a todas las empresas afiliadas a determinado sindicato patronal para impedir que sean contratados y defender los intereses de esas empresas. La lista negra es un medio ilícito de coacción porque los empresarios tachan de indeseables a los candidatos desde el punto de vista patronal y les impiden obtener empleo para ganarse la vida.

MEDIOS DE ACCIÓN	
SINDICAL	**PATRONAL**
Huelga Formas ilícitas de presión sindical Huelga simbólica Huelga de advertencia Huelga de celo Operación tortuga Parálisis relámpago Faltas o retrasos Parálisis de los proveedores Rehusarse a trabajar horas extras	*Lock-out* o huelga patronal Lista negra

REPRESENTACIÓN DE LOS TRABAJADORES EN LA ORGANIZACIÓN

El mundo laboral ha experimentado grandes cambios. Debido al surgimiento de la gran empresa, la democracia económica y la democracia empresarial, la participación de los trabajadores en las decisiones organizacionales ha sido uno de los temas más controvertidos y debatidos. El desarrollo tecnológico de las empresas, al sobrepasar los límites del mercado local, alejó a los propietarios del capital (los capitalistas) de los asuntos productivos, que pasaron a manos de un cuerpo de administradores y técnicos especializados; de este modo, el capitalista -empresario o accionista- perdió el control directo de la producción. Debido al progreso económico y tecnológico, la producción no puede ser dirigida sin el consentimiento de los trabajadores, aún más si éstos poseen cierto grado de educación y cultura y presionan para conquistar modificaciones tendientes a establecer la democracia en las empresas. En tanto que en los países socialistas las decisiones económicas las toma el Estado por encima de las empresas, en los países capitalistas surgen modelos de representación de los trabajadores en las decisiones empresariales.

La democracia empresarial surgió en Europa a partir de 1970 para evitar que las decisiones de los dirigentes de las organizaciones fueran las únicas que impulsaran la economía, y permitir que intervinieran todos los socios interesados, en especial los trabajadores. La democracia empresarial introdujo los modelos de representación de los trabajadores en la administración de las empresas, los cuales pueden clasificarse en dos clases: representación directa o antisindical y representación sindical[9].

1. *Representación directa o antisindical.* Representación que incluye esquemas internos, como consejos de fábrica y comités de empresa, que van desde la simple información hasta la participación efectiva en las decisiones de la empresa. Los principales tipos de representación directa o antisindical son:

a. *Consejos de fábrica o comités de empresa.* Grupos de empleados elegidos por los votos de los demás colegas, con poderes que varían desde la información y opinión hasta la participación en las decisiones de la empresa. Los miembros de los consejos de fábrica -en el caso de las industrias- y los comités de empresa -en el caso de organizaciones terciarias- son elegidos por el voto directo de los empleados, para periodos de uno o dos años.
Según la doctrina francesa, el objetivo de los consejos de fábrica y los comités de empresa es garantizar la expresión colectiva de los asalariados, permitiendo la protección permanente de sus intereses en las decisiones relativas a la administración y la evolución económico-financiera de la empresa, en la organización del trabajo y en las técnicas de producción[10].

b. *Cogestión o gestión compartida.* Término controvertido que puede significar un estilo organizacional que permite mayor participación de los trabajadores en su planeación y control, o un estilo organizacional en

9 Cássio Mesquita Barros, "Representação dos trabalhadores na empresa", en *Revista LTr*, São Paulo, Vol. 49, No. 11, noviembre de 1985, pp. 1298-1300.
10 *Révue droit social*, No. 6, junio de 1985, p. 395.

que empleados y obreros asumen una posición formal en la dirección de la empresa. Esto ocurre en Alemania, donde las empresas con más de 2.000 empleados son dirigidas conjuntamente por administradores y representantes de los trabajadores, a través de consejos administrativos de composición paritaria, en que los accionistas y empleados tienen igual representación.
El consejo administrativo elige presidente y vicepresidente por mayoría de dos terceras partes. Si no se alcanza esa mayoría, los accionistas tienen derecho a elegir al presidente de la empresa, y los empleados, al vicepresidente.

c. *Autogestión o gestión propia.* También es un término controvertido porque para unos representa la administración de la organización por sus propios miembros o empleados, en tanto que para otros significa un modelo de comportamiento democrático participativo en que ocurre la más amplia distribución del ejercicio del poder en las organizaciones, es decir, la igualdad total de poder. Los ejemplos de autogestión son muy escasos; los más importantes se encuentran en Croacia, donde el consejo de administración elegido por los empleados rinde cuentas a los trabajadores, en vez de hacerlo a los accionistas de la empresa.

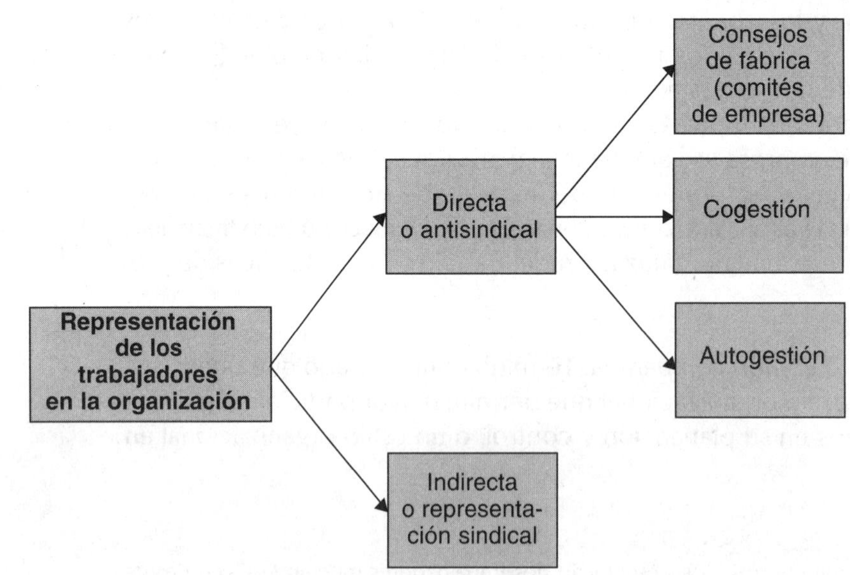

Figura 13.1 Medios de representación de los trabajadores en la organización.

2. *Representación sindical en la empresa.* En tanto que los modelos de representación directa son internos, los modelos de representación sindical incluyen la participación de los sindicatos fuera de los muros de la organización. Además de significar la cobertura de una tercera parte (la empresa, los empleados y el sindicato), en general esta participación es conflictiva, ya que no procede de organismos internos de representación de los trabajadores en la empresa, sino que se deriva de la actuación externa de los sindicatos. La consagración del sindicalismo libre como forma de equilibrio de la sociedad económica capitalista produjo intensa acción sindical y originó acuerdos colectivos independientes de la legislación estatal y estableció la representación sindical dentro de los muros de la empresa. De este modo, en las empresas donde los sindicatos disponen de fuerza de persuasión y razonable número de asociados, existen comités de fábrica, sistemas de información en anuncios o divulgación regular de noticias, así como sistemas de control empleados por el sindicato para monitorear y evaluar el desempeño de la empresa respecto de políticas de admisión y desvinculación de personal, criterios de remuneración y disciplina, y en especial, el cumplimiento de las cláusulas de los acuerdos colectivos.

CONFLICTOS LABORALES

Uno de los aspectos esenciales de la ARH es la solución de conflictos laborales asumiendo una actitud global y de largo plazo. Cuando los conflictos laborales se resuelven y solucionan de modo adecuado, originan cambios organizacionales que predisponen para la innovación. Sin embargo, cuando sólo se resuelven parcialmente o de manera inadecuada, crean polémica entre la organización, los miembros de ésta y el sindicato que los representa, lo cual puede afectar de modo negativo el desempeño organizacional.

Noción de conflicto

Conflicto y cooperación constituyen elementos integrantes de la vida de las organizaciones. Ambos han recibido mucha atención por parte de las recientes teorías de la organización, que los consideran dos aspectos de la actividad social, dos lados de una misma moneda, ya que en la práctica ambos están ligados indisolublemente. Tanto es así, que la resolución del conflicto es mucho mejor comprendida como una fase del esquema conflicto-cooperación, que como un fin del conflicto o una solución final de éste[11]. El pensamiento administrativo se ha preocupado en lo fundamental por los problemas de obtener cooperación y solucionar conflictos. El conflicto no es casual ni accidental; es inherente a la vida organizacional o, en otras palabras, al ejercicio del poder.

Conflicto significa existencia de ideas, sentimientos, actitudes o intereses antagónicos que pueden llegar a chocar. Siempre que se hable de acuerdo, aprobación, coordinación, resolución, unidad, consentimiento, consistencia, armonía, debe recordarse que estas palabras presuponen la existencia o la inminencia de sus términos opuestos, como desacuerdo, desaprobación, disensión, divergencia, incongruencia, discrepancia, inconsistencia, oposición, lo cual significa conflicto. El conflicto es la condición general del mundo animal[12]. El hombre sobresale entre los animales por su capacidad de atenuar esta condición, aunque no siempre puede eliminarla. La sociedad y la civilización -requisitos básicos de la vida humana- son viables gracias al elevado grado de congruencia de objetivos entre los hombres o, por lo menos, a ciertos mecanismos o reglas de conducta que impongan orden y acomodación.

Si las fuentes de cooperación residen en las semejanzas de intereses -reales o supuestas- entre individuos y organizaciones, las fuentes de conflicto se hallan en algún grado de divergencia -real o supuesta- de intereses. Uno de los propósitos de la administración debe ser crear condiciones o situaciones en que el conflicto -parte integrante de la vida industrial y empresarial- pueda ser controlado y dirigido hacia canales útiles y productivos. En situaciones de conflicto, las respuestas posibles de un grupo o de un individuo pueden caracterizarse en una escala que varía desde los métodos de supresión total hasta los métodos de negociación y solución de problemas, situados en un *continuum* como el que aparece en la figura 13.2[13].

---

11 Idalberto Chiavenato, *Teoria geral da administração*, São Paulo, McGraw-Hill de Brasil, 1993, vol. 2, p. 121.

12 Konrad Lorenz, *On Agression*, Nueva York, Harcourt, Brace & World, 1966.

13 H. A. Sheppard, "Responses to Situations of Competition and Conflict", en H. A. Sheppard, *Conflict Management in Organizations*, Ann Arbor, Michigan, Foundation for Research on Human Behavior, 1962, p. 33.

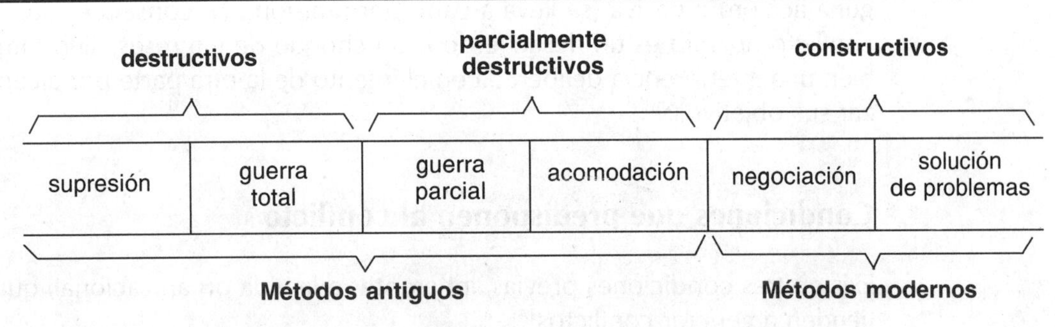

Figura 13.2 Situaciones de conflicto y métodos de solución.

Dado que las personas no son iguales ni las organizaciones tampoco, los conflictos son fricciones resultantes de las interacciones entre los diferentes individuos o entre los diferentes grupos, en los que la discusión y la competencia constituyen las fuerzas intrínsecas del proceso. Todo conflicto lleva en sí fuerzas constructivas que conducen a la innovación y al cambio, y fuerzas destructivas que llevan al desgaste y a la oposición. La ausencia de conflictos significa acomodación, apatía y estancamiento, ya que el conflicto se presenta porque existen puntos de vista e intereses diferentes que chocan a menudo. Así, desde cierto punto de vista, la existencia de conflicto significa existencia de dinamismo, vida y fuerzas que chocan.

En general, el conflicto es un proceso que se inicia cuando una de las partes -individuo, grupo u organización- percibe que la otra parte -individuo, grupo u organización- atenta o intenta atentar contra alguno de sus intereses. A medida que ocurre el cambio, las situaciones se modifican y la cantidad y la calidad de los conflictos tienden a aumentar y a diversificarse.

El conflicto se presenta en el contexto de las relaciones diarias entre personas, grupos y organizaciones, y puede involucrar personas, grupos y organizaciones. En general una de las partes -las personas, grupos u organizaciones- trata de alcanzar sus objetivos o satisfacer sus intereses en su relación con las otras partes. El conflicto ocurre cuando una de las partes interfiere de manera deliberada la consecución de los objetivos o la satisfacción de los intereses de la otra. El conflicto sólo existe cuando hay interferencia deliberada de una de las partes. La interferencia, condición necesaria para el conflicto, puede ser activa (se ejerce mediante alguna acción) o pasiva (se lleva a cabo por omisión). En consecuencia, el conflicto no sólo es un desacuerdo o un choque de intereses, sino también una interferencia deliberada en el intento de la otra parte por alcanzar sus objetivos.

Condiciones que predisponen al conflicto

Existen tres condiciones previas, inherentes a la vida organizacional, que tienden a generar conflictos[14]:

1. *Diferenciación de actividades.* A medida que la organización crece, desarrolla partes o subsistemas especializados. Basados en esta especialización -realizar tareas diferentes y relacionarse con diferentes partes del ambiente-, los grupos comienzan a desarrollar maneras específicas de pensar, sentir y actuar: tienen su propio lenguaje, objetivos e intereses. Esta perspectiva diferente originada por la especialización se denomina diferenciación, concepto explicado en el capítulo dedicado a las organizaciones. Objetivos e intereses diferentes, e incluso antagónicos, tienden a provocar conflictos.

2. *Recursos compartidos.* En general, los recursos disponibles son limitados o escasos y se distribuyen proporcionalmente entre las diversas áreas o grupos de la organización. En consecuencia, si un área o grupo pretende aumentar su porción de recursos, otra área o grupo tendrá que perder o ceder parte de los suyos. De ahí nace la percepción de que algunas áreas o grupos tienen objetivos e intereses diferentes o quizás antagónicos e incompatibles.

3. *Actividades interdependientes.* Para desempeñar las actividades en una organización, los individuos y grupos dependen unos de otros. La interdependencia existe en la medida en que un grupo no puede realizar un trabajo sin que otro realice el suyo. Todas las personas y grupos de la organización son interdependientes de alguna manera. Cuando los grupos se vuelven muy interdependientes, se presentan oportunidades de que un grupo apoye o perturbe el trabajo de otros.

---

14 David A. Nadler, J. Richard Hackman y Edward E. Lawler III, *Comportamento organizacional*, Rio de Janeiro, Campus, 1983, pp. 210-212.

Estas tres condiciones previas –diferenciación de actividades, recursos compartidos e interdependencia– crean condiciones que predisponen al conflicto.

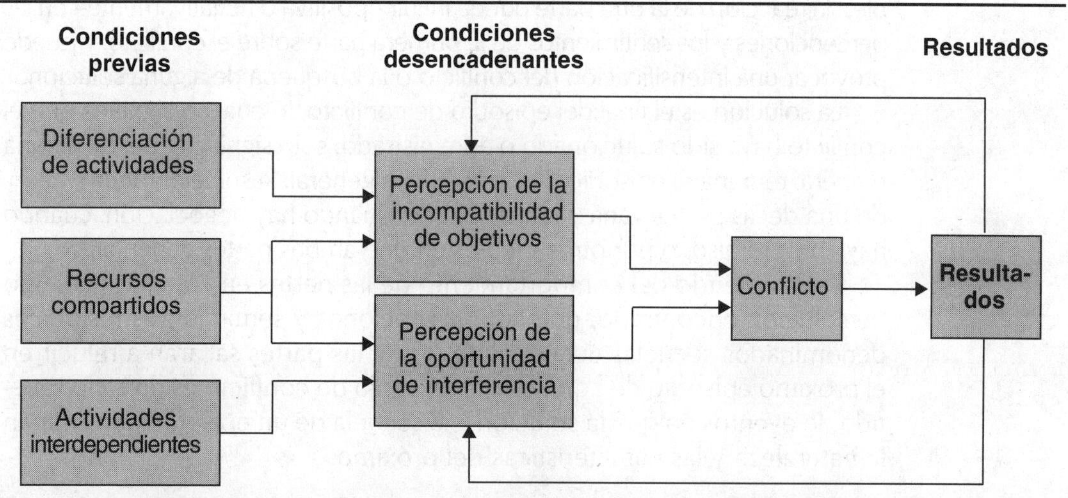

Figura 13.3 Condiciones previas y desencadenantes del conflicto.

Fuente: adaptado de David A. Nadler, J. Richard Hackman y Edward E. Lawler III, *Comportamento organizacional*, Rio de Janeiro, Campus 1983, p. 211.

Condiciones que desencadenan el conflicto

El conflicto se presenta cuando ocurren dos condiciones desencadenantes:

1. Percepción de la incompatibilidad de objetivos.

2. Percepción de la oportunidad de interferencia.

En consecuencia, la parte afectada adopta un comportamiento conflictivo.

De este modo, las condiciones previas producen condiciones favorables para que surjan conflictos. Cuando una de las partes percibe que existe una condición desencadenante (incompatibilidad de objetivos o intereses y oportunidad de interferencia de la otra parte), incuba sentimientos de conflicto con relación a la otra parte; en consecuencia, surge el comportamiento de conflicto. Para alcanzar sus objetivos o satisfacer sus intereses, la parte utiliza una serie de tácticas en el conflicto, que van desde la resistencia pasiva hasta el bloqueo activo del trabajo de la otra parte.

Para complicar las cosas, la acción de una de las partes provoca alguna reacción de la otra. De esta reacción surge una serie de consecuencias posibles: la reacción de la otra parte puede influir –positiva o negativamente– en las percepciones y los sentimientos de la primera parte sobre el conflicto, y puede provocar una intensificación del conflicto o la búsqueda de alguna solución.

La solución es el final del episodio de conflicto, lo cual no significa que el conflicto haya sido solucionado o administrado: sólo significa que, de alguna manera, termina el episodio de conflicto. En general, la solución ocurre cuando una de las partes gana y la otra pierde, cuando hay negociación, cuando hay compromiso, o por otros medios en que ambas partes ganen algo.

Dependiendo del comportamiento de las partes en conflicto y el tipo de solución encontrado, quedan percepciones y sentimientos residuales denominados secuelas del conflicto[15], que las partes sacarán a relucir en el próximo episodio de conflicto. El episodio de conflicto es un ciclo repetido de eventos en que la solución y la secuela de un episodio determinan la naturaleza y las características del próximo.

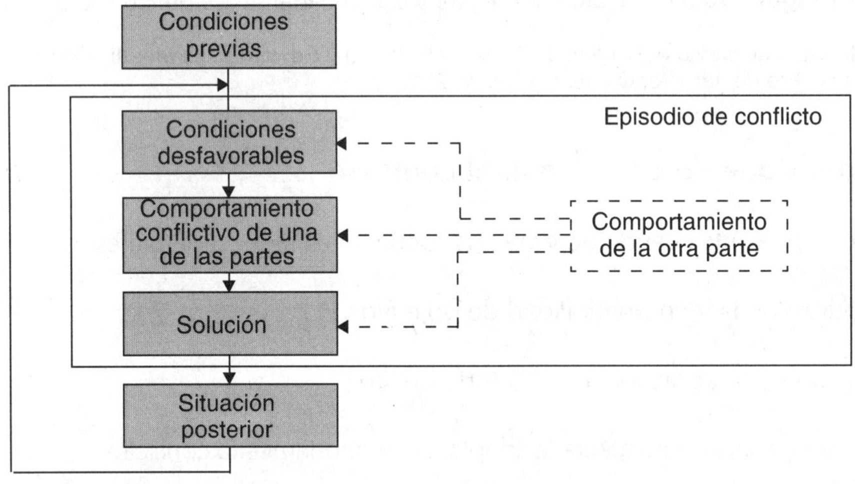

Figura 13.4 El proceso del conflicto.

Fuente: adaptado de David A. Nadler, J. Richard Hackman y Edward E. Lawler III, *Comportamento organizacional*, Rio de Janeiro, Campus 1983, p. 213.

15 L. R. Pondy, "Organizational Conflict: Concepts and Models", en *Administrative Science Quarterly*, No. 12, 1967, pp. 296-320.

RESULTADOS DEL CONFLICTO

El conflicto puede traer resultados constructivos o destructivos para las partes involucradas, ya sean personas, grupos u organizaciones. Por tanto, el desafío consiste en administrar el conflicto, de modo que puedan maximizarse los efectos constructivos y minimizarse los efectos destructivos.

Resultados constructivos

El conflicto puede proporcionar efectos potencialmente positivos[16]:

1. *El conflicto despierta los sentimientos y estimula las energías.* El conflicto lleva a las personas a permanecer más atentas, a esforzarse más y a ser más accesibles. Esta estimulación de energías origina curiosidad e interés en descubrir mejores medios de realizar tareas, y nuevos enfoques para la solución de problemas.

2. *El conflicto fortalece sentimientos de identidad.* Cuando un grupo enfrenta un conflicto, se vuelve más unido y se identifica mejor con sus objetivos e intereses. La cohesión aumenta generalmente la motivación por el desempeño de la tarea del grupo. Si el grupo "gana", sus miembros estarán más motivados para trabajar en equipo.

3. *El conflicto despierta la atención hacia los problemas.* A menudo el conflicto es un medio de llamar la atención hacia los problemas existentes.

4. *El conflicto pone a prueba la balanza del poder.* El conflicto puede llevar a destinar recursos (el tiempo gerencial, por ejemplo) para resolverlo, ajustando diferencias de poder entre las partes involucradas.

Resultados destructivos

El conflicto se conoce más por sus consecuencias negativas, destructivas e indeseables:

16 David A. Nadler, J. Richard Hackman y Edward E. Lawler III, *op. cit.* p. 214.

1. *El conflicto desencadena sentimientos de frustración, hostilidad y ansiedad.* Como las partes involucradas ven que las demás bloquean sus esfuerzos ante la presión por ganar, la atmósfera creada genera un clima estresante de frustración y hostilidad que puede incidir en el juzgamiento de la habilidad para desempeñar las tareas, y afectar el bienestar de las personas implicadas.

2. *El conflicto aumenta la cohesión grupal.* Con el incremento de la cohesión sube la presión social para que las personas estén de acuerdo o se acomoden a los objetivos del grupo o de la parte involucrada. Esto disminuye la libertad individual, e influye en la pérdida de eficacia del grupo en cuanto a su desempeño.

3. *El conflicto desvía energías hacia sí mismo.* Gran parte de la energía generada por el conflicto se dirige y se gasta en él mismo, en oposición a la energía que podría aplicarse en la realización de un trabajo productivo. De este modo, resolver un conflicto se vuelve un objetivo más importante que trabajar con eficacia.

4. *El conflicto lleva a una parte a bloquear la actividad de la otra.* Un comportamiento característico del episodio de conflicto entre las partes es el bloqueo de las actividades de la otra parte y la negativa a cooperar con ella, lo cual lleva a una disminución del desempeño del sistema total.

5. *El conflicto se autoalimenta y perjudica las relaciones entre las partes en conflicto.* El conflicto influye en la naturaleza de las relaciones entre las

Resultados potencialmente constructivos	Resultados potencialmente destructivos
• Estimula el interés y la curiosidad • Aumenta la cohesión grupal • Aumenta la motivación hacia la tarea • Despierta la atención hacia los problemas • Pone a prueba y reduce diferencias de poder	• Provoca frustración, hostilidad y ansiedad • Crea presión para buscar la conformidad de las personas • Provoca dispersión de energías • Produce acciones de bloqueo y negativa a cooperar • Genera distorsiones perceptivas

Figura 13.5 Resultantes del conflicto.

Fuente: adaptado de David A. Nadler, J. Richard Hackman y Edward E. Lawler III, *Comportamento organizacional*, Rio de Janeiro, Campus, 1983, p. 216.

partes, perjudica la comunicación entre ellas y distorsiona sus percepciones y sentimientos. A medida que aumenta el conflicto, cada parte tiende a estereotipar y ver a la otra como "enemiga", atribuyéndole motivos e intenciones negativas. Esta actitud fortalece las percepciones y los sentimientos de que los objetivos e intereses de la otra parte son incompatibles con los propios y que no se puede cooperar con la otra parte. Esto retroalimenta el conflicto: las comunicaciones y las distorsiones perceptivas tienden a ampliar el conflicto, el cual a su vez maximiza sus efectos negativos y destructivos.

Administración del conflicto

La manera de resolver un conflicto influirá en los resultados -constructivos o destructivos- que éste produzca y, por tanto, en los futuros episodios de conflicto.

Básicamente, un conflicto puede resolverse de tres maneras[17]:

1. *Ganar/perder.* Utilizando varios métodos, una de las partes consigue vencer en el conflicto, alcanzar sus objetivos y frustrar a la otra parte en su tentativa de alcanzar los suyos. De este modo, una parte gana, en tanto la otra pierde.

2. *Perder/perder.* Cada una de las partes desiste de algunos objetivos mediante algún compromiso. Ninguna de las partes alcanza todo lo que deseaba. Las dos desisten de algunas cosas, es decir, las dos pierden.

3. *Ganar/ganar.* Las partes consiguen identificar soluciones satisfactorias para sus problemas, permitiendo que las dos alcancen los objetivos deseados. El éxito, tanto en el diagnóstico como en la solución, permite que las dos partes ganen o las dos venzan.

Los dos primeros patrones de solución -ganar/perder y perder/perder- tienden a continuar el conflicto. Cuando una parte o las dos no alcanzan sus objetivos, perciben que el conflicto no ha terminado y permanecen atentas a iniciar otro episodio de conflicto en que quizá puedan

---

17 John R. Schermerhorn, Jr., James G. Hunt y Richard N. Osborn, *Basic Organizational Behavior*, Nueva York, John Wiley & Sons, 1995, p. 206.

ganar. En el tercer patrón de solución –ganar/ganar–, el ciclo de continuidad del conflicto se interrumpe y la probabilidad de conflictos futuros disminuye.

De ahí la enorme importancia de que gerentes y supervisores reciban entrenamiento en administración de conflictos y, sobre todo, en la adquisición de habilidades de negociación. La solución ganar/ganar no siempre es posible en todas las circunstancias, en especial si se trata de conflictos laborales.

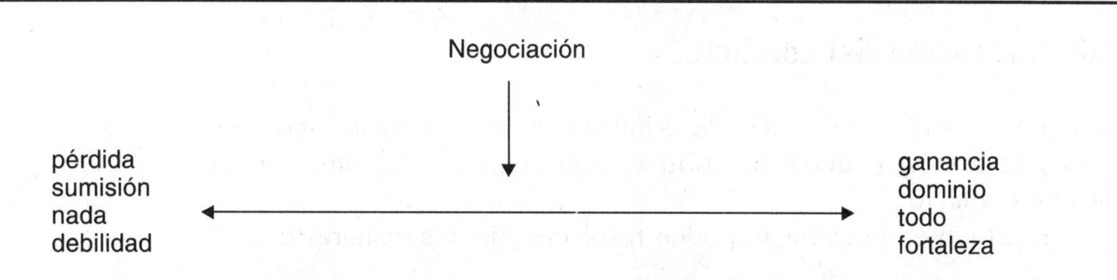

Figura 13.6 La negociación en la administración de conflictos.

Reivindicaciones en los conflictos laborales

Los *conflictos laborales* son divergencias surgidas entre dos sujetos (las organizaciones y los sindicatos) y abarcan intereses individuales o abstractos, generales, grupales, profesionales o económicos[18]. Son conflictos colectivos de trabajo o simplemente disidencias colectivas que reflejan el antagonismo entre intereses de una categoría profesional (grupo de trabajadores) y de una categoría económica (grupo de organizaciones). Cuando implican intereses individuales de las partes, es decir, de los empleados y de una organización, y no de las categorías profesionales o económicas a que pertenecen, se denominan conflictos laborales individuales o simplemente disidencias individuales.

Aunque algunos autores prefieren estudiar los conflictos laborales como conflictos en las relaciones entre capital y trabajo, dichos conflictos van más allá de esto, pues incluyen intereses y objetivos que sobrepasan las

18 Flávio de Toledo y B. Milioni, *op. cit.*, p. 33.

simples relaciones de trabajo entre empleador y empleado. Modernamente, las expectativas de los trabajadores superan las simples relaciones de empleo y se proyectan hacia factores motivacionales o intrínsecos que no constan en las convenciones o acuerdos colectivos de trabajo, y escapan de la visión de las relaciones o de la visión legal que pretenden delimitar muchos autores.

Los conflictos laborales incluyen varios tipos de reivindicaciones:

1. *Condiciones legales de trabajo.* Condiciones contractuales de trabajo, como jornada semanal, horarios de trabajo, interrupciones para descanso y refrigerios, descanso semanal remunerado (domingos y días festivos), condiciones de trabajo de la mujer y del menor, contrato de aprendizaje, condiciones de desvinculación y aviso previo, etc.

2. *Condiciones económicas de trabajo.* Condiciones que incluyen la remuneración, como salario profesional (o salario normativo o salario piso de la categoría), índice de reajuste salarial, índice de aumento real o índice de productividad de la categoría, adicionales por peligrosidad o insalubridad, adicionales de trabajo extraordinario (horas extras) en días normales o en domingos y días festivos, nivelación salarial, aumentos por mérito o por ascenso, propinas, comisiones, etc.

3. *Condiciones físicas de trabajo.* Condiciones ambientales que soportan los empleados en el sitio de trabajo: exposición a ruidos, temperaturas extremas, gases tóxicos, agentes químicos, bastante o poca iluminación, intemperie, choques eléctricos, altitud, así como los equipos de protección individual: vestuario, uniforme y dispositivos de higiene y seguridad de la organización.

4. *Condiciones sociales de trabajo.* Condiciones que promueven servicios y beneficios sociales previstos o no en la legislación, como restaurante en el lugar de trabajo, alimentación subsidiada o gratuita, transporte subsidiado o gratuito, lugares de descanso, asistencia médico-hospitalaria, servicio social, asistencia odontológica, asistencia a la gestante, guarderías, estacionamiento gratuito, seguro de vida colectivo, complementación de jubilación o fondos de pensión, complementación del auxilio de enfermedad, etc.

5. *Condiciones de representatividad en el trabajo.* Condiciones que aseguran a los empleados alguna forma de participación en el proceso de

toma de decisiones o su representación en ese proceso, como comités de fábrica, comités de empresa o consejos de empresa.

CONVENCIÓN COLECTIVA

"Convención colectiva de trabajo o acuerdo colectivo de trabajo es el acuerdo normativo mediante el cual dos o más sindicatos representativos de categorías económicas y profesionales estipulan condiciones de trabajo aplicables a las relaciones individuales de trabajo en el campo de las representaciones respectivas"[19]. La vigencia de la convención colectiva es, máximo, de dos años. En consecuencia, toda convención colectiva tiene su marco de amplitud temporal y espacial. La celebración de convenciones colectivas de trabajo es uno de los medios más utilizados para solucionar conflictos colectivos, evitar huelgas y mantener –mediante negociaciones y el consiguiente acuerdo entre las partes– la paz social basada en el consenso entre las partes.

La convención colectiva de trabajo prescribe en detalle cuáles son las condiciones laborales que regirán los contratos individuales de trabajo: horarios de trabajo, horarios de descanso, descanso semanal remunerado (en domingos o días festivos), jornada semanal de trabajo, salario profesional (salario mínimo de la categoría, también denominado salario normativo o salario piso), índice de reajuste salarial, índice de productividad de la categoría, aumento real de salarios con relación a la inflación, condiciones de trabajo de la mujer y del menor, adicionales por insalubridad o peligrosidad, adicionales por horas extras en los días normales, domingos y festivos, condiciones de desvinculación del personal, nivelación salarial, etc.

NEGOCIACIÓN COLECTIVA

La convención colectiva requiere un proceso previo de negociación entre las partes, denominado negociación colectiva. Ésta puede llevarse a cabo en tres niveles: la empresa, el sindicato y la federación de sindicatos.

19 Ademar Faljone, *op. cit.*, pp. 25-27.

El proceso de negociación colectiva es fruto de la estructura sindical de cada país y de los propios intereses en juego. El sindicato de trabajadores no pretende dividir sus bases en nivel de actividad industrial (por ejemplo, autopartes, automóviles, etc.), puesto que dividiría sus fuerzas y, por consiguiente, su poder reivindicatorio: desea negociar directamente con las grandes empresas, pero no acepta la división de sus bases para tal fin. Por otra parte, los sindicatos patronales no pretenden negociar de manera aislada con los sindicatos de los trabajadores mientras éstos representen solamente la categoría involucrada.

En un sentido más amplio, "negociación es el proceso de búsqueda del mejor resultado posible en la aceptación de ideas, propósitos o intereses, de modo que las partes involucradas terminen la negociación conscientes de que fueron escuchadas, de que tuvieron oportunidad de presentar sus argumentos y de que el producto final es mayor que la suma de las contribuciones individuales"[20]. Esta definición incluye conceptos como proceso, consenso y sinergia. En el proceso de negociación se necesitan las habilidades de toma de decisiones, comunicación, motivación, administración de conflictos y reunión. De este modo, el entrenamiento en negociación constituye un medio de consolidar las habilidades básicas de un administrador.

En los Estados Unidos, Inglaterra y Francia, el entrenamiento en negociación forma parte de los programas de entrenamiento gerencial desde 1950. En Brasil, a raíz del inicio de la apertura política al final de la década de 1970, de la revitalización del movimiento sindical y de la mayor participación de los empleados en el proceso de toma de decisiones, la negociación pasó a ser tratada como una importante herramienta de administración.

El proceso de negociación es muy semejante al proceso de toma de decisiones. En cierto sentido, puede decirse que la negociación no es más que una toma de decisión. Dentro de la concepción sistémica de la organización, los procesos de toma de decisión y comunicación son básicos para integrar las partes del sistema. La toma de decisión, así como la negociación, exige un diagnóstico de la situación actual en la formulación de objetivos, en el establecimiento de alternativas y criterios para la decisión, así como en la planeación, implementación y control de la decisión tomada[21].

---

20 Luiz Augusto Costacurta Junqueira, *Negociação: tecnologia de comportamento*, São Paulo, Cop Edit, 1984, p. 12.

21 *Ibíd.*, p. 14.

La negociación es una situación en que dos partes -sean individuos o grupos- cuyos intereses están en conflicto desean llegar a un acuerdo sobre cómo comportarse frente a la otra. La negociación forma parte de la dinámica de las organizaciones, sea en el contexto de sus relaciones internas o en el de sus relaciones con organizaciones o instituciones externas en general. La negociación es una acción cada vez más necesaria en el desempeño de cualquier tipo de liderazgo.

La negociación sindical es un proceso conductor de toma de decisiones sobre acuerdos colectivos que involucran representantes de los trabajadores y de los empleadores. En estos acuerdos se confrontan los diversos puntos de vista, las expectativas, los reclamos y las exigencias para lograr una solución conciliatoria por consenso o por concesiones mutuas[22].

Para llegar a la composición de la convención colectiva de trabajo existe un largo y exhaustivo proceso de negociación colectiva, precedido generalmente de un movimiento sindical consistente en una movilización de los integrantes de un sindicato, o incluso de una federación de sindicatos, en torno de sus reivindicaciones. El movimiento sindical se expresa mediante reuniones, asambleas, propaganda en el medio socioeconómico específico, reuniones de negociación entre las partes, manifestaciones, presiones y huelgas, de acuerdo con las estrategias escogidas y conforme al momento sociopolítico y económico del país[23].

Ciertos conceptos permiten mejorar las relaciones laborales[24]:

1. La organización debe definir con claridad su política de recursos humanos y divulgarla ampliamente.

2. La organización debe desarrollar canales de comunicación bidireccionales adecuados para sentir y percibir las expectativas y reivindicaciones de sus empleados, localizar las fuentes de problemas y conflictos, e identificar las causas.

3. La organización debe mantener diálogo permanente y abierto con los líderes sindicales.

---

22 Flávio de Toledo y B. Milioni, *op. cit.*, p. 57.

23 *Ibíd.*, p. 55.

24 Mário Ernesto Humberg, "Um novo jeito de negociar com os sindicatos, en *Gazeta Mercantil*, São Paulo, 15 de octubre de 1968, p. 5.

4. La organización debe preparar y entrenar a todas las jefaturas, en especial las más próximas a los obreros (supervisión de primer nivel), para enfrentar la nueva realidad sindical y para asumir la democracia que comienza a aparecer, puesto que en ésta la negociación es fundamental.

5. La organización no debe considerar que las declaraciones y actitudes "revolucionarias" de algunos líderes sindicales representen una tendencia de los obreros, sino que debe confrontarlas de manera directa en el momento oportuno.

6. La organización debe entender que la época del paternalismo acabó y que debe ser sustituida por un tratamiento respetuoso e igualitario, como lo presupone una sociedad democrática que confiere la misma representatividad al patrono y al empleado en las relaciones laborales.

Si la clase patronal se prepara adecuadamente para mantener relaciones laborales en una sociedad democrática, se notarán dos efectos simultáneos. En primer lugar, deberá replantearse el "huelguismo" actual (la huelga por la huelga, es decir, la huelga como un fin en sí mismo y no como medio de presión para conquistar reivindicaciones) y, en segundo lugar, las huelgas que ocurran deberán encararse con normalidad en la situación de confrontación y conflicto de intereses, que es natural y hasta productiva, si las partes son capaces de negociar de manera apropiada.

RESUMEN

Las relaciones laborales son el sistema de relación entre la organización, sus miembros y los sindicatos que los representan. La política de relación laboral puede ser paternalista, autocrática, de reciprocidad y participativa, que implica la corresponsabilidad del sindicato en el mantenimiento de un clima organizacional saludable. Las relaciones laborales están influenciadas por la etapa que atraviese el sindicalismo. Existen medios de acción sindical legítimos y legales, como la huelga, pero también existen medios ilícitos de presión como la huelga simbólica, la huelga de advertencia, la huelga de celo, la operación tortuga, la parálisis relámpago, etc. Así mismo, existen medios de presión patronal, como el *lock-out* o huelga patronal y la lista negra.

La representación de los trabajadores ante la organización puede ser directa (o antisindical), como en los casos de consejos de fábrica y comités de empresa, o sindical, cuando hay compromiso de los trabajadores con sus respectivos sindicatos. Los conflictos entre las personas y las organizaciones son generados por condiciones previas (como diferenciación de actividades, recursos compartidos e interdependencia) que, sumadas a las condiciones desencadenantes (como percepción de la incompatibilidad de objetivos y de la oportunidad de interferencia), originan el comportamiento de conflicto, que exige una resolución para evitar secuelas. El conflicto puede tener resultados constructivos y destructivos. Conflictos laborales son aquellos que involucran a organizaciones y sindicatos que representan a sus empleados. Los conflictos se resuelven mediante convenciones colectivas o acuerdos colectivos de trabajo establecidos en las negociaciones colectivas.

TEMAS PRINCIPALES

Política de relaciones laborales
Medios de acción sindical
Formas ilícitas de presión sindical
Política participativa
Administración participativa
Conflictos laborales
Convención colectiva
Sindicalismo
Huelga
Medios de acción patronal
Representación de los trabajadores
Conflicto
Administración del conflicto
Negociación colectiva

PREGUNTAS Y TEMAS DE REPASO Y ANÁLISIS

1. ¿Qué significa política de relaciones laborales?
2. Enumere los cuatro tipos de política de relaciones laborales.
3. Explique en qué consiste la política paternalista
4. ¿En qué consiste la política autocrática?
5. ¿En qué consiste la política de reciprocidad?
6. Explique en qué consiste la política participativa.
7. ¿Cómo surgió el sindicalismo?
8. ¿Cuáles son los medios de acción sindical?
9. ¿Qué es huelga?

10. ¿Cuáles son los factores objetivos, subjetivos y políticos de la huelga?
11. Explique en qué consiste el piquete.
12. Explique qué es el derecho a la huelga.
13. ¿Cuáles son las formas ilícitas de presión sindical?
14. ¿En qué consisten la huelga simbólica y la de advertencia?
15. ¿Qué es huelga de celo y qué es operación tortuga?
16. ¿Cuáles son los medios de acción patronal?
17. Explique en qué consisten el *lock-out* o huelga patronal y la lista negra.
18. Defina el concepto de representación de los trabajadores en la organización.
19. ¿Qué es representación directa o antisindical? Explique los medios.
20. Explique el concepto representación sindical en la empresa.
21. ¿Cuáles son los esquemas de la administración participativa?
22. Defina conflicto y enumere las condiciones que predisponen al conflicto.
23. ¿Cuáles son las condiciones que desencadenan el conflicto y cuáles son los posibles resultados del conflicto?
24. Explique en qué consiste la administración del conflicto.
25. ¿En qué consisten la convención y la negociación colectivas?

INFORME PARA ANÁLISIS Y DISCUSIÓN 13

"En Campinas surge un miniABC"*

Después de años de relativa calma, las relaciones laborales en la región de Campinas (São Paulo), uno de los más modernos y desarrollados polos industriales del país, experimentan la turbulencia del choque entre las corrientes combativas del movimiento sindical y las estructuras empresariales que, en su mayor parte, todavía no se adaptan a los nuevos cambios. La ola más fuerte de estos cambios llegó con la creación de la sección regional de la Central Única de Trabajadores (CUT), que definió las prioridades que modificaron de manera sustancial el marco laboral de la región: articulación de grupos de oposición sindical y formación política de trabajadores de base, cursos y seminarios (cerca de mil por semestre) para los asociados.

---

* Tomado de la revista *Negócios em Exame*, No. 356, 23 de julio de 1986, pp. 61-63, con autorización de Editora Abril.

Los efectos de esta ofensiva son visibles. La CUT conquistó importantes sindicatos de la región, entre ellos los de los obreros metalúrgicos de Campinas, cuya base cubre también Sumaré (donde se localiza la IBM), Americana y Valinhos. El poder del sindicalismo de la región de Campinas obliga a establecer relaciones con el ABC paulista, donde resurgió el movimiento sindical durante el régimen militar. El proceso es semejante, tanto en la evolución del sindicalismo como en la madurez de esas relaciones.

Aunque la administración de las empresas haya dado mayor importancia a las relaciones laborales, falta que aquéllas comprendan que el sindicalismo es un fenómeno inevitable y hasta deseable. Según analistas apresurados, la región sólo conoció el sindicalismo más osado con la llegada de la CUT. No hay nada más falso, pues el resurgimiento del sindicalismo comenzó con el sindicalismo de asistencia social.

Comenzar por el replanteamiento. La fundación de la CUT regional permitió que los grupos de oposición sindical, hasta entonces desarticulados, se estructuraran y actuaran de manera organizada. Con base en este trabajo, en que participó la pastoral obrera de la Iglesia católica, los sindicatos comenzaron a ser conquistados. Después del sindicato de los obreros del sector metalúrgico, siguieron los del sector de productos químicos y los conductores de autobuses (ambos de Campinas y de la región), y los de los obreros del sector metalúrgico en Limeira. Estructurada en el ambiente urbano, la CUT dirigió su atención al medio rural, donde fundó dos sindicatos en Valinhos y Sumaré. La Central General de los Trabajadores (CGT) tiene cierta presencia en la región, gracias a su dominio en los sindicatos bancarios y del magisterio.

Tecnología de punta. El significado de este movimiento no es pequeño. La región de Campinas es uno de los polos industriales más estratégicos del país, pues allí se concentran industrias de tecnología de punta en los sectores de máquinas-herramientas de mando numérico, repuestos y aceros especiales. Atraídas por el Centro de Investigación de la Universidad de Campinas y por el Centro Tecnológico para la Informática (CTI), las empresas de información están transformando la región en el mayor polo del sector en el país.

En esta forma, tomó impulso el proceso de industrialización de la región. Diversos factores contribuyeron a esto: la proximidad de la capital, la excelente red ferroviaria y un moderno centro urbano, lo cual se conjuga con la calidad de vida del interior paulista.

Una serie de divergencias. La relación entre las empresas y los sindicatos en la región de Campinas se ha caracterizado por roces constantes que han originado algunas situaciones que ya forman parte del folclor laboral de la región, por ejemplo, el caso de la Donald Graber, empresa metalúrgica de tamaño mediano. Paralizada por una huelga, la empresa halló la solución que más le convenía: anunció a los 500 empleados que estaba suspendido el derecho a formar sindicatos. Además de interrumpir el descuento de las mensualidades en nómina, la empresa persuadió a los trabajadores para devolver el carné de afiliados en la sede del sindicato. "La intimidación es tan fuerte que los empleados corren el riesgo de ser despedidos por pertenecer al sindicato", afirma el presidente del sindicato de obreros metalúrgicos. La empresa despidió 60 trabajadores, entre ellos a un directivo sindical que por ley gozaba de estabilidad en el empleo. Empresas del tamaño de la Clark y la Bendix también aprovecharon la oportunidad para despedir dirigentes sindicales. La Nardini, fabricante de máquinas-herramientas en Americana, enfrentó una huelga de 12 días. Pese a la adhesión total del personal, al final del movimiento la empresa aprovechó la oportunidad para despedir 121 trabajadores de una lista que había estado elaborando en los dos últimos años.

Atraer al supervisor. La posición de la Gessy Lever es ilustrativa. Poseedora de dos unidades químicas en Valinhos, la empresa no tiene dificultades con el sindicato de obreros del sector, afiliado a la CUT. En consecuencia, la empresa afirma que no hay necesidad de adoptar políticas específicas para el sector. En otras empresas que ya afrontaron huelgas, se acumulan ejemplos de desenlaces traumáticos.

En este panorama, la Bosch estableció su visión estratégica. La mayor empresa de la región (su fábrica se localiza en Campinas) es punto de referencia para empresarios y trabajadores, pues estructuró su acción mucho antes de la llegada de las huelgas a la región. El diagnóstico realizado por la Bosch señalaba la necesidad de mejorar los canales de comunicación entre la dirección y los empleados mediante la valorización del supervisor y la implementación de un sistema de comunicación ágil e informal. La empresa estableció un programa de entrenamiento y desarrollo gerencial para los 200 supervisores, con el fin de integrar ese nivel intermedio al cuerpo gerencial y comprometerlo en los objetivos de la Bosch. Dividido en cuatro etapas, con una duración de 100 horas, el programa familiariza a los participantes con los principales conceptos de administración y negocios. En los módulos, el participante recibe información sobre los principales instrumentos de la gestión de personal, como salarios y beneficios. La suma de tales conocimientos (negocios y recursos humanos) permite que el supervisor asuma, en la práctica, la gerencia de los empleados de su área.

Antes de establecer este esquema de entrenamiento, hubo una serie de intentos que buscaban valorizar al supervisor. Desde entonces, éste está exento de muchas tareas. Además, tiene acceso al comedor gerencial y a una política de beneficios que incluye bonificaciones anuales, seguro de vida y asistencia médica diferenciada.

Faltan estructuras. En este aspecto radica la mayor debilidad de las empresas de la región, que sólo se dedican a dictar seminarios sobre negociaciones sindicales, sin crear una estructura que mantenga una acción continua. Por esta razón, iniciativas como la de la Singer, de Campinas, llaman la atención de otras empresas. Después de enfrentar dos huelgas violentas (incluso se produjo ocupación de la fábrica), la empresa comenzó un profundo trabajo de reformulación y modernización del área de RH. La preocupación básica fue el cambio de la cultura de la empresa frente a la acción sindical: queremos mostrar que el sindicato es un interlocutor válido. Con este objetivo, la empresa combinó un esquema de entrenamiento en liderazgo para sus 100 supervisores, con el establecimiento de relaciones más amistosas con el sindicato. Esta política está reforzada por reuniones quincenales con los supervisores para discutir diversos asuntos. Estas reuniones, institucionalizadas también por la Bosch, permiten que la empresa identifique posibles puntos de conflicto para tratar de neutralizarlos.

Gestión social. El objetivo es anticiparse a una posible acción sindical, prevención empleada también por la Romi, fabricante de máquinas y herramientas de Santa Bárbara d'Oeste. En esta empresa, el gerente de RH se reúne todos los viernes con el sindicato de obreros metalúrgicos del municipio, incluso si no hay una pauta definida. Al fin y al cabo, los 16 directivos de la entidad, ligada a la CGT, son empleados de la empresa.

Para las empresas que no mantienen contactos permanentes con el sindicato existen otros instrumentos. La Eletrometal, con sede en Campinas y fabricante de aceros especiales, implementó un programa de sugerencias accesible a los 1.400 empleados. La Rhodia, que mantiene una unidad química de base en Paulínia, va más allá. El departamento de RH creó un área de gestión social de nivel corporativo. Su primera tarea fue delinear el perfil del profesional de la empresa. Con base en esta información,

Rhodia proyectó las necesidades de sus empleados durante los meses siguientes para anticiparse a ellas.

Negociación directa. Además de elevar la temperatura en el interior de las empresas, el viraje sindical produce esfuerzos de asociación y convida a dar y recibir retroalimentación. En los últimos años la actividad del Grupo Campinas de Recursos Humanos (Gruca), que reúne profesionales del área, recibió un fuerte impulso. El grupo dedica su tiempo al análisis de las relaciones laborales y sindicales.

En el ámbito de la delegación regional del Centro de Industrias del estado de São Paulo (Ciesp), el asunto se ha tratado con dedicación. Más de 100 ejecutivos asisten al curso de relaciones laborales establecido por la entidad. Con tres días de duración, el curso incluye simulacros de negociación, teoría e historia del movimiento sindical. "Lo fundamental es que el profesional sea consciente de la importancia de preparar su empresa", afirma uno de los directores del Ciesp. La práctica de negociación directa con las empresas, impuesta en otras regiones, llegó con fuerza a Campinas.

CASO 13

La Metalúrgica Santa Rita S. A. (Mesarisa) marcha muy bien. Su crecimiento en los últimos años fue sensible, lo cual incidió en el aumento de personal, en las oportunidades de crecimiento profesional de todos los empleados y en el ritmo de trabajo. Ante el volumen de producción en aumento y ventas exitosas, que requieren plazos cortos en la entrega de productos, la fábrica trabaja a todo vapor y exige horas extras y dedicación plena de todos los empleados. El problema de Mesarisa no está en las ventas, sino en la producción. De ahí la presión violenta que el área de ventas ejerce sobre el área de producción, lo cual hace vulnerable la empresa a las reivindicaciones laborales, algunas de las cuales son sensatas, como el aumento real de salarios, el aumento del adicional de horas extras y la reducción de la jornada laboral a 40 horas semanales. Otras reivindicaciones son absurdas, como la creación de un comité de fábrica para que los trabajadores participen en las decisiones que los afecten de modo directo, participación directa del sindicato en las elecciones de la Cipa (Comité Interno de Prevención de Accidentes), limitación del número de horas extras por mes, prohibición para que la empresa contrate personal temporal y preaviso de 60 días. El gerente de RH de Mesarisa,

Alberto Oliveira, creyó que esas reivindicaciones eran producto de una situación conflictiva dentro de la empresa y, por tanto, necesitaba localizarla, detectarla, diagnosticarla y solucionarla antes que fuese demasiado tarde. En síntesis, la empresa necesitaba administrarla antes que el sindicato interviniese en la solución. Oliveira necesitaba actuar con rapidez y sin demora. Pero, ¿cómo plantear el problema? ¿Cómo involucrar a la dirección de la empresa? ¿Cómo elaborar un diagnóstico y un plan de acción? En el fondo, Oliveira percibía que el mecanismo de solución del problema estaba en la empresa y debía encontrarlo con rapidez para evitar que el sindicato interviniese de manera no recomendable.

PARTE VI

Subsistema de desarrollo de recursos humanos

Los procesos de desarrollo de personas incluyen las actividades de entrenamiento, desarrollo de personal y desarrollo organizacional. Representan inversiones efectuadas en las personas.

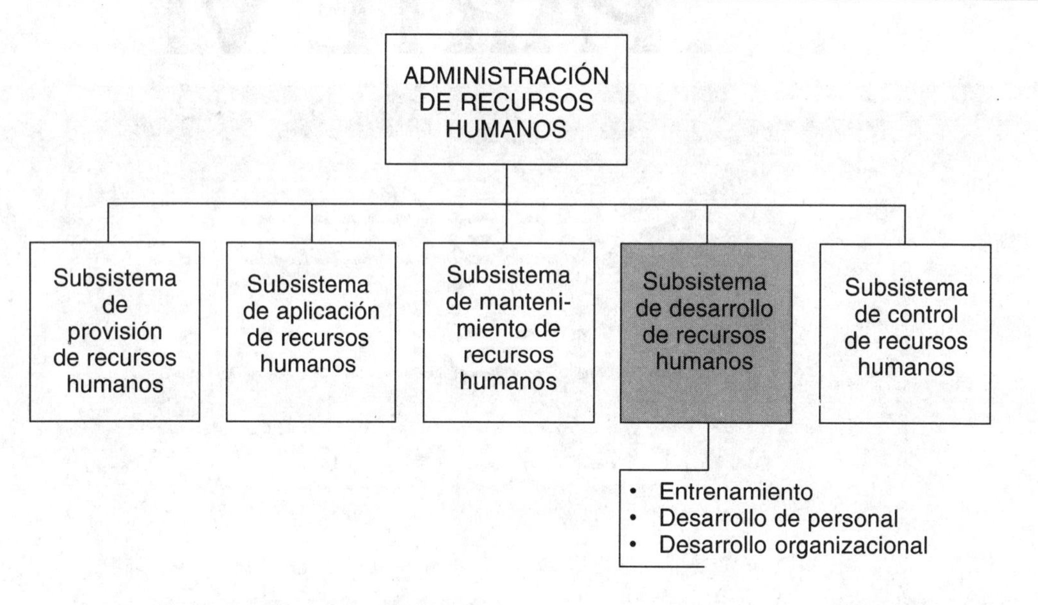

Figura VI.1 La administración de recursos humanos y sus subsistemas.

En las organizaciones, las personas se destacan por ser el único elemento vivo e inteligente, por su carácter eminentemente dinámico y por su potencial de desarrollo. Las personas tienen enorme capacidad para aprender nuevas habilidades, captar información, obtener nuevos conocimientos, modificar actitudes y comportamientos, y desarrollar conceptos y abstracciones. Las organizaciones disponen de una variedad de medios para desarrollar a las personas, agregarles valor y capacitarlas y habilitarlas cada vez más para el trabajo.

El entrenamiento, el desarrollo de personal y el desarrollo organizacional constituyen tres estratos de amplitudes diferentes en el concepto de desarrollo de RH. Esta división obedece a que los estratos menores –el entrenamiento y el desarrollo del personal– se basan en la denominada psicología industrial, en tanto que los estratos más amplios del desarrollo organizacional se basan en la psicología organizacional. En otros términos, los dos primeros estratos tratan el aprendizaje individual, en tanto que el estrato más amplio aborda la manera como aprenden y se desarrollan las organizaciones.

El aprendizaje constituye el eje de todo lo que estudiaremos en esta parte VI, ya sea de aprendizaje individual o de aprendizaje organizacional. En todo caso, nos enfocaremos a analizar cómo aprenden las personas y cómo aprenden las organizaciones.

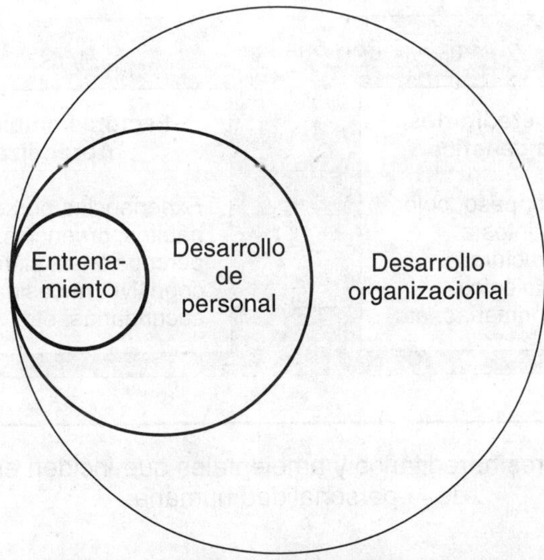

Figura VI.2 Los estratos de entrenamiento, desarrollo de personal y desarrollo organizacional.

APRENDIZAJE

La personalidad humana está constituida por dos factores importantes: el hereditario y el ambiental (aprendizaje). Por un lado el bagaje genético con que nacemos y, por el otro, lo que aprendemos e incorporamos del ambiente a ese bagaje en el transcurso de nuestras vidas. Desde el punto de vista psicológico, el ser humano inicia su vida con ciertas característi-cas intelectuales hereditarias (instintos e impulsos biológicos) que las experiencias aprendidas van modificando progresivamente, de modo que desarrolle y complete su personalidad de manera gradual y continua. En la mayor parte de las ocasiones, los medios de satisfacer las necesidades primarias (fisiológicas e instintivas) son aprendidos e incorporados al comportamiento cotidiano. La manera como un individuo se ajusta a sus frustraciones y resuelve sus conflictos, por lo general, es aprendida. Los intereses, actitudes, motivaciones y expectativas están bastante afectados por el aprendizaje.

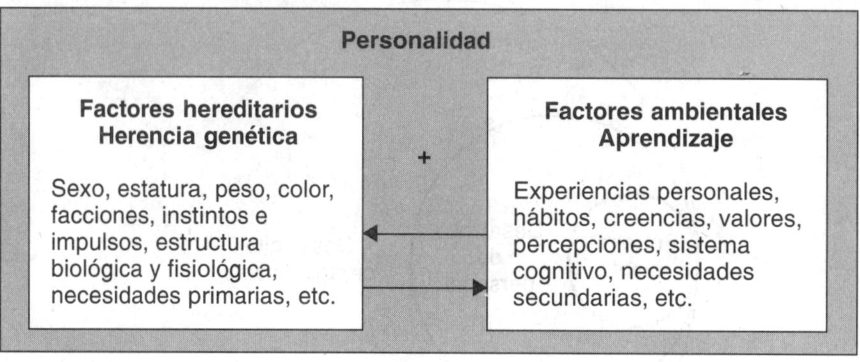

Figura VI.3 Factores hereditarios y ambientales que inciden en la formación de la personalidad humana.

El aprendizaje es el proceso que permite a los individuos adquirir conocimientos de su ambiente y sus relaciones en el transcurso de su vida. Como resultado de alguna experiencia, es probable que en el cerebro ocurran fenómenos que posibiliten a las personas establecer conexiones entre los eventos del mundo que las rodea, o entre el evento y la consecuencia que afecta a la persona, o incluso entre la acción y el evento. De este modo, el aprendizaje se produce cuando se modifica el comportamiento de la persona, en respuesta a una experiencia anterior. El aprendizaje no es propiedad exclusiva del ser humano, pues ocurre hasta en los protozoarios y puede abarcar desde respuestas sencillas, como el rechazo a estímulos nocivos, hasta el complicado sistema del lenguaje humano.

El aprendizaje es un cambio o modificación permanente del comportamiento de un individuo que toma como base su experiencia. Pueden observarse cambios en el comportamiento de las personas, a medida que pasan de la infancia a la madurez. El aprendizaje afecta el modo de pensar, sentir y actuar de una persona, así como sus creencias, valores y objetivos personales. Todo esto se aprende en la vida en sociedad. Las personas aprenden y modifican continuamente su comportamiento en el transcurso de sus vidas. Estas modificaciones representan la incorporación de algo deseado y aprendido por la persona. Hablar inglés, nadar, montar en bicicleta, tocar piano, son comportamientos aprendidos que mejoran de manera gradual con la práctica y el ejercicio constantes. El refuerzo de la práctica y del ejercicio repetido mejora el comportamiento y lo vuelve más eficaz y eficiente. No obstante, lo aprendido se olvida si no se practica con frecuencia. El olvido acaba el aprendizaje. En consecuencia, el aprendizaje es un concepto relacionado con la práctica, el refuerzo, la retención y el olvido. El refuerzo, manifiesto en recompensas (estímulo positivo) o castigos (estímulo negativo), es importante para el aprendizaje.

El aprendizaje es un proceso complejo donde influyen varios factores:

1. *El aprendizaje obedece a la ley del efecto.* El individuo tiende a mantener un comportamiento que percibe recompensador o que produce algún efecto, y tiende a eliminar el comportamiento que no le trae ninguna recompensa. Según la ley del efecto, la persona tiende a repetir el comportamiento que produce resultados o efectos positivos y a eliminar el comportamiento que no corresponde a las expectativas. Si un comportamiento no es satisfactorio, la persona lo sustituirá con otro. La recompensa afecta el aprendizaje y lo refuerza de manera positiva. Una recompensa obtenida de inmediato produce un aprendizaje más rápido que una recompensa retardada o aplazada. Para aprender y mantener el nuevo comportamiento, la persona debe recibir alguna recompensa inmediata y constante.

2. *El aprendizaje obedece a la ley del estímulo.* Los estímulos, incentivos o recompensas son importantes en el aprendizaje. Los estímulos repetidos tienden a desarrollar patrones estables de comportamiento, en tanto que los estímulos aislados tienden a producir respuestas más variadas. La recompensa estimula el aprendizaje. Si la recompensa es grande, el aprendizaje tiende a ser más rápido y efectivo; por el contrario, si es pequeña, no atrae ni mantiene la atención de la persona. Para aprender, la persona necesita percibir que el nuevo comportamiento le traerá recompensas. Además, es necesario que lo aprendido se repase continuamente.

3. *El aprendizaje obedece a la ley de la intensidad.* La intensidad de los ejercicios y de las prácticas determina el aprendizaje. Si los ejercicios, entrenamientos y prácticas son intensos, el aprendizaje tiende a ser más rápido y efectivo; si la intensidad de la práctica es poca o el aprendizaje es muy superficial, la persona no retendrá lo que aprendió.

4. *El aprendizaje obedece a la ley de la frecuencia.* La frecuencia de las prácticas y los ejercicios tiende a servir de refuerzo al aprendizaje. Para aprender, la persona necesita ejecutar con frecuencia el nuevo comportamiento. Si algo se aprende y no se ejercita o se recuerda, se olvida. Para retener lo aprendido, es necesario que las prácticas y los ejercicios sean constantes.

5. *El aprendizaje obedece a la ley de la continuidad.* El espacio de tiempo entre el aprendizaje y el desempeño es muy importante. Si la práctica y el ejercicio no son constantes, el aprendizaje da paso al olvido. Para aprender y mantener el nuevo comportamiento, es necesario que la persona lo ejercite con frecuencia y constancia para que haya continuidad entre lo aprendido y el desempeño efectivo.

6. *El aprendizaje obedece a la ley del descongelamiento.* Aprender algo nuevo significa olvidar algo viejo. Siempre es difícil desaprender los viejos estándares de comportamiento que deben ser sustituidos, puesto que entran en conflicto con los nuevos. Para que la sustitución ocurra, es necesario que se cumplan tres condiciones: operación diferente, tiempo y nuevo ambiente. Estas tres condiciones deberán estar ligadas a recompensas mayores para motivar a la persona a desaprender lo viejo y aprender cosas nuevas. Descongelar la experiencia y los hábitos antiguos significa desaprenderlos para sustituirlos por nuevas experiencias y nuevos hábitos.

7. *El aprendizaje obedece a la ley de la complejidad creciente.* El aprendizaje está afectado por el esfuerzo exigido para producir la respuesta. Algunas respuestas son mucho más difíciles y complejas que otras. Si una persona debe aprender tareas complejas, el proceso de aprendizaje debe comenzar por los aspectos más sencillos, inmediatos y concretos y encaminarse, de manera paulatina, hacia los más complejos, mediatos y abstractos. El camino va de lo sencillo a lo complejo, de lo inmediato a lo mediato y de lo concreto a lo abstracto.

El aprendizaje sería mejor y surtiría más efecto si se consideraran estas condiciones: producir efecto, estimular con recompensa inmediata, intensificar las prácticas y volverlas frecuentes y constantes para asegurar la continuidad de lo aprendido, descongelar viejos paradigmas y estándares de comportamiento, así como tener en cuenta la complejidad creciente de lo que debe aprenderse. Si se pretende cambiar algún comportamiento individual u organizacional, estos aspectos son fundamentales.

---

1. El individuo debe seguir los resultados de su desempeño para poder evaluarlo.
2. El individuo aprende mejor cuando está motivado para aprender.
3. El aprendizaje está influenciado por la recompensa y el castigo.
4. La distribución de los periodos de aprendizaje debe tener en cuenta la fatiga, la monotonía y los periodos adecuados para la asimilación de lo aprendido.
5. El ejercicio y la práctica son indispensables para el aprendizaje y la conservación de habilidades.
6. El aprendizaje eficiente depende de la utilización de técnicas de instrucción adecuadas, que varían según lo que deba aprenderse y van desde la presentación verbal hasta las técnicas de adquisición de habilidades motrices.
7. El aprendizaje depende de la aptitud y las capacidades individuales.

Evaluación de los procesos de desarrollo de las personas

Los procesos de desarrollo de las personas pueden evaluarse conforme al *continuum* ilustrado en la figura VI.4, que va desde una situación de precariedad (extremo izquierdo del *continuum*) hasta una situación de complejidad (extremo derecho).

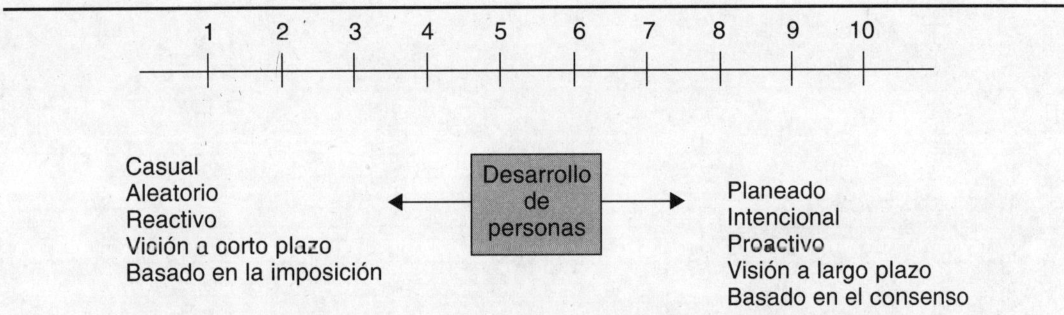

Figura VI.4 *Continuum* de situaciones en los procesos de desarrollo de las personas.

En el extremo izquierdo de este *continuum*, el desarrollo es casual porque las oportunidades de entrenamiento se presentan al azar, sin ninguna clase de planeación; aleatorio, porque el entrenamiento se dirige sólo a unas cuantas personas de la organización escogidas al azar; reactivo, porque se utiliza sólo para resolver problemas y carencias que ya existen; de visión a corto plazo, porque busca solucionar los problemas actuales sin considerar perspectivas a largo plazo o en el futuro; basado en la imposición, porque el entrenamiento se asigna e impone a las personas, independientemente de sus deseos o aspiraciones.

En el extremo derecho del *continuum*, el desarrollo es planeado porque utiliza la planeación estratégica de la organización para preparar a las personas con miras al futuro; intencional, porque busca alcanzar objetivos a corto, mediano y largo plazos mediante cambios de comportamiento que sustenten los cambios organizacionales; proactivo, porque se orienta hacia adelante, hacia el futuro y hacia el destino de la organización y de las personas que trabajan en ella; de visión a largo plazo, porque se sintoniza con la planeación estratégica y se orienta hacia cambios definitivos y globales; basado en el consenso, porque no se impone desde arriba, sino que se consultan las aspiraciones de las personas.

14

Entrenamiento y desarrollo de personal

La palabra entrenamiento tiene muchos significados. Algunos especialistas en administración de personal consideran que el entrenamiento es un medio para desarrollar la fuerza laboral en los cargos ocupados[1]. Otros lo interpretan con más amplitud y conciben el entrenamiento como un medio para lograr un desempeño adecuado en el cargo, y extienden el concepto a una nivelación intelectual lograda a través de la educación general[2]. Otros autores se refieren a una área genérica denominada desarrollo, la cual dividen en educación y entrenamiento: el entrenamiento significa la preparación de la persona para el cargo, en tanto que el propósito de la educación es preparar a la persona para enfrentar el ambiente dentro o fuera de su trabajo[3]. Este capítulo se sitúa dentro de este último enfoque.

---

1 Dale Yoder, *Personnel Management and Industrial Relation*, Englewood Cliffs, Prentice-Hall, 1956, cap. 9.

2 William W. Waite, *Personnel Administration*, Nueva York, Ronald Press, 1952, pp. 219-240.

3 Arthur M. Whitehill, Jr., *Personnel Relations*, Nueva York, McGraw-Hill, 1955, pp. 121-151.

CONCEPTOS Y TIPOS DE EDUCACIÓN

Desde el nacimiento hasta la muerte, el ser humano vive en constante interacción con el ambiente, recibiendo influencias e influyendo en sus relaciones con éste. Educación es toda influencia que el ser humano recibe del ambiente social durante su existencia para adaptarse a las normas y los valores sociales vigentes y aceptados. No obstante, el ser humano recibe estas influencias y las asimila según sus inclinaciones y predisposiciones, y enriquece o modifica su comportamiento de acuerdo con sus propios principios.

La educación puede ser institucionalizada y ejercida no sólo de modo organizado y sistemático, como en las escuelas e iglesias donde se sigue un plan preestablecido, sino que también puede ser desarrollada de modo difuso, desorganizado y asistemático, como en el hogar y en los grupos sociales a los que pertenece el individuo, sin obedecer a ningún plan preestablecido. La educación es la preparación para la vida y por la vida. Puede hablarse de tipos de educación: social, religiosa, cultural, política, moral, profesional, etc. En este capítulo nos interesa la educación profesional.

La educación profesional, institucionalizada o no, prepara al hombre para la vida profesional. Comprende tres etapas interdependientes, pero perfectamente diferenciadas:

- *Formación profesional.* Prepara al hombre para ejercer una profesión.
- *Perfeccionamiento* o *desarrollo profesional.* Perfecciona al hombre para una carrera dentro de una profesión.
- *Entrenamiento.* Adapta al hombre para cumplir un cargo o una función.

La formación profesional es la educación profesional, institucionalizada o no, que busca preparar y formar al hombre para el ejercicio de una profesión en determinado mercado de trabajo. Sus objetivos son amplios y a largo plazo, buscando calificar al hombre para una futura profesión. Puede impartirse en las escuelas (primaria, secundaria y educación superior), y también en las propias empresas.

El desarrollo profesional es la educación tendiente a ampliar, desarrollar y perfeccionar al hombre para su crecimiento profesional en determinada carrera en la empresa o para que sea más eficiente y productivo en su cargo. Sus objetivos son menos amplios que los de la formación, y se sitúan a mediano plazo, buscando proporcionar al hombre aquellos conocimientos que trascienden lo que se exige en el cargo actual y preparándolo para que asuma funciones más complejas. Se imparte en las empresas o en firmas especializadas en desarrollo de personal.

El entrenamiento es la educación profesional que busca adaptar al hombre a determinado cargo. Sus objetivos se sitúan a corto plazo, son limitados e inmediatos, buscando dar al individuo los elementos esenciales para el ejercicio de un cargo y preparándolo de manera adecuada. Se imparte en las empresas o en firmas especializadas en entrenamiento. En las empresas, por lo general, se delega al nivel del jefe inmediato de la persona que está trabajando. Cumple un programa preestablecido y tiene en cuenta una acción sistemática que busca la rápida adaptación del hombre al trabajo. Puede aplicarse en todos los niveles o sectores de la empresa[4].

ENTRENAMIENTO

El *entrenamiento* es un proceso educativo a corto plazo, aplicado de manera sistemática y organizada, mediante el cual las personas aprenden conocimientos, actitudes y habilidades, en función de objetivos definidos. El entrenamiento implica la transmisión de conocimientos específicos relativos al trabajo, actitudes frente a aspectos de la organización, de la tarea y del ambiente, y desarrollo de habilidades. Cualquier tarea, ya sea compleja o sencilla, implica necesariamente estos tres aspectos. Según Flippo, dentro de una concepción más limitada, "el entrenamiento es el acto de aumentar el conocimiento y la pericia de un empleado para el desarrollo de determinado cargo o trabajo"[5]. McGehee señala que "el entrenamiento significa educación especializada. Abarca todas las actividades que van desde la adquisición de habilidad motora hasta la obtención de conocimientos técnicos, el desarrollo de aptitudes administrativas y actitudes referentes a problemas sociales"[6]. Según la National Industrial Conference Board, el propósito del entrenamiento es ayudar a alcanzar

4 J. P. Campbell, "Personnel Training and Development", en *Annual Review of Psychology*, Vol. 22, No. 1, 1971, pp. 565 602.

5 Edwin B. Flippo, *Princípios de administração de pessoal*, São Paulo, Atlas, 1970, p. 236.

6 W. McGehee, P. W. Thayer, *Training in Business and Industry*, Nueva York, Wiley Interscience, 1961.

los objetivos de la empresa, proporcionando oportunidades a los empleados de todos los niveles para obtener el conocimiento, la práctica y la conducta requeridos por la organización. Algunos autores, como Hoyler[7], van más allá, al considerar que el entrenamiento es "una inversión empresarial destinada a capacitar un equipo de trabajo para reducir o eliminar la diferencia entre el desempeño actual y los objetivos y las realizaciones propuestos. En un sentido más amplio, el entrenamiento es un esfuerzo dirigido hacia el equipo, con la finalidad de que el mismo alcance los objetivos de la empresa de la manera más económica posible". En este sentido, el entrenamiento no es un gasto, sino una inversión cuyo retorno es bastante compensatorio para la organización.

El contenido del entrenamiento puede incluir cuatro tipos de cambio de comportamiento:

1. *Transmisión de información.* El elemento esencial en muchos programas de entrenamiento es el contenido: distribuir información entre los entrenados como un cuerpo de conocimientos. A menudo, la información es genérica y referente al trabajo: información acerca de la empresa, sus productos, sus servicios, su organización, su política, sus reglamentos, etc. Puede cobijar también la transmisión de nuevos conocimientos

2. *Desarrollo de habilidades.* Sobre todo aquellas destrezas y conocimientos relacionados directamente con el desempeño del cargo actual o de posibles ocupaciones futuras. Es un entrenamiento orientado de manera directa a las tareas y operaciones que van a ejecutarse.

3. *Desarrollo o modificación de actitudes.* En general, se refiere al cambio de actitudes negativas por actitudes más favorables entre los trabajadores, aumento de la motivación, desarrollo de la sensibilidad del personal de gerencia y de supervisión, en cuanto a los sentimientos y reacciones de las demás personas. También puede implicar adquisición de nuevos hábitos y actitudes, ante todo, relacionados con los clientes o usuarios (como en el caso de entrenamiento de vendedores, promotores, etc.), o técnicas de ventas.

---

7 S. Hoyler, *Manual de relações industriais*, São Paulo, Pioneira, 1970.

4. *Desarrollo de conceptos.* El entrenamiento puede estar dirigido a elevar el nivel de abstracción y conceptualización de ideas y pensamientos, ya sea para facilitar la aplicación de conceptos en la práctica administrativa o para elevar el nivel de generalización, capacitando gerentes que puedan pensar en términos globales y amplios.

Estos cuatro tipos de contenido del entrenamiento pueden utilizarse por separado o en conjunto. Por ejemplo, en algunos programas de entrenamiento de vendedores, se incluyen la transmisión de información (acerca de la empresa, los productos, los clientes, el mercado etc.), el desarrollo de habilidades (cubrimiento de pedidos, cálculos de precios, etc.), y el desarrollo de actitudes (cómo tratar al cliente, cómo comportarse, cómo conducir el proceso de venta, argumentar y afrontar las negativas del cliente, etc.) y el desarrollo de conceptos (relacionados con la filosofía de la empresa y la ética profesional).

Los principales objetivos del entrenamiento son:

1. Preparar al personal para la ejecución inmediata de las diversas tareas del cargo.

2. Proporcionar oportunidades para el desarrollo personal continuo, no sólo en su cargo actual, sino también en otras funciones en las cuales puede ser considerada la persona.

3. Cambiar la actitud de las personas, bien sea para crear un clima más satisfactorio entre los empleados, aumentar su motivación o hacerlos más receptivos a las técnicas de supervisión y gerencia.

El entrenamiento es una responsabilidad de línea y una función de *staff*. Desde el punto de vista de la administración, el entrenamiento constituye una responsabilidad administrativa. En otras palabras, "las actividades de entrenamiento se basan en una política que lo reconoce como responsabilidad de cada administrador y supervisor, quienes deben recibir asistencia especializada para enfrentar esa responsabilidad. Para realizar la política, pueden asignarse entrenadores de *staff* y divisiones de entrenamiento especializadas"[8]. En sentido más amplio, el concepto de entrenamiento está implícito en la tarea gerencial en todos los niveles. Ya

8 Dale Yoder, *Administração de pessoal e relações industriais,* São Paulo, Mestre Jou, 1969, pp. 460-461.

sea en la demostración de un procedimiento nuevo, fase por fase, o en la explicación de una operación tradicional, el supervisor o gerente debe explicar, enseñar, acompañar y comunicar[9].

CICLO DEL ENTRENAMIENTO

Entrenamiento es el acto intencional de proporcionar los medios para posibilitar el aprendizaje. El aprendizaje es un fenómeno que surge dentro del individuo como resultado de sus mismos esfuerzos. El aprendizaje es un cambio del comportamiento, que ocurre día tras día en todos los individuos. El entrenamiento debe tratar de orientar tales experiencias de aprendizaje hacia lo positivo y benéfico, y complementarlas y reforzarlas con actividades planeadas para que los individuos en todos los niveles de la empresa puedan adquirir conocimientos con mayor rapidez y desarrollar aquellas actitudes y habilidades que los beneficiarán a sí mismos, y a su empresa. Por consiguiente, el entrenamiento cubre una secuencia programada de eventos que pueden expresarse como un proceso continuo cuyo ciclo se renueva cada vez que se repite.

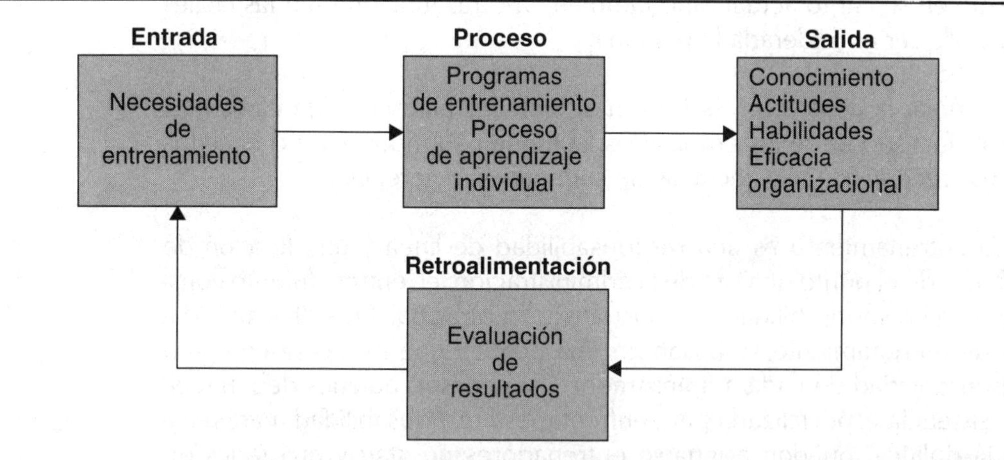

Figura 14.1 El entrenamiento como sistema.

9 J. Proctor y W. Thornton, *Training: Handbook for Line Managers*, Nueva York, American Management Association, 1961.

El proceso de entrenamiento se parece a un modelo de sistema abierto cuyos componentes son[10]:

- *Entradas* (*inputs*). Individuos en entrenamiento, recursos empresariales, información, habilidades, etc.
- *Procesamiento u operación* (*throughputs*). Proceso de aprendizaje individual, programa de entrenamiento, etc.
- *Salidas* (*outputs*). Personal habilitado, éxito o eficacia organizacional, etc.
- *Retroalimentación* (*feedback*). Evaluación de los procedimientos y resultados del entrenamiento, a través de medios informales o investigaciones sistemáticas.

En términos amplios, el entrenamiento implica un proceso compuesto de cuatro etapas:

1. Inventario de necesidades de entrenamiento (diagnóstico).
2. Programación del entrenamiento para atender las necesidades.
3. Implementación y ejecución.
4. Evaluación de resultados.

Estas cuatro etapas forman un proceso cíclico cuya secuencia aparece en la figura 14.2.

El entrenamiento como responsabilidad de línea y función de *staff* puede asumir diversidad de configuraciones en las organizaciones, que van desde un modelo muy centralizado en el organismo de *staff* hasta un modelo en extremo descentralizado en los organismos de línea. Estas dos situaciones deben entenderse como extremos de un *continuum*, según puede verse en la figura 14.3. Desde luego, estos dos extremos no son satisfactorios. Para que haya responsabilidad de línea y función de *staff* en

---

10 John R. Hinrichs, "Personnel Training", en Marvin D. Dunnette (Org.), *Handbook of Industrial and Organizational Psychology*, Chicago, Rand McNally College, 1976, p. 834.

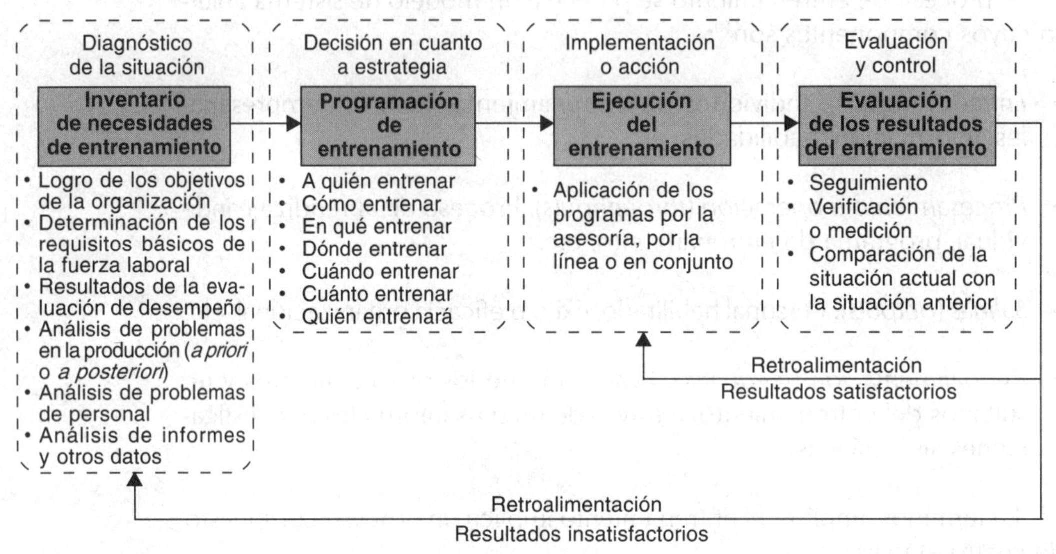

Figura 14.2 El proceso de entrenamiento.

el entrenamiento, la situación preferida sería un modelo equilibrado en que el organismo de línea asume la responsabilidad del entrenamiento y obtiene asesoría especializada del organismo de *staff,* en forma de inventario de necesidades y diagnósticos de entrenamiento y programación del mismo.

A continuación estudiaremos cada una de las etapas del entrenamiento.

Inventario de necesidades de entrenamiento

Primera etapa del entrenamiento; corresponde al diagnóstico preliminar de lo que debe hacerse. El inventario de necesidades puede efectuarse en tres niveles de análisis[11]:

1. Análisis de la organización total: sistema organizacional.

11 *Ibíd.*, pp. 834-848.

Figura 14.3 Los enfoques de entrenamiento.

2. Análisis de los recursos humanos: sistema de entrenamiento.

3. Análisis de las operaciones y tareas: sistema de adquisición de habilidades.

Nivel de análisis	Sistema involucrado	Información básica
Análisis organizacional	Sistema organizacional	Objetivos organizacionales y filosofía del entrenamiento
Análisis de los recursos humanos	Sistema de entrenamiento	Análisis de la fuerza laboral (análisis de las personas)
Análisis de operaciones y tareas	Sistema de adquisición de habilidades	Análisis de habilidades, capacidades, actitudes, comportamientos y características personales exigidos por los cargos (análisis de cargos)

Figura 14.4 Los tres niveles de análisis en el inventario de necesidades de entrenamiento.

ANÁLISIS ORGANIZACIONAL COMO INVENTARIO DE NECESIDADES DE ENTRENAMIENTO: SISTEMA ORGANIZACIONAL

Los objetivos a largo plazo de la organización son importantes para desarrollar una perspectiva acerca de la filosofía de entrenamiento.

El análisis organizacional no sólo implica el estudio de la empresa como un todo –su misión, sus objetivos, sus recursos, la distribución de estos recursos para la consecución de los objetivos–, sino también del ambiente socioeconómico y tecnológico en el cual está situada la organización. Este análisis ayuda a responder el interrogante acerca de lo que debe enseñarse en términos de un plan, y establece la filosofía del entrenamiento para toda la empresa.

El análisis organizacional consiste en "determinar en dónde deberá hacer énfasis el entrenamiento"[12]. En este sentido, el análisis organizacional deberá verificar todos los factores (planes, fuerza laboral, eficiencia organizacional, clima organizacional, etc.) capaces de evaluar los costos implicados y los beneficios esperados del entrenamiento, en comparación con otras estrategias capaces de alcanzar los objetivos empresariales, y determinar así la política global relacionada con el entrenamiento.

---

12 W. McGehee y P. W. Thayer, *Training in Business and Industry*, Nueva York, Wiley Interscience, 1961.

En el nivel organizacional, se presenta una gran dificultad en la identificación de las necesidades de entrenamiento y en la definición de los objetivos de entrenamiento. Partiendo de la premisa de que el entrenamiento es una respuesta estructurada a una necesidad de conocimientos, habilidades o actitudes, el éxito de su programa dependerá siempre de la manera de identificar la necesidad que se va a satisfacer. Como sistema abierto, el sistema de entrenamiento no se mantiene aislado del contexto organizacional que lo rodea ni de los objetivos empresariales que definen su dirección. En consecuencia, los objetivos de entrenamiento deben estar bastante ligados a las necesidades de la organización. El entrenamiento interactúa profundamente con la cultura organizacional.

El entrenamiento se desarrolla de acuerdo con las necesidades de la organización. A medida que la organización crece, sus necesidades cambian y, por consiguiente, el entrenamiento deberá responder a las nuevas necesidades. Las necesidades de entrenamiento deben inventariarse, determinarse e investigarse con cierta periodicidad para establecer, a partir de ellas, los programas adecuados para satisfacerlas de manera conveniente.

ANÁLISIS DE LOS RECURSOS HUMANOS COMO INVENTARIO DE NECESIDADES DE ENTRENAMIENTO: SISTEMA DE ENTRENAMIENTO

El análisis de los recursos humanos procura verificar si los recursos humanos son suficientes, cuantitativa y cualitativamente, para llevar a cabo las actividades actuales y futuras de la organización.

Aquí se trata del análisis de la fuerza laboral: el funcionamiento organizacional presupone que los empleados poseen las habilidades, los conocimientos y las actitudes deseados por la organización.

Pontual[13] recomienda analizar los recursos humanos mediante el examen de los siguientes datos:

1. Número de empleados en la clasificación de cargos.
2. Número de empleados necesarios en la clasificación de cargos.
3. Edad de cada empleado en la clasificación de cargos.

---

13 Marcos Pontual, "Treinamento", en S. Hoyler (Org.), *Manual de relações industriais*, São Paulo, Pioneira, 1970, p. 158.

4. Nivel de calificación exigido por el trabajo de cada empleado.
5. Nivel de conocimiento exigido por el trabajo de cada empleado.
6. Actitud de cada empleado con relación al trabajo y a la empresa.
7. Nivel de desempeño cualitativo y cuantitativo de cada empleado.
8. Nivel de habilidad de conocimientos de cada empleado para otros trabajos.
9. Potencialidades de reclutamiento interno.
10. Potencialidades de reclutamiento externo.
11. Tiempo de entrenamiento necesario para la fuerza laboral reclutable.
12. Tiempo de entrenamiento para los nuevos empleados.
13. Índice de ausentismo.
14. Índice de *turnover* (rotación de fuerza laboral).
15. Descripción del cargo.

Pontual subraya que "estos datos, analizados continuamente, permiten evaluar las lagunas actuales y las previstas dentro de ciertos plazos, en función de obligaciones laborales, legales, económicas y de planes de expansión de la propia empresa"[14].

ANÁLISIS DE LAS OPERACIONES Y TAREAS: SISTEMA DE ADQUISICIÓN DE HABILIDADES

Nivel de enfoque más limitado que el inventario de necesidades de entrenamiento, puesto que se efectúa el análisis del cargo teniendo como base los requisitos que el cargo exige a su ocupante. Además de la organización y de las personas, el entrenamiento debe tener en cuenta también los cargos para los cuales las personas deben ser entrenadas. El análisis de los cargos sirve para determinar los tipos de habilidades, conocimientos, actitudes y comportamientos, y las características de personalidad exigidas para el desempeño de los cargos.

El análisis de operaciones son estudios definidos para determinar qué tipos de comportamiento deben adoptar los empleados para desempeñar con eficacia las funciones de sus cargos. En general, el análisis de operaciones consta de los siguientes datos relacionados con una tarea o un conjunto de tareas[15]:

---

14 *Ibíd.*, pp. 158-159.
15 W. McGehee y P. W. Thayer, *op. cit.*, pp. 63-64.

1. Patrones de desempeño para la tarea o cargo.
2. Identificación de tareas que componen el cargo.
3. Cómo deberá desempeñarse cada tarea para cumplir los patrones de desempeño.
4. Habilidades, conocimientos y actitudes básicos para el desempeño de cada tarea.

El análisis de operaciones o análisis ocupacional es un proceso que comprende la descomposición del cargo en sus partes constitutivas, para la verificación de habilidades, conocimientos y cualidades personales o responsabilidades exigidas al individuo en el desempeño de sus funciones. En otras palabras, una necesidad de entrenamiento en el cargo es una diferencia entre los requisitos exigidos por el cargo y las habilidades actuales del ocupante del cargo, según se ilustra en la figura 14.5.

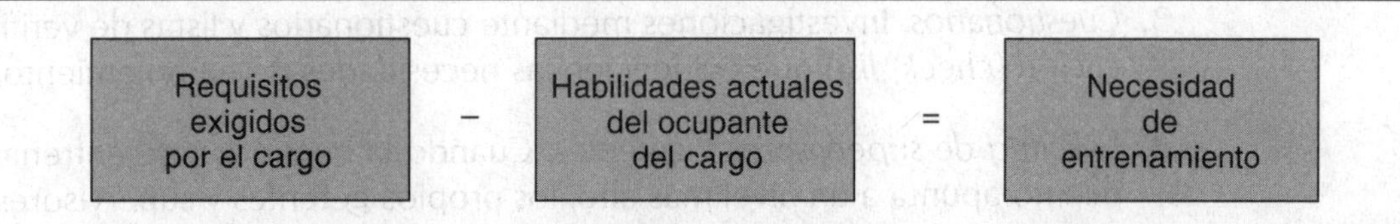

Figura 14.5 Concepto de necesidad de entrenamiento en el cargo.

El análisis de operaciones permite la preparación del entrenamiento para cada cargo por separado, con el fin de que el ocupante adquiera las habilidades necesarias para desempeñarlo. En cualquiera de los niveles considerados -organizacional, de recursos humanos o de tareas y operaciones-, las necesidades investigadas deben situarse en orden de prioridad o de urgencia para satisfacerlas o solucionarlas.

MEDIOS PARA INVENTARIAR NECESIDADES DE ENTRENAMIENTO

El inventario de necesidades de entrenamiento es un diagnóstico que debe basarse en información pertinente, gran parte de la cual debe ser agrupada de modo sistemático, en tanto que otra reposa disponible en manos de ciertos administradores de línea. El inventario de necesidades de entrenamiento es una responsabilidad de línea y una función de *staff*: corresponde al administrador de línea la responsabilidad de detectar los problemas provocados por la carencia de entrenamiento. A él le competen todas las decisiones referentes al entrenamiento, bien sea que utilice o no los servicios de asesoría prestados por especialistas en entrenamiento.

Los principales medios utilizados para efectuar el inventario de necesidades de entrenamiento son[16]:

1. *Evaluación del desempeño.* Mediante ésta, no sólo es posible descubrir a los empleados que vienen ejecutando sus tareas por debajo de un nivel satisfactorio, sino averiguar también qué sectores de la empresa reclaman una atención inmediata de los responsables del entrenamiento.
2. *Observación.* Verificar dónde hay evidencia de trabajo ineficiente, como daño de equipo, atraso en el cronograma, pérdida excesiva de materia prima, número elevado de problemas disciplinarios, alto índice de ausentismo, rotación elevada, etc.
3. *Cuestionarios.* Investigaciones mediante cuestionarios y listas de verificación (*check list*) que evidencien las necesidades de entrenamiento.
4. *Solicitud de supervisores y gerentes.* Cuando la necesidad de entrenamiento apunta a un nivel más alto, los propios gerentes y supervisores son propensos a solicitar entrenamiento para su personal.
5. *Entrevistas con supervisores y gerentes.* Contactos directos con supervisores y gerentes respecto de problemas solucionables mediante entrenamiento, que se descubren en las entrevistas con los responsables de los diversos sectores.
6. *Reuniones interdepartamentales.* Discusiones interdepartamentales acerca de asuntos concernientes a objetivos organizacionales, problemas operativos, planes para determinados objetivos y otros asuntos administrativos.
7. *Examen de empleados.* Resultados de los exámenes de selección de empleados que ejecutan determinadas funciones o tareas.
8. *Modificación del trabajo.* Cuando se introduzcan modificaciones parciales o totales en las rutinas de trabajo, es necesario entrenar previamente a los empleados en los nuevos métodos y procesos de trabajo.

16 Antonio Carelli, *Seleção, treinamento e integração do empregado na empresa*, MTPS, DNSHT, INPS, Fundacentro, PNVT, META IV, 1973, pp. 20-21.

9. *Entrevista de salida.* Cuando el empleado va a retirarse de la empresa, es el momento más apropiado para conocer su opinión sincera acerca de la empresa y las razones que motivaron su salida. Es posible que salgan a relucir deficiencias de la organización, susceptibles de corrección.

10. *Análisis de cargos.* Cuadro de las tareas que debe cumplir el ocupante y de las habilidades que debe poseer.

11. *Informes periódicos* de la empresa o de producción, que muestran las deficiencias por falta de entrenamiento.

Además de los medios antes relacionados, existen algunos indicadores de necesidades de entrenamiento que sirven para identificar eventos que provocarán futuras necesidades de entrenamiento (indicadores *a priori*) o problemas comunes de necesidades de entrenamiento ya existentes (indicadores *a posteriori*).

1. *Indicadores a priori.* Eventos que, si ocurrieran, proporcionarían necesidades futuras de entrenamiento fácilmente previsibles. Los indicadores *a priori* son:

a. Expansión de la empresa y admisión de nuevos empleados
b. Reducción del número de empleados
c. Cambio de métodos y procesos de trabajo
d. Sustituciones o movimiento de personal
e. Ausencias, licencias y vacaciones del personal
f. Expansión de los servicios
g. Cambio de los programas de trabajo o de producción
h. Modernización de maquinaria y equipo
i. Producción y comercialización de nuevos productos o servicios

2. *Indicadores a posteriori.* Problemas provocados por necesidades de entrenamiento no atendidas. Estos problemas están relacionados con la producción o con el personal, y sirven como diagnóstico de entrenamiento:

a. *Problemas de producción*

   1. Calidad inadecuada de la producción
   2. Baja productividad

3. Averías frecuentes en equipos e instalaciones
4. Comunicaciones defectuosas
5. Muy prolongado tiempo de aprendizaje e integración en el cargo
6. Gastos excesivos en el mantenimiento de máquinas y equipos
7. Exceso de errores y desperdicios
8. Elevado número de accidentes
9. Poca versatilidad de los empleados
10. Mal aprovechamiento del espacio disponible, etc.

b. *Problemas de personal*

1. Relaciones deficientes entre el personal
2. Número excesivo de quejas
3. Poco o ningún interés por el trabajo
4. Falta de cooperación
5. Demasiadas ausencias y sustituciones
6. Dificultades en la obtención de buenos elementos
7. Tendencia a atribuir faltas a los demás
8. Errores en la ejecución de órdenes, etc.

PROGRAMACIÓN DEL ENTRENAMIENTO

Una vez hecho el diagnóstico del entrenamiento, sigue la terapéutica, es decir, la elección y prescripción de los medios de tratamiento para satisfacer las necesidades indicadas o percibidas. En otras palabras, una vez se han inventariado y determinado las necesidades de entrenamiento, se procede a la programación del entrenamiento, sistematizada y fundamentada en los siguientes aspectos, que deben analizarse durante el inventario:

1. ¿Cuál es la necesidad?
2. ¿Dónde fue señalada por primera vez?
3. ¿Ocurre en otra área o en otro sector?
4. ¿Cuál es su causa?
5. ¿Es parte de una necesidad mayor?
6. Cómo satisfacerla, ¿por separado o en conjunto?
7. ¿Se necesita alguna indicación inicial antes de satisfacerla?
8. Si la necesidad es inmediata, ¿cuál es su prioridad con respecto a las demás?
9. ¿La necesidad es permanente o temporal?
10. ¿A cuántas personas y cuántos servicios alcanzará?
11. ¿Cuál es el tiempo disponible para el entrenamiento?

12. ¿Cuál es el costo probable del entrenamiento?
13. ¿Quién va a impartir el entrenamiento?

El inventario de necesidades de entrenamiento debe suministrar la siguiente información para diseñar la programación de entrenamiento:

- ¿QUÉ debe enseñarse?
- ¿QUIÉN debe aprender?
- ¿CUÁNDO debe enseñarse?
- ¿DÓNDE debe enseñarse?
- ¿CÓMO debe enseñarse?
- ¿QUIÉN debe enseñar?

En términos sencillos, esto puede expresarse como:

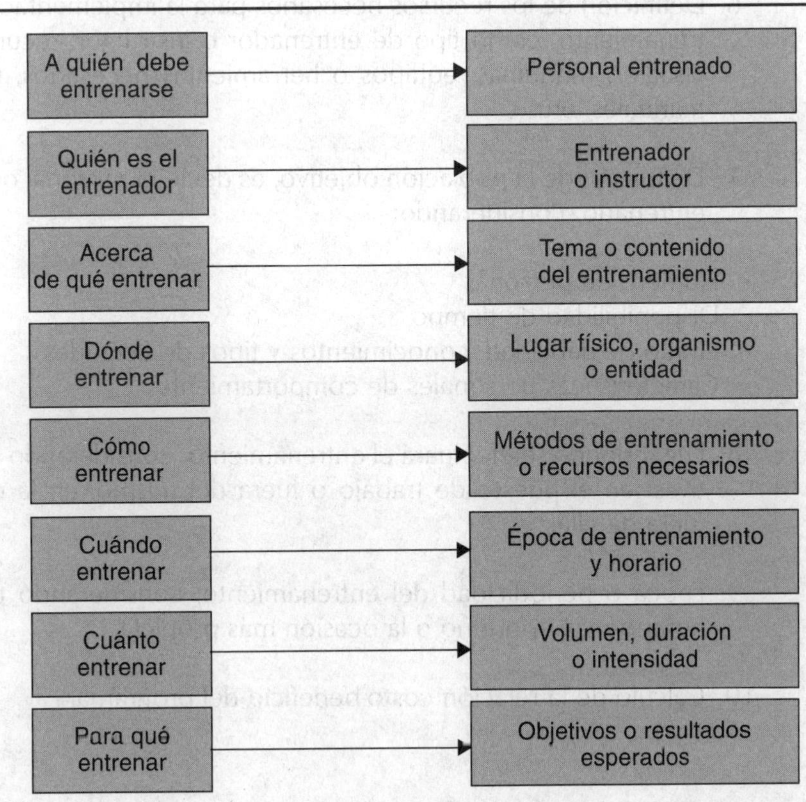

Figura 14.6 Elementos principales de un programa de entrenamiento.

Planeación del entrenamiento

El programa de entrenamiento exige una planeación que incluya los siguientes aspectos[17]:

1. Enfoque de una necesidad específica cada vez.

2. Definición clara del objetivo de entrenamiento.

3. División del trabajo por desarrollar, en módulos, paquetes o ciclos.

4. Determinación del contenido del entrenamiento.

5. Elección de los métodos de entrenamiento y de la tecnología disponible.

6. Definición de los recursos necesarios para la implementación del entrenamiento, como tipo de entrenador o instructor, recursos audiovisuales, máquinas, equipos o herramientas necesarios, materiales, manuales, etc.

7. Definición de la población objetivo, es decir, el personal que va a ser entrenado, considerando:

- Número de personas
- Disponibilidad de tiempo
- Grado de habilidad, conocimientos y tipos de actitudes
- Características personales de comportamiento

8. Lugar donde se efectuará el entrenamiento, considerando las alternativas: en el puesto de trabajo o fuera del mismo, en la empresa o fuera de ella.

9. Época o periodicidad del entrenamiento, considerando también el horario más oportuno o la ocasión más propicia.

10. Cálculo de la relación costo-beneficio del programa.

---

17 John R. Hinrichs, *op. cit.*, p. 848.

11. Control y evaluación de los resultados, considerando la verificación de puntos críticos que requieran ajustes o modificaciones en el programa para mejorar su eficacia.

La planeación del entrenamiento es consecuencia del diagnóstico de las necesidades de entrenamiento. En general, los recursos puestos a disposición del entrenamiento están relacionados con la problemática diagnosticada.

Tecnología educativa de entrenamiento

Una vez determinada la naturaleza de las habilidades y los conocimientos o comportamientos terminales buscados con el entrenamiento, el siguiente paso es elegir las técnicas que van a utilizarse en el programa de entrenamiento, con el fin de optimizar el aprendizaje, es decir, alcanzar el mayor volumen de aprendizaje con la menor inversión de esfuerzo, tiempo y dinero.

Las técnicas de entrenamiento pueden clasificarse en cuanto a uso, tiempo y lugar de aplicación.

Técnicas de entrenamiento en cuanto al uso

1. *Técnicas de entrenamiento orientadas al contenido.* Diseñadas para la transmisión de conocimientos o de información: técnica de lectura, de

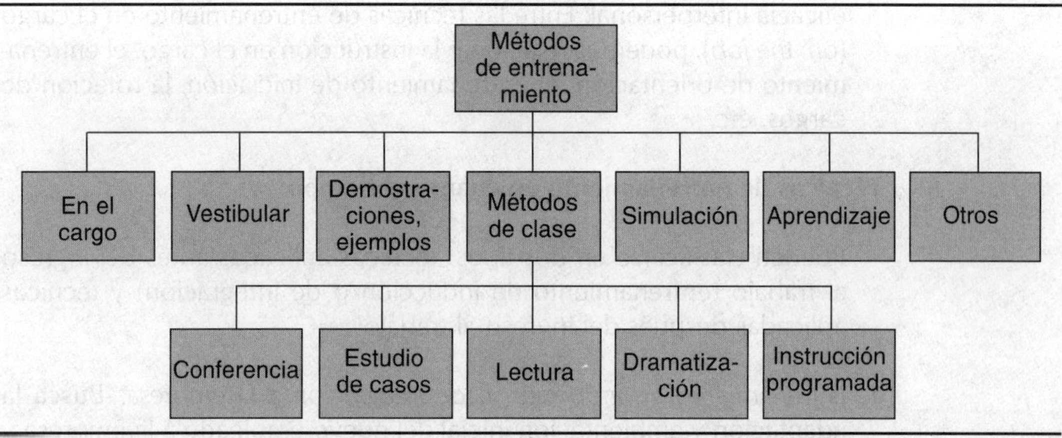

Figura 14.7 Los métodos de entrenamiento.

Fuente: Andrew F. Sikula, *Personnel Administration and Human Resources Management*, Nueva York, John Wiley & Sons, 1976, p. 251.

recursos audiovisuales, instrucción programada (IP) e instrucción asistida por computador. Éstas dos últimas también se denominan técnicas de autoinstrucción.

2. *Técnicas de entrenamiento orientadas al proceso.* Diseñadas para cambiar actitudes, desarrollar conciencia acerca de sí mismo y de los demás, y desarrollar habilidades interpersonales. Hacen énfasis en la interacción entre los individuos entrenados, para provocar cambios de comportamiento o de actitud, antes que simplemente transmitir conocimiento. Se utilizan algunos procesos para desarrollar la percepción (*insight*) interpersonal -conciencia de sí mismo y de los demás- como medio para cambiar actitudes y desarrollar relaciones humanas, como en el caso del liderazgo o de la entrevista. Entre las técnicas orientadas al proceso están el *role-playing* (juego de roles o dramatización), el entrenamiento de la sensibilidad, el entrenamiento de grupos, etc.

3. *Técnicas mixtas de entrenamiento.* No sólo se emplean para transmitir información, sino también para cambiar actitudes y comportamientos. Se utilizan para transmitir conocimientos o contenido y para alcanzar algunos objetivos establecidos por técnicas más orientadas al proceso. Entre las técnicas mixtas sobresalen las conferencias, los estudios de casos, las simulaciones y juegos, y varias técnicas en el cargo (*on the job*). Al mismo tiempo que se transmiten conocimientos o contenido, se trata de cambiar la actitud, la conciencia acerca de sí mismo y la eficacia interpersonal. Entre las técnicas de entrenamiento en el cargo (*on the job*), podemos relacionar la instrucción en el cargo, el entrenamiento de orientación, el entrenamiento de iniciación, la rotación de cargos, etc.

Técnicas de entrenamiento en cuanto al tiempo

Pueden clasificarse en dos tipos: técnicas aplicadas antes del ingreso al trabajo (entrenamiento de inducción o de integración) y técnicas aplicadas después del ingreso al trabajo.

1. *Entrenamiento de inducción o de integración a la empresa.* Busca la adaptación y ambientación inicial del nuevo empleado a la empresa y al ambiente social y físico donde va a trabajar. En general, la introducción de un empleado nuevo en su trabajo se hace mediante programación sistemática, llevada a efecto por quien será su jefe inmediato, por

un instructor especializado o por un colega, a través del llamado programa de integración o programa de inducción. El programa de integración contiene información referente a[18]:

1. La empresa: historia, desarrollo y organización.
2. El producto o servicio.
3. Los derechos y deberes del personal.
4. Los términos del contrato de trabajo.
5. Las actividades sociales de los empleados: beneficios y servicios.
6. Normas y reglamentos internos.
7. Nociones sobre protección y seguridad en el trabajo.
8. Cargo por ocupar: naturaleza del trabajo, horarios, salarios, oportunidades de ascenso.
9. El supervisor del nuevo empleado (presentación).
10. Relaciones del cargo con otros cargos.
11. Descripción detallada del cargo.

Este programa, que busca integrar al empleado en el cargo de manera adecuada, brinda ventajas como:

a. El nuevo empleado recibe la información general necesaria acerca de la empresa: normas, reglamentos y procedimientos que lo afectan, para que su adaptación sea la más rápida posible.

b. Reducción del número de despidos o de acciones correctivas, gracias al conocimiento de los reglamentos de la empresa y de las consecuencias derivadas de su violación.

c. El supervisor puede explicar al nuevo empleado su posición en la organización.

d. El nuevo empleado es instruido de acuerdo con los requisitos definidos en la descripción del cargo que va a ocupar.

2. *Entrenamiento después del ingreso al trabajo.* Después del ingreso a ejercer el cargo, el entrenamiento podrá llevarse a cabo:

18 Paul Pigors, Charles A. Myers, *Personnel Administration: A Point of View and a Method*, Nueva York, McGraw-Hill, 1965, p. 381.

1. En el lugar o sitio de trabajo (en servicio)
2. Fuera del lugar de trabajo (fuera del servicio).

Por consiguiente, la clasificación de las técnicas de entrenamiento depende del sitio de aplicación.

Técnicas de entrenamiento en cuanto al lugar de aplicación

Pueden clasificarse en entrenamiento en el sitio de trabajo (*on the job*) y entrenamiento fuera del sitio de trabajo. El primero se refiere al entrenamiento en que la persona que lo recibe ejecuta tareas en el mismo lugar de trabajo, en tanto que el segundo tiene lugar en un auditorio o en un local o sitio preparado para esta actividad.

1. *Entrenamiento en el lugar de trabajo.* Pueden administrarlo empleados, supervisores o especialistas de *staff.* No requiere acondicionamiento ni equipos especiales, y constituye la forma más común de transmitir las enseñanzas necesarias a los empleados. Tiene mucha acogida, debido a que es muy práctico, ya que el empleado aprende mientras trabaja. Las empresas de pequeño y mediano tamaño invierten en entrenamiento de este tipo. El entrenamiento en el trabajo presenta varias modalidades:

a. Admisión de aprendices para ser entrenados en ciertos cargos
b. Rotación de cargos
c. Entrenamiento en tareas
d. Enriquecimiento del cargo, etc.

2. *Entrenamiento fuera del lugar de trabajo.* La mayor parte de los programas de entrenamiento llevados a cabo fuera del servicio no están relacionados directamente con el trabajo. En general, son complementarios del entrenamiento en servicio. Su principal ventaja radica en que el personal entrenado puede dedicar toda la atención al entrenamiento, lo cual no es posible cuando uno está involucrado en las tareas propias del cargo. Las principales técnicas de entrenamiento fuera del servicio son:

a. Aulas de exposición
b. Películas, diapositivas, videos (televisión)
c. Método de casos (estudio de casos)
d. Discusión en grupo, paneles, debates, etc.

e. Dramatización (*role-playing*)
f. Simulación y juegos
g. Instrucción programada, etc.

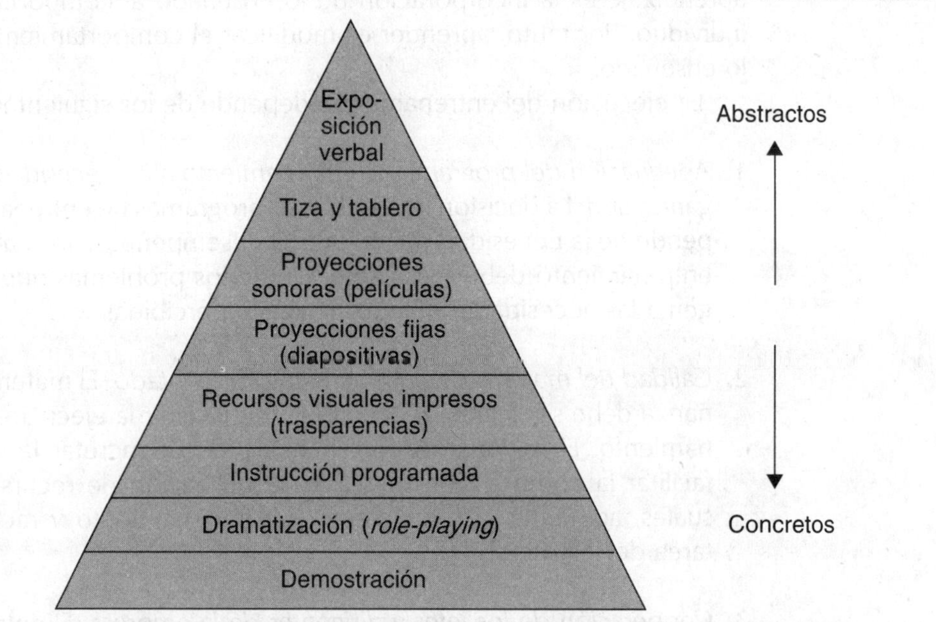

Figura 14.8 Clasificación de los recursos audiovisuales.

Fuente: Edgard Dale, en N. Parra, *Técnicas audiovisuais de educação*, São Paulo, Edibell, 1969, p. 15.

EJECUCIÓN DEL ENTRENAMIENTO

Tercera etapa del proceso de entrenamiento. Después del diagnóstico de necesidades y la programación del entrenamiento, el siguiente paso es la ejecución.

La ejecución del entrenamiento presupone el binomio instructor/ aprendiz. Los aprendices son personas situadas en cualquier nivel jerárquico de la empresa, que necesitan aprender o mejorar los conocimientos que tienen sobre alguna actividad o trabajo. Los instructores son personas situadas en cualquier nivel jerárquico de la empresa, expertos o especializados en determinada actividad o trabajo, que transmiten sus conocimientos a los aprendices. Los auxiliares, jefes o gerentes pueden ser aprendices; así mismo, pueden ser instructores, cargo que también puede desempeñar el encargado o gerente de entrenamiento.

Además, el entrenamiento presupone una relación instrucción/aprendizaje. Instrucción es la enseñanza organizada de cierta tarea o actividad; aprendizaje es la incorporación de lo enseñado al comportamiento del individuo. Por tanto, aprender es modificar el comportamiento gracias a lo enseñado.

La ejecución del entrenamiento depende de los siguientes factores:

1. *Adecuación del programa de entrenamiento a las necesidades de la organización.* La decisión de establecer programas de entrenamiento depende de la necesidad de mejorar el desempeño de los empleados. El entrenamiento debe ser la solución de los problemas que dieron origen a las necesidades diagnosticadas o percibidas.

2. *Calidad del material de entrenamiento presentado.* El material de enseñanza debe ser planeado, con el fin de facilitar la ejecución del entrenamiento. El material de enseñanza busca concretar la instrucción, facilitar la comprensión mediante la utilización de recursos audiovisuales, aumentar el rendimiento del entrenamiento y racionalizar la tarea del instructor.

3. *Cooperación de los jefes y dirigentes de la empresa.* El entrenamiento debe hacerse con todo el personal de la empresa, en todos los niveles y funciones. Mantenerlo implica una cantidad considerable de esfuerzo y entusiasmo de quienes participan en la tarea, además de un costo que debe ser considerado una inversión que capitalizará dividendos a mediano y corto plazos, y no simplemente un gasto superfluo. Es necesario que el personal tenga espíritu de cooperación y que los dirigentes den su apoyo, ya que los jefes y supervisores deben participar de manera efectiva en la ejecución del programa.

4. *Calidad y preparación de los instructores.* El éxito de la ejecución dependerá del interés, el esfuerzo y el entrenamiento los instructores. Es muy importante el criterio de selección de éstos, quienes deberán reunir ciertas cualidades personales: facilidad para las relaciones humanas, motivación, raciocinio, capacidades didácticas, facilidad para exponer y conocimiento de la especialidad. Los instructores podrán pertenecer a los diversos niveles y áreas de la empresa, y deberán conocer las responsabilidades de la función y estar dispuestos a asumirlas.

5. *Calidad de los aprendices.* La calidad de los aprendices influye de manera sustancial en los resultados del programa de entrenamiento. Los mejores resultados se obtienen de una selección adecuada de los aprendices, en función de la forma y el contenido del programa y de los objetivos del entrenamiento, para que se llegue a disponer de un grupo homogéneo de personas.

EVALUACIÓN DE LOS RESULTADOS DEL ENTRENAMIENTO

La etapa final del proceso de entrenamiento es la evaluación de los resultados obtenidos. Es necesario evaluar la eficiencia del programa de entrenamiento. Esta evaluación debe considerar dos aspectos:

1. Determinar si el entrenamiento produjo las modificaciones deseadas en el comportamiento de los empleados.
2. Verificar si los resultados del entrenamiento presentan relación con la consecución de las metas de la empresa.

Además de estos dos aspectos, es necesario determinar si las técnicas de entrenamiento empleadas son efectivas.

La evaluación de los resultados del entrenamiento puede hacerse en tres niveles:

1. *En el nivel organizacional.* En este nivel, el entrenamiento debe proporcionar resultados como:

a. Aumento de la eficacia organizacional
b. Mejoramiento de la imagen de la empresa
c. Mejoramiento del clima organizacional
d. Mejores relaciones entre empresa y empleados
e. Facilidad en los cambios y en la innovación
f. Aumento de la eficiencia, etc.

2. *En el nivel de los recursos humanos.* En este nivel, el entrenamiento debe proporcionar resultados como:

a. Reducción de la rotación de personal
b. Disminución del ausentismo
c. Aumento de la eficiencia individual de los empleados

d. Aumento de las habilidades de las personas
e. Elevación del conocimiento de las personas
f. Cambio de actitudes y de comportamientos de las personas, etc.

3. *En el nivel de las tareas y operaciones.* En este nivel, el entrenamiento puede proporcionar resultados como:

a. Aumento de la productividad
b. Mejoramiento de la calidad de los productos y servicios
c. Reducción del ciclo de la producción
d. Mejoramiento de la atención al cliente
e. Reducción del índice de accidentes
f. Disminución del índice de mantenimiento de máquinas y equipos, etc.

Desde un punto de vista más amplio, el entrenamiento parece una respuesta lógica a un marco de condiciones ambientales mutables y a nuevos requisitos para la supervivencia y el crecimiento organizacional.

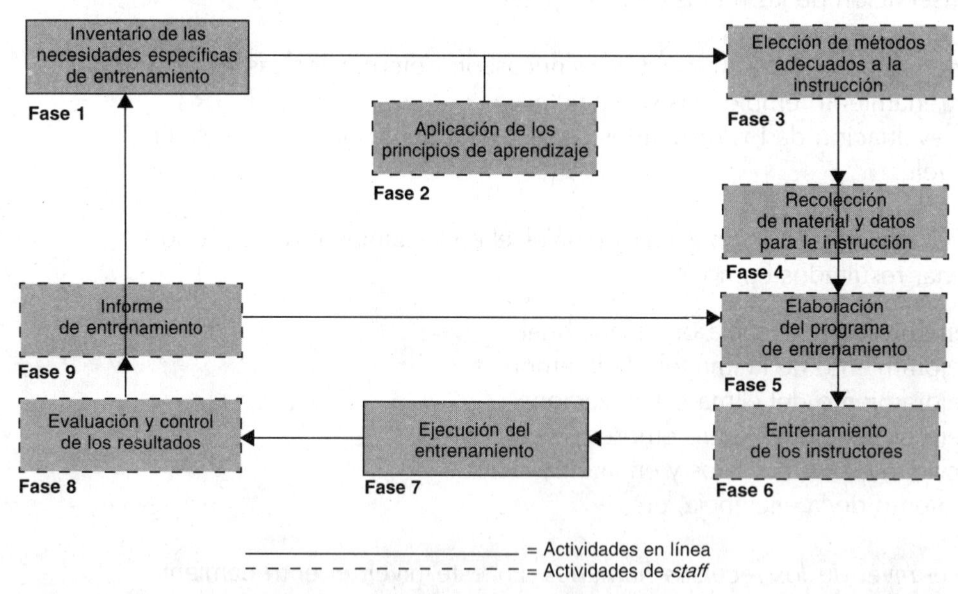

Figura 14.9 Ciclo del entrenamiento.

Fuente: J. Proctor, W. Thornton, *Training: Handbook for Line Managers*, Nueva York, American Management Association, 1961.

Los criterios de eficacia del entrenamiento se vuelven importantes cuando se consideran en conjunto con los cambios presentados en el ambiente empresarial y en las demandas sobre la organización.

Algunos empresarios se resisten a entrenar a sus empleados y no quieren invertir en este rubro por el temor a que la competencia los reclute; en consecuencia, prefieren reclutar en el mercado empleados con cierta experiencia y entrenamiento. Son pocos los empresarios que ven el entrenamiento como una forma de reducir costos y aumentar la productividad. La mayoría prefiere considerarlo como una función social, y no económica; como un gasto, y no como una inversión que puede producir valiosos retornos.

RESUMEN

Los recursos organizacionales deben ser administrados adecuadamente. Las personas son los únicos recursos susceptibles de autodirección y desarrollo. Como tales, tienen una enorme aptitud para el crecimiento. De aquí la necesidad de crear subsistemas de desarrollo de RH que involucren entrenamiento en el plano microscópico y desarrollo organizacional en el plano macroscópico.

El entrenamiento es un tipo de educación profesional más específico que la formación profesional y el perfeccionamiento profesional. El entrenamiento es un proceso educativo destinado a generar cambios de comportamiento. Su contenido implica transmisión de información y desarrollo de habilidades, actitudes y conceptos. El entrenamiento es una responsabilidad de línea y una función de *staff*. Es un proceso que implica un ciclo de cuatro etapas: inventario de necesidades, programación de entrenamiento, implementación y ejecución, y evaluación de resultados. La primera etapa comprende un diagnóstico de los problemas de entrenamiento, y puede analizarse en tres aspectos diferentes: organizacional, de recursos humanos existentes y de operaciones y tareas que deben realizarse. La segunda etapa busca planear la manera como deberán atenderse las necesidades diagnosticadas: qué entrenar, a quién entrenar, cuándo entrenar, dónde entrenar y cómo entrenar, con el fin de utilizar la tecnología de instrucción más adecuada. La tercera etapa implica un binomio instructor/aprendiz y la relación instrucción/aprendizaje. La cuarta etapa busca obtener retroalimentación del sistema, y puede hacerse en los ámbitos organizacional, de recursos humanos o de tareas y operaciones.

TEMAS PRINCIPALES

Educación
Formación profesional
Desarrollo
Aprendizaje
Diagnóstico de entrenamiento
Análisis organizacional
Análisis de las operaciones y tareas
Indicadores *a posteriori*
Entrenamiento de inducción
Instructor
Evaluación de resultados
Educación profesional
Perfeccionamiento profesional
Cambio de comportamiento
Inventario de necesidades de entrenamiento
Programación de entrenamiento
Análisis de los RH
Indicadores a *priori*
Tecnología educativa
Técnicas de entrenamiento
Aprendiz

PREGUNTAS Y TEMAS DE REPASO Y ANÁLISIS

1. Explique las diferencias entre entrenamiento, desarrollo de personal y desarrollo organizacional.
2. Explique el concepto de educación y sus diferentes tipos.
3. Explique qué son la formación profesional, el perfeccionamiento profesional y el entrenamiento.
4. Explique el contenido del entrenamiento en función de los cambios de comportamiento que puede provocar.
5. ¿Cuáles son los principales objetivos del entrenamiento?
6. Explique por qué y cómo el entrenamiento es una responsabilidad de línea y una función de *staff*.
7. Explique el proceso de entrenamiento como ciclo de etapas.
8. Explique en qué consiste el diagnóstico de entrenamiento en cuanto al análisis organizacional.
9. Explique en qué consiste el diagnóstico de entrenamiento en cuanto al análisis de los recursos humanos.
10. Explique en qué consiste el diagnóstico de entrenamiento en cuanto al análisis de las tareas y operaciones.
11. ¿Cuáles son los principales medios para realizar el inventario de necesidades de entrenamiento?
12. Explique los indicadores *a priori* y los indicadores *a posteriori*.

13. Explique qué es y cómo puede sistematizarse la programación del entrenamiento.
14. ¿Cuáles son los principales aspectos de una planeación del entrenamiento?
15. Explique en qué consiste la tecnología educativa del entrenamiento.
16. Compare las técnicas de entrenamiento en cuanto a tiempo y en cuanto a lugar.
17. Explique qué es el aprendizaje y señale los factores que afectan el proceso de aprendizaje.
18. ¿Cuáles son los principales factores de los que depende la ejecución del entrenamiento?
19. Explique la evaluación de resultados del entrenamiento en los niveles organizacional, de recursos humanos y de tareas y obligaciones.

INFORME PARA ANÁLISIS Y DISCUSIÓN 14

"Un plan para supervisores"*

El entrenamieto de supervisores de primera línea (jefes de sección, jefes de grupo, capataces) es el principal de los cinco programas del Instituto de Entrenamiento de Personal (ITP, siglas en portugués), una especie de cooperativa de entrenamiento creada por la Cámara de Comercio Brasileño-Alemana y más de 60 empresas.

En una de las áreas más carentes de fuerza laboral calificada, según una investigación hecha por el ITP en 800 industrias del gran São Paulo, el programa busca capacitar mejor a antiguos obreros, con escolaridad media entre 5 y 6 años, que hoy están en puestos de jefatura gracias a su desempeño en la fábrica.

La investigación realizada por el ITP comprobó que las deficiencias de los supervisores comienzan en el propio terreno técnico, desplazándose de manera inquietante a las áreas de costos, transporte, flujo de material, administración y relaciones humanas. El cuadro es tan preocupante, según advierte el director del ITP, "que en muchas empresas los supervisores aún ofrecen resistencia al mantenimiento preventivo".

---

* Tomado de la revista *Negócios em Exame,* No. 217, 14 de enero de 1981, p. 73, con autorización de Editora Abril.

Etapas. Teniendo en cuenta las dificultades de este tipo, el ITP en colaboración con el Senai, estableció un currículo de tres etapas. La etapa básica abarca nociones de matemática elemental, tecnología del área en la que se desempeña el supervisor, comunicación escrita, lectura e interpretación de diseño técnico y mecánico. La segunda etapa, más extensa, cubre el perfeccionamiento técnico. La tercera se ocupa de aspectos tan diversos como costos y relaciones humanas. Concebido para ser aplicado de manera realista, el programa de entrenamiento de supervisores permite que el entrenado valide algunas disciplinas a partir de pruebas específicas.

Certificación. El ITP -que reúne empresas de los sectores químico, metalúrgico, automovilístico, eléctrico y electrónico- desarrolla también otros cuatro programas de entrenamiento. Tres de ellos se dedican a la formación de instructores de mano de obra -que serán entrenados junto con los fabricantes de equipos-, analistas comerciales (con educación secundaria, que serán formados en ventas, producción, costos y contabilidad), y a la especialización de ejecutivos en lengua alemana.

El último programa de entrenamiento se dedica a la certificación de mano de obra. Se trata de aplicar pruebas prácticas (los empleados de una empresa son examinados y evaluados por el ITP) y registrar las aptitudes en libretas propias. El registro servirá para facilitar el reclutamiento de personal en el futuro.

CASO 14

En una época de "vacas flacas" y de bajas ventas, la dirección de Metalúrgica Santa Rita S. A. (Mesarisa) está bastante preocupada por elevar los niveles de eficiencia en todas las áreas de la empresa, en especial los niveles de eficiencia del personal. El gerente de RH de la empresa, Alberto Oliveira, fue llamado a la dirección para explicar cómo podría ayudar su departamento para incrementar la eficiencia del personal de la empresa. Oliveira aclaró que el problema de eficiencia del personal está relacionado con el entrenamiento y el desarrollo del personal y que cualquier plan de entrenamiento debería fundamentarse en las necesidades reales de entrenamiento de la empresa. Para conocerlas, debería realizarse un inventario de estas necesidades y trazar un diagnóstico capaz de permitir la programación del entrenamiento necesario. El inventario de necesidades de entrenamiento podría analizarse en tres aspectos: organizacional, de los recursos humanos existentes y de las tareas y operaciones que deben realizar las personas. El inventario de necesidades podría cubrir uno de estos aspectos o todos. Además, añadió Oliveira, la empresa está constituida por varias áreas: el área industrial, el área financiera, el área comercial y el área administrativa, cada una de las cuales tiene problemas específicos de entrenamiento. Por otra parte, el inventario de necesidades podría hacerse de varias maneras. Para finalizar, argumentó, el entrenamiento es una responsabilidad de línea y una función de *staff*. El departamento de RH, como organismo de *staff*, podría asesorar y prestar servicios a los demás organismos para resolver sus problemas de entrenamiento y de eficiencia del personal, pero la responsabilidad básica en cuanto a los problemas de entrenamiento y de eficiencia del personal corresponde a cada jefe con el respectivo organismo que dirige.

Después de todas estas explicaciones, la dirección manifestó a Oliveira que sus aclaraciones eran bastante lógicas y ponderadas, pero ella continuaba con la misma inquietud: ¿Cómo incrementar la eficiencia en las diversas áreas de la empresa? Alberto Oliveira prometió elaborar un plan genérico acerca del asunto y presentarlo a la dirección en la siguiente reunión.

15

Desarrollo organizacional

Tanto las organizaciones como las personas que trabajan en ellas están en constante cambio. Se revisan y se modifican objetivos, y se establecen otros nuevos; se crean nuevos departamentos y se reestructuran los viejos; las personas dejan la empresa o cambian de cargos; se contratan nuevas personas; los productos experimentan variaciones notables; la tecnología avanza inexorablemente. Las personas también se desarrollan, aprenden cosas nuevas, modifican su comportamiento y sus actitudes, tienen nuevas motivaciones, crean nuevos problemas. Los tiempos cambian. En las organizaciones, algunos cambios se presentan en el curso de los procesos, en tanto que otros se proyectan con anticipación. El término desarrollo se aplica cuando el cambio es intencional y se proyecta con anticipación.

Cuando se habla de entrenamiento y desarrollo, la noción es microscópica y casi siempre individual. En cambio, cuando se habla de desarrollo organizacional, la noción es macroscópica y sistémica. Aquí se habla en términos empresariales y globales, y no sólo en términos individuales; se habla a largo plazo, y no a corto ni a mediano plazos.

El campo del desarrollo organizacional (DO) es reciente y se basa en los conceptos y métodos de las ciencias del comportamiento, estudia la organización como sistema total y se compromete a mejorar la eficacia de la empresa a largo plazo mediante intervenciones constructivas en los procesos y en la estructura de las organizaciones. Hay diferencias en los enfoques de los numerosos autores de DO, pues cada uno de ellos desarrolla una tecnología diferente y específica que permite combinaciones variadas, dependiendo de los tipos de problemas empresariales implicados y del estilo de trabajo y de consultoría que se delinee[1].

Algunos trabajos de DO son realizados por consultores externos que no forman parte de la empresa, pero pueden ser miembros de un grupo de asesoría o de un departamento aislado. Otros trabajos pueden ser llevados a cabo por un consultor interno o por un especialista que trabaja en la empresa directamente con la administración de línea. En general, el consultor, interno o externo, desarrolla un equipo que impulsa el proceso de cambio.

PRESUPUESTOS BÁSICOS DEL DESARROLLO ORGANIZACIONAL

El concepto de *desarrollo organizacional* (DO) está profundamente asociado con los conceptos de cambio y capacidad de adaptación de la organización a los cambios. Para entender el DO es necesario conocer sus presupuestos básicos[2]:

Concepto de organización

Los especialistas en DO aceptan el criterio de organización pregonado por la teoría del comportamiento en la administración. Según Lawrence y Lorsch, "la organización es la coordinación de diferentes actividades de contribuyentes individuales, con la finalidad de efectuar intercambios planeados con el ambiente"[3]. Estos autores adoptan el concepto tradicional de división del trabajo al referirse a las diferentes actividades y a la coordinación existente en la organización, y recuerdan a Barnard[4] cuando se refieren a que las personas contribuyen a las organizaciones, en vez de

1 Edgard H. Schein, "Behavioral Sciences for Management", en Joseph W. McGuire (Org.), *Contemporary Management: Issues and Viewpoints*, Englewood Cliff, Prentice-Hall, 1974, pp. 24-25.

2 Idalberto Chiavenato, *Introdução à teoria geral da administração*, São Paulo, McGraw Hill de Brasil, 1977, pp. 382-391.

3 Paul R. Lawrence, Jay W. Lorsch, *O desenvolvimento de organizações: diagnóstico e ação*, São Paulo, Edgard Blücher, 1972, p. 3.

4 Chester Barnard, *As funções do executivo*, São Paulo, Atlas, 1971.

pertenecer totalmente a éstas. Las contribuciones que cada participante pueda hacer en la empresa varían no sólo en función de las diferencias individuales, sino también del sistema de recompensas y contribuciones adoptado por la empresa. Este concepto tiene en cuenta el hecho de que toda empresa actúa en un medio ambiente determinado. Dado que su existencia y su supervivencia dependen del modo como ella se relacione con ese medio, se deduce que debe estructurarse y dinamizarse en función de las condiciones y circunstancias que caracterizan el medio en que ella opera.

Otros autores adoptan una posición un poco más antagónica con relación al concepto tradicional de organización. Bennis procura hacer énfasis en las diferencias fundamentales que existen entre los sistemas mecánicos (característicos del concepto tradicional de organización) y los sistemas orgánicos (característicos del enfoque del DO)[5], conforme puede observarse en la figura 15.1.

Sistemas mecánicos	Sistemas orgánicos
• El énfasis es exclusivamente individual • Relación del tipo autoridad-obediencia • Fuerte tendencia a delegar y a dividir la responsabilidad • División del trabajo y supervisión jerárquica rígidas • Toma de decisiones centralizada • Solución de conflictos por medio de represión, arbitramento u hostilidad	• Énfasis en las relaciones inter e intragrupales • Confianza en los otros miembros del grupo • Interdependencia y responsabilidad compartidas • Participación y responsabilidad multigrupales • Responsabilidad y control ampliamente compartidos • Solución de conflictos mediante la negociación o la solución de problemas

Figura 15.1 Diferencias básicas entre sistemas mecánicos y orgánicos.

Fuente: Warren G. Bennis, *Desenvolvimento organizacional: sua natureza, origens e perspectivas*, São Paulo, Edgard Blücher, 1972, p. 15.

Según Bennis, los sistemas orgánicos permiten que los participantes tomen conciencia social, lo cual posibilita que las organizaciones sean conscientes colectivamente de sus destinos y de la orientación necesaria para dirigirlas mejor.

---

5 Warren G. Bennis, *Desenvolvimento organizacional: sua natureza, origens e perspectivas*, São Paulo, Edgard Blücher, 1972, p. 15.

Concepto de cultura organizacional

La única manera posible de cambiar las organizaciones es transformar su "cultura", esto es, cambiar los sistemas dentro de los cuales trabajan y viven las personas. La cultura organizacional expresa un modo de vida, un sistema de creencias, expectativas y valores, una forma particular de interacción y de relación de determinada organización[6]. Cada organización es un sistema complejo y humano que tiene características, cultura y sistema de valores propios. Todo este conjunto de variables debe observarse, analizarse e interpretarse continuamente. La cultura organizacional influye en el clima existente en la organización.

Concepto de cambio organizacional

El mundo moderno se caracteriza por un ambiente que cambia constantemente. El ambiente general que rodea las organizaciones es dinámico en extremo y exige de ellas una gran capacidad de adaptación como condición primordial para sobrevivir. El DO es una respuesta a tales cambios. El mundo moderno se caracteriza por cambios rápidos, constantes y progresivos. Las transformaciones científicas, tecnológicas, económicas, sociales, políticas, etc., actúan e influyen en el desarrollo y en el éxito de las empresas en general, ya sean industriales, de servicios, organizaciones públicas, hospitales, bancos, universidades, etc.

El proceso de cambio organizacional comienza cuando surgen fuerzas que crean la necesidad de establecer transformaciones en una o varias secciones de la organización. Estas fuerzas pueden ser exógenas o endógenas a la organización.

1. Las fuerzas exógenas provienen del ambiente, como nuevas tecnologías, cambios en los valores de la sociedad o nuevas oportunidades o limitaciones del ambiente (económico, político, legal y social). Estas fuerzas externas generan la necesidad de introducir cambios en el interior de la empresa.

2. Las fuerzas endógenas, que crean la necesidad de cambiar las estructuras y el comportamiento, provienen del interior de la organización y

6 Richard Beckhard, *Desenvolvimento organizacional: estratégias e modelos*, São Paulo, Edgard Blücher, 1972, p. 19.

son producto de la interacción de sus participantes y de las tensiones provocadas por la diferencia de objetivos e intereses.

Necesidad de adaptación y cambio permanentes

El individuo, el grupo, la organización y la comunidad deben ser sistemas dinámicos y vivos de adaptación, ajuste y reorganización, si quieren sobrevivir en un ambiente de cambios. El cambio organizacional no debe ser aleatorio, sino planeado.

Existen cuatro clases de cambios en las organizaciones:

a. *Estructurales.* Afectan la estructura organizacional, los órganos (divisiones o departamentos, que pueden fusionarse, crearse, eliminarse o ser subcontratados con proveedores externos, gracias a la llegada de nuevos socios), las redes de información internas y externas, los niveles jerárquicos (que pueden reducirse para horizontalizar la comunicación) y las modificaciones en el esquema de diferenciación *versus* integración existente.

b. *Tecnológicos.* Afectan máquinas, equipos, instalaciones, procesos empresariales, etc. La tecnología afecta la manera como la empresa ejecuta sus tareas, fabrica sus productos y presta sus servicios.

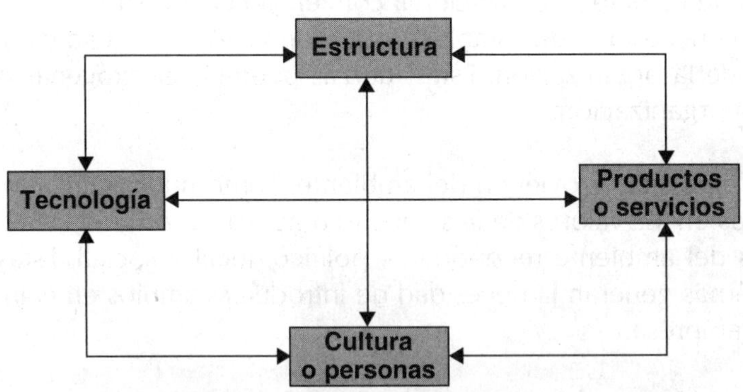

Figura 15.2 Cuatro tipos de cambio organizacional.

Fuente: Harold J. Leavitt, "Applied Organizational Change in Industry: Structural, Technical and Human approacheu, en W. W. Cooper, J. J. Leavitt y M. W. Shelly II (Orgs.), *New Perspectives in Organizational Research*, Nueva York, Wiley, 1964, pp. 55-74.

c. *De productos o servicios.* Afectan los resultados o las salidas de la organización.

d. *Culturales.* Cambios en las personas, en sus comportamientos, actitudes, expectativas, aspiraciones y necesidades.

Estos cambios no son aislados, sino sistémicos, pues se afectan entre sí y producen un fuerte efecto multiplicador.

El problema radica en que las empresas trabajan en escenarios construidos subjetivamente "desde adentro" y no en escenarios pensados y comprendidos objetivamente, lo cual permite que tarde o temprano se tornen menos viables. Para que esto no ocurra es necesario descongelar los paradigmas existentes. Los cambios pueden presentarse en varias dimensiones y a diferente velocidad. Pueden ser restringidos y específicos o amplios y genéricos; pueden ser lentos, progresivos e incrementales o rápidos, decisivos y radicales. Todo depende de la situación de la empresa, de las circunstancias que la rodean y de la percepción de la urgencia y la viabilidad del cambio.

La interacción organización-ambiente

Organización y ambiente están en continua y estrecha interacción. Una de las cualidades más importantes de una organización es su sensibilidad y su adaptabilidad: su capacidad de percepción y cambio para adaptarse a la variación de los estímulos externos. Una organización sensible y flexible tiene capacidad y versatilidad para redistribuir con rapidez sus recursos, de modo que logre maximizar su adaptación y mejorar su rendimiento para alcanzar sus objetivos. La organización debe adaptarse constantemente, con un mínimo de tiempo y costo en general, a las condiciones que introduce la innovación.

Interacción individuo-organización

Toda organización es un sistema social. El DO parte de una filosofía acerca del hombre: el ser humano tiene aptitudes para producir, las cuales pueden permanecer inactivas si el ambiente en que vive y trabaja es restrictivo y hostil, y le impide el crecimiento y la expansión de sus potencialidades. Los científicos sociales, en especial Maslow[7] y Herzberg[8], afirman que si la organización brindase un ambiente capaz de satisfacer las exigencias de los individuos, éstos podrían crecer, desarrollarse y encontrar su satisfacción y autorrealización al promover los objetivos de la organización.

El DO hace énfasis en la interacción más estrecha y democrática entre las personas y la organización para alcanzar la administración participativa.

Los objetivos individuales y los objetivos organizacionales

El DO parte del supuesto de que es posible que las metas de los individuos se integren con los objetivos de la organización en un plano en que el significado del trabajo sea estimulante y gratificante y conlleve posibilidades de desarrollo personal.

En resumen, el DO es una actividad de cambio planeado que involucra a la empresa como totalidad. El desarrollo organizacional es un programa educativo a largo plazo, orientado a mejorar los procesos de solución de problemas y de renovación de una organización mediante una administración basada en la colaboración y la efectividad de la cultura de la empresa, con ayuda de un agente de cambio o catalizador, y el empleo de la teoría y la tecnología pertinentes a la ciencia del comportamiento organizacional[9]. En la base del DO están los aspectos de revitalización, energía, actualización, activación y renovación de las organizaciones[10]. Gardner[11], refiriéndose a la autorrenovación organizacional, destaca la necesidad de evitar la decadencia y la vejez empresariales, recuperando la vitalidad, la creatividad y la innovación, privilegiando la flexibilidad y la adaptabilidad, y estableciendo condiciones que impulsen la motivación individual, el desarrollo y la realización de todos los involucrados.

---

7 Abraham H. Maslow, *Eupsychian Management*, Homewood, Richard D. Irwin, 1965.
8 Frederick Herzberg, *The Work and the Nature of Man*, Cleveland, The World Publishing.
9 Wendell L. French, Cecil H. Bell Jr., *Organization Development: Behavioral Science Interventions for Organization Improvement*, Englewood Cliffs, Prentice-Hall, 1973, p. 15.
10 Chris Argyris, *Management and Organizational Development: The Path from XA to YB*, Nueva York, McGraw-Hill, 1971, p. ix.
11 John W. Gardner, *Self-Renewal: The Individual and the Innovate Society*, Nueva York, Harper & Row, 1965, pp. 1-7.

Los elementos esenciales en cualquier actividad de DO son[12]:

1. Orientación a largo plazo.

2. Generación de esfuerzos para obtener mayor eficacia de toda la organización y no sólo de una parte de ella.

3. Desarrollo conjunto de los pasos de diagnóstico y de intervención entre los gerentes de línea y el consultor.

Bennis establece cuatro condiciones básicas para el surgimiento del DO[13]:

1. Transformación rápida e inesperada del ambiente organizacional.

2. Aumento en el tamaño de las organizaciones, lo cual impide que el volumen de las actividades tradicionales de la organización sea suficiente para sostener el crecimiento.

3. Diversificación creciente y complejidad gradual de la tecnología moderna, que exigen estrecha integración entre actividades y personas muy especializadas, y de competencias muy diferentes.

4. Cambio en el comportamiento administrativo debido a:

   - Un nuevo concepto de hombre, basado en un mayor conocimiento de sus necesidades complejas y cambiantes, el cual sustituyó la idea de hombre supersimplificado, inocente y del tipo 'operador de botones'.

   - Un nuevo concepto de poder basado en la colaboración y en la razón, que sustituyó un modelo de poder basado en la coacción y la amenaza.

   - Un nuevo concepto de valores organizacionales basado en ideales humanístico-democráticos, que sustituyó el sistema de valores despersonalizado y mecanicista de la burocracia.

---

12 Edgar H. Schein, *op. cit.*, p. 25.
13 Warren G. Bennis, *op. cit.*, pp. 23-27.

CARACTERÍSTICAS DEL DO

La propia definición de DO presupone características como[14]:

a. *Focalización en toda la organización.* El DO toma la organización como un todo para que el cambio sea efectivo. En la sociedad moderna, el cambio es tan grande que la organización necesita que todas sus partes trabajen en conjunto para resolver los problemas que surjan y aprovechar las oportunidades que se presenten. El DO es un programa amplio que busca que todas las partes integrantes de la organización estén bien coordinadas.

b. *Orientación sistémica.* El DO se orienta a las interacciones de las diversas partes de la organización (que ejercen influencia recíproca), a las relaciones laborales entre las personas y a la estructura y los procesos organizacionales. El objetivo básico del DO es lograr que todas esas partes trabajen en conjunto con eficacia. Lo importante es saber cómo se relacionan dichas partes y no cómo funcionan por separado.

c. *Agente de cambio.* El DO utiliza uno o más agentes de cambio: personas que desempeñan el papel de estimular y coordinar el cambio dentro de un grupo o dentro de la organización. En general, el agente principal de cambio es un consultor externo que puede trabajar sin presiones de la jerarquía ni de la política de la empresa. El gerente de recursos humanos desempeña el rol de agente interno del cambio que coordina el programa con la administración y con el agente externo –que también está en contacto con la administración–, lo cual origina una relación triádica que involucra al ejecutivo de RH, a la dirección y al consultor. En otros casos, la empresa tiene su propio consultor interno o un departamento de DO para detectar los cambios e implementarlos, con el fin de incrementar la competitividad organizacional.

d. *Solución de problemas.* El DO no sólo analiza los problemas en teoría, sino que hace énfasis en las soluciones; focaliza los problemas reales, no los artificiales, utilizando la investigación-acción, que es su característica fundamental. El DO podría definirse como mejoramiento organizacional a través de la investigación-acción.

---

14 Keith Davis, *Human Behavior at Work: Organizational Behavior*, Nueva York, McGraw-Hill, 1981, pp. 221-224.

e. *Aprendizaje experimental.* Los participantes aprenden a resolver experimentalmente en el ambiente de entrenamiento los problemas que deben enfrentar en el trabajo. Los participantes analizan y discuten su propia experiencia y aprenden de ésta. Este enfoque produce más cambios de comportamiento que el tradicional de lectura y análisis de casos, en que las personas hablan sobre situaciones abstractas. La teoría es necesaria y deseable, pero la prueba final se halla en la práctica. El DO ayuda a aprender de la propia experiencia, a solidificar o recongelar nuevos aprendizajes y a responder interrogantes que rondan la mente de las personas.

f. *Procesos grupales.* El DO se basa en procesos grupales, como discusiones en grupo, debates, conflictos intergrupales y procedimientos de cooperación. Se observa un esfuerzo para mejorar las relaciones interpersonales, abrir los canales de comunicación, construir confianza y estimular la responsabilidad entre las personas.

g. *Retroalimentación.* El DO busca proporcionar retroalimentación a los participantes para que fundamenten sus decisiones en datos concretos. La retroalimentación suministra información de retorno sobre el comportamiento y estimula a las personas a comprender las situaciones en que se desenvuelven y a emprender las acciones autocorrectivas más eficaces en esas situaciones.

h. *Orientación situacional.* El procedimiento del DO no es rígido ni inmutable, sino situacional y orientado hacia la contingencia. Es flexible y pragmático, y adapta las acciones a las necesidades específicas y particulares. Los participantes analizan las diversas alternativas y no se basan en una única manera de plantear los problemas.

i. *Desarrollo de equipos.* El objetivo general del DO es construir mejores equipos de trabajo en la organización. Hace énfasis en los grupos, ya sean pequeños o grandes, propone la cooperación y la integración y enseña a superar diferencias individuales o grupales.

En el fondo, el DO es la aplicación de las técnicas de las ciencia del comportamiento para mejorar la salud y eficacia de las organizaciones mediante la habilidad de las personas para enfrentar los cambios ambientales, mejorar las relaciones internas e incrementar la capacidad de solucionar problemas.

• Se dirige a toda la organización	• Procesos grupales
• Orientación sistémica	• Retroalimentación
• Utiliza agentes de cambio	• Orientación situacional
• Hace énfasis en la solución de problemas	• Desarrollo de equipos
• Aprendizaje experimental	• Enfoque interactivo

Figura 15.3 Principales características del DO.

Fuente: Idalberto Chiavenato, *Os novos paradigmas: como as mudanças estão mexendo com as empresas*, São Paulo, Atlas, 1996, p. 159.

EL PROCESO DEL DO

El proceso del DO consta de tres etapas[15]:

1. *Recolección y análisis de datos.* Determinación de los datos necesarios y los métodos útiles para recolectarlos dentro de la empresa. La recolección y el análisis de datos es una de las actividades más difíciles del DO. Incluye técnicas y métodos para describir el sistema organizacional y las relaciones entre sus elementos o subsistemas, así como los modos de identificar problemas y temas importantes.

2. *Diagnóstico organizacional.* Del análisis de los datos recogidos se pasa a la interpretación y al diagnóstico para identificar preocupaciones y problemas y sus consecuencias, establecer prioridades, metas y objetivos. En el diagnóstico se verifican las estrategias alternativas y los planes para implementarlas.

3. *Acción de intervención.* Fase de implementación del proceso de DO. La acción de intervención es la fase de acción planeada en el proceso de DO que sigue a la fase de diagnóstico. En la fase de acción se selecciona la intervención más apropiada para solucionar un problema organizacional particular. La acción de intervención no es la fase final del DO, puesto que éste es continuo. La intervención puede efectuarse mediante diversas técnicas, que veremos a continuación.

15 Newton Margulies, Anthony P. Raia, *Organizational Development: Values, Process and Technology*, Nueva York, McGraw-Hill, 1972, p. 5.

4. *Evaluación.* Etapa final del proceso que funciona como circuito cerrado. El resultado de la evaluación implica modificación del diagnóstico, lo cual conduce a nuevos inventarios, nueva planeación, nueva implementación, y así sucesivamente. Esto otorga al proceso su propia dinámica, que le permite desarrollarse sin intervención externa.

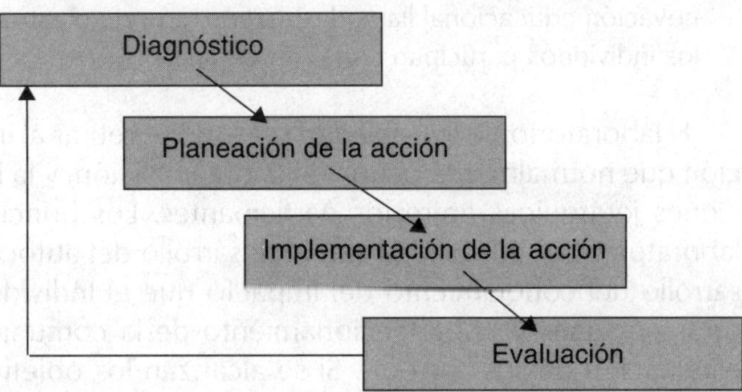

Figura 15.4 Las cuatro fases del modelo de diagnóstico y acción.

Estas cuatro fases pueden superponerse, pues no existe una frontera nítida entre ellas.

TÉCNICAS DE INTERVENCIÓN EN DO

Los agentes de cambio emplean una o varias técnicas y enfoques de DO para intervenir en la organización. Las técnicas de DO pueden clasificarse así[16]:

1. *DO para el individuo:* el entrenamiento de la sensibilidad es la técnica más antigua del DO. Los grupos se denominan *T-Groups* (grupos de entrenamiento), conformados por cerca de diez participantes orientados por un líder entrenado para aumentar la sensibilidad en sus relaciones interpersonales.

16 Idalberto Chiavenato, *Os novos paradigmas: como as mudanças estão mexendo com as empresas,* São Paulo, Atlas, 1996, pp. 159-165.

> El laboratorio de sensibilidad es una comunidad residencial transitoria, estructurada de acuerdo con los requerimientos de aprendizaje de los participantes. El término laboratorio es intencional y significa que el entrenamiento se lleva a cabo en una comunidad dedicada a apoyar el cambio y el aprendizaje experimental. Se inventan y prueban nuevos estándares de comportamiento en un clima que favorece el cambio y donde los participantes están protegidos de las consecuencias prácticas de la acción innovadora. La parte central de esa especie de entrenamiento es una innovación educacional llamada *T-Group*, grupo no estructurado en el cual los individuos participan como aprendices[17].

El laboratorio de sensibilidad presupone retirar al individuo de la situación que normalmente ocupa en la organización, y la inexistencia de relaciones jerárquicas entre los participantes. Los principales objetivos del laboratorio de sensibilidad son el desarrollo del autoconocimiento, el desarrollo del conocimiento del impacto que el individuo ejerce sobre las otras personas y el perfeccionamiento de la comunicación mediante la eliminación de sus barreras. Si se alcanzan los objetivos, el individuo se muestra menos a la defensiva, menos desconfiado de las intenciones de los demás, responde más frente a los demás y sus necesidades dejarán de ser interpretadas por los otros de manera negativa. El resultado será mayor creatividad (menor temor a los demás y menos posiciones defensivas), menor hostilidad frente a los demás (debido a que los comprende mejor) y mayor sensibilidad a las influencias sociales y psicológicas sobre el comportamiento en el trabajo[18]. El entrenamiento de la sensibilidad es un enfoque orientado a desarrollar la sensibilidad social de una persona y la flexibilidad de su comportamiento frente a los demás. El laboratorio de sensibilidad generalmente se aplica de arriba hacia abajo, comenzando por la cúspide de la organización y descendiendo hasta los niveles inferiores de la administración. Uno de los problemas derivados de aplicar el laboratorio de sensibilidad es el retorno del individuo a la situación normal de trabajo, puesto que la autenticidad de la comunicación puede crear problemas con los demás individuos que no han tenido el mismo entrenamiento. No obstante, es innegable la eficacia de esta técnica para

---

17 Cândido Bueno de Azevedo, "Os laboratõrios de sensitividade e o desenvolvimento das organizações, en *Revista de Administração de Empresas*, Rio de Janeiro, Fundação Getúlio Vargas, vol. 9, No. 3, 1969, pp. 45-46.

18 Abraham K. Korman, *Industrial and Organizational Psychology*, Englewood Cliffs, N. J., Prentice-Hall Inc., 1971, p. 272.

mejorar la competencia individual e interpersonal, disminuir la ansiedad y reducir el conflicto intergrupal.

2. *DO para dos o más personas: análisis transaccional.* El análisis transaccional (AT) es una técnica que busca el autodiagnóstico de las relaciones interpersonales[19]. Las relaciones interpersonales implican transacción, que es cualquier forma de comunicación, mensaje o relación con los demás. El AT es una técnica adecuada para individuos, no para grupos, pues se concentra en el estilo y el contenido de las comunicaciones entre las personas. Esta técnica enseña a las personas a enviar mensajes claros y ágiles, y a dar respuestas naturales y razonables, reduciendo los hábitos destructivos de la comunicación –los denominados "juegos"– en que la intención o el total significado de las palabras permanece oculto. Se busca que las personas reconozcan el contexto de sus comunicaciones para que éstas se tornen más abiertas y honestas, y dirijan mejor sus mensajes. En el AT se estudian los estados del yo (las tres posiciones típicas del ego en las relaciones con los demás: adulto, padre o hijo), las transacciones (formas de relación paralelas, cruzadas o bloqueadas), los estímulos y respuestas (palmaditas), así como las posiciones de vida (actitudes que las personas expresan en su visión del mundo: no estoy bien-usted está bien, no estoy bien-usted no está bien, estoy bien-usted no está bien, y estoy bien-usted está bien).

3. *DO para equipos o grupos: consultoría de procesos.* En esta técnica, cada equipo es coordinado por un consultor en procesos humanos y de información, quien actúa como tercero. Su coordinación permite intervenciones en el equipo para sensibilizarlo más respecto de sus procesos internos de establecimiento de metas y objetivos, de sus sentimientos, de liderazgo, toma de decisiones, participación, confianza y creatividad. El consultor trabaja con los miembros del equipo para ayudarlos a comprender la dinámica de sus relaciones de trabajo en grupo o equipo, mejorar los medios que emplean en el trabajo conjunto, y desarrollar la capacidad de diagnóstico y las habilidades de solución de problemas, que necesitan para aumentar su eficacia mediante la cooperación e integración.

19 Eric Berne, *Jogos da vida,* Rio de Janeiro, Artenova, 1973. *Véase también* Thomas A. Harris, *Eu estou OK, você está OK,* Rio de Janeiro, Arte Nova, 1973.

Desarrollo de equipos. Técnica de modificación del comportamiento en que varios grupos de empleados de diversos niveles y áreas se reúnen bajo la coordinación de un especialista o consultor, y se critican mutuamente para buscar un consenso en que la colaboración sea más fructífera, y eliminar las barreras interpersonales de la comunicación mediante la exposición y comprensión de sus causas. Al final, el equipo autoevalúa su comportamiento utilizando determinadas variables, descritas en la figura 15.5. Se trata de transformar grupos de personas en equipos integrados y cohesionados. En el trabajo de equipo se eliminan las diferencias jerárquicas y los intereses específicos, lo cual proporciona una disposición saludable a la creatividad y la innovación.

El desarrollo de un equipo comprende las etapas indicadas en la figura 15.6[20], y permite diagnosticar las barreras que se interponen en el desempeño eficaz del grupo, lograr condiciones para superarlas, fortalecer el sentido de unidad entre los miembros, aumentar las relaciones entre los miembros, mejorar el cumplimiento de las tareas y el proceso operativo del grupo.

4. *DO para relaciones intergrupales: reuniones de confrontación.* Técnica de modificación del comportamiento dirigida por un consultor interno o externo (llamado tercero). Dos grupos antagónicos en conflicto (por desconfianza recíproca, discrepancia, antagonismo, hostilidad, etc.) pueden ser tratados mediante reuniones de confrontación en que cada grupo se autoevalúa y evalúa el comportamiento del otro, como si estuvieran frente a un espejo. En estas reuniones cada grupo presenta las evaluaciones al otro y es interrogado sobre sus percepciones. Luego sigue una discusión, acalorada al principio, que va dirigiéndose a la comprensión y el entendimiento recíprocos del comportamiento de las partes involucradas. El consultor facilita la confrontación con total imparcialidad, pondera las críticas y orienta la discusión hacia la solución constructiva del conflicto, eliminando las barreras intergrupales[21].

La reunión de confrontación es una técnica de enfoque socioterapéutico, cuya finalidad es mejorar la salud de la organización mejorando las comunicaciones y las relaciones entre diferentes departamentos o áreas. Es una reunión de un día en la que diversos grupos discuten los

---

20 John S. Oakland, *Gerenciamento da qualidade total–TQM*, São Paulo, 1994, p. 316.
21 Warren G. Bennis, *op. cit.*

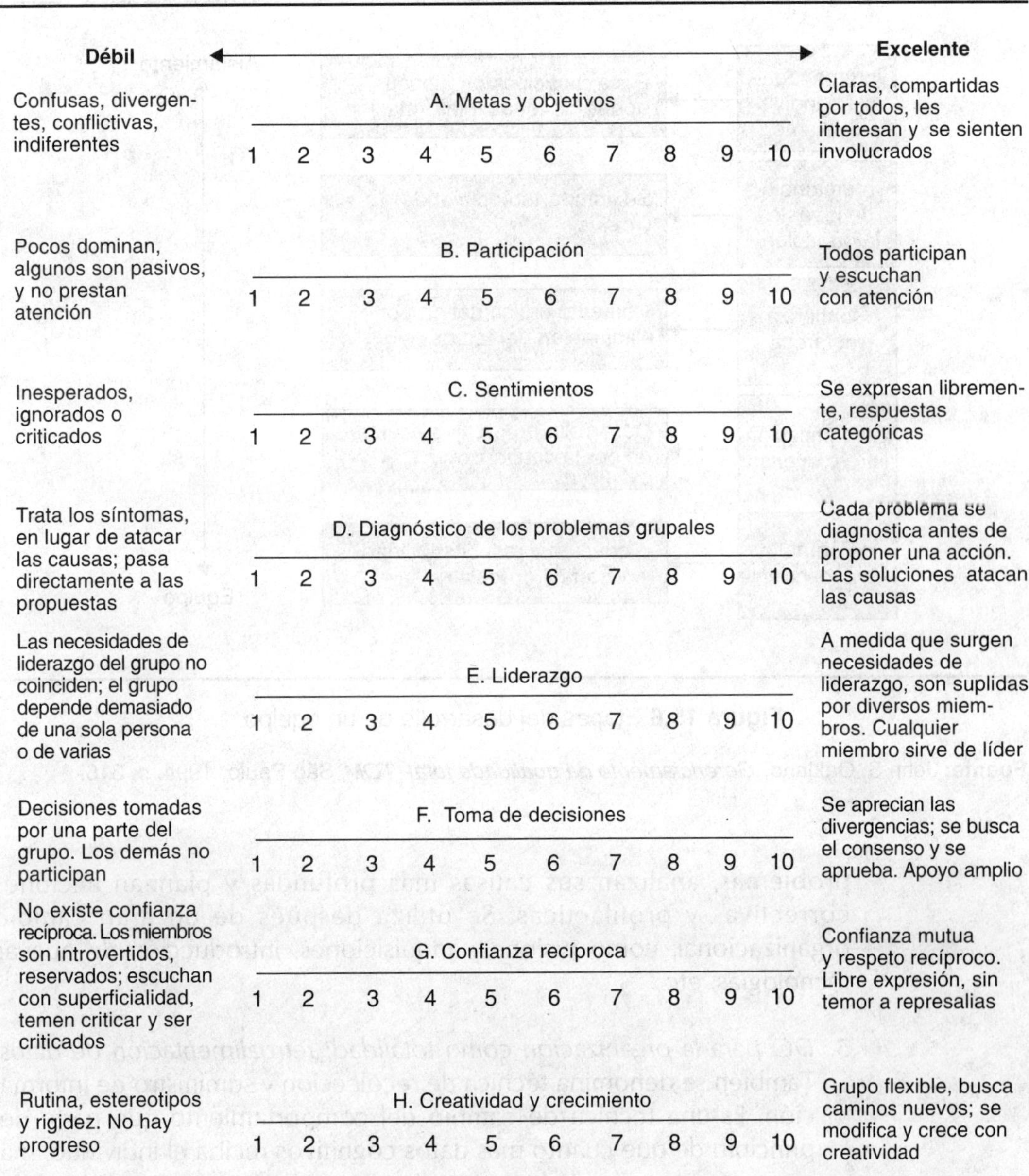

Débil ←		→ Excelente
Confusas, divergentes, conflictivas, indiferentes	A. Metas y objetivos 1 2 3 4 5 6 7 8 9 10	Claras, compartidas por todos, les interesan y se sienten involucrados
Pocos dominan, algunos son pasivos, y no prestan atención	B. Participación 1 2 3 4 5 6 7 8 9 10	Todos participan y escuchan con atención
Inesperados, ignorados o criticados	C. Sentimientos 1 2 3 4 5 6 7 8 9 10	Se expresan libremente, respuestas categóricas
Trata los síntomas, en lugar de atacar las causas; pasa directamente a las propuestas	D. Diagnóstico de los problemas grupales 1 2 3 4 5 6 7 8 9 10	Cada problema se diagnostica antes de proponer una acción. Las soluciones atacan las causas
Las necesidades de liderazgo del grupo no coinciden; el grupo depende demasiado de una sola persona o de varias	E. Liderazgo 1 2 3 4 5 6 7 8 9 10	A medida que surgen necesidades de liderazgo, son suplidas por diversos miembros. Cualquier miembro sirve de líder
Decisiones tomadas por una parte del grupo. Los demás no participan	F. Toma de decisiones 1 2 3 4 5 6 7 8 9 10	Se aprecian las divergencias; se busca el consenso y se aprueba. Apoyo amplio
No existe confianza recíproca. Los miembros son introvertidos, reservados; escuchan con superficialidad, temen criticar y ser criticados	G. Confianza recíproca 1 2 3 4 5 6 7 8 9 10	Confianza mutua y respeto recíproco. Libre expresión, sin temor a represalias
Rutina, estereotipos y rigidez. No hay progreso	H. Creatividad y crecimiento 1 2 3 4 5 6 7 8 9 10	Grupo flexible, busca caminos nuevos; se modifica y crece con creatividad

Figura 15.5 Evaluación de la eficiencia grupal.

Fuente: adaptado de Edgard H. Schein, *Consultoria de procedimentos: seu papel no desenvolvimento organizacional*, São Paulo, Edgard Blücher, 1972, pp. 46-47.

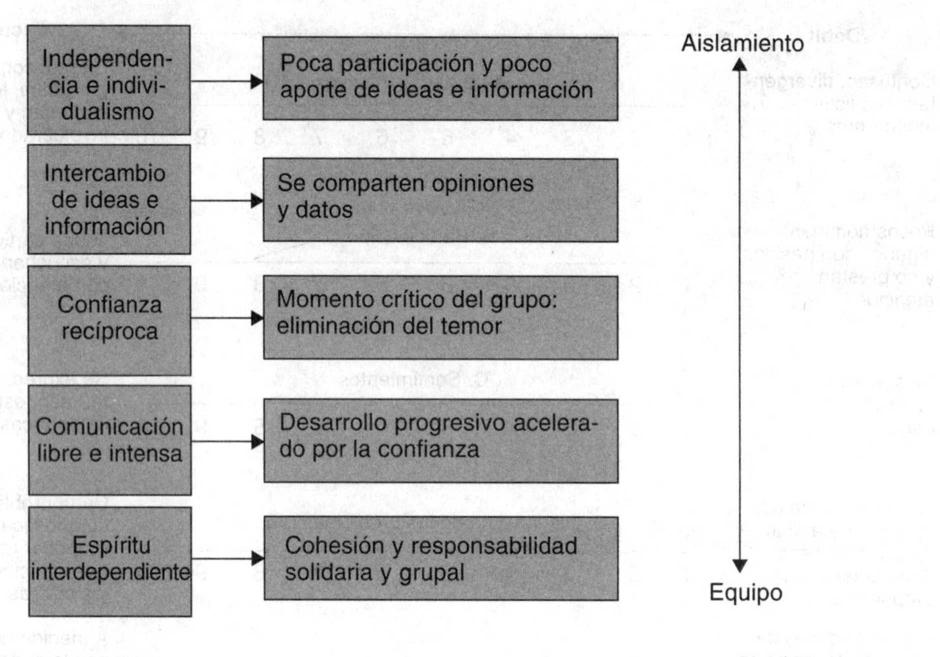

Figura 15.6 Etapas del desarrollo de un equipo.

Fuente: John S. Oakland, *Gerenciamento da qualidade total–TQM*, São Paulo, 1994, p. 316.

problemas, analizan sus causas más profundas y planean acciones correctivas y profilácticas. Se utiliza después de un gran cambio organizacional, como fusiones, adquisiciones, introducción de nuevas tecnologías, etc.

5. *DO para la organización como totalidad: retroalimentación de datos.* También se denomina técnica de recolección y suministro de información. Es una técnica de cambio del comportamiento que parte del principio de que cuanto más datos cognitivos reciba el individuo, mayor será su posibilidad de organizarlos y actuar con creatividad. La retroalimentación de datos (*feedback* de datos) proporciona aprendizaje de nuevos datos respecto de sí mismo, de los demás, de los procesos grupales o de la dinámica organizacional, datos que no siempre son tenidos en cuenta. La retroalimentación se refiere a las actividades

y procesos que "reflejan" y "proyectan" la manera como una persona es percibida por las demás[22].

La retroalimentación de datos parte del inventario de datos obtenidos mediante entrevistas o cuestionarios aplicados a alguna sección de la empresa para verificar ciertos aspectos del proceso organizacional, como la moral de trabajo, el sistema de recompensas, el estilo administrativo, las comunicaciones, el proceso de toma de decisiones, etc. Después de seleccionar los datos, se deben efectuar reuniones con todo el personal de determinado nivel de la organización, por turnos, para analizar los resultados y planear las medidas de corrección para cada uno de los niveles de la organización.

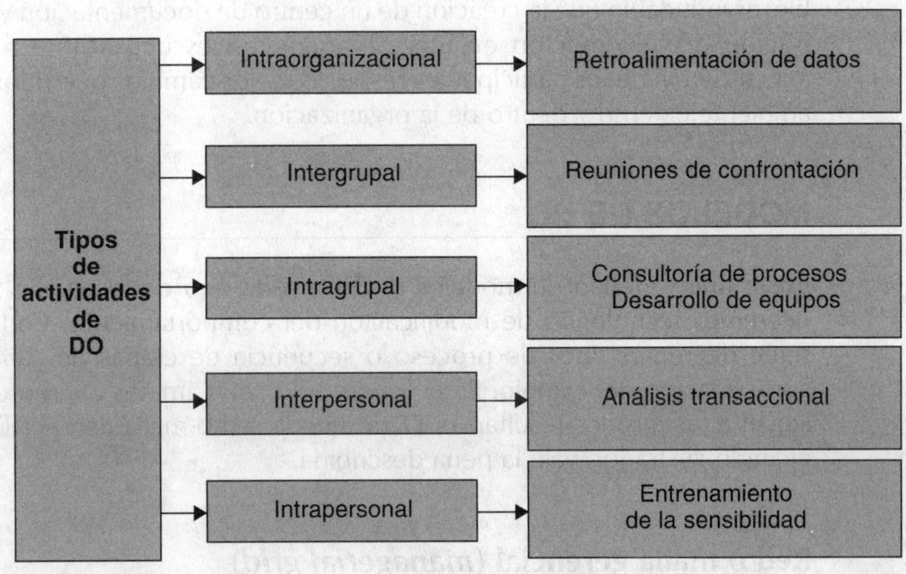

Figura 15.7 Tipos de actividades del DO.

Fuente: Idalberto Chiavenato, *Os novos paradigmas: como as mudanças estão mexendo com as empresas*, São Paulo, Atlas, 1996, p. 165.

22 Warren G. Bennis, *Changing Organizations*, Nueva York, McGraw-Hill, 1966.

La retroalimentación de datos requiere que haya un flujo adecuado de información en la organización, a través de:

1. Distribución abundante de información.
2. Documentación y distribución de resultados de las investigaciones internas.
3. Realización de discusiones periódicas entre elementos de diferentes áreas de la organización.
4. Realización de conferencias sobre asuntos internos, programas y planes de trabajo, etc.

Aunque la presuposición de que el simple suministro sistemático de información garantiza la acción creativa e innovadora es bastante discutible, es indudable que la creación de un centro de documentación y distribución de información en una organización es importante para la actualización de los participantes respecto de los cambios ocurridos en el ambiente externo y dentro de la organización.

MODELOS DE DO

Existe una variedad de modelos de DO, cada uno de los cuales utiliza diferentes tecnologías de modificación del comportamiento. Cada uno sigue diferentes tipos de proceso o secuencia de etapas de cambio y consolidación del cambio. En el fondo, sólo son caminos diferentes que llegan a los mismos resultados. Dado que la red o malla gerencial es un ejemplo ilustrador, vale la pena describirla.

Red o malla gerencial (*managerial grid*)

Blake y Mouton[23], dos consultores estadounidenses, desarrollaron una tecnología de cambio organizacional planeado a la que denominaron red o malla gerencial (*managerial grid*) por el hecho de que los ejecuti-

---

23 Robert R. Blake, Jane S. Mouton, *A estruturação de uma empresa dinâmica através do desenvolvimento organizacional tipo grid*, São Paulo, Edgard Blücher, 1976.

vos siempre están concentrados en dos asuntos: la producción y las personas.

La malla gerencial es una gráfica de dos entradas compuesta de dos ejes:

- El eje horizontal representa la preocupación por la producción. Es una serie continua de nueve puntos en que 9 indica elevadísima preocupación por la producción, en tanto que 1 representa una baja preocupación.
- El eje vertical representa la preocupación por las personas. También es una serie continua de nueve puntos en que 9 indica un grado elevado y 1 un grado bajo de preocupación por las personas.

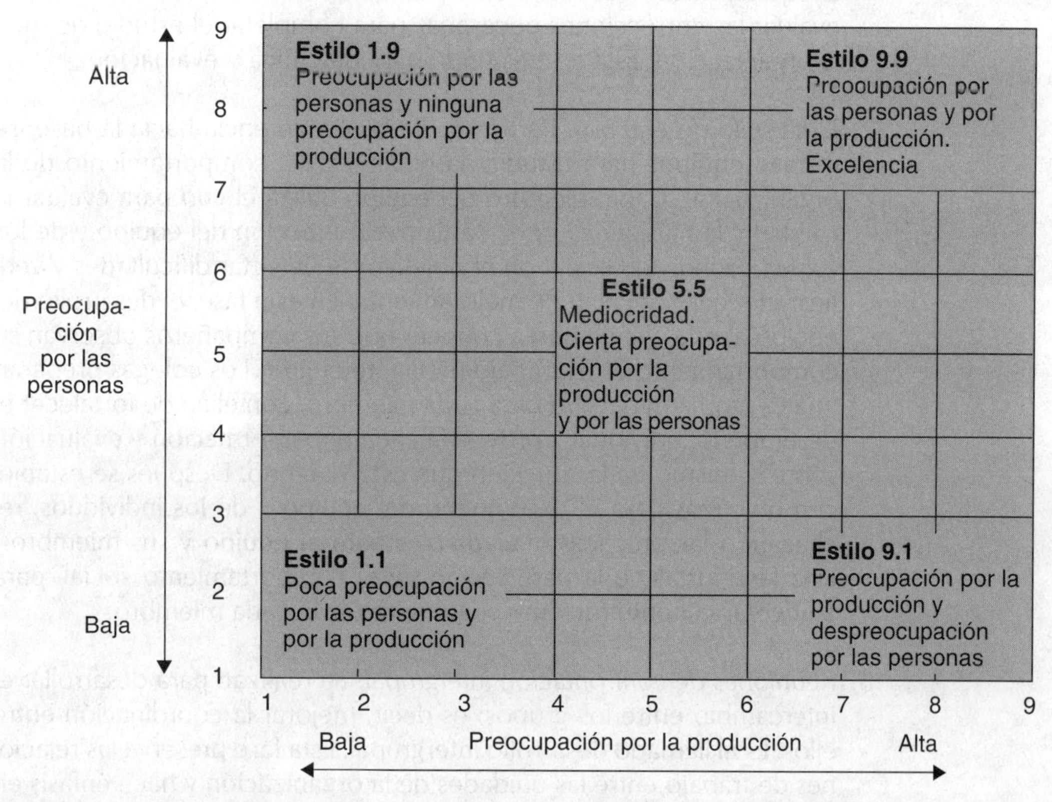

Figura 15.8 Red o malla gerencial (*managerial grid*).

Fuente: Robert R. Blake y Jane S. Mouton, *A estruturação de uma empresa dinâmica através do desenvolvimento organizacional do tipo grid*, São Paulo, Edgard Blücher, 1976, p. 10.

La malla gerencial representa esas dos preocupaciones –por la producción y por las personas– y su interacción, para demostrar que el desempeño excelente procura maximizar los resultados de producción y la satisfacción de las personas involucradas, es decir, llegar al estilo 9.9. La malla desempeña un rol importante en este modelo de DO.

El programa de DO del tipo *grid* se desarrolla en seis fases[24]:

1. *Seminarios de laboratorio.* Participan todos los miembros de la organización, desde la alta gerencia hasta la base, con el fin de analizar mediante el *grid* cómo se desempeña la empresa o parte de ella. Un equipo de cada área evalúa, empleando el *grid*, las diversas áreas de la empresa para verificar si su desempeño es excelente, regular o inaceptable. El equipo utiliza la crítica sistemática para analizar lo que está bien y evaluar las correcciones necesarias para completar el estudio de toda la organización. Esta fase es un trabajo de crítica y evaluación.

2. *Desarrollo de equipos.* Partiendo de la alta gerencia hacia la base, se forman equipos para estudiar la dinámica del comportamiento de la organización. Cada miembro del equipo utiliza el *grid* para evaluar la calidad y la naturaleza de la participación (acción del equipo y de los esfuerzos individuales), con el objetivo de detectar dificultades y verificar el rumbo del plan de mejoramiento. En esta fase, el desarrollo del equipo ayuda a cada uno a conocer que sus compañeros observan su comportamiento en el trabajo mediante el *grid*. Los colegas preparan una descripción del *grid* para cada miembro, con el fin de fortalecer el desempeño individual y proveer a cada uno información y evaluación sobre sí mismo en la situación que está viviendo. Después se establecen objetivos para el desempeño del equipo y de los individuos, rechazando las prácticas inaceptables para el equipo y sus miembros. Esta fase fortalece la participación y el comportamiento social, para aumentar la contribución y el autointerés de cada miembro.

3. *Reuniones de confrontación intergrupal.* Se realizan para desarrollar el intercambio entre los grupos; es decir, mejorar la coordinación entre ellos. Es el llamado desarrollo intergrupal. Esta fase preserva las relaciones de trabajo entre las unidades de la organización y hace énfasis en la cooperación y la coordinación. Las unidades que mantienen

24 Robert R. Blake, Jane S. Mouton, *O grid gerencial*, São Paulo, Pioneira, 1976.

interrelación de trabajo se reúnen de a dos para identificar cuál debería ser la interrelación de trabajo óptima entre ellas. Se detectan cuáles son las barreras a la eficiencia y se identifica la brecha (*gap*) entre lo que es y lo que debería ser. Esta fase dura entre tres y cuatro días.

Estilo	Clases de participación
9.1	No hay mucha oportunidad de participar. Las personas sienten que aunque pueden hacer aportes, éstos no son solicitados y probablemente serán rechazados si los presentan voluntariamente.
1.9	Las personas no critican para no ser malinterpretadas o se muestran recelosas de no recibir apoyo inmediato. Las soluciones son de "mínimo común denominador", y el comportamiento es superficial y pasajero.
1.1	Hay poco involucramiento y poco compromiso. Las personas pueden estar físicamente presentes, pero mentalmente ausentes.
5.5	Toma de decisiones acomodadas, de medio-camino o "colcha de retazos", que deja a todos descontentos.
9.9	La solución del problema se logra mediante la participación y el compromiso.

Figura 15.9 Clases de participación, según el DO del tipo *grid*.

4. *Establecimiento de los objetivos organizacionales.* La alta gerencia de la organización, a través del equipo de la cúpula, establece lo que considera es la excelencia empresarial; es decir, hasta dónde pretende llegar con el cambio organizacional. En esta fase, los miembros del equipo de la cúpula definen un modelo estratégico ideal al que debería parecerse la empresa si en realidad fuese excelente. Los miembros recogen y reúnen datos "yendo hacia afuera de la empresa para ver lo que pasa dentro de ella". Es la fase en que la alta gerencia define el diseño del modelo estratégico que debe seguir la organización en su totalidad.

5. *Implementación mediante equipos.* Implementación del modelo organizacional ideal a través del desarrollo planeado. Para lograrla, el equipo de la alta gerencia escoge un equipo de planeación para cada centro de utilidades identificado. El coordinador de la fase 5 debe ayudar a los equipos de planeación a organizarse y adquirir las técnicas esenciales para estudiar la manera como operaría cada centro de utilidades en todos sus aspectos, basado en los criterios del modelo estra-

Estilo	Clase de frontera intergrupal
9.1	Hostilidad intergrupal. Nace de la sospecha y la desconfianza mutuas. Puede desencadenar enfrentamientos estimulantes entre los involucrados, pero provoca pérdida de la eficiencia empresarial. La actitud predominante es ganar-perder.
1.9	De coexistencia pacífica. Los miembros situados en ambos lados de la frontera procuran aceptar un mínimo de apoyo mutuo de manera amistosa, evitando problemas que perturbarían o impedirían el desarrollo de relaciones recíprocas. Se mantiene la armonía, pero se sacrifica el potencial para la realización.
1.1	De aislamiento. No hay deseos de solucionar problemas de coordinación intergrupal. Los individuos retroceden en ambos lados de la frontera para hacer innecesaria la cooperación a través de ella. Se presenta la duplicación de esfuerzos, pues cada departamento duplica ciertas actividades para no utilizar las habilidades y competencias de los otros.
5.5	Tregua incierta. Los participantes utilizan la negociación, la transacción, el regateo y la acomodación para obtener algún grado de coordinación y cooperación.
9.9	Comunicaciones abiertas y francas. Se enfrentan las situaciones de discrepancia y controversia con flexibilidad suficiente para solucionar los problemas. Aunque no se pueden negar las fronteras, pues la división es propia de la empresa, la actitud de las personas se orienta hacia el tratamiento constructivo de los problemas y necesidades a través de aquéllas.

Figura 15.10 Clases de fronteras intergrupales, según el DO del tipo *grid.*

tégico ideal. La implementación exige que cada equipo de planeación elabore su plan operativo, como si su centro de utilidades fuese independiente de los demás.

Las estructuras basadas en equipos funcionan en cualquier lugar o empresa, donde y cuando se quiere. Ocurre una transformación de las estructuras organizacionales funcionales y verticales en una sección de unidades autosuficientes dentro del "principio del pequeño dentro del grande" en la organización. Así mismo, las actividades centralizadas por tradicion, como procesamiento de datos, contabilidad, compras, etc., se descentralizan por medio de la utilización de equipos.

6. *Evaluación de los resultados.* Es decir, de los cambios ocurridos para estabilizar los objetivos organizacionales y establecer otros nuevos para el futuro. Debe utilizarse la crítica sistemática para evaluar el desempeño y las condiciones del desarrollo obtenido, comparándolos con el grado

de excelencia que se pretende alcanzar. Este enfoque sistemático y crítico permite que los miembros de la organización mejoren el sentido de la proporción respecto de lo que alcanzaron y de lo que están haciendo ahora diferente de lo que hacían antes, y preparen un nuevo escenario. Como el desarrollo es una actividad continua y sin fin, surgirán nuevos desafíos y nuevas situaciones que demandarán nuevos cambios.

1. Entrenamiento de laboratorio 2. Desarrollo de equipos 3. Reuniones de confrontación intergrupales	Desarrollo gerencial
4. Establecimiento de objetivos empresariales 5. Implementación mediante los equipos 6. Evaluación de resultados	Desarrollo organizacional

Figura 5.11 Las seis fases del desarrollo organizacional del tipo *grid.*

Para cambiar, la empresa necesita transformarse en un ambiente de cambios donde las personas se sientan estimuladas a innovar y crear. Muchos esfuerzos conjugados en una verdadera cantera de obras. Y un ambiente de cambios, por increíble que parezca, exige una planeación minuciosa que debe ser hecha en equipo con los esfuerzos de los trabajadores y sus dirigentes. En consecuencia, las empresas deben tener una visión anticipada, concentrada en su misión y su futuro. De este modo, planear el cambio significa elegir por anticipado el futuro de la organización.

OBJETIVOS DEL DO

Existen muchas técnicas de DO que están casi siempre relacionadas con alguna de las cinco técnicas expuestas. El científico del comportamiento, que hace las veces de consultor interno o externo, desempeña un papel que facilita el desarrollo de la organización, en tanto que los gerentes de línea toman la iniciativa de la administración del proyecto para lograr el mejoramiento de la empresa.

Los principales objetivos del DO son[25]:

25 Wendell French, "Organization Development: Objectives, Assumptions and Strategies", en Newton Margulies, Anthony P. Raia, *Organizational Development: Values, Process and Technology*, Nueva York, McGraw-Hill, 1972, p. 32.

1. Aumentar el nivel de confianza y apoyo entre los miembros de la organización.
2. Aumentar la confrontación de los problemas empresariales en el interior de los grupos y entre los grupos, y no esconder los problemas debajo del tapete.
3. Crear un ambiente en que la autoridad que otorga el cargo se incremente por la autoridad basada en el conocimiento y la habilidad social.
4. Incrementar la apertura de las comunicaciones verticales, laterales y diagonales.
5. Incrementar el nivel de entusiasmo y satisfacción personal en la empresa.
6. Buscar soluciones sinérgicas a los problemas (soluciones sinérgicas son soluciones creativas en que 2 + 2 es mayor que 4, y mediante las cuales todas las partes ganan más mediante la cooperación que mediante el conflicto).
7. Incrementar la responsabilidad individual y la responsabilidad grupal en la planeación y la implementación.

Los modelos de teoría X y de teoría Y, de McGregor, se toman como referencia para destacar la dirección de los esfuerzos del DO en relación con los objetivos establecidos con anterioridad. Según Argyris[26], el modelo XA representa la posición clásica de las organizaciones. Las prácticas administrativas de este modelo se basan en las presuposiciones de la teoría X y están acompañadas por un estándar (A) de comportamiento desarrollado sobre la base de la no expresión de los sentimientos, represión de toda especie de sentimientos y ninguna relación individual de competencia interpersonal. Como los administradores tampoco están preparados para ayudar a que los demás se abran o a que desarrollen su nivel

26 Chris Argyris, *Management and Organizational Development: The Path from XA to YB*, Nueva York, McGraw-Hill, 1971, cap. 1.

interpersonal de competencia, este modelo genera conformismo, antagonismo y desconfianza entre los empleados.

El modelo YB incluye prácticas administrativas basadas en la teoría Y y en un estándar (B) de comportamientos que implica confianza, apertura hacia los sentimientos y hacia la experimentación de ideas y sentimientos y respeto por la individualidad humana. Según Argyris, el trabajo básico del consultor o interventor de DO es generar información válida y útil relacionada con los problemas empresariales para ayudar al sistema-cliente a tomar decisiones responsables y lograr compromiso interno frente a ellas. Este trabajo puede desarrollarse mejor cuando todos comprenden las discrepancias entre la situación actual y el modelo YB. En el fondo, el camino del DO es salir del modelo XA y llegar al modelo YB, en el cual los gerentes experimentan mayor autoaceptación ante la expresión de sus propios sentimientos y toman conciencia de que deben ayudar a las personas a trabajar en un clima de apertura, democracia y participación.

En teoría, el DO es un esfuerzo coordinado por los empleados de la empresa (con la ayuda de consultores externos) para descubrir y remover barreras actitudinales, del comportamiento, procedimentales, políticas y estructurales que impiden el desempeño eficaz del sistema, lo cual permite generar en el proceso una creciente conciencia de la dinámica interna y externa del sistema para incrementar futuras adaptaciones y permitir cambios que conduzcan al mejoramiento[27].

RESUMEN

Mientras el desarrollo de equipos se relaciona con el cambio individual o microscópico, el DO es macroscópico y sistémico. El DO busca transformar las empresas mecanicistas en empresas orgánicas, mediante el cambio organizacional, la modificación de la cultura empresarial y la compatibilidad de los objetivos empresariales con los objetivos individuales de los empleados. De ese modo, el DO es un esfuerzo integrado de cambio planeado que incluye la organización como un todo. El DO abarca un proceso de tres etapas: recolección de datos, diagnós-

27 Raymond E. Miles, *Theories of Management: Implications for Organizational Behavior and Development*, Tokio, McGraw-Hill, 1975, p. 191.

tico empresarial y acción de intervención. Entre las técnicas de intervención en DO, las más importantes son retroalimentación (*feedback*) de datos, desarrollo de equipos, enriquecimiento de cargos, entrenamiento de la sensibilidad y consultoría de procesos. Los objetivos del DO son amplios: lograr que la empresa vaya del modelo XA hacia el modelo YB.

TEMAS PRINCIPALES

Desarrollo organizacional
Sistemas orgánicos
Cultura organizacional
Diagnóstico organizacional
Retroalimentación de datos
Managerial grid
Entrenamiento de la sensibilidad
Consultoría de procesos
Modelo YB
Sistemas mecánicos
Organización
Cambio organizacional
Acción de intervención
Desarrollo de equipos
Enriquecimiento de cargos
Grupo T
Modelo XA

PREGUNTAS Y TEMAS DE REPASO Y ANÁLISIS

1. ¿Qué es desarrollo organizacional?
2. ¿Cuáles son los presupuestos básicos en que se fundamenta el DO?
3. ¿Qué es clima organizacional y qué es cambio organizacional?
4. Compare los sistemas mecánicos y los sistemas orgánicos de organización.
5. Explique el proceso de DO.
6. ¿En qué consiste el método de retroalimentación de datos?
7. Explique qué es el desarrollo de equipos.
8. Explique en qué consiste el DO del tipo *managerial grid*.
9. ¿Cómo puede hacerse DO mediante el enriquecimiento de cargos?
10. ¿Qué es el entrenamiento de la sensibilidad?
11. ¿En qué consiste la consultoría de procesos?
12. Explique los objetivos del DO.
13. Explique los modelos XA y YB.

INFORME PARA ANÁLISIS Y DISCUSIÓN 15

"Castigos, un remedio contraproducente"*

En los últimos años los trabajadores intentaron, formalmente, oponerse al derecho de los empleadores a aplicar medidas punitivas o disciplinarias a sus empleados. En la negociación entre los obreros metalúrgicos del ABC y el Grupo 14 de la Federación de Industrias del Estado de São Paulo (Fiesp) estaban en juego dos puntos de la lista de reivindicaciones: la posibilidad de que los trabajadores suspendieran a los jefes considerados injustos y la realización de una encuesta semestral en que los trabajadores opinarían acerca del comportamiento de sus jefes. Aunque éstos no fueron aceptados por los empleadores, reflejaban el sentimiento de gran parte de los obreros del ABC.

Ambientes tensos. En opinión de un abogado laboral, una de las evidentes causas de tensión y de conflictos es la ausencia de garantías en el empleo, ya que la legislación, mediante el Fondo de Garantía por Tiempo de Servicio (FGTS), da al empleador libertad total para disponer de la fuerza laboral. Uno de los representantes de los empleadores está de acuerdo en que este aspecto de la legislación es lesivo para los empleados, contribuye a acentuar el autoritarismo de empleadores y administradores, y ayuda a implantar un clima de temor entre los trabajadores.

Sin suspensiones. Todo indica que la justicia laboral continuará siendo el canal natural de conflictos comunes. Los aspectos disciplinarios aparecen entre las causas más numerosas examinadas por la justicia laboral: bien puede ser un caso de desacato a las normas o de ir al retrete sin autorización. Frente a esta incómoda realidad y frente a la falta de soluciones más profundas, muchas empresas y especialistas ligados a ellas han buscado diversas maneras de mejorar el ambiente de trabajo y evitar conflictos. Algunas empresas dejan de aplicar suspensiones a sus empleados porque se han convencido de que ellas no reeducan, sino que llevan a la reincidencia. "Póngase en el lugar de un obrero suspendido durante tres días,

---

* Tomado de la revista *Negócios em Exame*, No. 217, enero 14 de 1981, pp. 72-73, con autorización de Editora Abril.

imagínelo en casa frente a su mujer y a sus hijos, a los que siempre ha solicitado obediencia. Es una situación vergonzosa". Cuando vuelva al trabajo, el obrero buscará vengarse del responsable del castigo, que por lo general es el supervisor.

Menos rotación. Otro de los motivos que llevó a tomar la decisión de evitar el uso sistemático de las suspensiones fue la comprobación de que las reclamaciones laborales que se presentaban (en general, el empleado recurre a la justicia para intentar recuperar el salario de los días perdidos y también para "limpiar su hoja de vida") recargan el trabajo de los juzgados e implican altos costos para las empresas.

El grupo 10 de la Fiesp luchó y consiguió que los sindicatos de los trabajadores de la industria química de São Paulo incluyesen en el acuerdo celebrado una cláusula que obliga a los trabajadores a conversar con los empleadores para intentar llegar a un arreglo antes de presentarse ante la justicia laboral. Sin embargo, también se tuvo en cuenta la comprobación de que la desidia del trabajador, alegada por sus jefes inmediatos -los supervisores-, muchas veces es consecuencia de malentendidos provocados por la intolerancia de los mismos supervisores. Estos conflictos, de naturaleza casi personal, son muy comunes en empresas donde los empleados no calificados están bajo el mando de supervisores que tienen, como máximo, el nivel de educación media.

Ante una rotación creciente que llegó casi a 80% anual, con grave repercusión sobre los costos administrativos, se procedió a realizar una evaluación del problema y se comprobó que los principales motivos para la desvinculación eran los bajos salarios y el exceso de medidas disciplinarias. Después de mejorar los salarios, dar entrenamiento especial a los supervisores y prohibir el uso de la autoridad como manera de resolver conflictos, la rotación en la empresa descendió a 45% en el año.

Representación. Durante ese tiempo otras empresas también se percataron de que el entrenamiento puede contribuir a mejorar el ambiente de trabajo. Un ejemplo en esta área es el Instituto de Entrenamiento de Personal (IEP), perteneciente a la Cámara Brasileño-Alemana de Industria y Comercio, que desarrolla un programa de entrenamiento de supervisores de primera línea.

Para otras empresas, sin embargo, no basta la complejidad y la ampliación de los programas de entrenamiento. Por ejemplo, la Armco, resolvió adoptar un esquema de representación de los empleados en la dirección, basado en los modelos de las experiencias de la empresa en otros países.

Según el gerente de recursos humanos, en sus dos primeros mandatos la comisión de empleados se limitó a buscar mejoramiento salarial y beneficios sociales, además de mejoramiento del ambiente físico de trabajo. Sin embargo, Armco pretende tener una situación semejante a la de los *grievance commitees* existentes en los Estados Unidos. Adaptada a la realidad brasileña de Armco, esta especie de "comité de reclamos" busca soluciones para los conflictos entre la empresa y sus administradores, y los trabajadores. Ya se vislumbra el día en que este comité sea institucional y esté reconocido por la justicia laboral. "Sería muy bueno que la justicia laboral sólo acatase peticiones de casos que ya hubiesen sido estudiados por el comité".

Dos instancias. En el futuro, comités como el de Armco serán el canal natural para la solución de los problemas que crean tensión en el trabajo. Como complemento, estos comités deberían funcionar en dos instancias: una en la base, que actúe directamente con los obreros y sus jefes, y otra en la dirección de la empresa, para resolver los conflictos.

Los empleadores no tienen por qué temer los comités de fábrica "porque su funcionamiento permite medir hasta la temperatura del personal de producción". Los comités son el conducto adecuado para ventilar los temas relacionados con la nivelación de salarios, el ausentismo, la adaptación de accidentados y de mujeres embarazadas a nuevos tipos de trabajo, etc. Tanto uno como otro, sin embargo, destacan que los comités de fábrica deberían actuar en conjunto con los sindicatos, y no de manera paralela a las entidades. "En las grandes empresas, lo ideal sería que los comités tuvieran una composición mixta: parte elegida por los trabajadores y parte señalada por la dirección del sindicato".

CASO 15

Alberto Oliveira, GRH de Metalúrgica Santa Rita S. A. (Mesarisa), sentía que había logrado grandes triunfos y que había hecho grandes cambios en la empresa. Había censado, descrito y analizado todos los cargos de la empresa, como base para establecer un sólido sistema de ARH. Había evaluado y clasificado los cargos para efecto de administración de salarios, implantando varios sistemas de evaluación del desempeño, planes diferenciados de beneficios sociales y programas de entrenamiento. Con todos estos logros, la empresa ya no era la misma de antes, pues había surgido un nuevo dinamismo con esos cambios. Sin embargo, Oliveira sentía que estos cambios eran inducidos de afuera hacia dentro: eran el resultado de fuerzas externas que los sistemas implantados ejercían sobre las personas. Según su intuición, era necesario lograr que los cambios viniesen también del interior de las personas, como si fuesen creación de ellas. Estos cambios provocados por fuerzas internas de las personas podrían originar el tan soñado aumento de la eficiencia en todas las áreas de la empresa. Y éste era un asunto candente. Recordaba que en sus años de universidad había estudiado algo sobre desarrollo organizacional (DO) y sobre el cambio planeado en las organizaciones. Dos técnicas de DO le parecían las más indicadas para iniciar la implantación de una nueva mentalidad dentro de la empresa: en primer lugar comenzaría con la técnica de retroalimentación de información (*feedback* de datos) para hacer tomar conciencia al personal –empezando de arriba hacia abajo (desde la dirección hasta los supervisores de sección)– acerca de los problemas de eficiencia que debería enfrentar cada uno; en seguida, y simultáneamente con esa técnica, implantaría el desarrollo de equipos utilizando la red gerencial (*managerial grid*) para evaluar los resultados, que se divulgarían continuamente por medio de la técnica de suministro de información como retroalimentación del proceso. En realidad, la idea era genial. Alberto Oliveira creía que así podría lograr el compromiso de los empleados y modificar actitudes, con el fin de alcanzar los objetivos de la empresa y, por consiguiente, lograr los objetivos individuales de las personas implicadas en el proceso. Él no veía la necesidad de contratar un consultor externo para coordinar todo este proceso. Tampoco veía la necesidad de realizar un diagnóstico empresarial, pues el problema ya había sido detectado: la falta de eficiencia. Entonces lo importante era impulsar de inmediato la acción de intervención mediante aquellas dos técnicas. Él mismo sería el coordinador del proceso. Sin embargo, tenía dos obstáculos al frente: convencer a la dirección y estructurar el plan de acción que contuviera las fases del proceso, y su desarrollo.

PARTE VII

Subsistema de control de recursos humanos

Las organizaciones no funcionan al azar, sino de acuerdo con planes determinados para alcanzar objetivos. Las organizaciones fijan sus misiones y establecen estrategias; su comportamiento no es errático, sino racional y deliberado. Para que estas características organizacionales existan, es necesario que haya control.

En las partes anteriores se abordaron los subsistemas de provisión, aplicación (empleo), mantenimiento y desarrollo de los recursos humanos en una empresa. Sin embargo, debe existir un subsistema de control de recursos humanos para que las diversas secciones de la empresa puedan desempeñar su responsabilidad de línea con relación al personal. En esta parte del libro, abordaremos dos subsistemas de control de RH: en un capítulo estudiaremos la base de datos y sistema de información en RH y, en el otro capítulo, la auditoría de recursos humanos.

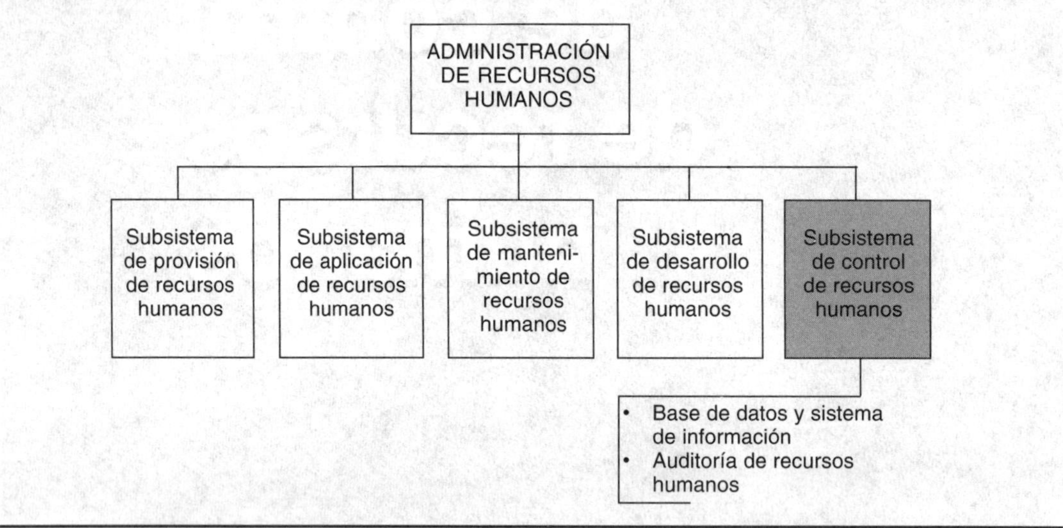

Figura VII.1 Administración de recursos humanos y sus subsistemas.

El control trata de asegurar que las diversas unidades de la organización marchen de acuerdo con lo previsto. Si las unidades no trabajan en armonía y al mismo ritmo, la organización deja de funcionar con eficiencia. A medida que una organización intenta relacionarse con su ambiente, existe la necesidad de garantizar que las actividades internas se realizan según lo planeado.

La palabra control tiene significados y connotaciones que dependen de su función o del área específica donde se aplica:

1. Control como función administrativa, que forma parte del proceso administrativo de planear, organizar, dirigir y controlar. En este caso, control es la función de acompañar y evaluar lo que fue planeado, organizado y dirigido, para detectar desviaciones o variaciones presentadas y efectuar las correcciones necesarias. Esta función administrativa, mide, evalúa y corrige el desempeño para asegurar la consecución de los objetivos organizacionales. El control puede realizarse en el nivel institucional (control estratégico), en el nivel intermedio (control táctico) y en el nivel operativo (control operativo) de las organizaciones.
2. Control como medio de regulación para mantener el funcionamiento dentro de los estándares deseados. El mecanismo de control funciona como un detector de desviaciones o variaciones para mantener el proceso marchando dentro de los estándares establecidos. El control es un sistema automático que mantiene un grado constante de funcionamiento del sistema, como ocurre en las refinerías de petróleo o en la industria química de procesamiento continuo y automático. También puede darse el caso del controlador que monitorea el desempeño de la organización para mantenerlo dentro de ciertos límites de rentabilidad.
3. Control como función restrictiva y limitadora de un sistema para mantener a los miembros dentro de los patrones de comportamiento deseados. Es el caso del control de la frecuencia o del expediente del personal en la mayoría de las empresas.

En cualquiera de estas tres connotaciones, el control es la acción que ajusta las operaciones a los estándares predeterminados; su base de acción es la información de retorno. El control trata de garantizar que todo ocurre de acuerdo con la planeación adoptada y los objetivos preestablecidos, señalando las fallas y los errores para corregirlos y evitar reincidir en ellos. El control se aplica a las cosas, personas y actos. Los sistemas de control se proyectan para lograr que un proceso o mecanismo se adapte a un comportamiento especificado bajo un conjunto de vínculos determinados.

ADMINISTRACIÓN POR EXCEPCIÓN

Toda operación se caracteriza por experimentar variaciones; cuando éstas son pequeñas y no causan distorsiones, pueden aceptarse como normales, pero cuando son muy grandes y causan tropiezos, constituyen excepciones que deben tratarse con cuidado y corregirse de manera adecuada.

Taylor fue uno de los pioneros de la administración y el divulgador del principio de excepción. Este principio no se basa en el desempeño medio ni en el acompañamiento de las cosas normales, sino en la detección de excepciones o desviaciones de los estándares. En otras palabras, el gerente no debe dedicarle mucho tiempo a lo que acontece dentro de los estándares, pues están funcionando relativamente bien. Según Taylor, el gerente debe ocuparse de lo que es excepcional y anormal, es decir, lo que acontece fuera de los estándares –las excepciones–, que requiere acciones correctivas inmediatas. En consecuencia, deben identificarse y localizarse con rapidez todas las desviaciones positivas o negativas de lo normal para emprender de inmediato las acciones necesarias. Las decisiones frecuentes y cotidianas deben reducirse a la rutina y delegarse a los subordinados, dejando los problemas excepcionales al gerente. Así, el principio de excepción es un sistema de información y control que presenta sus datos sólo cuando los resultados divergen o se alejan demasiado de los resultados previstos o esperados.

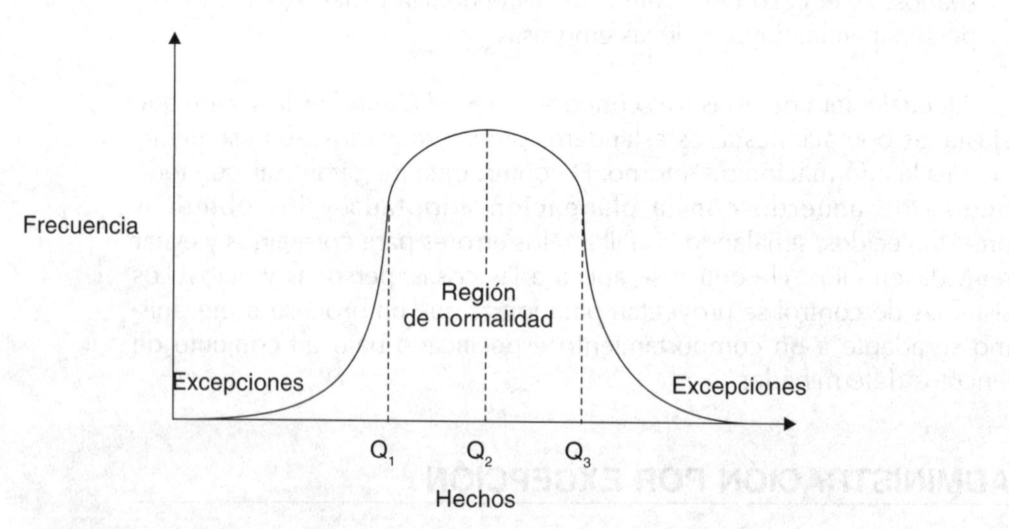

Figura VII.2 Principio de excepción.

El principio de excepción permite que los gerentes vuelquen su atención hacia lo que ocurre fuera de lo normal, es decir, hacia las áreas de control más críticas, con el fin de estudiar sólo las desviaciones, las variaciones o alejamientos de la rutina, que deben ser corregidos con urgencia. Es como si hubiese un sistema automático que avisa cuándo ocurre alguna anormalidad (el ventilador del automóvil que sólo funciona cuando el auto se calienta demasiado, o el termostato de la nevera que enciende la unidad sólo cuando la temperatura se eleva por encima del nivel normal). En la actualidad, en la mayor parte de las organizaciones, el control de frecuencia o control de puntualidad del personal se trata según el principio de excepción. Las tarjetas de control de ingreso y salida de los trabajadores (que existen todavía en algunas organizaciones) son clasificadas y separadas entre las que no presentan irregularidades y las que indican ausencias o atrasos durante el periodo. Los casos normales, en general la gran mayoría -más de 80% de los casos-, se procesan de manera automática, en tanto que los irregulares -excepciones que con dificultad sobrepasan 20%- reciben algún proceso manual o a máquina para considerar los atrasos o las ausencias en el periodo.

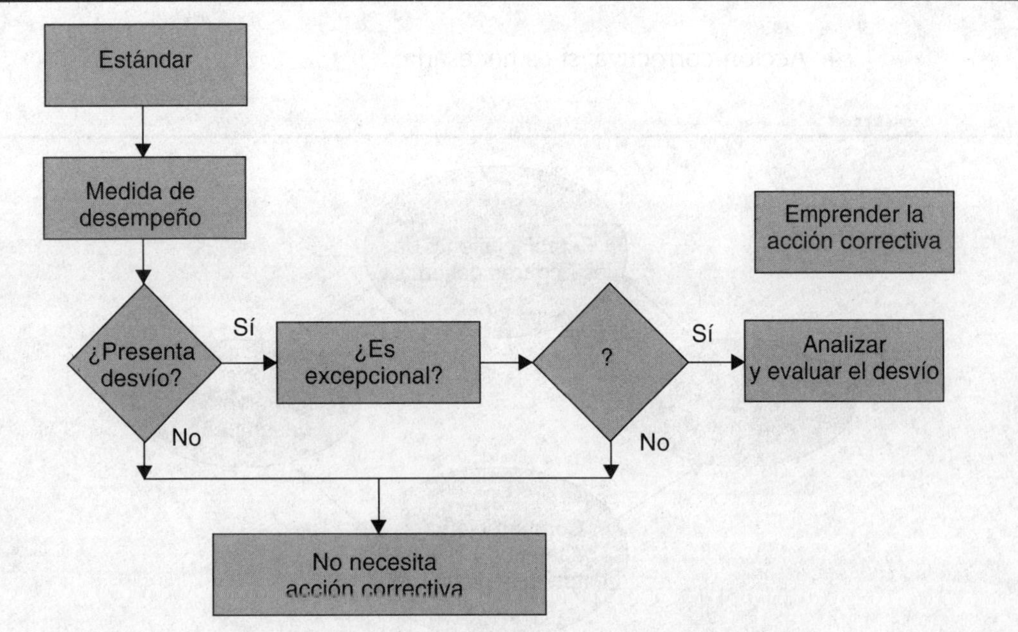

Figura VII.3 Aplicación del principio de excepción.

El principio de excepción recuerda el principio de Pareto, según el cual 20% de las cosas son responsables de 80% de los problemas, en tanto que el 80% restante de las cosas provocan 20% de los problemas. El principio de Pareto se utiliza en la Clasificación ABC de materiales, según la cual 20% de los ítems son responsables de 80% de las inversiones en materiales, en tanto que 80% de los restantes ítems apenas son responsables de 20% de las inversiones.

PROCESO DE CONTROL

El proceso de control es cíclico y repetitivo, y sirve para ajustar las operaciones a los estándares preestablecidos. El control es un proceso compuesto de cuatro etapas:

1. Establecimiento de los estándares deseados.
2. Seguimiento o monitoreo del desempeño.
3. Comparación del desempeño con los estándares deseados.
4. Acción correctiva, si es necesaria.

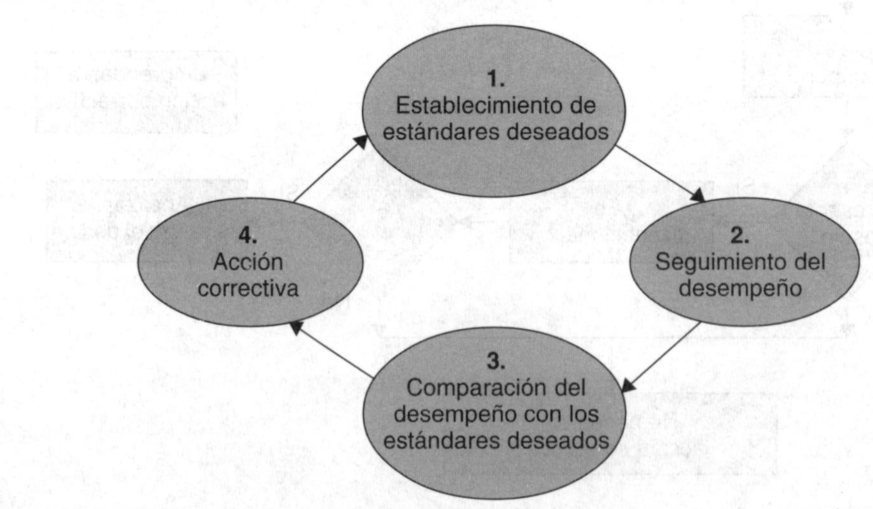

Figura VII.4 Proceso de control.

Estudiemos cada una de estas etapas del proceso de control:

1. *Establecimiento de estándares.* Los estándares representan el desempeño deseado. Son criterios o disposiciones arbitrarios que proporcionan medios para establecer lo que deberá hacerse y cuál es el desempeño o resultado que se aceptará como normal o deseable. Constituyen los objetivos que el proceso de control deberá asegurar o mantener. Los estándares pueden expresarse en cantidad, calidad, tiempo o costo.

2. *Seguimiento o monitoreo del desempeño.* Etapa del control que acompaña y mide el desempeño. Monitorear significa acompañar, observar de cerca, ver cómo marchan las cosas. Para controlar el desempeño es necesario conocerlo y obtener información acerca de éste. La observación o verificación del desempeño o del resultado busca obtener información precisa sobre la operación que se lleva a cabo.

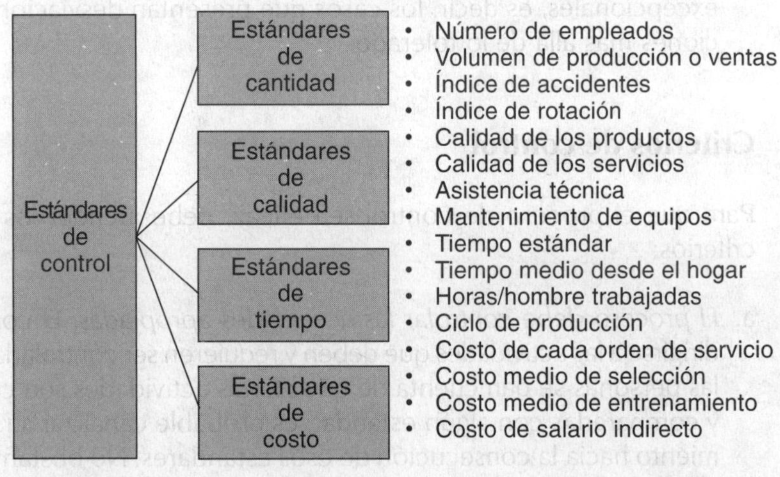

Figura VII.5 Ejemplos de estándares de control.

3. *Comparación del desempeño con el estándar establecido.* Obtenida la información sobre el desempeño o resultado, la próxima etapa del control es compararla con los estándares establecidos. Toda actividad

experimenta alguna variación, error o desviación. Por tanto, es importante determinar los límites en que esa variación podrá aceptarse como normal o deseable: la llamada tolerancia. Los estándares deben permitir alguna variación que se acepta como normal o deseable. El control separa lo que es excepcional para que la corrección se centre únicamente en las excepciones o desviaciones. Por consiguiente, el desempeño debe compararse con el estándar para verificar desviaciones o variaciones, y establecer si éstos están dentro del límite de tolerancia. La comparación del desempeño con el estándar establecido se lleva a cabo por medio de informes, indicadores, porcentajes, medidas estadísticas, gráficas, etc. La comparación del desempeño con lo que se planeó no sólo busca localizar las variaciones, errores o desviaciones, sino también predecir resultados y localizar las dificultades para alcanzar mejores resultados en las operaciones futuras.

4. *Acción correctiva.* Las variaciones, errores o desviaciones deben corregirse para que las operaciones se normalicen. La acción correctiva busca lograr que lo realizado esté de acuerdo con lo que se pretendía realizar. De este modo, la acción correctiva incide sólo sobre los casos excepcionales, es decir, los casos que presentan desviaciones o variaciones más allá de lo tolerado.

Criterios de control

Para que el proceso de control sea eficaz, debe atender los siguientes criterios:

a. *El proceso debe controlar las actividades apropiadas.* El control debe dirigirse a las actividades que deben y requieren ser controladas. Cuando las personas se dan cuenta de que ciertas actividades son controladas y comparadas con algún estándar, es probable canalizar su comportamiento hacia la consecución de esos estándares. No obstante, cuando se pretende controlar todo en la organización, la restricción provocada por el control inhibe el comportamiento de las personas y reduce los resultados pretendidos.

b. *El proceso debe ser oportuno.* El control debe efectuarse en el momento adecuado para señalar las desviaciones necesarias en tiempo real y permitir emprender las acciones correctivas. La información oportuna es necesaria en la hora, día, semana u ocasión indicados. Cuanto más información real y en tiempo preciso posea la administración, podrá actuar con más rapidez y facilidad ante las probables variaciones o desviaciones.

c. *El proceso de control debe mantener una relación favorable costo/beneficio.* El control no puede costar más que el elemento controlado, sino que debe ofrecer un beneficio mayor que el costo para que valga la pena ejercerlo. Los procesos de control no son gratuitos ni baratos. En general, su costo incluye:

1. Sistemas de monitoreo y procesamiento.
2. Personal para operar el sistema.
3. Tiempo del personal de línea para suministrar los datos al personal de control.

d. *El control debe ser preciso.* Los procesos de control son indicadores de progreso y son la base para las acciones correctivas. En ocasiones, las medidas no son precisas, pero el control no puede posibilitar errores de interpretación de los resultados ni favorecer medidas correctivas distorsionadas. El control debe ser objetivo, claro y preciso.

e. *El control debe ser aceptado.* Es importante que las personas acepten el control y comprendan los objetivos del proceso; que sientan que el control es necesario y que debe ejercerse. Si el control no es aceptado, prevalecerá en las personas controladas un sentimiento de explotación y arbitrariedad.

Estos criterios son importantes para que el control proporcione resultados que apalanquen e impulsen el comportamiento de las personas y no restrinjan ni limiten la libertad de trabajar.

Medios de control

Las organizaciones utilizan diversos medios de control para asegurar que las personas y las situaciones permanezcan dentro de los estándares deseados. Los principales medios de control organizacional son:

a. *Jerarquía de autoridad.* La estructura organizacional preestablece los niveles jerárquicos para asignar autoridad y exigir obediencia para las jefaturas. Es la manera más común de controlar a las personas. La jerarquía representa un tipo de control personal de los subordinados.

b. *Reglas y procedimientos.* La organización preestablece las reglas y los procedimientos que rigen el comportamiento de las personas y que prohíben lo que no debe hacerse. Las reglas y procedimientos son controles impersonales que gobiernan el comportamiento de las personas en la organización.

c. *Establecimiento de objetivos.* Los objetivos sirven de guía a la acción de las personas. Hasta cierto punto, constituyen medios de control, aunque ésta no sea su finalidad principal.

d. *Sistemas de información verticales.* La información vertical puede transitar en dos sentidos: ascendente y descendente. La información descendente lleva órdenes, mandatos, decisiones, aclaraciones y orientaciones para los subordinados. La información ascendente lleva noticias de eventos, resultados, aclaraciones y retroalimentación, que indican a los canales superiores que las tareas se ejecutaron. La información descendente se utiliza para controlar el desempeño de los subordinados, en tanto que la ascendente suministra retroalimentación a los niveles más elevados. En ambos sentidos, los sistemas de información vertical constituyen medios de control, aunque ésta no sea su finalidad principal.

e. *Relaciones laterales.* Son comunicaciones entre pares, es decir, entre personas y cargos que ocupan el mismo nivel jerárquico en la organización. Aunque sirven para integrar y lograr coordinación, las relaciones laterales son medios de control que permiten que los pares se sincronicen mejor y reduzcan posibles discrepancias.

f. *Organizaciones matriciales.* La estructura matricial es un intento de dinamizar la vieja organización funcional y departamentalizada hacia un grado más elevado de organización por productos o servicios. En la organización matricial, cada órgano o cargo está sujeto a doble obediencia: al gerente de la función y al gerente de producto o servicio. Aunque esta doble subordinación origina conflictos, su estructura matricial permite innovación, cambio y, sobre todo, adaptación rápida a las exigencias ambientales.

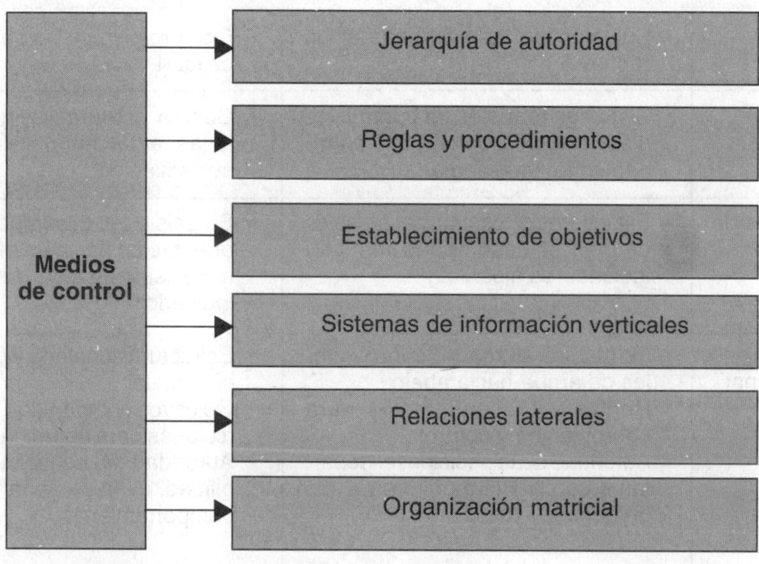

Figura VII.6 Los diversos medios de control organizacional.

Esto demuestra que las organizaciones disponen de diversos medios para intentar controlar el comportamiento de las personas y encuadrarlo de acuerdo con sus conveniencias, objetivos y expectativas. De allí surge el problema que cuanto más mecanismos de control empleen las empresas, menos libertad y autonomía para actuar tendrá el trabajador. Ésta es la característica que predomina en el área de ARH en muchas organizaciones. Cuando los controles son rígidos y severos, la reacción natural de las personas es rebelarse contra ellos o, por lo menos, no aceptarlos y rechazarlos. Si la fuerza de los controles es mayor, sólo resta someterse a éstos como algo impuesto de arriba hacia abajo. Lo ideal es instaurar formas de control constructivas que conduzcan a las personas, de manera sana y libre, hacia los objetivos organizacionales propuestos, y permitan que ellas también puedan alcanzar sus objetivos individuales y satisfacer las expectativas personales. En este sentido, los equipos son muy indicados para lograrlo, puesto que sustituyen el control burocrático por el grupal.

	Burocrático	Grupal
Propósito	• Sujeción de las personas a las reglas	• Compromiso de las personas con la calidad
Técnicas	• Sistemas formales de control: reglas, jerarquía, selección y entrenamiento, tecnología	• Cultura corporativa, grupos de colegas, autocontrol, selección, socialización
Expectativas de desempeño	• Estándares de control mensurables definen el desempeño mínimo; indicadores fijos	• Énfasis en el desempeño máximo y orientación hacia un mercado dinámico, satisfacción del cliente y el indicador
Estructura organizacional	• Estructura alargada, con controles de arriba hacia abajo • Reglas y procedimientos para coordinación y control • Autoridad de la posición; el departamento de RH monitorea a las personas	• Estructura achatada y plana, influencia mutua • Objetivos compartidos, valores y tradiciones para coordinación y control • Autoridad del conocimiento y la habilidad; cada persona monitorea su comportamiento
Recompensas	• Basadas en el cumplimiento de cada empleado en el cargo	• Basadas en el cumplimiento del grupo y en la igualdad de los empleados
Participación	• Formal y restringida	• Informal y amplia, incluidos el control de calidad, el diseño del sistema y la dirección de la organización.

Figura VII.7 Métodos de control burocrático y grupal.

Fuente: adaptado de Richard E. Walton, "From Control to Commitment in the Workplace", en *Harvard Business Review*, marzo-abril de 1985, pp. 76-84.

Evaluación de los procesos de monitoreo de personas

Los procesos de monitoreo de personas deben evaluarse de acuerdo con el *continuum* que aparece en la figura VII.8, el cual va desde una situación precaria e incipiente (extremo izquierdo) hasta una situación de desarrollo y complejidad (extremo derecho).

En el extremo izquierdo, los procesos de monitoreo de personas se basan en los supuestos de la teoría X de McGregor. El comportamiento de las personas está sometido a controles externos rígidos, como fiscali-

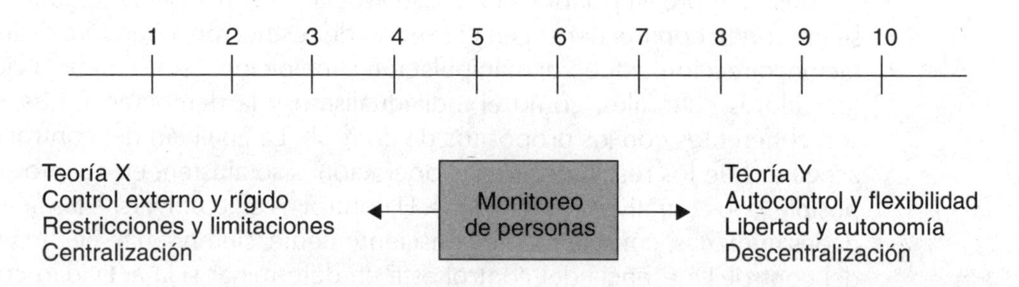

Figura VII.8 *Continuum* de situaciones en los procesos de monitoreo de personas.

zación, vigilancia y disciplina. Casi siempre, el control se halla centralizado en el organismo de RH. Existen restricciones y limitaciones al comportamiento de las personas, establecidas por las normas, reglas y procedimientos formales impuestos por la organización.

En el extremo derecho, los procesos de monitoreo de personas se basan en los supuestos de la teoría Y. El comportamiento de las personas depende del autocontrol y se caracteriza por la flexibilidad y el libre albedrío. Existe libertad de las personas y relativa autonomía e independencia respecto de su comportamiento. El control se halla descentralizado por completo de los gerentes y se realiza mediante procesos democráticos, con amplia participación de los grupos involucrados. El reto está en llevar el sistema, de manera gradual, del lado izquierdo al lado derecho de la figura VII.8.

Los principales procesos de control de las personas en las organizaciones están estrechamente ligados a la presencia y el desempeño de las personas en sus actividades laborales. Casi siempre, el control de la jornada de trabajo y la evaluación del desempeño de las personas constituyen la esencia básica de esos procesos. Además, la obediencia a las reglas y los reglamentos internos y la atención de los preceptos legales, como horarios de trabajo, ausencias y retrasos, también forman parte de estos procesos. Como ya se estudió la evaluación del desempeño en la parte relacionada con los procesos de empleo o aplicación de las personas, nos resta estudiar el control de la jornada de trabajo, las reglas y reglamentos internos, y las exigencias laborales. Para controlar todos estos aspectos, es imprescindible la conformación de una base de datos y un sistema gerencial de información como base fundamental del control.

Casi siempre, la palabra control se asocia a algún aspecto negativo, y se interpreta con frecuencia en el sentido de restricción, coerción, delimitación, dirección, refuerzo, manipulación e inhibición. Esto se debe a ciertos valores culturales, como el individualismo y la democracia, que no son coherentes con los propósitos de control[1]. La finalidad del control es asegurar que los resultados de las operaciones se ajusten, en cuanto sea posible, a los objetivos establecidos. El control es algo universal: las actividades humanas, consciente o inconscientemente, siempre han hecho uso del control. La esencia del control está en determinar si la actividad controlada está alcanzando o no los resultados deseados. Cuando se habla de resultados deseados, se parte del principio de que estos resultados fueron previstos y son conocidos.

Se estudió que la ARH es una responsabilidad de línea y una función de *staff* que tiene algunas operaciones y controles centralizados en el organismo de *staff*, y otros descentralizados y distribuidos en los organismos de línea. Se hace necesario crear un sistema integrado de recolección, procesamiento, almacenamiento y suministro de información de los recursos humanos para que tanto las recomendaciones y los servicios de *staff* como las decisiones y acciones de línea sean adecuados a cada situación. Lo importante es que dentro de la organización exista una base de datos de sus recursos humanos, que sea capaz de abastecer un sistema de información sobre el personal, además de un sistema de auditoría capaz de regular su funcionamiento.

1 Don Hellriegel, John W. Slocum, Jr., *Management: A Contingency Approach*, Reading, Addison-Wesley, 1974.

16

Base de datos y sistemas de información

El sistema de información gerencial (SIG) está planeado para recolectar, almacenar y divulgar información, de modo que los gerentes involucrados puedan tomar decisiones. En la organización, las necesidades de información gerencial son amplias y variadas, y requieren el trabajo de contadores, auditores, investigadores de mercado, analistas y gran cantidad de analistas de *staff*. El sistema de información gerencial ocupa un lugar importante en el desempeño de los gerentes, en especial en tareas de planeación y control. En el aspecto específico del control, debe proporcionar información oportuna y pertinente para que los gerentes empleen el control anticipado respecto de la acción, y la organización obtenga una ventaja competitiva frente a sus competidores.

El concepto de SIG se relaciona con la tecnología informática, que incluye el computador o una red de microcomputadores, además de programas específicos para procesar datos e información.

CONCEPTOS DE DATOS E INFORMACIÓN

Desde el punto de vista de la teoría de la decisión, la organización puede ser entendida como una serie de grandes redes de información que relacionan las necesidades de información de cada proceso decisorio con las fuentes de datos. Aunque están separadas, estas redes de información se superponen e interactúan de manera compleja. Para comprender cómo funcionan, es necesario definir dato, información y comunicación.

Datos son los elementos que sirven de base para resolver problemas o formar juicios. Un dato es sólo un índice, un registro, una manifestación objetiva susceptible de ser analizada de modo subjetivo, es decir, exige que el individuo lo interprete para manejarlo. En sí mismo, cada dato tiene poco valor. Sin embargo, cuando son clasificados, almacenados y relacionados entre sí, los datos permiten obtener información. Los datos aislados no son significativos ni constituyen información. Los datos exigen procesamiento (clasificación, almacenamiento y relación) para tomar significado y, en consecuencia, informar. La información tiene significado e intencionalidad, aspectos que la diferencian del dato. Se denomina base de datos el conjunto de datos almacenados para emplearlos posteriormente. Por ejemplo, Serasa es una empresa que tiene la mayor base de datos e información económico-financieros y catastrales del Brasil. El IBGE (Instituto Brasileño de Geografía y Estadística) también se caracteriza por los censos, recensos y estudios estadísticos y geográficos que ofrecen datos e información oficial sobre economía y demografía de Brasil. El trabajo fundamental de estas dos empresas se basa en una compleja base de datos que se actualiza en todo momento.

BASE DE DATOS EN RECURSOS HUMANOS

La base de datos es un sistema de almacenamiento y acumulación de datos debidamente codificados y disponibles para procesarlos y obtener información. La base de datos es un conjunto de archivos relacionados de modo lógico y organizados para facilitar el acceso a los datos y eliminar la redundancia. La eficiencia de la información es mayor con el apoyo de las bases de datos, pues éstas ayudan a reducir la "memoria" de los archivos, ya que los datos interconectados lógicamente permiten integrar de manera simultánea la actualización y el procesamiento, lo cual reduce incoherencias y errores derivados de archivos duplicados. Es corriente que existan varias bases de datos relacionadas lógicamente entre sí mediante un software (programa) que ejecuta las funciones de crear y actualizar archivos, recuperar datos y generar informes.

En el área de RH, las diversas bases de datos conectadas entre sí permiten obtener y almacenar datos de distintos estratos o niveles de complejidad:

1. Datos personales de cada empleado, que forman un registro de personal.

2. Datos sobre los ocupantes de cada cargo, que forman un registro de cargos.

3. Datos acerca de los empleados de cada sección, departamento o división, que forman un registro de secciones.

4. Datos sobre los salarios e incentivos salariales, que forman un registro de remuneración.

5. Datos acerca de los beneficios y servicios sociales, que forman un registro de beneficios.

6. Datos sobre los candidatos (registro de candidatos), sobre cursos y actividades de entrenamiento (registro de entrenamiento), etc.

Figura 16.1 Base de datos de RH.

Muchas organizaciones realizan registros profesionales periódicos para actualizar los datos personales de sus empleados, relacionados con cursos externos, actos sociales, etc.

PROCESAMIENTO DE DATOS

El término procesamiento de datos designa la gran variedad de actividades que se llevan a cabo, tanto en las organizaciones y los grupos sociales como entre personas: existe cierto volumen de datos o informaciones iniciales (en los archivos, en las expectativas o en la memoria) a los cuales se adicionan otros datos o información posterior (mayor volumen de datos, alteraciones, modificaciones), lo que genera un mayor volumen de datos o información. El procesamiento de datos es la actividad de acumular, agrupar y mezclar datos para transformarlos en información u obtener otra información, o la misma información bajo otra forma, para alcanzar alguna finalidad u objetivo.

El procesamiento de datos puede ser:

1. *Manual.* Se efectúa manualmente, utilizando fichas, talonarios, tarjetas, mapas, etc., con o sin la ayuda de máquinas de escribir o de calculadoras.

2. *Semiautomático.* Presenta características del procesamiento manual unidas a las características del procesamiento automático; es decir, cuando se utilizan máquinas de contabilidad en las cuales el operador introduce fichas, talonarios o tarjetas uno tras otro (lo que constituye el procesamiento manual) y, después de recibir la ficha y los datos iniciales, la máquina realiza numerosas operaciones consecutivas ya programadas, sin la intervención del operador (lo que constituye el procesamiento automático).

3. *Automático.* La máquina, programada para realizar determinado conjunto de operaciones, desarrolla toda la secuencia sin que haya necesidad de intervención humana entre un ciclo y los siguientes. En general, el procesamiento automático de datos es realizado mediante computadores.

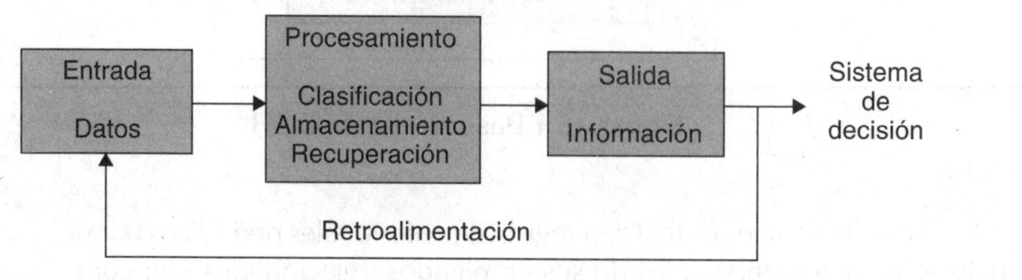

Figura 16.2 Sistema de procesamiento de datos.

El sistema de procesamiento de datos requiere entradas (datos) para suministrar salidas (información). El procesamiento en sí incluye clasificación, almacenamiento, recuperación y tratamiento de los datos, así como la información consiguiente, para ponerla a disposición de quienes la requieren, sea en el momento oportuno (diaria, semanal, anualmente, etc.) o sea en tiempo real (en línea).

SISTEMA DE INFORMACIÓN GERENCIAL (SIG)

El sistema de procesamiento de datos tiene objetivos que varían de una organización a otra.

Figura 16.3 Sistema de información y sus objetivos.

La información puede provenir del ambiente externo (fuera de la organización: mercado de trabajo, competidores, proveedores, agencias reguladoras, otras organizaciones) o del ambiente interno (dentro de la organización: organigrama de cargos y salarios respectivos en la organización, personas que trabajan en ella, horas/hombre trabajadas, volumen de producción y de ventas, productividad alcanzada, etc.). La información que sirve a toda la organización constituye el sistema de información global (incluidos los niveles institucional, intermedio y operativo de la organización), en tanto que la información que apoya las decisiones de los gerentes conforma el sistema de información gerencial (incluidos los niveles institucional e intermedio).

Figura 16.4 Sistema de información gerencial.

El montaje de un sistema de información debe tener en cuenta el concepto de ciclo operacional utilizado tradicionalmente en contabilidad. Este concepto localiza cadenas de eventos que se inician fuera de la organización, las cuales incluyen una cadena principal de eventos dentro de la organización, y terminan en un punto externo a ella. Este concepto permite identificar un punto inicial y un punto final (ambos externos a la organización) que se relacionan entre sí mediante cadenas de eventos. Especificar los puntos inicial y final evita el riesgo de proyectar un sistema de información sólo para una parte de los flujos de información, después de estar definida la dimensión del proceso decisorio.

Los antiguos sistemas tradicionales de información constituyen sistemas cerrados que abarcan sólo los flujos importantes de información dentro de una organización, en tanto que la administración por sistemas abiertos busca establecer un conjunto programado de reglas de decisión aplicables a un gran volumen de transacciones de tipo repetitivo entre los participantes. Después de especificadas, los subordinados podrán administrar estas reglas en sus actividades diarias, y la administración podrá dedicar la mayor parte de sus esfuerzos al tratamiento del conjunto de transacciones excepcionales o no programadas, lo cual muestra la aplicación del principio de excepción. La administración por sistemas se basa en la planeación e implantación de un sistema integrado de información.

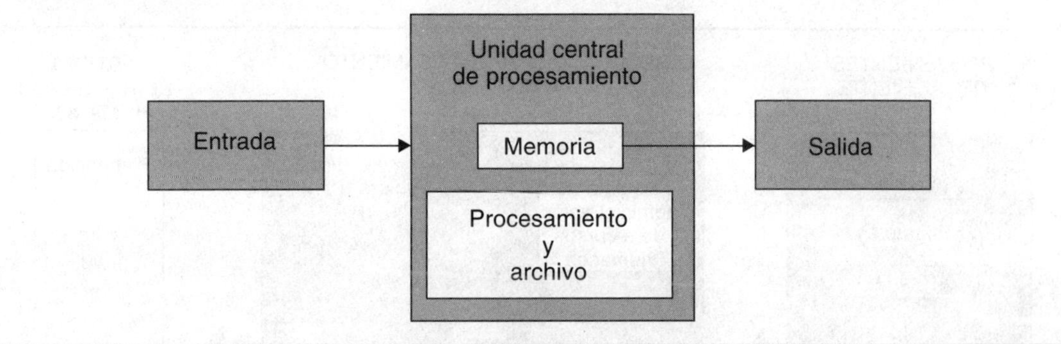

Figura 16.5 Sistema de información.

SISTEMAS DE INFORMACIÓN DE RECURSOS HUMANOS

"Sistema de información es un conjunto de elementos interdependientes (subsistemas, asociados lógicamente para que su interacción genere información necesaria para la toma de decisiones"[1]. Dado que la ARH es una responsabilidad de línea y una función de *staff*, el organismo de ARH debe proporcionar, a todos los organismos de línea, información pertinente acerca del personal de cada uno de los organismos para que los respectivos gerentes administren a sus subordinados.

El punto de partida de un sistema de información de RH es la base de datos. El objetivo final de un sistema de información es suministrar a las jefaturas información acerca del personal. Por definición, un sistema de información obtiene, procesa y transforma los datos en información, de manera esquematizada y ordenada, para que sirvan de ayuda en el proceso de toma de decisiones. El sistema de información recibe entradas (*inputs*) que son procesadas y transformadas en salidas (*outputs*), que adoptan la forma de informes, documentos, índices, listados, medidas estadísticas de

1 Alciney L. Cautela, Enrico F. G. Polloni, *Sistemas de informação na administração de empresas*, São Paulo, Atlas, 1976, p. 17.

posición o de tendencia, etc. Los datos, por incluir detalles, no permiten un significado más amplio, en tanto que la información obtenida a través del tratamiento, el procesamiento y la combinación de datos comporta una significación más amplia y definida. La información reduce la incertidumbre. Un sistema de información requiere alguna forma de procesamiento de datos como medio de suministro y abastecimiento.

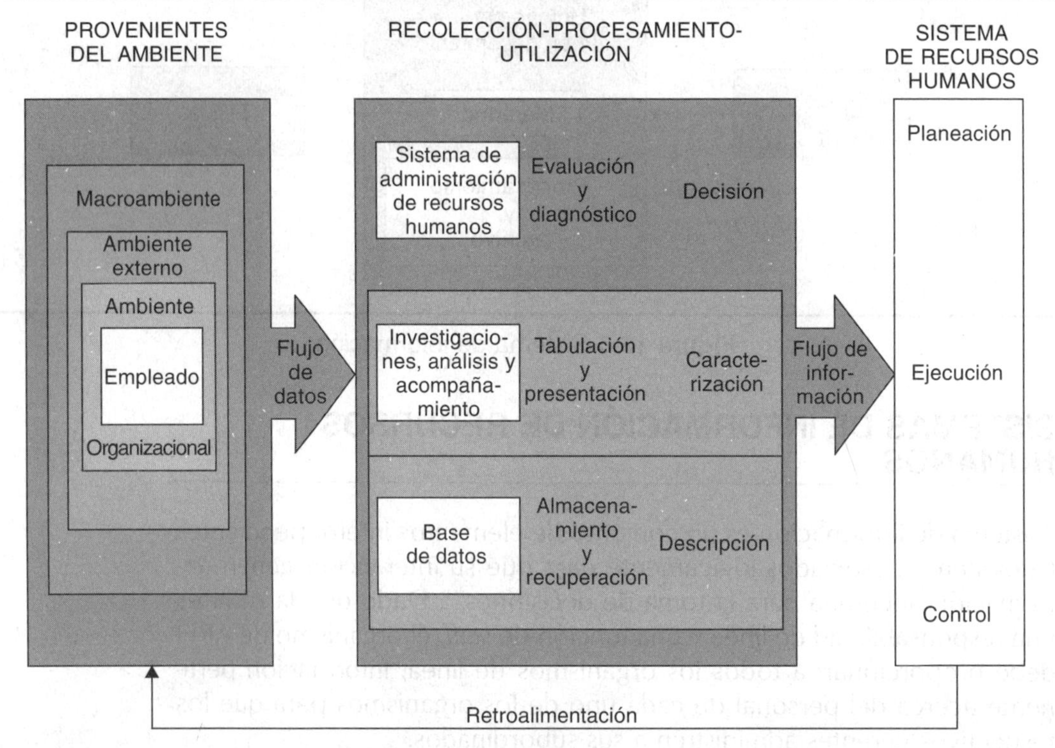

Figura 16.6 Sistema de información de recursos humanos.

El montaje de un sistema de información de recursos humanos requiere análisis y evaluación de la organización o de sus subsistemas y de sus respectivas necesidades de información. Un sistema de información debe identificar y agrupar todas las redes de flujos de información para proyectarla hacia cada grupo de decisiones. El énfasis debe hacerse en la necesidad de información y no sólo en el empleo de la información, como se ha hecho convencionalmente. En el fondo, el sistema de información es la base del proceso decisorio de la organización.

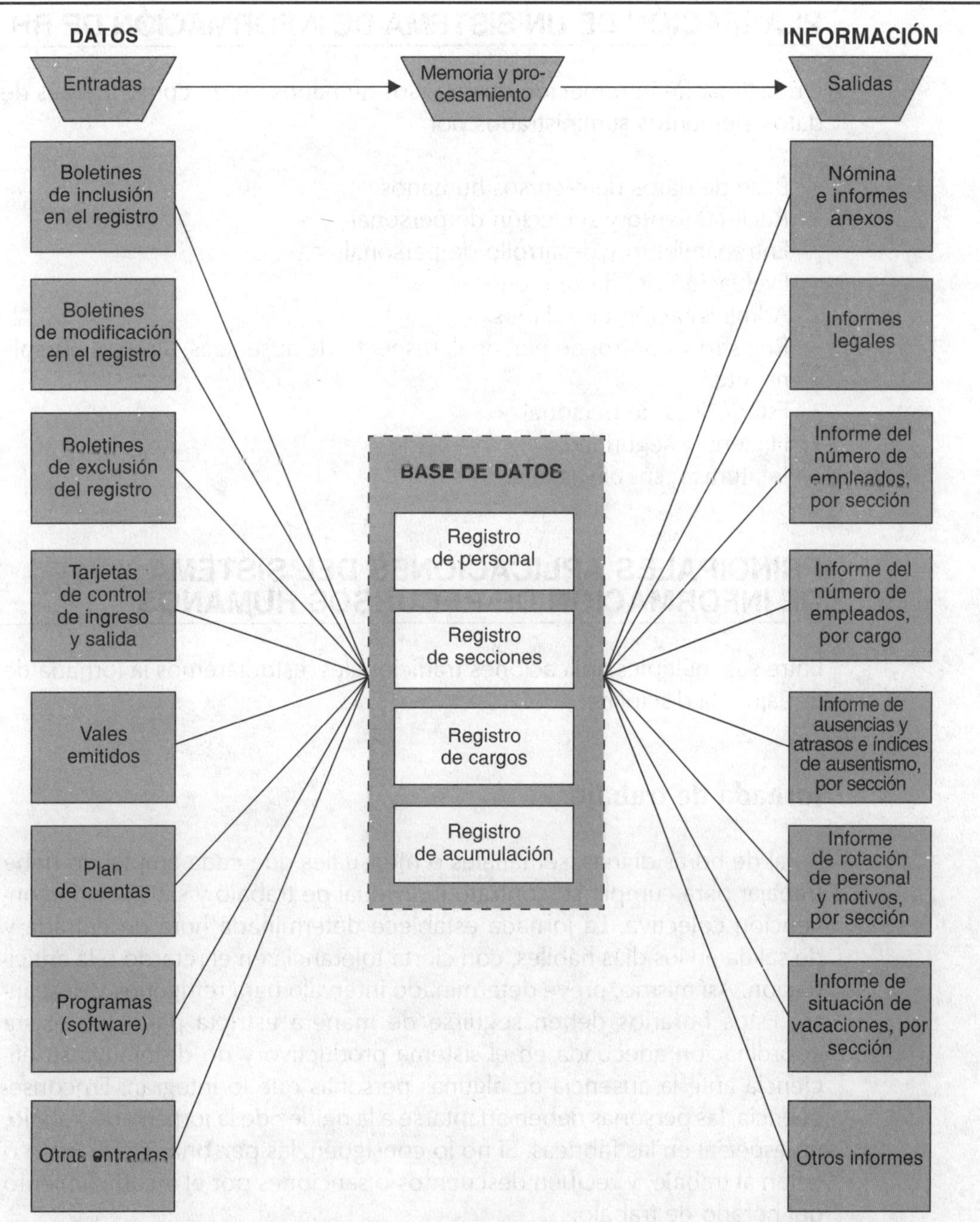

Figura 16.7 Datos procesados e incorporados al sistema de información de recursos humanos.

PLANEACIÓN DE UN SISTEMA DE INFORMACIÓN DE RH

Un sistema de información de recursos humanos utiliza como fuentes de datos elementos suministrados por:

- Base de datos de recursos humanos
- Reclutamiento y selección de personal
- Entrenamiento y desarrollo de personal
- Evaluación del desempeño
- Administración de salarios
- Registro y control de personal, respecto de ausencias, atrasos, disciplina, etc.
- Estadísticas de personal
- Higiene y seguridad
- Jefaturas respectivas, etc.

PRINCIPALES APLICACIONES DEL SISTEMA DE INFORMACIÓN DE RECURSOS HUMANOS

Entre sus múltiples aplicaciones tradicionales, estudiaremos la jornada de trabajo y la disciplina.

Jornada de trabajo

Total de horas diarias, semanales o mensuales que cada empleado debe trabajar para cumplir su contrato individual de trabajo y satisfacer la convención colectiva. La jornada establece determinada hora de entrada y de salida en los días hábiles, con cierta tolerancia en el retardo o la anticipación. Así mismo, prevé determinado intervalo para refrigerios y descanso. Estos horarios deben seguirse de manera estricta para que exista coordinación adecuada en el sistema productivo y no disminuya su eficiencia ante la ausencia de algunas personas que lo integran. En consecuencia, las personas deben adaptarse a la rigidez de la jornada de trabajo, en especial en las fábricas. Si no lo consiguen, las personas se retardan o faltan al trabajo, y reciben descuentos o sanciones por el incumplimiento del horario de trabajo.

En muchas organizaciones existe un calendario anual que establece los puentes (días hábiles entre festivos y sábados o entre domingos y festivos, en que no se trabaja). Dado que en estos días el ausentismo es bastante elevado, no se trabaja durante ellos y las horas de esos días se recuperan trabajando algunos sábados o ampliando la jornada de trabajo en los días de las otras semanas, o laborando algunos minutos adicionales en el resto del año. Así, los empleados pueden disfrutar un periodo de descanso más prolongado durante el día festivo, el puente y el fin de semana. Esto conviene a la empresa porque evita el ausentismo y tiene ocupada toda su fuerza laboral.

Ya hemos estudiado que el contexto de trabajo está experimentando grandes cambios. Pero no es sólo la estructura organizacional ni el diseño de cargos lo que está cambiando. Entre los desarrollos más importantes, existe una variedad de alternativas para que las personas programen su tiempo de trabajo como les convenga. Esto tiene como objetivo atraer y retener la mejor fuerza laboral, en especial cuando los empleados presentan gran variedad de necesidades e intereses. Detrás de estos planes alternativos, existen tres razones fundamentales: respuesta de la organización a los requisitos de sus empleados, apoyo para mejorar la imagen de la organización y adopción de programas de asistencia trabajo-familia. Esto ha conducido al establecimiento de programas flexibles:

- *Semana de trabajo reducida.* Las 40 horas de trabajo se ejecutan en sólo cuatro días. Este programa de trabajo incluye tiempo integral que debe completarse en menor tiempo que el estándar de cinco días de ocho horas. La forma más corriente es la 4-40, es decir, 40 horas cumplidas en cuatro días de trabajo de diez horas. La ventaja del sistema radica en que permite que el empleado reciba tres días consecutivos de descanso semanal, que le representan más tiempo libre, y a la empresa, menores costos operativos. Esto reduce coherentemente el ausentismo y mejora el desempeño. Entre las desventajas se cuentan el aumento de la fatiga y posibles problemas de ajuste familiar, posibles quejas del cliente y problemas sindicales.
- *Horario flexible de trabajo.* El trabajo se realiza en un programa ajustable de horas diarias. Su denominación común es *flextime* u horario móvil. Este programa de trabajo permite al empleado escoger de alguna manera su estándar de horas diarias. Existe un bloque central de tiempo, denominado horario núcleo, en que todos los empleados deben estar presentes en el trabajo; fuera de este horario núcleo, los empleados pueden escoger con libertad las horas de trabajo diario. El ejemplo de la figura 16.8 permite ilustrar este sistema.

Programación de trabajo:

Programación anticipada	7h00 – 15h30
Horario normal	8h00 – 16h30
Programación tardía	9h00 – 17h30

Horario núcleo en que todos los empleados deben estar en el trabajo	9h00 – 11h00 e 13h00 – 15h00

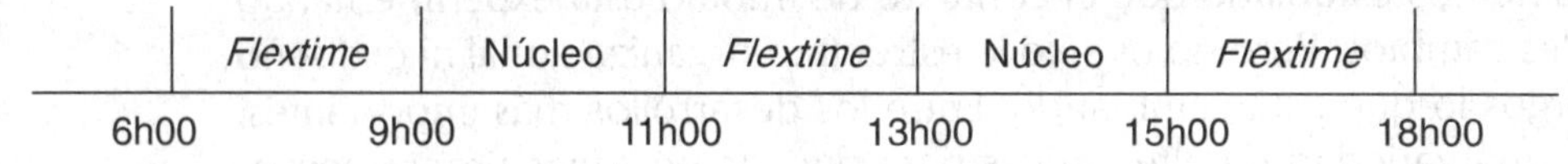

Figura 16.8 Ejemplo de horario móvil.

El horario flexible otorga a las personas mayor autonomía y responsabilidad, pues permite que los madrugadores lleguen y salgan más temprano, en tanto que quienes gustan de dormir más podrán ingresar y salir más tarde. Las personas pueden atender sus compromisos personales y familiares, cumplir las 40 horas semanales y realizar su trabajo. Al ofrecer flexibilidad, la organización puede atraer y retener personas que tengan otras responsabilidades fuera del trabajo, y garantizar el cumplimiento de las metas de trabajo.

Algunas empresas fabricantes de automóviles, como Ford, Mercedes Benz y Volkswagen, acordaron con los respectivos sindicatos de las categorías involucradas en la jornada de trabajo flexible que los empleados aumenten o reduzcan el tiempo de trabajo según sus necesidades personales, sin que se rebaje su salario. La variación es 36 a 44 horas semanales, con promedio de 42 horas. Para lograr la flexibilidad de la jornada, estas empresas echarán mano de dos horas semanales de trabajo. El acuerdo prevé el establecimiento de una "base" de horas que permite que cada empleado compense la reducción de hasta cuatro horas de trabajo en la semana. Además de este acuerdo de los obreros metalúrgicos con las empresas fabricantes de automóviles, el sindicato de los trabajadores de la industria papelera también firmó acuerdos para instituir la jornada flexible de trabajo, que puede oscilar entre 40 y 44 horas semanales.

- *Trabajo compartido*. Dos o más personas comparten u ocupan un cargo. Un cargo de tiempo completo se comparte entre dos personas, cada una de las cuales trabaja media jornada diaria.

- *Trabajo a distancia.* El trabajo se realiza en casa para un empleador externo. Se denomina *home office* y está ganando muchos adeptos en todo el mundo. Contiene varias alternativas que, van desde el autoempleo y la actividad empresarial con sede en el hogar hasta la ejecución de trabajo para un empleador externo, con libertad para pasar en casa todo el tiempo de trabajo o parte de éste. La tecnología informática y el computador permiten conectar la oficina de la casa a los computadores centrales de la empresa e intercambiar datos e información con gran facilidad. El trabajo en casa exime al trabajador de desplazarse diariamente hacia la organización, de enfrentar el tránsito, de vestir con formalidad u ocupar determinada oficina con toda su infraestructura (secretaria, teléfonos, etc.). Entre las ventajas de este sistema se cuentan mayor productividad, menos distracciones y la sensación de ser su propio jefe y disponer de más tiempo para sí. Entre las desventajas se encuentran el trabajo excesivo, la dificultad de separar trabajo y vida personal, y menos tiempo para dedicar a la familia. Así mismo, pueden presentarse aislamiento y pérdida de visibilidad frente a los demás. No obstante, la sensación de autonomía e independencia es muy grande.
- *Trabajo parcial.* El trabajo es regular, pero no de tiempo completo. En este sistema, el trabajo semanal se ejecuta en menos de 40 horas. Abarca los denominados empleados contingentes: los de tiempo parcial, los temporales y los que trabajan por cuenta propia. Las personas se convocan y contratan conforme cambien las necesidades de la organización. No obstante, esta flexibilidad puede originar menor productividad y afectar aspectos sociales y económicos, como menores beneficios sociales.

Disciplina

El término disciplina se refiere a la condición que obliga a las personas a comportarse de modo aceptable, según las reglas y procedimientos de la organización. Esto se denomina autodisciplina o autocontrol. En otros términos, el control lo ejercen las propias personas involucradas, sin necesidad de monitoreo externo. Las personas adaptan su comportamiento a las reglas de la organización, en tanto que ésta monitorea las metas y la consecución de los objetivos. Las personas ponen los medios para que la organización obtenga los resultados. Cuando las personas saben qué se espera de ellas, se predisponen a lograr los estándares o cumplir las reglas establecidas por la organización, si éstas les parecen razonables y adecuadas a sus expectativas. En consecuencia, lo ideal es que las organizaciones negocien con sus miembros los estándares de comportamiento que deben seguir.

En otros tiempos, disciplina significaba conformidad llana y simple de las personas con las normas de comportamiento establecidas por la organización, porque ésta las consideraba correctas para la consecución de los objetivos organizacionales. Dentro de este antiguo concepto, existía la necesidad de ejercer un intenso y rígido control externo para monitorear el comportamiento de las personas. El control externo se fundamentaba exclusivamente en los medios (horarios, comportamientos disciplinados, etc.) y casi nunca se preocupaba por los fines (consecución de metas y resultados). Al fiscalizar comportamientos como puntualidad, asiduidad, obediencia al jefe y otros aspectos relacionados, las organizaciones dejaban de lado la eficiencia, la eficacia, la consecución de metas y objetivos, la adición de valor a la organización, el mejoramiento de la calidad y de la productividad, la atención al cliente y otros aspectos de valor real para la organización.

No obstante, algunas personas no aceptan la responsabilidad mediante la autodisciplina ni las normas de comportamiento responsable. Estas personas requieren algún grado de acción disciplinaria externa, con frecuencia denominada castigo. Es la necesidad de imponer una acción disciplinaria externa para establecer con claridad los límites del comportamiento aceptable para la organización.

Factores relacionados con la disciplina

Cuando se habla de disciplina, los principales factores que deben considerarse son[2]:

1. *Gravedad del problema.* Seriedad o severidad del problema, como deshonestidad, agresión, etc.

2. *Duración del problema:* tiempo de duración de la ofensa o violación.

2 David A. de Cenzo, Stephen P. Robbins, *Human Resource Management*, Nueva York, John Wiley, 1996, p. 113.

3. *Frecuencia y naturaleza del problema.* Si el problema es un patrón emergente o es la continuidad de alguna infracción disciplinaria. Una infracción continuada y frecuente requiere una acción disciplinaria distinta de la aplicada a una infracción aislada y discontinua.

4. *Factores condicionantes.* Condiciones o circunstancias relacionadas con el problema. La muerte de un pariente cercano puede ser un elemento de indulgencia.

5. *Grado de socialización.* Grado de conocimiento del infractor respecto de las reglas y los procedimientos de la organización y el grado de formalización de las reglas y procedimientos escritos y divulgados, en contraposición de las reglas informales y vagas.

6. *Historia de las prácticas disciplinarias de la organización.* Cuáles son las infracciones semejantes que ha castigado la organización, y el tratamiento equitativo que debe aplicarse.

7. *Apoyo gerencial.* Si los gerentes apoyan la acción disciplinaria y la tienen en cuenta al administrar a los subordinados.

Líneas rectoras de la disciplina

En la acción disciplinaria, deben seguirse tres líneas fundamentales[3]:

1. *La acción preventiva debe preferirse a la acción punitiva.* El objetivo de la acción disciplinaria debe apuntar a corregir el comportamiento indeseable del empleado, y no simplemente a castigarlo. El castigo debe ser la acción final y última de cualquier acto disciplinario. La acción correctiva se dirige al desempeño futuro, en tanto que la acción punitiva está relacionada con el pasado.

2. *La acción disciplinaria debe ser progresiva.* Pese a que toda acción disciplinaria debe variar de acuerdo con la situación, ha de ser siempre progresiva. Debe comenzar por un llamado de atención verbal, sigue un llamado de atención escrito, después una suspensión y luego, sólo en los casos más graves e incorregibles, el despido del empleado.

---

3 *Ibíd.*

3. *La acción disciplinaria debe ser inmediata, coherente, impersonal* e *informativa.* En otros términos, la acción correctiva debe ser preventiva. Su respuesta debe ser rápida, coherente con la infracción cometida, aplicada con impersonalidad e impacto directo.

El proceso disciplinario está saliendo de manera gradual de la órbita de la ARH para recaer en los gerentes y sus equipos. En otras palabras, el gerente y su equipo administran la disciplina, bien sea tomando decisiones sobre posibles sanciones o tomando la iniciativa de aplicarlas, lo cual conduce a que el órgano de ARH sea cada vez más consultor y cada vez menos ejecutor y burócrata.

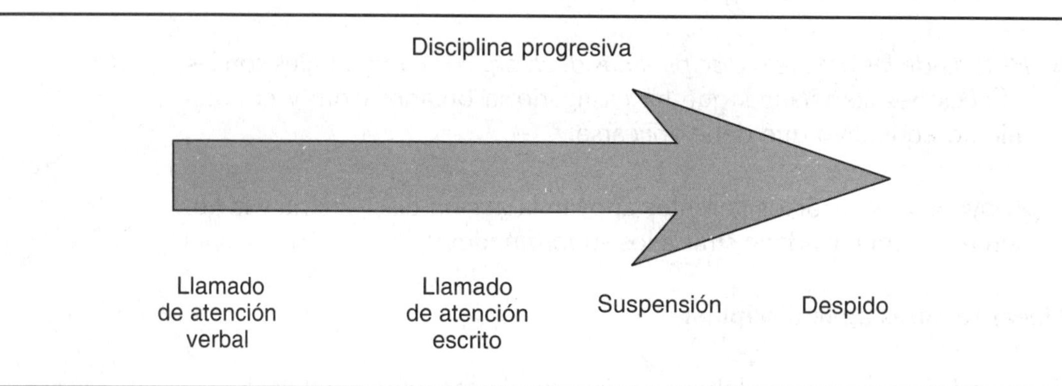

Figura 16.9 Proceso de disciplina progresiva.

RESUMEN

Los subsistemas de control de RH incluyen bases de datos y sistemas de información y auditoría de RH. El control es un proceso de cuatro etapas: establecimiento de estándares deseados, observación del desempeño, comparación del desempeño con los estándares deseados y acción correctiva para eliminar o corregir las desviaciones. El control se basa en información obtenida mediante el procesamiento de datos, que puede ser manual, semiautomático o automático. El procesamiento de datos exige que los datos se almacenen y se acumulen en registros y archivos denominados base de datos. A partir de la base de datos, puede planearse un sistema de información de RH como base para el proceso de toma de decisiones respecto de las personas. Dado que la ARH es una responsabilidad de línea y una función de *staff*, es necesario que todas las jefaturas tengan información coherente acerca de sus subordinados.

TEMAS PRINCIPALES

Control
Acción correctiva
Información
Procesamiento de datos
Proceso decisorio
Estándares
Datos
Base de datos
Sistemas de información

PREGUNTAS Y TEMAS DE REPASO Y ANÁLISIS

1. ¿Cuáles son los significados de la palabra control?
2. Describa el ciclo del proceso de control.
3. ¿Qué es acción correctiva?
4. ¿Para qué se utilizan los controles organizacionales?
5. ¿Cuáles son las diferencias entre datos e información?
6. ¿En qué consiste el procesamiento de datos y cómo puede llevarse a cabo?
7. Describa la composición de la base de datos de RH.
8. ¿Qué son los sistemas de información de RH?
9. ¿Cuáles son las fuentes de datos para la planeación de un sistema de información de RH?

INFORME PARA ANÁLISIS Y DISCUSIÓN 16

"Oportunidades para todos"*

La casa matriz del grupo Caterpillar, en los Estados Unidos, mantiene un sistema de planeación denominado Plan 10 años, cuya finalidad es detec-

* Tomado de la revista *Negócios em Exame*, No. 247, 24 de marzo de 1982, p. 94, con autorización de Editora Abril.

tar tendencias a largo plazo en las áreas de producción, finanzas, productos y personal. Este plan sugiere cambios en la actitud de la empresa y propone adoptar nuevas prácticas. Como parte de este trabajo, la Caterpillar estadounidense creó un comité compuesto de empleados de la casa matriz y de diversas filiales internacionales para estudiar lo referente al plan de carrera de su personal.

Los primeros efectos de este trabajo llegaron al Brasil, donde Caterpillar tiene dos fábricas (una en São Paulo y otra en Piracicaba, estado de São Paulo) que cuentan con cerca de 4.000 empleados. En la filial brasileña se creó un plan formal de desarrollo de carrera que incluye a todos los empleados –desde los braceros hasta los directores–, iniciativa que exigió la creación de la gerencia de recursos humanos (dependiente de la dirección administrativa). La gerencia de relaciones industriales (RI) fue encargada de tratar los problemas cotidianos del personal; la gerencia de RH se dedica con mayor intensidad al plan de carrera, a la administración de salarios y a la gestión de los despedidos. La partida destinada a la gerencia de RH y a la administración del plan de carrera (entre salarios, comisiones, beneficios, gastos administrativos y programas de computación) demuestra que Caterpillar deposita grandes esperanzas en esta iniciativa.

Las metas de la empresa en el terreno de las relaciones con los empleados son ambiciosas: lograr un alto grado de motivación e integración, baja rotación y alta productividad en el trabajo (entre otros planes, Caterpillar de Brasil creó círculos de control de calidad, de inspiración japonesa). En síntesis, el director administrativo destaca que "se pretende establecer una política de conciliación entre los intereses de la compañía y las expectativas de los trabajadores".

El plan de carrera está incorporado, en cierto modo, a la vida de los empleados de Caterpillar de Brasil, sólo que era informal y, por tanto, asistemático. Aun así, sus efectos no son despreciables. Cerca de 95% de los cuadros de dirección y jefatura pueden considerarse "productos" de la casa. El director administrativo llegó a la empresa como empleado del departamento de distribución de piezas, después asumió la gerencia del sector y con el tiempo pasó al departamento de suministros, de donde fue elevado primero a gerente de comunicaciones y luego a la dirección administrativa.

Base de datos. Si, desde el punto de vista de la política de las relaciones con el personal, la creación de la gerencia de RH y la formalización del plan de carrera no constituyen un gran cambio, no hay duda de que la administración de este sector se torna cada día más compleja. La extensión del plan de carrera a todos los empleados de la producción y a todos los empleados administrativos exigirá que cerca de 400 empleados se dediquen a trabajar directamente en la recolección de información para la base de datos. Ésta cuenta con un programa especial de computador que almacena información de los cargos que conforman el organigrama de Caterpillar de Brasil, registra la existencia de vacantes y mantiene actualizados los perfiles de todos los empleados, en especial de aquellos que revelen potencial de desarrollo y disponibilidad para participar en programas de entrenamiento. La base de datos controlará también la situación de los candidatos a ascensos y la previsión de jubilaciones.

La intensificación de los programas de entrenamiento es uno de los efectos de la implantación del plan de carrera. Sin embargo, en este terreno hay poco por cambiar, pues la empresa ya viene haciendo grandes inversiones en cursos, seminarios y prácticas en el exterior. A menudo, diversos empleados de las áreas de producción, administración, distribución de piezas y procesamiento de datos salen de línea para actualizarse o realizar prácticas en los Estados Unidos.

CASO 16

La Metalúrgica Santa Rita S. A. (Mesarisa) adquirió un computador mediano dentro de su programa de consolidación y aumento de la eficiencia. La empresa estaba preocupada por bajar sus costos operativos para competir en el mercado con precios más bajos y calidad superior de sus productos. José Sena, el gerente del departamento de procesamiento de datos (DPD), estaba realizando un buen trabajo. Entre sus aplicaciones, el DPD procesaba la nómina y el registro de personal, y todo lo relacionado con el almacenamiento de productos terminados, facturación y despacho de pedidos, expedición de duplicados y control de cartera. A corto plazo, los planes de Sena incluían aplicaciones industriales en el área de la producción y, a mediano plazo, aplicaciones en el área financiera y contable de la empresa. Alberto Oliveira, el GRH, deseaba ampliar los servicios del DPD al área de recursos humanos. El DPD generó el registro de personal, una especie de base de datos individuales de cada empleado. El procesamiento de la nómina se efectuó mediante el siguiente sistema:

El registro de personal está conformado por datos personales de cada empleado (nombre, filiación, fecha y lugar de nacimiento, número de los documentos legalmente necesarios, nacionalidad, sexo) y datos de su historia en la empresa (fecha de admisión, fecha de opción al FGTS, número de registro, cargo ocupado y salario actual). La idea de Oliveira es ampliar el registro de personal para que contenga una parte de datos que proporcionen información de los subordinados, útil no sólo para la nómina y los apéndices legales, sino para todas las jefaturas de la empresa. En esencia, Oliveira pretende establecer una base de datos de los recursos humanos de la empresa, que sirva de base para un amplio sistema de información gerencial sobre el personal. Oliveira fue donde Sena y le presentó un diagrama de bloques de lo que él desea:

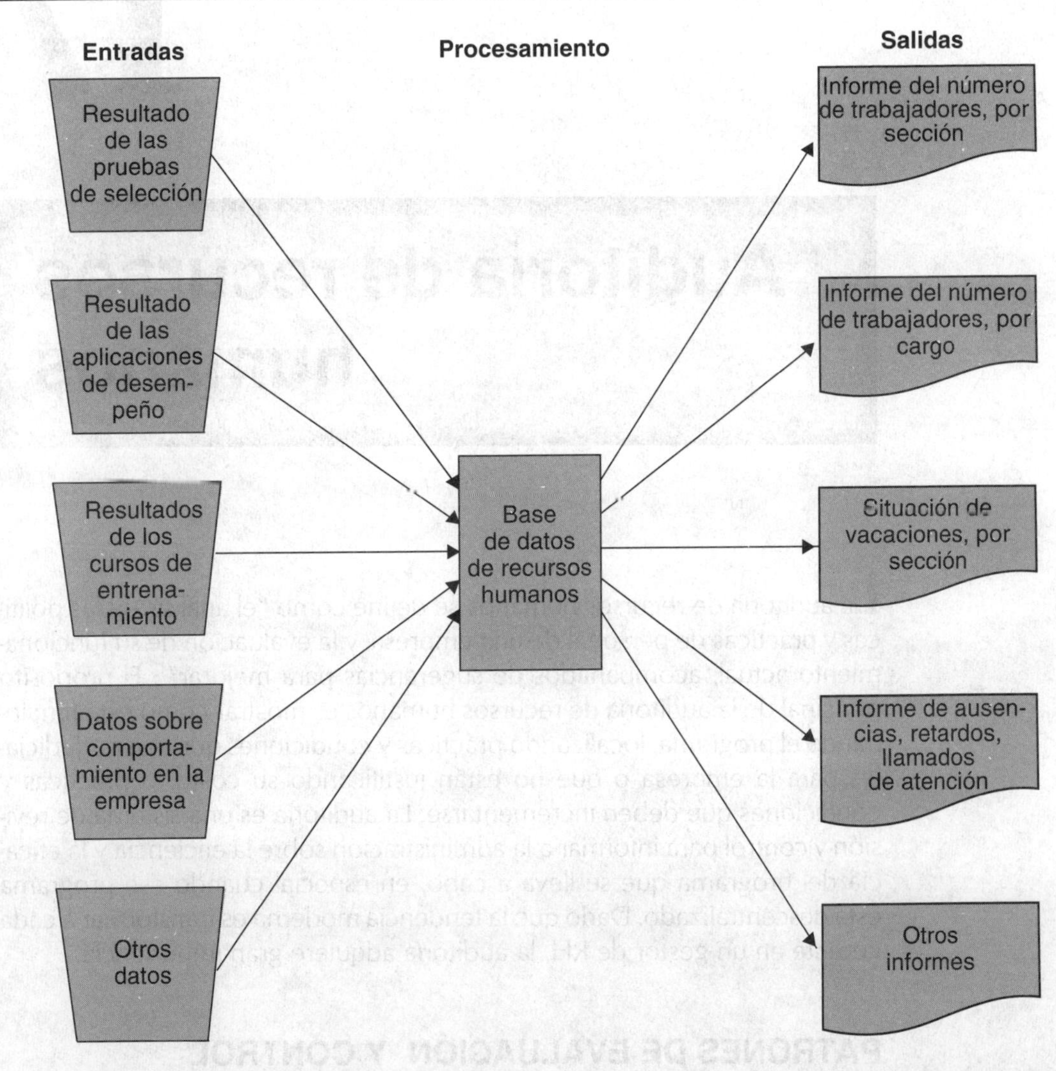

Al comienzo, Sena se mostró satisfecho con lo que Oliveira pretende del DPD. Sin embargo, el proyecto requiere mayores detalles y una explicación más precisa, lo que sólo Oliveira está en condiciones de hacer.

Oliveira procuró concentrarse en el tema: necesita identificar y detallar todos los datos de entrada y todos los informes de salida de la base de datos para reunirse de nuevo con Sena.

17

Auditoría de recursos humanos

La auditoría de recursos humanos se define como "el análisis de las políticas y prácticas de personal de una empresa, y la evaluación de su funcionamiento actual, acompañados de sugerencias para mejorar"[1]. El propósito principal de la auditoría de recursos humanos es mostrar cómo está funcionando el programa, localizando prácticas y condiciones que son perjudiciales para la empresa o que no están justificando su costo, o prácticas y condiciones que deben incrementarse. La auditoría es una sistema de revisión y control para informar a la administración sobre la eficiencia y la eficacia del programa que se lleva a cabo, en especial cuando ese programa está descentralizado. Dado que la tendencia moderna es transformar a cada gerente en un gestor de RH, la auditoría adquiere gran importancia.

PATRONES DE EVALUACIÓN Y CONTROL EN RECURSOS HUMANOS

El sistema de administración de recursos humanos necesita estándares que permitan una evaluación continua y un control sistemático de su funcionamiento. Estándar es un criterio o modelo que se establece previa-

1 John F. Mee (Org.), *Personnel Handbook*, Nueva York, Ronald Press, 1958, p. 1077.

mente para permitir la comparación con los resultados o con los objetivos alcanzados. Mediante la comparación con el estándar pueden evaluarse los resultados obtenidos y verificar qué ajustes y correcciones deben realizarse en el sistema para que funcione mejor.

En general, los estándares permiten la evaluación y el control mediante la comparación con:

1. *Resultados.* Cuando la comparación entre el estándar y la variable se hace después de realizada la operación. La medición se realiza en términos de algo dispuesto y acabado, al final de la línea, lo cual presenta el inconveniente de mostrar los aciertos y las fallas de una operación ya terminada, una especie de partida de defunción de algo que ya sucedió.

2. *Desempeño.* Cuando la comparación entre el patrón y la variable es simultánea con la operación; es decir, cuando la comparación acompaña la ejecución de la operación. La medición va asociada al procesamiento de la operación. A pesar de que es simultánea y, por consiguiente, actual, la medición se realiza sobre una operación en proceso y no terminada aún.

La comparación es la función de verificar el grado de concordancia entre una variable y su estándar. La ARH se encarga de planear, organizar y controlar las actividades relacionadas con la vida del personal en la empresa. Los organismos de recursos humanos ejecutan parte de estas actividades (cuando están centralizadas), en tanto que otra parte de ella la realizan diversos organismos de línea, que también son usuarios del sistema. De este modo, muchas de las actividades de recursos humanos planeadas y organizadas con antelación muestran, durante su ejecución y control, algunas dificultades y distorsiones que requieren ser diagnosticadas y corregidas para evitar problemas. La rapidez con que esto se haga depende de la revisión y auditoría permanentes, que puedan suministrar retroalimentación adecuada (*feedback*) para mejorar los aspectos positivos y corregir y ajustar los negativos. La función de la auditoría no es sólo señalar las fallas y los problemas, sino también presentar sugerencias y soluciones. En este sentido, el papel de la auditoría de recursos humanos es educativo en esencia. Cuando la auditoría está bien realizada, permite el desarrollo de la sensibilidad de los administradores para diagnosticar problemas. El papel de la auditoría se asocia al control de las actividades relacionadas con los recursos humanos.

En muchas empresas, las directrices y las prácticas de recursos humanos apenas se verifican y revisan de manera esporádica cuando surge algún problema o situación inesperada. Sólo en estos momentos se analizan de manera crítica las directrices y las prácticas. Este método no es recomendable, pues la detección de algún problema es determinada al azar por cualquier persona dentro de la empresa, y en cualquier época. Si el problema es de cantidad, calidad, tiempo o costo, sus consecuencias perduran hasta el momento en que sea detectado por casualidad. En la actualidad existe una marcada tendencia a sustituir estas revisiones esporádicas y aleatorias por revisiones sistemáticas, periódicas y planeadas, adecuadas a las circunstancias particulares de la empresa, con el fin de permitir control y retroalimentación (*feedback*) realmente preventivos y educativos.

FUENTES DE INFORMACIÓN

La auditoría de los recursos humanos se basa en verificaciones, seguimiento, registros y estadísticas. En la figura 17.1 aparece una lista de ítems que componen la auditoría de recursos humanos[2].

AMPLITUD Y PROFUNDIDAD DE ACCIÓN DE LA AUDITORÍA

La cobertura de la auditoría de recursos humanos es tan amplia como las mismas funciones de ARH y presenta una división semejante a las divisiones seccionales de los organismos de ARH[3], como se observa en la figura 17.1. Las decisiones relacionadas con la cobertura y profundidad de la auditoría guían su procedimiento[4]. Las auditorías empiezan por una evaluación de las relaciones empresariales que afectan la administración del potencial humano, incluidos el personal de línea y de *staff*, las calificaciones de los miembros de *staff* de recursos humanos y la adecuación del apoyo financiero para los diferentes programas. A partir de ahí se aplica una variedad de estándares y medidas: se examinan los registros e informes del personal; se analiza, compara y prepara un informe final que incluye recomendaciones sobre cambios y modificaciones. La auditoría

2 *Ibid.*, pp. 1081-1084.
3 Dale Yoder, *Administração de pessoal e relações industriais*, São Paulo, Mestre Jou, 1969, p. 731.
4 Dale Yoder *et.al.*, "Employment Relation Audit", en *Handbook of Personnel Management and Labor Relations*, Nueva York, McGraw-Hill, 1958.

Funciones básicas	Registros y estadísticas
1. Análisis y descripción de cargos	A – Especificaciones de los cargos B – Cuestionarios de personal y tablas de requisitos C – Costos del análisis de cargos
2. Reclutamiento	A – Aplicación de los cuestionarios de solicitud de empleos y listas de verificación B – Número de candidatos por: – Fuentes – Anuncios – Indicaciones de empleados – Medios, etc. C – Costos de reclutamiento por: – Fuentes – Medios
3. Selección	A – Bases para la selección (características personales): – Resultados en las pruebas – Listas de verificación de entrevistas – Educación, entrenamiento – Experiencia – Referencias e indicaciones – Estado civil, etc. B – Registro de seguimiento y de desarrollo del personal C – Registros individuales del personal D – Costos de: – Entrevistas – Pruebas – Interpretación – Seguimiento
4. Entrenamiento	A – Número de empleados entrenados por clases de entrenamiento B – Grados y resultados de entrenamiento C – Tiempo necesario de entrenamiento D – Costos de entrenamiento por clases de entrenamiento
5. Nivel de empleados	A – Registros de productividad B – Costos del programa de registros
6. Ascensos y transferencias	A – Registro de ascensos y transferencias, por clases B – Registro de tiempo de servicio C – Costos de sistematización

Figura 17.1 Principales ítems de la auditoría de RH. (Continúa)

Funciones básicas	Registros y estadísticas
7. **Mantenimiento de la moral y la disciplina**	A – Registro y evaluación general: – Datos acerca del nivel de la moral – Actos disciplinarios, por clases – Incidentes – Registros de asesoría – Uso de beneficios, servicios, publicaciones, etc., por los empleados – Sugerencias – Registros de observaciones diversas B – Costos por tipo de actividad
8. **Salud y seguridad**	A – Registro de sanidad: – Número de visitas al servicio médico – Enfermedades, por clase – Días perdidos por enfermedad – Detección de defectos físicos B – Registro de accidentes: – Frecuencia – Intensidad – Clases de accidentes C – Costos
9. **Control de personal**	A – Registro de empleados – Total de empleados – Total de horas de trabajo B – Registros de rotación C – Costos de mantenimiento y servicios de seguridad, compensaciones, etc.
10. **Administración de salarios**	A – Datos sobre pagos: – Niveles de salario – Incentivos salariales – Premios, etc. B – Valor de los cargos C – Costo de vida D – Costo unitario de trabajo E – Costos, incluidos evaluación de cargos, administración de los planes de incentivos, etc.
11. **Acuerdos colectivos**	A – Listado de los sindicalizados B – Acuerdos interrumpidos, en arbitraje C – Suspensión de trabajos D – Cláusulas contractuales E – Costos de los acuerdos colectivos
12. **Registros de investigaciones**	A – Detallados anteriormente

Figura 17.1 Principales ítems de la auditoría de RH.

puede penetrar más profundamente cuando evalúa programas, política y filosofía. Dependiendo de la política de la organización, la auditoría de RH puede enfocarse en uno o en todos los siguientes niveles de productividad[5].

1. *Resultados.* Incluyen las realizaciones concretas y la solución de problemas en la administración actual.

2. *Programas.* Comprenden prácticas y procedimientos de RH.

3. *Políticas.* Incluyen la explícita, formalizada por la empresa, y la implícita.

4. *Filosofía de la administración.* Sus prioridades, valores, metas y objetivos.

5. *Teoría.* Relaciones y explicaciones que detallan y relacionan la filosofía, la política y las prácticas de personal.

Cuanto mayor sea la organización y más descentralizada esté, tanto mayor será la necesidad de una cobertura sistemática de auditoría. Muchas veces la auditoría sirve de refuerzo al entrenamiento que se brinda a ciertos ejecutivos del área de recursos humanos. Dejando a un lado su carácter fiscalizador, la auditoría puede desencadenar un fuerte impacto educativo, pues permite relacionar la calidad de la administración de recursos humanos con los diversos indicadores de eficiencia de la organización. La auditoría también puede presentar los indicadores de la calidad de liderazgo, de motivación en el trabajo, de eficiencia de la supervisión y de crecimiento continuo y desarrollo de los empleados y administradores, tomados individualmente. En síntesis, la auditoría permite verificar:

1. Hasta qué punto es aceptable la teoría que fundamenta la política de recursos humanos.

2. Hasta qué punto se adecuan la práctica y los procedimientos a la política y teoría adoptadas[6].

---

5 Dale Yoder, *Administração de pessoal e relações industriais*, São Paulo, Mestre Jou, 1969, p. 730.

6 *Véase* Albert H. Aaronson, "Evaluation of Personnel Operations", en *Personnel Administration*, Vol. 21, No. 3, mayo-junio de 1958, pp. 28-34; Rensis Likert, "Measuring Organizational Performance", en *Harvard Business Review*, Vol. 36, No. 2, marzo-abril de 1958, pp. 41-50.

En últimas, se trata de evaluar y medir los resultados de la ARH en sus actividades de mayor o menor prioridad tales como:

- Indicadores de eficiencia y eficacia en relación con la formación de *staff*, entrenamiento y desarrollo, remuneración, beneficios sociales, relaciones sindicales, etc.

- Clarificación de objetivos y expectativas en cuanto a la ARH en términos de cantidad, calidad, tiempo y costos.

- Distribución de recursos y resultados obtenidos.

- Contribución de la ARH a los objetivos y resultados de la organización.

- Clima organizacional, involucramiento e incentivo a la participación del personal.

La medición de los resultados de la ARH permite establecer condiciones para evaluar si en realidad está ejecutando un buen trabajo para la organización.

EL AGENTE DE AUDITORÍA DE RECURSOS HUMANOS

Existen muchas maneras de verificar sistemáticamente las prácticas y directrices de recursos humanos en las organizaciones. Algunas empresas contratan un consultor externo que conozca las experiencias de otras empresas. El consultor externo puede desarrollar auditoría total o dedicarse de tiempo parcial a algunos aspectos de las prácticas y directrices de recursos humanos. Muchas empresas utilizan su propio personal y conforman comités de auditoría que tienen como coordinador al director de recursos humanos. Algunas conforman equipos y contratan un consultor externo para que los oriente.

Yoder destaca el papel de la auditoría de recursos humanos. Según él, los diversos cambios influyeron en la tendencia a la sistematización de los exámenes formales de recursos humanos. Los más importantes cambios que alteraron el escenario de auditoría de RH son:

1. Cambio de la filosofía y las teorías administrativas, en particular aquellas que consideran la participación y la identificación del empleado

como influencias significativas y positivas en el incentivo y en el éxito de las organizaciones.

2. Cambio del papel que desempeña el gobierno y su creciente intervención en la vigilancia de la administración del potencial humano y la protección de los intereses de los empleados, aumentándoles la seguridad económica y garantizando el pleno empleo.
3. Expansión de los sindicatos y la determinación bilateral de la política de empleo en las relaciones con los empleados.
4. Alzas salariales, que implican un costo más alto de la fuerza laboral y mayores oportunidades de desarrollar una ventaja competitiva en la administración de personal.
5. Cambio en las habilidades requeridas, con mayor número de trabajadores técnicos y profesionales, que presentan problemas administrativos muy difíciles y asumen una actitud más crítica frente a la administración.
6. Aumento de gastos para las divisiones de *staff* de RH.
7. Competencia internacional más agresiva, producto de la globalización de la economía.

La auditoría de RH tiene un fuerte impacto educativo sobre la organización.

CONTABILIDAD DE RH Y BALANCE SOCIAL

La contabilidad tradicional se orienta predominantemente hacia el accionista de la empresa para proporcionarle una evaluación de la marcha de los negocios y de lo adecuado de su administración desde el punto de vista financiero y contable. Al ser la ganancia el objetivo central del capitalista, la contabilidad tradicional olvida los demás objetivos de la empresa, así como a los otros socios que inyectan nuevos recursos a la organización.

En el comienzo de este libro, estudiamos el problema de la eficiencia y de la eficacia organizacional y las críticas formuladas a su evaluación cuantitativa, que sólo incluye los aspectos financieros y contables y deja por fuera los aspectos humanos, reales y potenciales. Ahora procuraremos invertir esa posición y hallar algunas obligaciones para la contabilidad de los recursos humanos y el balance social.

En términos puramente contables, el ser humano parece escapar a toda evaluación cuantitativa directa e inmediata; sin embargo, el factor humano constituye el elemento más importante de las organizaciones, y no puede evaluarse de manera adecuada el desarrollo de éstas si no se incluye el factor humano en esta evaluación. Es necesario situar el elemento humano en el centro de las preocupaciones de la administración y de la contabilidad.

Desde la década de 1980, algunos países de Europa central se preocuparon por la contabilidad de los recursos humanos y el balance social. Aunque lo social y lo humano no puedan contabilizarse en términos de valorización o efectos directos, los reflejos de un buen clima organizacional mejoran los resultados -reflejados en el incremento de la productividad- y favorecen la conservación del patrimonio. La cuantificación de estas ganancias o de las mejoras patrimoniales no aparece en los balances contables tradicionales. De este modo, surge una pregunta inicial: ¿Debe ser el balance social una extensión del balance contable o deberá ser una nueva y diferente perspectiva separada de la contabilidad tradicional y de su característica patrimonial intrínseca?[7] El balance social es un concepto cuya concreción formal todavía está incompleta, puesto que en el inventario de los "valores sociales" sólo se contemplan ciertos aspectos que son apenas uno de los lados del balance, es decir, aspectos del activo social. Las empresas no suelen hacer evidentes los aspectos negativos, es decir, aspectos del pasivo social. En este sentido, si no tenemos activo social y pasivo social, no podremos tener balance social. El hombre y la sociedad no pueden reducirse a una simple ecuación de igualdad entre un activo y un pasivo. No obstante, en términos más restringidos, si la empresa invierte algo en el llamado aspecto social, debe obtener una compensación por esto. En otras palabras, a cada costo debe corresponder un beneficio. En consecuencia, se tienen dos ideas básicas: la primera, que el hombre es un activo para la empresa, y la segunda, que -como todos los otros "bienes"- se hace necesario conocer el costo de obtener este activo y su ley de amortización o retorno. De manera implícita, estas dos nociones preliminares introducen la noción capitalista de que todo activo debe ser rentable, teniendo en cuenta que el objetivo de la empresa es el lucro[8]. Todo activo debe producir alguna ganancia como retorno.

---

7 Rogelio Fernandes Ferreira, "A propósito do balanço da empresa", en *Revista de Contabilidade e Comércio*, Vol. 183-184, No. 46, p. 297.

8 Edmond Marquès, "Comptabilité des resources humaines et comptabilité sociale", en *Revista de Contabilidade e Comércio*, Lisboa, Vol. 183-184, No. 46, octubre de 1982, p. 313.

El balance social busca recapitular en un documento único los principales datos que permitan apreciar la situación de la empresa en el campo social, registrar las realizaciones efectuadas y medir los cambios ocurridos durante el año en referencia y durante los años anteriores. Por consiguiente, el balance social debe contener información acerca del empleo, la remuneración, las prestaciones sociales, las condiciones de higiene y seguridad, la productividad del personal, las disfunciones (rotación, ausentismo, conflictos laborales), las relaciones laborales, etc. El balance social debe reflejar no sólo las relaciones entre la empresa y su personal, sino –y sobre todo– las relaciones entre la empresa y la sociedad en conjunto, incluida la información sobre las siguientes categorías de grupos sociales:

1. *Empleados.* Constitución, características, remuneración, prestaciones sociales, potencial de desarrollo, ascensos, condiciones de trabajo, etc.

2. *Accionistas.* Constitución, características, capital de riesgo aplicado y resultados financieros.

3. *Clientes y usuarios.* Constitución, características, nivel de producción y de ventas, etc.

4. *Proveedores* (de materias primas y equipos). Constitución y características, para que puedan evaluar la solvencia y la rentabilidad de la empresa.

5. *Comunidad.* La sociedad y el impacto provocado por la empresa.

6. *Gobierno.* Autoridades públicas en general.

El balance social trata de mostrar las relaciones que existen entre la empresa y sus grupos de interés, así como la influencia social o societaria y el impacto social producido por la empresa, y de reflejar los diversos flujos entre la organización y su ambiente. El más alto nivel de desarrollo (*state-of-the-art*) del balance social refleja el estado de la situación social y política de cada país, y no existe consenso respecto de su naturaleza ni de su conceptualización. Por consiguiente, el balance social de una empresa estadounidense difiere profundamente del de una empresa europea; el de una empresa suiza es muy diferente del de una empresa francesa o alemana.

Clasificación de las cuentas sociales

Los modelos de contabilidad social consideran que, desde la óptica social, cada elemento es importante como cuenta analítica particular. Podemos clasificar cuatro categorías de cuentas sociales[9]:

1. *Cuentas sociales reducidas a análisis, en términos de costos sociales,* relacionadas con los principales grupos de interés que conforman la organización, como:

a. *Personal.* Inversiones o gastos anuales ordinarios referentes a mejoras en las condiciones de trabajo o higiene y seguridad, formación y entrenamiento del personal, mejoramiento de la calidad de vida del personal y de su familia (restaurantes, dispensarios, guarderías, lugares vacacionales, clubes, etc.).

b. *Clientes o usuarios.* Inversiones (investigaciones, control de calidad, mejoramiento del producto o del servicio) que buscan brindar mejor atención o mayor protección al consumidor.

c. *Comunidad.* Gastos para la reducción de la contaminación, mejoramiento urbano, ambiente físico, obras de interés colectivo, etc.

2. *Cuentas sociales en que las acciones tienen un fin social.* Se evalúan de manera simultánea, en términos de costos monetarios y en términos de impactos no monetarios. Se trata de mejorar el ítem precedente, en que el producto social se conoce, pero no se evalúa en términos monetarios precisos. De este modo, además de un beneficio financiero definido, se incluye un beneficio social que no puede expresarse en unidades monetarias, sino en mejores condiciones de trabajo, incremento de la educación o la cultura, reducción de la contaminación, etc.

3. *Cuentas sociales en que los costos sociales y los productos sociales se monetizan* para determinar un resultado social efectivo por cada grupo de interés que conforma la empresa y, por suma algebraica, un resultado global. El único ejemplo característico de esta categoría es el modelo de balance social en que todas las magnitudes se expresan en

9 *Ibíd.*, pp. 319-322.

dinero, se respetan los principios de la "partida doble", y empleados, accionistas, clientes, proveedores, etc., tienen su propia cuenta. En cada cuenta de los grupos de interés se calcula un resultado social líquido (beneficio social o pérdida social). La suma algebraica de estos resultados sociales permite evaluar la contribución social de la organización –positiva o negativa– al conjunto de la sociedad durante el ejercicio contable.

4. *Cuentas sociales que muestran cómo evoluciona la parte de la riqueza creada por la empresa* y cómo se distribuye entre los diversos grupos de interés. Este modelo parte de cierta idea de justicia social encubierta en una concepción política de la sociedad: evidencia el hecho de que la economía liberal puede proporcionar el bienestar material de todos los grupos de interés mostrando que las ganancias de la empresa se reparten entre estos grupos, sobre todo en las empresas nacionalizadas o de economía mixta. En su forma más elemental, este tipo de contabilidad presenta un cuadro de repartición anual o de distribución del valor agregado entre los diversos grupos de interés, y considera dos periodos sucesivos para demostrar[10]:

a. Que la productividad total de la empresa mejoró de un periodo a otro, y en qué proporción.

b. Que hubo productividad adicional, cómo se proporcionó este beneficio y cómo se distribuyó en cada uno de los grupos de interés.

En un extremo están quienes suministran los recursos (entradas):

- Proveedores (materias primas, tecnología y servicios)
- Asalariados (personal)
- Accionistas (capital, bienes y equipos)

En el otro extremo se hallan quienes obtienen los bienes que produce la empresa: los clientes. El Estado se beneficia a través de los impuestos.

10 Edmond Marquès, *La comptabilité des resources humaines*, París, Editions Hommes et Techniques, 1980.

Si se presenta un aumento en la productividad, la cuestión es saber quién se benefició y en qué proporción.

Las cuentas de distribución buscan evidenciar la noción de equidad social, fundamentada en criterios económicos. Estas cuentas no consiguen mostrar la repartición, inicial de la riqueza creada por los diferentes contribuyentes (grupos), pero pueden mostrar cómo se modifica con el tiempo esta repartición, lo cual las convierte en valioso instrumento de guía social para la dirección de la empresa, medio de negociación con los sindicatos y mecanismos de orientación política del gobierno[11].

Responsabilidad social de la empresa

El balance social evidencia el concepto de responsabilidad social de la empresa. La responsabilidad social se refiere a la actuación socialmente responsable de sus miembros, las actividades de beneficencia y los compromisos de la empresa con la sociedad en general y, de manera más intensa, con aquellos grupos o parte de la sociedad con que está más en contacto: su ambiente de tarea. La responsabilidad social está orientada hacia la actitud y el comportamiento de la empresa frente a las exigencias sociales derivadas de sus actividades, lo cual implica la evaluación y compensación de los costos sociales que genera la empresa, la ampliación del campo de sus objetivos y la definición del papel social que desarrollará para conseguir la legitimidad y la responsabilidad ante los diversos grupos humanos que la integran y conforman la sociedad en conjunto[12]. Anteriormente estudiamos que la empresa es una institución, una coalición de grupos humanos unidos por un sistema de relaciones económicas, sociales y tecnológicas, tanto en el interior de cada grupo como entre los grupos. Los grupos humanos y las empresas interactúan de manera dinámica. Cada organización depende de su ambiente para lograr entradas y salidas. La empresa tiene éxito y alcanza la eficacia cuando consigue sus objetivos y puede atender las necesidades de su ambiente. Desde este punto de vista, la responsabilidad social de la empresa radica en el cumplimiento de las prescripciones legales y los contratos, lo cual constituye una respuesta de la empresa a

11 Edmond Marquès, *Le bilan social, l'homme, l'entreprise, la cité,* París, Dalloz, 1981.

12 Álvaro Cuervo, "Bases para uma justificação do balanço social", en *Revista de Contabilidade e Comércio*, Lisboa, Vol. 183-184, No. 46, octubre de 1982, pp. 328-330.

las necesidades de la sociedad, incorporando lo que es bueno para la sociedad y respondiendo a lo que la sociedad espera de la empresa. En consecuencia, el concepto de responsabilidad social de la empresa está condicionado por el ambiente social, político y económico, así como por los grupos y las organizaciones implicadas, y por el tiempo. Una misma actividad empresarial puede ser socialmente responsable en un momento dado dentro de un conjunto de circunstancias culturales, sociales, etc., y socialmente irresponsable en otro momento, lugar y circunstancias. El balance social es un instrumento para delimitar y definir la responsabilidad social de la empresa. La ejecución del balance social presenta tres etapas:

1. *Etapa política.* Fase en que la dirección de la empresa toma conciencia de la necesidad de implementar el balance social como instrumento de relaciones públicas.

2. *Etapa técnica.* Surge la exigencia de establecer un sistema de información social y se demuestra que el balance social es un instrumento válido para lograrlo.

3. *Etapa de integración de los objetivos sociales.* El proceso decisorio pasa a integrar los nuevos objetivos sociales como reflejo de la idea de responsabilidad social en los diversos niveles de la empresa. El balance social deja de ser sólo un instrumento de información-comunicación y se convierte en un sistema de administración. Los objetivos sociales se tratan de igual manera que los objetivos económicos, lo cual afecta profundamente el proceso de toma de decisiones en la organización.

El balance social se convierte en un sistema de información del comportamiento socialmente responsable de la empresa, dirigido al público. La nueva concepción de la organización, ante la convicción de su responsabilidad social, impone un profundo cambio frente a la información que se ofrece al público interno y externo. En esencia, el balance social no pretende expresar el estado de un conjunto de partidas dobles de activo y pasivo, sino mostrar un conjunto de índices e indicadores que expresan los niveles de cada una de las variables consideradas pertinentes por la empresa para hacer cumplir su responsabilidad social. El balance social muestra si la organización está o no está haciendo un buen trabajo, ya sea desde el punto de vista de sus empleados, de sus accionistas, de sus clientes, del público en general y de la comunidad. Se trata de rendir cuentas, y la ARH no puede sustraerse a ello.

RESUMEN

La auditoría de RH es el análisis de las políticas y prácticas de personal y la evaluación de su funcionamiento, ya sea para corregir las desviaciones o para mejorarlas. La auditoría es el sistema de control basado en la determinación de estándares de cantidad, calidad, tiempo y costo. Estos patrones permiten la evaluación y el control mediante la comparación con los resultados o el desempeño de aquello que se pretende controlar.

Las fuentes de información de la auditoría de RH descansan en los mismos sistemas o procesos de ARH (provisión, aplicación, mantenimiento, desarrollo y control de recursos humanos). La auditoría de RH puede suministrarse a uno o a todos los posibles niveles de enfoque, como política, misión, filosofía, programas y resultados.

El agente de auditoría puede ser un especialista, un consultor externo o un equipo interno. En cualquier caso, la auditoría de RH tiene un fuerte impacto educativo en la organización y sus miembros.

Uno de los aspectos más importantes del sistema de control de RH es el mantenimiento de la disciplina, que debe ser progresiva y estar sustentada y fundamentada en líneas rectoras, como profilaxis y prevención, además de tener en cuenta aspectos de inmediatez, coherencia, impersonalidad e información.

Los elementos más importantes de la auditoría son la contabilidad de RH y el denominado balance social, que deben tener en cuenta los aspectos éticos y la responsabilidad social de la organización.

TEMAS PRINCIPALES

Auditoría	Patrones de cantidad
Patrones de calidad	Patrones de tiempo
Patrones de costo	Resultados
Desempeño	Agente de auditoría

PREGUNTAS Y TEMAS DE ANÁLISIS

1. ¿Qué es auditoría de recursos humanos?
2. Defina patrón de cantidad y patrón de calidad
3. Defina patrón de tiempo y patrón de costo.
4. ¿En qué consiste la comparación entre resultados y desempeño?
5. ¿Qué se entiende por función educativa de la auditoría de recursos humanos?
6. Dé algunos ejemplos de elementos que conforman la auditoría de recursos humanos.
7. Explique los diversos niveles de profundidad en que puede llevarse a cabo la auditoría de RH.
8. ¿Cómo puede ser el agente de auditoría de recursos humanos?
9. ¿Cuáles son los principales cambios que modificaron el escenario de la auditoría de recursos humanos?
10. ¿Qué es la contabilidad de RH?
11. Explique qué es el balance social de la empresa.
12. Explique cuáles son las categorías de los grupos de interés que existen en la empresa.
13. ¿Cómo pueden clasificarse las cuentas sociales?
14. ¿En qué consiste la responsabilidad social de la empresa?

INFORME PARA ANÁLISIS Y DISCUSIÓN 17

"Cómo vencer el rechazo a las transferencias"*

La política de transferir ejecutivos y técnicos para atender las necesidades de la empresa, muy común en el exterior, todavía encuentra oposición. Las restricciones no existen sólo en el caso de traslados para otro país, una práctica corriente en las multinacionales, las cuales utilizan la *job rotation* (rotación de puestos) como un paso preliminar a los ascensos. Incluso son frecuentes los contratiempos en las transferencias hacia unidades del mismo país.

---

* Tomado de la revista *Negócios em Exame*, No. 240, diciembre 21 de 1981, pp. 74-76, con autorización de Editora Abril.

La causa principal de esta resistencia de los ejecutivos a cambiar de ciudad, según la opinión autorizada de varios especialistas de RH expresada a *Exame*, son las modificaciones en la vida personal y familiar del empleado. Justamente para aminorar este impacto que los brasileños parecen sentir más que los estadounidenses, por ejemplo, muchas empresas han adoptado planes formales que ayudan a sobreponerse a estas dificultades.

Una encuesta llevada a cabo en el sector petrolero mostró que ya están incorporados a la rutina el pago de gastos que implica el traslado, y el rembolso de los gastos de viaje y hospedaje del empleado y su esposa mientras encuentran una vivienda. Algunas de las empresas pagan compensaciones, como parte del alquiler del inmueble, aun después que los empleados transferidos vuelven a la ciudad de origen.

Otra encuesta acerca de planes y prácticas para transferencias de empleados, realizada en siete empresas del sector petrolero, mostró que en esta área existen políticas formales para las desvinculaciones definitivas. En tres de ellas, estas políticas cubren a todos los empleados.

Los tipos de ayuda concedidos incluyen el pago de gastos por traslado de muebles y objetos personales, rembolso de gastos de viaje y hospedaje, hasta encontrar nueva vivienda. En orden descendente, siguen la ayuda temporal para el alquiler de vivienda, la ayuda en efectivo de valor fijo, el rembolso de gastos de instalación en la nueva vivienda, el rembolso de gastos que ocasiona el contrato de arrendamiento, el pago de gastos de educación y el pago de pasajes para el empleado y su familia durante las vacaciones, además de la instalación de teléfono particular.

Sin reajuste. La aplicación de estas compensaciones no es genérica, pues dos de las siete empresas entrevistadas hacen la concesión en función de la localidad hacia la cual se transfiere el empleado. En estas empresas sólo son subsidiados los que van hacia ciudades que tienen una infraestructura deficiente.

Círculo social. Ni siquiera con estas contraprestaciones el problema de las transferencias dejó de ser un asunto difícil. "En las entrevistas que hacemos a los candidatos tocamos este punto y las respuestas son evasivas e insatisfactorias", relata el vicepresidente de una empresa de reclutamiento de ejecutivos.

Según él, el ejecutivo que vive en São Paulo admite, como máximo, la posibilidad de trabajar en el interior de ese estado. "El brasileño, así como el latino en general, rehúsa salir de la ciudad donde tiene la familia y el círculo social", señala el gerente general de RH de las empresas Philips. Es muy significativo que en la actualidad sólo un empleado brasileño de la Philips esté haciendo carrera en el exterior. Las transferencias dentro del Brasil (la empresa posee 14 fábricas) son más frecuentes; sin embargo, deben apoyarse en un amplio programa de compensaciones que prevé, entre otros beneficios, la concesión de vivienda con aire acondicionado para quien acepte, por ejemplo, ir a Manaos.

Cinco años antes. Esta cuestión se encara con mayor naturalidad en empresas como IBM, en la que la movilidad del personal es un punto fundamental en los programas de capacitación de fuerza laboral y en el plan de carrera. Los desplazamientos en IBM están previstos desde el momento en que el empleado es admitido y demuestra tener capacidad de desarrollo, afirma el director de personal de la empresa. En un año, la filial de IBM en Rio de Janeiro logró que casi 150 brasileños permanecieran más de dos años en diversas unidades de la compañía, particularmente en la sede principal en Nueva York. La planeación de las transferencias -proceso en que el empleado tiene participación activa y que prevé el pago del alquiler del inmueble por parte de la empresa, además de ayuda en efectivo- es tratada con cinco años de anticipación.

Crecimiento rápido. Si en IBM el empleo de la *job rotation* es de gran valía para la asimilación por parte del personal de las filiales de la compleja tecnología de los computadores, entre otros aspectos, hay empresas en que ella simplemente ayuda a hacer viable un proceso de rápido crecimiento de los negocios. Esta consideración se aplica al Citibank, cuyo sector de RH viene implantando una serie de programas destinados a desarrollar y utilizar el potencial de los empleados. La modernización de las prácticas de RH, según afirma el director de la división de reclutamiento, "implica un crecimiento considerable en el movimiento interno".

Tanto en los dos programas recientemente implantados, el Programa de Oportunidades en el Banco y el Programa de Reclutamiento de Management Trainees, como en un tercero en el ámbito internacional, la movilidad geográfica es fundamental. Y para volver exequibles estos mecanismos de reclutamiento interno, el Citibank creó políticas formales de estímulo y de compensación que volvieran atractiva la transferencia, no sólo en el aspecto financiero, sino también como alternativa de ascenso en la carrera. En el terreno de las compensaciones, se incluyen el pago de una cuarta parte del salario anual como viáticos y la concesión de ayuda para el alquiler de inmuebles.

"Todos volverán". Makro ha utilizado un conjunto de compensaciones amplio para transferir empleados a sus ocho almacenes de venta al por mayor. Al lado de compensaciones más usuales, como pago por traslado y pasajes aéreos para la familia, Makro concede un salario mensual como viáticos y ofrece servicio telefónico particular al ejecutivo trasladado. La diferencia radica en que, al contrario de IBM y del Citibank, Makro hace pocas transferencias.

Gente nativa. De igual modo que Makro, la empresa Alpargatas es bastante prudente en las transferencias, a pesar de ser dueña de 20 fábricas en cinco estados. En efecto, es bien sabido que la necesidad de trasladar personas es menor, puesto que toda la estructura gerencial, administrativa y financiera está centralizada en São Paulo. Sin embargo, la empresa necesita gerentes de fábrica bastante capacitados y, por tanto, limita las transferencias al mínimo posible. En la actualidad, Alpargatas prefiere el reclutamiento local y el entrenamiento intensivo del personal. Gracias a esto, algunas unidades importantes, como la de Natal y la de Novo Hamburgo (estado de Rio Grande do Sul), están dirigidas por gente nativa. El director de RH dice que Alpargatas aprendió mucho de los fracasos en las transferencias, en especial de vendedores. Él mismo experimentó este problema, debido a dificultades de adaptación derivados de éstas.

Hijos pequeños. En la mayor parte de los casos, este tipo de dificultades se supera con el esfuerzo del mismo ejecutivo. Por último, tanto la Philips como la IBM, el Citibank, la Makro y la Alpargatas tratan de relacionar los traslados con ascensos que dan derecho a considerables aumentos de salarios. En general, estos aumentos sobrepasan el 25% que determinan las leyes laborales para estos casos en Brasil. Además, existe el desafío profesional del nuevo cargo y el estímulo a la creación de un buen ambiente con los nuevos compañeros de trabajo. "Y no debe olvidarse que quien va de una capital hacia el interior del país necesita mucho menos dinero para vivir".

Los problemas familiares también son difíciles de solucionar. Algunos especialistas consideran que el hecho de que muchas esposas de ejecutivos tengan estrecha relación con sus madres (incluso dependencia psicológica) es un gran obstáculo. "Pero no es sólo esto; nuestros ejecutivos son jóvenes, tienen hijos pequeños y esto dificulta su adaptación en un lugar extraño". Para este tipo de complicaciones, ni las más avanzadas políticas de RH ofrecen una solución. La mejor idea para superarlas es limitar las transferencias a lo estrictamente necesario o, como hacen la

IBM y el Citibank, crear una compleja estructura preventiva, para no tener que lamentar. En el Citibank, cualquier transferencia conlleva una larga negociación y considera todas las implicaciones, incluso las personales y familiares. Aun después de realizada la transferencia, el sector de RH continúa prestando apoyo directo a la persona transferida, lo cual facilita la convivencia social del empleado y su familia. También puede ayudarle a encontrar plazas en buenos colegios para los hijos.

CASO 17

"¿Estaré ejecutando un buen trabajo para mi empresa?", se preguntaba Alberto Oliveira en varias ocasiones. Como gerente de RH de la Metalúrgica Santa Rita S. A. (Mesarisa), solía poner en duda todo lo que hacía. Era su método de trabajo. Al fin y al cabo, administrar recursos humanos no es tarea fácil ni simple ni concreta. Es como si estuviese haciendo algo a oscuras, sin ver los resultados ni las consecuencias. Para aliviar esta incertidumbre y obtener retroalimentación (*feedback*), Oliveira empezó a imaginar una manera de verificar lo que estaba haciendo en ARH: una especie de auditoría de RH.

Oliveira recordaba haber leído en alguna parte que existen dos clases de auditorías: la de resultados (hecha sobre datos) y la de procedimientos (hecha sobre métodos y procedimientos de trabajo). Sin embargo, los planes de Oliveira eran más ambiciosos, pues quería obtener retroalimentación acerca de cómo se comportaban los empleados de Mesarisa (ausentismo, rotación, evaluación del desempeño, moral y actitud, clima organizacional, etc.), cómo se utilizaban las técnicas de RH (métodos de reclutamiento, técnicas de selección, de entrevista y selección, de evaluación de desempeño y consejería, procedimiento para reajuste salarial, de investigaciones salariales, de evaluación del desempeño, de entrenamiento), y sobre todo el resultado de la política de RH (políticas de reclutamiento, de selección, de salarios, de beneficios, etc.). Con estos tres tipos de retroalimentación, Oliveira pretende verificar el comportamiento de las personas en la empresa, así como la eficiencia y la eficacia de la ARH.

Sin embargo, el problema de Oliveira es la planeación y conformación del sistema de auditoría de RH para presentarlo a la dirección, a sus compañeros de otros departamentos y a sus subordinados, los cuales se encargarán de ayudarlo en esta tarea.

Bibliografía

AMERICAN SOCIETY OF TRAINING AND DEVELOPMENT – ASTD. Training and development handbook. In: GRAIG, Robert L. (Org.) New York : McGraw-Hill, 1976.

ANASTASI, Anne. *Testes psicológicos*. São Paulo : EPU, 1977.

ARGYRIS, Chris. *A integração indivíduo-organização*. São Paulo : Atlas, 1975.

______. *Interpersonal competence and organizational effectiveness*. Homewood : Dorsey, Richard D. Irwin, 1962.

______. *Management and organizational development*: the path from XA to XB. New York : McGraw-Hill, 1971.

ASPLEY, John C., WHITMORE, Eugene (Orgs.). *The handbook of industrial relations*. Chicago : Dartnell, 1949.

ASSIS, Marisa de et al. *Mercado de trabalho em São Paulo*. São Paulo : Nacional, 1976.

ATHOS, Anthony G., COFFEY, Robert E. *Behavior in organizations*: a multidimensional view. Englewood Cliffs : Prentice-Hall, 1968.

BALCÃO, Yolanda Ferreira, CORDEIRO, Laerte Leite (Orgs.). *O comportamento humano na empresa*: uma antologia. Rio de Janeiro : Fundação Getúlio Vargas, Instituto de Documentação, 1971.

BAPTISTA, Hilton. *Higiene e segurança do trabalho*. Rio de Janeiro : Serviço Nacional de Aprendizagem Industrial, Departamento Nacional, Divisão de Ensino e Treinamento.

BARNARD, Chester I. *As funções do executivo*. São Paulo : Atlas, 1971.

BASS, Bernard M. *Organizational psychology*. Boston : Allyn & Bacon, 1965.

_____. VAUGHAN, James A. *Training in industry*: the management of learning. Belmont : Wadsworth, 1966.

BEACH, Dale Stuart. *Personnel*: the management at work. Londres : Macmillan, 1971.

BEATTY, Richard W., SCHNEIER, Craig Eric. *Personnel administration:* an experimental skillbuiding approach. Reading : Addison-Wesley, 1977.

BECKHARD, Richard. *Desenvolvimento organizacional*: estratégicas e modelos. São Paulo : Edgard Blücher, 1972.

BELCHER, David W. *Wage and salary administration*. New York : Prentice-Hall, 1963.

_____. *Compensation administration*. Englewood Cliffs : Prentice-Hall, 1974.

BELLOWS, Roger M., ESTEP, M. Frances. *Employment psychology*: the interview. New York : Holt Rinehart and Winston, 1954.

BENGE, Eugene J. *Job evaluation and merit rating*. New York : National Foremen Institute, 1944.

______. BURK, S. H. L., HAY, E. N. *Manual of job evaluation*. New York : Harper & Row, 1941.

BENNIS, Warren G. *Changing organizations*. New York : McGraw-Hill, 1966.

______. *Desenvolvimento organizacional*: sua natureza, origens e perspectivas. São Paulo : Edgard Blücher, 1972.

BERGAMINI, Cecília Whitaker. *Avaliação do desempenho humano na empresa*. São Paulo : Atlas, 1971.

BERKSHIRE, J. R., HIGHLAND, R. W. Forced-choice performance rating: methodological study. *Personnel Psychology*, n. 6, 1953.

BERLO, David K. *O processo da comunicação*: introdução à teoria e prática. Rio de Janeiro : Fundo de Cultura, 1972.

BERRIEN, F. K. *General and social systems*. New Brunswick : Rutgers University Press, 1968.

BITTEL, Lester R. *Improving supervistory performance*. New York : McGraw-Hill, 1976.

BLACK, James M. *Positive discipline*. New York : American Management Association, 1970.

BLAKE, Roland P. (Org.). *Industrial safety*. Englewood Cliffs : Prentice-Hall, 1963.

BLAKE, Robert R. et al. Breakthrough in organizational development. In: MARGULIES, Newton, RAIA, Anthony P.

BLOOM, Gordon Falk, NORTHRUP, Helbert R. *Economics of labor and industrial relations*. Filadélfia : Toronton & Blakston, 1950.

BOCCALANDO, Efraim Rojas. Recrutamento e seleção. In: HOYLER, S. (Org.). *Manual de relações industriais*. São Paulo : Pioneira, 1970.

BORUS, Michael E., TASH, William R. *Measuring the impact of manpower programs*: a primer. Ann Arbor : Institute of Labor and Industrial Relations. The University of Michigan-Waye State University, 1970.

BRENNAN, Charles w. *Wage administration*: plans, practice and principles. Homewood : Richard D. Irwin, 1959.

BRITISH INSTITUTE OF MANAGEMENT. *Job evaluation*. Londres : Management Publications, 1970.

BRYANT, D. T., POLLARD, J. de B. Manpower planning: a review of current practice. In: HEALD, Gordon (Org.). *Approaches to the study of organizational behavior*: operational research and the behavioral sciences. Londres : Tavistock, 1970.

BUGELSKI, Richard B. *The psychology of learning*. New York : Holt and Company, 1956.

BURTT, Harold E. *Applied psychology*. Englewood Cliffs : Prentice-Hall, 1957.

CAMPANHOLE, Adriano. *Consolidação das Leis do Trabalho e Legislação Complementar*. São Paulo : Atlas, 1978.

CAMPBELL, J. P. Personnel training and development. *Annual Review of Psychology*, v. 22, 1971.

______. DUNNETTE, M. D. Effectiveness of T-Group experience in managerial training and development. *Psychological Bulletin*, n. 70, 1968.

______. et al. *Managerial behavior, performance and effectiveness*. New York : McGraw-Hill, 1970.

CARELLI, Antonio. *Seleção de pessoal*: uma abordagem empírica. Tese de Doutoramento. Instituto de Psicologia, Universidade de São Paulo, 1972.

______. *Seleção, treinamento e integração do empregado na empresa*. MTPS, DNSHT, INPS, Fundacentro, PNVT, META IV, 1973.

CARNEIRO, Ennor de Almeida. *Avaliação de funções*: teoria e prática. Rio de Janeiro : Ao Livro Técnico, 1970.

CARROL Jr., Stephen. Measuring the work of a personnel department. *Personnel*, v. 37, n. 4, Jul./Aug. 1960.

CARZO, Jr., ROCCO, YANOUZAS, John N. *Formal organization*: a systems approach. Homewood : Richard D. Irwin, Dorsey, 1971.

CAUTELA, Alciney L., POLLONI, Enrico F. G. *Sistemas de informação na administração de empresas*. São Paulo : Atlas, 1976.

CHAPANIS, Alphonse. *Research techniques in human engineering*. Baltimore : John Hopkins, 1959.

CHIAVENATO, Idalberto. *Introdução à teoria geral da administração*. São Paulo : McGraw-Hill do Brasil, 1986.

______. *Administração*: teoria, processo e prática. São Paulo : McGraw-Hill do Brasil, 1985.

______. *Recursos humanos na empresa*. São Paulo : Atlas, 1988. 5. v.

CHRUDEN, J. Herbert, SHERMAN Jr., Arthur W. *Personnel management*. Cincinatti : South-Eastern, 1963.

COZAN, L. W. Forced-choice: better than other rating methods. *Personnel*, n. 39, 1959.

CRAIG, Robert L. (Org.). *Training and development handbook*. New York : McGraw-Hill, 1976.

CRONBACH, L. J. *Essentials of psychological testing*. New York : Harper & Row, 1960.

______. GLESER, G. *Psychological tests and personnel decisions*. Urbana : University of Illinois Press, 1965.

CUMMINGS, L. L., SCHWAB, Donald P. *Performance in organizations*: determinants and appraisal. Glenview : Scott, Foresman, 1973.

CYERT, Richard M., MARCH, James C. *A behavioral theory of the firm*. Englewood Cliffs : Prentice-Hall, 1963.

DALTON, Gene W., LAWRENCE, Paul R. (Orgs.). *Motivation and control in organizations*. Homewood : Richard D. Irwin, Dorsey, 1973.

DAVIES, Ivor K. *The management of learning*. Londres : McGraw-Hill, 1971.

DAVIS, Keith. *Human behavior at work*: human relations and organizational behavior. New York : McGraw-Hill, 1977.

______. *Organizational behavior*: a book of readings. New York : McGraw-Hill, 1974.

DECI, Edward L., GILMER, B. von Haller, KARN, Harry W. *Readings in industrial and organizational psychology*. New York : McGraw-Hill, 1972.

DeGREENE, Kenyon B. *Systems psychology*. New York : McGraw-Hill, 1970.

DOBB, Maurice Herbert. Os *salários*. São Paulo : Cultrix, 1977.

DOOHER, Joseph M., MARQUIS, Vivienne (Orgs.). *The development of executive talent*. New York : American Management Association, 1953.

DOOHER, Joseph M., MARTING, Elizabeth (Orgs.). *Selection of management personnel*. New York : American Management Association, 1957.

______. JONES, M. *Handbook of employee selection*. New York : McGraw-Hill, 1950.

DOWLING, William F., SAYLES, Leonard R. *How managers motivate*: the imperatives of supervision. New York : McGraw-Hill, 1971.

DUBRIN, Andrew J. *Fundamentals of organizational behavior*: an applied perspective. New York : Pergamon, 1974.

DUNN, J. D., STEPHENS, Elvis C. *Management of personnel*: manpower management and organizational behavior. New York : McGraw-Hill, 1972.

______. RACHEL, Frank M. *Wage and salary administration*: a systems approach. New York : McGraw-Hill, 1971.

DUNNETTE, Marvin D. (Org.). *Handbook of industrial and organizational psychology*. Chicago : Rand McNally, 1976.

______. *Personnel selection and placement*. Belmont : Wadsworth, 1966.

DUTTON, J. M. Review of R. R. Blake and J. S. Mouton, corporate excellence through grid organization development: a systems approach. *Administrative Science Quarterly*, v. 14, 1969.

EDDY, William B. From training to organization change. In: DAVIS, Keith. *Organizational behavior*: a book of readings. New York : McGraw-Hill, 1974.

EISS, Albert F. *Evaluation of instructional systems*. New York : Gordon and Breach Science, 1970.

ELROY, Frank E. (Org.). *Accident prevention manual of industrial operations.* Chicago : National Safety Council, 1969.

EMERY, F. E. *Systems thinking*. Middlesex : Penguin, 1969.

FAMULARO, Joseph J. (Org.). *Handbook of modern personnel administration.* New York : McGraw-Hill, 1972.

FEAR, Richard A. *The evaluation interview*. New York : McGraw-Hill, 1973.

______. The critical incident technique. *Psychological Bulletin*, n. 51, 1954.

FLANAGAN, J. C., BURNS, R. K. The employee performance record: a new appraisal and development tool. *Harvard Business Review*, v. 33, n. 199.

FLIPPO, Edwin B. *Princípios de administração de pessoal*. São Paulo : Atlas, 1970. 2v.

FOULKES, Fred. The expanding role of the personnel function. *Harvard Business Review*, Mar./Apr. 1975.

______. MORGAN, Henry M. Organizing and staffing the personnel function. *Harvard Business Review*, v. 55, n. 3, May/Jun. 1977.

FORD, R. L. Appraising performance for individual development. In: ROCK, Milton L. (Org.). *Handbook of wage and salary administration*. New York : McGraw-Hill, 1972.

FORD, R. N. *Motivation through the work itself.* New York : American Management Association, 1969.

FORDYCE, J. K., WEIL, R. *Managing with people*. Reading : Addison-Wesley, 1971.

FRENCH, Wendell L., BELL Jr., Cecil H. OD Interventions: an overview. In: HUSE, Edgar F., BOWDITCH, James L., FISHER, Dalmar (Orgs.). *Readings on behavior in organizations*. Reading : Addison-Wesley, 1975.

______. *Organization development*. Englewood Cliffs : Prentice-Hall, 1973.

______. *Organization development*: behavioral science interventions for organization development. Englewood Cliffs : Prentice-Hall, 1973.

______. *Organization development*: behavioral science interventions for organization improvement. Englewood Cliffs : Prentice-Hall, 1973.

FRYER, Douglas H., FEINBERG, Mortimer R., ZALKIND, Sheldon S. *Developing people in industry*. New York : Harper & Brothers, 1956.

GARDNER, James E. *Safety training for the supervisor*. Reading : Addison-Wesley, 1969.

GARDNER, John W. *Self-renewal the individual and the innovative society*. New York : Harper & Row, 1965.

GHISELLI, Edwin. *Theory of psychological measurement.* New York : McGraw-Hill, 1964.

______. BROWN, Clarence W. *Personnel and industrial psychology*. New York : McGraw-Hill, 1955.

GILBSON, R. E. *Wage and salaries*: a handbook for line managers. New York : American Management Association, 1966.

GILMER, B. von Haller, DECI, Edward L. *Industrial and organizational psychology*. New York : McGraw-Hill, 1976.

GINSBERG, Eli. *The development of human resources.* New York : McGraw-Hill, 1966.

GOODMAN, Lous S. The training organization. In: FAMULARO, Joseph J. (Org.). *Handbook of modern personnel administration*. New York : McGraw-Hill, 1972.

GREENE, Edward B. *Measurement of human behavior*. New York : Odissey, 1941.

GUILFORD, J. P. *Psycometric methods*. New York : McGraw-Hill, 1954.

______. *The nature of human intelligence*. New York : McGraw-Hill, 1967.

______. HOEPFNER, Ralph. *The analysis of intelligence*. New York : McGraw-Hill, 1971.

GUION, Robert. *Personnel testing*. New York : McGraw-Hill, 1965.

GUSTAD, J. W., BINGHAM, Walther V., MOORE, Bruce V. *How to interview*. New York : Harper & Row, 1959.

HAAS, J. Eugene, DRABEK, Thomas E. *Complex organization*: a sociological perspective. New York : Macmillan, 1973.

HACON, Richard (Org.). *Personal and organizational effectiveness*. Londres : McGraw-Hill, 1972.

HADDON, Jr., William, SUCHMAN, Edward A., KLEIN, David (Orgs.). *Accident research methods and approaches*. New York : Harper & Row, 1964.

HANDLEY, W. *Industrial safety handbook*. Londres : McGraw-Hill, 1977.

HAMPTON, David H. *Contemporary management*. New York : McGraw-Hill, 1977.

HARRIS, C. M. *Handbook of noise control*. New York : McGraw-Hill, 1957.

HARRIS, Jr., O. Jeff. *Managing people at work*: concepts and cases in interpersonal behavior. New York : John Wiley, 1976.

HAY, E. N., PURVES, D. A new method of job evaluation: the guide chart profile method. *Personnel*, n. 28, 1951.

HAWK, Roger T. *The recruitment function*. New York : American Management Association, 1967.

HEALD, Gordon (Org.). *Approaches to the study of organizational behavior*: operational research and the behavioral sciences. Londres : Tavistock, 1970.

HEESTERMAN, A. R. G. *Macroeconomic market regulation*. Londres : Heinemann, 1974.

HEINRICH, H. W. *Industrial accident prevention*. New York : McGraw-Hill, 1959.

HELLRIEGEL, Don, SCOLUM, Jr., John W. *Management*: a contingency approach. Reading : Addison-Wesley, 1974.

HERSEY, Paul, BLANCHARD, Kenneth H. *Psicologia para administradores de empresas*. São Paulo : EPU, 1974.

HERZBERG, Frederick. *Work and nature of man*. Cleveland : World, 1966.

______. MAUSNER, Bernard, SNYDERMAN, Barbara B. *The motivation to work*. New York : John Wiley, 1969.

HICKS, Herbert G., GULLETT, C. Ray. *Organizations*: theory and behavior. Tóquio : McGraw-Hill Kogakusha, 1975.

______. *The management of organizations*. New York : McGraw-Hill, 1976.

HICKS, John R. *The theory of wages*. Londres : Macmillan, 1932.

HOYLER, S. (Org.). *Manual de relações industriais*. São Paulo : Pioneira, 1969.

HUSBAND, T. M. *Work analysis and pay structure*. Londres : McGraw-Hill, 1976.

HUSE, Edgar F. Job enrichment: a valuable tool for company and worker. In: HUSE, Edgar F., BOWDITCH, James L., FISHER, Dalmar (Orgs.). *Readings on behavior in organizations*. Reading : Addison Wesley, 1975.

______, BOWDITCH, James L. *Behavior in organizations*: a systems approach to managing. Reading : Addison-Wesley, 1973.

______. *Readings oh behavior in organizations*. Reading : Addison-Wesley, 1976.

______. FISHER, Dalmar (Orgs.). *Readings on behavior in organizations*. Reading : Addison-Wesley, 1975.

INTERNATIONAL LABOR ORGANIZATION. *Making safety work*. New York : McGraw-Hill, 1976.

IPES – Instituto de Planejamento Econômico e Social. *Planejamento de Recursos Humanos, Projeto do Governo Brasileiro*. Em cooperação com o Programa das Nações Unidas para o Desenvolvimento (PNUD). Brasília, 1973.

IPES – Instituto de Planejamento Econômico e Social, Instituto de Planejamento, Centro Nacional de Recursos Humanos. *Classificação da mão-de-obra do setor primário*. Brasília, 1977.

JACKSON, Matthew J. *Recruiting, interviewing and selection*: a manual for line managers. Londres : McGraw-Hill, 1972.

JAKUBAUSKAS, Edward B., PALOMBA, Neil A. *Manpower economics*. Reading : Addison-Wesley, 1973.

JENNINGS, E. E. *The mobile manager*: a study of the new generation of top executives. New York : McGraw-Hill, 1971.

JEROME, William T., III. *Executive control*: the catalyst. New York : John Wiley, 1967.

JOHNSON, Richard A., KAST, Fremont E., ROSENZWEIG, James E. *The theory and management of systems*. New York : McGraw-Hill, 1973.

JUCIUS, Michael J. *Administração de pessoal*. São Paulo : Saraiva, 1977.

JUDSON, Harry H., BROWN, James M. *Ocupational accident prevention*. New York : John Wiley, 1944.

JUN, Jong S., STORM, William B. (Orgs.). *Tomorrow's organizations*: challenges and strategies. Glenview : Scott, Foresman, 1973.

KAST, Fremont E., ROSENZWEIG, James E. *Organization and management*: a systems approach. Tóquio : McGraw-Hill Kogakusha, 1970.

______. *Contingency views of organization and management*. Chicago : Science Research Associates, 1973.

KATZ, Daniel, KAHN, Robert L. *Psicologia social das organizações*. São Paulo : Atlas, 1970.

KAY, Emanuel, FRENCH, Jr., John R. P., MEYER, Herbert H. *A study of the performance appraisal interview*. New York : Behavioral Research Science, General Electric, 1962.

KAY, Harry, DODD, Bernard, SIME, Max. *Iniciação à instrução programada e às máquinas de ensinar*. São Paulo : Ibrasa, 1970.

KEARNEY, William J. Performance appraisal: which way to go? *MSU Business Topics*, v. 25, n. 1, Winter, 1977.

KEENAN, T. Selection interview training. *Journal of European Industrial Training*. Bradford, v. 1, n. 6, 1977.

KINDALLAND, Alva F., GATZA, James. Positive program for appraisal. *Harvard Business Review*, Nov./Dec. 1963.

KIRKPATRICK, Donald C. *A practical guide for supervisory training and development*. Reading : Addison-Wesley, 1971.

KNOLL, Anne P. *Food service management*: a human relations approach. New York : McGraw-Hill, 1976.

KOLB, David A., RUBIN, Irwin M., McINTYRE, James M. *Psicologia organizacional*: uma abordagem vivencial. São Paulo : Atlas, 1978.

______. (Orgs.). *Organizational psychology*: a book of readings. Englewood Cliffs : Prentice-Hall, 1974.

KOONTZ, Harold. Avaliação de executivos. Rio de Janeiro : Livros Técnicos e Científicos, 1974.

KORMAN, Abraham K. *Industrial and organizational psychology*. Englewood Cliffs : Prentice-Hall, 1971.

KRECH, David, CHUTCHFIELD, Richard S., BALLACHEY, Egerton L. *Individual in society*. New York : McGraw-Hill, 1962.

KOSSEN, Stan. *The human side of organizations*. San Francisco : Canfeld, 1975.

KUH, Edwin, SCHMALENSEE, Richard L. *An introduction to applied macroeconomics*. Amsterdã : North-Holland, 1973.

LANGSNER, Adolph, ZOLLISTCH, Herbert G. *Wage and salary administration*. Cincinatti : South-Western, 1961.

LANHAM, Elizabeth. *Job evaluation*. New York : McGraw-Hill, 1955.

______. *Administration of wages an salaries*. New York : Harper & Row, 1963.

LAU, James B. *Behavior in organizations*: an experiential approach. Homewood : Richard D. Irwin, 1975.

LAWLER III, Edward E., SUTTLE, J. L. *Expectancy theory and job behavior*: organizational behavior and human performance, 1973.

LAWLER III, Edward E. *Pay and organizational effectiveness*. New York : Mc-Graw-Hill, 1971.

LAWRENCE, Paul E., LORSCH, Jay W. *O desenvolvimento de organizações*: diagnóstico e ação. São Paulo : Edgard Blücher, 1972.

LAWSHE, C. H., BALMA, Michael J. *Principles of personnel testing*. New York : McGraw-Hill, 1966.

LEAVITT, Harold J. *Managerial psychology*. Chicago : University of Chicago Press, 1964.

______. DILL, William R., EYRING, Henry B. *The organizational world*: a systematic view of managers and management. New York : Harcourt Brace Jovanovich, 1973.

LEVINSON, Harry. *Saúde mental na empresa moderna*. São Paulo : Ibrasa, 1970.

LEWIN, Helena, PITANGUY, Jaqueline, ROMANI, Carlos Emanuel. *Mão-de-obra no Brasil*. Petrópolis : Vozes, 1977.

LIKERT, Rensis. *Novos padrões em administração*. São Paulo : Pioneira, 1971.

______. *A organização humana*. São Paulo : Atlas, 1975.

LIPPITT, Gordon L. *Management development and training handbook*. New York : McGraw-Hill, 1975.

______. *Organizational renewal*. New York : Apleton-Century-Crofts, 1969.

______. THIS, Leslie E., BIDWELL, Jr., Robert G. *Optimizing human resources*: readings in individual and organizational development. Reading : Addison-Wesley, 1971.

LITTERER, Joseph A. *An introduction to management*. New York : John Wiley, 1978.

LIVY, Bryan. *Job evaluation*: a critical review. Londres : George Allen & Unwin, 1975.

LODI, João Bosco. *Recrutamento de pessoal*. São Paulo : Pioneira, 1967.

LOPEZ, Felix M. *Personnel interviewing*: theory and practice. New York : McGraw-Hill, 1975.

LUCENA, Diva Maria da S. *Avaliação do desempenho*. São Paulo : McGraw-Hill do Brasil, 1976.

LUCK, Thomas. J. *Personnel audit and appraisal*. New York : McGraw-Hill, 1955.

LUTHANS, Fred (Org.). *Contemporary readings in organizational behavior*. New York : McGraw-Hill, 1972.

______. (Org.). *Organizational behavior*. New York : McGraw-Hill, 1977.

LYNCH, James L. *The people power gap*. Maidenhead : McGraw-Hill, 1975.

LYNTON, Rolf P., PAREEK, Udai. *Training for development*. Homewood : Richard D. Irwin, Dorsey, 1967.

LYTLE, Charles W. *Job evaluation methods*. New York : Ronald Press, 1954.

MAHER, John R. (Org.). *New perspectives in job enrichment*. New York : Van Nostrand Reinhold, 1971.

MAIA, Francisco de Assis, BUSSONS, José. *Avaliação de cargos e de desempenho*: uma nova metodologia. Rio de Janeiro : Livros Técnicos e Científicos, 1974.

MAIER, Norman F. R. *Psychology in industrial organizations*. Boston : Houghton Mifflin, 1973.

______. *The appraisal interview*. New York : John Wiley, 1958.

MAISEL, Albert O. (Org.). *The health of people who work*. New York : National Health Council, 1960.

MALFERRARI, José Carlos. Métodos e fases da avaliação de cargos. *Revistas de Administração de Empresas*. Rio de Janeiro, v. 10, n. 2, jul./set. 1970.

MANDELL, Milton M. *The employment interview.* New York : American Management Association, 1961.

______. *The selection process*: choosing the right man for the job. New York : American Management Association, 1965.

MARCH, Jamer G., SIMON, Herbert A. *Teoria das organizações.* Rio de Janeiro : Fundação Getúlio Vargas, Serviço de Publicações, 1966.

MARGULIES, Newton, RAIA, Anthony P. *Organizational development*: values, process and technology. New York : McGraw-Hill, 1972.

MASLOW, Abraham H. *Eupsychian management.* Homewood : Richard D. Irwin, 1965.

______. *Motivation and personality.* New York : Harper & Row, 1954.

McCORMICK, Ernest J. Job and task analysis. In: DUNNETTE, Marvin D. (Org.). *Handbook of industrial and organizational psychology.* Chicago : Rand McNally, 1976.

McDONOUGH, Adrian M., GARRETT, Lonard J. *Sistemas administrativos*: teoria e prática. Rio de Janeiro : Zahar, 1974.

McGREGOR, Douglas M. An uneasy look at performance appraisal. *Harvard Business Review*, May/Jun. 1957.

______. *The professional manager.* New York : McGraw-Hill, 1967.

McGUIRE, Joseph W. (Org.). *Contemporary management*: issues and viewpoints. Englewood Cliffs : Prentice-Hall, 1974.

McLEARNEY, William J. *Management training.* Homewood : Richard D. Irwin, 1964.

MEE, John F. (Org.). *Personnel Handbook.* New York : Ronald, 1958.

MEGGINSON, Leon C. *Personnel*: a behavioral approach to administration. Homewood : Richard D. Irwin, 1972.

MERWE, Roux Van Der, MILLER, Sylvia. *Measuring absence and labour turnover.* África do Sul : McGraw-Hill, 1976.

MEYER, Herbert H., KAY, Emanuel, FRENCH, Jr., John P. R. Split roles in performance appraisal. In: DALTON, Gene W., LAWRENCE, Paul R. (Orgs.). *Motivation and control in organizations.* Homewood : Richard D. Irwin, Dorsey, 1973.

MICHELS, William J. *Current trends in industrial psychology.* Pittsburgh : University of Pittsburgh Press, 1949.

MILES, Raymond E. *Theories of management*: implications for organizational behavior and development. Tóquio : McGraw-Hill Kogakusha, 1975.

MILLER, E. J., RICE, A. K. *Systems of organization*: the control of tak and sentient boundaries. Londres : Tavistock, 1967.

MINER, John B. Management by appraisal: a capsule review and current references. *Business Horizons*, n. 11, 1968.

______. Management appraisal: a review of procedures and practices. In: TOSI, Henry L., HOUSE, Robert J., DUNNETTE, Marvin D. (Orgs.). *Managerial motivation and compensation*: a selection of readings. East Lansing : Michigan State University, 1972.

______. *Personnel and industrial relations*: a managerial approach. New York : Macmillan, 1969.

MINISTRY OF LABOR AND NATIONAL SERVICE. *Carrers guide*: oportunities in the profession and in business management. Londres : Her Magesty Stationery Office, 1950.

MONTARETTO, Silvio, RICCARDI, Riccardo. *El analisis del trabajo.* Barcelona : Hispano Europea, 1960.

MOTTA, Fernando C. Prestes. *Teoria geral da administração*: uma introdução. São Paulo : Pioneira, 1975.

MYERS, M. Scott. *Every employee a manager*: more meaningful work through job enrichment. New York : McGraw-Hill, 1970.

NADLER, I. *Development human resources.* Houston : Gulf, 1970.

NATIONAL SAFETY COUNCIL. *Accident prevention manual*. Chicago : National Safety Council, 1955.

NEGHANDI, Anant R. (Org.). *Modern organizational theory*: contextual, environmental, and socio-cultural variables. Kent : The Kent State University Press, 1973.

NUNN, H. L. *The whole man goes at work*. New York : Harper & Brothers, 1953.

NUNNALLY, Jim. *Psychometric theory*. New York : McGraw-Hill, 1967.

ODIORNE, George S. *Personnel administration by objectives*. Homewood : Richard D. Irwin, 1971.

OLIVEIRA, J. Batista Araújo. *Tecnologia educacional*. Petrópolis : Vozes, 1978.

OTIS, Jay L., LEUKART, Richard H. *Job evaluation*. Englewood Cliffs : Prentice-Hall, 1954.

PARRA, N. *Técnicas audiovisuais de educação*. São Paulo : Edibell, 1969.

PATTEN, Jr., Thomas H. (Org.). *OD*: emerging dimensions and concepts. Washington : American Society for Training and Development, ASTD, 1973.

PATTON, John A., LITTLEFIELD, C. L., SELF, Stanley A. *Job evaluation*: text and cases. Homewood : Richard D. Irwin, 1964.

PERROW, Charles. *Análise organizacional*: um enfoque sociológico. São Paulo : Atlas, 1972.

PESKIN, Dean B. *The doomsday job*: the behavioral anatomy of turnover. New York : Amacon, 1973.

PETERSEN, D. *Techniques of safety management*. New York : McGraw-Hill, 1971.

PIGORS, Paul, MYERS, Charles A. *Personnel administration*: a point of view and a method. New York : McGraw-Hill, 1965.

______. MALM, F. T. *Management of human resources*: readings in personnel administration. New York : McGraw-Hill, 1973.

PLANTY, Earl G., EFFERSON, Carlos E. Counseling executives after merit rating or evaluation. In: DOOHER, M. J., MARQUIS, V. (Orgs.). *The development of executive talent*. New York : American Management Association, 1953.

PORTER, Lyman W., LAWLER III, Edward E. *Managerial attitudes and performance*. Homewood : Richard D. Irwin, Dorsey, 1968.

______. HACKMAN, J. Richard. *Behavior in organizations*. New York : McGraw-Hill, 1975.

PORTER, Lyman W., STEERS, R. M. *Motivation and work behavior*. New York : McGraw-Hill, 1975.

PRICE, James L. *Organizational effectiveness*: an inventory of propositions. Homewood : Richard D. Irwin, 1968.

PRICE, James L. *The study of turnover*. Ames : Iowa State University Press, 1977.

PRINCE, Thomas R. *Sistemas de informação*: planejamento, gerência e controle. São Paulo : Edusp, Rio de Janeiro : Livros Técnicos e Científicos, 1975.

RACKMAN, N., MORGAN, T. *Behavior analysis in training*. Londres : McGraw-Hill, 1976.

RAMOS, Arlindo de Almeida Vieira. *Prática de seleção de aperfeiçoamento de pessoal*. São Paulo : Atlas, 1957.

RATTNER, Heinrich. Benefícios e motivação no trabalho. *Revista de Administração de Empresas*, v. 19, n. 6, jun. 1966.

REES, Albert. *The economics of work and pay*. New York : Harper & Row, 1973.

RIDGWAY, V. F. Dysfunctional consequences of performance measurements. In: TOSI, Henry L., HOUSE, Robert J., DUNNETTE, Marvin D. (Orgs.). *Managerial motivation and compensation*: a selection of readings. East Lansing : Michigan State University, 1972.

ROCK, Milton (Org.). *Handbook of wages and salary administration*. New York : McGraw Hill, 1972.

ROFF, H., WATSON, T. E. *Job analysis*. Londres : Institute of Personnel Management, 1961.

ROWLAND, Virgil K. *Evaluating and improving managerial performance*. New York : McGraw-Hill, 1970.

SALTONSTALL, Robert. Valuating personnel administration. *Harvard Business Review*, v. 30, n. 6, Nov./Dec. 1952.

SANTOS, Oswaldo Barros. *Psicologia aplicada à orientação e seleção profissional*. São Paulo : Pioneira, 1973.

SARASON, Seymour B., CARROLL, Charles, MATON, Kenneth et al. *Human services and resources networks*. São Francisco : Jossey-Bass, 1977.

SCHEEFFER, Ruth. *Introdução aos testes psicológicos*. Rio de Janeiro : Fundação Getúlio Vargas, Serviço de Publicações, 1968.

SCHEIN, Edgard H. *Consultoria de procedimentos*: seu papel no desenvolvimento organizacional. São Paulo : Edgard Blücher, 1972.

______. Behavioral sciences for management. In: McGUIRE, Joseph W. (Org.). *Contemporary management*: issues and view-points. Englewood Cliffs : Prentice-Hall, 1974.

______. *Organizational psychology*. Englewood Cliffs : Prentice-Hall, 1967.

SCHIEFELE, Hans. *Ensino programado*: resultados e problemas teóricos e práticos. São Paulo : Melhoramentos, Edusp, 1968.

SCHULTZ, Duane. *Psychology and industry today*. New York : Macmillan, 1973.

SCHUSTER, Freed E. *History and Theory of performance appraisal*. In: ROCK, Milton L. (Org.). *Handbook of wage and salary administration*. New York : McGraw-Hill, 1972.

SCOTT, Walter Dill, CLOTHIER, Robert C., SPRIEGEL, William R. *Personnel management*. New York : McGraw-Hill, 1961.

SCOTT, William G., MITCHELL, Terence R. *Organizational theory*: a structural and behavioral analysis. Homewood : Richard D. Irwin, 1976.

SEDWICH, Robert C. *Interaction*: interpersonal relationships in organizations. Englewood Cliffs : Prentice-Hall, 1974.

SELLER, John A. *Systems analysis in organizational behavior*. Homewood : Richard D. Irwin, 1967.

SERSON, José. *Curso básico de administração do pessoal*. São Paulo : LTR, 1971.

SHIRLEY, Robert. Um modelo para análise organizacional. *Revista de Administração de Empresas*, Rio de Janeiro, v. 16, n. 6, nov./dez. 1976.

SHULL, F., DELVECQ, A., CUMMINGS, L. L. *Organizational decision making*. New York : McGraw-Hill, 1970.

SIKULA, Andrew F. *Personnel administration and human resources management*. New York : John Wiley, 1976.

SIMONDS, Rollin H., GRIMALDI, John V. *Safety management*. Homewood : Richard D. Irwin, 1963.

SINGER, Edwin J., RAMSDEN, John. Desenvolva o potencial humano de sua empresa. São Paulo : McGraw-Hill do Brasil, 1974.

SINGER, E. J., RAMSDEN, J. *The practical approach to skills analysis*. Londres : McGraw-Hill, 1969.

SMITH, Henry C. *Sensitivity training*: a modern approach. New York : McGraw-Hill, 1973.

SMITH, Wendel I., ROHRMAN, Nicholas L. *Human learning*. New York : McGraw-Hill, 1970.

SNELBECKER, Glenn E. *Learning theory*: instructional theory ans psychoeducational design. New York : McGraw-Hill, 1974.

SOUNIS, Emflio. *Manual de higiene e medicina do trabalho*. São Paulo : McGraw-Hill do Brasil, 1975.

STOLZ, R. K. Can appraisal interviews be made effective? *Personnel*, v. 2, n. 38, 1961.

STRAUSS, George, SAYLES, Leonard R. *Personnel*: the human problems of management. Englewood Cliffs : Prentice-Hall, 1967.

SUTERMEISTER, Robert A. *People and productivity*. New York : McGraw-Hill, 1976.

SWEET, Donald H. *Modern employment function*. Reading : Addison-Wesley, 1973.

SZEKELY, Bela. *Los tests*: manual de técnicas de exploración psicológica. Buenos Aires : Kapelusz, 1966.

TANNENBAUM, Arnold S. *Control in organizations*. New York : McGraw-Hill, 1968.

______. *Psicologia social da organização do trabalho*. São Paulo : Atlas, 1977.

TAYLOR, Bernard, LIPPITT, Gordon L. *Management development and training handbook*. Londres : McGraw-Hill, 1975.

TAYLOR, George W., PIERSON, Frank C. (Orgs.). *New concepts in wage determination*. New York : McGraw-Hill, 1957.

THE AMA HANDBOOK OF WAGE AND SALARY ADMINISTRATION. American Management Association. New York : American Management Association, 1950.

THOMPSON, D. W. Performance reviews: management tools or management excuse. *Personnel Journal*, n. 48, 1969.

THOMPSON, James D. *Dinâmica organizacional*: fundamentos sociológicos da teoria administrativa. São Paulo : McGraw-Hill do Brasil, 1976.

THOMPSON, Paul H., DALTON, Gene W. Performance appraisal: managers beware. In: DALTON, Gene W., LAWRENCE, Paul R. (Orgs.). *Motivation and control in organizations*. Homewood : Richard D. Irwin, Dorsey, 1973.

THORNDYKE, Robert L. *Personnel selection*. New York : John Wiley, 1949.

TIFFIN, Joseph, McCORMICK, Ernest J. *Psicologia industrial*. São Paulo : Edusp, 1975.

TOSI, Henry L., HOUSE, Robert J., DUNNETTE, Marvin D. (Orgs.). *Managerial motivation and compensation*. East Lansing : Graduate School of Business Administration, Division of Research, 1972.

______. *Managerial motivation and compensation*: a selection of readings. East Lansing : Michigan State University, 1972.

TOSI, Henry L., HAMNER, W. Clay (Orgs.). *Organizational behavior and management*: a contingency approach. Chicago : St. Clair, 1977.

TRACEY, William R. *Evaluating training and development systems*. New York : American Management Association, 1968.

VARNEY, Glenn H. *An organizational development approach to management development*. Reading : Addison-Wesley, 1976.

VITELES, M. S. *Industrial psychology*. Londres : Jonathan Cape, 1955.

VOICH, D., WREN, D. A. *Principles of management*: resources and systems. New York : Ronald, 1968.

VROOM, Victor H. *Work and motivation*. New York : John Wiley, 1964.

YODER, Dale. *Administração de pessoal e relações industriais*. São Paulo : Mestre Jou, 1969.

______. HENEMAN Jr., H. G., TURNBULL, John et al. *Handbook of personnel management and labor relations*. New York : McGraw-Hill, 1958.

WADSWORTH, Guy W. Performance appraisal. In: WHISLER, Thomas L., HARPER, Shirley F. New York : Holt, Rinehart and Winston.

WAITE, William W. *Personnel administration*. New York : Ronald, 1952.

WALTON, Richard E. *Pacificação interpessoal*: confrontação e consultoria de uma terceira parte. São Paulo : Edgard Blücher, 1972.

WÉRY, René. Manpower forecasting and the labour market. *International Labour Review*, v. 117, n. 3, May/Jun. 1978.

WHISLER, Thomas L., HARPER, Shirley F. (Orgs.). *Performance appraisal*: research and practice. New York : Holt, Rinehart and Winston, 1962.

______. *Performance appraisal*. New York : Holt, Rinehart and Winston, 1962.

WHITEHILL Jr., Arthur M. *Personnel relations*. New York : McGraw-Hill, 1955.

WIELAND, George F., ULLRICH, Robert A. *Organizations*: behavior, design and change. Homewood : Richard D. Irwin, 1976.

WILLINGS, David. *The human element in management*. New York : Gordon and Breach Science, 1969.

WYNN, R. F., HOLDEN, K. *An introduction to applied econometric analysis*. Londres : MacMillan, 1974.

WONNACOTT, Ronald J., WONNACOTT, Thomas H. *Econometria*. Rio de Janeiro : Livros Técnicos e Científicos, 1977.

Índice